Janet und Colin Bord
Unheimliche Phänomene
des 20. Jahrhunderts

Janet und Colin Bord

UNHEIMLICHE PHÄNOMENE DES 20. JAHRHUNDERTS

Mit einem Nachwort
von Ulrich Magin

HESTIA

Die Originalausgabe erschien unter dem Titel
MODERN MYSTERIES OF THE WORLD

Dieses Buch erschien 1990 unter dem Titel
Geheimnisse des 20. Jahrhunderts Faszinierende Phänomene, Erscheinungen und Ereignisse bereits bei Hestia

Aus dem Englischen übersetzt von Dr. Klaus Kamberger
Umschlagentwurf und -gestaltung: Thomas Steinkämper, Münster
Umschlagfoto: Pictor International, München
Druck und Bindung: Wiener Verlag
Printed in Austria 1993
ISBN 3-89457-035-0

Inhalt

Vorbemerkung und Dank ... 7
Poltergeister ... 9
Bigfoot, der Schneemensch Nordamerikas ... 28
UFOs — unerklärlich oder doch von dieser Welt? ... 51
Menschliche Fackeln und andere unerklärliche Feuer ... 70
Geister- und Spukerscheinungen ... 88
UFO-Landungen ... 106
Ungeheuer in Seen, Flüssen und Meeren ... 126
Kugelblitze und Spuklichter ... 147
Menschen mit Flügeln und andere Ungeheuer ... 165
USOs — Unbekannte Untersee-Objekte ... 183
Geisterstimmen ... 201
Schneemenschen in aller Welt ... 221
Gegenstände regnen vom Himmel ... 241
Riesenkatzen und andere geheimnisvolle Tierwesen ... 259
Religiöse Erscheinungen und Muttergottes-Visionen ... 281
Geisterhafte Steinwerfer ... 304
Sind sie wirklich ausgestorben? ... 322
Nachwort ... 341

ANHANG:
Eine Liste rätselhafter Ereignisse, nach Ländern geordnet . 355
Anmerkungen ... 465
Bibliographie ... 493
Register ... 497

Vorbemerkung und Dank

Nach unserem Buch *Modern Mysteries of Britain*, das 1986 erschien, begannen wir sofort mit diesem Werk über die Rätsel unserer modernen Welt. Hier findet sich wirklich alles, was auf der ganzen Welt bis in die Mitte des Jahres 1988 an geheimnisvollen Dingen passiert ist. Es gibt solche rätselhaften Vorgänge übrigens nicht nur in den westlichen Zivilisationen, sondern z. B. auch in Sibirien, im Kongo oder in Grönland: Im alphabetisch geordneten Anhang zu unserem Buch finden Sie eine Liste von 111 verschiedenen. Aufgenommen wurden daneben aber auch einige neuere Ereignisse aus England, die damit den Band *Modern Mysteries of Britain* auf den aktuellen Stand bringen.

Kaum hatten wir angefangen, dieses Buch niederzuschreiben, stießen wir auf das gleiche Problem, mit dem wir auch schon bei dem vorangegangenen Werk zu tun hatten: nämlich die ungeheure Menge an Material. Also blieb uns nichts anderes übrig, als auszuwählen. Dabei haben wir uns in der Hauptsache auf jene rätselhaften Vorgänge konzentriert, die ortsbezogen waren, und weniger auf die personenbezogenen. Das ist natürlich keine unfehlbare Richtschnur, denn manche Geheimnisse, von denen wir berichten — Poltergeister etwa oder religiöse Erscheinungen, vielleicht auch UFO-Begegnungen und Geisterstimmen —, können sich bei genauerem Nachforschen eher als personen- denn als ortsbezogen erweisen. Aber irgendwo mußten wir eine Trennungslinie ziehen. Daher haben wir uns zusätzlich auf jene rätselhaften Vorgänge konzentriert, die uns am meisten in Erstaunen versetzt haben. Das führte dazu, daß wir uns nicht um Fälle gekümmert haben, die mit Telepathie und ähnlichen paranormalen Erscheinungen zu tun haben, und auch nicht um psychokinetische Fähigkeiten (zum Beispiel Gabelbiegen), um Reinkarnation, außerkörperliche und Nahtod-Erfahrungen, Feuergehen, Spiritismus, Hellseherei, rätselhafte Todesfälle und rätselhaftes Verschwinden, um das Bermuda-Dreieck oder um Rätsel aus der Tierwelt, etwa Katzen und Hunde, die über weite Entfernungen ihr Heim wiederfanden. Das sieht nach einer ziemlich langen Liste von Themen aus, die wir von vornherein ausschlossen, aber dafür stehen in unseren siebzehn Kapiteln genauso befremdliche, wenn nicht sogar weit befremdlichere Dinge. Jedes Kapitel zeichnet viele Fälle bis ins Detail auf, aber alle konnten wir wegen der Fülle des Materials nicht aufnehmen. Dennoch haben wir besondere Fälle zumindest im Anhang kurz beschrieben. Sollte es Leser geben, die über ähnliche Erfahrungen aus erster Hand zu berichten wissen, dann mögen sie sich bitte über den Verlag an uns wenden. Wir würden uns ebenso über einschlägige Fotos freuen, die man der Fortean Picture Library, unserem Archiv für rätselhafte und unerklärliche Erscheinungen, zur Verfügung stellen könnte.

Ein Buch wie dieses könnte nie ohne die Mithilfe engagierter Forscher zustande kommen, die die Ergebnisse ihrer speziellen Arbeiten publiziert haben. Wir schätzen und bewundern die Werke all jener Autoren, die wir in den Anmerkungen und in der Bibliographie am Ende des Bandes aufführen. Ganz besonders aber bewundern wir William R. Corliss, dessen *Sourcebook Project* von unvergleichlichem und unschätzbarem Wert ist, und Bob Rickard, der in der ganzen Welt als ein Mann geachtet wird, der sich seit zwanzig Jahren mit äußerster Zielstrebigkeit der Sache des Forteanismus (der Erforschung unerklärlicher Erscheinungen) angenommen hat. Seine Zeitschrift *Fortean Times* befaßt sich mit all diesen Phänomenen, und ihre Lektüre ist schlicht *unerläßlich*; das gleiche gilt auch für seine Bücher. Zu den Freunden, Kollegen und gleichgesinnten Forschern, denen wir für ihre Unterstützung danken möchten, gehören Anthony R. Brown (Schottland), Ray W. Boeche (USA), Bill Chalker (Australien), Loren Coleman (USA), das COUD-Institut und seine Mitglieder (USA), der inzwischen verstorbene Tim Curry (USA), René Dahinden (Kanada), Lucius Farish (USA), Cynthia Hind (Zimbabwe), Norman O. Josephsen (USA), Ulrich Magin (Bundesrepublik Deutschland), Gary Mangiacopra (USA), Shin-ichiro Namiki (Japan), Scott Parker (USA), Stephen C. Pratt (England), Ronald Rosenblatt (USA), Anthony »Doc« Shiels (England), Bob Skinner (England), Dennis Stacy (USA), Lars Thomas (Dänemark), Pete Wayne (Schottland). Unser besonderer Dank gilt Dr. Karl P. N. Shuker, der uns umgehend half, wann immer wir Fragen zur Kryptozoologie hatten; desgleichen Tristan Gray Hulse auf dem Gebiet religiöser Erscheinungen, worüber er eines Tages noch sein eigenes Buch veröffentlichen wird ...

Poltergeister

Wenn es nachts irgendwo poltert, dann reden die Parapsychologen von »Poltergeistern«. Aber ob da wirklich Geister die Hand im Spiel haben, ist immer noch eine offene Frage. Seit Jahrhunderten gibt es, wie auch bei anderen übernatürlichen Erscheinungen, Berichte über Erlebnisse mit Poltergeistern. Sie kommen aus allen Teilen der Welt, von den Lehmhütten in Afrika bis zu den modernen Apartments in New York City. Aber im Unterschied zu anderen Erscheinungen, die von nur vorübergehender Natur sind und unter die Rubrik »Merkwürdigkeiten« fallen, zum Beispiel Froschregnen, ist ein Poltergeist für die meisten Opfer eine Erfahrung, die sie zutiefst erschreckt. Sie tun daher alles Erdenkliche, den unwillkommenen Besucher wieder hinauszukomplimentieren. Was den Poltergeist allerdings nur selten begeistert.

Ein Poltergeist kündigt sein Erscheinen zunächst einmal dadurch an, daß er gegen die Wände klopft oder schlägt. Das kann so laut vor sich gehen, daß man es noch auf größere Entfernung hören kann. Im Dezember 1913 wurde zum Beispiel in Fougères-sur-Bièvre in Frankreich die Familie Huguet-Prousteau von einem Poltergeist heimgesucht. Die sonderbaren Geräusche waren auch noch in der Nachbarschaft zu hören.

»Eines Abends war der Lärm so groß, daß man ihn nicht nur in den angrenzenden Häusern hörte, sondern auch auf der anderen Straßenseite, mehr als 50 Meter entfernt. Das Haus bebte vom Dach bis in die Grundfesten, die Wände zitterten, und die Türen und Fenster klapperten sehr heftig. Man mußte sie öffnen, weil die Scheiben zu zerspringen drohten. Glaubwürdige Zeugen berichten, daß der Lärm, der die Erschütterungen des Hauses begleitete, sich wie der Nachhall eines Donnergrollens anhörte. Andererseits waren die Bettvorhänge wie durch Luftzug in ständiger Bewegung, obwohl alle Türen geschlossen waren.

Im Innern des Hauses führten Leute, die in keiner Beziehung zur Familie standen, einige Experimente durch. Sie versetzten der Wand eine bestimmte Anzahl von Schlägen. Sofort kam als Antwort die gleiche Zahl, aber die Schläge hatten einen ganz besonderen Klang. Sie waren laut und zugleich gedämpft und schienen von überall her aus dem Haus zu kommen.

An einem Abend stiegen dann ein paar entschlossene Männer auf den Dachboden. Kaum waren sie oben angekommen, da begann der Lärm aufs neue, und das Haus vibrierte. Die Lichter gingen aus, und sie beeilten sich, wieder nach unten zu kommen.«[1]

In einem anderen Fall hörte die vierzehnjährige Wendy Ross in Pinetown, Natal (Südafrika), am Neujahrstag 1984 ein lautes Krachen: »Ich dachte, das Haus stürze ein. Es hörte sich an, als wäre ein riesiger Felsbrocken auf das Dach gefallen.« Gefunden hat man allerdings nichts, und es gab auch keinerlei Beschädigungen bei weiteren Poltergeist-Auftritten vor und nach diesem Ereignis.[2]

Solche rätselhaften Schläge gegen Hausdächer und Wände können schon ziemlich lästig sein. Aber es kann genauso nervenaufreibend sein, wenn man des Nachts im Bett liegt und ein Stockwerk tiefer Geräusche hört, als seien Einbrecher gerade dabei, das ganze Haus durcheinanderzubringen. Eine Buren-Familie, die im südafrikanischen Boshof lebte, wurde 1901 um Mitternacht von einem Geräusch geweckt, als flögen Töpfe und Pfannen durch die Küche und würde Porzellan zerbrochen. Nach ein paar Minuten herrschte wieder Ruhe. Am anderen Morgen fanden die Familienmitglieder zu ihrer Überraschung kein zerbrochenes Stück; alles stand an seinem Platz. Das ging drei Nächte lang hintereinander so und wurde jedesmal heftiger. Dazu kam ein Geräusch, als würden Möbelstücke umgekippt und zerbrochen, aber in Wirklichkeit wurde kein Stück beschädigt.[3] Doch das ist nicht immer der Fall. Poltergeister haben gewöhnlich etwas Zerstörerisches, und Haushaltsgegenstände und Möbel gehen bei ihren Auftritten zu Bruch. Ein solcher Poltergeist-Ausbruch wurde 1916 aus Irland gemeldet. Das Opfer waren ein Farmer und seine Familie. Der Farmer schilderte einem Sergeanten der Royal Irish Constabulary den Vorfall folgendermaßen:

»Sergeant, ich habe große Probleme. Ich bin heute in die Stadt gekommen, um die Beerdigung meines jüngsten Kindes vorzubereiten. Fast seit einer Woche werde ich Tag und Nacht in meinem Haus belästigt. Irgendein unsichtbarer Geist wütet in meinem Haus, wirft das Kochgeschirr durch die Gegend und zerbricht mir das Steingutzeug. Er hat eine Tintenflasche auf mein sterbendes Kind geschleudert, im Krankenzimmer ein schweres gläsernes Salzfäßchen gegen einen Spiegel geworfen. Ebenso hat er ein wertvolles Teeservice aus altem Porzellan zerbrochen, das meine Frau sicherheitshalber gerade nach unten trug. Sie hatte das Service in ihre Schürze gelegt und war die halbe Treppe heruntergestiegen, als vor meinen Augen das ganze Zeug zu Bruch ging. Ein paar Freunde von mir waren auch dabei. Am Tag vor dem Tod des Kindes war ich mit meinen Bediensteten in der Küche, wo wir gerade butterten. Die Butter verschwand aus dem Faß und befand sich plötzlich drei Meter über uns an der Decke. Von dem Porzellan fand ich Bruchstücke im dreißig Meter weit entfernten Kuhstall wieder.«

Der Sergeant stattete daraufhin dem Bauernhof einen Besuch ab, hegte aber gewisse durchaus natürliche Zweifel an dem, was ihm da berichtet worden war. Er setzte sich mit dem Farmer, seiner Frau und seinen Töchtern in die Küche und wartete nun auf einen überzeugenden Beweis für die Aktivität des Poltergeistes.

»Als alter Krieger war ich noch immer nicht mit dem zufrieden, was ich sah. Ich wollte nur dann an einen Spuk glauben, wenn jetzt gleich eines von den sechs oder sieben Stücken Räucherspeck, die unter der Decke hingen, oder eines von den Pferdegeschirren über dem Kamin herunterfiele; aber ich paßte auf, daß man mir nichts von dem anmerkte, was mir da durch den Kopf ging, weder durch Blicke noch durch Äußerungen gegenüber den Anwesenden.

... Ich erhob mich, um wieder zu gehen. Die Frau und das Kind sagten, ohne mich würden sie keinen Augenblick länger im Haus bleiben. Sie gingen zur Hintertür — erst die Magd, hinter ihnen die beiden Mädchen, dann die Frau des Farmers und hinter ihr der Farmer. Ich ging als letzter. Ich hatte die Küche fast durchquert und wollte gerade in den Flur hinaustreten, konnte die Küche aber noch voll überblicken. Plötzlich wurde eines von den Pferdegeschirren von seinem Haken an der Wand heruntergerissen und ans andere Ende des Raumes geschleudert. Dort landete es mit einem Knall auf dem Fußboden. Der Farmer kam zurück, und nachdem wir beide das Kummet untersucht hatten, meinte er: ›Jetzt müssen Sie mir glauben.‹ Dem konnte ich nur beipflichten. Wir gingen hinaus auf den Hof in Richtung Straße, als von unsichtbarer Hand eine Mistgabel über den Hof geschleudert wurde.«

Schließlich baute sich der Farmer in einiger Entfernung von seinem alten Haus ein neues.[4]

Die gerade geschilderten Vorgänge, bei denen Haushaltsgegenstände durch die Gegend fliegen, sind typisch für das Auftreten von Poltergeistern und ein sicheres Zeichen dafür, daß sich ein Poltergeist eingenistet hat. Die Tatsache allein, daß Dinge ohne menschliches Eingreifen hin und her bewegt werden, ist verwirrend genug, doch gibt es sogar noch merkwürdigere Fälle. Manchmal sind die bewegten Gegenstände so schwer, daß sie gar nicht von einem oder von mehreren Spaßvögeln in Gemeinschaftsarbeit hochgehoben werden könnten. Im Haus von Mrs. Beulah Wilson, einer älteren Witwe, und ihrem neun Jahre alten Pflegekind in Pearisburg, Virginia (USA), wurden bei einem Poltergeist-Ausbruch, der am 19. Dezember 1976 begann, Geschirr zertrümmert und Möbel verrückt. Die Polizei untersuchte den Fall, und im Bericht des Streifenpolizisten Prichett heißt es: »Es handelte sich um schwere Möbel ... alte Sessel ... und die Küchen-

Guy Lyon Playfair untersuchte gerade einen Poltergeist-Ausbruch, der 1973 in Ipiranga (Brasilien) stattfand, als ein Stuhl die Treppe hinabrutschte. Zuvor war er durch eine geschlossene Tür gedrungen.

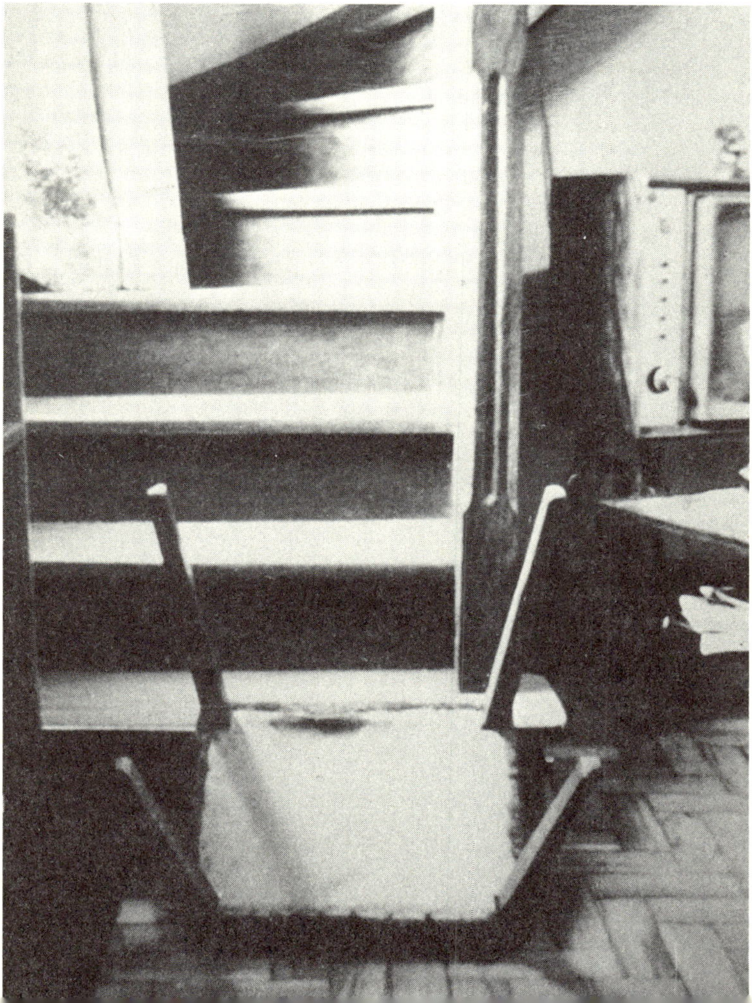

schränke müssen 200 Pfund und mehr gewogen haben. Sie, der Junge und Cardwell hätten sie nie bewegen können ... selbst nicht mit vereinten Kräften.«[5] Bei einem Poltergeist-Ausbruch in Ascot, Berkshire (England), wurden die Autos der Familie manchmal, wenn sie im Freien parkten, verschoben. Eines wurde nachts wochenlang lautlos bis zu drei Meter seitlich über den Kies gerückt. Die Türen waren verschlossen und die Handbremse angezogen.[6]

Bei kleineren Gegenständen wird manchmal beobachtet, daß sie sich mit einer unnatürlichen Langsamkeit durch ein Haus bewegen und während des Fluges die Richtung wechseln und um Ecken biegen. Bisweilen wurde beobachtet, wie sie durch verschlossene Türen drangen — allerdings nicht im wörtlichen Sinne, weil der Zeuge nicht direkt sehen konnte, wie ein fester Gegenstand sich durch einen anderen festen Gegenstand bewegte, sondern nur das Ergebnis eines solchen Vorgangs. Einige Beispiele mögen das illustrieren. Der Poltergeist von Poona in Indien, der dort von 1927 bis 1930 auftrat, war ein besonders aktives und ungewöhnliches Exemplar. Eine der Zeuginnen war Miss Kohn, die in dem betroffenen Haushalt der Familie Ketkat wohnte. Sie führte über die verschiedenen Vorkommnisse, die dem Poltergeist zuzuschreiben waren, Tagebuch. Am 19. Juli 1928 notierte sie:

»Während D[amodar] um 21.30 Uhr zu Bett ging, wurde sein Spielzeug teilweise lebendig. Meine Schwester achtete immer darauf, daß der Deckel seiner hölzernen Spielzeugkiste ordentlich verschlossen war. D. und ich legten uns gerade ins Bett, als ein hölzernes Rad auf sein Bett zugerollt kam. Er rückte rasch zur Seite, als es ganz nah an seinem Kopf vorbeirollte. (Auf ein Moskitonetz muß er verzichten, was auf die schrecklichen Ereignisse im vergangenen April zurückzuführen ist: Kaum hatte man ihn sicher unter dem Netz verstaut, da tauchten neben ihm Steine und Spielsachen auf. Wegen der Erinnerung an den Schrecken, den er dabei erlebt hatte, fürchtete er sich jetzt vor Moskitonetzen.) Dem Rad folgte ein Kreisel.

Ich hatte von diesen Dingen jetzt ›die Nase voll‹ und griff mir ein sehr dickes deutsches Wörterbuch, das gut fünf Pfund wog. Ich legte es auf die Spielzeugkiste und ging wieder zu Bett. Kaum waren zwei Minuten vergangen, da kam schon wieder ein Kreisel (nicht derselbe wie vorher) auf uns zu, wieder aus der Spielzeugkiste. Ich zeigte meiner Schwester das schwere Wörterbuch. Sie schaute in die Kiste und sah nach, welche Spielsachen darin lagen. Sie hatte gerade das Zimmer verlassen, da kam der erste Kreisel wieder, als wolle er sich über unsere Hoffnung, ein schlichtes Wörterbuch könne für ihn ein Hindernis sein, lustig machen.«[7]

Einen ähnlichen Vorfall gab es 1948 in Vachendorf in Deutschland. Ein Flüchtlingsfamilie aus Böhmen logierte in einem Zimmer in einer alten Villa und mußte dort unter einem Poltergeist leiden. In diesem Fall wurden die beiden Betten, die in dem Zimmer standen, mit Steinen, Werkzeug und anderen Gegenständen beworfen. Die Mutter legte das Werkzeug in eine Kiste zurück, klappte sie zu und setzte sich darauf. Zu ihrer Überraschung sah sie, wie trotzdem wieder ein Werkzeug nach dem anderen an verschiedenen Stellen in dem Zimmer auftauchte. In einem anderen Fall wurde ihr Mann von einem Holzschuh am Kopf getroffen. Der Schuh hatte in einem verschlossenen Glasschrank gelegen.[8]

Im Nicklheim-Fall (Bundesrepublik Deutschland) wurde beobachtet, wie in der Zeit von November 1968 bis Februar 1969 Gegenstände aus dem Innern eines Hauses verschwanden und dann später draußen herunterfielen. Einer der Untersucher des Falles unternahm einen Versuch. Er stellte eine Parfümflasche und ein Tablettenröhrchen auf den Küchentisch. Dann schickte er alle Anwesenden hinaus, schloß sämtliche Türen und Fenster und verließ schließlich selbst den Raum. Bald erschien draußen eine Parfümflasche, dann ein Pillenröhrchen. Sie tauchten in Höhe des Daches auf und sanken im Zickzack zu Boden.[9]

In vielen Poltergeist-Fällen erscheinen Gegenstände in geschlossenen Räumen zuerst auf Höhe der Decke oder direkt darunter und fallen dann zu Boden. 1952 wurde der Bürgermeister von Neudorf (Bundesrepublik Deutschland) von einem Poltergeist in seiner Wohnung heimgesucht. Eines Tages beobachteten er, sein Sohn und seine Schwiegertochter, wie plötzlich zwanzig Zentimeter unter der Decke ein paar Nägel schwebten und dann zu Boden fielen. Sie stammten aus einem verschlossenen Küchenschrank. Im Poona-Fall flog ein Einmachglas in Miss Kohns Schlafzimmer, das Damodar zwei Tage zuvor mit in die Schule genommen und dort vergessen hatte.[10] Über einen Poltergeist-Ausbruch in den Jahren 1907 bis 1909 in New York berichtete der Zeuge:

»Ich war ganz allein in dem Stockwerk und machte gerade mein Bett, da fiel vor mir ein Penny mitten auf die Bettdecke, einen Moment später fiel einer direkt vor meine Füße.

Ich weiß ganz sicher, daß kein einziger Penny im Haus war, denn ich hatte noch kurz zuvor nach Kleingeld gesucht, um mir eine Briefmarke zu kaufen.«[11]

Ähnlich, nur in größerer Anzahl, fielen auch in Finnland im Jahr 1917 oder 1918 Münzen vor verblüfften Zeugen herab. Erst kamen zwei Knöpfe, dann eine Münze, die klirrend auf dem Parkettfußboden landete. Im Abstand von fünf, zehn und fünfzehn Minuten folgten weitere Münzen, und die beiden Studenten, die das beobachteten, holten zusätzliche Zeugen herbei. Während sie zuschauten, fielen weitere Münzen. Sie legten sie auf den Kaminsims und gingen, um die Nacht woanders zu verbringen. Am nächsten Tag lagen die Münzen noch immer an der gleichen Stelle. Es stellte sich heraus, daß die Münzen echt waren, und da niemand Anspruch auf sie erhob, zogen die Glücklichen mit Freunden in ein Restaurant, um den Fund angemessen zu feiern.[12]

In diesen beiden letzten Fällen gehörten die Münzen niemandem, der im Haushalt lebte, sondern stellten echte Apporte dar, vergleichbar mit denen, die sich durch ein Medium während spiritistischer Sitzungen zu Beginn dieses Jahrhunderts materialisierten. Aus den Zeugenschilderungen geht hervor, daß sich Objekte, die in geschlossenen Räumen auftauchen oder aus verschlossenen Behältern stammen, auf irgendeine Weise zuerst entmaterialisieren und dann wieder rematerialisieren. Gewiß sind wir damit jenseits der Grenzen der von der Wissenschaft akzeptierten Phänomene, aber wir befinden uns dort nicht aufgrund der Aussage eines einzigen hysterischen Zeugen. Viele Menschen haben tatsächlich *beobachtet*, wie plötzlich Gegenstände in einem leeren Raum auftauchten und wieder verschwanden. Miss Kohn, unsere sorgfältige Zeugin aus Poona, schrieb 26. Juli 1928 in ihr Tagebuch, wie sie und Damodar des Abends in ihrem Zimmer dicht beieinander saßen und einen Docht beobachteten, der in einer kleinen Schale brannte.

»Plötzlich wurde ganz ruhig ein runder Glasknopf (der zu einem alten Set in unserem Besitz gehört) absichtlich in die kleine Schale geworfen, ein sogenanntes *Wati*, in dem der Docht noch brannte. Der Knopf fiel nicht aus der Höhe herab, sondern tauchte plötzlich nur ein paar Zentimeter vom Rand des *Wati* entfernt auf. Das bedeutet, der ›Geist‹ muß direkt vor unseren Gesichtern geschwebt haben, um das zu tun.«[13]

Während ihrer Heimsuchung durch den Lieserbrücker Poltergeist in Österreich im Jahre 1922 erlebte Familie Kogelnik eine Reihe ungewöhnlicher Dinge. Einmal sah Frau Kogelnik ein Beil verschwinden; es war später Vormittag, und die Lichtverhältnisse waren gut.[14]

So unwahrscheinlich auch die Materialisierung und Dematerialisierung lebloser Objekte schon klingen mag, eine Dematerialisierung von lebendigen Menschen scheint auf den ersten Blick einfach unmöglich. Aber auch darüber gibt es Berichte. Sie sind zwar nicht häufig, aber keineswegs einmalig. Im Poona-Fall geschah es sogar mehrere

Male, als dort zwei Jungen von einem Ort zum anderen »teleportiert« wurden. Damodar fand sich mehr als einmal im elterlichen Wagen, der in einem Schuppen stand, und zumindest einmal war der Schuppen sogar verschlossen, so daß er ihn von innen öffnen mußte, um wieder ins Freie zu gelangen. Auch sein älterer Bruder wurde teleportiert, wie Miss Kohns Schwester bezeugt, eine intelligente und kluge Frau. Miss Kohn beschrieb das Ereignis wie folgt:

»Meine Schwester schilderte mir in einem Brief, daß der ältere Junge am 23. April um 9.45 Uhr ›sich am Eingang plötzlich vor mir materialisierte. Er wirkte fröhlich, wenn auch überrascht, und sagte: 'Ich komme gerade von Karjat.' Er war durch keine Tür gekommen.‹ Meine Schwester beschreibt die Körperhaltung des Jungen als höchst ungewöhnlich. Als sie nämlich von ihrem Brief aufblickte, an dem sie gerade schrieb, sah sie ihn vornüber gebeugt: Die Hände hingen schlaff herunter — und seine Füße berührten den Boden nicht. Sie konnte vielmehr deutlich den Zwischenraum zwischen seinen Füßen und der Türschwelle sehen. Es war die Haltung einer Person, die jemand um die Taille gefaßt und herbeigeschleppt hat und die deshalb keine eigene Anstrengung unternimmt, sondern sich sanft am Ziel absetzen läßt.«[15]

Es ist schwierig zu erklären, warum es solche »Teleportationen« gibt, aber wir sollen dankbar sein, daß die Poltergeister die Menschen wieder zurückbringen, die sie auf so mysteriöse Weise verschwinden lassen. (Doch vielleicht tun sie das manchmal auch nicht ... Vielleicht sind einige der Menschen, die spurlos verschwunden sind, in eine Leere teleportiert und dort von einem geistesabwesenden Poltergeist vergessen worden ...)

Wenn wir weiterhin den Poltergeist als ein lebendiges Wesen ansehen, dann ist es möglich, an ihm Anzeichen für eine Art menschlicher Intelligenz zu entdecken. Frau Kogelnik gehörte zu den Menschen, die die besonders unfreundliche Natur des Poltergeistes erfahren mußten (Lieserbrücke, Österreich, 1922). Man könnte meinen, Porzellan zu zerschlagen und im Haushalt Chaos anzurichten wäre schon schlimm genug, aber ein Poltergeist kann auch regelrecht bösartig werden. Frau Kogelnik bemühte sich, den Poltergeist so gut wie möglich zu ignorieren, doch das muß ein schwieriges Unterfangen gewesen sein. Ihr Mann, Fregattenkapitän Kogelnik, schrieb:

»Ich muß berichten, daß ich vierzehn Tage lang mein Tintenfaß, das immer auf meinem Schreibtisch stand, nicht finden konnte. Ich suchte vergeblich danach ... Als meine Frau einmal oben unterm Dach zu tun hatte und Hannie in ihrer Nähe fegte und wischte, hörten sie plötzlich ein Pfeifen vom anderen Ende des Raumes, wo sich niemand aufhielt. Dann folgte ein Krachen, und das Tintenfaß lag in Scherben vor den Füßen meiner Frau, während die Tinte über den Fußboden lief. Kurz darauf flogen Kohlestücke durch die Luft. Als meine Frau und Hannie sich nicht einschüchtern ließen, sondern weiter auffegten, kam aus einer Ecke ein alter, unbenutzter Blumentopf angesegelt, der dort lange gestanden hatte, und verstreute die trockene Erde über den gerade gereinigten Boden. Danach gaben sie das Putzen auf ...«[16]

Manche Poltergeister scheinen jedoch auch ein Gefühl für Humor zu haben. Eine Familie aus dem englischen Birmingham wurde 1974 von einem Poltergeist terrorisiert. Scheinbar machte es dem »Geist« Spaß, seine Spielchen mit ihnen zu treiben. Die Frau des Hauses: »Das ist ein nervenaufreibendes Leben hier. Ich muß meinen Geldbeutel und meine Tabletten immer bei mir haben, sonst versteckt sie der Poltergeist!« Ihr Mann: »Er vergnügt sich mit meiner Unterwäsche. Er wirft sie die Treppe hinunter, und wenn ich sie nicht aufhebe, verursacht er in der Küche ein Chaos. Einmal war ich im Bad und bat meine Frau, mir meine Hosen zu bringen, aber sie konnte sie nicht finden. Am nächsten Morgen staunte ich nicht schlecht, als ich sie hinterm Haus hoch oben an einem Baumast hängen sah.«[17] Während des Poltergeist-Ausbruchs in Vodable in Frankreich im Jahre 1914 tauchte in einem großen Haus eine Büste des früheren Besitzers in einem Bett auf. Der Kopf lag ordentlich auf dem Kopfkissen, und die Decke war bis zum Kinn hochgezogen. Später lag sie dann in einem anderen Bett.[18] In Newark, New Jersey (USA), untersuchte William Roll im September 1961 einen Poltergeist. Als er der Familie erklärte, der Geist schlüge keine Menschen, traf ihn auch schon eine kleine Flasche, die auf einem Tisch gestanden hatte, am Kopf.[19]

Der letzte Vorfall beweist, daß Poltergeister durchaus intelligent auf das reagieren können, was anwesende Zeugen sagen. Außerdem verfügen sie manchmal auch über telepathische Fähigkeiten. In dem bereits erwähnten irischen Fall hatte der Sergeant nur *gedacht*, daß er den »Spuk« glauben würde, wenn sich jetzt solch ein Kummet von der Wand lösen würde — und schon passierte es. Ein anderes Beispiel für eine intelligente Reaktion bietet der Fall von Lieserbrücke, wie Fregattenkapitän Kogelnik ihn beschreibt:

»Am selben Nachmittag fehlte der Deckel unserer Teedose, und als ich das bemerkte, sagte ich: ›Kannst du denn nicht einmal so lieb sein und uns das zurückbringen, was du uns weggenommen hast?‹ Ein paar Minuten später kam besagter Deckel aus dem Flur hereingerollt!

In dem Augenblick waren die Köchin und Hannie bei mir in der Küche, und ich beobachtete beide.«[20]

Im Poona-Fall — diesmal war Miss Kohn nicht anwesend — griff jemand nach einem Stück Obst und lud die »Geister« ein, sich zu bedienen und sie dann in Ruhe zu lassen. Das Obst verschwand, dann hörte man Kaugeräusche, von Schmatzen begleitet. Dann tauchten die Schalen wieder auf. Sie trugen Bißspuren.[21] Der Poltergeist von Ascot (Berkshire, England) hörte Telefongespräche mit und schaltete sich lärmend ein, sobald die Rede auf rätselhafte Vorgänge kam. Einer der Zeugen machte die Probe aufs Exempel und bat bei verschiedenen Gelegenheiten, der Poltergeist möge zweimal einen Summton von sich geben, wenn er zuhöre. Jedesmal bekam er ein zweifaches Summen zur Antwort.[22]

Auf den ersten Blick drängt sich bei solchem Verhalten der Gedanke auf, hier sei eine der menschlichen vergleichbare Intelligenz am Werk. Um das noch zu untermauern, sprechen Poltergeister manch-

Nur Sekunden, nachdem der Stuhl die Treppe hinabgefallen war (siehe S. 12), wurde eine Schublade voller Kleidungsstücke aus einem der oberen Fenster geworfen. Fotografiert von Guy Lyon Playfair, der überzeugt war, daß kein menschliches Wesen hinter diesem Vorfall stecken konnte.

mal mit ihren Opfern oder schreiben ihnen. Schreiben kommt seltener vor, aber der Poltergeist, der vom 3. bis zum 19. März 1920 die Familie des Verwaltungsbeamten A. S. Thangapragasam Pillay in Nidamangalam im südlichen Indien plagte, bevorzugte diese Art der Kommunikation. Seine erste Botschaft erschien am 8. März an der Toilettenwand und verkündete auf tamilisch: »Mein Name ist Rajamadan [Hauptunruhestifter]. Ich werde euch nicht verlassen.« Einer, der gekommen war, um sich die Botschaft zu betrachten, schrieb auf englisch darunter: »Einspruch. Wenn du nicht aus diesem Haus verschwindest, sorge ich dafür, daß dich meine Göttin bestraft.« Etwas später kam die Antwort des Poltergeistes, wieder auf tamilisch: »Ich werde den Mann, der diese Zeilen schrieb, töten. Wißt ihr denn nicht, daß ich der König bin? Ich werde dieses Haus nicht verlassen, was immer auch seine Bewohner unternehmen.« Worauf der jetzt verängstigte Mann, der diesen Wutanfall provoziert hatte, erwiderte: »Ich entschuldige mich. Es tut mir leid.« Es gab noch mehrere Inschriften, darunter auch eine Botschaft der verstorbenen Tochter des Verwaltungsbeamten in ihrer Handschrift. Am 19. März erschien dann eine Freudenbotschaft für die Bewohner, denn der Poltergeist teilte mit, er habe vor, sie zu verlassen und nie mehr zurückzukehren.[23]

Häufiger werden Stimmen bei Poltergeistausbrüchen gehört, die jedoch selten längere oder zusammenhängende Botschaften liefern. Ein schauriges oder kindliches Gelächter ließ der Poltergeist von Pittsburgh, Pennsylvania (USA), in den Jahren 1971/72 hören[24], während die Poltergeister von Ivybridge, Devon (England), und Santa Fé (Argentinien), beide 1984, bevorzugt Schreie ausstießen.[25] Eine zusammenhängendere Verständigung durch Stimmen brachte 1977 der Poltergeist von North Vancouver, British Columbia (Kanada), zustande, der sich jedoch nur an den dreieinhalbjährigen Jason McIntyre wandte. Seine Mutter konnte nicht verstehen, was gesprochen wurde. Sie hatte sich auch nicht sonderlich darum bemüht: »Ich verstecke mich bloß unter der Bettdecke ... es ist wirklich schrecklich.«[26] In einem äußerst merkwürdigen Fall, der in Leesburg, Florida (USA), im Januar 1978 begann und sich über das ganze Jahr erstreckte, machte sich der Poltergeist über unerklärliche Stimmen im Telefon bemerkbar. Dazu kamen die üblichen Störungen im Haus, in dem eine Großmutter, eine Mutter und ihre beiden Töchter (10 und 6 Jahre) wohnten. Es begann mit den Stimmen im Telefon, später kamen Stimmen aus den Wänden und aus dem zehnjährigen Mädchen dazu. Die Stimmen im Telefon wußten im voraus, wer sprach, bevor der Anrufer seinen Namen genannt hatte. Manchmal beschrieben sie auch seine Kleidung und nannten seine Pläne. Sie gebrauchten auch unanständige Ausdrücke und stießen Drohungen aus. Die Leute am Telefon konnten oft die anderen Bewohner sehen, keiner der Bewohner des Hauses störte von einem Nebenanschluß aus. Eine physikalische Erklärung für dieses Phänomen wurde nie gefunden.[27]

In einigen Fällen von Poltergeistern konnte man Erscheinungen sehen, wenn auch nicht immer voll ausgeformte Gestalten. In dem Pittsburgher Fall von 1971/72 konnte man nebelhafte Gestalten erkennen — »eine tanzende Wolke in der Mitte des Zimmers« und einen Schatten, der aber kein wirklicher Schatten war, sondern körperlich schien und sich bewegte.[28]

»Verschwommene Formen wie hinter Rauchschleiern« sahen die Opfer des Poltergeistes von Ivybridge im Jahre 1984, im Fall von Kentucky (USA) von 1968 wurden sowohl undeutliche wie klar umrissene Erscheinungen gesehen. Mrs. Callihan sah in ihrem Schlafzimmer einen Geist, in dem sie einen ihr bekannten Verstorbenen erkannte. Im selben Schlafzimmer sah sie auch eine weiße Figur. Sie hatte Ähnlich-

Eleanore Züguns von einem unsichtbaren Angreifer gezeichnetes Gesicht.

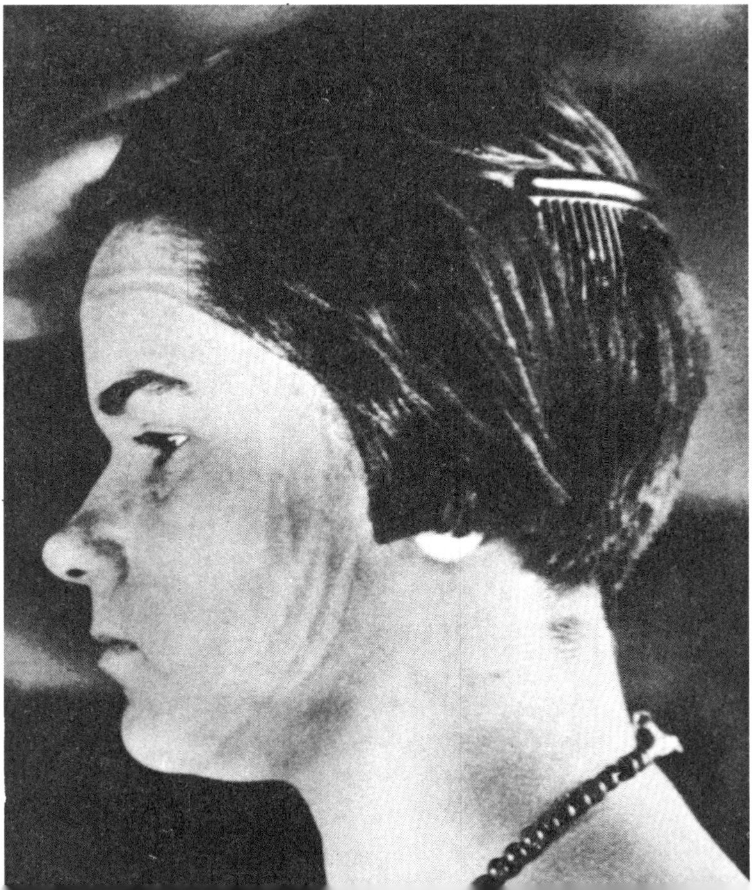

keit mit einer »dicken weißen, katholischen Krankenschwester«, die auf sie zukam und sie aus dem Bett springen ließ. Die Gestalt hatte sich bei Berührung kalt angefühlt.[29] Natürlich mögen manche Erscheinungen, die die Opfer von Poltergeistern wahrnehmen und bei denen sie sich nicht in einem überreizten Zustand befunden haben, Ergebnis ihrer Erwartungen gewesen sein und weniger eine Eigenschaft des Phänomens. Die Opfer könnten Licht und Schatten, die von einer außerhalb gelegenen Lichtquelle herrührten, für menschliche Umrisse gehalten haben. Andere Menschen interpretieren Gestalten, die sie vor ihren Augen auftauchen sehen, in religiösen Begriffen (vgl. Kapitel 15).

Es mag auch in denjenigen Fällen einen Bezug zu religiösen Phänomenen geben, in denen ein Poltergeist sein Opfer angegriffen haben soll. Dieser Angriff kann verschiedene Formen annehmen. Von einem fliegenden Gegenstand getroffen zu werden ist ungewöhnlich und könnte zufällig gewesen sein, ohne daß der Poltergeist wirklich vorgehabt hätte, jemanden zu treffen. Im Poona-Fall wurde Damodar gebissen und geohrfeigt, seine Schwester gestochen und verletzt, ihr Lätzchen wurde ihr so eng um den Hals geknotet, daß sie fast erwürgt worden wäre. Dr. Ketkar und seine Frau wurden gekratzt, gestoßen und gezwickt und bespuckt.[30] Der Poltergeist von Comeada (Portugal) schlug Homem Christo 1919 in seinem Mietshaus so heftig ins Gesicht, daß der laut aufschrie, »denn er hatte das Gefühl, als hätten sich Klauen in sein Fleisch gegraben und rissen es aus.« Gleich darauf konnte man die roten Abdrücke von vier Fingern auf seiner Wange sehen.[31] Eine ähnliche Strafe wurde 1974 über Anthony Rossi aus East Hartford, Connecticut (USA), verhängt. Er hatte eine Raggedy-Ann-Puppe, von der angeblich der Geist eines toten Mädchens Besitz ergriffen hatte, angeschrien: »Du bist nichts als ein Spielzeug!« Im selben Augenblick spürte er einen brennenden Schmerz auf der Brust und entdeckte sieben blutige Kratzer, die ihm eine Kralle über den Körper gezogen hatte.[32]

Das wahrscheinlich bekannteste Opfer dieser Art von Angriffen durch Poltergeister war Eleanore Zügun, die 1925 in Rumänien und im Jahr darauf in Wien einem Poltergeist als Ziel seiner Attacken diente. Sie wurde bei vielen Gelegenheiten von einem unsichtbaren Angreifer gestochen, gekratzt und gebissen, oft vor den Augen glaubwürdiger Zeugen.[33] Bei der Untersuchung dieser Fälle verglich man die entstandenen Verletzungen mit den Stigmata, wie sie andere Menschen in religiösem Zusammenhang erlitten, z. B. blutende Wunden in den Handflächen in der Osterzeit. Padre Pio ist wohl der berühmteste Stigmatisierte, doch es gibt viele andere. So, wie äußerst religiöse Menschen die Stigmata als eine Folge von Autosuggestion erleben, könnten sich Zeugen, die von einem Poltergeist heimgesucht werden, diese Verletzungen durch Kräfte ihres Unterbewußtseins selbst zufügen. Aber mit dieser Spekulation greifen wir weit voraus; die Opfer jedenfalls haben gewöhnlich das Gefühl, eine selbständige Kraft paranormaler Natur sei für ihr Unglück verantwortlich.

Wir haben eine Reihe verschiedener Phänomene beschrieben, die unter die Rubrik »Poltergeist« fallen. Bevor wir ein Licht auf das zu werfen versuchen, was in diesen Fällen stattfinden könnte, müssen wir ein paar Erscheinungen erwähnen, die sich davon unterscheiden und nicht dem traditionellen Poltergeist-Schema folgen, wenn sie auch nichtsdestoweniger damit zu tun haben könnten. Es handelt sich um das mysteriöse Fließen von Blut und Wasser, von dem von Zeit zu Zeit berichtet wird. In einem Krankenhaus in Nuoro auf Sardinien ergoß sich im Jahre 1972 Wasser über die Fußböden jeder Station, in die der neun Jahre alte Eugenio Rossi gefahren wurde. Die Klempner fanden keine Erklärung.[34] Wasser floß auch zwischen dem 5. und 10. Juli 1975 in einem Haus in Ayersville, Ohio (USA), nicht nur über die Fußböden, sondern auch über einen Flügel und sogar in verschlossene Schubladen. Wände und Decken waren dagegen niemals naß. Ein Klempner suchte einen ganzen Tag lang nach einem undichten Rohr, aber er fand keines. Er stand vor einem Rätsel. »Ich öffnete die Schublade eines hölzernen Küchenschranks, und darin waren fast zwei Liter Wasser. Ich hob einen Läufer mit einem nassen Flecken von einem halben Meter Durchmesser ... aber der Fußboden darunter war trocken. Es war wirklich unheimlich!« Ein weiterer Fachmann, der das Haus untersuchte, berichtet: »Direkt vor meinen Augen bildeten sich überall auf dem Boden des Badezimmers kleine Pfützen! Es war mir ein Rätsel!«[35] Ein ähnlicher Fall wird aus Windsor, Vermont (USA), berichtet, wo die Familie Waterman im September 1955 Wassertropfen auf ihrem Mobiliar entdeckte, die immer wiederkehrten, sooft sie auch weggewischt wurden. Ein flacher Teller, der in ein anderes Zimmer getragen wurde, füllte sich auf seinem Weg vom einen ins andere Zimmer mit Wasser. Im Fall der Familie Martin folgte ihnen das nasse Unheil von einer Wohnung in die andere. Als sie in Methuen, Massachusetts (USA), wohnten, spritzte Wasser an verschiedenen Stellen hervor und floß auch von der Decke und den Wänden. Als die Familie 1963 umzog, wiederholte sich das gleiche in ihrem neuen Haus.[36]

Die drei jüngsten Berichte über in Häusern auftretendes Blut sind sogar noch merkwürdiger. Warum Blut, und wo kommt es her? Hat dieses Phänomen irgend etwas mit den religiösen Bildern zu tun, aus denen Blut fließt — wie in Kapitel 15 beschrieben wird? Im Fall eines Hauses in Aboro, einem Stadtteil von Abidjan (Elfenbeinküste), spritzte am 12. März 1985 Blut aus den Wänden. Polizeibeamten und Reportern wurde Blut an Kleidungsstücken, Küchenutensilien, in einer Dusche und an mehreren Türen gezeigt. Auch wurde berichtet, daß das Blut den Bewohnern regelrecht folgte — mit jedem Schritt, den sie taten, hinterließen sie eine blutige Fußspur. Das Blut hatte einen üblen Geruch; keiner der Bewohner war verletzt.[37] Nur wenige Monate später fand ein Paar in St. Quentin (Frankreich) überall an den Wänden seiner Wohnung und auf dem Teppich kleine rote Flecken. Das passierte im Januar 1986. Im Februar waren sie wieder da, und in derselben Nacht hörte man unten zerspringendes Geschirr. Aber am anderen Morgen waren keinerlei Spuren zu sehen. Dafür fand das Paar die eigenen Kopfkissen und den Küchentisch von kleinen roten Flecken übersät. In der folgenden Nacht waren die Flecken wieder auf dem Bettzeug und auch auf ihren Schlafanzügen. Das Paar verließ das Haus für mehrere Wochen. Die Analyse ergab, daß die Flecken getrocknetes Blut waren, aber wir haben keine Angaben darüber, ob es sich um menschliches oder tierisches Blut handelte.[38] In einem anderen Fall in Atlanta, Georgia (USA), im September 1987, wurde festgestellt, daß das rätselhafte Blut menschlichen Ursprungs war und zur Blutgruppe 0 gehörte. Woher das Blut kam, konnte nicht festgestellt werden. Es war in verschiedenen Räumen auf den Böden und an den Wänden gefunden worden. Bewohnt wurde das Haus von einem älteren Ehepaar. William Winston (Blutgruppe A) meinte: »Sehen Sie, ich blute nicht. Meine Frau blutet auch nicht. Und sonst war niemand hier.« Seine Frau erzählte, wie sie aus dem Bad gekommen sei und den Fußboden mit Blut bespritzt gefunden habe.[39]

Die Erscheinungen, die wir hier unter dem Poltergeist-Etikett versammelt haben, können sehr verschiedener Art sein, wie die kurzen Fallbeispiele in diesem Kapitel zeigen. Keine zwei Fälle können als vollkommen gleich gelten. Für sogenannte Poltergeister können teilweise auch die guten alten Geister gehalten werden, die in Häusern herumspuken. Das passiert oft, wenn Leute, bei denen Poltergeister eingezogen sind, behaupten, sie hätten richtige Erscheinungen gesehen. (Diese Überschneidungen werden wir noch in Kapitel 5 behandeln, wenn es allgemein um Geister geht.) Doch der grundlegende Unterschied zwischen den beiden Typen ist der, daß Spukgeister ortsbezogen sind und Poltergeister personenbezogen. Manche Poltergeister folgen der Familie sogar, wenn sie auszieht und so dem Ganzen zu entfliehen hofft. Der traditionelle Hausgeist dagegen bleibt, wo er ist, und macht sich jedem gegenüber bemerkbar, der zufällig in dem Spukhaus wohnt. Es gibt auch noch einige personenbezogene Geister, normalerweise Geister von engen Familienmitgliedern, die bei deren

Tod erscheinen oder kurz darauf. Aber das ist eine besondere Kategorie paranormaler Phänomene und hat gewöhnlich nichts mit Poltergeist-Erscheinungen zu tun.

Poltergeist-Ausbrüche laufen also sehr verschieden ab. Aber in welcher Form ein Poltergeist sich auch bemerkbar macht — eines verbindet alle Fälle: Fast immer konzentriert der Poltergeist seine Aufmerksamkeit auf ein einziges Mitglied des Haushalts, fast immer ein Kind. Wenn der Junge oder das Mädchen das Haus verlassen, beendet der Poltergeist gewöhnlich seine Aktivitäten, auch wenn das im Fall des Eastern-Passage-Poltergeistes von Nova Scotia (Kanada) in den Jahren 1943/44 anders war: Als Mrs. Hilchie dort mit ihren beiden Töchtern losfuhr, um der Großmutter einen Besuch abzustatten, wurden sie von Klopfgeräuschen überallhin verfolgt — in ein Restaurant, in die Taxizentrale und bis in das Haus der Großmutter.[40]

Ebenfalls in Kanada, und zwar in Forest Hill Village, einem Vorort von Toronto, wurden Anfang 1947 gleich drei Familien von einem Poltergeist geplagt. Die Verbindung zwischen ihnen war dasselbe junge Dienstmädchen, das für alle drei Familien arbeitete. In einem der Häuser rissen Explosionen ganze Stücke des Verputzes aus den Wänden und verursachten einen Schaden von 3000 Dollar — vor vierzig Jahren ein ziemlich hoher Betrag. Nachdem man das Mädchen entlassen hatte, hörte auch der Spuk auf.[41]

Ganz natürlich werden junge Leute, wenn sie so im Zentrum des Geschehens stehen, oft verdächtigt, sie seien die Auslöser des Ganzen. Die Skeptiker unter den Forschern tun denn auch alles, um deren Schuld auch zu »beweisen«. Manchmal hilft ihnen dabei das Verhalten der jungen Menschen, denn oft sieht es so aus, als würde ein Jugendlicher dann, wenn ein echter Poltergeist-Ausbruch nachläßt, von sich aus etwas nachhelfen, indem er das eine oder andere Phänomen vortäuscht. Vielleicht tut er das, um den Forschern, die die Untersuchung führen, einen Gefallen zu tun. Die Aufmerksamkeit, die den Jugendlichen von den Forschern zuteil wird, ist für sie eine willkommene Abwechslung in dem trüben familiären Einerlei. Doch in manchen Fällen scheint es sich um Arten von Schabernack zu handeln, die auf Bewußtseinsspaltungen der Betroffenen zurückzuführen sind; in anderen werden »Geständnisse« von Kindern erzwungen, die zu solchen Streichen noch gar nicht fähig waren. Als zum Beispiel in Bridgeport, Connecticut (USA), in der Zeit von 1972 bis 1975 schwere Möbel verrückt wurden, hieß es im Polizeibericht, die zehnjährige Marcy habe gestanden, diesen Streich selbst gespielt zu haben. Paul Eno, der den Fall untersuchte, bemerkt dazu: »Natürlich war die dümmste aller Anschuldigungen die, daß ein zehnjähriges Kind tagelang eine ganze Anzahl von zuverlässigen, bestens ausgebildeten Experten narren und behaupten konnte, es habe in seinem winzigen Haus solche schweren Gegenstände hin und her schieben können, ohne ertappt zu werden. Wie derart phantastische Unterstellungen auf irgendeine Weise glaubhafter erscheinen konnten als die simplen Fakten des Falles, dazu reicht mein Vorstellungsvermögen nicht aus.«[42]

In dem Fall von Newark, von Mai bis September 1961, wurde der dreizehnjährige Ernest Rivers ins Duke Parapsychology Laboratory gebracht, wo ihn der Poltergeist-Experte William G. Roll untersuchte. Bei dieser Behandlung stellte Roll am 18. Dezember fest, daß Ernest allen einen Bären aufgebunden hatte. Durch einen Einweg-Spiegel beobachtete er ihn dabei, wie er zwei Maßbänder vom Tisch nahm und sie unter seinem Hemd versteckte. Später warf er sie dann hinter seiner Großmutter her, als sie den Raum verließ. Anschließend wollte er keine Ahnung davon haben, wie die Bänder in Bewegung geraten sein könnten. Als Roll nun wußte, daß Ernest die ganze Sache inszeniert hatte, machte er einen Test am Lügendetektor und fragte ihn dazu über diesen letzten Zwischenfall aus und auch über die frühesten Vorfälle in Newark, die Roll für echte Poltergeistaktivität hielt. Das Ergebnis war, daß weder Ernests Antworten über die früheren Ereignisse noch die zu der Geschichte mit den Maßbändern als Lügen entlarvt werden konnten. Ernest wurde auch unter Hypnose gesetzt, und wieder leugnete er jedes Wissen über die herumfliegenden Maßbänder. Daher kam man bei der Untersuchung zu dem Schluß, daß Ernest die Bänder in einem Zustand von Bewußtseinsspaltung geworfen haben mußte und nicht absichtlich.[43]

Damit haben wir einen Hinweis darauf, daß es ungewöhnliche Bewußtseinszustände sein könnten, die zu Poltergeistern führen. Viele von den Kindern, auf die sich die Poltergeister konzentrieren, stehen kurz vor der Pubertät oder befinden sich in ihr. Das ist eine Phase, in der sie innere Konflikte auszutragen und emotionale Umstellungen zu verkraften haben. Auch brechen Poltergeister in der Mehrheit in Familien ein, die ganz typische Merkmale aufweisen: Gewöhnlich leben dort Erwachsene und Kinder unter einem Dach, und manchmal gibt es eindeutige Beweise dafür, daß Spannungen zwischen ihnen herrschen. In einem isländischen Fall von 1964 handelte es sich um einen Bauernhof, auf dem die Eltern und ihre erwachsene Tochter lebten. Die Mutter wollte, daß der Vater den Hof aufgäbe, die Tochter hatte vor, zu heiraten und in Reykjavik zu wohnen. Man brauchte ihre Arbeitskraft auf dem Hof: zwei Quellen für Spannungen, die zu einer Anhäufung von unkontrollierbaren Energien hätten führen können.[44]

Manchmal liegen die Gründe für Spannungen auch in religiösen

Konflikten. So wurde eine katholische Familie in Lee, Massachusetts (USA), 1981 von einem »Dämon« heimgesucht, der Heiligenstatuen köpfte, Kruzifixe zu Boden warf und ein Fleischermesser in die Küchentischplatte rammte.[45]

Der Poltergeist von Molignon (Schweiz) aus dem Jahre 1914 war ebenfalls antikatholisch eingestellt. Ein elfjähriger Junge litt dort unter Krämpfen, und in seiner Gegenwart gab es die typischen Anzeichen für die Anwesenheit eines Poltergeistes. Die Familie versuchte, ihn durch die Kraft der Religion zu vertreiben, doch das reizte den Poltergeist aber nur zu größeren Anstrengungen. Als ein Kapuzinermönch Weihwasser in ein Becken schüttete, traf ein Stein das Gefäß und zerbrach es. Eine geweihte Medaille, die an einer Kette um den Hals des Jungen hing, löste sich von selber und wurde durch die Luft geschleudert. Auch die Ankunft von vier weiteren Priestern, die Gebete sprachen, konnte den Poltergeist nicht vertreiben, der den Jungen weiter mit Steinen bewarf.[46] Im Falle des Nidamangalam-Poltergeistes in Indien war die Familie des Verwaltungsbeamten ebenfalls katholisch und versuchte, den Poltergeist mit Hilfe von Kruzifixen und Heiligenbildern abzuwehren. Aber die Bilder wurden zu Boden geschleudert und zerbrachen, die Kruzifixe wurden verbrannt oder weggeworfen. Einige der Botschaften, die der Poltergeist niedergeschrieben hatte, wurden schon zitiert, in einer weiteren hieß es unter anderem: »Die Bewohner dieses Hauses haben mir nichts getan. Ich werde sie aber nicht eher verlassen, bis sie wieder Hindus werden.« Die Antwort des Verwaltungsbeamten lautete:

»Oh, du Teufel, du glaubst, du könntest mich so leicht mit deinen Drohungen dazu zwingen, Hindu zu werden? Hüte dich, ich bin ein Kind Gottes; ich lasse dich hiermit ein für allemal wissen, daß ich bereit bin, alles aufzugeben, meinen Besitz, mein Frau, meine Kinder und all mein Hab und Gut und auch mein Leben. Aber glaube nicht, ich gäbe jemals mein Seelenheil auf. Ich bin bereit, für meinen Heiland Jesus Christus den Märtyrertod zu sterben.«[47]

Dieser Wortwechsel läßt den Schluß zu, daß es in dem Haushalt, zumindest unter einzelnen Mitgliedern, einen verborgenen Konflikt gab. Man war sich unschlüssig darüber, ob man wieder den tradierten Formen der Hindu-Religion folgen sollte oder den angenommenen katholischen Regeln.

Die Mehrheit der Poltergeister-Forscher ist wohl gegenwärtig der Meinung, daß die meisten Poltergeist-Ausbrüche wahrscheinlich durch unterdrückte Emotionen innerhalb der betroffenen Familie verursacht werden. Aber damit ist gewiß noch gänzlich ungeklärt,

SORRAT-Mitglieder bei der Levitation eines Tisches.

wie unsere Gefühle uns befähigen sollen, so viel Energie zu erzeugen, daß wir dann schwere Möbelstücke umwerfen und dergleichen »unmögliche« Taten vollführen, wie sie kurz in diesem Kapitel erwähnt wurden: etwa einen festen Gegenstand durch einen anderen wandern zu lassen oder lebendige Menschen von einem Ort zum anderen zu »teleportieren«. Man ist derzeit noch dabei, Phänomene dieser Art weiter zu erforschen, und die hauptsächlich in Missouri (USA) arbeitende SORRAT-Gruppe (Society for Research on Rapport and Telekinesis) hat in kontrollierten Versuchen Formen entwickelt, von denen wir glauben, daß sie entscheidend zur Lösung des Poltergeist-Rätsels beitragen könnten. Sie brachten Tische zum Schweben, es ist ihnen sogar gelungen, feste Gegenstände durch andere feste Objekte wandern zu lassen. Auf die Weise haben sie bestätigt, daß das Unwahrscheinliche noch lange nicht unmöglich sein muß.[48]

Bigfoot, der Schneemensch Nordamerikas

Einen Meter achtzig bis zwei Meter vierzig groß, schwerfällig gebaut, mit kurzer dunkler Behaarung, aufrechtem Gang auf zwei Beinen und mit menschenähnlichen Fußabdrücken — in zoologischen Standardwerken ist solch ein Wesen nicht zu finden. Unter Namen wie Bigfoot oder Sasquatch wird es nur von den Kryptozoologen ernst genommen (sie suchen nach »verborgenen« Lebewesen, die die offizielle Wissenschaft ignoriert) und von denen, die behaupten, so ein Wesen tatsächlich gesehen zu haben. Von denen gibt es eine ganze Menge. Vor einigen Jahren erstellten wir eine Liste, wo und wie oft so ein »Bigfoot« zwischen 1818 und 1980 gesichtet wurde (sie wurde in unserem Buch *Bigfoot Casebook* veröffentlicht), dabei kamen wir auf fast 1000 Eintragungen. Bedenkt man, wie viele Berichte uns gar nicht zu Ohren gekommen sind bzw. wie viele Begegnungen niemals weitererzählt wurden, dann dürfte Tausend noch eine bescheidene Zahl sein. Berichte von der Entdeckung riesiger Fußabdrücke ohne gleichzeitige Beobachtung ihrer Verursacher sind dabei nicht eingeschlossen.

Die Existenz des Bigfoot ist vielfach dokumentiert, größtenteils aus den westlichen Bundesstaaten und Provinzen, von British Columbia im Norden durch Washington und Oregon bis hinab nach Kalifornien. Aber gesichtet wurde er praktisch überall, vor allem auch in Kanada. In manchen Berichten ist die Rede von merkwürdigen paranormalen Vorgängen, zum Beispiel einer telepathischen Verständigung zwischen einem Bigfoot und einem menschlichen Wesen. Oft heißt es auch, daß ein Bigfoot durch Kugeln nicht verwundbar sei und sich entmaterialisieren könne oder daß er gar in irgendeinem Zusammenhang mit dem Auftauchen von UFOs stehe. Da das eher selten erwähnt wird, haben wir nicht vor, es hier weiter zu verfolgen. Genaueres dazu kann man in unseren Büchern *Bigfoot Casebook* und *The Evidence for Bigfoot and Other Man-Beasts* nachlesen. Auf dem hier verfügbaren Raum soll ein Bild von der nordamerikanischen Bigfoot-Szene der achtziger Jahre entworfen werden. Die Zeit davor ist in unseren eigenen und anderen Büchern ausführlich dokumentiert worden, doch über die Jahre nach 1980 wurde bislang noch nichts publiziert. Die hier nun fortgesetzte Berichterstattung über weitere Begegnungen sollte jene Kritiker zum Schweigen bringen, die behaupten, Bigfoot sei nur ein Medienereignis der siebziger Jahre gewesen. Wahr ist, daß in jenem Jahrzehnt die Zahl der Sichtungen des Tiermenschen stark zugenommen hatte und daß die Situation jetzt wieder ruhiger ist, aber Bigfoot hat sich mit Sicherheit nicht verabschiedet. Man sollte auch nicht vergessen, daß Bigfoot über viele Jahrzehnte hinweg beobachtet worden ist, bis zurück ins vorige Jahrhundert.

Bigfoot-Einzelaufnahme aus Roger Pattersons Film von 1967
[Foto: Patterson/Gimlin, © *1968 Dahinden]*

Daß trotz dieser langen Geschichte von Begegnungen noch immer kein unumstößlicher Beweis für die Existenz von Bigfoot vorhanden ist, enttäuscht die Kryptozoologen — es gibt keinen Kadaver, keine Knochen, keine Zähne, nur ein paar Haare, die *möglicherweise* von einem Bigfoot stammen, aber keine besondere Beweiskraft zu haben scheinen. Denn für die wissenschaftliche Analyse können keine Haare zum Vergleich herangezogen werden, die bewiesenermaßen von einem Bigfoot stammen. Es gibt nicht einmal eine Fotografie, die von jedermann als echt anerkannt wird. Das Beste, was wir haben, ist Roger Pattersons Film, der am 20. Oktober 1967 am Bluff Creek in Nordkalifornien aufgenommen wurde. Er bietet bis heute Stoff für immer neue Kontroversen. Roger Patterson ist inzwischen verstorben, aber sein Begleiter an diesem bedeutsamen Tag, Bob Gimlin, lebt noch und behauptet weiterhin, daß der Film einen echten Bigfoot zeigt, keinen in Tierfell gehüllten Menschen. In einem Interview, das Gimlin 1985 dem *Post Intelligencer* in Seattle, Washington, gab[1], beschreibt er, was tatsächlich passierte und wie er heute darüber denkt. Er und Patterson waren zu Pferd unterwegs, 40 oder 50 Meilen von der nächsten Straße entfernt auf der Suche nach Bigfoot. Sie hatten gehört, man habe in dieser Gegend Spuren von ihm gefunden. »Wir bogen um einen großen umgestürzten Baum, und da stand das Ding am Fluß, stand einfach da. Wir befanden uns auf der einen Seite des Flüßchens, das Wesen auf der andere Seite, und unsere Pferde spielten ganz verrückt. Rogers kleines Pferd scheute. Es bäumte sich auf, so daß Patterson lieber aus dem Sattel stieg und dabei seine Kamera aus der Satteltasche zog.

Währenddessen drehte sich dieses Wesen um und ging von uns weg, ganz langsam, wie ein Mensch, der die Straße entlanggeht. Gleichzeitig setzte Roger über den kleinen Fluß, aber dabei stolperte er über eine Sandbank. Das ging alles Schlag auf Schlag. Er filmte, während er weiterlief. Im Stürzen schrie er mir etwas zu. ›Deck mich!‹ rief er, und ich wußte natürlich, was er meinte. Also ritt ich durch den Fluß, zog die Büchse aus dem Sattelhalfter und wartete ab (die Büchse auf das Vieh gerichtet, aber ohne genau zu zielen). Zu der Zeit war es nicht weit von mir entfernt — rund dreißig Meter —, und es drehte sich um und sah mich an; drehte sich nur so im Weggehen um. Es hielt keinen Augenblick an. Und dann ... dann hörte ich Roger sagen: ›Oh, Gott, der Film ist aus.‹ Nun, er hatte unterwegs die ganze Zeit über Bilder von der Umgebung aufgenommen, und es war eine alte Kamera, bei der man den Film im Dunkeln wechseln mußte.«

Bob Gimlin zeigt die 36 cm langen Fußabdrücke des Bigfoot, den sein Begleiter Roger Patterson am Bluff Creek in Kalifornien filmen konnte.

Dr. Grover S. Krantz.

Als er das getan hatte, war Bigfoot verschwunden. Für Gimlin gibt es keinen Zweifel, daß der Bigfoot, den sie sahen, wirklich existierte. »Es wäre mir damals besser gegangen, hätte ich gesagt, es sei ein Mensch in Fellkleidung gewesen, dann hätte ich mir viel Spott erspart. Aber Roger ist jetzt schon lange tot, und ich habe das Gefühl, ich schulde es den Leuten, ihnen zu sagen, daß wir es wirklich gesehen haben.« Gimlin hat an dem Film keinerlei finanzielle Interessen, und er hätte leicht eine Menge Geld kassieren können, hätte er den Medien gestanden, daß es sich bei dem Bluff-Creek-Film um einen Schwindel gehandelt hatte. Daß er das nicht getan hat, stützt eher seine These, daß Patterson auf dem Film tatsächlich einen echten Bigfoot eingefangen hat, und es gibt eine ganze Anzahl von Wissenschaftlern, die seine Meinung teilen.

Einer von ihnen ist der Anthropologe Dr. Grover S. Krantz, ein Spezialist für die Evolution des Menschen und a. o. Professor an der Washington State University. Sein Interesse wurde durch die Analyse der Fußabdrücke eines offensichtlich verkrüppelten Bigfoot geweckt, die man 1969 in Bossburg, Washington, im Schnee gefunden hatte. 1982 untersuchte er dann die Abgüsse von Fußabdrücken, die Paul Freeman, selbst ein Bigfoot-Zeuge, in den Blue Mountains gefunden hatte, die sich vom südlichen Washington bis ins nördliche Oregon erstrecken. Diese Spuren beeindruckten Krantz besonders, weil sie sogar die feinen Hautfurchen aufwiesen, die ein Schwindler nur äußerst schwer hätte fälschen können. Vergleichbare Spuren wurden seit 1982 mehrfach entdeckt, und Anfang 1987 konnte Krantz sie an zwei Stellen vor Ort besichtigen. Experten für Fingerabdrücke haben die Abgüsse untersucht, und je länger sie sie anschauten, desto eher neigten sie dazu, sie für authentisch zu halten. Der Veteran unter den Bigfoot-Jägern, René Dahinden, nahm sich dagegen einmal Spuren vor, die im November 1987 in der Nähe von Walla Walla (Washington) gefunden wurden, und kam zu dem Schluß, daß es Fälschungen waren. Vermutlich hatten Menschen sie mit ihren Händen angefertigt. So stimmt Krantz auch mit andere Forschern darin überein, daß man faktisch in den Besitz eines ganzen Exemplars dieser Gattung gelangen muß, um ein für allemal beweisen zu können, daß Bigfoot existiert. Er hat vor, während des Frühjahrs mit dem Hubschrauber das Bigfoot-Territorium abzufliegen und mit einer Infrarot-Kamera nach dem Kadaver eines Bigfoot zu suchen, der eines natürlichen Todes gestorben ist. Die Infrarot-Kamera kann die Wärme registrieren, die ein verwesender Körper ausstrahlt. Dieser Prozeß beginnt gewöhnlich im Frühling, wenn die Körper der im Winter verendeten Tiere auftauen.[2]

Ohne die Untersuchung eines Kadavers wird niemand sagen können, ob Bigfoot ein Tier oder ein Mensch ist. Es gibt Zeugen, die zwar eine Waffe bei sich hatten, aber nicht zu schießen wagten, weil Bigfoot wie ein Mensch aussah. Aber die äußere Erscheinung kann täuschen, und die Experten vertreten auch entgegengesetzte Meinung. Es gibt mehrere mögliche Kandidaten, von denen der *Gigantopithecus* besonders bekannt ist, ein Lebewesen, das vor 500 000 Jahren in China lebte — aber niemand weiß, ob der *Gigantopithecus* ein menschliches oder ein tierisches Wesen ist. Eine positive Zuordnung kann also erst dann geschehen, wenn den Wissenschaftlern Körperreste für eine eingehende Analyse zur Verfügung stehen. Um so besser, wenn man eine Leiche zur Verfügung hätte, ohne ein gesundes Exemplar töten zu müssen.

Unterdessen ist es eher deprimierend, daß die meisten Wissenschaftler sich gar nicht um die Berichte kümmern, die regelmäßig in der Presse auftauchen und eine erneute Sichtung eines Wesens melden, das aus prähistorischer Zeit überlebt haben könnte. Natürlich haben sie recht, wenn sie vorsichtig sind, denn es gibt immer wieder Täuschungsversuche. In Pennsylvania verurteilte ein Richter zum Bei-

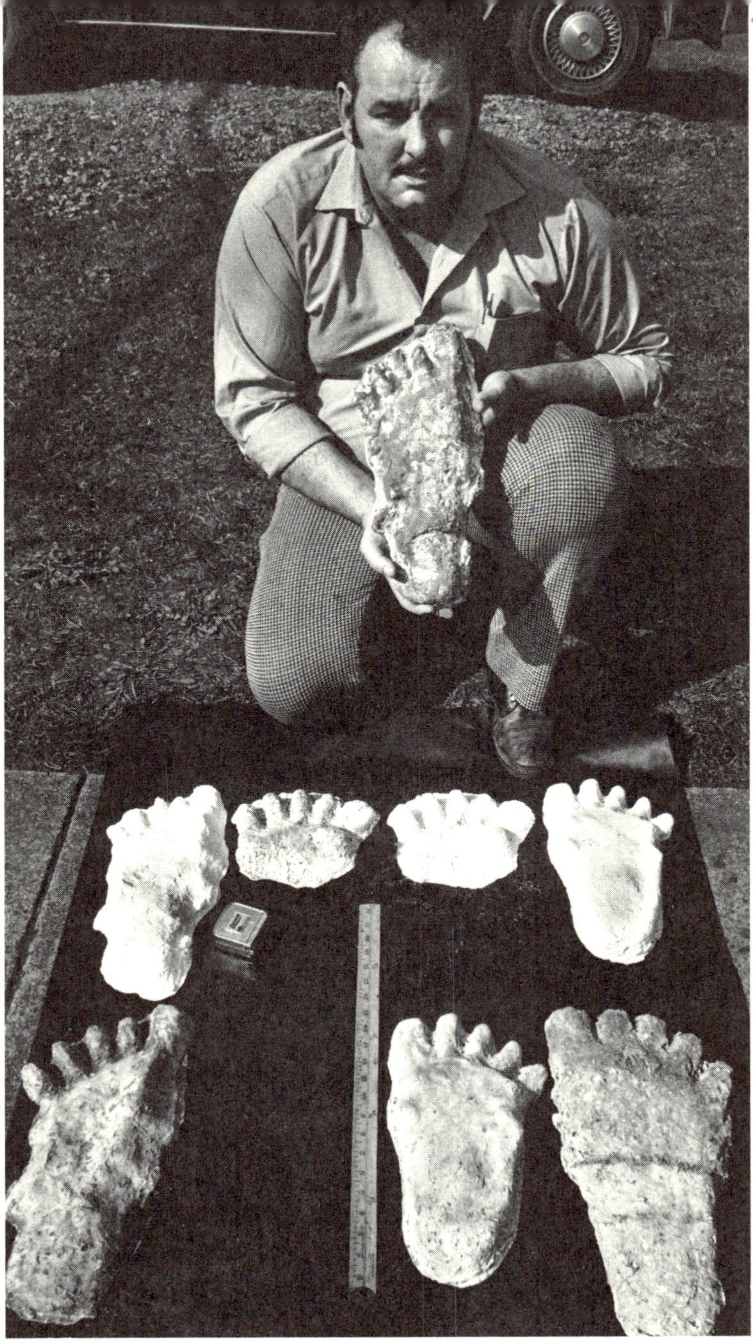

Paul Freeman sah einen Bigfoot und fand viele Fußabdrücke.

spiel 1986 Craig Alan Brashear zu zehn Dollar Geldstrafe zuzüglich $ 50,17 Gerichtskosten, weil er einen Bigfoot gespielt hatte. Nachdem es Berichte von fremdartigen Geräuschen und üblen Gerüchen im Wald gegeben hatte (Von solchen Gerüchen ist bei Bigfoot-Zeugen oft die Rede.), hatte Brashear sich in ein Fell gekleidet, eine Wolfsmaske aufgesetzt und war so in das Scheinwerferlicht von Autos gesprungen. Man hat oft beobachtet, wie ein Bigfoot die Straße überquert, aber man kann sich kaum vorstellen, daß die Hunderte von Beobachtungen dieser Art ausnahmslos auf solche Spaßvögel in Fellkleidung zurückzuführen sind. Einige Zeugen mögen auch normale Tiere wie Rehe oder Bären für einen Bigfoot gehalten haben, vor allem dann, wenn das Licht schwach war oder nur ein Stück von dem Wesen zu sehen war. Aber andererseits waren viele Zeugen oft auch erfahrene Jäger, von denen man erwarten kann, daß sie mit dem Anblick eines Rehs oder eines Bären vertraut sind. Häufig unterstreichen die Zeugen auch, daß es weder das erstere noch das zweite gewesen sein kann. Auch ein paar von den großen Fußabdrücken mögen Fälschungen sein, aber gewiß nicht jene, die man in abgelegenen Waldgebieten gefunden hat, in die nur wenige Menschen kommen.

Fälschungen und Fehlinterpretationen gibt es zweifellos. Aber ist es denn wahrscheinlich, daß all die Tausende von Aussagen über Sichtungen solcher Wesen und über die Entdeckung von Fußabdrücken in den letzten hundert Jahren so zu erklären sind? Bleiben Sie als Leser zumindest aufgeschlossen gegenüber der Existenz dieses schwer zu fassenden Riesen, wenn Sie jetzt von einigen der jüngsten Beobachtungen der achtziger Jahre lesen.

Am 6. Februar 1981 wurde ein 2,10 bis 2,40 Meter großes, massig wirkendes Wesen in der Nähe des Rocks State Park in Maryland hinter einem Restaurant gesehen. Es wühlte in den Abfällen, unter denen sich stinkende Welsreste befanden. Michael Green war Zeuge dieses Auftritts. Er war gegen 2.30 Uhr auf dem Weg zur Arbeit, hielt an und beobachtete das Wesen zehn Minuten lang, bis es schließlich langsam fortging.[3] Einen Bigfoot hat man recht oft in der Nähe von Häusern beobachten können, vornehmlich in ländlichen Gegenden, und man nimmt an, daß die Möglichkeit, Futter zu finden, sie dorthinlockt. In diesem Fall mag es der Fischgeruch gewesen sein, obwohl der Bericht nichts darüber sagt, daß der Bigfoot bei der Nahrungsaufnahme gesehen wurde. Nach Zeugenaussagen nimmt ein Bigfoot sehr verschiedene Speisen zu sich, darunter Rehe, Vögel, Hühner, Fisch, Muscheln, Kaninchen und andere Kleintiere, aber auch Äpfel, Beeren, Mais, Gras, Zweige und Blätter, Früchte, Wurzeln, Gemüse, Tomaten, Wasserpflanzen und geeignetes Futter aus den Abfalltonnen von Häusern und Campingplätzen.

Ende Februar desselben Jahres saß ein Liebespärchen fünf Meilen nördlich von Veedersburg (Indiana) in seinem Auto, als unerwartet etwas vor ihnen im Scheinwerferlicht auftauchte. »Es hatte an dem Abend geregnet«, berichtet der Mann. »Es war eine angenehme Nacht, kein Wind. Wir hielten an und küßten uns und drehten unsere Köpfe gleichzeitig nach vorn. In dem Augenblick sahen wir es. Es befand sich am äußeren Rand des Lichtkegels unseres Scheinwerfers, ungefähr zwei Telegrafenmasten entfernt.«

»Wir haben es beide im gleichen Moment gesehen«, ergänzt sie. »Wir haben es beobachtet, bis es außer Sicht war. Das waren nur ein paar Sekunden. Es bewegte sich von der linken Straßenseite zur rechten und überquerte die Fahrbahn in drei oder vier Schritten.«

Sie fragten sich, ob es eine Kuh oder ein Pferd gewesen sein könnte, glaubten es aber nicht. »Es war zu hoch«, sagte er. »Ich sah es von der Taille aufwärts bis zu den Schulterblättern. Die Schultern erstaunten mich am meisten. Sie müssen so breit gewesen sein« (er hielt die Arme etwa achtzig Zentimeter auseinandergestreckt). »Sein Haar sah aus wie das schmutzige Fell eines Collies. Es wirkte dicht und verfilzt. Das Wesen sah aus, als wöge es wenigstens seine 300 Pfund. Und das waren keine 300 Pfund Fett — es hatte einen strammen Körper«, sagte er.

Beide waren sich einig, daß es 2,40 bis 2,70 Meter groß war und sich in aufrechter Haltung fortbewegte. Und sie stimmten auch darin überein, daß sie nie zuvor etwas Ähnliches gesehen hatten. Trotzdem behauptete ein Zoologe, sie müßten einen Hirsch beim Überqueren der Straße beobachtet haben.[4]

Ebenfalls in Indiana wurde am 16. April 1981 zwei Meilen südlich von Spraytown ein 2,40 Meter großes dunkelhaariges Wesen gesichtet, das sich in einer verschneiten Nacht in die Nähe eines Hauses vorgewagt hatte. Der Zeuge war um 23 Uhr aufgestanden, um die draußen gelegene Toilette aufzusuchen, und entdeckte das Wesen in einer Entfernung von etwa sechzig Metern. Ihm fiel auch ein schmutzig-modriger Geruch auf. Er ging wieder ins Haus, um weitere Zeugen herbeizuholen, aber als sie ins Freie kamen, war das Wesen verschwunden.[5]

Gegen Ende April 1981 stattete offensichtlich ein Bigfoot einem Haus in der Rocky Boy Reservation in Montana einen Besuch ab. Rund 30 riesige Fußabdrücke wurden im eingezäunten Garten von Jimmy Eagleman gefunden. Sie hatten vier Zehen und waren ungefähr 35 Zentimeter lang, 19 Zentimeter breit und fünf Zentimeter tief in den harten Boden eingedrückt. Captain Larry Bernard von der Indianerpolizei gelang es trotz seiner 200 Pfund Gewicht nicht, mit den eigenen Füßen im Boden einen Abdruck zu hinterlassen. Die Spur führte hinaus in die Bearpow Mountains, und an einem Stacheldrahtzaun fand man lange rötliche Haare. Pete Walking Eagle, der das Haus bewohnte, berichtete, er habe Geräusche gehört, aber nichts entdeckt, nachdem er vor die Tür getreten war. Sein Bruder hatte einige Zeit vorher ein merkwürdiges Wesen gesehen, das »groß und rot« gewesen sei, und »die Straße hinuntergelaufen sei wie ein Affe«.[6]

Am 23. Mai 1981 erzählten zwei Fischer, die als »zuverlässige Bürger« beschrieben werden, sie hätten sich auf der Rückfahrt von einem Angelausflug in der Franklin Section des Newark Water Shed in Sussex County (New Jersey) befunden, als sie auf einer verschmutzten Straße plötzlich ein Wesen beobachteten, das quer über die Straße und durch ihr Scheinwerferlicht schlenderte. »Ich trat voll auf die Bremse und bog dann schnell in einen Feldweg ein, um ihm zu folgen. Wir waren vielleicht noch anderthalb Meter von ihm entfernt, als mein Kombi im Schlamm steckenblieb.« Sie schätzten das Wesen auf 2,10 Meter Größe und mehr als 300 Pfund Gewicht, und es war am ganzen Körper von roten Haaren bedeckt. Es hatte ein flaches Gesicht und Ohren wie ein Mensch und bewegte sich leicht nach vorne gebeugt, mit schlenkernden Armen und geballten Fäusten. »Es bewegte sich ähnlich wie ein Skilangläufer vorwärts. Ich möchte tot umfallen, aber es war kein Bär und auch nicht jemand in einem entsprechenden Anzug. Ich lege keinen Wert darauf, so etwas noch einmal zu sehen.«[7] Es handelt sich um eine geläufige Situation: Ein Bigfoot wird sehr häufig nachts gesichtet, wenn er in einer einsamen Gegend die Straße überquert, und er gerät einem dabei für einen kurzen Augenblick in den Lichtkegel. Aber in diesem Fall verfolgte ihn der Fahrer und konnte ihn so aus anderthalb Meter Entfernung beobachten, wenn auch nur kurz.

Wiederum Ende Mai 1981, aber im Süden der USA in einem Zypressenhain in der Nähe von Ruddock (Louisiana), waren der baptistische Pfarrer von St. John, Harmon Levron, und sein sechzehnjähriger Sohn Mark auf der Jagd nach Giftschlangen, als ihnen eine unerwartete Beute über den Weg lief — ein Bigfoot. Diesmal geschah alles bei Tageslicht.

»Wir hatten beide schon je drei Schüsse abgegeben, als ich meinen Sohn ansah und er mich. Plötzlich war ein gräßlicher Gestank in der Luft. Ich sagte zu Mark, wahrscheinlich habe jemand eine tote Kuh in den Sumpf gezerrt. Wir liefen also nach rechts und versuchten, aus der Reichweite des Geruchs zu kommen. Während wir marschierten, hörten wir einen gewaltigen Lärm, als wenn etwas wirklich Dickes und Schweres durch die Äste und Zweige bräche. Ich sah nach oben und entdeckte dann in zehn bis fünfzehn Meter Entfernung ein großes, zottiges Ding mit langem rötlichorangefarbenem Haar, das tiefer in den Sumpf hineinrannte.«

Sie suchten nicht weiter. Levron meint dazu: »Ich sage Ihnen nur, so schnell, wie dieses Ding vor uns wegrannte, so schnell sind wir ebenfalls weggerannt.«[8] Es hatte in der Vergangenheit hier schon einige Begegnungen mit Bigfoot gegeben, und nach drei Monaten Pause war dann der achtzehnjährige Danny Simoneaux an der Reihe, als er seinen Sommerurlaub in der Nähe der Bayou-Steel-Werke verbrachte. Er wartete darauf, mit seinem Bruder in den Sümpfen jagen zu gehen, als er aus der Richtung des Flusses ein Geräusch hörte. »Ich richtete meine Lampe in Richtung des Geräusches und sah zwei große rote Augen, die mich anstarrten. Das Geschöpf war ungefähr 2,40 Meter groß. Ich blieb lange genug stehen, um das zu erkennen, dann ließ ich mein Gewehr fallen und setzte mich, so schnell ich konnte, in die andere Richtung ab. Ich bin zwar in derselben Nacht noch auf die Jagd gegangen, aber keinen Augenblick lang allein.«[9]

Anfang August 1981 wurden drei junge Leute, die in einer Hütte in der Nähe von Plainfield (Wisconsin) wohnten, von einem mysteriösen Wesen beobachtet, das mindestens 2,10 groß war und von oben bis unten mit glattem, dichtem weißem Haar bedeckt war. »Die Augen glichen tiefen schwarzen Höhlen in seinem Kopf, und man konnte weder Nase noch Mund erkennen. Ich war der einzige, der seine Augen gesehen hat«, erinnerte sich der fünfzehnjährige Kim. Es (oder sie, denn es können auch zwei gewesen sein) ging außen um die Hütte herum, sah durch die Fenster, krallte sich manchmal draußen an der Wand fest oder schlug dagegen, und die Jugendlichen hatten Angst, vor die Tür zu gehen. Die Belagerung dauerte das ganze Wochenende an, am Montag war das Wesen dann fort. Als sie heimkehrten und ihrer Familie die Geschichte erzählten, schenkte man ihnen zuerst keinen Glauben, bis der Vater die Angst in ihren Augen bemerkte. Er fuhr zur Hütte hinaus und stieß in der Umgebung auf menschenähnliche Fußspuren von 28 Zentimetern Länge.[10]

Ein weiterer weißer Bigfoot wurde im folgenden Monat in Decker Chapel (Indiana) gesichtet. Am Morgen des 25. September um 9 Uhr sah Barbara Crabtree ein 2,10 bis 2,40 Meter großes Wesen in einem Maisfeld hinter ihrem Haus stehen. Es hatte schmutzig-weißes Haar und roch widerlich. Es hatte ebenfalls riesige Augen, »aber ich kann nicht sagen, welche Farbe sie hatten, weil ich nicht lange genug stehengeblieben bin, um es mir genau anzuschauen.« Sie glaubt, es habe nach einem Huhn gegriffen, das sie auf den Abfall geworfen hatte, weil es verdorben gewesen war. Am selben Abend, als sie mit ihrem Mann vom Besuch eines Autokinos zurückkam, sah Mrs. Crabtree dasselbe Wesen, wie es aus dem Wald trat, an dem die Straße vorbeiführte. Ein paar Tage später hörte Mrs. Crabtree ein lautes Knurren außerhalb des Hauses, und der Hund begann zu bellen. Als ihr Mann das Licht über der Haustür einschaltete, hörte das Knurren auf, aber dann war es wieder auf der anderen Seite des Hauses zu hören.[11] Dies scheint ein weiteres Beispiel dafür zu sein, daß ein Bigfoot sich dann einem Haus auf dem Lande nähert, wenn er nach Futter sucht. Interessant ist auch, daß die beiden letzten Berichte von weiß behaarten Wesen handeln: Weiße Haare werden nicht so häufig beobachtet wie dunkle, aber ungewöhnlich sind sie nicht.

Gegen Ende September 1981 tauchte ein Bigfoot auch wieder in der Nähe von Little Eagle (South Dakota) auf, wo man ihnen 1978 gleich mehrfach begegnet war. Das hatte die kleine indianische Poststation mit ihren 57 Einwohnern in ein Zentrum hektischer Aktivität verwandelt: Von überall her waren Fremde herbeigeströmt, um nach Bigfoot zu suchen. Diesmal begegneten ihm drei Jugendliche, die in den Hügeln zehn Meilen nordwestlich von Little Eagle auf der Pirsch waren. Ihr Jeep war steckengeblieben, und sie waren auf dem Fußmarsch zurück in die Stadt, als sie drei schwarze Wesen sahen, die um die drei Meter groß waren. Sie gingen aufrecht und bewegten sich schnell. Die drei Jungen waren schon erfahrene Jäger, aber was sie sahen, jagte ihnen doch einen Schrecken ein. Sie duckten sich, um von dort aus weiter zu beobachten.[12]

Auf einer Farm auf der Upper Peninsula in Michigan erlebte die dreizehnjährige Tina Barone eine ziemliche Überraschung, als sie an einem Freitagabend im November 1981 die Scheune betrat. Es hatte bereits einige ungewöhnliche Aktivitäten durch ein unbekanntes Tier gegeben — Türen waren aus den Angeln gerissen, Getreidefässer gegeneinandergestoßen, Zäune niedergerissen worden, auch Schreie wurden gehört. Jetzt machte Tina ihre Erfahrungen. Ihre zwölf Jahre alte Schwester war bei ihr.

»Roxanne fürchtete sich davor, in die Scheune zu gehen, weil sie vorher Geräusche gehört hatte. Ich sagte, ich würde vorgehen, und tastete nach dem Lichtschalter. Ich spürte etwas wie Fell. Es fühlte sich dicht und schmutzig an. Zuerst dachte ich, es wäre eine Ziege oder so etwas, also zog ich den Handschuh aus und tastete noch einmal. Es hatte mit nichts Ähnlichkeit. Es war groß und kräftig und schwarz, und es hatte rote Augen und ein Fell und stand auf zwei Beinen. Es ließ ein tiefes Knurren hören.

Als sie sich umdrehte und sich langsam aus der Scheune zurückzog, um das Wesen nicht herauszufordern, »begann es, hinter mir herzugehen, und ich rannte los.« Aber es versuchte nie, ihr ein Leid zu-

zufügen. David, der achtzehnjährige Cousin des Mädchens, holte sein Gewehr. »Es war irgendein Tier«, sagte er, »aber ich kann nicht beschreiben, was für eins. Es war zwischen zwei und 2,20 Meter groß. Ich habe nicht geschossen, um es zu töten. Ich habe nur in die Luft geschossen, um es zu verjagen. Es stand aufrecht und hatte reichlich lange Arme — ein Mittelding zwischen Bär und Affe, würde ich sagen. Ich habe noch nie einen Bigfoot gesehen, habe also keine Ahnung, ob es sich hier um einen gehandelt hat.«[13]

Auch Tinas Mutter, Cindy Barone, erblickte das Wesen Anfang Dezember. »Es saß in der Nähe der Scheune, und zwar so, daß es zu uns hereinschauen konnte. Ich dachte, es wäre hinter unserer Apfel- oder unserer Kornmelasse her — auch unsere Kornsäcke waren aufgerissen. Wenn es sich jetzt in den Winterschlaf begibt, dann wüßten wir jedenfalls besser Bescheid.« Sie vermutete nämlich, daß es sich um einen zahmen Bären handelte, der seinem Besitzer vor zwei Jahren entlaufen war.[14] Aber die Bigfoot-Experten bezweifelten das, weil die Beschreibungen sich viel eher nach einem Bigfoot anhörten, vor allem weil das Tier auf zwei Beinen lief, eine ungewöhnliche Art der Fortbewegung für Bären. Die auf die wildlebenden Tiere spezialisierten Biologen des Michigan Department of Natural Resources hatten auch ihre Zweifel, daß es sich um einen Bären handeln könnte. Sie meinten, einen Bären bekäme man häufiger zu Gesicht. »Bären sieht man bei jeder Gelegenheit. Sie sind keine Nachttiere, und sie haben keine natürlichen Feinde — also brauchen sie sich auch nicht zu verstecken. Wäre es ein Bär, müßte er häufiger gesehen werden.« Ein weiterer Bewohner Michigans, der ein riesiges, behaartes Tier sah, kam zu dem Schluß, daß es sich um einen Bären gehandelt hatte. Das geschah ebenfalls Anfang Dezember in Lexington Township, ungefähr zehn Meilen südwestlich der Farm der Barones. Um 6.15 Uhr in der Frühe schlug Kathy Hensleys Hund an. Als sie hinausging, um nachzuschauen, sah sie im Licht ihrer Taschenlampe ein fast zwei Meter großes Tier, das auf seinen Hinterbeinen stand. Es warf ihren deutschen Schäferhund einfach zu Boden; glücklicherweise überlebte er diesen Angriff.[15]

Die beiden Gesetzeshüter, die ein großes, behaartes Wesen vor sich über die Straße laufen sahen, waren ganz sicher, daß es kein Bär gewesen war, aber auch kein Schwindler. Sie waren an einem Februarmorgen des Jahres 1982 auf der Route 22 in den Adirondacks (New York) unterwegs. Das Lebewesen, das ihnen dort begegnete, sah affenähnlich aus, war 2,10 bis 2,40 Meter groß und hatte ein schmutzigbraunes, räudiges Fell. Es bewegte sich in langen Schritten und schwenkte dabei die Arme wie ein Mensch. Es hatte auch stark reflektierende Augen. »Es gibt, zum Teufel, keinen Grund anzunehmen, daß es ein in Fell gekleideter Mensch gewesen ist!« lautete der Kommentar eines der Polizisten.[16]

Aus den westlichen Bundesländern der USA und Kanadas wird gegenwärtig nicht so häufig ein Bigfoot gemeldet wie früher. Daher konnten wir für die Jahre 1981/82 kein Beispiel aus dieser Gegend aufführen. Die nächste Sichtung stammt aber wieder aus dem Staat Washington und hat eine Kontroverse ausgelöst. Zeuge des Vorfalls war Paul Freeman, Patrouillenfahrer im Umatilla National Forest im Walla-Walla-Bezirk der Blue Mountains. Am 10. Juni 1982 befand er sich um 11.30 Uhr allein im Wald.

»Plötzlich sah ich etwas von einer etwa drei Meter hohen Böschung auf die Straße herunterspringen. Ich sah ihn im selben Augenblick, wie er mich sah. Er sah aus wie all die Bilder, die ich von prähistorischen Menschen gesehen habe. Er war von oben bis unten behaart — mit rötlichbraunem Haar. Es war so dicht, daß man nicht durch bis auf die Schultern, Arme oder Beine schauen konnte. Nur im Gesicht und auf der Brust war die Behaarung dünn genug, daß man die Haut sehen konnte, und die hatte die Farbe von braunem Leder.

Ich war ungefähr 60 Meter von ihm entfernt, stand nur da und schaute zu ihm hinüber, und er schaute zurück. Ich hörte ihn heftig atmen, als wäre er gerade gerannt, und ich sah, wie die Bauchdecke sich hob und senkte. Ansonsten gab er keinen Laut von sich. Ich wurde ängstlich und zog mich ein paar Schritte zurück. Er sträubte die Haare im Nacken und auf den Schultern, wie das auch die Hunde tun, wenn sie drohen ... Als er sah, daß ich mich nicht mehr auf ihn zu bewegte, machte er kehrt und marschierte die Straße entlang.«

Freeman hielt den Bigfoot für wenigstens 2,40 Meter groß und sehr gewichtig. Er war überzeugt, keinen Bären vor sich gehabt zu haben — Bären waren ihm durchaus vertraut — und auch keinen Menschen im Affenfell — er hatte ja beobachten können, wie die Muskeln in den Armen, Beinen und Schultern sich bewegten. »Ich arbeite seit Jahren in der Wildnis und ... ich habe noch nie so etwas gesehen.«

Von einer Forsthütte aus telefonierte Freeman Hilfe herbei. Gemeinsam mit den Kollegen machte er umgehend Fotos und fertigte Gipsabdrücke von den Fußspuren an, die das Wesen hinterlassen hatte. Sie stießen auf insgesamt einundzwanzig Spuren, jede 35 Zentimeter lang und bis zu 18 Zentimeter breit und jeweils 1,80 bis 2,40 Meter weit voneinander entfernt. Etwa eine Woche später wurden in der Nähe noch mehr Spuren gefunden. Einige waren fast drei Zentimeter tief in den feuchten Boden eingedrückt. Hier handelte es sich offensichtlich um zwei Lebewesen, jedes um die 600 Pfund schwer. Das waren die Spuren, bei denen Dr. Grover Krantz dann die Hinweise auf Hautfurchen entdeckte. In den folgenden Jahren fand Freeman immer wieder Spuren in den Blue Mountains, was manchen Bigfoot-Forschern verdächtig vorkam, obwohl man doch, wenn ein Bigfoot tatsächlich in diesem Gebiet lebt, auch erwarten konnte, entsprechende Spuren zu finden.[17]

Nur zwei Tage nach Freemans Entdeckung eines Bigfoot will auch Robert France am 12. Juni einen Bigfoot gesehen haben, diesmal auf dem Chestnut Ridge oberhalb des Dorfes Hillside im Derry Township — auf der anderen Seite des Kontinents in Pennsylvania. France wußte über das Wild, das in dieser Gegend vorkommt, sehr gut Bescheid. Daher wußte er, daß das Wesen, dem er begegnete, weder Bär noch Hirsch sein konnte.[18] Don Cunningham von der Gendarmerie des Dakota-Ojibway Tribal Council wiederum meinte, einen Hirsch am Straßenrand zu sehen, als er mit Frau und Kindern im August 1982 nach Winnipeg (Manitoba) unterwegs war. Aber als sich das Tier plötzlich auf die Hinterfüße stellte, wußte er, daß er sich geirrt hatte. Es ließ eine menschenähnliche Gestalt erkennen, hatte ein braunes Fell und einen weißen Schädel mit hellgrauem Barthaar. Cunningham verfolgte das Wesen, das wie ein Affe rannte, und er fand Fußspuren von 40 Zentimetern Länge, die die Form von menschlichen Händen hatten.[19]

Im selben Monat stattete ein Bigfoot einer Farm in Ellington, Connecticut, einen Besuch ab. Zwei Farmarbeiter, die Nachtschicht hatten, beobachteten ihn. Es war am 23. August 1982 kurz nach Mitternacht, als sie einem 2 bis 2,10 Meter großen Wesen von Angesicht zu Angesicht gegenüberstanden. Der Körper war mit braunen Haaren bedeckt, und es saß auf der Kante eines Futterkastens. Seine Hand steckte im Futter, gleichzeitig beobachtete es die Kühe. Die beiden Männer schrien, liefen dann weg und riefen die Polizei zu Hilfe. Aber als die Beamten eintrafen, war von dem Wesen nichts mehr zu sehen.[20]

Für Martha Saulsbury war es die Größe des Bigfoot, die sie am meisten beeindruckte. Sie war mit ihrem Mann am 10. September 1982 an den Lundy Lake nördlich von Yosemite (Kalifornien) gefahren. Es war früh am Morgen, als Mrs. Saulsbury ihren starken Feldstecher zur Hand nahm und sich die Gegend in einer halben bis dreiviertel Meile Entfernung ansah. Dort sah sie plötzlich »einen großen Mann«. »Er trat bis an den Rand der Straße und blieb stehen. Er sah aus wie ein rötlicher Baumstamm, so groß war er. Mir wurde klar, daß das kein Mann sein konnte. Er brauchte nur zwei Schritte und war schon um die nächste Kurve. Dann wanderte er weiter auf die Böschung am Straßenrand. Ein Sattelschlepper fuhr vorbei. Er sah aus wie ein Spielzeugauto. Die Leute im Führerhaus wirkten wie Streichhölzer. Da wurde mir bewußt, wie groß er war.« Die Leute im Wagen konnten ihn nicht sehen, weil sie nicht zur Böschung hinaufblickten, auf der er stand.[21]

Im folgenden Jahr wurde nur selten ein Bigfoot gesichtet. Eine der wenigen Meldungen stammt aus Grant's Pass, Oregon, einer typischen Bigfoot-Gegend. Ein Motorradfahrer aus Nevada war dort bei Regenwetter unterwegs. Er hielt bei der Polizei an und schilderte, was er gesehen hatte: ein 2,10 Meter großes behaartes Wesen, das wie ein Bigfoot aussah. Der Scheinwerfer erfaßte es in aufrechter Haltung auf der Straße, als der Zeuge näher heranfuhr, drehte es sich nach ihm um, bevor es davonrannte.[22] Auch 1984 war ein ruhiges Jahr, wenn auch nicht für den 34 Jahre alten Fred Ranaudo, der am 4. Juni im Wald bei Lawrenceburg (New York) kampierte. »Ich zündete Feuer an, meinen Laster hatte ich gleich rechts nebenan geparkt, und ich hatte mich in meinem Schlafsack ausgestreckt. Ich lag auf einem Hügel, etwas über dem normalen Gelände. Unterhalb in Richtung Straße floß ein kleiner Fluß mit einem Biber-Teich. Ich ließ das Feuer ausgehen und schlief ein.« Um 3.30 Uhr wachte er auf und hörte laute Schreie aus dem nahen Wald.

»Blitzartig saß ich aufrecht und sah mich um. Es schien kein Mond, aber die Sterne waren sichtbar. Ich hatte meine Brille zwar nicht auf, konnte aber ziemlich gut sehen. Ich war jetzt schon eine Weile wach, und meine Augen hatten sich an die Dunkelheit gewöhnt ... Ich drehte mich im Sitzen, um in die Umgebung zu schauen, und da hörte ich dieses Ding durch das Unterholz herankommen. Es näherte sich mit einem lauten Stampfen. Das hörte ich viel früher, noch bevor die weiße Gestalt dann aus der Dunkelheit hervortrat. Sie machte zwar gewaltige Schritte, aber mir fiel doch auf, daß sie ziemlich rauh atmete, als hätte sie Asthma oder wäre gerade noch schnell gelaufen. Es war ein richtiges Rasseln, wissen Sie, wirklich laut und heftig. Ich riß die Augen auf. Das Wesen war jetzt — also, ich habe die Entfernung nicht nachgemessen, was ich vielleicht hätte tun sollen — um die 50 bis 70 Meter von mir entfernt. Ich nahm es als eine große, aufrechte weiße Gestalt wahr, und in der Größe erinnerte es mich an so eine Zuschnittplatte aus Sperrholz, also ungefähr 2,70 Meter groß. Jedenfalls kam es auf mich zu, aber es sah mich noch nicht. Der Wind blies in meine Richtung, und das Feuer war ausgegangen. Plötzlich entdeckte es mich und machte einen Satz in die Luft. Es kam an, und plötzlich blieb es einfach stehen und sprang. Es war ein großer Satz, dem zwei kleinere folgten. Es machte keine weiteren Geräusche außer diesem heftigen Atmen. Aber als es seinen großen Sprung machte, da sprang ich auch; ich hüpfte aus meinem Schlafsack und hinein in den Laster. Wissen Sie, das Ding war wirklich groß, *sehr* groß, und es war weiß und hatte ein Fell. Ich habe es ziemlich aus der Nähe gesehen, und wenn ich es auch nicht absolut klar gesehen habe, so hatte ich doch einen eindeutigen Eindruck, um was es sich handelte. Also, ich kletterte in den Laster. Ich kurbelte die Fensterscheibe herunter und steckte den Kopf hinaus, und ich sah, wie es in der Dunkelheit verschwand. Dann war es fort, und es war auch nichts mehr zu hören.«

Am nächsten Morgen fand er dort, wo der Bigfoot gewesen war, 38 Zentimeter lange Fußabdrücke. Als er versuchte, anderen Leuten von seinem Erlebnis zu erzählen, traf er auf die üblichen geteilten Reaktionen. Aber er nahm es gelassen hin und meinte, ihm sei es nur recht, wenn jetzt kein großer Wirbel entfacht werde, um das Wesen aufzutreiben. »Egal, Hauptsache, sie lassen es in Ruhe. Ich weiß, was ich zu glauben habe. Und es macht mir nichts aus, wenn mir sonst keiner glaubt.«[23]

Nach diesen zwei ruhigen Jahren, in denen es so aussah, als sei Bigfoot bei den Medien zur Persona non grata geworden oder, weit schlimmer, als sei nun auch er am Punkt der Ausrottung angekommen, setzte 1985 ein erneuter Schub ein. Ein Ort, an dem er schon wiederholt aufgetaucht war, war Colonial Beach in Virginia. Dort hatte man in den Jahren 1977, 1978 und 1980 nächtliches Geschrei gehört und den typischen Gestank wahrgenommen. In den ersten Jahren der Achtziger herrschte dann Ruhe. Aber 1985 begannen die Aktivitäten wieder, und am 20. Juni wurde das erste Wesen gesichtet. Am Abend dieses Tages saß die betroffene Familie in der Küche, als im Hof ein großes, affenähnliches Wesen auftauchte. Es hatte weißglühende Augen. Im August wurde es mehrfach gesichtet, eine dunkle Gestalt, die sich durch die Wälder bewegte. Eine Nachbarin sah die gleiche dunkle Gestalt auf einem Holzklotz in ihrem Hof hocken und dann in den Wald davonlaufen. Diese Aktivitäten setzten sich in den Jahren 1986 und 1987 fort — dunkle Umrisse und weiße Augen bei Nacht.[24]

Eine äußerst merkwürdige Begegnung mit einem Bigfoot fand im Juli 1985 statt. Der Bericht kam aus der Greenwater-Gegend im Bundesstaat Washington. Ein Pärchen, das unweit der Straße kampierte, wurde am 6. Juli vor Tagesanbruch von einem bärenartigen Tier von 2,40 Meter Größe angegriffen. Es hatte braunes gekräuseltes Haar, wirkte abstoßend und stank. Aber das Ungewöhnliche an diesem Fall war, daß der Bigfoot, wenn es sich denn um einen gehandelt haben sollte, mit den beiden sprach. Mit einer hohen und nicht menschlich klingenden Stimme fragte er sie nach ihren Namen und ob sie die Erlaubnis hätten, hier zu kampieren. Sie antworteten, daß sie diese Erlaubnis besäßen, dennoch forderte er sie auf, den Platz umgehend zu verlassen. Während sie ihre Sachen zusammenpackten, stand er aufrecht auf den Hinterbeinen und bewarf sie mit Steinen.[25] Es gibt mehrere Berichte, nach denen ein Bigfoot mit Steinen nach Leuten warf oder ähnliche Dinge unternahm, um sie zu vertreiben — wahrscheinlich verteidigt er damit sein Territorium. Aber Fälle, in denen ein Bigfoot redet, sind tatsächlich selten. Hier bleibt wohl nur als einzige Erklärung, daß es sich um einen Menschen in Fellkleidung gehandelt haben *muß*.

Am 15. August 1985 sahen fünf Golfer einen Bigfoot auf dem Gelände ihres Country Club in Medinah (Illinois). Das Wesen, zwischen 1,65 und 1,80 Meter groß, beobachtete sie aus seinem Versteck hinter einem Baum, ehe es ein Stück den Zaun entlanglief, dann wieder zum Baum zurückging, hinaufkletterte und von dort über den Zaun sprang und verschwand. Es wirkte dunkel, hatte glattes Haar, trug keine Kleider und war sehr flink und vorsichtig. Es hatte keinen Hals und keine Schnauze, und sein Gesicht erinnerte an einen Mops. Einer der Zeugen berichtete:

»Zuerst dachte ich, es handele sich um einen Affen oder um einen als Affen verkleideten Menschen. Aber die erste Annahme war nicht mehr haltbar, als ich seinen Gang sah, der aufrechter war als bei einem Affen. Außerdem waren seine körperlichen Proportionen die eines Menschen, nicht eines Affen. Die zweite Theorie war angesichts der Behendigkeit, mit der es auf den Baum kletterte und über den Zaun sprang, nicht zu halten. Ich denke, es ist äußerst unwahrscheinlich, daß ein Mensch mit solcher Geschwindigkeit und so flink auf einen Baum klettern kann wie dieses Wesen.«[26]

Ähnliche körperliche Eigenschaften wurden einem Wesen zugeschrieben, das man Ende September im East Pennsboro Township in Pennsylvania sichtete. Der Kopf schien direkt auf den Schultern zu sitzen, kein Hals war zu sehen, und es hatte keine Schnauze, wie sie etwa ein Bär im Profil deutlich zeigen würde. Diese beiden Punkte werden von Zeugen, die einen Bigfoot beobachtet haben, häufig angeführt und sind auch als Ergänzung zu den bekannten Charakteristika wie Größe, Umfang und dunkle Körperbehaarung sehr beachtenswert. Die meisten Menschen sind über Bigfoot nicht so belesen, daß sie allesamt über das Fehlen des Halses oder einer Schnauze unterrichtet sein können. Also läßt sich aus der Tatsache, daß sie es von sich aus erwähnen, schon schließen, daß sie eine tatsächliche Beobachtung wiedergeben und es sich nicht nur um Einbildung handelt. Das Wesen von East Pennsboro wurde von einem Hausbewohner in der Nähe seines Anwesens entdeckt, als er nach dem Grund für den üblen Geruch suchte, der ihn ganz krank machte. Dieser üble Geruch taucht ebenfalls häufig in Bigfoot-Berichten auf, aber sicher käme er bei einem Schwindler, der keine Bigfoot-Kenntnisse hat, als Detail in seiner Geschichte nicht vor. Das Wesen rannte davon, als der Zeuge aufschrie. Auch ein Autofahrer sah denselben Bigfoot, als er in einer Entfernung von gut zwei Metern an ihm vorbeifuhr. Er schilderte ihn ebenfalls als halslos, knapp zwei Meter groß und behaart. Er habe die Zähne gegen ihn gebleckt und dabei lange Fangzähne sehen lassen, was auch andere Bigfoot-Berichte bestätigen.[27]

Anfang 1986 beobachteten zwei LKW-Fahrer, die einen einsamen Highway-Abschnitt nördlich von Tres Piedras (New Mexico) befuhren, ein riesiges, behaartes Lebewesen mit roten Augen. Es wurde vermutet, es hätte sich um einen Bären gehandelt, aber nach dem Bericht war es eher ein affenartiges Wesen. Die Bewohner der Gegend meinten, was immer es auch für ein Lebewesen sei, es lebe jedenfalls schon seit Jahren dort.[28] Ein Bericht von Anfang August beweist, daß Bigfoot auch weiterhin im nordwestlichen Bereich der Pazifikküste lebt, von wo in den vorhergegangenen Jahrzehnten so viele gemeldet wurden. Ein fünfköpfiger Bautrupp, der eine Fußgänger- und Pferdebrücke über den Kern River im Inyo National Forest (Kalifornien) anlegte, hörte in der Dämmerung lautes Geschrei und sah die schattigen Umrisse eines großen, menschenähnlichen Wesens. Als einer von ihnen einen Warnschuß in die Luft abgab, kletterte das Wesen den Hügel hinauf und verschwand. Die Zeugen wußten, wie der Schrei des Pumas klingt, sie sagten, dieses Geschrei habe sich anders angehört. Es sei so laut »wie ein Stadionsprecher« gewesen und habe auch so geklungen.[29]

Im selben Monat, am 24. August, beobachtete David A. Brown einen Bigfoot im Chattooga County in Georgia, als er nach Ginsengwurzeln suchte. Er hörte ein Geräusch und rief etwas in die Richtung, weil er glaubte, es sei ein Freund, der ihm gefolgt war, aber alles blieb still. Dann hörte er hinter sich einen Laut, drehte sich um und sah den Bigfoot in 60 bis 80 Metern Entfernung. Er keuchte und schnaufte heftig, als wäre er gerade gerannt. »Ich war wie erstarrt und konnte mich nicht bewegen«, bemerkt Brown dazu. »Ich hatte Angst, er würde mich angreifen.« Dabei konnte er aber einen ausgiebigen Blick auf das Wesen werfen, das er als knapp 2,30 Meter groß und 350 bis 400 Pfund schwer beschrieb. Außerdem habe es schrecklich gestunken. Sein Körper war mit dichtem schwarzem Haar bedeckt, das in Locken herabfiel, und das Gesicht war affenähnlich, mit großen Augen, flacher Nase und dicken Lippen. Es schien alt und zahnlos zu sein, aber das machte für Brown keinen Unterschied, weil »ich dachte, daß

Bigfoot-Jäger René Dahinden neben der 2,40 m hohen Skulptur eines Bigfoot von Jim McClarin, aufgestellt am Willow Creek in Kalifornien.

es mich noch immer auffressen könnte«. Der linke Arm und das linke Bein schienen verletzt zu sein: Die Fingernägel an der linken Hand waren lang gewachsen, während die rechte kurze Nägel hatte und normal wirkte. Auf die Frage, ob es sich um einen Bären gehandelt haben könnte, antwortete Brown: »Nein, es war kein Bär. Ich bin sicher, daß es kein Bär war. Ich habe mich niedergesetzt und es mir drei bis vier Minuten lang angesehen, und nichts an ihm ähnelte den Bären, die ich bisher gesehen habe.« Die Begegnung endete, als das Wesen ein Grunzen von sich gab und den Grat hinunterging.[30]

In West Virginia behaupteten ein Vater und sein Sohn, sie seien am 25. Oktober auf dem Dillon's Mountain in der Nähe von Cacapon Bridge von zwei Bigfoot-Exemplaren angefallen worden. Sie waren auf der Jagd nach wilden Truthähnen, als sie von einem männlichen und einem weiblichen Bigfoot abgefangen und umringt wurden. Dabei hätten die Tiere die Zähne gefletscht, geknurrt und Ausfälle gegen die beiden Männer versucht. Als es dem Vater gelungen sei, nach seinem Gewehr zu greifen und einen Schuß in die Luft abzugeben, seien die beiden Angreifer davongelaufen. Dieses Verhalten ist nicht typisch: Es wird selten berichtet, daß ein Bigfoot Menschen angreift, daher sind auch einige Forscher skeptisch, was den Wahrheitsgehalt dieses Berichts angeht.[31]

Vom Oktober 1986 bis zum Frühjahr 1987 wurden aus Pennsylvania mehrere Bigfoot-Begegnungen gemeldet. Einer von ihnen hatte rotglühende Augen, als er sich am 1. Februar 1987 in einer abgelegenen Gegend bei Gray Station vor einem Auto aufbaute. Ein anderer wurde am 8. April in derselben Gegend gesichtet. Das 2,40 bis 3,00 Meter große Lebewesen kam aus dem Wald auf den Fahrer zu, der in seinem geparkten Wagen saß, und war bis auf zehn Meter herangekommen, bevor der Mann schnell davonfuhr. Auf einer entlegenen Straße in der Nähe von New Alexandria sahen zwei Männer einen Bigfoot neben einer alten Brücke stehen, wo er ihnen den Weg versperrte. Durch Rufe ließ er sich nicht vertreiben, und so mußte ihm einer der beiden zweimal knapp über den Kopf schießen, ehe er sich langsam in den Wald zurück trollte.[32]

Im selben Frühjahr arbeiteten vier Männer an einem Ölbohrloch auf einer einsamen Lichtung auf den Feller Heights südlich von Dawson Creek in British Columbia (Kanada), als sie am 14. März einen 2,10 großen Bigfoot entdeckten, der sich zwischen den Bäumen rund um ihre Arbeitsstelle versteckt hielt. Er äugte nach ihnen und umkreiste sie. »Es war, als befänden wir uns auf seinem Territorium und er sei damit beschäftigt, uns zu kontrollieren«, kommentierte einer der Männer den Vorfall. Sie waren sicher, daß es kein Bär war: Seine Beine waren zu lang, er bewegte sich zu »fließend«, und außerdem waren die Bären bei so einem bitterkalten Wetter noch in ihrem Winterquartier. Die Fußspuren, die er im Schnee hinterließ, waren so groß wie ein menschlicher Schuh der Größe 48, die Schrittlänge betrug 1,80 Meter. Bigfoot-Experte René Dahinden meint dazu: »Derart riesige Schritte im Schnee vorzutäuschen, ohne daß zwischendurch weitere Spuren entstehen, ist gar nicht so einfach.« Man beobachtete das Wesen auch dabei, wie es sich an einer Stelle hinkniete. Entsprechende Spuren im Schnee bestätigen das. Die Knieabdrücke lagen 90 Zentimeter auseinander.[33]

Fälle, bei denen mehrere Zeugen zugegen waren und die Berichte noch durch Fußspuren untermauert werden, wirken natürlich überzeugender als Schilderungen von Einzelzeugen. Denn wäre das Wesen ein Bär oder ein Hirsch oder gar jemand, der sich einen Spaß erlaubt, dann würde wahrscheinlich einer der Zeugen das auch bemerken, wenn mehrere Beobachter anwesend sind. Wenn aber eine Gruppe von Arbeitern ausnahmslos der Schreck packt, dann wird das Wesen tatsächlich so schreckenerregend gewesen sein, wie sie berichten.

Eine weitere Begegnung mit mehreren Zeugen gab es am 24. April 1987, als drei Holzfäller, die auf dem Highway 89 unterwegs waren, ihren Laster zu einer Pause auf den Parkstreifen lenkten. Sie kochten gerade Kaffee, als sie ein Schreien hörten und ein behaartes Lebewesen von 2,70 bis 3,00 Meter Größe sahen, rauchschwarz und aufrecht auf den Hinterbeinen stehend. Als das Tier sie sah, eilte es mit langen Schritten davon. Sie fuhren nach Truckee und erzählten der Polizei, was sie erlebt hatten. Deren Befragung ergab, daß sie davon überzeugt waren, keinen Bären gesehen zu haben. »Sie wirkten sehr erregt«, kommentierte Sheriff Mosley.[34]

Walter Bowers sen. hat bereits vier Bären erlegt und weiß, wie sie aussehen. Als er im Oktober 1987 einen Bigfoot sah und das telefonisch dem Jagdaufseher meldete, lachte dieser ihn aus und meinte, es sei wahrscheinlich entweder ein Bär oder ein Elch gewesen. Bowers erwiderte, er kenne den Unterschied zwischen dem, was er beobachtete habe, und einem Bären oder einem Elch, worauf der Jagdaufseher ärgerlich wurde und auflegte. Bowers, ein pensionierter Hausverwalter, war damals auf Fasanenjagd in der Nähe von Salisbury, New Hampshire. Als er ein Feld überquerte, hatte er das Gefühl, beobachtet zu werden. Dann sah er draußen auf dem Feld den Bigfoot.

»Das Ding war vielleicht riesig. Ich würde sagen, wenigstens 2,70 Meter groß. Vielleicht etwas mehr oder weniger, denn ich war nicht lange genug in der Nähe, um irgendwelche Messungen vorzunehmen ... Der ganze Körper war von Haaren bedeckt ... Ich würde sagen, es hatte so einen grauen Farbton, jedenfalls von dort aus, wo ich stand.

Ich sah zwar gegen die Sonne, aber sie war nicht sehr hell ... Das Gesicht konnte ich nicht allzu genau erkennen ... Die Hände sahen so aus wie Ihre oder meine, nur dreimal so groß und mit Ballen vorn an den Pfoten, wie Hunde sie haben ... Lange Arme, lange Beine. Es sah geradewegs, würde ich sagen, wie ein Gorilla aus, aber das hier war kein Gorilla ... Ich sage Ihnen, die Haare hätten Ihnen zu Berge gestanden.«

Nach wenigen Augenblicken rannte das Wesen auf ein weitläufiges Sumpfgebiet zu. Und jetzt fiel Bowers ein, daß ihm erst kürzlich ein Jäger erzählt hatte, wie vor seinen Augen zwei merkwürdige Kreaturen über dasselbe Feld marschiert waren.[35]

Diese jüngsten Berichte zeigen, daß in den meisten Fällen die üblichen Erklärungen, man habe hier Bären, Hirsche oder auch Schwindler für etwas anderes angesehen, einer genaueren Untersuchung nicht standhalten. Die oft sehr genau beobachteten Wesen haben keine Ähnlichkeit mit Bären oder Hirschen; und Schwindler wären verrückt, wenn sie in Tierfellen durch die Wälder zögen und dabei wüßten, daß die Jäger mit dem lockeren Finger am Abzug dort nur auf sie warten. Selbst wenn wir 50 Prozent der Berichte als zweifelhaft verwerfen, gibt es immer noch genügend brauchbare Aussagen glaubwürdiger Zeugen, die nicht einfach ignoriert werden können. Ihre Botschaft, so unglaublich sie klingen mag, heißt: Bigfoot gibt es sehr wohl, und er lebt in Nordamerika.

UFOs — unerklärlich oder doch von dieser Welt?

UFOs gibt es wirklich, daran kann nicht gezweifelt werden. Aber es hängt alles davon ab, was man unter dem Begriff »wirklich« versteht ... Aus aller Welt sind Tausende von Berichten über sie zusammengekommen, seit im Jahre 1947 zum erstenmal »fliegende Untertassen« in die Schlagzeilen gerieten. Sie sind ein Beweis dafür, daß die Leute irgend etwas am Himmel gesehen haben und es, weil sie es sich nicht gleich erklären können, UFOs nennen, unbekannte Flugobjekte. Doch gleich nach diesem grundlegenden Ansatzpunkt wird die Sache schon komplexer, denn es gibt eine Menge möglicher Erklärungen für das, was da gesehen wurde. All diese Erklärungen können indessen nicht darüber hinwegtäuschen, daß viele UFO-Erscheinungen unbegreiflich und rätselhaft bleiben. Die merkwürdigsten Fälle — darunter UFO-Landungen, Begegnungen mit Insassen, Entführungen und andere Kontakte — werden in Kapitel 6 behandelt. Hier wollen wir uns den UFOs als Lichterscheinungen oder am Himmel auftauchende feste Körper widmen.

An allen Ecken und Enden der Welt sind bereits UFOs gesichtet worden — in China, der UdSSR, Australien, Afrika und in so fernen Gegenden wie der Antarktis oder der Weihnachtsinsel im Indischen Ozean. Es gibt keine Gegend der Erde, wo man noch keine UFOs gesehen hat. Sie sind auch kein rein westliches Phänomen. Auch gab es sie schon vor 1947, dem Jahr, in dem der Pilot Kenneth Arnold seine UFO-Begegnung über Washington State beschrieb und damit das heutige Interesse der Medien an den »fliegenden Untertassen« weckte. So nannte man sie nämlich in jenen unschuldigeren Zeiten, als man sofort an fremde »Besucher aus dem Weltraum« dachte, wenn von »fliegenden Untertassen« die Rede war.

Die Schilderungen aus der Zeit vor 1947 können sehr interessant sein, weil die Zeugenaussagen ganz ähnlich klingen wie die, die in den Jahrzehnten danach die Medien füllten. Damit ist aber auch gleich ein Problem angesprochen: Das breite, sich über Jahre erstreckende Medienecho hat dazu geführt, daß es kaum einen Zeugen geben dürfte, der nicht zuvor schon einmal etwas über UFOs gehört hätte. Dadurch könnten die Berichte von dem beeinflußt sein, was die Zeugen bereits über sie wußten. Unbeeinflußte Zeugen — das sind solche, die in weit von der Zivilisation entfernten Gesellschaften mit wenig oder gar keinen Medien leben, oder diejenigen, die schon vor 1947 UFOs gesichtet haben — sind daher sehr wertvoll. Und sie sind sehr selten. Wenn man die schärfsten Kriterien anlegt, bleiben nur wenige Fälle übrig, die Bestand haben. (Und nachdem in allen Fällen, die uns am Ende akzeptabel erscheinen, auch Lebewesen vorkommen, werden sie besser im Kapitel 6 abgehandelt.)

Was unsere Nachforschungen für dieses Kapitel angeht, so fällt auf, daß eine große Zahl UFOs von Piloten gesichtet wurde. Nun sind Piloten nicht nur mit dem Himmel vertraut und wissen, wie die Dinge von dort oben aussehen — sie gehören auch nicht gerade zu den Leuten, die sich schnell ins Bockshorn jagen lassen. Auch als Schwindler oder Spaßvögel kommen sie nicht so schnell in Betracht, denn damit würden sie ihren Job riskieren. Aus eben diesem Grund dürfte es wohl auch die eine oder andere Begegnung mit einem UFO gegeben haben, die ein Pilot nie weitergemeldet hat. Das wäre vor allem denkbar, wenn der Pilot allein in seiner Maschine saß und es daher keine weiteren Zeugen gab. Dennoch verfügen wir über eine ganze Anzahl von Berichten von Piloten. Einer von ihnen schildert jenes Ereignis, mit dem 1947 die moderne Ära der UFO-Begegnungen begann.

Kenneth Arnold war ein 32 Jahre alter Zivilpilot. Er befand sich am 24. Juni 1947 mit seiner einmotorigen Maschine über den Cascade Mountains in Washington State (USA). Er war ein erfahrener Bergpilot. Als er daher Lichtblitze bemerkte und neun helle Objekte sah, die zwischen den höchsten Gipfeln durchflogen und wieder verschwanden, wußte er, daß da etwas Ungewöhnliches vor sich ging. Sie sahen nicht wie Flugzeuge aus und flogen nach seiner Berechnung auch schneller, als damals ein Flugzeug überhaupt fliegen konnte. Auch die Art, wie sie sich fortbewegten, war ungewöhnlich: »Sie flogen wie Untertassen, die man über die Wasseroberfläche hüpfen läßt.« Arnolds Geschichte wurde von der Presse aufgegriffen, der Begriff »fliegende Untertassen« war geboren. In den Jahren danach wurde Arnolds Bericht immer wieder von Forschern auf Herz und Nieren geprüft, ganz besonders von Hans Van Kampen, der die wahre Erklärung gefunden zu haben meint. Vor ihm hatte zunächst Dr. J. Allen Hynek, ein wissenschaftlich anerkannter UFO-Experte, ausgerechnet, daß die von Arnold geschätzte Größe und Entfernung der Objekte wahrscheinlich nicht sehr genau waren und daß sie auch nicht so schnell geflogen waren, wie er geschätzt hatte. Arnold selbst hielt sie zuerst für einen neuen Typ von Düsenflugzeugen, obwohl er eigentlich der Meinung war, daß dem weder ihr Äußeres noch ihr Verhalten entsprach. Hans Van Kampen hat sich Arnolds Berichte angesehen und nachgeforscht, was für Flugzeugtypen es 1947 überhaupt gab. Er kam zu dem Schluß, Arnold könne eine Flugformation von F-84 Thunderjets gesehen haben, die zu der Zeit noch geheim waren. Er verglich per Computer die Umrißzeichnungen, die von Arnold stammten, mit denen einer F-84 und stieß auf einige verblüffende Übereinstimmungen. Sind also die ersten »UFOs« in Wirklichkeit Düsenflugzeuge gewesen?[1]

Eine weitere UFO-Begegnung in der Luft, die in den vierziger Jahren stattfand und in den ersten UFO-Büchern groß herausgebracht wurde, fand am 7. Januar 1948 über einem Militärflughafen statt, der Godman Air Force Base in Fort Knox, Kentucky (USA). Vier Jets waren aufgestiegen, um »eine Eiskremtüte mit rotem Überzug« genauer zu untersuchen, und einer der Piloten, Captain Thomas F. Mantell, funkte nach unten:

»Ich fliege näher heran, um es besser sehen zu können. Es befindet sich direkt vor mir und bewegt sich etwa halb so schnell wie meine Maschine ... Das Ding sieht metallisch aus und hat eine enorme Größe. Jetzt steigt es und fliegt so schnell wie ich ... 360 Meilen pro Stunde. Ich gehe auf 20000 Fuß, und wenn ich nicht näher herankomme, verliere ich den Kontakt.«

Dann herrschte Funkstille. Noch am selben Tag fand man seine abgestürzte Maschine. Mantell war bei dieser Höhe wahrscheinlich aus Sauerstoffmangel gestorben. Mantells Beschreibung des Objekts, das er gejagt hatte, stellte die Experten vor ein Rätsel: Hatte es sich um ein UFO gehandelt? Erst Jahre später wurde bekannt, daß man dort zu der Zeit Skyhook-Wetterballone getestet hatte, die 1948 noch unter militärische Geheimhaltung fielen. Wahrscheinlich hatte er auf diese Ballone Jagd gemacht.[2]

Das waren also beides »UFOs«, die man als Produkte des Menschen bezeichnen kann — bleibt die Frage: Gilt das auch für jenen ungewöhnlichen Flugkörper, den ein Pilot und sein Copilot aus ihrer DC-3 am 24. Juli 1948 in 5000 Fuß Höhe auf dem Flug zwischen Mobile und Montgomery in Alabama (USA) beobachteten? Um 2.45 Uhr morgens sahen Clarence S. Chiles und John B. Whitted ein mattes rotes Glühen vor sich und dachten, es handele sich um einen Düsenjäger. Aber als das Flugzeug mit einer halben Meile Abstand an ihnen vorbeizog, waren sie sich nicht mehr so sicher. Es hatte keine Flügel und die Form einer Zigarre, 30 Meter lang und zehn Meter im Durchmesser. Es sah so aus, als hätte es vorne ein Cockpit (so jedenfalls eine Zeugenaussage), und an der Seite hatte es beleuchtete Fenster (nach der Aussage des anderen, der wiederum von dem Cockpit nichts gesehen hatte). Unterhalb des Flugkörpers sah man ein blaufluoreszierendes Leuchten, und die Abgase, die es ausstieß, waren orangefarben. Es flog lautlos, und die Zeugen konnten es zehn bis fünfzehn Sekunden lang beobachten. Mehrere Astronomen vertraten später die Theorie, daß es ein hell leuchtender Meteor gewesen sei, aber Chiles und Whitted konnten sich mit dieser Erklärung nicht anfreunden. Sie hatten beobachtet, daß der Flugkörper offensichtlich kontrollierte Manöver ausgeführt hatte.[3]

Nur zwei Monate später war es George T. Gorman, der ein UFO über Fargo in North Dakota (USA) jagte. Er steuerte an dem Abend ein Kampfflugzeug vom Typ F-51 und entdeckte plötzlich ein Blinklicht, das er einem Flugzeug zuschrieb. Aber er konnte nicht gleichziehen. Es schwenkte weg, um ihm auszuweichen, und kam dann wieder auf ihn zu. So umkreisten die beiden Maschinen einander fast eine halbe Stunde lang und tauchten voreinander weg, bevor der mysteriöse Eindringling endlich hochzog und verschwand. Die Lichterscheinung wurde noch von weiteren Zeugen beobachtet, aber nicht die ausgeführten Manöver. Die Verantwortlichen kamen zu dem Schluß, daß Gorman einen leuchtenden Wetterballon verfolgt habe. Als Alternative boten sie an, Gorman habe eine Luftspiegelung des Planeten Jupiter verfolgt, die durch Temperaturinversionen verursacht worden seien. An dem Abend versank der Jupiter nämlich offensichtlich genau zu dem Zeitpunkt hinter dem Horizont, als Gorman das Licht auftauchen und wieder verschwinden sah.[4]

Es ist ziemlich wahrscheinlich, daß diese Erklärungen stichhaltig sind, denn unter bestimmten atmosphärischen Bedingungen können dadurch ungewöhnlich wirkende Naturphänomene und Flugzeuge sogar den erfahrensten Beobachter narren. Es gibt eine ganze Reihe von natürlichen Phänomenen, die man fehlinterpretieren kann. Das werden wir später noch an einigen Erklärungen zeigen, die man für angebliche UFO-Erscheinungen gefunden hat. Aber die Berichte einiger Piloten sind und bleiben unerklärlich, wie in unserem nächsten Fall. Eine Verkehrsmaschine vom Typ DC-4 befand sich am Abend des 14. Juli 1952 in 8000 Fuß Höhe über Newport News, Virginia (USA). Gesteuert wurde sie von Captain William B. Nash, Zweiter Offizier war William Fortenberry. Beide sahen, wie sechs rote Objekte mit hoher Geschwindigkeit auf sie zukamen. Sie flogen in Formation und befanden sich eine Meile unterhalb der DC-4. Die Objekte waren kreisrund und zeigten klare Umrisse. Die beiden Männer konnten sie und zwei weitere, die ihnen mit einigem Abstand folgten, ungefähr fünfzehn Sekunden lang bei ihren Manövern beobachten, ohne daß sie die Formation aufgaben. Nach Nashs und Fortenberrys Schätzung flogen sie mit einer Geschwindigkeit von 12000 Meilen pro Stunde. Für diese Erscheinung ließen sich keine wetterbedingten Ursachen oder ähnliches verantwortlich machen. Übrigens gab es für den Vorfall zudem Zeugen, die das Ganze vom Boden aus beobachtet hatten.[5]

UFO-Begegnungen in der Luft dauern oft nur Sekunden, kaum einmal Minuten. Das war auch der Fall, als Carlos Alejo Rodriguez am 5. Mai 1958 mit seiner Piper in der Nähe von San Carlos in Uruguay unterwegs war. Es war Nachmittag, die Sicht war gut. Rodriguez' Aufmerksamkeit wurde von einem hellen Punkt über dem Meer erregt. Das Licht schien sich mit großer Geschwindigkeit auf ihn zuzubewegen. Rodriguez erinnert sich:

»Es flog weniger, als daß es mit unglaublicher Geschwindigkeit durch die Luft glitt. 600 Meter vor mir stoppte es dann. Dort blieb es völlig ruhig in der Luft stehen und bot mir die Möglichkeit, es genau zu betrachten. Es ähnelte einem Kreisel, und im Querschnitt ließe es sich mit einem flachen Rhombus vergleichen. Es drehte sich sehr schnell um die eigene Achse und so, wie sich die Sonne darin spiegelte, sah es aus, als wäre es aus Aluminium. Ich wollte es noch genauer sehen und versuchte, ihm näher zu kommen. In dem Augenblick konnte ich an nichts anderes denken, nur daran, wie ich einen noch besseren Blick bekäme. Ich schwitzte gewaltig, und dicke Schweißperlen rannen mir die Stirn herunter. Ich zog meine Fliegerjacke aus und warf sie nach hinten. Ich war auf alles gefaßt.«

Als er auf knapp 500 Meter herangekommen war, drehte das Objekt schnell in Richtung auf das Meer ab, und Rodriguez konnte nicht mehr mithalten.[6]

Die vier Zeugen, die am 18. Oktober 1973 ein UFO über Mansfield, Ohio (USA), beobachteten, waren in einem Hubschrauber unterwegs. Gesteuert wurde er von Captain Lawrence J. Coyne, einem erfahrenen Piloten. Es war gegen 23 Uhr, als sie ein rotes Licht sahen, das eine schnelle Wende vollzog und danach auf sie zukam. Um einen Zusammenstoß zu vermeiden, ging Captain Coyne mit dem Hubschrauber hinunter. Das Licht stoppte und verharrte zehn bis zwölf Sekunden lang vor ihnen, und sie konnten ein zigarrenförmiges Objekt von ungefähr achtzehn Metern Länge erkennen, grau und metallisch aussehend, möglicherweise mit Fenstern. Ein grüner Lichtstrahl war auf sie gerichtet und leuchtete in ihr Cockpit. Dann zog das UFO hoch und verschwand gegen Westen. Unten am Boden hatten eine Frau und ihre vier Kinder in der Nähe von Mansfield von der Straße aus die Begegnung und das grüne Licht ebenfalls beobachtet: »Es strahlte vom Himmel herab. Der Hubschrauber, die Bäume, die Straße, der Wagen — alles wurde in grünes Licht getaucht.« Den Versuchen der Zweifler, das UFO als Meteor zu erklären, konnte leicht begegnet werden; und auch ein konventionelles Flugzeug kann das Objekt nicht gewesen sein.[7]

In der Mehrzahl sind die Piloten, denen solch ein UFO begegnet, davon überzeugt, daß es zu einem Zusammenstoß kommen wird — das Objekt nähert sich mit großer Geschwindigkeit, als hätte es das Flugzeug entdeckt und wolle es jetzt aus der Nähe betrachten. Aber es kommt selten zu Zusammenstößen — daß es sie nie gibt, läßt sich nicht sagen, und zwar aus einleuchtenden Gründen, wie das folgende Beispiel zeigt. Carlos de los Santos Montiel gehört nämlich zu den Piloten, die dabei immerhin fast ihre Maschine verloren hätten. Er war am 3. Mai 1975 im Anflug auf Mexico City, als er eine dunkelgraue metallische Scheibe von drei bis dreieinhalb Metern Durchmesser entdeckte, die direkt über seiner Flügelspitze flog. Er sah nach der anderen Seite und sah auch dort ein UFO über der Tragfläche. Verblüfft schaute er nach oben und sah ein drittes auf sich zurasen. Kurz bevor es zur Kollision kam, veränderte das UFO seinen Kurs und flog unter ihm durch — und zwar so nah, daß er spürte, wie es an der Unterseite seines Flugzeugs entlangschabte. Das Flugzeug geriet ins Taumeln, und Carlos entdeckte, daß die Kontrollinstrumente ausgefallen waren. Aber es stürzte nicht ab, sondern flog normal weiter. Als die beiden seitlich fliegenden UFOs abdrehten, funktionierten seine Instrumente wieder. Er funkte den Flughafen an und erfuhr, daß man die Begegnung auch auf dem Radarschirm verfolgt hatte.[8]

Floyd Hallstrom sichtete am 1. Januar 1978 in seiner Cessna 170A über Santa Monica, Kalifornien, ganz deutlich ein UFO mit Kuppel. Es geschah kurz nach 13 Uhr, und das Wetter war sehr klar. Das UFO zog unter ihm vorbei, etwa eine halbe bis dreiviertel Meile entfernt. Zunächst nahm er an, es handle sich um einen Hubschrauber, da es weder Flügel noch Schwanz hatte. Aber dann fiel ihm auf, daß es auch keine Rotorblätter besaß. Auch war es für einen Hubschrauber zu schnell. Es war rund, glänzte metallisch und hatte dunkle Fenster. Es trug keine Markierungen und hatte keinerlei vorstehenden Teile, auch keine Lichter.

Nur die Sonne spiegelte sich auf der Wölbung. Es änderte seinen Kurs nicht, als es mit einer Geschwindigkeit von ungefähr 600 Meilen pro Stunde unter ihm durchflog. Hallstrom wußte, daß das UFO außer Sicht sein würde, bevor er seine Maschine gewendet hätte. Ufologen stellten bei ihren Nachforschungen dann fest, daß man zehn Minuten später ein ähnliches UFO von Downey in Kalifornien aus gesichtet hatte.[9]

Die meisten Piloten überleben ihre UFO-Begegnung, das schlimmste bleibt für sie der kurze Augenblick, in dem es scheint, als sei eine Kollision unvermeidbar. Aber möglicherweise kommen nicht alle Piloten so glücklich davon. Das rätselhafte Verschwinden des zwanzig Jahre alten Frederick Valentich am 21. Oktober 1978 wird einer zu nahen Begegnung mit einem UFO zugeschrieben. Valentich flog mit einer Cessna 182 vom Moorabbin Airport, Victoria (Australien), über Bass Strait nach King Island. Über Funk gab er durch, er habe ein »großes Flugzeug« mit hellen Lichtern gesehen, das nahe an seiner Maschine vorbeigezogen sei. Über ihm hatte es einen Augenblick verharrt. Darauf reagierte die Cessna sogleich mit Motorstörungen und Funkausfall. Während seiner Durchsagen über Funk hatte Valentich an einer Stelle gesagt: »Es fliegt vorbei. Es hat eine längliche Form. Mehr kann ich nicht erkennen ... Jetzt kommt es auf mich zu. Es scheint, als stünde es in der Luft. Ich kreise, und das Ding über mir kreist mit. Es strahlt ein grünes Licht aus, und die Außenhaut wirkt irgendwie metallisch.« Nach siebzehn Sekunden endete seine Durchsage mit einem lauten metallischen Knall. Weder Valentich noch sein Flugzeug wurden je wieder gefunden, und der mysteriöse Vorgang ist bis heute nicht aufgeklärt. Aber zumindest erscheint es möglich, daß ein UFO an seinem Verschwinden beteiligt war. Falls er ins Meer abgestürzt sein sollte, ist es merkwürdig, daß man keine Wrackteile gefunden hat.[10]

Nur zwei Monate später wurden von einem Flugzeug aus, das vor der nordöstlichen Küste von Neuseelands South Island flog, Fotos von seltsamen Lichtern gemacht. An Bord der Maschine, die am 30. Dezember

Das mysteriöse Verschwinden des Frederick Valentich, wie es der Zeichner Michael Buhler nachempfunden hat.

von Wellington aus aufgestiegen war, befand sich ein Kamerateam. Neun Tage zuvor hatte ein Pilot in derselben Gegend ein UFO gesichtet. Jetzt wollten der Reporter Quentin Fogerty und sein Kamerateam diesen Flug vom 21. Dezember rekonstruieren. Aber sie hatten nie erwartet, selbst einem UFO zu begegnen. Kurz nach Mitternacht sahen sie Lichter über Kaikoura, auch auf dem Radarschirm wurden die Objekte sichtbar. Die UFOs begleiteten sie bis nach Christchurch, wo das Flugzeug 50 Minuten später eintraf. Auch auf dem Rückflug von Christchurch nach Blenheim wurden Lichter gesehen. Der dabei aufgenommene Film wurde wissenschaftlich ausgewertet, und es gab viele Erklärungen für das Auftauchen der Lichter — es war die Rede von der Venus und anderen Planeten, von Sternen, Meteoren, Ballonen, Flugzeugen, Bodenlichtern, Fischerbooten, auch von bloßem Schwindel —, aber all das konnte mit überzeugenden Argumenten zurückgewiesen werden, und so bleiben diese Erscheinungen bis heute ungeklärt.[11]

Das UFO, das am 18. August 1979 über Ontario in Kanada gesichtet wurde, war laut Beschreibung eine »rollende Energiekugel mit einer rot und einer weiß strahlenden Seite«. In dem Flugzeug, aus dem dies beobachtet wurde, einem Cherokee Warrior, saßen ein Pilot und sein Passagier. Es befand sich 40 Meilen nordöstlich von Ottawa in 4000 Fuß Höhe, als seine Flügel rot zu glühen begannen. Die Geschwindigkeitsanzeige fiel auf Null, die Kontrollinstrumente brachen zusammen, aber die Maschine flog weiter. Die Männer sahen hinaus und entdeckten die »Energiekugel«, die nach ihrer Schätzung einen Durchmesser von annähernd 90 Metern hatte. Sie befand sich über ihnen, und es schien, als bewege sich ihr Flugzeug auf sie zu. Für fünf bis acht Minuten spielten die Instrumente verrückt, bis das Licht sich endlich entfernte und mit hoher Geschwindigkeit davonflog.[12]

Ein riesiges UFO, zweimal so groß wie ein Flugzeugträger, entdeckte ein japanischer Pilot, der französischen Wein nach Tokio flog. Captain Kenju Terauchis Maschine überflog am 17. November 1986 das nordöstliche Alaska in südwestlicher Richtung und in einer Höhe von 35 000 Fuß. In einiger Entfernung sah er ungewöhnliche Lichter, die sich mit seinem Flugzeug fortzubewegen schienen. In seinem Bericht heißt es: »Es waren ungefähr sieben Minuten vergangen, seit wir auf die Lichter aufmerksam geworden waren. Plötzlich stoppten ganz unerwartet zwei Raumschiffe direkt vor uns und tauchten uns in ihr Licht. Unser Cockpit war hell erleuchtet, und auf meinem Gesicht fühlte ich Wärme.« Die UFOs flogen mit dem Flugzeug weiter, eines voraus, eines auf der linken Seite. Sie strahlten helles Licht aus, teilweise konstant, teilweise flackernd und blitzend. Der Radarschirm im Flugzeug gab die Objekte wieder. Später entdeckte der Pilot dann die

Umrisse eines »gigantischen Raumschiffs«. Ein anderer Pilot, der von Anchorage aus gestartet war, wurde gefragt, ob er etwas hinter dem japanischen Flugzeug sehen könne. Seine Durchsage lautete: »Ihm folgt ein Flugkörper. Ich kann ihn nicht identifizieren ...« Als er näher herankam, verschwand das Raumschiff. Entlarvungsspezialisten wetteiferten in ihren Erklärungen, ob Jupiter oder vielleicht Mars für diese Erscheinung verantwortlich sei, aber das konnte ausgeschlossen werden. Auch andere Planeten und Sterne kamen nicht in Frage, genau wie der Verdacht auf bloße Halluzinationen.[13]

Ungewöhnlich war, daß diese UFO-Begegnung über Alaska mehr als eine halbe Stunde dauerte. Normalerweise geht so etwas, wie wir gesehen haben, viel kürzer vonstatten. Über Kasachstan in der UdSSR gab es solch eine viel kürzere Begegnung. Man schrieb den 22. April 1987, die Zeugen waren Engländer, fünf Besatzungsmitglieder eines Jumbos der British Airways auf dem Flug von London nach Bangkok. Der Erste Offizier Anthony Colin beschrieb sie so:

»Wir waren gerade dabei, uns abzuwechseln. Alle fünf waren wir in der Kabine. Plötzlich sahen wir zur Rechten etwas, das wir für ein anderes Flugzeug hielten. Es hatte an zwei Stellen die weiße Beleuchtung eingeschaltet, wie das bei einem Flugzeug üblich ist. Wir besahen es genau und entdeckten, daß dort, wo an der Backbordseite ein rotes Navigationslicht leuchten mußte, ein grünes war. Damit war klar, daß es auf gleicher Höhe auf uns zukommen mußte. Wir änderten den Kurs, um hinter ihm vorbeizufliegen. Als wir noch dabei waren, beschleunigte es und zog vor unserer Nase vorbei. Wir sahen dabei eine lange Reihe kleiner Lichter. Sie hatten einen phosphoreszierenden Charakter und verschwanden zu unserer Linken mit hoher Geschwindigkeit. Es war nicht möglich, die Entfernung genau anzugeben, in der es vorbeiflog, aber ich würde sagen, es war etwas mehr als eine Meile. Es war eindeutig kein Flugzeug, da bin ich ganz sicher. Keiner von uns hatte so etwas jemals zuvor gesehen. Wir sind allesamt harte, abgebrühte Flieger und suchen für alles eine wissenschaftliche Erklärung. Aber das Ding hat uns wirklich verblüfft.«

Der Direktor der Abteilung für künstliche Satelliten in der British Astronomical Association hatte eine Erklärung:

»Alles paßt auf einen Satelliten beim Wiedereintritt in die Erdatmosphäre. Dazu gehört auch dieses grünliche Leuchten, das mit der Auflösung des Satelliten einhergeht. Wenn ich im Moment auch nicht genau sagen kann, um welchen Satelliten es sich gehandelt haben dürfte, so bin ich doch sicher, daß es einer war. Normalerweise verglühen sie in 80 Meilen Höhe, das Flugzeug befand sich nur auf zehn Meilen Höhe. Also muß es sich um eine optische Täuschung gehandelt haben, und die Lichter waren in Wirklichkeit viel weiter entfernt.«

Diese Erklärung mag zutreffen, aber angesichts sonstiger Berichte von Piloten über ihre UFO-Begegnungen sind wir nicht so sicher. Der genaue Satellit konnte nicht benannt werden, und das Verglühen müßte soviel weiter entfernt vor sich gegangen sein, als das Objekt tatsächlich zu sein schien. Beides spricht eigentlich eher gegen die Erklärung.[14]

In der Nähe von Charleston, West Virginia (USA), fand am 25. Juni 1987 bei Tageslicht eine Begegnung statt, bei der man einen festen Flugkörper sichtete. Die Boeing 737 befand sich auf einer Höhe von 29 500 Fuß, als der Pilot eine »Rakete« sichtete, die direkt auf den Jet zuflog. Sie passierte den Jet seitlich und etwas unterhalb. Der Pilot erkannte ein raketenförmiges Objekt mit Flossen, etwa 1,20 Meter lang. Man nahm an, es könnte sich um einen Wetterballon gehandelt haben, aber die Begegnung ereignete sich fünfundzwanzig Minuten vor dem täglichen Ballonstart. Der Wind war ebenfalls nicht stark genug, um einen Wetterballon mit solcher Geschwindigkeit voranzutreiben. Zudem hätte der Pilot aus dieser Nähe einen Wetterballon als solchen erkennen müssen.[15]

Diese Fälle — es ist nur eine Auswahl aus den einschlägigen Pilotenberichten — sind durchweg verblüffend. Sie zeigen, daß in der Mehrzahl eine direkte Erklärung für sie nicht zu finden ist. Die professionellen Entlarver gebrauchen häufig unbewiesene Annahmen und nehmen keinerlei Rücksicht auf die Erfahrung der Piloten, die sowohl natürliche wie auch von Menschen produzierte Erscheinungen aus aeronautischer Sicht beurteilen können. Zeugen, die ihre Beobachtungen vom Erdboden aus machen, sind nicht immer verläßlich und dürften wahrscheinlich nicht fähig sein, Meteore, in die Atmosphäre eintauchende Satelliten und Luftspiegelungen von Himmelskörpern zu identifizieren oder Planeten, Sterne und den Mond immer eindeutig zu erkennen. Es gibt auch noch andere Erklärungen für das Auftauchen von UFOs, die sich auf sehr seltene und wissenschaftlich noch nicht anerkannte Phänomene berufen, wie zum Beispiel Plasmen, Kugelblitze, verschiedene elektrische Erscheinungen oder Erdbebenlichter. Einige Berichte enthalten Details, die darauf schließen lassen, daß ein seltenes natürliches Phänomen beobachtet wurde. Das könnte zum Beispiel auf die UFOs zutreffen, die in Polen vom Boden aus aufgestiegen sein sollen. Henryk Kowalski berichtet, er habe zusammen mit seinem Kollegen, einem Herrn Cichoki, eine »Wolke von rosigem Licht« gesehen, die am 12. Juli 1982 um 19 Uhr in Czerniakov vom Grund aufgestiegen sei. Cichoki hat sie fotografiert, und das Bild scheint ein Objekt zu zeigen.[16] Auch das rote Licht, das man in

El Abrojal, Rivera (Uruguay), am 30. Oktober 1976 um 22 Uhr abends gesehen hat, dürfte ein ähnliches natürliches Phänomen gewesen sein. Zuerst wurde das Licht über einem Feld entdeckt, etwa dreihundert Meter entfernt. Nach ein paar Minuten fing es an, sich auf die beiden Zeugen zuzubewegen. Es schwebte in einer Höhe von ungefähr hundert Metern und rauschte laut wie der Wind. Das Licht wurde hell wie die Sonne und blendete die beiden. Ein heißer Windstoß warf sie nieder, und sie verloren für rund fünf Minuten die Besinnung. Am nächsten Tag waren sie schwindelig, hatten Brechreiz und mußten sich übergeben, dazu kamen Sehstörungen. Auch andere Zeugen in der Nähe hatten das Licht gesehen und für einen roten »Zeppelin« von ungefähr 50 Meter Länge gehalten, aber sie konnten keine weiteren eindeutigen Einzelheiten benennen. Auch sie hörten ein lautes Rauschen und spürten einen heißen Luftstrom. Das Licht, das die Erscheinung ausstrahlte, war vielfarbig, aber vorherrschend grün. Es wurde zwanzig Minuten lang beobachtet. Am selben Tag hatte sich bereits ein Unwetter ereignet, und so könnte dieses UFO möglicherweise ein seltenes elektrisches Phänomen gewesen sein, vielleicht verwandt mit einem Kugelblitz.[17]

In der Zeit, in der »fliegende Untertassen« zum ersten Mal gesehen wurden, sah man alle Berichte von UFO-Begegnungen als Beweis dafür an, daß außerirdische Wesen unserer Erde einen Besuch abgestattet hatten. Glücklicherweise haben sich heutzutage die besten Forscher von dieser Auffassung eher entfernt. Man sucht nach wissenschaftlichen Erklärungen, die oft auch gefunden werden. Aber manchmal sind selbst Wissenschaftler verblüfft, und dann treten die Entlarver auf den Plan und nehmen Zuflucht in angeblichem Betrug. Wie oft UFO-Sichtungen erfunden werden, ist schwer einzuschätzen, aber wahrscheinlich kommt es seltener vor als die Entlarver wahrhaben wollen. Beobachter von UFOs werden oft verspottet, ganz bestimmt wird man selten durch eine Sichtung berühmt und glücklich: Selbst Whitley Strieber, der mit seiner Entführungsgeschichte unter dem Titel *Communion* (deutsch: *Die Besucher*) einen US-Bestseller landete und damit ein kleines Vermögen verdient haben dürfte, sah sich häufig skeptisch und spöttisch geführten Interviews ausgesetzt. Geistige Verwirrung dürfte jedenfalls eher vorkommen als absichtlicher Schwindel. Wenn ein Zeuge oder eine Zeugin glaubt, etwas gesehen zu haben, dann kann das tatsächlich auch eine Halluzination oder ein Phantasieprodukt gewesen sein. Das trifft noch mehr auf angebliche UFO-Landungen zu, auf Lebewesen, denen man inner- oder außerhalb des UFOs begegnet sein will, auf Entführungen und andere Kontakte. Für solche Beobachtungen gibt es nämlich selten mehr als einen Zeugen. Beispiele für solche Fälle bietet das Kapitel 6.

Das McMinnville-UFO vom 11. Mai 1950.

Halluzinationen können aber keine Fotos von UFOs erklären. Hier wird man sofort an einen Schwindel denken, und oft ist das auch so. Fotos von UFOs beweisen nichts, weil im Grunde jedes derartige Foto von einem geschickten Fachmann gefälscht werden kann. Aber Analytiker sind genauso geschickt, trotzdem hat man einige Fotos nicht endgültig als Schwindelprodukte entlarven können. Die vier, die wir in diesem Buch zeigen, haben alle eine genaue Untersuchung überstanden, wenn ihre Echtheit auch immer noch nicht völlig gesichert ist.

Die beiden wahrscheinlich bekanntesten UFO-Aufnahmen stammen von Paul Trent. Er hat sie am 11. Mai 1950 auf seiner Farm in McMinnville, Oregon (USA), gemacht. Mr. und Mrs. Trent haben sich nie um die Veröffentlichung ihrer Fotos bemüht. Das erlaubt den Schluß, daß sie die Bilder nicht gefälscht haben, um auf diese Weise berühmt zu werden oder damit Geld zu verdienen. Alle, die sie interviewt haben, gewannen den Eindruck, daß die Trents nicht zu den Leuten gehörten, die einen Schwindel planen oder fähig wären, auch zu ihm zu stehen. Eine ganze Reihe technischer Analysen hat zu verschiedenen Schlüssen geführt, was die Echtheit der Fotos angeht, aber heute neigt man eher dazu, sie für echt zu halten. Schätzungen ergaben, daß sich das Objekt in einiger Entfernung befand, vielleicht einem Kilometer oder mehr, und daß es 30 Meter Durchmesser und eine Höhe

Eines der Fotos, die vom Barra-da-Tijuca-UFO aufgenommen wurden, 7. Mai 1952.

von dreieinhalb Metern hatte. Ein fast identisches UFO wurde 1954 von einem französischen Militärpiloten in der Nähe von Rouen aufgenommen.[18]

Die Fotoserie von Barra da Tijuca bei Rio de Janeiro in Brasilien wurde am 7. Mai 1952 von dem Pressefotografen Ed Keffel gemacht.

Er wurde von dem Reporter Joao Martins begleitet, der als erster etwas entdeckte, das er für ein Flugzeug hielt. Allerdings bewegte es sich seitwärts. Als er merkte, daß es sich um eine merkwürdige Erscheinung handelte, rief er Keffel zu, er solle »schießen«. Keffel griff nach seiner Rolleiflex und schoß innerhalb von etwa einer Minute fünf Fotos. Einer der Forscher, die den Fall analysierten, entdeckte mögliche Widersprüche bei den Lichtverhältnissen auf dem Foto. Die brasilianische Luftwaffe löste bei ihrer Untersuchung das Problem, indem sie an Ort und Stelle Fotos zum Vergleich machte. Es wurde auch der Verdacht geäußert, die Fotos seien dadurch entstanden, daß er ein Modell in die Luft geworfen und fotografiert hatte. Alle fünf Bilder lagen jedoch auf dem Negativstreifen hintereinander. Als die brasilianische Luftwaffe das Ganze in einem Versuch mit einem Modell nachstellen wollte, erwies sich das als unmöglich. Die Theorie, daß es sich um einen Schwindel handeln könnte, war so nicht zu bestätigen. Auch wartete, als die Negative entwickelt wurden, ein Oberstleutnant vor der Dunkelkammer, um die Abzüge in Empfang zu nehmen. Ein Schwindler hätte seine Arbeit heimlich gemacht, damit er die Negative, die sich bei der Entwicklung als unbefriedigend herausstellten, wegwerfen könnte.[19]

Eine weitere Fotoserie aus Brasilien verursachte eine heftige Kontroverse. Sie wurde auf Trinidad Island im Südatlantik aufgenommen, der Fotograf war Almiro Barauna. Er befand sich an Bord der *Almirante Saldanha*, eines Forschungsschiffs für hydrographische Untersuchungen. Am 16. Januar 1958 sollte es wieder nach Brasilien auslaufen, nachdem es sich mehrere Tage im Bereich der Insel aufgehalten hatte. Offiziere und Mannschaft befanden sich schon vollzählig an Deck. Als jemand das UFO entdeckte, verständigte er Barauna, der als Fotograf (und Zivilist) an Bord war. Er hatte seine Kamera zur Hand und entdeckte das UFO durch einen Lichtblitz.

»Es kam von der See her und bewegte sich auf einen Punkt zu, der Galo Crest genannt wird. Ich hatte dreißig Sekunden durch die Suche nach dem Objekt verloren, aber die Kamera hielt ich schon zum Abdrücken bereit. Da sah ich, wie es sich deutlich als Silhouette vor den Wolken abhob. Ich schoß zwei Fotos, ehe es hinter einer Bergspitze, dem Desejado, verschwand ... Ein paar Sekunden blieb das Objekt hinter der Spitze verborgen, dann kam es — es sah jetzt größer aus — wieder zum Vorschein und flog nun in die entgegengesetzte Richtung. Aber es war jetzt tiefer und näher als vorher und hatte eine höhere Geschwindigkeit. Ich schoß mein drittes Foto, das vierte und fünfte gelang nicht. Das war nicht nur, weil die Untertasse eine zu hohe Geschwindigkeit flog, sondern noch aus einem weiteren Grund: In dem

Eine der Aufnahmen des Trinidad-UFO, 16. Januar 1958.

Durcheinander, das an Deck entstanden war, wurde ich von anderen Personen geschoben und gestoßen, die ebenfalls das Objekt aufspüren wollten. Die Folge davon war, daß ich Fotos von der See und der Insel machte — aber ohne das Objekt. Es flog wieder auf die See hinaus und zwar in die Richtung, aus der es gekommen war. Dann schien es plötzlich mitten in der Luft für einen kurzen Augenblick anzuhalten. In dem Moment schoß ich mein letztes Foto (es war das letzte auf dem Film). Nach ungefähr zehn Sekunden vergrößerte das Objekt wieder seinen Abstand zu unserem Schiff, wurde immer kleiner und verschwand schließlich hinter dem Horizont.«

Er fügte noch hinzu, daß das UFO dunkelgrau und metallisch ausgesehen habe und von einem grünlichen Dampf umgeben gewesen sei. Den Film entwickelte er gleich, aber er konnte keine Abzüge machen, weil er kein Fotopapier zur Verfügung hatte. Die von der Marine vorgenommene Analyse ergab später, daß das Objekt einen Durchmesser von etwa 35 Metern hatte und sich mit 600 Meilen pro Stunde vorwärtsbewegte. Kritiker waren sich sicher, daß die Fotos ein Schwindel waren. Als Begründung diente ihnen unter anderem, daß Barauna schon früher gefälschte Fotos von UFOs veröffentlicht hatte. Aller-

Das Vancouver-Island-UFO, Oktober 1981. Ausschnittvergrößerung.

dings hatte er dabei nicht versucht, sie als echt auszugeben. Die Skeptiker waren der Meinung, Barauna müsse seinen Film doppelt belichtet haben — erst habe er ein UFO-Modell vor schwarzem Hintergrund fotografiert und dann den Film noch einmal aufgezogen und die Insel damit aufgenommen. Wir wissen nicht, ob es Tests gegeben hat, um diese Theorie zu beweisen oder zu widerlegen. Wenn es ein Schwindel war, war es ein besonders geschickt inszenierter, denn die Fotos haben eine gewisse Aura von Authentizität.[20]

Unsere vierte Abbildung ist jüngeren Datums und unterscheidet sich von den anderen dadurch, daß es sich um ein Einzelbild handelt, nicht um den Teil einer Serie. Zudem bemerkte die Fotografin das UFO nicht, als sie das Bild aufnahm. Normalerweise reagiert ein Zeuge auf einen vorausgegangenen visuellen Kontakt und versucht das, was er gesehen hat, auf Film zu bannen. Es gibt aber ein paar UFOs, die ganz zufällig auf einem Foto auftauchen. Die übliche Erklärung lautet, diese »UFOs« seien in Wirklichkeit auf Reflexionen in der Linse zurückzuführen oder auf Entwicklungsfehler, die diesen Eindruck hervorrufen. In diesem Fall jedoch dürfte die Erklärung nicht so einfach sein. Das Foto ist nämlich von Dr. Richard F. Haines einer erschöpfenden Analyse unterzogen worden. Dr. Haines ist Wissenschaftler bei der NASA, er kam zu dem Schluß, daß weder ein Schwindel vorliegt, noch ein Fehler am Film oder an der Kamera nachzuweisen ist. Die Umstände, unter denen das Foto gemacht wurde, erklären möglicherweise, warum die Fotografin das UFO nicht gesehen hat. Mrs. Hannah McRoberts hielt sich im Oktober 1981 mit ihrem Mann und ihrem Baby auf Vancouver Island in British Columbia (Kanada) auf und war fest entschlossen, ihrem Mann zu beweisen, daß sie auch scharfe Fotos schießen könne. Die Wolken und der Berg vor ihnen, der einem Vulkan glich (der Mount St. Helens war im Jahr zuvor ausgebrochen), hatten es ihr angetan, und sie konzentrierte sich ganz auf diesen Effekt und auf die Aufgabe, die Kamera beim Knipsen ruhig zu halten. Im Sucher war das UFO dann so klein, daß es nicht weiter überrascht, daß weder sie noch ihr Mann es bemerkten. Sie dachten ja nicht an UFOs oder hielten nach ihnen Ausschau.[21]

Auf all diesen Fotos machen die UFOs den Eindruck von festen Körpern und nicht von »Lichterscheinungen am Himmel« — obwohl es auch davon eine Menge Fotos gibt. Es gibt noch einen weiteren Hinweis darauf, daß zumindest einige UFOs aus fester Materie bestehen. Bei einigen seltenen Gelegenheiten haben Zeugen das Flugobjekt zufällig berührt. Ein gutes Beispiel dafür ist eine 1954 gemachte Sichtung aus Frankreich. Dort ging eine große UFO-Welle durch das Land. Gegen Ende April befand sich der 37jährige Roger Mougeolle zum Holzfällen im Wald von Bois-de-Champ nahe Bruyères in den Vogesen. Er wurde von einem zweitem Mann begleitet. Beide waren gerade damit beschäftigt, Äste von den Stämmen zu sägen, als sie ein lautes Geräusch hörten, so, als würde ein Zug über eine Eisenbrücke fahren. Danach war es wieder ruhig, dann beobachteten sie, wie drei zigarrenförmige Objekte auf sie zukamen. Zwei glitten geräuschlos vorüber, aber das dritte bewegte sich auf die Lichtung zu, auf der sie sich befanden. Es hatte eine glatte graue, metallische Oberfläche und wies keine Kennzeichen oder hervortretenden Teile auf. Es war über 180 Meter lang. Es hielt an und schwebte dabei knapp über dem Boden. Mougeolles Kollege hatte inzwischen die Flucht ergriffen, aber er selbst ging von unten näher an das Objekt heran und streckte seine Hand aus, um es zu berühren. Es fühlte sich kalt, hart und glatt an. Dann griff er nach seinem Beil und versetzte ihm einen Hieb. Es gab einen dumpfen Schlag, und Mougeolle wurde sechs Meter zurückgeschleudert. Er blieb auf dem Boden liegen und konnte sich nicht rühren. Er war völlig gelähmt. Nach ein paar Minuten hob das UFO ab und verschwand, und Mougeolles Lähmung ließ nach. Er litt später unter keinerlei Nachwirkungen.[22]

Mit schriftlichen oder mündlichen Zeugenberichten dieser Art müssen all jene Wissenschaftler arbeiten, die das UFO-Rätsel zu lösen versuchen. Natürlich können Zeugen gelogen oder halluziniert haben: Sie können jedenfalls allesamt keine handfesten Beweise für die unglaublichen Dinge liefern, von denen sie berichteten. Hier und da haben UFOs an ihren Landestellen Spuren hinterlassen (vgl. Kapitel 6) oder einen festen Gegenstand zurückgelassen, den man analysieren konnte. Ein berühmtes Beispiel ist das UFO von Ubatuba in Brasilien im Jahre 1957. Der Zeuge, den man niemals aufgespürt hat, ließ in einem Brief an die Presse wissen, er habe gesehen, wie eine »fliegende Scheibe« über dem Strand von Ubatuba explodierte, und es seien dabei Metallstücke vom Himmel gefallen. Einige wurden gefunden, drei kleinere Stücke hatte der Schreiber dem Brief beigelegt. Sie wurden analysiert. Eine Probe bestand aus reinem Magnesium. Eine zweite war weniger rein und wies eine Beimischung von Strontium auf, was bei Magnesium ungewöhnlich ist. Weitere Analysen ergaben, daß das Magnesium nach einer Methode gefertigt war, die zur Zeit der Analyse (1969) zwar schon bekannt war, nicht aber zur Zeit des Vorfalls (1957). Das war ein weiterer Hinweis darauf, daß, falls es sich um einen Schwindel handelte, es jedenfalls ein besonders raffinierter sein mußte.[23]

Natürlich wäre der einzige Weg, endgültig die Existenz so fortschrittlicher Flugapparate nachzuweisen, wie es einige UFOs zu sein scheinen, ein Exemplar davon in Händen zu halten und es genau zu untersuchen. Manche Ufologen sind der Meinung, die amerikanischen Behörden hielten seit Jahrzehnten eine oder mehrere abgestürzte »fliegende Untertassen« unter Verschluß, und es gibt immer wieder Versuche, dies auch zu beweisen. Bis es soweit ist, haben wir keinen Beleg dafür, daß es *irgendein* UFO in Form eines festen Gegenstandes gibt. Aber eines wissen wir sicher: Es gibt viele zutreffende Erklärungen für die Erscheinungen, die man unter der Bezeichnung »UFO« zusammengefaßt hat. Zum einen haben wir die schon erwähnten natürlichen Erklärungen, etwa Fehlinterpretationen gewöhnlicher oder seltener Naturereignisse. Zum anderen gibt es die psychologischen Erklärungen vom bewußten Betrug bis zur Halluzination. Und dann gibt es noch die esoterischen Erklärungen. Am häufigsten hört man da die These, UFOs seien außerirdische Fluggeräte von einem fernen Planeten. Können wir wirklich sicher sein, daß dies nicht so ist? Wir brauchten nur noch mehr Beweise, als wir derzeit haben, und dann wären wir überzeugt. UFOs könnten auch von anderswoher kommen, zum Beispiel aus der Mitte der Erde (unwahrscheinlich); oder aus der Tiefe des Meeres (möglich — vgl. Kapitel 10, in dem einige verblüffende Beweise für diese Theorie angeführt sind); oder aus der Zukunft (ein Konzept jenseits der menschlichen Begriffswelt, aber deswegen noch nicht unmöglich); oder aus einem zu dem unseren parallel existierenden Universum, von dem wir nichts wissen (Wäre das so, hätten wir für viele rätselhafte Dinge eine brauchbare Erklärung.); oder doch aus ganz irdischen Quellen — fortgeschrittene und deswegen geheimgehaltene Entwicklungen der Großmächte oder sogar uns unbekannter Zivilisationen, die in noch wenig erforschten Regionen der Erde leben, etwa im Himalaja, in Zentral-Australien, in der Arktis oder Antarktis oder im südamerikanischen Urwald. Möglichkeiten gibt es viele, Sicherheiten dagegen wenige.

Menschliche Fackeln und andere unerklärliche Feuer

Tod durch Verbrennen ist eine gräßliche Sache, und wir beziehen dieses Thema nicht wegen seiner morbiden Faszination in unsere Darstellung ein, sondern weil die Todesfälle, die wir hier behandeln, einige unerklärliche Begleitumstände aufweisen. Die auffälligsten Begleitumstände, die man mit einiger Vorsicht dem Phänomen der »spontanen menschlichen Selbstverbrennung« zuordnen kann, sind folgende: kein Herd, von dem der Brand ausging; fast völliges Verbrennen des Fleisches und des Skeletts bis auf die Extremitäten; genaue Begrenzung des Brandes auf das Opfer und seinen Sitz, manchmal sogar unter Verschonung der Kleider. Forscher wollen noch einige andere gemeinsame Merkmale gefunden haben (wobei es in allen Fällen immer wieder Ausnahmen zu geben scheint), zum Beispiel: Es verbrennen nur lebendige Menschen (aber es gibt auch ein Beispiel für eine spontan verbrannte Leiche); es sind normalerweise alte Menschen (doch es kommen alle Altersgruppen vor); Frauen sind häufiger betroffen als Männer (das ist strittig); die Opfer waren gewöhnlich allein (aber nicht immer); alle führten ein unausgefülltes Leben (falsch) und so weiter. Es scheint, als wäre jeder Versuch, spontane menschliche Selbstverbrennung nach Kategorien zu ordnen, um ihnen so auf den Grund zu kommen, von vornherein zum Scheitern verurteilt. Mit dem größten Nachdruck versuchen übrigens gerade die, die es ablehnen, überhaupt etwas Mysteriöses in diesen Todesfällen zu sehen, solche Kategorien zu erstellen.

Um die mysteriösen Aspekte der menschlichen Selbstverbrennung zu demonstrieren, wollen wir aber hier einige der interessantesten Fälle dieses Jahrhunderts im Detail vorstellen. Als erstes wird auffallen, daß alle unsere Fälle aus den Vereinigten Staaten stammen. Das muß nicht notwendigerweise bedeuten, daß menschliche Selbstentzündungen anderswo nicht vorkommen: In *Modern Mysteries of Britain* haben wir einige Fälle aus England aufgeführt. Wahrscheinlich hat es ähnliche Fälle überall in der Welt gegeben, doch niemand, der sich dafür interessierte, hat sie aufgezeichnet. Aber wie dem auch sei, die Konzentration der Fälle auf die Vereinigten Staaten und Großbritannien mag ein Hinweis darauf sein, daß es sich um ein Phänomen mit dem Schwergewicht auf der nördlichen Hemisphäre der Erde handelt. Vielleicht liegt das daran, daß die Bewohner der nördlichen Erdkugel ein Leben führen, das sich eher in Häusern abspielt — obwohl nicht alle Opfer ihr Leben in geschlossenen Räumen verloren.

In diesen Todesfällen durch Feuer werden die Opfer nicht ausnahmslos zu Asche verbrannt. Als Thomas W. Morphey, der Besitzer des Hotels »Lake Denmark« in der Nähe von Dover (New Jersey) Ende Dezember 1916 seine Haushälterin Lillian Green verbrannt auf dem Fußboden liegend fand, war sie sogar noch am Leben, konnte aber nicht erklären, was vorgefallen war. Der Fußboden war dort, wo sie lag, leicht angesengt, und die Kleider waren verbrannt, aber sonst war nichts in Mitleidenschaft gezogen worden. Es gab auch keinen sichtbaren Brandherd.[1] Umgekehrt war es im Fall von Mrs. Stanley Lake, die im Januar 1930 in Kingston (New York) starb. In einer Aussage vor dem Untersuchungsgericht hieß es: »Obwohl ihr Körper ernsthafte Verbrennungen erlitten hatte, waren ihre Kleider nicht einmal angekohlt.«[2] Das scheint undenkbar, aber es kommt häufiger als einmal in der Berichten über menschliche Selbstverbrennungen vor. Der 59 Jahre alte Aura Troyer, der als Pförtner in einer Bank in Bloomington (Illinois) arbeitete, war ein weiteres Opfer, das vor seinem Tod noch etwas sagen konnte. Wie bei Lillian Green blieb es aber unklar, was ihm zugestoßen war. Er wurde 1942 im Kellergeschoß der Bank gefunden. Seine Kleider waren verbrannt, und alles, was er noch sagen konnte, bevor er starb, war: »Es ging alles so plötzlich.«[3] Auch Allen M. Small aus Deer Isle (Maine) fand man wie Lillian Green auf dem Fußboden, der samt dem Teppich angesengt war. Sonst fand man keine Brandspuren, und auch ein Brandherd konnte nicht entdeckt werden. Seine Pfeife lag auf dem Bücherbord, und die Ofenklappen waren geschlossen. Dieser Todesfall ereignete sich am 13. Januar 1943.[4] Nur wenige Tage später, am 1. Februar 1943, fand man den Invaliden Arthur Baugard tot in seinem Haus in Lancaster (New York). Nur sein Körper war verbrannt, aber das bis zur Unkenntlichkeit.[5] Im Dezember 1949 stieß die Polizei auf die verbrannte Leiche von Mrs. Ellen K. Coutres in ihrem Haus in Manchester (New Hampshire). Ihr Kommentar: »Es gab sonst nichts, was Feuer gefangen hätte, und obwohl ... die Frau wie eine menschliche Fackel gebrannt haben muß, haben die Flammen an der hölzernen Wohnungseinrichtung keine Spuren hinterlassen.« Im Ofen hatte schon seit einiger Zeit kein Feuer mehr gebrannt.[6]

Bis jetzt waren es gleichviel Männer und Frauen, die einen mysteriösen Tod durch Verbrennen erlitten haben, in allen Fällen geschah es im Innern von Häusern und unter den gleichen Umständen. Alle Opfer, die man noch lebend antraf, konnten nicht erklären, wie sie in Brand geraten waren. Keiner von diesen Fällen scheint in allen Einzelheiten

Mrs. Mary Reeser.

untersucht worden zu sein, weder von denen, die der Theorie der menschlichen Selbstverbrennung anhängen, noch von denen, die sich gegen sie aussprechen. Das trifft aber bestimmt nicht auf unseren nächsten Fall zu, der wohl der berühmteste seiner Art ist, den wir kennen. Das Opfer war Mrs. Mary Hardy Reeser, die in St. Petersburg an der Westküste von Florida lebte. Mrs. Reeser war Witwe und lebte in einem Einzimmerapartment, aber sie war keine Einsiedlerin. Nach der Beschreibung von Vincent H. Gaddis war sie eine »fröhliche, pummelige mütterliche Frau«, und am Tag ihres Todes, dem 1. Juli 1951, hatte sie mit ihrem Sohn und seiner Familie gegessen. Ihr Sohn, Dr. Richard Reeser, sah sie am Abend noch um 20.30 Uhr, als sie ihm sagte, sie wolle

Aufräumungsarbeiten nach dem mysteriösen Tod von Mary Reeser.

nun zwei Schlaftabletten nehmen und zu Bett gehen. Die letzte Person, die sie lebend sah, war ihre Hauswirtin, die um 21 Uhr zu ihr hineinschaute und sie in einem dick ausgepolsterten Sessel sitzen sah. Sie trug ein Nachthemd aus Kunstseide und einen Hausmantel darüber, dazu schwarze Bettpantoffeln aus Satin. Sie rauchte eine Zigarette.

Elf Stunden später läutete die Hauswirtin erneut mit einem Telegramm an ihrer Tür, und dabei beunruhigte sie die Tatsache, daß der Türknopf sich heiß anfühlte. Sie bat zwei Maler, die in der Nähe arbeiteten, um Unterstützung. Gemeinsam betraten sie die Wohnung. Dort entdeckten sie als erstes einen brennenden Balken, aber von Mrs. Reeser war keine Spur zu sehen. Erst die Feuerwehr, die man rief, fand einen Haufen Asche als letzten Überrest von Mrs. Reeser — und dazu einen Fuß von ihr, der noch im Pantoffel steckte, ihre verkohlte Leber, die an einem Stück der Wirbelsäule klebte und ihren auf die Größe eines Baseballs geschrumpften Schädel. Der Sessel war mit ihr verbrannt und alles, was sich im Umkreis von gut einem Meter befand. Rauchspuren fanden sich im Apartment nur bis 1,20 Meter Höhe über dem Boden. Plastikgegenstände, die in der Nähe gestanden hatten, waren geschmolzen, aber der Leinenüberwurf über einer Bettcouch, 1,50 Meter entfernt, war unberührt, ebenso ein Zeitungsstapel, der sich nur 30 Zentimeter außerhalb des Kreises befand, in dem es gebrannt hatte. Niemand konnte erklären, wie Mrs. Reesers Körper derart zu Asche hatte verbrennen können. Weder hing in der Luft der Geruch von verbranntem Fleisch, noch gab es Spuren einer Chemikalie, die den Verbrennungsprozeß hätte fördern können. Schließlich schien es auch unwahrscheinlich, daß eine herabfallende Zigarette zu so unglaublichen Folgen hätte führen können. Oder war es möglich?

Die Gerichtsmediziner Joe Nickel und John F. Fischer untersuchten Mrs. Reesers Tod ausführlich, sie dehnten ihre Forschungen auch auf andere mögliche Fälle von menschlicher Selbstverbrennung aus. Sie kamen zu dem Schluß, Mrs. Reesers Tod sei ganz leicht zu erklären. Nachdem sie die Schlaftabletten genommen habe, sei sie eingenickt, die Zigarette sei hinabgefallen und habe ihre Kleidung entzündet. Sie habe dann nicht mehr reagieren können, um sich zu retten. Als das Feuer um sich griff, sei ihr Körperfett geschmolzen und hätte den Flammen neue Nahrung gegeben — man nennt das den »Kerzen-Effekt«. Auf dem Fußboden rund um Mrs. Reesers sterbliche Überreste fand man eine Schicht Fett.

Das Hauptargument, an dem die Theorie der menschlichen Selbstverbrennung hängt, ist die Frage, ob solch ein Feuer, wenn es einmal brennt, einen ganzen Körper bis zu Asche verkohlen kann. Dr. Wilton M. Krogmann, der viele Brandfälle untersucht und eine ganze Anzahl Experimente mit brennenden Leichnamen gemacht hat, berichtet von seiner Beobachtung, daß ein Körper acht Stunden lang im Krematorium bei gut 1000 Grad Hitze gebrannt habe und dennoch erkennbare Knochenreste übriggeblieben seien. »Erst bei 1600 Grad und mehr habe ich beobachtet, wie Knochen schmolzen und sich auflösten, bis nichts mehr von ihnen übrig war. Bei derart großer Hitzeentwicklung versengt, verkohlt und verschmort alles in einem ziemlich großen Umkreis um den Brandherd.« Es gibt andere Quellen, nach denen es nur einer Temperatur von 900 bis 1000 Grad bedarf, um in anderthalb Stunden eine Leiche zu verbrennen. Bei längerer Dauer würden sogar noch geringere Temperaturen benötigt. D. J. X. Halliday, Experte für die Erforschung von Brandursachen im gerichtsmedizinischen Labor der Londoner Polizei: »Bei der Feuerbestattung soll der Körper in möglichst kurzer Zeit eingeäschert werden, und daher geschieht das unter extremen Bedingungen. Dagegen kann aber auch ein relativ kleines Feuer Fleisch und Knochensubstanz vernichten, wenn es nur lange genug brennt.«[7] Wir haben aber noch von keinem Experiment gehört, das speziell zur Überprüfung dieser beiden Hypothesen unternommen wurde.

Auch ein anderer noch offener Punkt im Fall der Mrs. Reeser — der geschrumpfte Schädel — könnte eine logische Erklärung haben: Es war möglicherweise gar nicht ihr Schädel. Der »runde, als ihr Kopf identifizierte Gegenstand« könnte in Wirklichkeit ein »kugelförmiger Klumpen« aus der Nackenmuskulatur gleich am Ansatz des Schädels gewesen sein.[8]

Jedenfalls könnte es im Fall der Mrs. Reeser eine stichhaltige Erklärung geben, die nicht auf eine menschliche Selbstverbrennung hinausläuft. Denn wir wissen, daß man sie zuletzt mit einer brennenden Zigarette gesehen hat. Eine Ursache für den Brand wäre also gefunden. Aber in den vielen Berichten über ähnliche Fälle wird eigens darauf hingewiesen, daß man keine Brandursache gefunden habe — wie also hat sich dort das Opfer entzündet? Ein paar könnten ebenfalls geraucht haben, doch die Flammen haben alle eindeutigen Indizien vernichtet. Bei den Untersuchungen müßte dann aber immerhin festgestellt worden sein, ob sich etwa Zigaretten und Streichhölzer irgendwo im Raum befanden. Außerdem gibt es eine Grenze, bis zu der wir annehmen dürfen, daß es immer wieder herabfallende Zigaretten gewesen sein müssen, die zu den tödlichen Flammen geführt haben: Die meisten Menschen wären imstande, sie wieder aufzuheben, bevor sie irgendeinen Schaden anrichten. Und selbst wenn eine Zigarette einmal unbemerkt hinabfiele, würden nicht zwangsläufig die Kleider in Flammen aufgehen, zumal die Entzündbarkeit des Materials verschieden ist. Einige Berichte, auf die wir noch in diesem Kapitel zu sprechen kommen, legen andere, weniger nüchterne Ursachen für das Ausbrechen von Bränden nahe. Aber zunächst noch einige Berichte von möglichen menschlichen Selbstverbrennungen aus jüngerer Zeit.

Zumindest vier rätselhafte Fälle haben sich in Autos ereignet. Am 3. Mai 1951 wurde Carl C. Blocker in der Nähe von Wabash (Indiana) im Straßengraben gefunden. Er brannte am ganzen Körper und starb im Krankenhaus. Sein Wagen stand am Straßenrand und wies nur geringe Brandspuren im Bereich des Fahrersitzes auf. Man untersuchte den Wagen, fand aber keine Ursache für den Ausbruch des Feuers.[9] Am 1. März 1953 verbrannte Waymon P. Wood aus Greenville (South Carolina) in seinem Wagen, und wieder blieben die Brandspuren auf den Vordersitz begrenzt. Auch hier gab es keine Hinweise auf die Ursache.[10] Im Oktober 1964 wurde Mrs. Olga Worth Stephens, eine ehemalige Schauspielerin, in ihrem Wagen ein Opfer der Flammen. Das geschah auf einem Parkplatz in Dallas (Texas). Sie starb an ihren Verletzungen, aber der Wagen hatte kaum etwas abbekommen.[11] Der seltsamste Todesfall in einem Wagen war der des 27jährigen Billy Thomas Peterson. Peterson hatte offenbar am 13. Dezember 1959 zu Hause in Pontiac (Michigan) Selbstmord begangen, indem er Kohlenmonoxid ins Innere seines Autos leitete. Aber als man ihn fand, war sein Körper auch noch schwer verbrannt. Seine Kleidung, auch seine Unterwäsche, waren jedoch völlig unbeschädigt und wiesen nicht einmal Versengungen auf. Auch seine Haare waren nirgends angeschmort, nicht einmal seine Körperbehaarung. Die Hitze hatte eine Heiligenstatue aus Plastik auf dem Armaturenbrett schmelzen lassen, aber der Wagen selbst war nicht in Brand geraten. Einer der Ärzte, die den Leichnam im Krankenhaus untersucht hatten, erinnerte sich ein paar Jahre später, daß er »mit inneren und äußeren Verbrennungen dritten Grades überzogen war ... Wir haben damals keine Erklärung gefunden, und soweit ich weiß, gilt das bis heute. Bis heute habe ich solch einen Fall nicht mehr erlebt, und er gibt mir noch immer Rätsel auf.«[12] Peterson verbrannte wahrscheinlich, nachdem er bereits tot war. Ein ähnlicher Fall wird aus Hoquiam (Washington) gemeldet. Dort starb am 7. Dezember 1973 Mrs. Betty Satlow an Kohlenmonoxid-Vergiftung. Ihre Leiche wurde ins Leichenschauhaus gebracht. Dort brach sie am anderen Tag in ihrem Sarg in Flammen aus.[13] Wir fragen uns natürlich, ob in weiteren ungeklärten Brandfällen Kohlenmonoxid mit im Spiel gewesen sein könnte. Aber wenn man dieses Gas in irgendeiner Weise verantwortlich machen könnte, warum hat es dann nicht mehr Brände in Autos gegeben, die zu einem Selbstmord dieser Art benutzt wurden?

In diesen Fällen waren die Körper der Opfer nicht zu Asche zerfallen. Aber dieser Aspekt spielt auch bei der Erklärung von menschlichen Selbstverbrennungen gar keine besondere Rolle, seit wir wissen, daß einige Wissenschaftler behaupten, unter bestimmten Umständen könnte ein Körper auch bei niedrigeren Temperaturen, als allgemein bekannt, zu Asche verbrennen — es müsse nur lange genug dauern. Das wirkliche Rätsel, das uns die menschlichen Selbstverbrennungen aufgeben, liegt im Begriff »Selbst-« — das heißt, in den meisten Fällen wurde keine Ursache für das ausgebrochene Feuer gefunden, so intensiv man auch danach gesucht hat. Das trifft auch für den Fall von Mrs. Martin zu, die am 18. Mai 1957 im Keller ihres Hauses in West Philadelphia (Pennsylvania) starb. Ihr Sohn fand sie tot vor dem Ofen ihrer Koksheizung. Der Ofen war kalt. Ihre Arme und Beine waren in Asche verwandelt, nur ihr schwer verbrannter Rumpf war noch vorhanden. Ein Stapel Zeitungen, sechzig Zentimeter von ihr entfernt, war nicht angesengt, und die Trägerbalken über ihr zeigten ebenfalls keine Brandspuren, obwohl sie mit ölhaltigem Ruß überzogen waren.[14]

Im Fall von Dr. John Irving Bentley, der am 5. Dezember 1966 in Coudersport (Pennsylvania) starb, fand man zwar eine Brandursache, doch einiges ist immer noch rätselhaft geblieben. Das Opfer war ein 92 Jahre alter Arzt im Ruhestand, der sich mit Hilfe eines Gehgestells fortbewegte. Er war Pfeifenraucher, und so kam man auf die Theorie, daß sich durch herabfallende Funken seine Kleidung entzündet habe. Dann sei er ins Badezimmer gegangen, wo man das Kleidungsstück später schwelend in der Badewanne gefunden hat. Aber wenn es ihm gelungen war, das brennende Stück auszuziehen, wieso war er dann gestorben? Wie das Foto zeigt, war von Dr. Bentley nur wenig übrig, als ihn am nächsten Morgen der Gasmann entdeckte. Der Brand war auf einen kleinen Bereich des Fußbodens begrenzt. Dort hatte er sich allerdings durch das Holz gefressen, und man fand im Keller darunter einen Haufen Asche. An den Scheiben des Badezimmerfensters hatte sich ein rußiger Film niedergeschlagen. Der Mann, der als erster den Ort des Geschehens erreichte, bemerkte keinen Geruch von verbranntem Fleisch, nur etwas bläulichen Rauch, der »irgendwie süß« oder wie »nach brennendem Öl« gerochen habe.[15]

In einem jüngeren Fall waren von dem 195 Pfund schweren Körper von Mrs. Beatrice Oczki nur noch 40 Pfund übrig, nachdem sie sich am 24. November 1979 in ihrem Haus in Bolingbrook (Illinois) vor dem Fernseher niedergelassen hatte. Als man sie am nächsten Morgen fand, lief der Fernseher noch. Eine Zeitung, die knapp einen Meter von der Leiche entfernt lag, hatte nichts abbekommen. Dafür hatte sich der Deckenanstrich über ihr durch die Hitze abgepellt, eine Bierdose war explodiert, und ein Band in dem Videorecorder, der auf dem Fernseher stand, war geschmolzen. Auch hatte das Feuer allen vorhandenen Sauerstoff im Haus verbraucht. Das führte zum Tod ihrer zwei Hunde und brachte die Gaszündflammen zum Erlöschen.[16] Selbst wenn Mrs. Oczki vor dem Fernseher geraucht hätte, stünden wir doch erneut vor dem Rätsel, wie eine Zigarette einen derartigen Brand verursachen konnte. Es ist wahrscheinlich, daß einige Opfer durch ihre körperliche Verfassung anfälliger für eine Verbrennung sind als andere. Mrs. Oczki war übergewichtig und Diabetikerin. Auch Alkoholkonsum und die Einnahme von flüssigem Paraffin als Abführmittel werden in einigen Fällen verantwortlich gemacht, denn beide Substanzen entzünden sich leicht. Ist die Kleidung brennbar und hat sie erst einmal Feuer gefangen, ohne daß es gelingt, sie schnell auszuziehen oder die Flammen zu ersticken, dann ist es möglich, daß die Flammen bis auf die Haut vordringen können. Ist die Haut nun noch mit fettigen Substanzen eingerieben, dann beginnt der »Kerzeneffekt«: Das Fett schmilzt und nährt das Feuer, und nach einigen Stunden ist der Körper zu Asche verbrannt. Das könnte eine

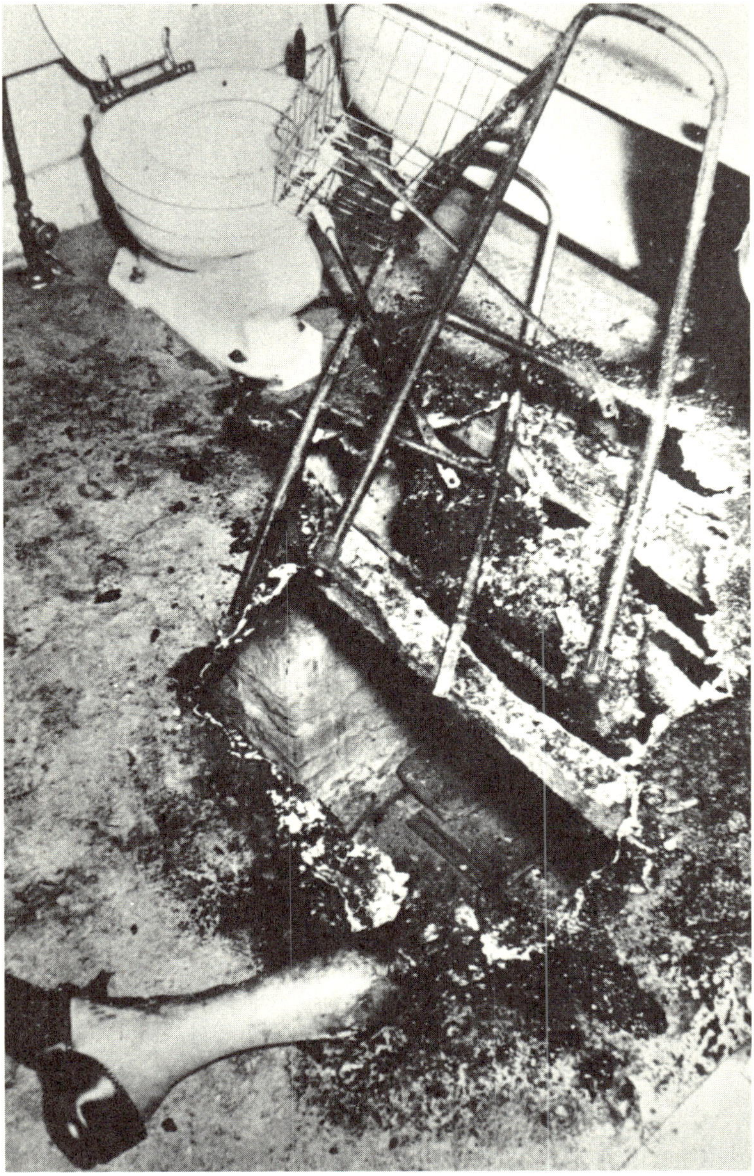

Alles, was von den sterblichen Überresten des Dr. John Irving Bentley erhalten blieb.

Erklärung sein, aber es bedarf noch entsprechender Experimente, um endgültig sagen zu können, daß sie die richtige ist.

Wir sind noch immer beim Aspekt der »Spontaneität« der Verbrennungen. Manche Opfer standen gerade in Flammen, als man sie fand, so zum Beispiel Jack Larber, der sich als Patient in einem Pflegeheim in San Francisco aufhielt. Es war der 31. Januar 1959, und man hatte ihm gerade ein Glas Milch gereicht. Fünf Minuten später warf jemand einen Blick in sein Zimmer und sah, wie Larber in blaue Flammen gehüllt war. Er war Nichtraucher und trug auch nie Streichhölzer bei sich.[17] In Lockland (Ohio) saß die 74 Jahre alte Mrs. Mary Martin am 3. August 1962 in ihrer Küche auf einem Stuhl, als jemand sie schreien hörte. Ihre Kleider standen in Flammen.[18] Beide, Mr. Larber wie Mrs. Martin, erlagen ihren Verletzungen. Aber andere, die man unter gleichen Umständen fand, überlebten. Jeanna Winchester war am 9. Oktober 1980 in ihrem Wagen in Jacksonville (Florida) unterwegs, als sie plötzlich in gelbe Flammen ausbrach und schwere Brandverletzungen erlitt. Sie verunglückte, als sie versuchte, die Flammen auszuschlagen. Als man den Wagen untersuchte, fand man nur geringe Feuerschäden. Der Polizeibeamte T. G. Hendrix kommentierte: »Der weiße Ledersitz, auf dem sie saß, war ein bißchen braun geworden, die Türfüllung wies einen kleinen schwarzen Fleck auf. Mehr hatte das Feuer nicht angerichtet. In meinen zwölf Jahren Dienst habe ich noch nie etwas Ähnliches erlebt.« Nach seinem Protokoll war auch nirgends Benzin ausgelaufen oder verschüttet worden. Jeanna konnte sich, als sie im Krankenhaus aufwachte, an nichts mehr erinnern. »Zuerst dachte ich, es müßte doch eine logische Erklärung geben, aber ich konnte keine finden. Ich habe nicht geraucht. Das Fenster war hochgekurbelt, so daß niemand etwas hätte hereinwerfen können. Der Wagen selbst hat nicht gebrannt. Schließlich dachte ich an diese menschlichen Selbstverbrennungen, als ich sonst nichts finden konnte.«[19]

Mr. Jones aus Kalifornien saß eines Abends Ende 1980 in seinem Zimmer und rauchte. Seine Frau erzählt: »Ich sah zu ihm hinüber und entdeckte, daß aus seinen Ärmeln Rauch quoll, als sei dort etwas in Brand geraten. Wir versuchten beide verzweifelt, das Feuer zu ersticken. Plötzlich war es wieder vorbei.« Mr. Jones ergänzte, daß ihm das schon früher passiert sei, als er mit dem Auto unterwegs war. Gebrannt habe nichts, nur Qualm habe es gegeben. Auf ähnliche Weise sah sich plötzlich eine Frau in Rauchschwaden gehüllt, die aus ihrem Blusenärmel quollen. Das geschah zweimal im Mai 1981. In den frühen vierziger Jahren wachte Paul V. Weekly aus Sioux City (Iowa) nachts um 3.30 Uhr »durch einen Juckreiz am Fuß« auf. Als er die Bettdecke wegriß, sah er, das sein Bett brannte. Er erstickte das Feuer und legte sich wieder schlafen, mit dem Ergebnis, daß sich eine Stunde später das Ganze noch einmal wiederholte.[20] Diese Opfer hatten Glück im Vergleich zu Jack Angel, der im November 1974 aus unerklärlichen Gründen in seinem Wohnmobil in Savannah (Georgia) Verbrennungen erlitt. Er hatte sich am 12. November zu Bett gelegt und war vier Tage später wieder aufgewacht, die rechte Hand schwarz verbrannt. Auch an Arm, Brust, Beinen und anderswo hatte er Brandverletzungen, aber nur punktuell. In dem Fahrzeug gab es keine Spuren von einem Brand. Man fand auch nie die Brandursache, obwohl das ganze Wohnmobil auf der Suche nach einer Erklärung zerlegt wurde.[21]

Vielleicht haben diese natürlichen, spontan ausgebrochenen Feuer, die so ihre Opfer fanden, irgendeine Verbindung zu den rätselhaften Bränden, die schon seit Generationen auch die Häuser der Menschen heimsuchen. Diese Brände — man gibt ihnen bisweilen den Namen »Feuerspuk« bzw. »Feuergeister« — sollen in Verbindung zu Poltergeist-Aktivitäten stehen, wie wir sie in Kapitel 1 beschrieben haben. Tatsächlich entstehen solche Brände auch parallel zu diesen Erscheinungen. Es gibt eine interessante Entsprechung: Die Feuergeister stürzen sich auf Gebäude und ihr Inneres. Das kann manchmal zu totaler Zerstörung führen. Von »Selbstverbrennung« werden Menschen betroffen, dies auch manchmal bis zur völligen Vernichtung. Wie bereits in Kapitel 1 geschildert, gehörten zu dem rätselhaften Poltergeist-Ausbruch von Nidamangalam in Indien vom März 1920 neben anderen Erscheinungen auch rätselhafte Brände. Man fand versengte Kleidungsstücke, und selbst nasse Kleidung wurde nicht verschont. Bilder mit religiösen Motiven verbrannten, ebenso zwei Besenstiele und eine strohgedeckte Hütte.[22] Um die halbe Welt, in Neuschottland in Kanada, ließ sich Anfang Januar 1922 ein Feuergeist auf einem einsamen Farmgebäude in Valedonia Mills, 22 Meilen von Antigonish entfernt, nieder. Der siebzigjährige Alexander Macdonald lebte dort mit seiner Frau und der fünfzehn Jahre alten Adoptivtochter Mary Ellen. Im ganzen Haus brachen plötzlich Feuer aus. Innerhalb einer Nacht gab es zwischen fünf und acht Uhr 38 verschiedene Brände, die von Macdonald und drei seiner Nachbarn gelöscht wurden. Einer der Nachbarn war Elektriker. Was er erlebte, schildert er so:

»Wir waren wohl seit zwanzig Minuten drüben, als das ganze Haus so plötzlich und so hell erleuchtet wurde, als wäre an der Hochspannungsleitung durch Kurzschluß ein Lichtbogen entstanden. Anders kann ich das nicht beschreiben. Obwohl der Lichtschein mir noch heller vorkam, sah ich sofort, daß er aus dem Wohnzimmer kam. Ich rannte darauf zu. Eine grüne Jalousie stand in Flammen. Ich riß sie von der Wand und bewahrte mir zwei Lamellen auf. Die Flamme war blaßblau. Das einzige, womit ich sie wieder vergleichen kann, war die Stichflamme eines kurzgeschlossenen Stromkreises. Die Flamme war nicht heiß. Sie versengte mir weder die Haare auf dem Handrücken noch meine Augenbrauen. Fünf bis zehn Minuten später schlug an einem nassen Stück Tapete im Speisezimmer eine Flamme hoch. Die nächste Flamme entdeckte ich an einem Bild aus Pappe, das im Wohnzimmer an der Wand direkt gegenüber der Jalousie hing.«

In der folgenden Nacht brachen 31 Brände aus. Bald war das ganze Haus von dem Wasser durchnäßt, das man zum Löschen der Brände gebraucht hatte, aber die Flammen leckten immer wieder hoch. »Ich habe gesehen, wie nasses Papier brannte. Ich zog ein nasses Brett aus dem Fußboden hoch, und es fing Feuer. Auf dem Fußboden stand das Wasser etwa sieben Zentimeter hoch, aber als wir den Teppich hoch-

Zündeln war eine von mehreren Methoden, mit den sich der Poltergeist von Iparinga (Brasilien) im Jahre 1973 bemerkbar machte. In Kleider gebrannte Löcher sind typisch für diese Art spontaner Verbrennung.

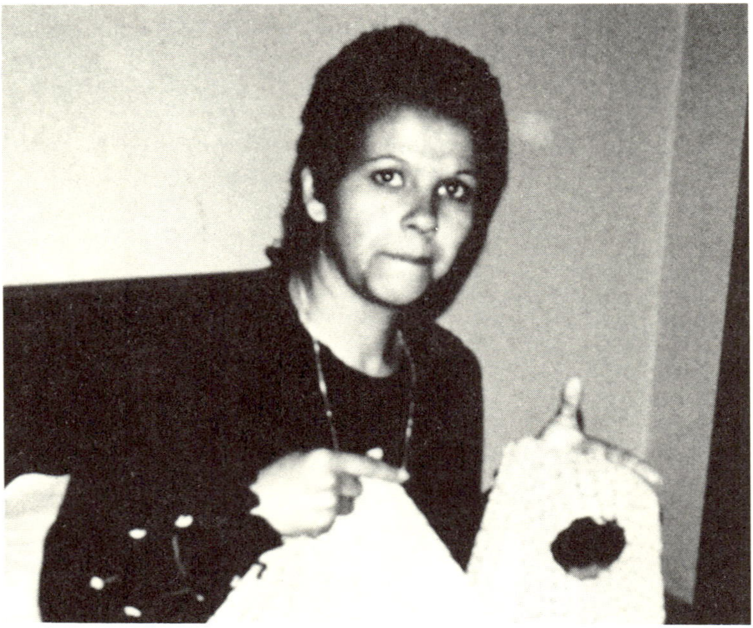

hoben, stand er gleich in Flammen«, berichtete einer der Feuerwehrmänner. Die Familie war inzwischen so erschöpft, daß sie zu Nachbarn zog. Von den Beamten, die den Fall untersuchten, verdächtigte einer Mary Ellen, die Feuer gelegt zu haben, obwohl Zeugen bestätigen konnten, daß das unmöglich war. Einer hatte sie bewußt beobachtet und nichts Verdächtiges bemerkt.[23] Wenn diese Erscheinungen, die denen der Poltergeister entsprechen, von der Gegenwart eines Mediums abhängen, dann erfüllte Mary Ellen sicher die Bedingungen. Vielleicht war sie der Katalysator, aber nicht der Anstifter. Es ist auch möglich, daß sie einige der Brände gelegt hat, damit die Aufregung nicht nachließ. Ganz sicher konnte sie nicht alle gelegt haben, denn nicht einmal fünf erwachsenen Menschen gelang es, mit den Feuern Schritt zu halten, so schnell entstanden sie.

In einem anderen Fall diente im selben Jahr in Alva, Oklahoma (USA), wahrscheinlich eine 23jährige Frau als Katalysator. Der Bericht der *New York Times* vom 14. März 1922 begann mit den Worten:

»Blaue Flammen rätselhaften Ursprungs, die wie von selbst aus der Luft zu entstehen scheinen, drohen die gelähmte Mrs. Ona Smith, 23, die hier in einem kleinen Landhaus das Bett hüten muß, zu töten.

Die Behörden stehen bei der Suche nach den Ursachen vor einem völligen Rätsel. Pfleger, die Tag und Nacht bei der Frau Wache halten, können dazu nur sagen, daß die rätselhaften Feuer mit Unterbrechungen im Bettzeug ausbrechen, in Kleidungsstücken, die Mrs. Smith trägt, an Wandvorhängen und sonstigen entzündbaren Materialien, die sich im Zimmer befinden.

Zwei Matratzen sind schon zu schwelender Asche geworden, ein Kalender, der an der Wand hing, wurde angezündet, ein Schal, den die Kranke trug, ging in Flammen auf. Noch weitere Stichflammen sind in den letzten Tagen aus dem Bettzeug hochgeschossen.«

Eine neue Matratze ging in Gegenwart mehrerer Zeugen und eines Zeitungsreporters in Flammen auf. Sie sagten übereinstimmend aus, es scheine, als entstünden die Flammen in der Luft, blaue Flammen, die hüpften und knisterten. Für einen Menschen gab es kaum die Möglichkeiten, in diesem kleinen Landhaus unbeobachtet solche Feuer zu legen.

Die blaue Farbe der Flammen ist uns schon aus früheren Berichten bekannt, und wir werden ihr in diesem Kapitel noch öfters begegnen. Ein gutes Beispiel bietet der Bladenboro-Ausbruch (North Carolina) vom Januar 1932. Er begann damit, daß ein von Mrs. Charles H. Williamson getragenes Baumwollkleid in Flammen aufging. Sie rauchte nicht und hielt sich auch nicht in der Nähe eines offenen Feuers auf.

Ihr Mann und ihre Tochter rissen ihr den angekohlten Fetzen vom Leib. Erstaunlicherweise hatte Mrs. Williamson nicht eine einzige Brandverletzung davongetragen, auch ihre Retter blieben verschont. Später verbrannten noch am selben Tag Mr. Williamsons Hosen, die im Schrank hingen, zu Asche. Vorhänge und andere Dinge wurden vernichtet, ohne daß die Flammen sich weiter ausbreiteten. Zeugen von außerhalb, unter ihnen der Bürgermeister, ein Arzt und ein Gesundheitsbeamter, bestätigten das. Sie sahen bläuliche Flammen, die keinen Rauch und nur wenig Geruch von sich gaben. Sie tauchten wie auf einer dünnen Brise auf und verschwanden wieder wie seltsam brennendes Gewebe. Aber niemand, der die Feuer löschte, trug Verletzungen davon. Man fand keine Fehler in den elektrischen Leitungen des Hauses, keine undichten Gasschläuche. Nach fünf Tagen verschwand das Phänomen so plötzlich, wie es gekommen war.[24]

Bläuliche Flammen wurden auch im Dezember 1941 bei einem Ausbruch rätselhafter Flammen im Dominion Golf and Country Club

Spontane Entzündungen gehörten auch zu den Manifestationen des Poltergeists von Suzano (Brasilien) im Jahr 1970. Als Guy Lyon Playfair 1975 den Ort besuchte, um mit Zeugen zu reden, versicherte ihm eine Frau: »Und wenn ich hundert Jahre alt werde, ich werde immer wieder beschwören, daß der Kalender, der dort in Höhe meines Kopfes an der Wand hing, von selbst Feuer fing. Ich habe sogar einen Finger in die Flamme gehalten, um mich zu vergewissern, und er wurde mir verbrannt.«

bei Windsor in Ontario (Kanada) beobachtet. Papierstücke, Tischdecken, Handtücher und Vorhänge gingen plötzlich in Flammen auf. Als der Manager ein Telefonbuch aus der Schreibtischschublade zog, um die Feuerwehr zu alarmieren, schlugen ihm beim Aufklappen Flammen entgegen. Am Morgen des nächsten Tages fragte ihn ein Versicherungsvertreter: »Wollen Sie damit sagen, daß verschiedene Sachen einfach in Flammen ausbrachen? Auch so etwas wie diese Besen hier?« Er brach ab, sprang von seinem Stuhl hoch und rief: »Raus mit dem Besen! Er brennt!« Von einigen der 43 registrierten Brände hieß es, sie hätten blaue Flammen gehabt. In einem Fall waren sämtliche Tischdecken im Speiseraum von winzigen tanzenden Flammen bedeckt. Niemand scheint verletzt worden zu sein.[25]

Die Feuer auf einer Farm in der Nähe von Odon, Indiana (USA), waren ebenso geheimnisvoll, denn es gab keine offensichtlichen Brandursachen. Das Haus war nie an die Elektrizität angeschlossen worden, in der Umgebung brannte kein Feuer. Das Datum, an dem die Dinge passierten, ist nicht gesichert, aber es dürfte im Jahre 1941 gewesen sein. Überall im Haus brachen die Feuer aus. Ein Versicherungsvertreter:

»Manche waren so seltsam, daß sie sogar die leichtgläubigsten Besucher noch verblüfften. Ein Kalender an der Wand ging blitzschnell in einem Schwall von Rauch auf. Ein anderes Feuer brach in einem Overall aus, der an einer Tür hing. Ein Bettüberwurf zerfiel zu Asche, während die Nachbarn im Zimmer standen und erstaunt zuschauten. Ein Buch, das aus einer der Schreibtischschubladen gezogen wurde, war innen verbrannt, nur der Einband war völlig verschont geblieben.«

Am ersten Tag wurden achtundzwanzig Feuer gezählt, und man mußte zusätzliche Feuerwehrleute herbeirufen. William Hackler, der Besitzer des Hauses, beschloß dann, das Gebäude abreißen zu lassen und es aus dem Holz neu zu bauen.[26]

So fleißig die Feuerwehrmänner aber auch löschen mögen, hin und wieder geraten auch solche Feuer außer Kontrolle. Am 7. August 1948 brachen die Flammen auf einer Farm südlich von Macomb in Illinois (USA) aus — zuerst nur sichtbar durch kleine verkohlte Stellen auf den Tapeten. Bei genügend großer Hitze schlugen dann Flammen heraus. Es half nichts, die Tapeten herunterzureißen, denn jetzt entzündeten sich die Trägerbalken und die Decke. Fred Wilson, Leiter der Feuerwehr von Macomb: »Die ganze Sache klingt dermaßen verrückt und phantastisch, daß ich mich fast scheue, darüber zu reden. Aber wir haben die Aussagen von mindestens einem Dutzend glaubwürdiger Zeugen, die plötzlich rätselhafte braune Flecken an den Wänden und an der Decke schmoren sahen. Dann brachen plötzlich Flammen heraus.« Auch Vorhänge und ein Bügelbrett draußen auf der Veranda fingen Feuer — im ganzen waren es 200 Brandstellen innerhalb einer Woche. Am 14. August waren es gleichzeitig so viele, daß sie nicht mehr zu kontrollieren waren. Das Haus brannte nieder. Am Tag darauf brannte eine Scheune aus und dann die nächste. Die dreizehnjährige Nichte des Farmers, die bei der Familie lebte, legte im Verhör ein »Geständnis« ab, aber die Reporter, die am Ort des Geschehens waren, ließen sich nicht von ihrer Schuld überzeugen. Vincent H. Gaddis meinte: »Vergessen waren plötzlich die Zeugen, die beobachtet hatten, wie die braunen Flecken entstanden, sich ausbreiteten und entflammten. Vergessen waren die Flammen an den Decken. Ich habe es zwar nicht versucht, aber ich bin sicher, ich könnte den ganzen Tag lang ein Streichholz nach dem anderen zur Decke hochschnipsen lassen, ohne daß sie Feuer fängt . . .«[27]

In einem jüngeren Fall, der am 31. Januar 1988 begann, brachen Feuer im Haus von Jerry Siciliano in New Jersey (USA) aus, aber immer nur in Elektroinstallationen wie Steckdosen und Lichtschaltern. In allen elektrischen Geräten, auch im Kühlschrank und in der Stereoanlage, schmolzen die Kabel. Diese Brände lassen sich nicht durch ein plötzliches Ansteigen der Spannung erklären, denn sie entstanden auch, nachdem man die gesamte Stromversorgung des Hauses abgeschaltet hatte. Die Schäden im Haus waren nur geringfügig, aber Siciliano zog, nachdem er mehrere Feuerlöscher geleert hatte, mit seiner Familie aus — für alle Fälle. Der Leiter der örtlichen Feuerwehr gab zu, mit seinem Latein am Ende zu sein: »Ich stehe vor einer Wand. Nichts geht mehr. Ich habe keine Ahnung, was hier vorgeht. Ich habe daher alle Behörden angerufen, die mir eingefallen sind. Vielleicht kriegen die es heraus.«[28]

Feuergeister geben sich gewöhnlich damit zufrieden, eine einzige Familie und deren Haus zu terrorisieren, aber im Sommer 1983 wurden die ganze Kohlestadt Wharncliffe in West Virginia (USA) und das benachbarte Beech Creek von rätselhaften Feuersbrünsten heimgesucht. Häuser brannten bis auf die Grundmauern nieder, und in anderen schossen Flammen aus Steckdosen. Aber es handelte sich dabei um keine elektrisch erzeugten Flammen: Sie erloschen auch nicht, als die Leitungen unterbrochen wurden. Kleider brannten in den Schränken, und man fand Wespen mit angesengten Flügeln. Nirgends wurde ein Brandstifter entdeckt, und auch sonst fand man keine Lösung für das Rätsel.[29]

Wenn es irgendeinen Zusammenhang zwischen Feuergeistern und menschlicher Selbstverbrennung gibt, dann sollte man eigentlich erwarten, daß sie gemeinsam auftreten. Aber bis heute sind wir erst einem einzigen Fall eines Poltergeist-Feuers begegnet, das tödliche Folgen hatte. Während des Poltergeist-Ausbruchs in Lucknow (Indien) stand das Haus eines Kriminalinspektors im Mittelpunkt einiger unerklärlicher Erscheinungen, darunter auch das Verbrennen von Kleidern und Bettzeug. Am 1. Juli 1975 hörte man Shanti, die Frau des Inspektors schreien: »Hilfe, Hilfe, ich brenne!« Obwohl ihr Sohn eine Steppdecke über sie warf, wurde das Feuer nicht erstickt. Sie schrie weiter: »Der böse Geist verbrennt mich!« Das Feuer wurde dann mit Wasser gelöscht, doch Shanti starb noch in derselben Nacht.[30]

Andere Bewohner von Häusern, in denen ein Feuergeist spukte, standen zwar auch bisweilen in Flammen, aber Menschen erlitten dort keine Verletzungen. So erging es zum Beispiel Mrs. Williamson in North Carolina, von der schon die Rede war. Ein ähnlicher Fall trug sich in Rom in einem Büro zu, wo sich plötzlich der Rock einer neunzehnjährigen Sekretärin entzündete. Sie erlitt schwere Verletzungen an den Beinen, überlebte aber. Das ereignete sich im Sommer 1984, als auch noch andere Feuer in dem Büro ausbrachen. Jedes dauerte nur wenige Sekunden, entwickelte aber eine große Hitze und war von einem Windzug begleitet.[31]

In den Fällen, in denen die Kleidung eines bestimmten Menschen plötzlich in Flammen aufgeht, können wir das gleiche Phänomen am Werk sehen, das wir auch bei der menschlichen Selbstverbrennung erleben, wenn letztere für gewöhnlich auch fataler endet: Die Opfer sind meistens älter und weniger zu schnellen Reaktionen fähig, und ihre Körper sind wohl auch leichter entzündbar.

Einige Berichte lassen den Schluß zu, daß bestimmte Menschen diese rätselhaften Feuerausbrüche regelrecht anziehen. Auf Antigua (Leeward Islands) lebte 1929 in dem Dorf Liberta ein Mädchen, dessen Kleider sehr häufig in Flammen aufgingen, ob zu Hause oder unterwegs auf der Straße. Auch ihr Bettzeug fing rund um sie Feuer, doch ohne sie zu verletzen.[32] Ein paar Jahre früher zog ein dreizehn Jahre alter Junge 1921 in Budapest das Feuer auf sich. Möbel gerieten in Bewegung, und Flammen brachen hervor, wo er sich aufhielt, und während er schlief, flackerten sie über ihm und versengten sein Kopfkissen.[33] Von manchen Leuten sagte man, sie seien »elektrisch« geladen, weil merkwürdige Dinge in ihrer Gegenwart geschahen. So sollen von der Brust der Anna Monara in Triest 1934 blaue Lichtblitze hochgeschossen sein, während sie schlief.[34] Noch einmal Italien: Der zehnjährige Benedetto Supino aus Formia konnte Gegenstände allein dadurch in Brand setzen, daß er sie ansah. Es fing 1982 damit an, daß ein Comic-Heft in Brand geriet, als er es las. Eines Morgens wachte er auf und bemerkte, daß sein Bettbezug brannte. Er selbst wies auch

Verbrennungen auf. Alle möglichen Gegenstände fingen an zu schmoren, wenn er an ihnen vorbeiging. Buchseiten bekamen verkohlte Stellen, wenn er sie anfaßte. Auch elektrische Geräte reagierten auf seine Anwesenheit. Sie funktionierten nicht mehr ordnungsgemäß, manchmal wurde die Stromzufuhr gestoppt. Wenn das passierte, glühten seine Hände. Benedetto meinte dazu niedergeschlagen: »Ich will doch nicht, daß die Dinge Feuer fangen. Aber was kann ich dagegen tun?«[35] Im selben Jahr, in dem Benedetto seine zweifelhaften Künste entdeckte, saß in Italien das schottische Kindermädchen Carole Compton im Gefängnis, weil es verdächtigt wurde, an den ihr anvertrauten Kindern einen Mordversuch begangen zu haben. Man machte Miss Compton dafür verantwortlich, daß in dem Haushalt auf Elba, indem sie arbeitete, rätselhafte Feuer ausbrachen. Auch Poltergeist-Erscheinungen gab es in ihrer Gegenwart. Obwohl sie im Dezember 1983 der Brandstiftung für schuldig befunden wurde, setzte man Carole auf freien Fuß: Sie hatte bereits siebzehn Monate in Untersuchungshaft verbracht.

Im Februar 1983 wurde ein zwölf Jahre altes Mädchen der Insel Réunion im Indischen Ozean verdächtigt, als in dem Wohnhaus, in dem sie lebte, immer wieder Feuer ausbrachen. Ein Stockwerk brannte aus, Matratzen und Bettücher gerieten in Brand. Die Kleider des Mädchens sollen angeblich auch des öfteren Feuer gefangen haben, und so ist es unwahrscheinlich, daß sie tatsächlich bewußt als Brandstifterin tätig war.[36] Wie in einem ähnlichen Fall ist sie vielleicht unbewußt für einen Poltergeist verantwortlich gewesen, der sich durch Feuer ausgedrückt hat.

Menschen, in deren Gegenwart Feuer ausbrechen — Flammen, die Häuser und Wohnungen heimsuchen — Leute, die plötzlich selbst in Flammen stehen und von ihnen völlig aufgezehrt werden ... Gibt es Zusammenhänge? Das ist die brennende Frage, auf die wir noch keine Antwort haben.

Geister- und Spukerscheinungen

Jenen Menschen, die noch nie einem Geist begegnet sind, die noch nie Schritte von Geistern gehört haben, sei die Frage verziehen, ob sich das alles nicht nur »in den Köpfen« der Betroffenen abspiele — doch nichts bringt Menschen schneller vom Zweifel zur Gewißheit als ein persönliches Zusammentreffen mit dem Übernatürlichen. Manche unheimliche Erfahrung mag sicher auf Einbildung beruhen, durch suggestive Faktoren bestärkt, etwa durch angeblich verwünschte Orte oder durch den Aufenthalt in einer Umgebung, in der es spuken soll. Sieht jedoch ein Kind, das noch zu jung ist, um vom Tod und von Geistern zu wissen, seine tote Mutter vor sich, dann müssen wir eingestehen, daß da etwas anderes am Werk ist als reine Einbildung. Walter Landry aus Cambridge, Massachusetts (USA), war noch nicht ganz drei Jahre alt, als seine Mutter im Mai 1906 starb. Man sagte ihm, sie sei fortgegangen und werde eines Tages wiederkehren. Als die Beerdigung stattfand, kümmerte sich eine Kinderschwester um ihn. Sie hörte ihn unten weinen. Sie rannte hinunter und fand ihn völlig erschrocken und fast in Krämpfen. Er schrie: »Sieh dir die Frau an!« Als sie fragte: »Welche Frau?«, antwortete er: »Das ist die Mama!« Er folgte der Erscheinung mit ausgestreckter Hand durch das Zimmer. Später erzählte er, seine Mutter sei auf ihn zugekommen und habe versucht, ihn in die Arme zu nehmen.[1] Es ist interessant, daß Walter überhaupt solch einen Schrecken bekommen konnte, wo er doch nichts von Geistererscheinungen wußte. Warum glaubte er nicht, es sei seine Mutter in Fleisch und Blut, da er schließlich an ihre Rückkehr glaubte?

Von Geistern und ortsgebundenem Spuk ist seit Jahrhunderten und in allen Teilen der Erde die Rede. Menschen aller Nationalitäten und Konfessionen wissen von ihnen. Die Fälle, die wir hier und im Anhang aufführen, sind nur eine winzige Auswahl. Wir hoffen aber, mit ihnen einen repräsentativen Überblick über die Erfahrungen zu geben, die in diesem Jahrhundert gemacht wurden. Es gibt gewisse Überschneidungen mit den Poltergeistern, die wir bereits in Kapitel 1 beschrieben haben, denn die Opfer von Poltergeistern sehen oft auch andere Geister in ihren Häusern. Manche Hausgeister in diesem Kapitel verursachen Erscheinungen, die üblicherweise mit Poltergeistern in Verbindung gebracht werden. Das sind zum Beispiel unnatürliches Verrücken des Möbels und kleinerer Gegenstände, dumpfe Schläge, Klopfen und andere Geräusche. Beide Phänomene können oft sehr eng zusammenhängen, weil es eines menschlichen Katalysators bedarf, um Hausgeister aktiv werden zu lassen. Das gilt anscheinend ebenso für Poltergeist-Ausbrüche.

Eine weitverbreitete Theorie, mit der Geistererscheinungen erklärt werden, ist die, daß sie die Wiederkehr vergangener Ereignisse in dem betroffenen Haus darstellen. Gewöhnlich sind das Ereignisse, die mit Trauer oder ähnlich starken Gefühlen zu tun haben. Die damit verbundene Energie prägt sich dem Ort des Geschehens sozusagen ein, steckt in den Mauern des Hauses und tritt wieder sinnlich — also sichtbar, hörbar oder sogar riechbar — hervor, wenn die Umstände entsprechend sind. Das kann die Anwesenheit einer psychisch feinfüh-

Auf dem Öltanker S. S. Watertown *starben im Dezember 1924 auf dem Weg von der amerikanischen Pazifikküste zum Panamakanal zwei Besatzungsmitglieder durch einen Unfall. Sie wurden auf See bestattet. Am nächsten Tag und an vielen weiteren folgten dem Schiff zwei Phantomgesichter. Sie tauchten auf und verschwanden nach kurzer Zeit wieder. Sie hielten stets den gleichen Abstand.*

ligen Person sein, die dann als Auslöser der Geistererscheinung dient. Wir möchten betonen, daß dies Theorie ist und daß wir eine Reihe von Beispielen in diesem Kapitel anführen werden, auf die diese Theorie nicht anwendbar ist. Manche Geister scheinen zu wissen, wo und wie sie erscheinen, wie etwa Mrs. Landry, deren Erscheinung vor ihrem jungen Sohn wir gerade geschildert haben. Solche Fälle stützen die Meinung der Menschen, die an das Überleben unseres Bewußtseins auch nach unserem Tod glauben. Die Wahrheit ist, daß es viele Aspekte von Geistererscheinungen gibt, die weder in der Vergangenheit noch heute wissenschaftlich erforscht wurden bzw. werden, obwohl diese Untersuchung schon längst überfällig ist.

Die meisten gewöhnlichen Geistererscheinungen finden in normaler häuslicher Umgebung statt. Einige ausgewählte Fälle sollen zeigen, was einige unglückliche Leute dabei zu ertragen hatten. Albert und Ivy Cardwell, ein älteres Ehepaar, zog im Juli 1986 in eine Gemeindewohnung in Rotherham, South Yorkshire (England). Sie lag im Erdgeschoß. Nach wenigen Wochen fielen ihnen erste seltsame Geräusche auf, ein Pochen und Kratzen an der Außenwand zum Schlafzimmer, und plötzlich fiel die Temperatur ab, obwohl die Zentralheizung einwandfrei funktionierte. Auch andere Bewohner hörten Geräusche, doch nur Mrs. Cardwell sah einen Geist. Sie saß eines Abends allein im Wohnzimmer, als sie die schwache Silhouette einer Frau sah. Der Umriß verschwand wieder, als Mrs. Cardwell versuchte, ihren Mann zu alarmieren. Bisweilen äußern Vertreter des Wohnungsamts den Verdacht, Bewohner würden derartige Spukerscheinungen erfinden, um an eine andere Wohnung zu kommen. Aber für diesen Fall traf das bestimmt nicht zu. Mrs. Cardwell meinte nämlich: »Uns gefällt diese Wohnung sehr, und wir haben sie uns wirklich gewünscht. Aber das hier hat alles zerstört.«[2]

Der Geist, der Mrs. Cardwell erschien, war nur ein körperloser Schatten. Aber oft sehen Geister wie lebendige Menschen aus. In einem alten Haus in Dunstable, Bedfordshire (England), begegnete im Sommer 1966 die damals neunzehnjährige Valerie Haywood mehrfach »einem alten Mann, der in schäbigen alten Kleidern aus viktorianischer Zeit steckte. Am Hemd hatte er einen goldenen Kragenknopf.« Sie konnte noch genauere Details über die Erscheinung wiedergeben.

»Er erscheint abends gegen sieben oder acht Uhr in einem der Schlafzimmer. Er hat graues Haar und steht einfach nur mitten im Zimmer. Er sieht nicht böse aus, aber ich habe Angst vor ihm. Sogar Lassie, unser Spaniel, will nicht in das Zimmer. Der Hund winselt, wenn er an der Tür vorbeikommt ... Wir sind von den Leuten, die vorher hier gewohnt haben, vor dem Haus gewarnt worden, aber wir haben sie ausgelacht. Es heißt, in dem Schlafzimmer sei vor vielen Jahren ein Mann verrückt geworden, und jetzt gehe sein Geist dort um.«[3]

Stimmt das, was den Haywoods zu Ohren gekommen ist, dann handelt es sich bei diesem Geist um einen ehemaligen Bewohner. Das scheint sehr häufig der Fall zu sein — es ist, als hätte eine Person eine so starke Beziehung zu einem Ort entwickelt, sei es aus Liebe oder aus Haß, daß ein Teil von ihr auch nach ihrem Tod weiter dort weilt. Es gibt anscheinend selten Gründe, sich vor solchen Geistern zu fürchten, denn normalerweise verhalten sie sich den Bewohnern gegenüber nicht feindselig. Zwei junge Männer, die sich in Grand Rapids in Michigan (USA) eine große und imposante Villa kauften, entdeckten 1973, daß sie von einem früheren Bewohner heimgesucht wurde. Monatelang hörten sie merkwürdige Geräusche, im Herbst 1976 sahen sie dann den Geist, einen älteren Mann, der in einem braunen Tweed-Anzug im edwardianischen Stil an der Kamineinfassung lehnte. Sie sahen ihn auch einmal mit einem Bowler auf dem Kopf und einem Spazierstock oder einem Regenschirm unter dem Arm. Er sah wie ein Geschäftsmann aus, der sich gerade anschickte, sein Büro zu verlassen. Schließlich lüftete er kurz den Hut und marschierte durch die geschlossene Tür hinaus.[4]

Frances Little fand sogar ein Foto ihres Hausgeistes in der Garage. Das Ziegelhaus, das Mrs. Little und ihr Mann 1968 gekauft hatten, lag einsam im Kern County in Kalifornien. Sie wohnten dort erst wenige Wochen, als Mr. Little eine Frau entdeckte, die um das Haus wanderte. Zuerst dachte er, es sei seine Frau. Etwas später war Mrs. Little einmal abends allein im Haus und sah eine »hochgewachsene dünne Frau in einem langen dunklen altmodischen Kleid aus dem Hinterzimmer kommen und mein Schlafzimmer betreten. Am Fuß des Bettes zögerte sie, aber sie wandte mir nicht ein einziges Mal das Gesicht zu. Schließlich ging sie ins Wohnzimmer weiter. Ich konnte ihre Umrisse genau erkennen.« Nach dieser Begegnung stieß sie auf die Fotografie und konnte so den Geist als den von Alice Margaret Kolitisch identifizieren. Sie hatte das Haus zusammen mit ihrem Mann in den zwanziger Jahren für die Zeit ihres Ruhestands erbaut. Ihre Möbel befanden sich noch darin, als die Littles es kauften, scheinbar sorgte sie sich noch immer um das Haus, das sie geliebt hatte.[5]

Wahrscheinlich ist es leichter, mit einem Geist auszukommen, wenn er sich als der des früheren Besitzers entpuppt. Das gilt vor allem für die Gespenster, die nur hin und wieder auftauchen. Dafür scheinen Geister, die man nicht identifizieren kann und deren Gründe für ihr Erscheinen man nicht kennt, vielleicht eher furchteinflößend zu sein.

Das war der Fall in einem Haus in Stockton, einer Vorstadt von Newcastle in New South Wales (Australien), das ein junges Paar mit einer Tochter im Säuglingsalter gemietet hatte. Sie erlebten dort vierzehn unheimliche Tage, ehe sie im Februar 1970 wieder auszogen. Ihre Betten wurden zerwühlt, Spielzeug durch die ganze Wohnung verteilt, ein Türknopf wurde heftig geschüttelt, und das Baby saß plötzlich aufrecht, als würde es von einer unsichtbaren Hand gehalten und hochgezogen. Freunde der Cookes — so hieß die Familie, bei der es spukte — hörten und beobachteten ebenfalls seltsame Dinge, auch frühere Bewohner hatten Spukerscheinungen: Einer wurde einmal von einem Geist geweckt, der ihn an der Schulter schüttelte, ein anderer wachte auf und sah, wie ihn ein Geist anstarrte. Was dann Michael und Dianne Cooke endgültig zum Auszug bewegte, war der Anblick des Geistes. Michael Cooke beschrieb ihn so: »Letzte Nacht sah ich ein schreckliches weißes Gesicht, das aus dem Fenster schaute, während ich draußen vorbeiging. Die Augen waren weiß und in der Mitte grün. Ich habe solch einen Schrecken gekriegt, daß mir die Tränen in die Augen traten. Das war das Ende. Ich hatte erwogen, das Haus eventuell zu kaufen, aber jetzt möchte ich dort nicht mehr wohnen.«[6]

Häufig sind Geistererscheinungen auch mit Gerüchen und Geräuschen verbunden. In einem alten Haus in Lampasas, Texas, rochen die Bradleys immer freitags gebratene Leber mit Zwiebeln. Sie kamen zu der Überzeugung, daß das die Leibspeise von Adelaide Higdon gewesen war, die dort 56 Jahre lang gelebt hatte. Auch hörten die Bradleys, wenn sie im Bett lagen, gleich neben ihren Köpfen eine Tür laut zuschlagen. Später entdeckten sie dann, daß an der Stelle in der Wand früher eine Tür gewesen war. Mrs. Bradley hatte Adelaides Geist den Fortschritt der Umbauarbeiten erklärt, die sie während des Frühjahrs 1980 im Hause vornahmen. Als sie aber erfuhr, daß Adelaide zu ihren Lebzeiten mit Tellern nach ihrem Gatten zu werfen pflegte und überhaupt als eine reichlich hinterhältige Frau galt, stellte Mrs. Bradley die Gespräche ein. »Seitdem riechen wir die Leber mit Zwiebeln nicht mehr.«[7]

Historische Gebäude können gewöhnlich voller Stolz mit einem oder mehreren Geistern aufwarten. Das Weiße Haus in Washington sah viele Berühmtheiten ein und aus gehen, aber als besonders aktiver Geist scheint sich dort der frühere Präsident Abraham Lincoln hervorzutun.[8] In den meisten staatlichen Gebäuden und Schlössern in England soll es ohnehin spuken, zum Beispiel auch in den besonders atmosphärischen Ruinen von Ewloe Castle in Clywd (Wales). Dort hörte vor kurzem ein Aufseher einen Geist singen und sah ihn durch eine Hecke gehen. Die Gegenwart des Geistes versetzte einen Hund derart in Schrecken, daß er nach zwei Tagen starb. Der Tierarzt konnte als Todesursache nur einen schweren Schock diagnostizieren.[9] Sehr genau konnten zwei Mädchen einen Geist beobachten, als sie 1934 in den Ruinen von Hardwick Hall in Derbyshire (England) spielten. Der Geist sah sehr »wirklich« aus, schwebte aber in der Luft, wahrscheinlich auf der Höhe eines früher eingezogenen Fußbodens, und verschwand, nachdem er ihren Weg gekreuzt hatte. Mrs. Winifred Chambers konnte sich auch später noch sehr genau an den Vorfall erinnern:

»Ich sehe ihn noch vor mir. Er sah so wirklich aus. Er hatte ein rosiges Gesicht und lächelte. Sein Haar war grau. Er hatte Schnallenschuhe, Kniestrümpfe und Reithosen an, dazu ein offenes Hemd mit aufgerollten Ärmeln und einen Schurz. Er trug ein Tablett voller Humpen vor sich her. Er sah aus wie so ein altmodischer Wirt oder Kellner. Ich war mit meiner Freundin einig, daß es nur ein Geist gewesen sein konnte, aber wir beschlossen auch, niemandem davon zu erzählen, um uns nicht lächerlich zu machen.«[10]

Ebenso deutlich waren die Gestalten zu erkennen, die das Versailler Schloß belebten, als Annie Moberly und Eleanor Jourdain am 10. August 1901 auf ihrer Frankreich-Reise dort Station machten. Die Er-

Ewloe Castle in Clwyd (Wales), in dem ein singender Geist haust.

scheinungen waren so klar und deutlich, daß die beiden Frauen sicher waren, echte Menschen aus Fleisch und Blut vor sich zu haben. In Wirklichkeit müssen die beiden einen Zeitsprung in die Vergangenheit erlebt haben, zurück in die Jahre zwischen 1770 und 1774. Es gibt noch mehr Menschen, die behaupten, in Versailles ähnliche Erfahrungen gemacht zu haben.[11]

In England gibt es viele schöne, oft Hunderte von Jahren alte Kirchen. Sie sind beliebte Erscheinungsorte für Geister. Eine typische Begegnung zwischen einer nichtsahnenden Putzfrau und einem sehr real wirkenden Phantom fand am 30. März 1915 in der Kirche von Lytchett Matravers in Dorset statt. Die Putzfrau fegte gerade die Kanzel, als sie sich umschaute und eine kleine alte Dame in schwarzer Kleidung sah, die ihr Gesicht mit der Krempe ihres schwarzen Hutes verdeckte. Sie verbeugte sich vor dem Altar, ging dann langsam zu einer Bank und kniete nieder. Die Putzfrau war überrascht, eine völlig fremde und so seltsam gekleidete Person in der Kirche zu sehen, aber ihr kam keineswegs der Verdacht, daß sie vielleicht gar kein Mensch sein könnte. Einen Augenblick sah die Putzfrau in eine andere Richtung, aber als ihr Blick wieder zurückwanderte, war die Gestalt verschwunden. »Selbst wenn sie vor mir die Flucht ergriffen hätte«, lautete ihr Kommentar, »wäre sie so schnell nie aus der Kirche hinausgelangt.« Die Putzfrau lief trotzdem zur Tür und stieß dort auf eine Frau, die gerade zur Kirche hereinkam, um die Altarblumen aufzustellen. Gemeinsam suchten sie nun nach der alten Dame, fanden aber keine Spur von ihr. Auch der Küster, der draußen den Rasen schnitt, hatte nichts bemerkt.[12]

Großbritannien ist reich an historischen Geistern, aber schließlich haben England, Schottland und Wales eine jahrhundertealte Geschichte voller Händel und Affären. In unserem Buch *Modern Mysteries of Britain* haben wir einige Phantomschlachten beschrieben. Auch hat man bisweilen Reiter in historischen Kostümen beobachtet, zum Beispiel in den späten sechziger Jahren, als an der Grenze zwischen Lincolnshire und Leicestershire südlich von Denton eine Rallye stattfand. Zwei Fahrer sahen damals unabhängig voneinander und bei verschiedenen Gelegenheiten eine Gestalt im Mantel auf einem Pferd. Den Mitfahrern war sie dagegen nicht aufgefallen.[13] Auf seinem österlichen Ausflug in die Gegend von Shropshire entdeckte ein Paar 1965 bei Chatwall einen Reiter im Mantel, der auf dem Rücken eines großen schwarzen Pferdes saß. Die beiden verlangsamten ihre Fahrt, um ihn genauer zu betrachten. Während sie das taten, galoppierten Pferd und Reiter davon. Nach Aussage der Frau verschwanden die beiden einfach, während ihr Mann meinte, sie seien über die Kuppe eines Hügels davongeritten. Beide stimmten aber darin überein, daß an Pferd und Reiter nichts Farbiges gewesen sei, alles war nur grau, schwarz und weiß. Auch hatten sie keinen Ton gehört, obwohl Pferd und Reiter nur wenige Meter an ihnen »vorbeigedonnert« waren und das Autofenster heruntergekurbelt gewesen war.[14]

Einen Geist, der 1904 bei Honiton auftauchte, hält man für einen Flüchtigen der Schlacht von Sedgemoor, die im Jahre 1685 stattfand. Aufgefallen war er einer Schülergruppe, die sich auf einer Wanderung zum Marlpit's Hill befand. Als der Lehrer, der sie begleitete, ihre ängstlichen Mienen sah, fragte er die Schüler nach dem Grund. Sie erzählten ihm von einem großen, wild aussehenden Mann, der den Hügel herunter auf sie zugekommen sei. Er habe einen breitkrempigen schwarzen Hut und einen langen braunen Mantel getragen, seine Kleider seien schmutzig und zerrissen gewesen. Er habe einen verwirrten Eindruck gemacht und starr geradeaus geblickt, als er an ihnen vorbeilief. Der Lehrer sah ihn nicht, aber die Kinder blieben bei ihrer Geschichte und bei ihrer unzweideutigen Beschreibung. Nachforschungen ergaben dann, daß ein Mann, der an der genannten Schlacht teilgenommen hatte, einmal oben auf dem Hügel in einem Landhaus gewohnt hatte. Er war als Flüchtling heimgekehrt, um gleich von Soldaten getötet zu werden, kaum daß er Weib und Kinder begrüßt hatte. Ein weiterer Zeuge behauptet, denselben Geist 1907 in einer hellen Mondnacht beobachtet zu haben.[15]

Wie die bisher angeführten Beispiele zeigen, sind Geister nicht an Häuser gebunden, sie erscheinen auch oft außerhalb häuslicher Mauern. Auf Friedhöfen sind Geister nichts Ungewöhnliches — wie zum Beispiel die acht oder neun Gestalten in »mönchsartigen Gewändern«, die ein Polizeibeamter Ende 1970 auf einem Friedhof in Chicago beobachtete. Als er ins Innere des Geländes lief, um sie festzunehmen, waren sie verschwunden.[16]

Gestalten mit Mönchskapuzen sieht man oft in England, gewöhnlich bei Nacht, wenn Einzelheiten nur schwer auszumachen sind. Oft finden solche Begegnungen auf Landstraßen statt, und die Zeugen befinden sich im Auto. So geschah es zum Beispiel an der St. Mary's Lane in der Nähe von Cranham (Essex). Was Richard Sage dort zu Weihnachten 1977 erlebte, beschreibt er so:

»Ich war zusammen mit drei Freunden im Auto unterwegs, als diese Gestalt, die wie ein Mönch gekleidet war, aus dem Nichts vor uns auftauchte. Sie kreuzte unseren Weg und verschwand wieder. Mein Freund auf dem Beifahrersitz sah sie auch, aber die beiden hinten haben nichts bemerkt. Im Dezember 1979 passierte genau das gleiche. Wieder tauchte die Erscheinung auf und verhielt sich wie beim ersten Mal.«

Sein Beifahrer Dee Goss bestätigte den Bericht. »Die Gestalt trug etwas wie eine Kapuze oder eine Kutte. Sie sah aus, als hätte sie keine Beine und schwebe vor uns über die Straße. Ich habe sie sehr genau gesehen.« Die Polizei hielt dagegen, sicher habe man einen Landstreicher aus der Gegend für einen Geist gehalten, aber die Zeugen widersprachen. Zudem wurde der Geist auch an Weihnachten 1976 und 1978 gesehen.[17] Noch jüngeren Datums ist eine Erscheinung, der man auf einer neuen Umgehungsstraße in der Nähe von Stocksbridge, South Yorkshire (England), gewahr wurde. Zwei Polizisten fuhren dort in einer Septembernacht des Jahres 1987 Streife, als sie auf der Pearoyd-Brücke eine Gestalt mit einer Kapuze sahen. Sie fuhren näher heran, und der Strahl ihrer Scheinwerfer ging direkt durch die Gestalt hindurch. Einer der beiden Streifenfahrer behauptete zudem, er hätte zwei Nächte zuvor drei Kinder um Mitternacht um einen Telegrafenmasten tanzen gesehen.[18]

Ein anderer, häufiger auftretender Straßengeist ist der sogenannte »Phantom-Anhalter« — eine Gestalt, die inzwischen weltweit zur Folklore gehört.[19] Aber es handelt sich dabei keineswegs um eine reine Erfindung, sondern es gibt Berichte, nach denen es »Phantom-Anhalter« tatsächlich gibt — Berichte von Zeitgenossen, die diese Geister wirklich mitgenommen haben. Einige Fälle aus England finden sich in *Modern Mysteries of Britain.* An dieser Stelle wollen wir einen weiteren aus England und einen aus Amerika zitieren. Der Ort des ersten Geschehens war der Militärflughafen in Suffolk. Es war Anfang 1951. Ein Angehöriger der amerikanischen Sicherheitspolizei umfuhr nachts den Flughafen, als er einen RAF-Piloten in Uniform sah, der winkte, um mitgenommen zu werden. Er hielt an, und der Pilot stieg ein. Nach einer Weile bat er um eine Zigarette, die der Fahrer ihm auch gab. Als nächstes bat der Pilot um Feuer und bekam ein Feuerzeug gereicht. Dann mußte der Polizist anhalten und sich nach dem Weg umsehen. Aus einem Augenwinkel sah er das Flackern des Feuerzeugs. Als er sich nach seinem Begleiter umwandte, war der Sitz leer, und nur das Feuerzeug lag auf dem Polster.[20]

Im Winter 1965 ließ Mae Doria in Oklahoma (USA) ebenfalls einen Tramper in ihr Auto steigen, auch bei ihm stellte sich heraus, daß er ein Phantom war. Sie fuhr auf dem Highway Nr. 20 östlich von Claremore, als sie einem Jungen von elf oder zwölf Jahren die Tür öffnete. Sie plauderten bis Pryor miteinander. Dort bat der Junge sie, in der Nähe eines Bachdurchlasses aussteigen zu dürfen.

»Ich bremste also ab, aber nachdem ich nirgendwo ein Haus sah, sondern nur ein paar nackte Bäume, fragte ich ihn, wo er denn wohne. Wir hatten einen weiten Überblick über die Gegend, und er sagte nur: ›Da

Dawie van Jaarsveld nahm einen Geist auf seinem Motorrad mit.

drüben.‹ Als ich den Kopf in die Richtung drehte, war er auch schon verschwunden. Der Sitz neben mir war leer, er war verschwunden! Sofort hielt ich an, sprang aus dem Wagen und rannte ziemlich fassungslos um ihn herum. Ich sah mich überall um, auch die Straße hinauf und hinunter und nach rechts und links. Aber nichts zu machen — er war weg.«

Zwei Jahre später unterhielt sie sich mit dem Gasmann über mediale Erfahrungen — er hatte nämlich ihre Bücher über Medien und übersinnliche Erscheinungen gelesen. Dabei erzählte sie ihm von dem Geister-Anhalter. Er kannte die Stelle, in der sie den Jungen mitgenommen hatte, und konnte bestätigen, von einem Jungen gehört zu haben, der dort schon 1936 als Phantom-Anhalter aufgetaucht war.[21]

Ein weiterer Fall, bei dem zumindest drei verschiedene Fahrer einen Phantom-Anhalter mitnahmen, wurde aus Südafrika gemeldet. In einer Aprilnacht des Jahres 1978 war Dawie van Jaarsveld mit seinem Motorrad in der Nähe von De Rust unterwegs. Dort sah er ein Mädchen am Straßenrand stehen. Er bot ihr an, sie in die nächste Stadt mitzunehmen, konnte aber ihre gemurmelte Antwort auf seine Frage nicht verstehen, wo sie wieder absteigen wolle. Also nahm er an, das würde sich von selbst ergeben, sobald sie in Uniondale ankämen. Er reichte ihr einen Sturzhelm, den sie aufsetzen sollte, und einen Ohrstecker, über den sie mit ihm die Musik aus dem Radio hören konnte. Nach zehn Meilen hatte er den Eindruck, daß sein Hinterrad rutschte. Er hielt an, um den Reifen zu untersuchen. Überrascht stellte er fest, daß seine Mitfahrerin verschwunden war. Dafür war der Helm wieder am Sitz festgezurrt, und den Ohrstecker fand er in seinem anderen Ohr wieder, obwohl er die ganze Zeit über den Sturzhelm nicht abgesetzt hatte. Sein Kommentar: »Ich kann Ihnen sagen, als mir das alles bewußt wurde, standen mir die Haare zu Berge, und kalte Schauer liefen mir den Rücken herunter.« Cynthia Hind untersuchte die Geschichte des Mannes und suchte auch das Café in Uniondale auf, von dem aus van Jaarsveld nach dem aufregenden Erlebnis sofort seine Freundin anrief, die er an diesem Abend besuchen wollte. Alle, die ihn gesehen hatten, bestätigten, daß er ausgesehen habe, als sei er einem Geist begegnet. Als er ihnen darauf seine Geschichte erzählt habe, hätten sie ihm von dem berühmten Geist von Uniondale berichtet. Offenbar müssen bereits andere Fahrer vor ihm das gleiche erlebt haben. Einer von ihnen hieß Anton Le Grange, der den Geist am 12. Mai 1976 in sein Auto einsteigen ließ. Mrs. Hind unterhielt sich auch mit dem Polizisten, der Le Granges Schilderung des Vorfalls aufgenommen hatte. Der Beamte versicherte ihr, Le Grange sei die Sache todernst gewesen. Er habe ihn auch mit zu seinem Auto genommen und ihm gezeigt, wie

Myra war Studentin an der University of Missouri. Sie starb um 1869. Sie nahm über Klopfzeichen Kontakt mit Mitgliedern der SORRAT (vgl. Kap. 1) auf. Später erschien sie ihnen (am 27. Juni 1967); dabei wurde dieses Foto aufgenommen.

die Tür sich von selber öffnete und wieder schloß. Nachdem Le Granges Geschichte in der Zeitung erschienen war, meldete sich ein Pilot und berichtete, seine Verlobte, Maria Roux, sei am 12. April 1968 genau an dem Punkt, an dem der Geist aufzutauchen pflegte, in ihrem Wagen tödlich verunglückt. Le Grange identifizierte sie nach einem Foto mit ziemlicher Sicherheit als das Mädchen, das er mitgenommen hatte. Sie hatte auch dieselben Kleider wie an ihrem Todestag an. Außerdem scheint sie immer in zeitlicher Nähe zu ihrem Todestag zu erscheinen und auch nur jungen Männern.[22] Am 4. April 1980 fuhr der zwanzigjährige Andre Coetzee auf seinem Motorrad an der Unfallstelle vorbei, als er »das Gefühl hatte, als ob mir jemand von hinten die Arme um die Taille legte. Irgend etwas hockte da auf meiner Maschine.« Er beschleunigte, um aus der Gegend fortzukommen, aber das schien den Geist nur noch zu reizen. Jedenfalls schlug er ihm dreimal auf den Helm. Erst als er auf ein Tempo von über 150 km/h beschleunigt hatte, verschwand der Beifahrer von seinem Sitz. Als Coetzee darauf in einem Café haltmachte, konnte er kaum ein Wort sagen.[23]

Diese Wirkung scheinen Begegnungen mit Geistern gewöhnlich zu haben. Das überrascht kaum, denn häufig tauchen sie völlig unerwartet auf. Die »Weiße Dame« vom Elfin Forest, der in der Nähe von Escondido in Kalifornien liegt, übte bei ihrem Erscheinen stets eine lähmende Wirkung auf die Leute aus. Dabei sah sie ziemlich harmlos aus. Aber es genügte schon, daß man in ihr einen Geist erkannte. In den letzten Jahren wurde sie von vielen Leuten sogar in den Tagesstunden gesehen. Unter ihnen war James Harrelson, der mit seiner Familie zum Picknick hinausgefahren und ein Stück gewandert war, um die Bäume zu betrachten.

»Ich ging vielleicht eine Meile, dann setzte ich mich und ruhte mich aus. Plötzlich spürte ich, wie jemand zögernd meine Schulter berührte. Ich sah auf. Vor mir stand eine Frau. Sie war ganz gelassen und hatte einen freundlichen Gesichtsausdruck. Ich lächelte sie an und sagte ›Hallo‹ zu ihr, aber sie starrte mich nur an. Sie hatte einen bohrenden Blick, wie ich ihn noch nie erlebt habe. Es war, als schaue sie durch mich hindurch bis auf den Grund meiner Seele. Es war unheimlich. Plötzlich begann sie zu verschwinden. Da wußte ich, daß sie nicht von dieser Welt war.«

Er eilte umgehend zu seiner Familie zurück und fuhr sie nach Hause. Eine andere Zeugin, Roberta Boren, sah eine Frau vor sich hergehen. Sie nahm sich vor, zu ihr aufzuschließen und mit ihr zu reden. Als sie näher kam, schwebte die »Weiße Dame« auf ein Haus zu, und Miss Boren sah, wie sie durch die Wand ging. Wieder andere beobachteten sie bei verschiedenen Gelegenheiten, unter ihnen die Pfarrerin i. R. Corinne Pleasant, die in der Nähe wohnt. Auch sie sagt aus, daß die »Weiße Dame« ungefähr dreißig Zentimeter über dem Boden schwebt und nur selten richtig geht.[24]

Der Geist, den Craig C. Downer im Juni 1978 im Dschungel ganz in der Nähe des Alto-Anchicaya-Damms in Kolumbien sah, war von seiner Erscheinung her viel vager und konnte nicht mit einem lebenden Menschen verwechselt werden. Er beschrieb ihn als »leuchtend, durchsichtig, wie in einer Wolke, weißlich mit einem leicht grünen Schimmer. Die verschwommene, aber deutlich menschliche Figur stand oder schwebte knapp über dem Boden.« Der Geist näherte sich Downer und seinem Kollegen bis auf zwanzig Meter, dann rannten die beiden wieder zurück in ihr Lager. Später erfuhr Downer, daß sich auf einer Brücke in der Nähe ein schwerer Unfall ereignet hatte. So konnten die Lichter, die sie kurz vor Erscheinen des Geistes gesehen hatten, ein Teil des Spuks gewesen sein — eine Art Echo auf die vorausgegangene Tragödie.[25]

Bisher wurden alle von Geistern heimgesuchten Gebäude auch von Menschen benutzt: Wohnhäuser, Schlösser, Kirchen. Aber wie sich zeigt, kann es im Grunde in jedem Gebäude spuken. So haben wir von Spukerscheinungen in einem Opernhaus gehört (Oshkosh, Wisconsin, USA), in einem Feuerwehrdepot (Virgina Beach, Virginia, USA), in einem Soldatengrab in Tokio (Japan), in der Bar eines Offiziersclubs der US Army in Katterbach (Deutschland), in Ballsälen, in denen man Geister tanzen hörte (das Fairley-Lampman-Haus in Cripple Creek und das Town Hall Arts Center in Littleton, beide in Colorado, USA), in Hotels und Wirtshäusern (als ein Beispiel für viele: das Gadsden Hotel in Douglas, Arizona, USA, in dem man bisweilen einen Geist in Khaki-Uniform durch die Kellergänge marschieren sieht), in Universitäten (Lincoln, Nebraska, USA), Theatern (zum Beispiel Loew's Theater in Syracuse, New York, USA), einem Gefängnis (Asheville, North Carolina, USA, in dem die Häftlinge im April 1908 eine Petition unterzeichneten, in der sie um Schutz vor Dämonen und bösen Geistern baten, nachdem sie von Geistern höhnisch angegrinst worden waren und merkwürdige Geräusche gehört hatten)[26], in Fabriken (eine unter vielen: eine Möbelfabrik in Thomasville, North Carolina, USA, wo Arbeiter der Nachtschicht eine 1,80 Meter große Gestalt im karierten Arbeitshemd und Khaki-Hosen beobachteten. Die Arbeiter gaben der Erscheinung den Spitznamen Lucas, und Victor Couch, einer der Besitzer der Fabrik, behauptet, den Geist des öfteren gesehen zu haben. Nach seiner Aussage fügte Lucas nie jemandem ein Leid zu und sprach auch nie. »Er ist der beste Wachhund, den ich je hatte. Er erschreckt jeden und braucht dabei nicht einmal eine Waffe im Gürtel.«)[27]

Auch Bibliotheken werden von Geistern heimgesucht. Ein jüngeres Beispiel bietet die New Hanover County Library in Wilmington, North Carolina (USA). Manchmal wurde das Gespenst aber nur gehört, nicht gesehen. Bibliothekarin Beverly Tetterton: »Morgens früh lese ich die Zeitung und höre Geräusche aus den Regalen. Dort werden Bücher hin und her gerückt und fallen sogar herunter. Es hört sich an, als bewege sich hinten jemand. Aber es ist niemand da.« Ein Mann, der das (weibliche) Gespenst in den Jahren 1982 und 1983 sah, hielt es für den Geist einer ehemaligen Freundin, die als Genealogin wissenschaftlich in der Bibliothek gearbeitet hatte, bevor sie starb. »Ich sah von oben durch das Regal, und da saß sie über den Büchern. Ich rief sie beim Namen. Sie sah mich an, drehte sich schnell um und flüchtete ans andere Ende der Regalwände.« Er folgte ihr, fand aber keine Spur von ihr. 1985 sah eine Frau dann den Geist. Beverly Tetterton: »Die Frau streckte die Hand aus und sagte: ›Was ist das?‹ Sie hatte etwas Kaltes berührt.«[28]

Bergwerke sind in ihrer Abgeschlossenheit und mit ihrer unheimlichen Atmosphäre geradezu prädestiniert, zu Orten merkwürdiger Ereignisse zu werden. So gaben im März 1937 zwei Goldminen im nördlichen Ontario in Kanada die passende Umgebung für einige schreckliche Szenen ab. In der Mine von Bankfield ließen drei Bergarbeiter ihr Handwerkszeug fallen und rannten fort, nachdem sie »etwas« gesehen hatten. Einer berichtete: »Ich habe da ganz bestimmt etwas gesehen. Heute sagen die Leute, es müsse irgendeine Gasbildung gewesen sein. Aber sie hatte eine Form, die vollkommen menschlich war.« In der Grube von Little Long Lac beobachteten die Arbeiter blitzende Lichter, die von unten heraufdrangen, die Ventile der Hydraulikanlage öffneten sich, obwohl kein Mensch in der Nähe des Schaltbretts zu sehen war.[29] In einer englischen Kohlegrube, der Silverwood Colliery bei Rotherham, South Yorkshire, sah der Grubenarbeiter Stephen Dimbleby einen Geist.

»Er kam einfach von nirgendwo — er hatte die Umrisse eines Körpers, und ich konnte nicht durch ihn hindurchsehen. Er sah wie ein ganz gewöhnlicher Kerl aus. Meine erste Reaktion war: Da macht sich einer einen Spaß. Und dann begriff ich: Er kam aus dem Nichts, war plötzlich erschienen. Und als ich ihm mit meiner Lampe ins Gesicht leuchtete, da hatte sein Gesicht keine Züge. Da habe ich einfach alles fallen gelassen und bin weggerannt.«

Der Bergmann betrat die Grube nie wieder.[30] Eine ähnliche Begegnung hatte der neunzehn Jahre alte Grubenarbeiter Garry Pine im Oktober 1987, als er in Cotgrave Colliery, Nottingshamshire (England), eingefahren war. Er überprüfte gerade ein Förderband, als er ein Stöhnen hörte. Er sah auf, und direkt vor ihm stand eine Gestalt. »Sie trug einen schwarzen Helm und einen dunklen Overall, aber von ihrem Gesicht konnte ich nichts erkennen. Zuerst dachte ich, da treibt sich jemand herum, aber dann glitt die Gestalt davon und verschwand am Ende des Stollens in der festen Wand.« Garry mußte auf einer Bahre aus dem Stollen getragen werden, weil er einen Nervenschock erlitten hatte. Später erklärte er, die Begegnung hätte ihn zu Tode erschreckt.[31]

In Dylife, Powys (Wales), erforschte 1984 ein Mann einen stillgelegten Stollen, als er ein merkwürdiges Summen vernahm, das »nach einer menschlichen Stimme« klang. Er rief, erhielt aber keine Antwort. Er knipste seine Lampe aus und sah jetzt den »weißen bzw. blaßblauen Umriß von der Größe eines kleinen Mannes. Es strahlte Licht aus, das aber von keiner Taschenlampe stammte«. Als er die eigene Lampe wieder einschaltete, sah er nichts mehr, und so eilte er schnell ins Freie. Als er dann abends im örtlichen Pub von der Begegnung erzählte, erfuhr er von einem anderen Gast, daß er und seine Freunde

Donald Watt und George Bruce, zwei erfahrene Bergsteiger, sahen in Schottland ein Phantom-Landhaus.

des öfteren Lichter bemerkt hätten, die nachts aus der Grube kämen, sich langsam in die Luft erhoben und fortschwebten.[32]

Bislang hatten die meisten Geister, von denen in diesem Kapitel die Rede war, menschliche Gestalt, wenn auch manchmal nur in Andeutungen. Wir erwähnten auch Phantom-Pferde, doch die verschiedensten Tiergestalten tauchen in den Berichten auf. Selten, wenn auch nicht inexistent, sind Geister unbelebter Objekte, z. B. Phantom-Häuser. In *Modern Mysteries of Britain* haben wir einige Phantom-Häuser, -Landhäuser und -Landschaften vorgestellt, und nach Abschluß des Buches wurde uns ein weiterer Fall gemeldet. Es handelt sich um ein Phantom-Landhaus, das am Loch Mullardoch in der Nähe von Cannich im schottischen Hochland gesehen wurde. Die beiden Männer, die es erblickten, als sie im Mai 1987 in den Bergen kletterten, waren erfahrene Bergwanderer und gehörten zur Lochaber-Mountain-Rettungsmannschaft. Donald Watt war sogar einer der Mannschaftsführer, George Bruce einfaches Mitglied. Als sie vom Beinn Fhionnlaidh abstiegen, sahen sie ein zweistöckiges Landhaus am Seeufer. Es war aus Granit erbaut und in gutem Zustand, befand sich aber in entgegengesetzter Richtung zu der Hütte, die ihr nächstes Ziel sein sollte. George Bruce berichtet:

»Das Landhaus stand am Ufer. Hinter ihm lag noch festes Land, dahinter begann der See. Donald und ich wunderten uns, denn es war nicht auf der Karte verzeichnet, und wir wußten nichts von seiner Existenz. Wir beschlossen, näher heranzugehen. Es brachte uns völlig aus dem Konzept. Wir marschierten darauf los und redeten über das, was wir sahen. Wir behielten es eine ganze Zeitlang im Auge, doch dann verschwand es aus unserem Blick. Wir nahmen an, es wieder zu sehen, nachdem wir einen Hügelkamm überwunden hätten. Als wir aber auf dem Weg ankamen, der am See entlanglief, war kein Landhaus mehr zu sehen.«

Sie liefen weiter, aber auch als sie um die nächste Biegung kamen, kam das Landhaus nicht in Sicht. George erzählt weiter: »Wir sahen noch einmal den Berg hinauf und überblickten den Weg, den wir abgestiegen waren. Vielleicht hatten wir ja falsch gepeilt. Wir bogen um die eine und um die nächste Biegung. Kein Haus in Sicht. Schließlich kamen wir an unserer Holzhütte an. Dort aßen wir einen Bissen. Dieses Landhaus war so wirklich gewesen. Wir haben keine Erklärung dafür.« Später stellte sich heraus, daß dort am Strand tatsächlich einmal ein Haus gestanden hatte. In den fünfziger Jahren war die Gegend aber beim Bau eines Staudamms überflutet worden. Seitdem lag das Haus unter Wasser. George schließt seinen Bericht mit den Worten:

»Ich hätte gerne ein Bild von dem Haus, damit ich sehen kann, ob es dem entspricht, das wir gesehen haben. Ich bin 45 Jahre alt, gut in Schuß, meine Augen sind scharf. Ich bin bekannt dafür, daß mir kein noch so winziger Penny entgeht, den jemand verloren hat — schließlich bin ich aus Aberdeen. Ich will auf der Stelle blind sein, wenn ich dieses Landhaus nicht gesehen habe. Gott sei Dank gibt es Donald, der meine Aussage bestätigen kann. Die Sache hat uns ziemlich erschüttert. Ich bin nicht dogmatisch, doch aber das hier hat einfach keine logische Erklärung.«[33]

Es war ebenfalls ein Wanderer, der in Mount Lowe in Kalifornien ein Phantom-Hotel sah. Bo Linus Orsjo war dort im Juni 1974 unterwegs, als er ein »großes grünes Gebäude (wahrscheinlich ein Hotel) sah ... Es machte den Eindruck, als sei man außerhalb der Saison und habe noch geschlossen. Trotzdem fegte ein Mädchen die Stufen.« Später stellte sich heraus, daß an der Stelle einmal ein Hotel gestanden hatte, und er erkannte auch ein Foto von ihm in einem Buch wieder. Man hatte seinerzeit dort oben ein Dorf im Alpenstil mit Hotel und Pensionen als Touristenattraktion erbaut. Aber nach Stürmen und Feuersbrünsten wurde das Projekt wieder aufgegeben. Das Hotel selbst war 1937 abgebrannt. Bo Linus Orsjo stattete dem Ort 1976 noch einmal einen Besuch ab, doch dort, wo er zwei Jahre zuvor das Phantom-Hotel gesehen hatte, fand er jetzt nur noch Picknick-Tischchen, einen Platz zum Zelten und ein paar Grundmauern, zwischen denen inzwischen hochgewachsene Bäume standen.[34]

Wenn Phantom-Gebäude als wenig glaubwürdig erscheinen, was soll man dann von geisterhaften Transportmitteln halten: Pferde und Wagen, Autos, Flugzeuge, Eisenbahnen, Schiffe — praktisch jede Art von Fahrzeug ist uns schon in Geisterform begegnet. Denkt man an ein schlichtes Fahrrad, braucht es sicher einen lenkenden Geist. Doch bei Flugzeugen, Eisenbahnen und Schiffen kommen menschliche Geister selbst nur selten vor. Gibt es aber Geisterfahrzeuge, dann stützt dies die Theorie, daß viele Geistererscheinungen, ob sie nun Menschen einbeziehen oder nicht, so etwas wie Wiederholungen ehemaliger Ereignisse sind. Beispiele für Geisterfahrzeuge finden sich im Anhang. Hier haben wir nur genügend Raum, das Auftreten von zwei Phantom-Schiffen vor der Ostküste von Kanada zu beschreiben. Im November 1910 beobachteten Kapitän Ralph und seine Mannschaft von der *Victor*, wie das Phantom eines Schoners vor ihnen in der Conception Bay vor St. John auf Neufundland auftauchte. Die Nacht war finster, und der Ausguck der *Victor* meldete zwei Lichter voraus. Es folgte ein drittes, ein viertes, und bald war das Schiff in Licht gehüllt. Die *Victor* ging auf Sichtweite heran, und der Kapitän und seine Männer sahen Gestalten in Ölzeug, die sich langsam an Deck bewegten. Der Hauptsegelbaum schien gebrochen zu sein. Kein Ton war zu hören — keine Stimmen, kein Flattern von Leinen, kein Knarren in der Takelage. Plötzlich verloschen die Lichter, und das Phantom-Schiff war verschwunden.[35] In der Northumberland Strait in Neuschottland soll es ebenfalls ein Phantom-Schiff geben. In der Nacht zum 10. Januar 1979 sichtete es eine Familie angeblich zwischen Pictou Island und Bayview. Durch das Fernglas sah es aus, als stünde es in Flammen, während es Kurs auf Pictou Island nahm. Schließlich wurde es ebenfalls von einem Mitglied der Royal Canadian Mounted Police gesehen. In der Gegend fing einmal ein Segelschiff Feuer und sank. Alle glaubten daher, Zeugen eines Wiederauflebens der damaligen Katastrophe geworden zu sein.[36]

Wenn ein Geist, mag er menschliche Form haben oder ein unbelebtes Objekt sein, nichts Ungewöhnliches tut (etwa durch eine Wand gehen oder sich in Luft auflösen), dann ist es durchaus möglich, daß den Zeugen gar nichts Außergewöhnliches auffällt. Wie viele Geister mögen wir schon gesehen haben, ohne es zu merken? Und noch etwas ist nachdenkenswert: Erscheinen Geister auch, wenn niemand da ist, der sie sehen könnte?

UFO-Landungen

Tausende UFOs sind seit 1947 überall auf der Welt beobachtet worden. Damals führte der Bericht des Piloten Kenneth Arnold zu den ersten Schlagzeilen in den Zeitungen. Nun mag es den Anschein haben, als seien die UFOs damals sehr plötzlich in unser Bewußtsein gedrungen, doch das stimmt nicht. Inzwischen haben Forscher nämlich zahlreiche Berichte entdeckt, die ein früheres Datum tragen. Groß in den Medien sind die UFOs allerdings erst seit 1947 herausgekommen. In den folgenden Jahrzehnten wurden die »fliegenden Untertassen« (wie sie zuallererst hießen) dann fast allen Bewohnern in der modernen Welt vertraut.

In den letzten 40 Jahren hat sich aber die Art, in der die Leute UFOs zur Kenntnis nahmen, auf eine subtile Art verändert — und mit ihr das Phänomen selbst. Schon immer wurden »Lichter am Himmel« gesichtet, und es ist anzunehmen, daß viele von ihnen gar nichts Ungewöhnliches darstellen. Es sind vielmehr natürliche, nicht etwa künstlich hergestellte Objekte, die von den Beobachtern nur fehlinterpretiert werden. Aber in den ungefähr 25 Jahren, die dem Ereignis von 1947 folgten, wurden mehrere tausend Male UFOs als feste Körper beobachtet. Man erzählte von Flugobjekten, zu denen man einen engen Kontakt herstellen konnte, sei es am Himmel (wie in Kapitel 3 beschrieben) oder am Boden. Landungen waren in den fünfziger und sechziger Jahren gar nicht ungewöhnlich, viele Zeugen haben sogar nach der Landung eines UFOs die Besatzungen dieser mysteriösen Flugmaschinen gesehen. Einige behaupteten sogar, mit diesen Wesen kommuniziert und Botschaften von ihnen erhalten zu haben. In unseren Tagen sind Berichte von Landungen und von Sichtungen dieser Wesen rar geworden. Dafür gibt es um so häufiger Berichte über Entführungen von Menschen, die man an Bord eines UFOs geschleppt hat. Haben die Ufonauten ihre Taktik geändert, oder ist ein anderer Mechanismus am Werk? Die Antwort auf diese Frage wird mit dem Fortgang dieses Kapitels immer klarer werden.

Im Lauf der Jahre ist so viel Unheimliches über UFOs und ihre Insassen erzählt worden, daß es uns unmöglich ist, mehr als nur eine

Handvoll ausgewählter und repräsentativer Fälle nachzuzeichnen. Eine frühe und dramatische UFO-Landung fand im Oktober 1952 in Frankreich statt, einem Land, das in den fünfziger Jahren offensichtlich von UFOs bevorzugt wurde, wenn man der Menge der Meldungen über gesichtete UFOs irgendeine Bedeutung beimessen will. Dieser besondere Fall fand auf dem Flughafen Marignane von Marseille statt. Der einzige Zeuge war M. Gachignard, ein Zollbeamter. Es war der 27. Oktober um zwei Uhr früh, als Gachignard draußen vor der Tür auf einer Bank saß und einen Imbiß zu sich nahm. Er war mit Sicherheit völlig wach. Von seinem Platz aus konnte er das ganze Flugfeld überblicken. Er bemerkte ein Licht, das sich näherte. Er dachte zuerst an eine Sternschnuppe, bis das Licht direkt an ihm vorbeiflog und auf der Landebahn aufsetzte. Aus einer Geschwindigkeit von 150 Meilen pro Stunde hielt es mit einem Schlag an. M. Gachignard wurde sofort klar, daß es sich nicht um ein Flugzeug handelte. Er ging auf das Objekt zu, als er näher kam, konnte er eine dunkle Form erkennen. Es hatte die Gestalt eines Rugby-Balls mit spitz zulaufenden Enden und maß etwa einen Meter in der Höhe und drei Meter in der Länge. Aus vier quadratischen Fenstern, die seitlich in einer Reihe hintereinander angeordnet waren, kam Licht. Das Licht flackerte: »Es war unstet und nicht sehr hell, eher geisterhaft und weich, manchmal fast milchig.« Als er noch etwa 50 Meter entfernt war, schoß plötzlich am hinteren Ende ein Strom von weißen Teilchen nach links hervor, und die Flugmaschine hob ab. M. Gachignard erstarrte vor Schreck. Er fürchtete, die Maschine könne explodieren oder ihn überrollen. Aber es geschah ihm nichts, und binnen zwei oder drei Sekunden war das UFO verschwunden. M. Gachignard kommentierte das Ereignis so: »Seine ungeheure Geschwindigkeit beim Aufsteigen war ebenso bemerkenswert wie die geringe Geschwindigkeit bei der Landung. Es schien überhaupt nicht zu beschleunigen. Eben war es bewegungslos, im nächsten Augenblick flog es wie der Blitz.« Bald stellte sich heraus, daß außer ihm niemand etwas bemerkt hatte, denn sowohl bei der Landung als auch beim Start war das UFO so tief geflogen, daß es vom Kontrollturm nicht erfaßt werden konnte.[1]

Am Boden hinterließ es keine Spuren, kein weiterer Zeuge sah es, daher sind wir in diesem Fall allein auf M. Gachignards Bericht angewiesen. Oft aber kann ein Zeuge auf Spuren an der Stelle verweisen, an der das UFO gelandet ist — Vertiefungen, Brandspuren, ungewöhnliche Substanzen, niedergedrückte Pflanzen. Ein ganzer Katalog derartiger Fälle wurde 1975 publiziert: Über 500 nahe Begegnungen mit UFOs werden darin aufgeführt, bei denen es zusätzliche Spurenfunde gab.[2] Doch nur in einer Handvoll der Fälle gab es wissenschaftliche Analysen, um zu ergründen, wie diese Spuren entstanden waren. Darunter befanden sich die Landung von Delphos, Kansas (USA) im Jahr 1971, und die Landung von Trans en Provence (Frankreich) aus dem Jahr 1981. Hauptzeuge in Delphos war der sechzehn Jahre alte Ronald Johnson, der am 2. November 1971 auf der Farm seiner Eltern arbeitete, als er gegen 19 Uhr ein rumpelndes Geräusch hörte. Dann sah er das Objekt: Es schwebte einen halben Meter über dem Boden und befand sich etwa zwanzig Meter von ihm entfernt. Es war ungefähr drei Meter hoch und glänzte hell. Das Licht strahlte so stark, daß die Augen des Jungen verletzt wurden und er noch Tage später unter Sehstörungen und Kopfschmerzen litt. Nach ein paar Minuten bewegte sich das UFO weiter, und Ronald holte seine Eltern herbei. Sie sahen noch, wie sich das Licht entfernte. An der Stelle, an der es verharrt hatte, lag ein ringförmiger Schimmer über dem dunklen Boden. Sie berührten den Boden. Er war kühl und verkrustet. Ihre Finger fühlten sich danach taub an, und dieses Gefühl hielt eine ganze Weile vor. Glücklicherweise wurden gleich UFO-Forscher benachrichtigt, die Bodenproben für eine Analyse nahmen. Die Tests ergaben laut Ted Phillips den Nachweis von »einzigartigen eiszapfenförmigen Kristallen von 0,01 bis 0,05 Mikron Länge, ebenso eine bislang nicht bekannte kristalline Struktur von niedrigem atomarem Gewicht«[3]. Der englische Chemiker Dr. Erol A. Faruk kam bei seiner Analyse der Bodenproben zu dem Schluß, daß der Grund mit einer wäßrigen Lösung in chemilumineszenter Zusammensetzung besprüht wurde, als das UFO dort schwebte. Auf weitere Analyseergebnisse wird noch gewartet.[4]

Über die Identität des UFOs, das der Johnson-Farm in Delphos einen kurzen Besuch abstattete, kann nichts Endgültiges gesagt werden. Auch in Frankreich in Trans en Provence gelang das nicht, obwohl hier ebenfalls Spuren gefunden wurden, die man wissenschaftlich analysieren konnte. Die Landung fand am 8. Februar 1981 um 17 Uhr auf dem Anwesen des M. Collini statt, der zu der Zeit gerade in seinem Garten arbeitete. Er vernahm einen tiefen pfeifenden Ton, wandte sich um und sah, wie etwas auf die Rasenfläche am anderen Ende des Gartens zuschwebte. Es handelte sich um ein eiförmiges Objekt, und M. Collini ging näher, um die Landung zu beobachten. Schon nach einer Minute startete es wieder mit dem gleichen tiefen Pfeifton und verschwand. M. Collini entdeckte mehrere runde und einen kronenförmigen Abdruck im Boden und rief die Polizei. Ein Team der GEPAN (der offiziellen französischen UFO-Forschungsgruppe) nahm Proben vom Boden und von der Vegetation. Die Pflanzen wiesen biochemische Störungen auf, der Boden hatte sich auf 300 bis 600 Grad Celsius erhitzt. Möglicherweise wurden dabei Spuren von Phosphat und Zink abgesetzt.[5] Diese beiden Fälle zeigen, daß selbst dann, wenn ordentliche wissenschaftliche Analysen unternommen werden, keine sicheren Lösungen für das Rätsel der UFOs gefunden werden können.

In einem anderen jüngeren Fall, der ungewöhnliche Züge trug, versuchte man das Ganze konventionell zu erklären. Der Vorfall geschah am 9. November 1979 in Livingston, Lothian Region (Schottland). Der Förster Robert Taylor begegnete in einem Wald einem UFO, aber die Erklärungsversuche für das, was er gesehen hatte, blieben bisher unbefriedigend, da sie nicht präzise genug berücksichtigten, was der Zeuge beschrieb. Das dunkelgraue rundliche Objekt mit einem Durchmesser von sechs Metern, aus dem zwei kleinere kugelförmige Körper mit Beinen kamen, wurde zunächst als Beispiel für einen Kugelblitz angesehen. Später hielt man es für die obere Hälfte einer Luftspiegelung der Venus bei Tageslicht. Die Lichterscheinung hätte einen epileptischen Anfall bei Taylor ausgelöst, er halluzinierte dann die beiden auf ihn zurollenden Kugeln, die seine Beine berührten und ihn auf das UFO zuzogen. Die zerrissenen Hosen und die Spuren auf dem Boden hätten mit dem Erlebnis nichts zu tun, hieß es dementsprechend. Es überrascht nicht, daß kühne Versuche Steuart Campbells, Robert Taylors Erlebnis und viele andere UFO-Begegnungen durch natürliche Ursachen zu erklären, von den meisten Ufologen nicht akzeptiert werden. So schrieb T. R. Dutton in einer persönlichen Stellungnahme zu Campbells jüngsten Erklärungen der Taylor-Geschichte: »Wir sollten uns nicht mit platten Erklärungen für rätselhafte und komplexe Ereignisse dieser Art zufriedengeben, nicht zuletzt, weil sie die Integrität des Zeugen in Zweifel ziehen.«[6] Robert Taylors Erlebnis war in der Tat rätselhaft und komplex, und es muß weiterhin erforscht werden.[7]

Robert Taylor sah keine Lebewesen, obwohl die Kugeln, die ihn zum UFO zogen, in seinen Augen durchaus kontrollierte Bewegungen durchführten, jedenfalls so lange, bis er vor Angst das Bewußtsein verlor. In einer Vielzahl anderer Fälle landeten UFOs, und aus ihnen stiegen Lebewesen. Später fand man dann an den Landestellen Spuren, die es unwahrscheinlich machen, daß natürliche Erscheinungen die Ursache waren. Denn natürliche Phänomene beherbergen normalerweise keine humaniden Piloten. Doch obwohl wir uns nicht entschließen können, den Zeugenberichten Glauben zu schenken und sie als real anzusehen, können wir immer noch auf eine andere Theorie verweisen: daß es elektromagnetische Felder gibt, die diese Lichterscheinungen verursachen — von den betroffenen Zeugen werden sie dann zu »UFOs« erklärt. Diese elektromagnetischen Wellen können dann Halluzinationen im Bewußtsein des Betrachters erzeugen. Er sieht, wie ein massives Flugobjekt landet und Lebewesen herausklettern. Diese führen dann ihre verschiedenartigen, oft unverständlichen

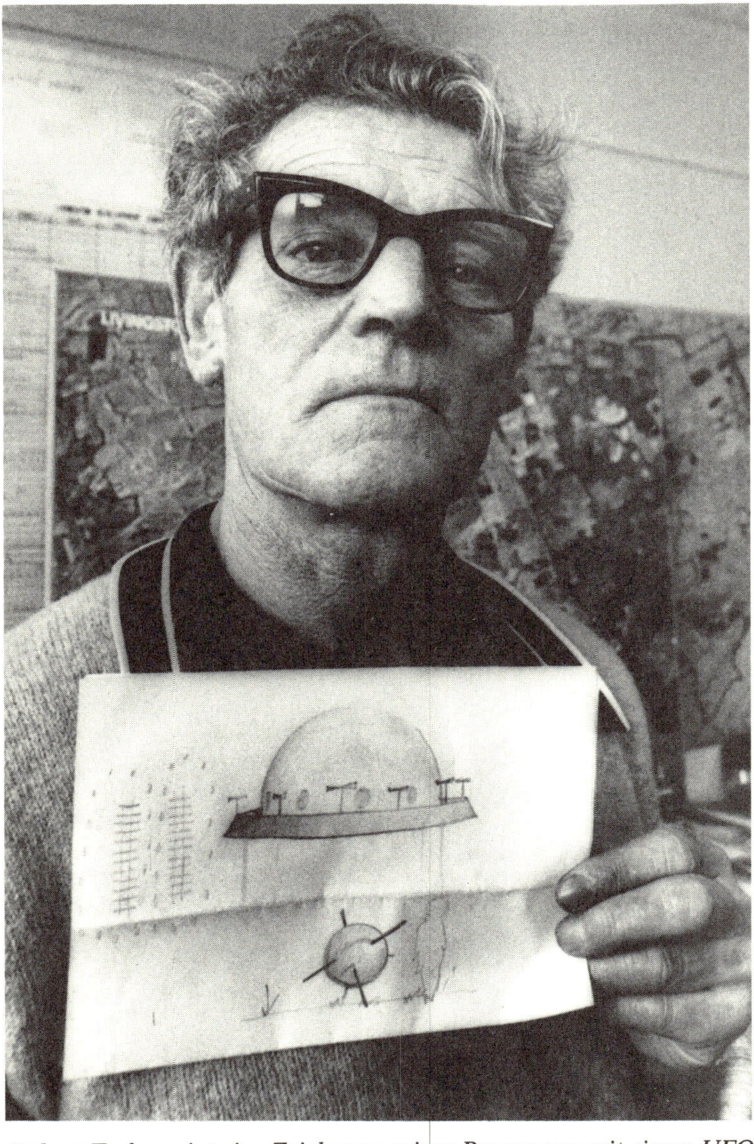

Robert Taylor zeigt eine Zeichnung seiner Begegnung mit einem UFO in einem schottischen Wald.

Unternehmungen aus, von denen berichtet wird. Es ist zweifelhaft, ob diese Theorie mehr als eine marginale Bedeutung für die unheimlichen Vorgänge hat, die wir jetzt wiedergeben. Aber sie stellt immerhin eine nützliche Sicherheit für jene dar, denen diese Geschichten zwar unglaubwürdig erscheinen, die aber genau wissen, daß es unmöglich ist, daß all diese Zeugen Lügner sind, wenn sie von ihren Begegnungen mit UFO-Lebewesen erzählen — und das sind inzwischen Tausende, rund um die Welt und über viele Jahrzehnte verteilt.

Zwei der zahlreichen bizarren Berichte, die auch auf UFO-Insassen Bezug nehmen, sind der Fall von Flatwoods, West Virginia (USA), aus dem Jahr 1952 und die Sichtung von Kelly/Hopkinsville, Kentucky (USA), aus dem Jahr 1955. Die Lebewesen, die bei diesen beiden Fällen gesichtet wurden, sahen äußerlich völlig verschieden aus. Ein paar Jungen beobachteten am 12. September 1952, wie in Flatwoods bei Sonnenuntergang ein »Meteor« niederging. Sie beschlossen, sich das näher anzusehen. Mrs. Kathleen Hill, ihre Söhne und der siebzehn Jahre alte Gene Lemon von der Nationalgarde schlossen sich ihnen an. Sie fanden eine große Kugel, »so groß wie ein Haus«. Als einer der Jungs mit seiner Taschenlampe zwischen die Bäume in der Nähe leuchtete, entdeckten sie auch eine riesige, drei bis 4,50 Meter große Gestalt mit blutrotem Gesicht und grünlich-orangefarbenen Augen. Sie schwebte auf sie zu, und ohne lange zu warten, rannten alle fort. Am Tag darauf wurde die Umgebung Stück für Stück abgesucht. Man fand Abdrücke auf dem Boden und plattgedrücktes Gras, und ganz nah am Boden wurde ein fremdartiger Geruch bemerkt.[8]

Im Gegensatz dazu waren die Lebewesen, die am 21. August 1955 in Kelly auftauchten, nur gut einen Meter groß. Sie belagerten ein abgelegenes Bauernhaus und schreckten dort die Bewohner. Zu ihnen gehörte auch Billy Ray Taylor. Er war der erste, der bemerkte, daß etwas Ungewöhnliches vor sich ging, als er sah, wie ein silbernes UFO über ihre Köpfe hinwegflog und nicht weit entfernt in einem Tal landete. Keiner nahm Taylor ernst, keiner ging hinaus, um sich zu überzeugen. Eine Stunde später sahen sie den ersten kleinen Mann auf das Haus zukommen. Er hatte riesige Augen ohne Lider und Pupillen, keine Nase, große spitze Schlappohren, sein Mund war nicht mehr als ein Schlitz. Sein Körper war sehr dünn. Er hatte Finger mit Krallen und Schwimmhäuten und streichholzartige Beine. Seine Haut glänzte silbermetallisch. Er war kahl und leuchtete. Alles in allem war es kein menschliches Wesen, weder in der Erscheinung noch im Verhalten. Die Männer im Haus griffen nach ihren Waffen und schossen auf das Wesen, als es sechs Meter entfernt von ihnen stehenblieb. Es erlitt jedoch keine Verletzungen, machte einen »Überschlag rückwärts« und lief dann zurück in den Schatten. Bald entdeckten sie, daß

Eine dramatische Darstellung des Wesens, das angeblich in Flatwoods gesehen wurde.

es noch mehr von den kleinen Männern gab, und sie versuchten, sie von den Bäumen und vom Dach zu schießen und sie vom Fenster zu vertreiben. Eines der Männchen griff vom Dach aus nach Billy Ray Taylors Haaren, als er gerade hinausging und nachsehen wollte, ob sie eines der Wesen tödlich getroffen hätten. Nach einigen Stunden Belagerung drängten sich die acht Erwachsenen und die Kinder in zwei

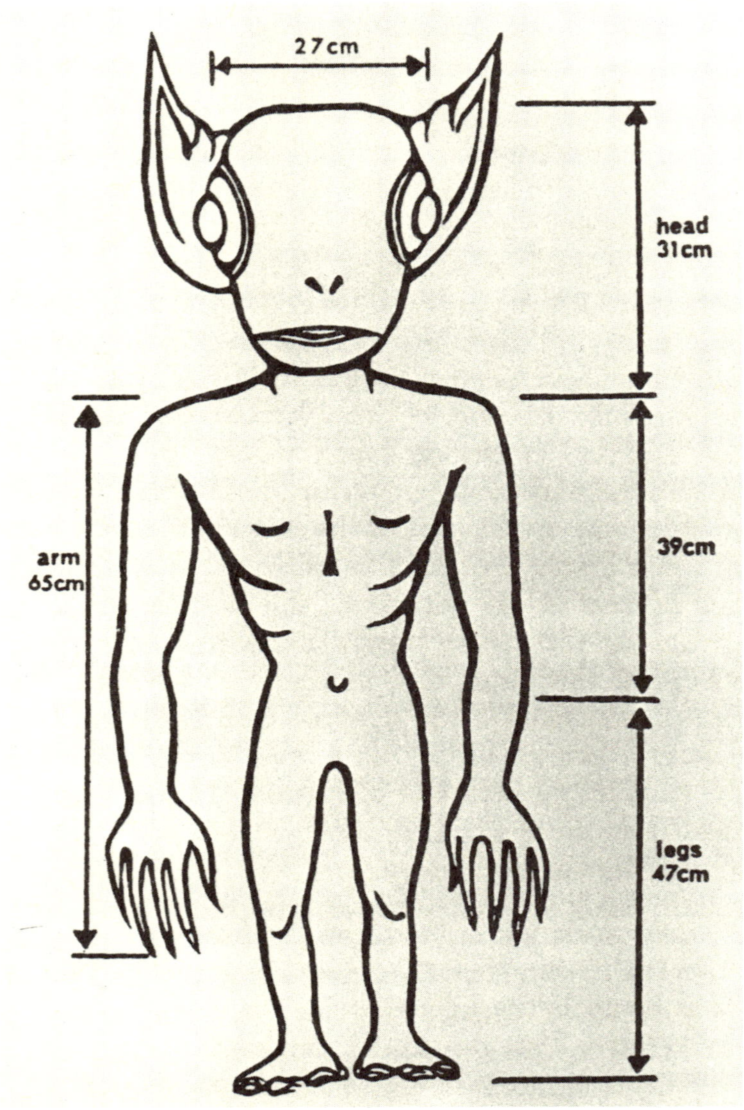

Zeichnerische Darstellung des Kelly-Wesens.

Autos und fuhren nach Hopkinsville. (Sie hatten kein Telefon, konnten also keine Hilfe herbeirufen.) Dort alarmierten sie die Polizei, und zusammen mit Polizeibeamten und Nachrichtenreportern fuhren sie zurück. Es war allerdings nichts mehr zu sehen. Mehrere Stunden später — Beamte und Reporter waren schon wieder gegangen — tauchten die kleinen Männer, die sich versteckt gehalten hatten, wieder auf. Aber diese zweite Invasion war weniger dramatisch, und bei Tagesanbruch waren die kleinen Männer endgültig verschwunden. Diese erstaunliche Geschichte wurde von vielen Leuten immer wieder überprüft, aber für einen Schwindel wurde nie ein Beweis gefunden. Es scheint sicher, daß die elf Zeugen in dieser Augustnacht vor mehr als 30 Jahren etwas sehr Seltsames erlebt haben.[9]

Die beiden letzten Fälle belegen, daß UFO-Lebewesen nicht immer gleich aussehen. In der Größe reichen sie von 45 Zentimetern bis zu drei und mehr Metern, aber die meisten sind zwischen einem und 1,50 Meter groß. Lebewesen, die auch leicht für Menschen gehalten werden könnten, wurden gleichfalls von Zeugen beschrieben, zum Beispiel von Salvador Villanueva Medina aus Mexiko. Der Taxifahrer hatte eine Panne und verbrachte daher im August 1953 eine Nacht in seinem Wagen. In seiner Gesellschaft befanden sich zwei eigentümlich gekleidete Fremde, die plötzlich auf der Szene erschienen waren, als er seinen fahruntüchtigen Wagen untersuchte. Einer von ihnen sprach gut spanisch und ließ ihn wissen: »Wir sind nicht von diesem Planeten.« Im Licht der Morgendämmerung begleitete Medina die beiden zu ihrer Flugmaschine. Ihre Einladung, mit ihnen zu fliegen, lehnte er ab, und er sah ihnen zu, wie sie ihr linsenförmiges, zwölf Meter breites, leuchtendes UFO bestiegen. Es hob sich in die Luft und war bald außer Sicht.[10]

Völlig anders sah der haarige Zwerg mit den glühenden Augen aus, der im November 1954 Gustavo Gonzalaz in Caracas (Venezuela) attackierte. Gonzalaz wehrte sich und traf seinen Gegner mit dem Messer, aber die Klinge glitt von ihm ab wie von einer Stahlplatte. Von einigen Lebewesen wird berichtet, daß sie nur ein Auge hatten, andere wiederum sollen drei gehabt haben; und von einer schwärzlichen, struppig wirkenden Kreatur heißt es, sie habe ein einziges goldenes Auge im Kopf gehabt, dazu aber noch »weitere kleinere Augen, die über den ganzen Körper verteilt waren«. In manchen Berichten ist von Wesen mit langen Nasen die Rede, spitzen Ohren und bisweilen vorstehenden Augen. Tatsächlich gibt es eine solche Variationsbreite in den Erscheinungen, daß es sehr überraschend wäre, Schilderungen von zwei verschiedenen UFO-Begegnungen zu finden, bei denen die gleichen Lebewesen auftauchten. Aber es gibt sie. In Presseberichten ist manchmal abschätzig die Rede von den »kleinen grünen Männern«, und es gibt wiederum UFO-Forscher, die behaupten, grüne Lebewesen seien nie gesehen worden. Doch das stimmt nicht. Jan Wolsky, ein 71 Jahre alter Bauer, der 1978 in Polen sogar an Bord eines UFOs gewesen ist, ist nur einer von vielen Zeugen, die die »kleinen grünen Männer« gesehen haben. Er beschrieb sie so: »Ihre Gesichter hatten eine graugrüne Farbe. Sie hatten große schrägstehende Augen, ihre Hände hatten Schwimmhäute und waren auch grün.«[11]

Die Kleidung der Lebewesen wird oft als einteiliges, saumloses Gewand beschrieben, an dem keine Öffnungen oder Verschlüsse zu erkennen sind. Oft wird ein leuchtender Gürtel gesehen, der manchmal mit leuchtenden Verzierungen besetzt ist. Manchmal befinden sich leuchtende Objekte auch an den Handschuhen oder Fingern. Manche Zeugen beschreiben Lebewesen in Taucheranzügen und mit Helmen: Das hört sich wohl mehr danach an, wie sich jemand in seiner Phantasie die Ausrüstung eines Astronauten vorstellt. Auch von Anzügen aus transparentem Material oder aus Zellophan wird erzählt. Ein Landvermesser sah einmal über zwei Meter große Lebewesen, die sackartige, durchsichtige Anzüge trugen, die wie aufgepumpt wirkten. Darunter trugen sie Sachen wie aus leuchtend bemaltem Papier.

Was bedeutet wohl diese Verschiedenartigkeit der Erscheinungen und Kleider? Vielleicht kommen die Lebewesen aus ganz verschiedenen Gegenden. Oder sie sind aus keiner festen Substanz und können sich zu den Formen materialisieren, die ihnen gerade einfallen. Sollten alle Erscheinungen aber nur Halluzinationen sein, dann verändern sich natürlich die Details vom einen Wahrnehmer zum anderen.

Viele der beobachteten Aktivitäten der UFO-Insassen sind von flüchtiger Natur. Man sah die Gestalten oft nur kurz und oberflächlich, gewöhnlich dann, wenn sie in das UFO zurückhuschten und schnell davonflogen. Aber es gibt eine Reihe von Fällen, in denen Zeugen Aktivitäten beobachteten, die vom menschlichen Standpunkt aus interessanter und verständlicher sind. UFO-Wesen hat man gelegentlich dabei beobachtet, wie sie Pflanzen und Steine begutachteten, manchmal auch Proben davon mitnahmen — so zum Beispiel geschehen im Mai 1966 in Caracas, wo ein Mann zwei Wesen zusah, die glänzend und transparent wirkten, mit übergroßen Händen, und die mit merkwürdigen Instrumenten Pflanzen untersuchten. Zu ihrer ovalen Flugmaschine kehrten sie auf einem Lichtstrahl zurück. Der Brasilianer José Alves saß in einer Novembernacht des Jahres 1954 geruhsam mit seiner Angel am Wasser, als in der Nähe ein UFO landete. Er beobachtete, wie drei kleine Männer in weißer Kleidung mit eng anliegenden Käppchen ausstiegen und losgingen, um Proben von Gras, Kräutern und Laub zu sammeln. Einer ging zum Fluß hinunter und füllte Wasser in einen glänzenden Metallbehälter. Es gibt auch Zeugen, die UFOs über Bächen und Seen schwebend beobachteten, aus denen dann ein Schlauch hinuntergelassen wurde, über den sie offenbar Wasser in ihr Fluggerät pumpten. Neben den Blättern, dem Wasser und den Steinen galt die Aufmerksamkeit von UFO-Wesen auch tierischen Lebensformen. Man erlebte sie bei mehreren Gelegenheiten, als sie Hunde zu fangen versuchten. Im Januar 1978 beobachteten vier Wilddiebe in Cheshire (England), wie in Silber gekleidete Wesen eine betäubte Kuh in einen käfigartigen Behälter steckten, offenbar, um sie zu messen.

Kann man all diese Dinge unbesehen glauben? Wie lange besteht für UFO-Wesen noch die Notwendigkeit, weiterhin Erde, Steine und Pflanzen zu sammeln? Vielleicht geschieht das, weil sie miteinander keinen Kontakt haben, aus ganz verschiedenen Welten stammen und voneinander gar nichts wissen. Oder vielleicht sind sie in Wirklichkeit gar nicht mit dem fortgesetzten Sammeln dieser Dinge beschäftigt, sondern täuschen dies nur vor, um die Aufmerksamkeit der Zeugen von ihren wahren Absichten abzulenken.

Eine häufig beobachtete Tätigkeit der UFO-Wesen ist die Inspektion ihres gelandeten UFOs. Die Besatzung steigt aus und sieht sich die Umgebung an. Gewöhnlich wird dann kurz darauf wieder gestartet. Eine Variante dazu erlebten am 18. Oktober 1954 M. Labassiere aus Royan in Frankreich und seine Frau, die im Auto unterwegs waren. Sie sahen zwei UFOs dicht nebeneinander auf einem Feld landen. Aus beiden stieg je ein Wesen, das zielbewußt auf das gegenüberliegende UFO zuging. Ohne anzuhalten, gingen sie aneinander vorbei, bis sie das andere Fluggerät erreicht hatten. Gleich darauf starteten die beiden UFOs wieder.

Ein paar Zeugen erzählen von Wesen, die glänzende oder hell leuchtende Kugeln oder Stäbe in den Händen hielten. Ob diese nur zur Beleuchtung dienten oder anderen ausgesuchten Zwecken, ob es sich etwa um transportable Energieträger handelte, darüber lassen sich nur Vermutungen anstellen. Niemals hat man nämlich beobachtet, daß einer dieser Gegenstände einmal zu einem bestimmten Zweck gebraucht wurde. Dazu möge als Beispiel der Bericht dienen, den ein Zeuge aus Brasilien, Adilon Azevedo, geliefert hat. Er beobachtete im Juli 1965, wie zwei UFOs in seiner Nähe an einer einsamen Stelle landeten. Er verkroch sich hinter einer Mauer und sah drei Wesen aus der einen und zwei aus der anderen Maschine steigen. Ungefähr fünf Minuten lang standen sie zusammen und konferierten in einer Sprache voller Zischlaute. Einer hielt einen hellglänzenden, stabähnlichen Ge-

Am 24. November 1978 begegnet Angelo D'Ambros bei der Suche nach Brennholz zwei kleinen Wesen im Wald in der Nähe von Gastagh (Vicenza, Italien). Sie schwebten in der Luft und bemühten sich sichtlich, nach der Machete des Zeugen zu greifen, bis er sie mit einem Stück Holz bedrohte. Als sie flüchteten und er sie verfolgte, entdeckte er ein etwa 1,80 m hohes Fluggerät mit Kuppel, das auf Beinen stand. Es hob schnell abhob und flog davon.

genstand in der Hand, und dann gingen beide Gruppen je dreimal um ihre Maschinen. Dabei bückten sie sich manchmal und prüften die Außenhaut ihrer Fluggeräte. Schließlich stiegen sie wieder ein und verschwanden schnell in den Sternen.

Es gibt auch Fälle, in denen die Wesen aussteigen, um außerhalb ihrer Maschinen Reparaturen vorzunehmen. Manchmal dauert das nur Minuten, manchmal auch länger. Eine ziemlich lange und schwierige Reparatur fand offenbar in der Nacht vom 24. auf den 25. Februar 1964 in New Berlin, New York (USA), statt. Mrs. Mary Merryweather und ihre Schwiegermutter sahen den Mannschaften von zwei gelandeten UFOs — es waren zehn bis zwanzig Wesen — dabei zu, wie sie unter einer der beiden Maschinen über vier Stunden lang arbeiteten. Dabei schnitten sie lange Kabel zurecht, die sie an einem großen und schweren, aus den UFOs herabgelassenen Gegenstand festmachten. Die beiden Frauen waren ein wenig mehr als eine halbe Meile entfernt und konnten mit Hilfe von Fernrohren sehen, wie die recht großen Wesen — sie schätzten sie auf 2,00 bis 2,40 Meter — sich bemühten, den Gegenstand wieder hochzuliften. Schließlich hatten sie Erfolg, und bald darauf flogen die beiden UFOs eilig davon. Später untersuchten Mrs. Merryweather und ihr Mann den Landebereich und fanden Zeichen und Eindrücke im Boden, die ihnen bestätigten, was sie gesehen hatten. Sie fanden auch ein acht Zentimeter langes Stück Kabel, das auf ungewöhnliche Art gefertigt war. Als später Experten Untersuchungen anstellten und dieses Stück sehen wollten, wußte niemand mehr, was damit geschehen war, und es tauchte auch nicht wieder auf.

Es gibt auch zahlreiche Fälle, in denen ein Zeuge — oft allein und des Nachts unterwegs — plötzlich auf ein gelandetes UFO stößt, das manchmal quer auf der Straße steht. Ein paar Augenblicke reagiert er geschockt, dann sieht er, wie Gestalten in das Fluggerät zurückeilen, und schon hebt es wieder ab. UFO-Forscher haben darüber spekuliert, was dieses Szenario wohl bedeuten könnte. Dabei haben sie neben den anderen Theorien, die schon beschrieben wurden, die Vermutung aufgestellt, daß das auch dazu dienen könnte, Aufmerksamkeit zu erregen. Gleichermaßen ist zu beachten, daß UFOs in der Nacht oft hell erleuchtet fliegen, obwohl es keinen offensichtlichen Grund gibt, warum sie überhaupt mit Beleuchtung fliegen sollten, vor allem dann, wenn sie aus verborgenen Gründen hier sind. So können die aufgesetzten Lichter also ein Hinweis darauf sein, daß Aufmerksamkeit erregt werden soll. Aber es gibt auch noch eine andere Erklärung für die beleuchteten Flüge. In den letzten Jahren hat die Hirnforschung bei der Untersuchung elektrischer Schaltvorgänge im Gehirn entdeckt, daß in regelmäßigen Abständen auf die Versuchsperson einwirkende Lichtsignale zu verschiedenen Bewußtseinszuständen führen. Sie reichen von Schläfrigkeit bis zu tiefer Hypnose oder gar zu epileptischen Reaktionen. Das erlaubt die Annahme, daß Augenzeugen von UFO-Begegnungen durch die aufblitzenden Lichter auf das, was folgt, sozusagen programmiert werden, möglicherweise auf eine Entführung. (Wir werden in diesem Kapitel darauf noch zurückkommen.)

Einige Zeugen sind UFO-Wesen tatsächlich begegnet und haben mit ihnen kommuniziert. Manchmal wurden sie um Eßbares, Getränke oder irgendeinen Gegenstand gebeten oder gaben von sich aus etwas her. Als klassischer Fall gilt das Erlebnis des Joe Simonton aus

Eagle River, Wisconsin (USA). Er sah, wie ein UFO auf dem Hof seiner Farm landete. Er ging darauf zu, und eine Luke öffnete sich. Im Innern befanden sich drei dunkelhäutige »Männer«, einer von ihnen reichte Joe einen silbernen Krug und machte mit einer Handbewegung deutlich, daß er Wasser wünschte. Als Joe mit dem gefüllten Krug zurückkam, sah er, daß eines der Wesen auf einem Backblech Kekse oder Kuchen zubereitete. Er machte ihnen ein Zeichen, daß er eines probieren wolle. Er erhielt vier Stück und aß später tatsächlich eines davon. UFO-Forschern berichtete er, es habe wie Pappe geschmeckt. Ein anderes Stück wurde analysiert. Als Zutaten ergaben sich gewöhnliches Mais- und Weizenmehl und andere normale Substanzen.

Auch Maria Josa Cinta wurde einmal um Wasser gebeten. Sie hatte im August 1968 Nachtdienst im Lins-Sanatorium in Brasilien, als sie von einem Klopfen an der Eingangstür geweckt wurde. Dort stand eine Frau von normaler Größe vor ihr. Aber ihre Erscheinung war fremdartig. Sie sprach eine ihr unbekannte Sprache und reichte ihr einen Becher und eine Glasflasche mit schöner Gravur. Maria füllte beide mit Wasser und gab sie der Besucherin zurück. Mit Staunen sah sie dann zu, wie die Fremde in ein helles Objekt kletterte, dessen Äußeres sie an eine Perle erinnerte. Schnell stieg das UFO auf und flog davon. Im Mai 1978 wurde der polnische Bauer Jan Wolsky in ein UFO eingeladen, das innen völlig schwarz ausgestattet war. Man untersuchte ihn dort zuerst medizinisch und reichte ihm dann eine durchsichtige Substanz, die seine Gastgeber aßen, er selbst jedoch nicht. Carl Higdon, der am 24. Oktober 1974 im Nationalpark von Medicine Bow, Wyoming (USA), auf Elchjagd war, boten freundliche Fremde ein Päckchen mit vier Pillen an. Dem folgte eine Einladung in ein gelandetes UFO, wo er einige seltsame Erfahrungen machte.

Anderen Zeugen wurden Dinge aus offensichtlich festem Material überreicht, die aber interessanterweise nie erhalten blieben. Betty Andreasson, die behauptete, im Januar 1976 in Massachusetts (USA) von einem UFO entführt worden zu sein, tauschte dabei ihre Bibel gegen ein blaues Buch, das ihr der Anführer der UFO-Wesen gab. Das blaue Buch enthielt Formeln, Rätsel und Gedichte, die »nur durch den Geist zu verstehen« waren. Neun Tage später konnte sie es nicht mehr finden, aber das überraschte sie auch nicht, denn die Wesen hatten ihr gesagt, das Buch stehe ihr nur für eine begrenzte Zeit zur Verfügung. Betty Hill, die angeblich zusammen mit ihrem Mann Barney 1961 von einem UFO entführt wurde, bat den Anführer um ein Buch und erhielt es auch von ihm. Doch bevor sie das UFO wieder verlassen konnte, sprachen sich einige Mitglieder der Mannschaft gegen das Geschenk aus, und so mußte sie es, wenn auch zögernd, zurücklassen.

Andere Zeugen berichten davon, daß man ihnen Metallscheiben oder -blöcke gab, die dann später auf mysteriöse Weise verschwanden.

Es gibt noch weitere Variationen zu diesem Thema: In einem Fall schnappte sich ein UFO-Wesen den Schal eines überraschten argentinischen Motorradfahrers, in einem anderen goß es sich den Inhalt aus der Ölkanne eines erstaunten Bahnstreckenarbeiters in eine Flasche um. Auch hier reichen die Handlungen dieser Wesen vom Unerklärlichen bis zum Unglaublichen.

Die Anwesenheit eines UFOs oder von UFO-Insassen kann oft zu einer vorübergehenden, aber dafür tiefen Ohnmacht eines Zeugen führen. Maurice Masse, der im Juli 1965 plötzlich zwischen seinen Lavendelpflanzen auf zwei kleine Wesen mit großen Köpfen stieß, konnte sich nicht mehr bewegen, nachdem eines der beiden Wesen ein kleines Rohr auf ihn gerichtet hatte. Alle anderen Sinne blieben ihm erhalten. Es gibt eine ganze Anzahl von Fällen, in denen Zeugen durch Lichtstrahlen bewegungsunfähig gemacht wurden. Das ist meistens harmlos, aber wenn man sich einem UFO zu sehr nähert, kann es auch zu Verletzungen kommen. Der Amateurgeologe Stephen Michalak war im Mai 1967 in der Nähe von Falcon Lake, Manitoba (Kanada), gerade dabei, Bodenproben zu sammeln, als neben ihm ein leuchtendes UFO landete. Nachdem er sich vorsichtig herangepirscht und es über eine halbe Stunde lang beobachtet hatte, ging er auf das Fluggerät zu, das eine große Hitze ausstrahlte. Ein Schwall heißer Luft aus dem Kühlergrill an der Seite des UFOs setzte seine Kleidung in Brand, und als er das brennende Hemd und die Weste auszog, hob das UFO ab und flog davon. Michalak wurde schwindelig, und er bekam heftige Kopfschmerzen. Außerdem wurde ihm so schlecht, daß er sich übergeben mußte. Aber er schleppte sich auf die Straße zurück und erreichte schließlich sein Haus. Noch nach über einem Jahr suchte Michalak nach einer Arznei gegen die immer wiederkehrenden Symptome, und obwohl die Diagnose eine nukleare Strahlung ausschloß, hat man die genaue Ursache nie gefunden.[12]

Im Dezember 1980 waren zwei Frauen, Betty Cash und Vickie Landrum, zusammen mit ihrem Enkel Colby Landrum auf einer Landstraße in der Nähe von Houston, Texas (USA), unterwegs, als vor ihnen ein leuchtendes, Flammen speiendes UFO auftauchte und gerade dreißig Meter entfernt über der Straße schwebte. Sie konnten nicht mehr weiterfahren, also hielten sie an und stiegen aus, um sich das UFO näher anzuschauen. Die Hitze, die von dem Fluggerät ausging, war enorm. Das Auto wurde so heiß, daß man es nicht mehr anrühren konnte. Es dauerte fast zehn Minuten, ehe das schwebende UFO wieder hochzog und von der Straße verschwand. Die Zeugen hatten unter ernsten gesundheitlichen Folgen zu leiden: Sie mußten sich übergeben, bekamen Durchfall, gerötete Haut, Haarausfall, litten unter Appetitlosigkeit, Bauchschmerzen und Sehstörungen.

Aber die physischen Begleiterscheinungen von UFO-Begegnungen müssen sich bei den Zeugen nicht immer von der schlimmsten Seite zeigen. Es gibt einige Berichte, nach denen die Zeugen nach einer UFO-Begegnung über eine bessere Gesundheit verfügten als vorher. Ein Hilfssheriff aus Damon, Texas, erlebte die spontane Heilung einer Bißwunde: Ein junger Alligator hatte kurz zuvor nach ihm geschnappt, aber nachdem er nahen Kontakt mit einem UFO gehabt hatte, war die Wunde mit einem Schlag geheilt. Ein 73 Jahre alter argentinischer Gaucho hatte nach einer Begegnung mit einem UFO im Dezember 1972 unter so unangenehmen Nachwirkungen wie Haarausfall und Juckreiz zu leiden, aber eine Untersuchung ergab auch, daß ihm neue Zähne wuchsen. Diese Effekte sind wahrscheinlich unbeabsichtigt und auf bestimmte Formen von Strahlung zurückzuführen (in Kanada wurden mit Strahlung erfolgreiche Versuche gemacht, den Heilungsprozeß von Wunden zu beschleunigen), aber es gibt viele Fälle, in denen Krankheiten oder Verletzungen offenbar auf absichtliche und aggressive Handlungen der UFO-Insassen zurückzuführen sind.

Manchmal ist diese Aggressivität eine Antwort auf vorausgegangene Angriffe von menschlicher Seite, aber bei anderen Gelegenheiten entstand sie auch unprovoziert. Das war bei James Flynn der Fall, der im April 1956 einen Jagdausflug in die Everglades von Florida (USA) unternahm. Er sah, wie sich ein fremdartiges leuchtendes kegelförmiges Objekt über den Sumpf herabsenkte, und fuhr näher. Zu Fuß ging er dann bis auf wenige Meter Entfernung an das UFO heran. Er hob den Arm und winkte. Plötzlich schoß ein Lichtstrahl aus dem UFO und traf ihn genau an der Stirn. Als er nach 24 Stunden wieder aus der Bewußtlosigkeit erwachte, war er aufgrund einer inneren Blutung im Gehirn partiell erblindet. Spätere Nachforschungen ergaben, daß eine Grasfläche kreisförmig versengt und auch Baumwipfel in dem Bereich angebrannt waren, in dem sich das UFO befunden hatte. Im Oktober 1973 steckte der Lastwagenfahrer Eddie Webb auf dem Weg nach Cape Girardeau, Missouri (USA), den Kopf aus dem Führerhausfenster, um eine regenbogenartige Lichterreihe zu verfolgen, die sehr schnell näher kam. Fast im gleichen Augenblick traf ihn ein gelbroter Strahl voll im Gesicht und blendete ihn vorübergehend. Das Gestell seiner Brille war angeschmolzen und verzogen, er mußte sieben Tage im Krankenhaus verbringen, bis seine Sehkraft wiederhergestellt war. Er konnte mit Erfolg Versicherungsleistungen in Anspruch nehmen.

Ob diese Art von Angriffen kalkuliert und von ebenso intelligenten wie böswilligen Lebewesen in Szene gesetzt werden oder ob sie zu den einprogrammierten Reaktionen unbemannter Fluggeräte zählen, bleibt Sache von Vermutungen, denn in den genannten Fällen wurden keine Lebewesen beobachtet. Manchmal aber sieht man sie, wie zum Beispiel im Januar 1970 in Südfinnland, als zwei Skifahrer auf einer Waldlichtung eine Verschnaufpause einlegten. Ein metallisch glänzendes UFO tauchte vor ihnen auf und schickte einen gelben Lichtstrahl auf den Boden herab. Dann erschien ein Wesen mit einem schwarzen Apparat in der Hand, aus dem hellgelbes Licht strahlte. Das Wesen richtete das Licht auf die Zeugen. Als das UFO wieder fort war, blieben die beiden Männer noch teilweise wie gelähmt. Mehrere Wochen lang hatten sie unter Symptomen zu leiden, die auf Strahlungsschäden hinzuweisen schienen. Auch Forscher und Journalisten, die später den Ort des Geschehens aufsuchten, wurden krank.

Es gibt ein paar Berichte darüber, wie Zeugen Angriffe auf UFOs oder deren Insassen unternommen haben, normalerweise mit Gewehren. Bei dem letzten derartigen Zusammenstoß konnte man direkt hören, wie die Kugeln vom Stahlmantel des davonfliegenden UFOs abprallten. Aber manchmal mußte der Angreifer auch mit direkten Reaktionen rechnen, wie im Fall Souza vom August 1967 in Brasilien. Der Landwirt Inacio de Souza entdeckte ein UFO auf seinen Feldern. Drei Insassen stiegen aus. Sie trugen enganliegende gelbe Anzüge und »spielten herum wie Kinder«. Als sie Souza entdeckten, liefen sie auf ihn zu. Doch er hob sein Gewehr und begann, auf sie zu schießen. Da schoß ein grüner Lichtstrahl aus dem UFO hervor und traf seine Brust, so daß er niederstürzte. Die Wesen zogen sich in das UFO zurück, das schnell abhob. An den folgenden Tagen litt de Souza unter Schwindelgefühlen und Zitteranfällen. Dazu kam eine allgemeine Benommenheit. Er verlor schnell an Gewicht, und Blutuntersuchungen ergaben, daß er ernsthaft an Leukämie erkrankt war. Nach zwei Monaten starb er.

Die Hauptwaffe der UFOs scheint ein sichtbarer, farbiger Lichtstrahl zu sein, der mit äußerster Genauigkeit bewegt werden kann, schnell und tödlich. Glücklicherweise machen die Fälle, in denen sie auch entsprechend angewendet wurden, nur einen geringen Prozentsatz aus.

Landungen von Objekten aus festem Material; Brandspuren; physische Auswirkungen; Lebewesen, mit denen ein körperlicher Kontakt möglich ist ... Aber es gibt auch Berichte, die darauf schließen lassen, daß diese Erscheinungen kaum solider Natur gewesen sein können. Da ist dann von UFOs die Rede, die gläsern und durchscheinend gewesen seien. Sie hätten im Flug ihre Form verändert, und manchmal wären sie ganz unsichtbar geworden.

Im November 1978 sichteten vier Männer, die in der Nähe von Sevilla (Spanien) auf der Jagd waren, ein gelandetes UFO. Ein Insasse war ausgestiegen und befand sich in der Nähe. Dabei sahen zwei Zeugen nur die untere Hälfte des Wesens, die anderen beiden nur die Hälfte von der Taille aufwärts. Dieser Bericht gehört zu den Beispielen, bei denen die Wesen nur teilweise sichtbar sind. Oft scheint es dann, als fehlten ihnen Unterschenkel und Füße, oder sie wären durchsichtig, stünden im hohen Gras oder im Unterholz. Sollten sie keine unteren Glieder gehabt haben, dann hätten sie deren Fehlen so jedenfalls mit Erfolg verborgen. Manchmal beobachtete man sie auch beim Vorbeigleiten und -schweben, oder wie sie das UFO verließen und wieder betraten, ohne dafür extra eine Tür öffnen zu müssen.

Viele UFO-Begegnungen zeigen einen starken Anteil von paranormalen Elementen. Parallelen dazu kann man auch in traditionellen Erzählungen von übernatürlichen Erscheinungen finden. Das reicht hinein bis in verschiedene Formen der Folklore. Nach UFO-Begegnungen erleben manche Zeugen, daß sie besondere paranormale Fähigkeiten entwickelt haben. Andere werden von Poltergeistern heimgesucht. So behauptete die von einem UFO entführte Betty Hill, seither hätten sie häufig Poltergeister besucht. Andere Zeugen berichten von geisterhaften Erscheinungen in der Umgebung ihrer Häuser oder beobachteten schattenhafte Lebewesen, nachdem sie zu Bett gegangen waren. Manche Fälle legen den Schluß nahe, daß UFOs sich solche Personen für ihre Kontakte »ausgesucht« haben könnten, die über eine gewisse psychische Disposition verfügten. Andererseits ist auch die Möglichkeit zu bedenken, daß erst eine UFO-Begegnung eine latente paranormale Fähigkeit in einem Zeugen aktiviert.

Manche Zeugen haben nicht nur behauptet, ein UFO bei der Landung beobachtet zu haben, sie wollen sich mit den Insassen auch unterhalten haben und in ihrem Fluggerät mitgeflogen sein. Solche »Kontaktler«, wie die Ufologen sie nennen, kamen vor allem in den fünfziger Jahren vor. Heute sind sie selten geworden. Als Kontaktler berühmt wurden zum Beispiel die Amerikaner George Adamski, Orfeo Angelucci, Truman Bethurum und Dan Fry. Seit der Entführung von Betty und Barney Hill im Jahre 1961 haben sich die meisten Kontakte in Form von Entführungen abgespielt. Diese »Entführungen« sind zum zentralen Diskussionspunkt der achtziger Jahre geworden, vor allem seit dem gewaltigen Erfolg des Buchs *Communion* (deutsch: *Die Besucher*) von Whitley Strieber, in dem der Autor seine Erlebnisse als Entführungsopfer beschreibt. Aber ebenso, wie es zweifelhaft ist, ob sich Menschen tatsächlich jemals an Bord eines UFOs aufgehalten oder ob sie sich das nur eingebildet haben, so bezweifeln heute manche Ufologen, daß diese Entführungsgeschichten real sind. Die »Entführten« gelten nämlich als durchaus ernstzunehmende

Charles Hickson (links) und Calvin Parker 1986 bei einer Befragung über ihre Entführung durch UFO-Insassen. Sie soll am 11. Oktober 1973 bei Pascagoula, Mississippi (USA), stattgefunden haben, als die beiden Männer unten am Fluß angelten.

Menschen, und sie scheinen zu glauben, daß man sie tatsächlich entführt hat. Doch in den meisten Fällen hat sich ergeben, daß die Details ihrer Entführung Produkte ihres Unterbewußtseins waren, die auf dem Wege hypnotischer Regression ins Bewußtsein zurückgeholt wurden. Wie verläßlich derart gewonnene Informationen sind, ist noch reichlich ungeklärt. So gibt es eine Spaltung unter den Ufologen: Die einen glauben, solche Entführungen seien der schlüssige Beweis dafür, daß UFOs aus dem Weltraum zu uns kommen, und das aus oft nicht lauteren Absichten — zum Beispiel auch, um ihre eigene Nachkommenschaft zu sichern. Andere wieder nehmen an, die Entführungsgeschichten spiegelten nur die Ängste der Opfer wider und deren Grundlage sei im kollektiven Unbewußten der Menschheit zu suchen, aus dem diese Erfahrungen je nach Zeit und Ort in variabler Form emportauchen. Da UFOs und Entführungen im Westen zu den beherrschenden Themen zählen, werden sie von den Zeugen benutzt, um ihre sonst unerklärlichen Erfahrungen aufzuarbeiten und zu deuten. Die Forscher, die die Entführungsfälle untersuchen und sich dabei nicht dieser Voraussetzungen bewußt sind, bestärken bei den Opfern den Glauben an die Wirklichkeit der bizarren Geschichten. Und diese Geschichten bestärken dann, wenn sie veröffentlicht werden, andere in dem Glauben, sie seien selbst entführt worden. So werden wir demnächst wahrscheinlich einen ganzen Schwall von Entführungsgeschichten erleben, bis ein neues Phänomen sie ablöst. Möglicherweise war das »Kontaktlersyndrom« das entsprechende Thema der fünfziger Jahre.

Ob aber alle UFO-Landungen und alle Begegnungen mit Insassen ebenfalls als bloße Einbildungen klassifiziert werden können, angestachelt durch entsprechende Berichte in den Medien, läßt sich nur schwer entscheiden. Während die meisten Entführten und Kontaktler allein waren, waren die Zeugen von UFO-Landungen und UFO-Lebewesen oft in Begleitung, so daß sie sich ihre Berichte gegenseitig bestätigen konnten. Manche Zeugen stammten aus bäuerlichen Häusern in abgelegenen Gegenden und hatten wenig Zugang zu Radio, Fernsehen und Zeitungen. Daher kann man sie als »unvoreingenommene Zeugen« ansehen, deren Aussagen ein hohes Maß an Authentizität zukommt. Auch gibt es die unerklärlichen Spuren, die die gelandeten Flugobjekte manchmal hinterlassen. Bei all unserer persönlichen Skepsis in bezug auf bestimmte Aspekte des UFO-Phänomens sind wir uns dennoch der vielen verblüffenden Berichte bewußt, die noch einer Klärung harren. Manche UFOs mögen durchaus auf natürliche oder künstlich herbeigeführte Phänomene zurückzuführen und nur falsch interpretiert worden sein. Andere waren vielleicht Halluzinationen, und manche UFO-Begegnungen mögen bewußt oder unbewußt selbstinszeniert sein; aber es könnte doch sein, daß einige UFOs auch »wirklich« waren, d. h. wirklich unerklärbar mit den uns heute zur Verfügung stehenden wissenschaftlichen Methoden. Wenn das so ist, sollten wir allerdings gleich mit der Diskussion darüber beginnen, welche Art von »Wirklichkeit« denn damit gemeint sein könnte — es gibt nämlich so viele Möglichkeiten, und es ist nicht immer angenehm, all ihre Folgen und Begleiterscheinungen mit zu bedenken.[13]

Ungeheuer in Seen, Flüssen und Meeren

Zwar ist »Nessie«, das Ungeheuer von Loch Ness in Schottland, bei weitem das berühmteste seiner Art, aber es ist nur ein Beispiel von vielen. Denn von Ungeheuern in Seen und Flüssen ist rund um die Welt die Rede. Aber der besondere Typ mit dem langen Hals, zu dem »Nessie« zählt, kommt nur in bestimmten Breiten vor, und zwar innerhalb jener isothermischen Linien auf der nördlichen wie der südlichen Halbkugel, in denen eine Wassertemperatur von 10 Grad Celsius herrscht: »Man könnte sich kaum bessere Beweise für ihre Existenz wünschen«, betont dazu Dr. Bernard Heuvelmans.[1] Aus aller Welt

Blick über den Lake Okanagan in British Columbia (Kanada) auf Squally-Point und die Ogopogo-Insel. Dort wurde das Seeungeheuer »Ogopogo« häufig gesichtet.

F. W. Holiday (rechts) und Lionel Leslie, zwei inzwischen verstorbene Seeungeheuerjäger, bei ihrer Arbeit am Lough Auna im County Galway (Irland) im Jahr 1969.

werden auch noch alle möglichen anderen Tierarten gemeldet, darunter bekannte und vielleicht auch noch unbekannte. Gleiches gilt für die Meeresungeheuer, auf die wir später noch zu sprechen kommen.

In der nördlichen Hemisphäre kann man eine Linie von Kanada über Irland, Schottland, Norwegen, Schweden, Finnland und die nördliche Sowjetunion ziehen, wo in Seen am häufigsten Ungeheuer gesichtet wurden. Alle diese Länder haben ausreichend Seen der entsprechenden Größe. Kanadas bekanntestes Monster heißt »Ogopogo«. Es lebt im Lake Okanagan in British Columbia. Wenn es solch ein Ungeheuer irgendwo gibt, dann existiert es dort natürlich nicht als ein unbekanntes Einzelwesen, sondern es muß in jedem See ganze Herden geben, die auch den jeweiligen Nachwuchs heranziehen. Es ist daher eigentlich ein Mißverständnis, wenn man ihnen Spitznamen gibt, als wären sie Einzelgänger. Wenn es aber Brutplätze in den Seen gibt, warum sieht man die Ungeheuer nicht öfter? Eine mögliche Antwort werden wir später noch zu geben versuchen. Auch die Indianer, die auf dem Gebiet von British Columbia lebten, bevor die weißen Siedler kamen, erzählen in ihren Legenden, die sich um den See ranken, schon von einer riesigen Schlange. Arlene Gaal, die seit 1968 über »Ogopogo« forscht, hat die Berichte von 200 Sichtungen gesammelt. Kürzlich erst erblickte Lionel Edmond das Monster. Er war am 20. Juli 1986 zum Fischen auf dem See, als er hinter sich ein lautes Rauschen hörte. »Es sah so aus, als wenn ein U-Boot auftauchte und auf unser Boot zusteuerte. Als es im rechten Winkel zu uns stand, konnten wir sechs Buckel aus dem Wasser ragen sehen, jeder ungefähr 25 Zentimeter über der Oberfläche, und jeder zog eine kleine Kiellinie hinter sich her.« Die Gesamtlänge schätzte Edmond auf fünfzehn bis achtzehn Meter.[2]

Es sind auch einige Fotos und Kamerafilme von Ungeheuern aufgenommen worden, aber nirgendwo ist die Gestalt so deutlich zu erkennen, daß man sie ohne Einschränkungen identifizieren könnte. Und selbst wenn es deutlichere Fotografien gäbe, wäre das Rätsel damit noch nicht gelöst. Wären dort nämlich Kreaturen abgebildet, die der Wissenschaft noch unbekannt sind, würde man sie gleich als Fälschungen und Schwindel abtun, wie das im Fall Loch Ness denn auch passiert ist. Nur ein richtiger Kadaver würde jedermann überzeugen, und genau den hat man noch nie gefunden. Die meisten Monster-Seen sind viel zu groß, als daß man sie systematisch absuchen könnte. In Irland dagegen gibt es einige sehr kleine Seen, in denen Ungeheuer gesichtet wurden. In den sechziger Jahren hat man versucht, sie in Netzen zu fangen. Ein fremdes Lebewesen, das dort im Verborgenen lebte, hätte den Forschern in die Falle gehen müssen.

Einer der dazu ausgewählten Seen war der Lough Nahooin im County Galway. Er maß nur hundert mal achtzig Meter, und erst kurz zuvor, am 22. Februar 1968, hatte der Farmer Stephen Coyne, der dort lebte, ein Monster gesehen. Er war am Abend zum Ufer hinuntergegangen, um etwas Torf zu stechen. Sein Sohn und sein Hund begleiteten ihn. Im Wasser sah er etwas Schwarzes schwimmen. Kopf und Hals ragten wie eine Stange in die Luft. Der Hals maß ungefähr dreißig Zentimeter im Durchmesser. Manchmal tauchte es mit dem Kopf unter. Dann konnte man zwei Buckel sehen und manchmal einen flachen Schwanz. Er tauchte bisweilen ganz nah neben dem Kopf auf, was bewies, wie wendig der Körper sein mußte — vielleicht vergleichbar mit dem eines Aals. Das Tier kam auf den Strand zugeschwommen, als hätte der Hund es mit seinem Bellen irritiert. Mrs. Coyne kam mit den übrigen Kindern herbeigeeilt, um zu sehen, was vor sich ging. Ihr fielen zwei hornartige Auswüchse am Kopf des Untieres auf, Augen wurden nicht bemerkt. Das Innere des Maules war blaß, aber Zähne waren nicht zu erkennen. Sie sahen das Wesen aus der Nähe, etwa acht Meter entfernt, und beobachteten es bis zum Anbruch der Dunkelheit. Dann gingen sie wieder heim. Aber als man sich im Juli, also nur wenige Monate später, auf die Suche nach ihm machte, fand man keine Spur von dem Ungeheuer, das Coyne auf dreieinhalb Meter Länge geschätzt hatte. Weder mit Netzen noch durch den Einsatz von »Monster-Reusen«, Echoloten oder Betäubungsmitteln stieß man auf den geringsten Hinweis, der Schlüsse auf das Vorhandensein eines so großen Wesens im See zuließ. Die Antwort könnte lauten, daß es weitergezogen war, denn es gibt Hinweise darauf, daß die irischen Ungeheuer — und auch die schottischen, vielleicht noch andere — sich bisweilen an Land wagen und gewohnt sind, von See zu See zu ziehen.[3]

Zu den Besuchern des Lough Nahooin gehörte in jenem Juli auch Georgina Carberry, die selber im Jahre 1954 eine dramatische Begegnung erlebt hatte, als sie auf dem Lough Fadda angeln gewesen war. Sie und ihre Begleiter sahen aus nächster Nähe ein Lebewesen, das dem geglichen haben muß, das die Coynes beschrieben: mit zwei Buckeln, einem langen Hals und einem großen, offenen Maul. Sie erinnerte sich daran, daß »der ganze Körper in Bewegung war« — »wurmartig«, »schleichend« —, und das Ganze hatte einen so lebhaften Eindruck bei Miss Carberry hinterlassen, daß sie sechs oder sieben Jahre verstreichen ließ, bevor sie sich wieder an den See zurücktraute. Allerdings nie ohne Begleitung.[4]

Gründliche und umfassende wissenschaftliche Untersuchungen der Ungeheuer in den Seen sind nicht häufig unternommen worden, wahrscheinlich wegen der großen Schwierigkeiten, die sie bereiten würden. Ein wohlvorbereitetes Forschungsvorhaben begann 1960 am Loch Ness. Mit Unterbrechungen währt es bis heute an. Aber in den mehr als 25 Jahren ist nur wenig geschehen, das auf eine Bestätigung der Existenz Nessies hindeutet. In Amerika arbeitet Joseph W. Zarzynski seit 1974 unermüdlich an der Suche nach und an Schutzmaßnahmen für »Champ«, das Monster von Lake Champlain. Auch an anderen Seen werden Expeditionen durchgeführt, interessierte Leute sammeln fleißig Berichte von Augenzeugen. Aber ohne groß angelegte Forschungsvorhaben werden die Erfolge ausbleiben. Viele Seen, zum Beispiel die skandinavischen, sind sehr abgelegen und werden kaum besucht, es sei denn von Bewohnern der Umgebung. So können dort alle möglichen Arten von seltenen Tieren leben, ohne daß jemand von ihnen wüßte. Vielleicht ist es inzwischen aber schon zu spät, mit ihrer Erforschung zu beginnen. Viele skandinavische Seen sind bereits durch den sauren Regen biologisch tot. In diesen vergifteten Gewässern kann kein Fisch leben, wie sich jetzt auch im Norden von Wales herausgestellt hat. Dort wurden Fische in den Seen ausgesetzt, um den Bestand aufzufrischen. Aber nach ein paar Tagen waren sie in dem übersäuerten Wasser verendet. Wenn kein Fisch in ihnen leben kann, dann auch kein Lebewesen, das sich von ihnen ernährt. Wir müssen annehmen, daß Fische zur Nahrung der Seeungeheuer zählen. Wie das Beispiel Wales überdies zeigt, sind nicht nur die skandinavischen Ungeheuer zum Untergang verurteilt, sondern alle, die mit dem sauren Regen in Berührung kommen — also wohl auch das Loch-Ness-Monster.

Wie die Liste im Anhang zeigt, gibt es auch südlich der Linie Kanada-Skandinavien viele Gewässer, in denen angeblich Ungeheuer gesichtet wurden. In fast allen amerikanischen Staaten gibt es wenigstens einen See. Die meisten gibt es in Wisconsin, knapp gefolgt von New York. Südamerika hat noch so viele unerforschte Gebiete — wenn auch profitgierige Industriekonzerne leider immer schneller und tiefer in sie eindringen —, daß es dort alle möglichen noch unbekannten Tierarten geben könnte. Tatsächlich gab es von Zeit zu Zeit Gerüchte um Flußmonster, aber es wurden bisher noch keine Expeditionen unternommen, um der Sache auf den Grund zu gehen. Auch der afrikanische Kontinent könnte noch unbekannte Tierarten beherbergen. Kürzlich in den Kongo unternommene Expeditionen auf der Suche nach »Mokelembembe« haben überzeugende Hinweise gewonnen, daß dieses Wesen noch existiert. Es dürfte sich um ein prähistorisches Tier handeln, wie es sonst nicht mehr auf diesem Planeten anzutreffen ist. (Weitere Einzelheiten dazu im Kapitel 17) Australien hat sein »Bunyip«, ein legendäres Lebewesen, wahrscheinlich ein Flußungeheuer. Ob es das »Bunyip« noch gibt, ist nicht sicher, denn heutzutage kommen aus Australien nur noch wenige Berichte über See- und Flußungeheuer. Zu den weiteren Ländern, aus denen in diesem Jahrhundert Berichte über See- und Flußungeheuer zu uns gedrungen sind, gehören China, Frankreich, Grönland, Italien, Japan, Malaysia, Neuseeland, Papua-Neuguinea, Polen, die Schweiz und Tibet.

Schon viele Menschen haben etwas gesehen, das sie für ein See- oder Flußungeheuer hielten. Aber was haben sie wirklich gesehen? Nicht viele Zeugen kommen dem Ungeheuer besonders nahe. Sie sehen nur hochspritzendes Wasser oder nehmen die Umrisse einer dunklen Gestalt wahr. Ist von dem betreffenden See schon bekannt, daß er ein Ungeheuer beherbergt — wie Loch Ness oder Okanagan —, dann liegen solche Schlüsse natürlich nahe. Aber es gibt viele mögliche Erklärungen für diese Beobachtungen. Unter gewissen Umständen können sie alle plausibel klingen; also müssen sie alle bedacht werden, bevor man tatsächlich von einem Ungeheuer spricht. Zum Beispiel gibt es verschiedene Arten von Fischen, die ungestört und bei guten Futterverhältnissen sehr groß werden können. Bestes Beispiel dürfte der

Stör sein, der im Durchschnitt drei Meter lang wird, oft noch viel größer. Vom Lake Seton in British Columbia (Kanada) hört man hin und wieder, daß es dort riesige Fische gebe. 1965 beobachteten zwei Indianer, die mit ihrem Kanu zum Fischen auf den See hinausgepaddelt waren, einen über sechs Meter langen Stör. Im Juni 1966 fuhr ein Paar in seinem sieben Meter langen Boot auf dem See, als sie längsseits einen riesigen Fisch entdeckten. Paul Polischuk berichtet: »Es war ein riesiger Stör, noch gute drei Meter länger als das Boot. Er schwamm ganz nah unter der Wasseroberfläche und begleitete uns über eine längere Strecke, ehe er abdrehte und in der Tiefe verschwand. Ein Irrtum ist ausgeschlossen.«[5] 1984 wurde im Stafford Lake bei Novato, Kalifornien (USA), ein »Ungeheuer« entdeckt. Als man das Wasser wegen Dammarbeiten ableiten mußte, entpuppte sich das Monster als ein fast zwei Meter langer weißer Stör. Er war wahrscheinlich 50 oder 60 Jahre alt.[6] Im November 1987 fand man einen 3,30 Meter langen Stör mit einem Gewicht von fast einer halben Tonne tot im Lake Washington, Washington State (USA). Hier hatte es zuvor Gerüchte von einem mächtigen, Enten verschlingenden Ungeheuer gegeben.[7] In der UdSSR wurde sogar in der Wolga ein 7,80 Meter langer Stör mit einem Gewicht von 3241 Pfund gefangen.

Für den größten Süßwasserfisch hält man derzeit eine seltene Welsart in den Flüssen des Ostens. Sie kann bis zu drei Meter lang werden. Der europäische Katzenfisch oder Wels war sogar noch größer — er maß zwischen 2,40 und 4,50 Meter —, doch er ist mittlerweile überfischt, und große Exemplare sollen dabei nicht überlebt haben. Aber möglich wäre es doch, und das könnte die Ursache für einige europäische und skandinavische Monster-Berichte sein.

Aus der autonomen chinesischen Provinz Xinjiang wurde 1985 vom Hanas-See ein roter Riesenfisch gemeldet. Berichte von Riesenfischen aus diesem See datieren übrigens zurück bis in die dreißiger Jahre. Professor Xiang, ein Biologe, konnte sie durch das Fernrohr beobachten. Er sah dabei den Kopf, strahlenförmig angeordnete Stacheln und eine Schwanzflosse. Nach seiner Aussage waren die Fische neun Meter lang. Ihre Köpfe hatten die Größe von Autoreifen, und sie traten in Schwärmen bis zu 60 Stück auf. Man hat sie einer Spezies von Riesenlachsen zugeordnet.[8] Diese Berichte machen deutlich: Die Zeugen glaubten ein Seeungeheuer zu sehen, in Wirklichkeit hatten sie aber nur ein besonders großes Exemplar einer bekannten Fischart gesichtet, kein unbekanntes Monster. Auch andere Tierarten wie Robben oder Otter dürften für Verwechslungen gesorgt haben, möglicherweise auch einmal ein schwimmendes Rotwild. Bisweilen dürfte das »Monster« gar kein lebendiges Wesen gewesen sein. Manch findige Köpfe sind auch auf Erklärungen wie Wasserstrudel, Temperaturinversionen, tote Bäume und verrottende Vegetation, die sich zu Klumpen geformt hat, gekommen. All das könnte in der Tat manchmal zutreffend sein — vor allem dann, wenn die Sichtverhältnisse schlecht sind und der Zeuge hofft, endlich ein Ungeheuer zu sehen.

Hin und wieder lassen sich noch exotischere »Monster« blicken. In einem Zeitungsbericht über ein Ereignis, das sich am 7. Januar 1934 in England zutrug, heißt es jedenfalls:

»Einiges Aufsehen gab es heute in der Nähe von Birkenhead und Liverpool, als sich in Spital eine Menge um einen großen Teich versammelte, in dem angeblich ein seltsames Tier mit merkwürdig geformtem Kopf herumtollte.

Nachdem man es mit einem Lasso eingefangen hatte, wurde das ›Monster‹ an Land gezogen. Während die Menge ängstlich Abstand hielt, rückten einige Unerschrockene näher und entdeckten, daß es sich um das übergroße Schaukelpferd eines Kindes handelte, mit rot angemaltem Kopf und langer schwarzer Mähne. Von Schlamm und Pflanzenresten bedeckt, machte es einen erschreckenden Eindruck.«[9]

Es hat aber auch viele Gelegenheiten gegeben, bei denen ein Zeuge einen Blick auf das Ungeheuer werfen und danach dann ein Wesen beschreiben konnte, das keinerlei Ähnlichkeit mit einer bekannten Spezies aufwies. Am häufigsten wird der langhalsige Typ beobachtet, und es gibt eine ganze Reihe von Vermutungen, um welches Tier es sich gehandelt haben könnte. Überlebende Exemplare aus prähistorischer Zeit stehen ganz oben auf der Liste, zum Beispiel der Plesiosaurier, auf den die Beschreibung des Ungeheuers von Loch Ness zuträfe, und das Zeuglodon, eine seit langem ausgestorbene Walart, die man mit »Champ« und anderen Ungeheuern in Verbindung gebracht hat. Aber wenn wir nicht mehr Hinweise auf die Natur dieser Lebewesen erhalten, ist es ein fruchtloses Bemühen, über ihre jeweilige Gattung zu spekulieren.

Wir erwähnten bereits die Möglichkeit, daß manche Seeungeheuer die Fähigkeit besitzen könnten, sich auch an Land fortzubewegen. Das führte dann zu der Theorie, sie könnten dort, wo das möglich ist, aus dem Meer in die Seen vorgedrungen und auf dem gleichen Wege wieder zurückgekehrt sein, wenn ihnen danach war. Loch Ness ist über den River Ness mit der Nordsee verbunden, und auch im Fluß hat man schon Monster gesichtet. Auch ähneln manche Beschreibungen von Meeresungeheuern denen von Seeungeheuern sehr. Könnte es also sein, daß manche Seeungeheuer in Wirklichkeit Meeresungeheuer sind? Ulrich Magin, der das annimmt,[10] geht noch weiter und vermutet, seine Theorie könnte verschiedene Charakteristika der Be-

Im Oktober 1987 fand die »Operation Deepscan« im Loch Ness statt. Eine ganze Flotte von Booten mit Sonargeräten versuchte dabei, in Linie nebeneinander den See abzuhorchen.

richte über das Ungeheuer von Loch Ness erklären: Gesichtet wird »Nessie« immer dann, wenn eines dieser Lebewesen Loch Ness einen Besuch abstattet, und ruhige Jahre sind dann eben ein Zeichen dafür, daß keine Besuche stattfinden. Die Verschiedenartigkeit der gemeldeten Formen und Farben wiederum mag daher rühren, daß es verschiedene Arten von Wesen sind und nicht nur ein bestimmter Typ, die Loch Ness besuchen. Auch die Frage nach den fehlenden Herden beantwortet Ulrich Magins Theorie. Wenn das Ungeheuer regelmäßig über die Jahre gesichtet wird, dann müßte es eine Herde geben, nicht nur ein oder zwei Wesen. Hat Loch Ness aber solch eine Herde, wieso wird das Ungeheuer dann nicht häufiger gesichtet? Magins Antwort: »In Loch Ness gibt es keine Herde, aber dafür regelmäßig Besucher aus dem Meer.« Diese Theorie hört sich schlüssig an und könnte auch auf andere »Lochs« durchaus zutreffen, die über einen kurzen Fluß mit der See verbunden sind. Je länger der Fluß ist, desto weniger dürfte sie unserem Gefühl nach zutreffen.

Eine andere Tatsache, die eine Verbindung zwischen See- und Mee-

Kurven auf dem Sonargerät im Ruderhaus eines Bootes, das bei der »Operation Deepscan« auf dem Loch Ness eingesetzt war.

resungeheuern darstellt, ist die Häufigkeit, mit der von langhalsigen Tieren berichtet wird. Vor wenigen Jahren wurde ein Foto eines Meeresungeheuers bei Falmouth, Cornwall (England), aufgenommen. Dort wurden Mitte der siebziger Jahre viele Meeresungeheuer gesichtet. Man gab ihnen den Spitznamen »Morgawr«. Im Februar konnte eine Frau zwei Fotos von »Morgawr« aus nächster Nähe aufnehmen. Eines davon zeigen wir auf Seite 135. Dieses Tier hat einen langen Hals und einen höckerigen Körper, wie schon so oft von Zeugen beschrieben wurde, die ein See- oder ein Meeresungeheuer gesehen haben. Die Fotografin beschrieb es wie folgt:

»Es sah aus wie ein Elefant, der seinen Rüssel aus dem Wasser streckt. Aber der Rüssel war ein langer Hals mit einem kleinen Kopf darauf. Er ähnelte einem Schlangenkopf. Auf dem Rücken hatte es mehrere Höcker, die sich auf ganz komische Art bewegten. Das Tier war schwarz oder sehr dunkelbraun, und die Haut erinnerte an die eines Seelöwen ... Es jagte mir Angst ein. Ich wollte es nicht näher sehen. Die Art, wie es schwamm, gefiel mir gar nicht ...«

Das erinnert an die Beschreibung, die Georgina Carberry von dem Tier abgab, das sie im Lough Fadda gesehen hatte: »wurmartig«,

»Morgawr«, das Seeungeheuer von Cornwall (eines der im Februar 1976 aufgenommenen Fotos).

»schleichend«, »der ganze Körper in Bewegung«. Auch ihr Monster hatte einen langen Hals und zwei Höcker. War es vielleicht von der gleichen Gattung wie »Morgawr«?

Die Fotografin hatte »Morgawrs« Länge auf 4,50 bis 5,50 Meter geschätzt, aber gewöhnlich sind Meeresungeheuer viel größer. Eine Auswahl aus den vielen hundert Beschreibungen, die in diesem Jahrhundert schon gegeben wurden, verhilft uns vielleicht zu einem klareren Bild. Meeresungeheuer trifft man überall auf der Welt an, Hunderte von Meilen draußen auf See, aber auch nahe am Strand. Die letzteren wurden von kleinen Fischerbooten aus beobachtet, von Yachten oder auch von Leuten, die sich an Land befanden; die anderen natürlich nur von größeren Schiffen aus. Heute sind die Beobachtungen von Schiffen aus seltener geworden als im vorigen Jahrhundert und noch früher. Das liegt wahrscheinlich daran, daß Segelschiffe sich leiser fortbewegen. Heute werden die Meeresungeheuer früher gewarnt und halten sich entsprechend außer Sichtweite. Aber manchmal scheint ein Ungeheuer doch neugierig darauf zu sein, wer da in sein Territorium eindringt, und nähert sich. Es soll schon vorgekommen sein, daß Ungeheuer auftauchten, als sie sich direkt unter einem solchen Eindringling befanden. Handelte es sich um ein kleineres Boot, dann konnte es passieren, daß es fast zum Kentern gebracht wurde. Genau das ist Kapitän Alexander S. Banta passiert, der als Lotse vor City Island, New York City (USA), ein Schiff durch

Hell's Gate zu führen hatte. Es war der 10. August 1902. Zweimal führte das Tier, das schwarz war und viel größer als ein Wal, seinen Angriff auf das Lotsenboot aus. Dann wurde es abgelenkt und wandte sich einem vorbeifahrenden Schiff zu. Kapitän Banta mußte sein leckgeschlagenes Boot eilig zurück in den Hafen lenken.[11] Ebenso neugierig war offensichtlich das Ungeheuer, das sich im Jahr 1903 einem Fischerboot vier oder fünf Meilen vor Hermanus (Südafrika) näherte. Ein Besatzungsmitglied gab, was sie erlebt hatten, so wieder:

»Ich blickte auf die See hinaus und sah zu meinem Schrecken ein furchtbar aussehendes Monster. Den Kopf hatte es gut einen Meter über dem Wasser, und es kam schnell auf unser Boot zugeschwommen. Wir waren wie erstarrt und konnten nichts unternehmen.

Das schlangenartige Lebewesen war ungefähr zehn Meter von uns entfernt, als es den Kopf noch weiter aus dem Wasser herausstreckte, mehr als drei Meter, und uns von oben mit Augen wie Untertassen ansah. Das tat es nicht ein-, sondern dreimal, jeweils im Abstand von ungefähr fünfzehn Sekunden. Es war mindestens 35 Meter lang. Sein Kopf hatte eine Form wie diese Schmierölkannen, mit denen wir arbeiten. Sein Körper war mit langen Haaren bedeckt, die wie Tang aussahen. Dieser Pelz war wohl um die zwanzig Zentimeter dick. Die Farbe des Körpers war schwarzbraun, der Hals weißlich-braun. Es schwamm sehr schnell und dann wieder sehr langsam. Dann tauchte es plötzlich mit gewaltigem Rauschen und ward nicht mehr gesehen.«[12]

Die Versenkung des britischen Dampfers *Iberian* durch das deutsche U-Boot *U 28* im Nordatlantik brachte ein Meeresungeheuer dazu, aus den Tiefen aufzutauchen. Das wurde von dem Kommandanten des *U 28* und einigen seiner Offiziere beobachtet. Wenige Sekunden, nachdem die *Iberian* torpediert worden und gesunken war, gab es unter Wasser eine Explosion.

»Wenige Augenblicke später schoß zwischen den Wrackteilen ein riesiges Meerestier zwanzig bis dreißig Meter hoch in die Luft. Es wand und krümmte sich wild... Wir hatten keine Zeit, ein Foto zu machen, denn nach zehn bis fünfzehn Sekunden versank das Tier wieder und war außer Sicht... Es war ungefähr zwanzig Meter lang und hatte eine Gestalt, die an ein Krokodil erinnerte. Es hatte vier Beine mit mächtigen Füßen und Schwimmhäuten zwischen den Zehen und einen langen Schwanz, der spitz zulief.«[13]

Seeungeheuer, 1964 von Robert Le Serrec fotografiert.

Unter etwas friedlicheren Umständen wurden im Bereich der Pazifikinseln von Neu-Kaledonien im Jahr 1932 mindestens drei Meeresungeheuer gesichtet. Das erste sahen zwei Frauen von der Freycient-Insel am 22. September. Ihr Boot befand sich im Haupthafen von Nouméa. Zuerst hörten sie einen langen Pfeifton, dann sahen sie ein merkwürdiges Tier, das einen Dampfstrahl und danach einen Wasserstrahl senkrecht in die Luft schießen ließ. Es war dunkel, fast schwarz, und sah aus wie ein Seepferd mit einem Kamm auf dem Rücken. Es hielt den Kopf ständig fast zehn Meter in die Luft gestreckt, desgleichen den Schwanz, mit dem es geräuschvoll das Wasser peitschte. Die Frauen bekamen es, wie nicht anders zu erwarten, mit der Angst zu tun und machten sich eilig auf den Heimweg. Unterwegs sahen sie das Tier noch dreimal. Ein pensionierter Polizist wurde von seinem Haus auf Freycient aus ebenfalls Zeuge des Vorfalls. Sein Bericht endet so: »Den Kopf habe ich nicht gesehen. Aber jedesmal, wenn es auftauchte, hörte ich dieses fürchterliche Geräusch, als würde ein Elefant trompeten. Dem folgte dann ein Rauschen und Klatschen, als fielen Blechteile auf die Wasseroberfläche. Dann war wieder Ruhe.«[14]

Die Eingeborenen auf solchen Inseln wissen gewöhnlich gut Bescheid über die See und erkennen gleich, ob sie einem normalen oder einem seltenen und ungewöhnlichen Tier begegnen. Genauso geht es natürlich Seeleuten, die viele Stunden ihres Lebens damit verbringen, das Meer zu beobachten. Der Kommandant eines Küstenwachschiffs, der vor Long Island, New York (USA), ein Meerestier sah — an einer Stelle, wo schon häufiger eines gesichtet wurde, war mit dem Meer vertraut. Es war im Jahre 1929.

»Wir kamen von den Bermudas. Als wir ungefähr 20 Meilen südlich von Montauk Point an der Ostküste der USA waren, stoppten wir die Maschinen und drehten bei. Ich befand mich auf der Brücke, als ich ungefähr eine halbe Meile steuerbord voraus etwas im Wasser sah. Als es näher kam, sah ich, daß es ein merkwürdiges Tier mit langem Hals und schlangenartigem Kopf war. Es bewegte sich mit etwa zehn bis zwölf Knoten vorwärts. Ich rief den Steuermann und noch vier oder fünf Männer. Sie faßten gleich den Plan, ein Boot zu wassern und das Tier zu fangen. Das mußte ich gleich unterbinden. Denn angesichts der Größe des Tieres, auf die man vom Anblick des Kopfes und des Halses schließen mußte, wäre es sicher imstande gewesen, das Boot kentern zu lassen. Schließlich schwamm es in ungefähr 200 Metern Entfernung an uns vorbei, und ich konnte feststellen, daß der Kopf etwa einen Durchmesser von 60 Zentimetern hatte und an die drei Meter aus dem Wasser ragte. Der Hals war an der

Vorderseite ganz schwarz und glänzte, als wäre er gerade aus dem Wasser aufgetaucht. Ich konnte genau die Hautfalten um das Auge sehen. Dieses hatte es auf unser Schiff gerichtet, es muß fünf bis acht Zentimeter im Durchmesser gewesen sein.«[15]

Auf ungefähr gleicher Höhe, nur 120 Meilen weiter seewärts, sichtete die Mannschaft der *Noreen* am 3. September 1959 östlich von Pollock ein Ungeheuer aus nächster Nähe. Der Koch, Joseph H. Bourassa, gehörte zu den sechs Männern, die sich gerade an Deck befanden. Er berichtete, in seinen zwanzig Jahren auf See so etwas noch nicht erlebt zu haben. Seine Schilderung:

»Es hatte einen breiten Körper und einen schmalen Kopf wie ein Alligator. Der Hals war von mittlerer Dicke, etwa so wie der Kopf. Der Körper war sehr groß und erinnerte in der Form an einen Seehund. Von seinem Kopf hing eine borstige Mähne herab, entweder Haare oder so etwas wie ein Pelz.

Mit dem Vorderteil ragte es aus dem Wasser. Der hintere Teil blieb, während es weiterglitt, unter Wasser. Der sichtbare Teil seines Körpers maß ungefähr zwölf Meter. Sein Gewicht schätzten wir auf insgesamt 35 bis 40 Tonnen.

Nie war der ganze Körper sichtbar. Er blieb nicht länger als 40 Sekunden an der Oberfläche. Man konnte hören, mit welchem Gewicht die vordere Körperhälfte auf die Wasseroberfläche prallte, wenn es tauchte. Es klatschte auf und verursachte kräftige Wellen. In den zwanzig Minuten, die wir es studieren konnten, tauchte es viermal wieder auf. Der Kapitän änderte den Kurs, um auf Distanz zu gehen, und schon tauchte unser seltsamer Begleiter mittschiffs an Steuerbord auf...

Merkwürdig an ihm war auch, daß es beim Auftauchen den Kopf zu uns hin drehte. Es schien irgendwie verspielt und neugierig zu sein. Aufgefallen ist uns auch noch, daß es an seinem Vorderteil zwei Flossen hatte, ähnlich wie die der Seehunde.«[16]

Weiter im Norden in der Gegend von Neuschottland und Neufundland, den beiden großen Inseln vor der Ostküste von Kanada, sind sehr häufig Meeresungeheuer gesichtet worden. Im Juli 1976 geschah das südlich von Cape Sable Island, Neuschottland, gleich dreimal. Keith Ross und sein 24jähriger Sohn Rodney ankerten bei trübem Wetter ein paar Meilen vor Pollock's Ledge. Sie sahen ein fünfzehn Meter langes Lebewesen vor sich auftauchen und auf sich zukommen. Rodney verglich es mit einem riesigen Seepferd.

»Außer im Fernsehen habe ich noch nie ein Krokodil gesehen, aber sein Kopf sah so ähnlich aus, als es ihn aus dem Wasser streckte. Das Maul war breit und vorne spitz zulaufend. Sein Hals war mit riesigen Entenmuscheln bedeckt. Die Augen lagen seitlich in Höhlen und sprangen hervor. Es hatte zwei 60 bis 90 Zentimeter lange und ungefähr zehn Zentimeter dicke Fangzähne ... Ich glaube nicht, daß es ein Wal war. Nicht mit einem solchen Kopf und solchen Fangzähnen.«[17]

Die andere Gegend, in der Meeresungeheuer vor der Ostküste des nordamerikanischen Kontinents gesichtet werden, ist die Chesapeake Bay in Maryland und Virginia. Als besonders gutes Jahr für »Chessie«, wie man das Monster dort nennt, gilt 1978. Ein Zeuge war Donald P. Kyker, ein pensioniertes Mitglied der CIA. Er saß auf seiner Veranda am Bay Quarter Shore in Heathsville (Virginia) und sah etwas in der Mündung des Potomac, etwa 70 Meter landab. Was er sah, beschreibt er als »einen sieben bis neun Meter langen, glatten Körper, dunkelgrau, zwanzig Zentimeter im Durchmesser, der sich mit einer Geschwindigkeit von sieben bis acht Meilen pro Stunde fortbewegte«. Er rief seine Freunde Howard und Myrtle Smoot an, die ein Stück flußaufwärts wohnten, sie sahen das Monster ebenfalls. Noch drei weitere tauchten auf. Eines von ihnen war länger als die zehn Meter lange Veranda der Smoots. Eines der kleineren Ungeheuer traf Mr. Smoot mit einem Schuß ins Genick, worauf alle wegtauchten. Auch der Nachbar der Smoots, C. Phillip Stemmer, konnte die Tiere noch beobachten. Nach seiner Aussage bewegten sie sich »wie Baumstämme, die sich um sich selber drehen. Die drei haben sich nicht einfach treiben lassen. Sie bewegten sich schneller als das Wasser, und sie machten dabei Wellen.«[18]

An der amerikanischen Westküste begegnete man vor allem auf der Höhe von Kalifornien Meeresungeheuern, so vor Stinson Beach, bei Redondo Beach und vor der Bucht von San Francisco. Weiter nördlich gibt es ein Monster in der Gegend von Vancouver Island (British Columbia, Kanada), das man dort unter dem Namen »Cadborosaurus« oder »Caddy« kennt — einer seiner Lieblingsplätze ist nämlich die Cadboro Bay. In den dreißiger Jahren wurde »Caddy« dort häufig gesichtet, in den letzten drei Monaten des Jahres 1933 sogar gleich dreimal hintereinander. Anfang Oktober entdeckten Major W. H. Langley, ein Gerichtsangestellter, und seine Frau in der Cadboro Bay ein Lebewesen von 25 Metern Länge. Es streckte seinen Kopf aus dem Wasser und rieb sich den Hals an einem Riff.[19] Noch im selben Monat, am 21. Oktober, sah der Erste Offizier A. E. Richards von der Brücke des Linienschiffs *Santa Lucia* auf der Höhe von Sheringham Point bei Victoria im Morgengrauen etwas, das er zuerst für ein Wrack hielt, bis er merkte, daß es sieben Höcker hatte.

»Dann sah ich, wie dieses an einen Aal erinnernde Ungeheuer seinen Kopf hochstreckte wie ein neugieriger Scotch-Terrier. Seine Augen waren rot und grün wie die Leuchten an Backbord und Steuerbord eines Schiffes. Es war ungefähr dreißig Meter lang. Als wir uns auf sechzig Meter genähert hatten, stieg sein Körper aus dem Wasser hoch. Sieben Höcker wie bei einem Kamel habe ich gezählt. Es hatte einen Kopf wie eine Kuh. Es gab keinerlei Töne von sich, aber mich hätte es nicht gewundert, wenn es gemuht hätte. Dann ließ es ein unheimliches Brüllen hören, wie ein Walbulle im letzten Todeskampf, reckte sich hoch, vielleicht zehn Meter oder gar zwanzig, und kippte nach hinten zurück. An seinen Flanken war ein phosphoreszierender Schimmer zu sehen. Wir hatten es inzwischen in den Lichtkegeln von fünf Suchscheinwerfern und sahen, wie es sich auf die Seite drehte und wegtauchte. Möglicherweise verschwand es direkt unter dem Schiff.«

Der Kapitän sah ebenfalls, wie es untertauchte, und sagte dazu, es sei »ganz gewiß das ungewöhnlichste Meeresungeheuer gewesen, das ich je gesehen habe«.[20]

Cyril B. Andrews aus Pender Island im Golf von Georgia (British Columbia) berichtete ebenfalls von einer sehr nahen Begegnung mit »Caddy« Ende 1933. Er unterschrieb sogar eine eidesstattliche Erklärung, daß er in Begleitung von dreizehn weiteren Personen sah, wie das Monster den Kopf aus dem Wasser reckte und eine Ente verschlang, weniger als drei Meter von ihnen entfernt. Es war mindestens zwölf Meter lang und hatte einen Kopf wie ein Pferd. Sie konnten es eine Zeitlang beobachten, bis es »mit einer eigentümlichen Schlängelbewegung untertauchte und verschwand«.[21]

Wie nah sich auch eine Begegnung abspielen mag — wenn das Tier sich im Wasser befindet, sieht ein Zeuge niemals den ganzen Körper. Nur sehr selten erlebt man ein Meeresungeheuer auch an Land. Das geschah 1913 an der Westküste von Tasmanien (Australien). Hartwell Conder, Grubeningenieur im tasmanischen Staatsdienst, berichtet:

»Beobachtet wurde das Tier von Oscar Davies, einem Vorarbeiter bei den Goldschürfern, und von seinem Arbeitskameraden W. Harris. Beide arbeiten wiederum unter meiner Leitung ... Ich kenne sie seit etlichen Jahren und kann bestätigen, daß es sich um nüchterne, intelligente und korrekte Männer handelt. Sie liefen am 20. April an einem ruhigen Tag kurz vor Sonnenuntergang die Küste entlang. Es gab nur geringen Wellengang. Da entdeckten sie in einer Entfernung von einer halben Meile in den Dünen ein dunkles Objekt, das ihre Aufmerksamkeit erregte, als es sich bewegte.

Sie kamen bis auf Schußweite heran und sahen es jetzt aus 40 Metern Entfernung. Plötzlich erhob es sich und eilte in Richtung Meer davon. Nach ungefähr 30 Metern hielt es an und drehte sich um. Fünf Sekunden lang konnten sie nur den Kopf sehen, ehe es wegtauchte und verschwand.

Die besonderen Merkmale, die festgestellt werden konnten:

Es hatte eine Länge von 4,50 Meter.

Es hatte einen sehr kleinen Kopf, etwa so groß wie der eines Känguruhs.

Es hatte einen dicken, gebogenen Hals, der langsam in den tonnenförmigen Körper überging.

Es hatte keinen besonders ausgeprägten Schwanz und keine Flossen.

Es hatte ein Fell, das am ehesten an das eines Pferdes erinnerte, walnußbraun, gut gestriegelt und glänzend.

Es hatte vier Beine.

Es bewegte sich vorwärts, indem es den Körper zusammenzog und wieder streckte. Dabei setzte es die Pfoten flach auf.

Es hinterließ eindeutige Fußspuren. Die Abdrücke waren kreisrund und hatten einen (exakt gemessenen) Durchmesser von 13 Zentimetern.

Ob es Schwimmhäute hatte, läßt sich weder bestätigen noch verneinen ... Das Tier bewegte sich sehr schnell ... Als es sich entdeckt sah, stellte es sich auf die Hinterbeine und wandte sich ab. Wenn es auf allen vieren stand, war es zwischen gut 1,00 und 1,20 Meter hoch.

Beide Männer kennen die Seehunde und sogenannte Seeleoparden, die an dieser Küste vorkommen, sehr genau. Ebenfalls haben sie vor und nach ihrer Sichtung Bilder von Seelöwen und anderen Meerestieren betrachtet, und sie konnten keinerlei Ähnlichkeit zwischen ihnen und dem Tier, das sie beobachtet hatten, feststellen.[22]

Bernard Heuvelmans hat in seinem Klassiker *In the Wake of the Sea-Serpents* zu dieser Schilderung bemerkt, das Tier erinnere ihn an einen Seelöwen. Allerdings kommt diese Art in Tasmanien nicht vor (wenn sich auch Tiere aus ihren australischen oder neuseeländischen Gewässern bis hierher verirrt haben könnten). Auch gebe es keine Seelöwen von mehr als 2,50 Metern Länge. Schließlich hätten sie keine so großen Fußabdrücke, und ihre Köpfe wären nicht so klein. Außerdem hätten die Zeugen ja ausdrücklich bestätigt, daß es kein Seelöwe gewesen sei.[23]

Doch selbst eine Sichtung aus solcher Nähe bringt uns noch nicht weiter. Für eine genauere Identifikation kann daher auch ein Foto hilfreich sein, aber Fotos von Meeresungeheuern sind selten. Außerdem haben selbst die Fotos von »Morgawr«, die den Körper dieses Monsters zum großen Teil zeigen, keine endgültigen Schlüsse zugelassen. Denn je klarer und genauer ein Foto auf diesem Gebiet der rätselhaften und fremdartigen Dinge ist, desto eher wird es als Fälschung zurückgewiesen. Das klingt nicht sehr logisch, kommt aber immer wieder vor. Auch die Fotos, die Robert Le Serrec am 12. Dezember 1964 vor Hook Island (vor der Küste Queenslands, Australien) schoß (siehe Seite 137), sind umstritten. Le Serrec behauptet, es handele sich um ein Meeresungeheuer in Form einer riesigen Kaulquappe mit großem Kopf und einem Körper von 22 bis 24 Metern Länge. Er hat auch Unterwasseraufnahmen mit seiner Super-8-Filmkamera gemacht, aber die Bilder sind zu verschwommen, und es sind keine Einzelheiten zu erkennen.[24]

Wenn Fotos also zur Identifikation der Meeresungeheuer nicht herangezogen werden können, wie steht es dann mit Kadavern? Davon hat man mit der Zeit zahlreiche gefunden, regelrechte Fleischberge, die an abgelegenen Stränden an Land gespült wurden. Doch hier ergibt sich das Problem, daß sie oft schon sehr stark verwest waren, als sie entdeckt wurden. Außerdem sind an diesen abgelegenen Stellen nicht gleich Wissenschaftler zur Hand, die entsprechende Untersuchungen durchführen können. Wo das möglich war, stellte sich oft heraus, daß es sich um bekannte Meerestiere handelte, zum Beispiel Wale, Haie oder Tintenfische. Manchmal blieb diese Identifikation indessen fraglich und somit die Möglichkeit offen, daß es die sterblichen Überreste einer noch unbekannten Tierart waren.

In zwei jüngeren Fällen ist eine sichere Identifikation daher nicht möglich gewesen, weil der Kadaver für eine wissenschaftliche Analyse nicht mehr zur Verfügung stand. Ein japanisches Fischerboot brachte ungefähr 30 Meilen östlich von Christchurch (Neuseeland) im April 1977 einen sehr großen Kadaver auf, aber nachdem man ihn gemessen und fotografiert hatte, warf man ihn wieder ins Meer. Er roch sehr stark und hätte den übrigen Fang verdorben. Seine Länge wurde mit etwa zehn Meter gemessen. Damit hätte er alles mögliche sein können — die Überreste eines riesigen Seelöwen, einer Riesenschildkröte ohne Panzer, ein Riesenhai, ein Plesiosaurus ...

Auch der Kadaver, der im Juni 1983 am Bungalow Beach (Gambia) gefunden wurde, erlaubte keine präzise Analyse. Owen Burnham, der ihn fand und untersuchte, hatte keine Kamera bei sich, und so konnte er nur Meßergebnisse und eine Beschreibung liefern. Auf dieser Grundlage stellte Dr. Karl P. N. Shuker eine Liste von sechs möglichen Identifikationen auf: ein Plesiosaurier (die kurzhalsige Variante des Lesiosauriers), ein Mosasaurier (riesige Meereseidechse), ein Thalattosuchier (Meereskrokodil), ein Schnabelwal, ein Archaeocetus (primitive Urform eines Wales) oder ein Ichthyosaurier (fischähnliches Reptil). Er kam zu dem Schluß, daß es sich am ehesten um einen Plesiosaurier oder einen Thalattosuchier handelte. Leider wird jedoch immer ungeklärt bleiben, ob das gambische Meeresungeheuer tatsächlich zu einer Spezies gehörte, die eigentlich schon seit Millionen von Jahren ausgestorben sein sollte.[25]

Die Meere sind ja so groß, daß sie viele Unterschlupfmöglichkeiten auch für solche »ausgestorbenen« Arten bieten könnten. Der Quastenflosser, der 1938 gefangen wurde, mag von der Größe her nicht als »Ungeheuer« gelten, aber er galt als seit 70 Millionen Jahren ausgestorben. Bislang unbekannte Arten wurden immer wieder gefunden, zum Beispiel der Shepherdsche Schnabelwal (1937); dann der japanische Schnabelwal (1958) — ein rundum schwarzer Wal von dreieinhalb Metern Länge; »Cochito« — eine neue Tümmlerart im Golf von Kalifornien; »Megamouth« (1976) — eine neue Haiart, die drittgrößte der Welt; und schließlich der Killerwal aus der Prudes Bay (1983) — eine antarktische Subspezies. Keines von diesen Tieren ist etwa besonders klein, und doch blieben sie bis in unser Jahrhundert hinein unbekannt. Natürlich sind manche »Ungeheuer« auch Angehörige einer längst bekannten Spezies, die ein Zeuge nur nicht identifizieren konnte, weil er sich bei den selteneren Arten und Gattungen nicht auskannte. Eine Art, die man gern zu den Meeresungeheuern zählt, ist der Riemenfisch (bandförmiger Körper, der bis zu sieben Meter lang wird); außerdem die Stellersche Seekuh (eine Sirenenart, mit dem Dugong bzw. dem Manati verwandt, die man im 18. Jahrhundert entlang der Küste von Kamtschatka in der UdSSR antraf, sie war auch anderswo in den nördlichen Breiten, möglicherweise bis kurz vor der kanadischen Westküste anzutreffen); dazu zählt auch der Seeleopard (3,00 bis 3,50 Meter, reptilienhaftes Äußeres, bewegt sich auch schlängelnd über Land, ist auf das Gebiet der Antarktis beschränkt und auf die Meere rund um Australien, Neuseeland und Südamerika); schließlich der Krausenhai (selten, aber mit einem Körper, der bis zu 3,50 Meter lang wird). Es gibt noch eine ganze Anzahl weiterer bekannter Arten, die eine entsprechende Größe erreichen. Man weiß auch, daß Schildkröten, Kraken und Kalmare eine beträchtliche Größe erreichen können. Im August 1983 wurde in einer Bucht in der Nähe Bergens (Norwegen) ein sterbender Riesenkalmar gefunden, der über sieben Meter lange Fangarme

Ein Riesenkalmar von 6 bis 8 m Länge wurde am 30. November 1861 vor Teneriffa entdeckt. Aber der Mannschaft des französischen Kanonenboots Alecton *gelang es nicht, das Tier zu fangen.*

besaß.[26] Es wird behauptet, diese Arme könnten im Extremfall sogar sechzig Meter Länge erreichen. Man muß also viele der Zoologie durchaus bekannte Konkurrenten in Betracht ziehen, bevor man sich auf die Idee versteift, daß auch noch unbekannte Lebewesen in den Meeren existieren. Manche Arten sind eher ausgestorben denn unbekannt. Welche Tiere als Identifikation des gambianischen Kadavers in Frage kommen, haben wir ja schon im Zusammenhang aufgeführt: der Plesiosaurier, der Mosasaurier, der Thalattosuchier, der Ichthyosaurier und der Archaeocetus (d.i. das Zeuglodon, das einer Schlange ähnelte und vor 25 Million Jahren lebte). Außerdem hat Dr. Heuvelmans fast 600 Beobachtungen von Meeresungeheuern aus den Jahren 1639 bis 1965 analysiert und dabei noch fünf neue Arten beschreiben können: den von Egede entdeckten Super-Otter (einen äußerst primitiven präzeuglodonischen Archaeocetus, der den kälteren nördlichen Breiten zugeordnet wird und inzwischen wohl ausgestorben ist, jedenfalls wird er aus jüngerer Zeit nicht mehr gemeldet); die »vielhöckerige Seeschlange von Neu-England«, jenes Ungeheuer, das man vor der Ostküste der USA gesichtet hat und das auch eine Abart des Zeuglodons sein könnte; Aelians walartigen Hundertfüßler, den man in tropischen und subtropischen Gewässern antrifft; die *Megalotaria longicollis,* auch der »große Seelöwe mit dem langen Hals« genannt, das am häufigsten genannte Meeresungeheuer, das in den nördlichen Breiten aber auch in Seen angetroffen wird; und schließlich ein riesiges Seepferd mit enorm großen Augen, die dem tiefen Wasser angepaßt sind.[27]

Es ist unwahrscheinlich, daß es unseren Zoologen gelingen wird, all diese Lebewesen aus nächster Nähe zu studieren, ob tot oder lebendig. Denn sogar in den relativ kleinen Binnenseen hat sich gezeigt, daß sie dort weder genau zu beobachten noch gar zu fangen oder zu töten sind. Abgesehen von der weltweiten Verschmutzung der Ozeane, werden die Meeresungeheuer glücklicherweise noch für lange Zeit vor einem direkten Zugriff der Menschheit geschützt sein.

Kugelblitze und Spuklichter

Obwohl es Hunderte von brauchbaren Berichten über Kugelblitze gibt — viele davon von Wissenschaftlern verfaßt —, hat es lange gedauert, bis dieses Phänomen wissenschaftlich anerkannt wurde. Doch bis heute kann man noch keine schlüssigen Erklärungen dafür anbieten. Es bleibt mysteriös, ein Rätsel, das oft für Schrecken sorgt. Kugelblitze können einen Durchmesser von zwei, aber auch von hundertfünfzig Zentimetern haben. Die kleineren, etwa zwischen acht und vierzig Zentimetern, sind am weitesten verbreitet. Meistens sind sie hellgelb, rot, bläulichweiß, aber auch rote und grüne »Feuerbälle« wurden schon gemeldet. Manchmal sind sie von einem zischenden oder summenden Geräusch begleitet, und manchmal hinterlassen sie auch Schwefelgeruch. Sie bewegen sich völlig frei, auch gegen den Wind, und sie können in Häuser eindringen. Sie dauern ein paar Sekunden, aber manchmal auch zehn Minuten oder mehr. Sie können einfach verschwinden oder aber explodieren. Sie können Beschädigungen an Gebäuden anrichten und bisweilen auch Menschen verletzen. Wenn sie auch nicht immer im Zusammenhang mit Gewittern auftauchen, hin und wieder tun sie es, und das hilft uns dabei, einige »Feuerbälle« als Kugelblitze zu identifizieren. Auch wenn kein Gewitter in der Nähe ist, kann der »Feuerball« trotzdem ein Kugelblitz sein, oder aber eine Art von mysteriöser Lichterscheinung, die wir etwas später in diesem Kapitel noch ausführlich behandeln werden.

Einige Schilderungen von Kugelblitz-Erscheinungen sollen uns verdeutlichen, wozu diese kompakten Energie-Bälle fähig sind. Der erste Bericht stammt von einem Wissenschaftler.

»Es war ein Nachmittag im Frühjahr 1923. Ein ziemlich schweres Gewitter war in Chevy Chase, Maryland (USA), herabgekommen. Ich wurde vom Anblick eines Lichtballs überrascht, der die Größe eines Kinderluftballons hatte. Er tauchte etwa 35 bis 40 Meter entfernt am Waldrand auf, ungefähr 2,50 Meter über dem Boden. Nach wenigen Sekunden war er nur noch gute fünf Meter entfernt. Da kollidierte er in einer Höhe von zwei Metern mit einem Tulpenbaum. Eine Explosion wie von Dynamit war die Folge, begleitet von einer Rauchwolke. Der Knall war so laut, daß Nachbarn aus ihren Häuser gestürzt kamen, um zu sehen, was geschehen war. Ich untersuchte sofort den Baum und fand heraus, daß die Explosion von zwei Nägeln ausgelöst worden sein mußte, die in den Stamm geschlagen worden waren. Es gab keine Drähte oder sonstigen Verbindungen, die zu dem Baum führten. Die Rinde war an der Stelle, wo der Blitz eingeschlagen hatte, aufgerissen, und sie löste sich so weit vom Stamm ab, daß der Baum starb.«[1]

Kugelblitze beschädigen oder zerstören nicht immer die Gegenstände, mit denen sie in Berührung kommen, aber scheinbar führen sie so viel Energie mit sich, daß sie beträchtliche Schäden anrichten können. In Südaustralien kündigte 1920 über Parkside ein Zischen die Ankunft eines kugelförmigen Dings vom Himmel an. Es hatte einen Durchmesser von ungefähr 30 Zentimetern. Es prallte auf dem Zementboden einer Veranda auf, und die Zeugen beobachteten einen von Rauch umgebenen Ball »mit glühenden, ›kommaförmigen‹ elektrischen ›Würmern‹, die darin herumwirbelten«. Als die Kugel am Ende der Veranda angekommen war, hob sie ab und flog zum Nachbarhaus. Man hörte ein Krachen, als sie dort auftraf. Dann polterte der Kugelblitz offenbar bis nach Fullerton weiter, wo er ein Haus zerstörte.[2] Im Jahr zuvor hatte ein ähnlicher Vorfall am 8. Oktober in Salina, Kansas (USA), stattgefunden. Zeugen beschrieben »eine Feuerkugel, so groß wie ein Waschzuber, die knapp über dem Boden durch die Luft flog — mitten auf einer der Hauptstraßen des Ortes. In gut zehn Metern Höhe traf sie die Ecke eines Gebäudes, zerschlug ein Fenster und riß ein paar Ziegelsteine heraus, ehe sie mit einem Knall explodierte und baseballgroße Feuerkugeln in die Luft sprühte.«[3] Neueren Datums ist ein Vorfall, bei dem ein Blitzstrahl ein walisisches Landhaus in Cwmyglo (Gwynedd) traf und den Schornstein zerstörte. Das war am 11. Juni 1987. Einwohner des Orts sahen kurz zuvor einen roten Ball am Himmel aufleuchten. Die Bewohner des Hauses, Alec und Aufrey McLellan, hörten zuerst einen »fürchterlichen Knall«, als sie um 13.15 Uhr am Mittagstisch saßen. Mr. McLellan berichtet: »Ich dachte, ein Flugzeug wäre auf das Dach gestürzt. Es krachte, als wenn eine Bombe explodiert wäre, aber binnen Sekunden war es schon wieder vorbei.« Außer dem Schornstein wurden auch noch die elektrischen Leitungen im Hause in Mitleidenschaft gezogen. Ein Stromstoß ließ eine Anschlußbuchse in der Küche aus der Wand fliegen. Mr. und Mrs. McLellan wurden durcheinandergeschüttelt, erlitten aber genausowenig wie ihre Katzen und Hunde irgendwelche Verletzungen.[4]

Kleinere Kugelblitze scheinen weniger zerstörerisch zu sein, eher neugierig. Wenn das so klingt, als seien sie »lebendig«, dann ist das durchaus unsere Absicht, denn manchmal haben diese Kugeln offenbar fast so etwas wie Intelligenz an sich — zum Beispiel dann, wenn sie das Innere eines Hauses »erforschen«. Im Jahr 1961 beobachtete Mrs. Doris Will aus Cheltenham, Gloucestershire (England), von ihrer Küche aus einen Gewittersturm. Dabei hatte sie gleichzeitig das Gefühl, als werde auch sie von jemandem beobachtet. Sie drehte sich um und sah einen Feuerball im Zimmer. Bestürzt rannte sie durch das Eßzimmer und die Stiegen hinauf. Der Feuerball folgte ihr und überholte sie auf der Treppe. In ihrer Verwirrung folgte sie ihm und sah, wie er ins Schlafzimmer und dann durch das offene Fenster »donnernd« hinausschoß.[5] Im bayrischen Hohenschäftlarn befand sich am 2. August 1921 unser neun Jahre alter Zeuge zusammen mit seinem Onkel in der elterlichen Wohnung, als sie einen Kugelblitz von 20 Zentimetern Durchmesser durch das offene Fenster eindringen und auf den Boden fallen sahen. Er sprang ein- oder zweimal hoch, dann rollte er langsam auf die beiden Beobachter zu. Er war durchsichtig und änderte schnell seine Farbe von grün über rot und hellblau bis blaßgelb. Die Oberfläche war nicht eben, sondern hatte »Stacheln«. Als er nahe am Tisch war, stand der Junge auf, um ihn sich näher anzusehen, aber der Onkel zog ihn zurück. Der Ball rollte weiter auf den Kachelofen zu und an den Eisenteilen hoch. Dabei hinterließ er eine tiefe Kerbe, er explodierte schließlich in Höhe des Abzugs. Zurück blieb ein Geruch von Ozon.[6]

Kugelblitze dringen oft durch offene Fenster in Häuser ein. Sind die Fenster geschlossen, kommen sie auf anderen Wegen ins Haus. Was sie dazu veranlaßt, ist ungeklärt. Vielleicht zieht die Elektrizität sie an, ob sie nun vom Haus oder von einer Person ausgeht. Im zuletzt erwähnten Fall rollte der Kugelblitz auf die Zeugen zu, im vorletzten Fall folgte er der Frau die Treppe hinauf. Das erinnert uns an den »UFO«-Zwischenfall von Livingston in Schottland (vgl. Kapitel 6), bei dem Robert Taylor eine große Kugel im Wald sah, von der aus zwei kleinere Kugeln auf ihn zurollten und nach seinen Hosen griffen. War das auch nur ein weiteres Beispiel für das Auftreten von Kugelblitzen mit den gleichen Anziehungsmechanismen?

Um auf die Methoden zurückzukommen, mit denen Kugelblitze in Häuser eindringen: Am 8. September 1981 spürte der Zeuge während eines Gewitters im Innern eines Hauses in Te Ngaere (Neuseeland), wie das Haus durch einen lauten Donnerschlag ins Zittern geriet. Dann sah er, wie Licht unter der Tür »durchfloß«. Es hatte keine bestimmte Form, war nur zehn Zentimeter lang und fünf Zentimeter breit und floß wie Quecksilber über den Boden. Die Farbe war bläulichsilbern, an den Rändern heller als in der Mitte. »Wie Ölspuren« zog es in verschiedenen Armen zwischen den Werkzeugstücken hindurch, die auf dem Boden verstreut lagen. Schließlich rann der »Klecks« wieder unter der Tür hinaus. Hier hat es sich nicht wirklich um einen Kugelblitz gehandelt, aber doch offenbar um ein ähnliches Phänomen.[7]

Der Feuerball, der Familie Blumenthal in ihrem Haus in Washington, D.C. (USA), während eines Gewitters im Frühjahr 1953 besuchte, verschaffte sich durch das Schlüsselloch Eingang. Zuerst hörten die Zeugen ein lautes zischendes Geräusch an der Tür zur Veranda. Dann sahen sie ein flackerndes Licht am Schlüsselloch, das sich zu einem bleistiftähnlichen Stab formte, dann in den Raum eindrang und sich schließlich in einen Feuerball von 25 Zentimetern Durchmesser verwandelte. Einen Augenblick verharrte er schwebend in der Luft, dann schoß er über die Beobachter hinweg und explodierte, als er mit der Kamineinfassung zusammenstieß. Nur ein kleiner schwarzer Fleck blieb zurück.[8] Noch merkwürdiger benahm sich ein Kugelblitz, der durch die Scheiben eines geschlossenen Fensters eindrang, ohne Schaden anzurichten. Das geschah am 27. Juli 1952 in Hamburg, wenige Sekunden nach dem Auftauchen eines Blitzes im Freien. Die Zeugen beobachteten eine leuchtendrote Kugel vor dem Fenster, dann befand sie sich plötzlich im Raum. Parallel zur Wand machte sie eine Wendung von 90 Grad, schwebte in den Raum hinein und explodierte.[9]

Man weiß auch von Kugelblitzen, die in Flugzeuge eindrangen, die sich in der Luft befanden. Auch hier müssen sie durch eine feste Außenhaut gedrungen sein. Denn Flugzeuge haben gewöhnlich keine offenen Fenster und auch keine Schlüssellöcher. Im Frühjahr 1958 befand sich eine Constellation der Air Lingus auf dem Weg von Shannon (Republik Irland) nach Gander (Neufundland). Ein Elmsfeuer tanzte — kein ungewöhnlicher Anblick übrigens — auf den Wänden des Flugzeugs. Aber dann zog es sich plötzlich auf einen Punkt zusammen, und aus dem Cockpit war ein krachendes Geräusch zu hören. Nach dem Bericht des Ersten Offiziers »tauchte zwischen den beiden Pilotensitzen ein großer orangefarbener Ball von 60 Zentimetern Durchmesser auf. Er gab knisternde Töne von sich, wie sie oft ein Feuer begleiten. Es leckten auch kleine Flammen aus seiner Oberfläche heraus. Eine Hitzeentwicklung gab es aber nicht. Dafür konnte man deutlich Ozon im Cockpit riechen.« Der orangefarbene Ball bewegte sich durch das Flugzeug und erschreckte eine Stewardeß so, daß sie schreiend durch die Kabine lief. Der Erste Offizier rannte ihr nach und versuchte, die Passagiere zu beruhigen. »Besagte Stewardeß hatte sich gerade hingesetzt, als der Ball den Gang auf Bodenhöhe hinun-

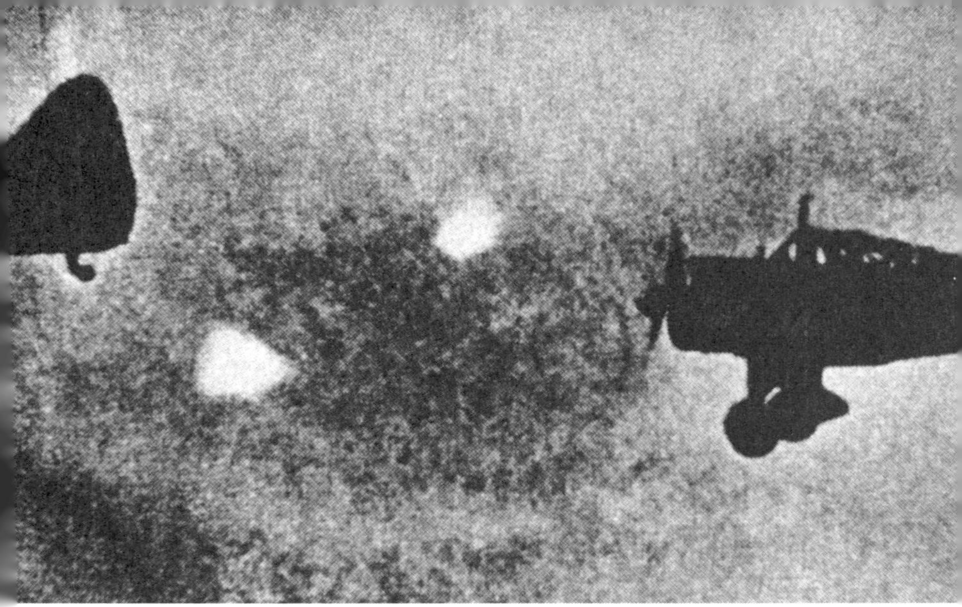

Die »Phantom-Jäger«, wie diese Erscheinungen in der Nähe von Flugzeugen des 2. Weltkriegs genannt wurden, waren wohl gar keine fremden bzw. vom Feind eingesetzten Geräte, sondern eher Kugelblitze.

terschwebte, direkt an ihr vorbei. Ich beobachtete fasziniert, wie er auf das rückwärtige Schott zuflog und es durchdrang. In dem Augenblick konnte man ein schnappendes Geräusch hören. Als mir der Kugelblitz im Cockpit ganz nahe war, gab er ein Zischen von sich, und wir alle spürten eine statische Aufladung in unseren Köpfen.« Seine Schlußfolgerung: »Offensichtlich passiert so etwas überall auf der Welt mehrmals im Jahr.«[10] Tatsächlich haben wir mehrere Fälle dieser Art in unseren Unterlagen gesammelt, darunter einen aus dem Jahre 1984, als ein Feuerball über die Köpfe der Passagiere hinwegflog und das Flugzeug am Schwanz wieder verließ. Es handelte sich dabei um eine sowjetische Maschine über dem Schwarzen Meer.[11]

Manchmal durchqueren Kugelblitze die Flugzeuge nicht einfach so, als wären sie nicht da, sondern stoßen mit ihnen zusammen. Das passierte am 12. August 1956 über Tambosk in der UdSSR, als eine Linienmaschine durch eine Kaltfront flog, in die sich dichte Gewitterwolken geschoben hatten. Aus der Pilotenkanzel sah die Besatzung einen dunkelroten Feuerball mit hohem Tempo auf sich zukommen. Er kollidierte mit dem linken Propellerblatt und explodierte mit einem blendendhellen Blitzstrahl. Es gab nur geringfügige Beschädigungen.[12] Auch Fahrzeuge am Boden stoßen bisweilen mit Kugelblitzen zusammen. Am 30. August 1969 sah ein LKW-Fahrer auf der Straße zwischen Tiistenjoki und Laitomaki (Finnland) während eines Gewitters einen Feuerball, der sich einen Meter über dem Boden fortbewegte, bis er vorn gegen das Führerhaus prallte und explodierte.[13] Beschädigungen werden in dem Bericht nicht erwähnt, also dürften keine entstanden sein. Größere Zerstörungen richtete dagegen ein Feuerball an, der auf der Straße zwischen Osakis und Eagle Bend, Minnesota (USA), mit einem Wagen zusammenstieß. Richard Vogt war am Abend des 10. Mai 1961 kurz vor Mitternacht auf dem Weg nach Hause, als er »einen verschwommenen Ball von einem Meter Durchmesser« vor sich sah. Die Kugel senkte sich von oben auf ihn herab, und zwar so schnell, daß er nicht mehr ausweichen konnte. Bei der Kollision wurden Motorhaube und Windschutzscheibe getroffen. Es hörte sich an, als würde eine Schaufel mit feinem Kies gegen das Auto geschleudert. Gleichzeitig spürte Vogt eine Druckwelle, und im Innern des Wagens wurde es unerträglich heiß. Vogt hielt an und stieg aus. Er entdeckte Brandflecken auf der Kühlerhaube. Außerdem war die Windschutzscheibe geborsten. Das läßt auf eine Kollision mit einem Kugelblitz schließen, auch wenn an diesem Abend klarer Himmel herrschte.[14]

Manchmal treffen Feuerbälle aber nicht nur Häuser, Bäume, Flugzeuge und Autos, sondern auch Menschen, oder sie schlagen zumindest so knapp neben ihnen ein, daß es zu Verletzungen kommt. Solche Zwischenfälle sind indessen höchst selten. Einer wurde aus Gatineau Point, Ontario (Kanada), gemeldet. Zwei Männer suchten im September 1925 bei einem Gewitter Unterschlupf in einer Holzhütte. Einer setzte sich auf einen Baumstamm gleich neben der offenen Tür. Plötzlich tauchte ein Feuerball in der Tür auf, traf gegen das Ende des Baumstamms und ließ es splittern. Dann rotierte der Feuerball durch die Hütte, bis er am hinteren Ende ein paar Bretter aus der Wand schlug und durch das Loch verschwand. Der Mann, der auf dem Baumstamm gesessen hatte, war acht Stunden lang bewußtlos und blieb danach noch für einige Zeit partiell gelähmt. Der andere Mann war dem Feuerball nicht so nahe gekommen, aber immerhin hatte es ihn auch noch fünf Meter weit hinaus ins Freie geschleudert.[15]

Die Energie von Feuerbällen kann offensichtlich sehr unterschiedlich sein. Manche Menschen werden von ihnen zwar niedergestreckt, erleiden aber keine ernsthaften Verletzungen, wie etwa der Mann in Gatineau Point, der sein Bewußtsein dabei verlor. In Bremerton, Washington (USA), stand Robert Burch am Abend des 6. November 1951 in seinem Zimmer im YMCA, als er im Spiegel einen orangeroten Feuerball durch das offene Fenster auf sich zukommen sah. Er explodierte mit lautem Knall und in einem leuchtenden Blitz, und Burch spürte einen Schmerz in seinem Arm, als er zu Boden fiel. Man mußte ihn ins Krankenhaus bringen, da er unter Schock stand und Verbrennungen zweiten Grades am Arm hatte. Im Zimmer war noch der Inhalt eines Papierkorbes in Flammen aufgegangen, das Reisegepäck unter dem Fenster war angekohlt und rauchte, zwei Radiogehäuse waren angebrannt, die Fensterbank war geschwärzt und warm. Ein Polizist, der draußen vor der Tür stand, hatte den Feuerball durch die Luft zucken und in das Zimmer fliegen gesehen.[16] Auch Mrs. Patricia Townsend wurde von einem Kugelblitz getroffen. Sie befand sich an einem Sommertag des Jahres 1977 in ihrem Haus in Haymarket, Virginia (USA), als ein Gewitter aufzog. Sie stand in der Küche und telefonierte, da erleuchtete ein heller Blitz die Gegend um das Haus, begleitet von einem lauten Donnern. Sie hörte dann ein zischendes Geräusch, das Telefon in ihrer Hand machte sich selbständig, und die Küche war in helles Licht getaucht. Weiter berichtet sie:

»Fast zur gleichen Zeit, zu der der Blitz durch die Küche fuhr und der Telefonhörer in meiner Hand zu vibrieren begann, tauchte ein großer roter Ball vor mir auf — er hatte auch einige gelbe und weiße Stellen — und traf mich an der Brust. Das geschah mit einer Wucht, als schlüge mich ein großer Mann mit der Faust. Ich fiel zu Boden, und ich glaube, den Hörer hatte ich dabei immer noch in der Hand. Ich weiß nicht, ob ich für einige Zeit das Bewußtsein verlor oder nicht. Ich könnte es nicht beschwören. Der Ball traf mich mit knackenden und krachenden Geräuschen, wie man sie hört, wenn jemand eine Knallerbse nach der anderen zündet.«

Die äußere Hülle des Feuerballs hatte eine rauhe Struktur, die Mrs. Townsend an Sackleinen erinnerte. Sie hatte übrigens noch tagelang Schmerzen in der Brust, konnte sich davon aber wieder gut erholen.

Erstaunlicherweise wiederholte sich der Vorfall ein Jahr später. Die Frau hielt sich am 21. Juni 1978 wieder in der Küche auf, und draußen wütete ein Gewitter. Da traf sie ein Feuerball von ungefähr 30 Zentimetern Durchmesser und mit gezackter gelbweißer Oberfläche im Gesicht. Es fühlte sich an, als erhielte sie mit der offenen Hand einen Schlag. Sie brach zusammen und hatte in der Folge unter Nackenschmerzen zu leiden. Ihre Aussprache wurde zeitweise schleppend. Aber sie konnte sich auch diesmal wieder ganz erholen.[17]

Wir haben schon bemerkt, daß Kugelblitze manchmal so etwas wie Intelligenz zeigen. Dieser Meinung ist auch Vincent H. Gaddis, in dessen Buch *Mysterious Fires and Lights* es heißt:

»Mehr noch, sie zeigen einen unabhängigen Willen und sind neugierig, kreisen um Menschen und Gegenstände, dringen in Häuser ein und durchforschen sie, und manchmal zieht es sie vielleicht auch in Badezimmer, wo sie Ketten schmelzen lassen. Sie verfügen entweder über eine eigene Intelligenz oder werden von einer anderen Intelligenz kontrolliert, die möglicherweise auf dem Niveau der Tiere steht. In den elektrisch geladenen Feldern eines Gewitters können sie in unseren begrenzten Sicht- und Hörbereich geraten. Nach kurzem Besuch müssen sie sich aber in ihren unsichtbaren, natürlichen Zustand zurückziehen, und ihr zeitweiliges Vehikel explodiert oder verschwindet wieder.«[18]

Der Badezimmer-Vorfall, auf den hier Bezug genommen wurde, ereignete sich im Sommer 1921. Der Zeuge war Reverend J. H. Lehn aus York in Pennsylvania (USA). Er hielt sich während eines Gewitters in seinem Badezimmer auf, als ...

»... ein Ball oder eine blitzende Kugel durch das offene, nur mit einem Fliegendraht vergitterte Fenster kam. Der Draht wurde dabei nicht beschädigt, soweit ich das später mit eigenen Augen überprüfen konnte. Der Ball sank auf den Boden. Er hatte ungefähr den Umfang einer Grapefruit und war gelb, etwa im Farbton einer Natriumflamme. Aber er war nicht so hell, daß ich geblendet wurde. Er rollte schnell und mit Bedacht über meine Füße, dann hüpfte er in das Waschbecken hinauf und ließ an einer Stelle das stählerne Kettchen schmelzen, an dem der Gummistöpsel hing. Dann verschwand der Kugelblitz. Ich nehme an, daß er sich durch den Abfluß verabschiedete. Es war die ganze Zeit kein Ton zu hören. Die ganze Geschichte dauerte nur ein paar Sekunden.

Ein paar Wochen später stand ich in demselben Badezimmer ... die Atmosphäre war wiederum elektrisch geladen. Da ereignete sich genau das gleiche noch einmal. Ein Feuerball von ungefähr gleicher Größe und Farbe kreiste um meine Füße, nachdem er durch den Fliegendraht gedrungen war, ohne dort sichtbare Spuren zu hinterlassen. Nachdem die Kugel um meine Füße gekreist war, entfernte sie sich ein Stück, hüpfte in die Badewanne und schmolz auch dort die Kette mit dem Gummistöpsel in zwei Teile.«

Reverend Lehn »deutete beide Besuche als freundlich«. Und er fügte hinzu: »Vielleicht wollte die zweite Kugel eine eigene Kette zum Zerschmelzen haben — aber wie auch immer, es geschah jedenfalls.«[19]

Wenn bei diesen Fällen die Kugelblitze so etwas wie Intelligenz und Neugier aufweisen, dann deutet der nächste Fall gewiß auf Aggressivität hin. Wenn die Geschichte wahr ist, ist sie allerdings sehr merkwürdig. Fünf Bergsteiger kampierten am 17. August 1987 in 3600 Metern Höhe in den Bergen von Kaukasien (UdSSR). Viktor Kawunenko berichtet, was ihnen dort passierte:

»Ich wachte mit dem seltsamen Gefühl auf, daß ein Fremder in unser Zelt eingedrungen war. Ich schob meinen Kopf aus dem Schlafsack und erstarrte. Ein hellgelber Fleck schwebte ungefähr einen Meter über dem Boden. Dann verschwand er in Korowins Schlafsack. Der Mann schrie vor Schmerz auf. Der Fleck sprang nun als Ball wieder heraus und kreiste über den anderen Schlafsäcken, versteckte sich mal in diesem, mal in jenem. Als er in meinen Schlafsack ein Loch brannte, spürte ich einen unerträglichen Schmerz, als würde ich von einem Schweißbrenner versengt, und verlor das Bewußtsein. Als ich nach einiger Zeit wieder zu mir kam, sah ich denselben gelben Ball, wie er weiter nach einem vorgegebenen Schema, das nur er kannte, immer von neuem in die Schlafsäcke schlüpfte und verzweifelte, herzzerreißende Schmerzensschreie der Betroffenen hervorrief. Dieser unbeschreibliche Schrecken wiederholte sich mehrere Male. Als ich das fünfte oder sechste Mal wieder zu Sinnen kam, war der Ball verschwunden. Ich konnte meine Arme und Beine nicht bewegen, und mein Körper brannte, als hätte er sich selbst in einen Feuerball verwandelt. Man flog uns in ein Krankenhaus, dort wurden an meinem Körper sieben Wunden entdeckt. Sie waren schlimmer als normale Verbrennungen. Teile meiner Muskeln waren bis zu den Knochen abgerissen. Shigin, Kaprow und Baschkirow war es ähnlich ergangen. Oleg Korowin wurde von dem Ball sogar getötet — wahrscheinlich, weil sein Schlafsack auf einer isolierenden Gummiunterlage gelegenen hatte. Der Kugelblitz hat nicht ein einziges Metallobjekt berührt, sondern nur Menschen Verletzungen zugefügt.«[20]

Kugelblitze sind nicht das einzige Phänomen, das intelligenten und aufmerksamen Leuten aufgefallen ist. Verschiedene andere »Lichtbälle« wurden gemeldet, die ähnliche Eigenschaften gezeigt haben. Hilary Evans, der sich besonders für sie interessiert hat, bezeichnet diese Feuerkugeln als »BOLs« *(Balls of Light)*.[21] Wir werden sie hier auch so nennen, weil diese Abkürzung eine handliche Beschreibung der verwirrenden Eigenschaften bietet, über die sie verfügen. Eine Gruppe von Lichterscheinungen, für die William Corliss in seinem *Catalog of Geophysical Anomalies* den nüchternen Begriff »nächtliche Lichterscheinungen in geringer Höhe« gefunden hat, ist schon seit Jahrhunderten dokumentiert. Früher kannte man sie unter farbigeren Bezeichnungen wie »Irrlichter« oder — in England — »Totenkerzen«. Die Standarderklärung für diese Erscheinungen war, daß es sich um Sumpfgas handle. Dieses Methangas, das über sumpfigem Gelände aufsteige, entzünde sich dort von selbst. Aber so leicht sich diese Erklärung anhört, so unbefriedigend ist sie auch. Zwar werden diese Lichter oft über Marschland gesichtet, aber nicht ausschließlich. Zudem ist es bis heute noch niemandem gelungen, diese Erscheinungen im Versuch zu wiederholen. In England gingen sie in die Folklore ein, der Name »Totenkerzen« entstand aus dem Glauben, daß sie vor allem Häuser besuchten, in denen jemand im Sterben lag oder in Kürze sterben müßte, und daß sie dabei den Weg wählten, den später dann der Sarg nehmen würde. In England gibt es auch noch den Namen »Jack-o-lantern« für die Irrlichter — dahinter steckt das Bild von einer unsichtbaren Gestalt, die eine Laterne durch die Dunkelheit trägt — und schließlich die Bezeichnung »will-o'-the-wisp« als Hinweis auf ihre Flüchtigkeit. Heute sieht man diese Lichter in England seltener als früher, das liegt wahrscheinlich daran, daß viele Moorgebiete inzwischen trockengelegt worden sind. 1933 berichtete ein junges Mädchen, was es im sumpfigen Gelände von Vale bei Guernsey erlebte. Es war abends mit dem Fahrrad auf dem Heimweg. Draußen herrschte Nebel, und sie fuhr einen Feldweg entlang. »Bevor ich in unsere Hauseinfahrt einbog, sah ich zu meinem Schrecken etwas, das ich nur als einen Feuerball beschreiben kann, der in schnellem Tempo am oberen Rand der Hecke entlanghüpfte.«[22] Die Beschreibung klingt nicht ganz typisch, denn sie spricht von einem »Feuerball«, während ein Irrlicht gewöhnlich schwach und blaß ist und eher von gelber, weißer oder blauer Farbe. Aber das unterstreicht nur, wie gefährlich es sein kann, die Lichterscheinungen allzu willkürlich in verschiedene Kategorien einzuteilen.

Ein anderes Ereignis, das sich ebensowenig mit Sicherheit als Irrlicht-Erscheinung einordnen läßt, fand im Sommer 1952 statt. Der Zeuge machte einen geruhsamen Abendspaziergang auf einem Feldweg in der Nähe der englischen Stadt Coventry.

»Ein kleines Stück vor mir sah ich etwas durch die Luft auf mich zuschweben. Zuerst hielt ich es für eine Seifenblase. Es hatte die Größe eines Golfballs. Ich sah mich um, ob irgendwo Kinder in der Nähe waren, die ich nicht bemerkt hatte, da ich mich für eine Weile auf den Boden gesetzt und eine Zigarette geraucht hatte. Aber ich konnte keine entdecken. Ich wandte meine Aufmerksamkeit wieder der ›Seifenblase‹ zu, die nun direkt vor mir schwebte, immer leicht in Bewegung. Dann kreuzte sie weiter. Kreuzen ist genau der richtige Ausdruck! Es herrschte nämlich eine leichte Brise, aber die ›Seifenblase‹ ließ sich nicht etwa von ihr treiben, sondern bewegte sich gegen ihre Richtung!

Ich dachte, mir wäre vielleicht ein Staubkorn ins Auge geraten und mein Auge hätte mir durch seine Bewegungen diese Blase vorgetäuscht.

Aber daß das nicht stimmte, stellte sich spätestens dann heraus, als ich aufstand. Denn was ich jetzt sah, schließt diese Erklärungsmöglichkeit aus. Ich war plötzlich von mehreren solcher Blasen umgeben, die rundum aufstiegen, niedergingen und über mir schwebten. Dann kam der erstaunliche Teil des Vorgangs: Offenbar war ich für sie nicht mehr von Interesse, jedenfalls vereinigten sich die Blasen nun, bis nur noch eine übrig war; für die fällt mir kein anderer Vergleich ein, als daß sie aussah wie ein von innen verschmutztes Goldfischglas. Dann verschwand sie blitzschnell: Eben war sie noch da, im nächsten Augenblick schon weg.«[23]

Wieder steckt in diesem Bericht der Hinweis, daß diese Blasen intelligenter Natur waren. Im Volksmund heißt es von den Irrlichtern, daß sie die Menschen in sumpfiges Gelände locken. Zuerst warten sie darauf, daß ihre Opfer neugierig näher kommen, dann schweben sie voraus. So etwas geschieht auch heute noch. Irgendwo in Maryland (USA) sahen zwei Polizisten von ihrem Wagen aus ein gelbes Licht auf der Straße direkt auf sich zukommen. Sie hielten an. Auch das Licht hielt an und schwebte etwa sechs Meter vor ihnen. Als sie langsam vorwärtsfuhren, zog das Licht sich um die gleiche Entfernung zurück. Wenn sie beschleunigten, beschleunigte es auch. Das ging so eine Weile, aber dann schien es des Spiels müde und zog schnell davon.[24] Wenn diese Lichter auch normalerweise nicht greifbar sind und sogar ausgehen können, wenn man ihnen zu nahe kommt, so sind wir doch auf den Bericht von einem Mann gestoßen, der ein Irrlicht berühren konnte. Es war im Jahre 1929 oder 1930, als er auf dem Heimweg von Coldwater nach Greenleaf in Mississippi (USA) war. Plötzlich kam eine leuchtende Kugel über den Zaun auf die Straße herab. Sie hatte ungefähr die Größe eines Tellers und bewegte sich langsam und knapp über dem Boden. Der Zeuge ließ sich auf Hände und Knie nieder und steckte seine Hand in die Kugel, als sie vorbeischwebte. Aber er spürte dabei nichts.[25]

Offensichtlich haben diese Lichter keine Energie wie die Kugelblitze, von denen vorher die Rede war. Dabei ist es nicht immer leicht, den Unterschied herauszuarbeiten. Es war wahrscheinlich in den zwanziger Jahren, jedenfalls eher zu Anfang dieses Jahrhunderts, als zwei Männer auf einer unbefestigten Straße unterwegs waren, die nach Brown's Mountain in West Virginia (USA) führte. Sie sahen ein Blitzen am Himmel, dann drei oder vier Lichter direkt über dem Boden schweben. Sie waren verschiedenfarbig — gelb, blau, und eines sah aus wie eine Gasflamme. Der eine Mann rannte weg, weil er fürchtete, dem Teufel zu begegnen, aber der andere ging weiter und an den Lichtern vorbei. Dabei hörte er Stimmen plappern, aber er verstand

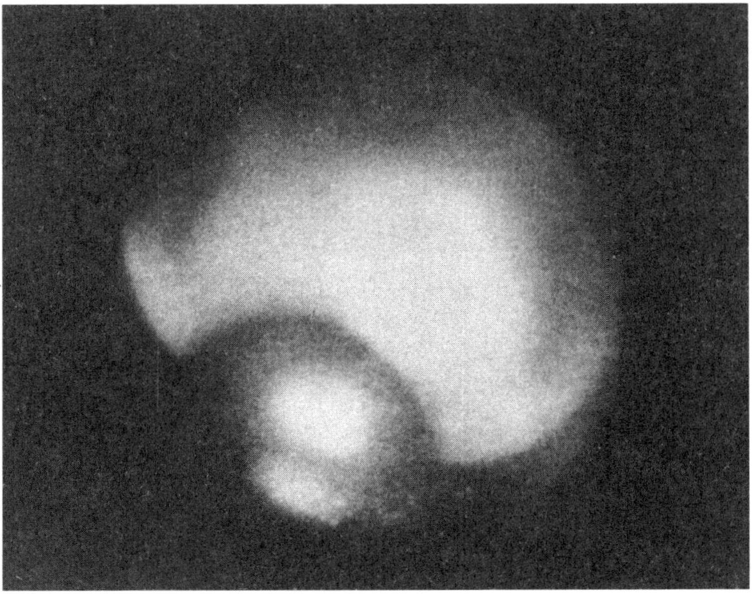

Die 1974 bei Uzès aufgenommene Lichtkugel.

nicht, was sie sagten. Er hörte die Stimmen die ganze Zeit über, während er die Spitze des Berges erklomm. Es war ein Marsch von ungefähr einer Stunde, und auch die Lichter sah er die ganze Zeit um sich schweben. Als er oben ankam, explodierte ein Licht, und die übrigen verschwanden.[26] Kugelblitze? Irrlichter? Oder was sonst? Wir sind auf keinen weiteren Bericht über BOLs gestoßen, in denen von Stimmen die Rede war — aber Stimmen hat man sehr wohl im Zusammenhang mit UFO-Landungen gehört. Könnte es daher sein, daß diese Lichter etwas mit UFOs zu tun hatten? Manche sogenannte UFOs sind ja eher unidentifizierte formlose Lichter als unidentifizierte fliegende Objekte. Corliss bezeichnet sie als »nächtliche Lichterscheinungen in großer Höhe«. Das ist eine angemessene Beschreibung, weil sie einen direkten Verweis auf »Flugobjekte« vermeidet, die sonst allzuoft gleich bei der Hand sind, wenn über UFOs berichtet wird. Viele UFOs sind in Wirklichkeit BOLs und haben eher mit den Lichterscheinungen zu tun, die wir hier diskutieren.

Ein Beispiel für ein angebliches UFO, das wahrscheinlich ein Kugelblitz war oder ein sonstiges unbekanntes elektrisches Phänomen, ist der große durchsichtige Ball, den der sechzehnjährige Christophe

Fernandez in Uzès in Frankreich beobachtete. Er war am Abend des 19. November 1974 allein in einem Haus, das etwas außerhalb der Stadt lag. Da sah er von seinem Badezimmerfenster aus einen hell leuchtenden Ball seitlich der Straße in der Luft stehen. Er war etwa dreißig Meter entfernt und bewegte sich nicht, obwohl ein heftiger Wind blies. Der Ball hatte knapp zwei Meter Durchmesser. Tapfer ging Christophe nach draußen, um ihn zu fotografieren (eines der dabei entstandenen Fotos wird hier auf S. 158 abgebildet). Er hörte ein Geräusch, wie wenn eine Flasche geleert würde. Die Kugel schien durchsichtig zu sein, denn er konnte die steinerne Mauer dahinter erkennen. Nachdem er wieder ins Haus gegangen war, sah er, wie die Kugel ungefähr fünf Meter höher stieg und ein heller »Zylinder« aus ihr hervortrat. Dann schoß das UFO in die Höhe und verschwand mit unglaublicher Geschwindigkeit. An der Stelle, an der es geschwebt hatte, war der Boden warm. Dieser Vorfall wurde als UFO-Erscheinung dargestellt, aber es weist eine große Ähnlichkeit mit den Erscheinungen von Lichterkugeln auf, die wir in diesem Kapitel behandeln. Der heraustretende »Zylinder« könnte mit den kleinen Blitzen verglichen werden, die bisweilen aus der Oberfläche eines Kugelblitzes ins Freie treten.[27]

Wenn es Zeugen gibt, die BOLs als UFOs identifizieren konnten, so können andere von menschlichen Formen berichten, die diese Erscheinungen annehmen. Zumindest eine Aufzeichnung gibt es von einem BOL in menschlicher Gestalt. Dies geschah auf einem Berg. Die Zeugin war um das Jahr 1950 auf einer Klettertour in den Bayerischen Alpen und verirrte sich dort. »Plötzlich bemerkte ich eine Art großen Ball aus Licht, und daraus formte sich die Gestalt eines großen chinesisch aussehenden Mannes ... Er verbeugte sich, sagte ein paar Worte zu mir und führte mich über einen schmalen Pfad zurück auf den Weg. Dann verschwand er wieder als Lichtball.«[28] In einem anderen Fall geleitete ein BOL ebenfalls verirrte Touristen einen Berg hinunter. Das passierte im November 1977 auf dem Snezka, dem höchsten Berg der Tschechoslowakei. Ein Paar war dort an einem sonnigen Tag losgeklettert. Als es zu schneien begann, verloren sie die Orientierung.

»Ich blickte nach links und sah plötzlich einen großen blauen Ball. Er war ganz nah, und er gab ein klares, warmes Licht von sich. Ich war sehr überrascht und, zugegeben, sehr erschrocken. Ich schloß die Augen, aber als ich sie wieder öffnete, war der Ball noch immer da. Ich fragte meinen Mann, ob er ihn auch sehe, aber er verneinte. Als ich einen Schritt vorwärts machte, bewegte sich der Ball mit mir, bis er nach rechts abdrehte und sich langsam von mir entfernte. Ich folgte ihm wie hypnotisiert. Mein Mann fragte mich, warum ich die Richtung geändert hätte, denn das sei der falsche Weg, aber er folgte mir. Den Ball konnte er noch immer nicht sehen. Jedenfalls zeigte uns der Ball die richtige Richtung, und nach zwei Stunden kamen wir wieder in der Stadt an. Sobald die ersten Häuser vor uns auftauchten, verschwand der Ball.«[29]

Es gibt bestimmte Stellen auf der ganzen Welt, an denen BOLs regelmäßig gesichtet werden, und zwar über viele Jahre hinweg. Die Lichter nennt man dort Geister- oder Spuklichter. Aber das ist eindeutig keine eigene Gattung, denn sie sind den von uns beschriebenen BOLs zu ähnlich, vor allem den Irrlichtern aus England. Am berühmtesten sind wohl das Saratoga-Licht und die Marfa-Lichter in Texas, die Brown-Mountain-Lichter und das Maco-Licht in North Carolina, das Hornet-Spuklicht in Missouri (alle USA) und das Min-Min-Licht in Queensland (Australien). Doch es gibt noch viele, vielleicht Hunderte, die nur nicht so bekannt sind.

Das Licht von Saratoga erscheint entlang der Bragg Road, einem acht Meilen langen, schnurgeraden Stück Schotterstraße im Herzen des Big Thicket. Debbie Collier sah es um 1970, als sie als Teenager mit Freunden im Auto unterwegs war. Ein leuchtender Lichterball, »der sich rund 300 Meter vor uns in Kopfhöhe befand«, tauchte auf. Als der Fahrer Gas gab, zog das Licht vor ihnen davon, bis es verschwand. »Dann sahen wir uns zufällig um, und da war es hinter uns und bewegte sich auf uns zu. Ich bekam es regelrecht mit der Angst zu tun.«[30] Andere Zeugen betonten die Ähnlichkeit mit einem Laternenlicht, das hin und her schwankt, als würde es getragen. Die Bragg Road folgt einer früheren Bahnlinie, und Spuklichter erscheinen oft auf oder in der Nähe von Bahnstrecken. Deswegen und wegen der Ähnlichkeit des Lichts mit einer Laterne ist die Legende vom Geist eines kopflosen Bremsers entstanden, der hier aus irgendeinem unbekannten Grund ermordet worden sei. Für die anderen bekannten Lichterscheinungen in Texas, in der Nähe von Marfa, gibt es keine derartige Erklärung. Die Lichter beschränken sich nämlich nicht auf irgendeinen Straßenzug oder Eisenbahnbereich. Am häufigsten sieht man sie in einer spärlich besiedelten Gegend namens Mitchell Flat. Sie sehen aus wie Laternen, die in den Ausläufern der Chinati Mountains, dreißig Meilen entfernt, flackern. Unter den vielen Augenzeugen befinden sich auch zwei Geologen, die dort nach Uran suchten. Am 19. März 1973 saßen sie um 22 Uhr in ihrem Wagen, zehn Meilen östlich von Marfa. Plötzlich hörten sie von einer nahe gelegenen Wiese Pferde wiehern und dann durchgehen. Ein paar Augenblicke später sahen die beiden einen Ball aus Licht mit hoher Geschwindigkeit von

Südwesten heranfliegen. Ihm folgte ein zweiter. Die Lichter, die »halb so groß wie Basketbälle aussahen«, bewegten sich »vor und hinter einigen Büschen«. Sie verharrten einen Moment lang in knapp hundert Metern Entfernung, bevor sie verschwanden.[31]

Die Einwohner sind stolz auf ihre Lichterscheinungen, und sie mögen es gar nicht, wenn man ihnen nicht glaubt. Julia Plumbley, von deren Vater der erste, 1883 verfaßte Bericht stammt, schrieb dazu: »Wir waren alle verärgert, als ein Reporter aus Houston sagte, es handle sich bloß um Quecksilberdampflampen, wie sie auf den Höfen gebraucht werden. Das Licht, das ich nun schon seit Jahren beobachte, ist etwas anderes. Es ist klein und weich, wirkt irgendwie ätherisch. Man kommt nicht nahe heran. Und man kann tatsächlich nichts darüber sagen, nur, daß es eben da ist und wirklich existiert.«[32]

Neosho (Missouri) liegt als Stadt dem Hornet-Spuklicht am nächsten (man kennt es auch unter dem Namen Ozark-Spuklicht), in etwa siebzehn Meilen Entfernung im Nordwesten. Das Straßenstück, Spooklight Road genannt, verläuft ebenso schnurgerade wie die Bragg Road in Texas und ist von Bäumen gesäumt. Zumindest zwei Forscher, die die Erscheinung untersucht haben, haben bewiesen, daß Scheinwerfer auf der US 66, die über zehn Meilen entfernt verläuft, für diese Spuklichter verantwortlich sind: Sie würden von der Luft wieder gegen den Boden reflektiert. Aber die Einheimischen halten gleich dagegen, daß die Lichter auch schon beobachtet wurden, als es noch gar keine US 66 oder überhaupt Motorfahrzeuge in dieser Gegend gab. In den Blue Ridge Mountains in North Carolina wurden ebenfalls Experimente angestellt, um etwas über die Brown-Moun-

Das »Marfa-Licht«, aufgenommen im September 1986 von James Crocker.

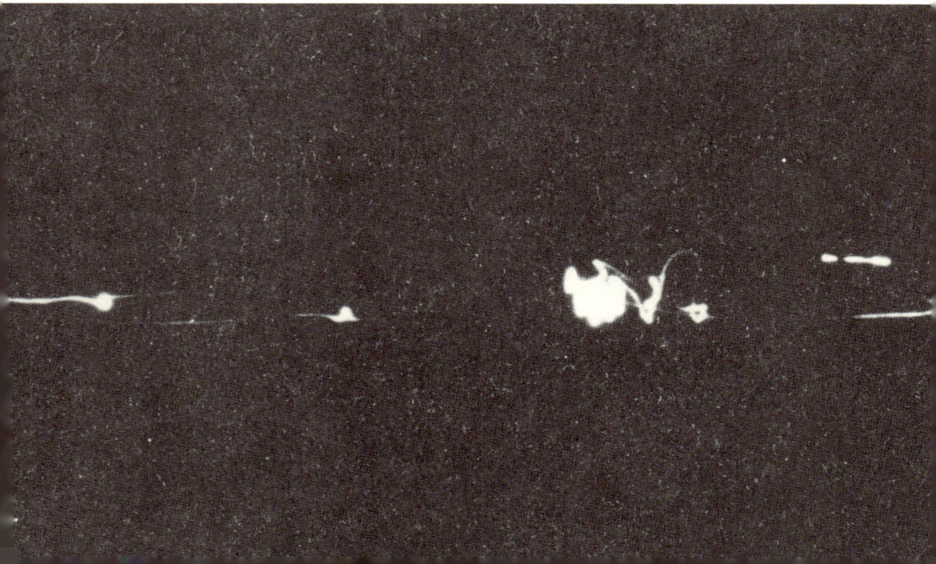

tain-Lichter zu erfahren. Sie zeigten, daß die Lichter über dem Bergkamm als Brechungen von künstlichem Licht angesehen werden müssen. Aber für die kleineren Lichter, die man kurz zwischen den Bäumen aufflackern sieht, hat man noch keine Erklärung gefunden. Man versuchte zu erforschen, ob sie seismischen Ursprungs sind, und zündete deswegen im Juli 1981 ein paar kleine Sprengladungen auf dem Berg. Aber Lichter wurden dabei nicht entdeckt.[33]

North Carolinas anderes berühmtes Geisterlicht folgt in der Nähe von Maco den Schienen der Seaboard Coast Line. Es gibt daher auch die entsprechende Spukgeschichte. Diesmal handelt es sich um den Geist eines Bahnschaffners, dem im Jahr 1868 bei einem Unfall ein Zug den Kopf abtrennte. Der Geist sei immer noch auf der Suche nach seinem Kopf. Skeptischere Menschen schreiben die Lichter den Scheinwerfern der Autos auf dem in der Nähe verlaufenden Highway zu. Also hat man bei einem Versuch alle Wagen gestoppt und auf das Licht gewartet — und tatsächlich tauchte es auf.[34]

Auch zu dem Gurdon-Licht in Arkansas gibt es eine passende Spukgeschichte. Sie handelt von dem Vorarbeiter einer Bahngesellschaft, der auf den Schienen von einem Arbeiter mit der Spitzhacke erschlagen wurde. An dieser Stelle erscheint nun immer das Licht.[35] In Screven, Georgia, »schwebt und pendelt ein leuchtendklarer, weißer Ball über den Schienen, der manchmal heller, manchmal schwächer strahlt«. Es soll die Laterne eines Streckenwartes sein, der bei einem Unfall das Leben verlor. Auch hier sucht der Geist nach seinem Kopf, der dabei abgetrennt wurde.[36]

Sehen wir einmal von diesen phantasievollen Erklärungen für die Lichter ab, dann gibt es doch noch einige natürliche, die jedenfalls denkbar wären. So ist es möglich, daß in manchen Fällen normale Autoscheinwerfer die Ursache waren und die besonderen Gegebenheiten des Ortes sowie die atmosphärischen Bedingungen für die unheimlichen Effekte sorgten. Bei der Untersuchung der Paulding-Lichter in Michigan ergab sich, daß Scheinwerfer auf dem fast vier Meilen entfernten Highway 45 verantwortlich waren. Bei dem Versuch befuhr ein Mann die Straße, ein anderer bezog Position an der Stelle, an der die Spuklichter auftraten.

»Über Funksprechgeräte waren die Männer miteinander verbunden. So konnten sie sich darüber verständigen, wann die Scheinwerfer am Auto ein- und wieder ausgeschaltet wurden. Es stellte sich heraus, daß parallel dazu die Spuklichter an und aus gingen. Bei ausgeschaltetem Scheinwerfer war auch das Licht verschwunden, bei eingeschaltetem Scheinwerfer sah das bloße Auge nur ein helles Lichtbündel, mit dem Fernrohr waren aber zwei zu unterscheiden. Auch bei anderen vorbeifahrenden Autos überprüften sie den Effekt per Funk. Bei einem Wagen, der in nördlicher Richtung, also von Pauling weg fuhr, konnte der Beobachter ein rotes Licht erkennen. Fuhr ein Wagen in Richtung Stadt, sah man ein weißes Licht. Sogar die gelben Lichter am Führerhaus eines Lastwagens waren erkennbar gewesen.«[37]

Andernorts wurden möglicherweise Beleuchtungen von Städten, Dörfern und sogar einzelnen Höfen und Farmen aufgrund besonderer atmosphärischer Bedingungen für mysteriöse Lichterscheinungen gehalten. Aber einige Lichter erscheinen an Stellen, wo es keine Straßen und keine Städte gibt, zum Beispiel die »Money Lights« in den peruanischen Anden (wo sie verborgene Goldschätze im Boden anzeigen sollen), das Min-Min-Licht auf der 11 000-Quadratmeilen-Ranch Alexandria Station in Queensland (Australien) und die Maimea-Lichter auf Hawaii.[38] Für diese könnten als Erklärung Erdbeben, biologische Lumineszenz, radioaktive Mineralablagerungen und Sumpfgase herangezogen werden. Möglicherweise sind auch elektrische Phänomene wie das Elmsfeuer verantwortlich oder Kugelblitze, aber auch andere, noch weniger erforschte Phänomene. Der Versuch, all die verschiedenen BOLs-Erscheinungen in ordentliche Schubfächer einzuteilen, wäre von vornherein zum Scheitern verurteilt. Denn es bleibt das Phänomen, daß einige Zeugen bei den BOLs Formen von Intelligenz festgestellt haben. Gibt es vielleicht eine uns noch unbekannte Lebensform, die sich selbst in einem Lichtball sichtbar machen kann? William Bathlot würde darauf wohl mit einem Ja geantwortet haben. Zu Anfang dieses Jahrhunderts sah er oft Lichtbälle auf seiner Farm in Beaver County, Oklahoma (USA). Eines Abends, als er mit einer Ladung Bauholz aus Liberal in Kansas heimfuhr, erschreckte eine Kugel aus Licht seine Pferde. Bathlot ging zu der Stelle, an der sie verschwunden war, entdeckte aber nichts. »Ich fühlte aber, daß irgendein verdächtiges Ding jede meiner Bewegungen beobachtete. Mir rannen kalte Schauer über den Rücken.« Bei einer anderen Gelegenheit war er mit einem Begleiter unterwegs und suchte nach einer verirrten Kuh. Beide sahen eine Kugel aus Licht, die sich vor ihnen zurückzog, wenn sie näher kommen wollten. Wenn sie sich fortbewegten, kam sie ihnen wieder nach.

»Dann blieben wir stehen, und das Ding befand sich ein paar Schritte von uns entfernt, bewegungslos. Es war durchsichtig. Wir konnten hindurchschauen und dahinter einen Salbeibusch erkennen. Es schwebte ungefähr einen halben Meter über dem Boden. Wir konnten nichts erkennen, was einem Vogel oder Tier ähnlich sah oder auch nur Beinen, die es vielleicht hochgehalten hätten. Es war bloß ein Ball aus Licht.

Aber offenbar konnte dieses Objekt uns wahrnehmen. Es beobachtete und überprüfte jeden unserer Schritte. Die absolute Bewegungslosigkeit dieses Dings schien uns zu lähmen. Schließlich hob ich meine Flinte und schoß beide Rohre in seine Richtung ab. Da ging das Licht aus.«[39]

Menschen mit Flügeln und andere Ungeheuer

Neben Geistern und UFO-Insassen, die wir bereits behandelt haben, werden häufig auch Lebewesen beobachtet, die man als menschenähnlich bezeichnen könnte, die aber offensichtlich nicht menschlicher Natur sind. Nachdem die vorhandenen Berichte über sie so unterschiedlich sind, wollen wir sie hier nicht ordnen, sondern nur eine Auswahl in chronologischer Folge bieten. Wo es angebracht ist, werden wir sie auch kommentieren.

Beginnen wir passenderweise mit einem fliegenden Lebewesen. Herumfliegende Männer und Frauen sind schon oft gesichtet worden, und einige von ihnen hatten regelrecht »eingebaute« Flügel. Wenn jemand behauptet, er habe so etwas gesehen, dann ist es natürlich leicht, die Sache als Verwechslung mit einem großen Vogel abzutun. Aber können sich 240 Menschen irren? Sie alle haben eine weiß angezogene Frau ohne Flügel über Voltana (Spanien) fliegen gesehen, und zwar wenigstens fünfmal. Es geschah im Juni 1905, jeweils tagsüber. Manchmal bewegte sie sich gegen den Wind, und eine Frau sagte aus, der »Engel« habe gesungen, als er über sie hinwegflog. Unter den Zeugen befanden sich auch zwei Engländer, so daß die Erscheinung nicht der lebhaften Phantasie einer ländlichen Bevölkerung zugeschrieben werden kann. Auf einen möglichen Schwindel fand man keinerlei Hinweise.[1]

Im Mai 1913 fand eine ungewöhnliche Begegnung statt, die erst 1978 enthüllt wurde — inzwischen war der Zeuge längst Großvater geworden. Auch nach hartnäckigen Rückfragen blieb der Mann aber bei seiner Geschichte. Er sei damals zwölf Jahre alt gewesen und habe mit seinen beiden Brüdern auf der Farm seiner Eltern in der Nähe von Farmersville, Texas (USA), gerade Baumwolle entkernt. Da hörten sie die Hunde anschlagen, und als sie hinausgingen und nachsahen, trafen sie auf einen kleinen grünen Mann, der gerade 45 Zentimeter groß war.

»Er schien keine Schuhe an den Füßen zu haben, aber ich kann mich nicht mehr genau daran erinnern. Die Arme hingen ihm einfach herunter, als wären sie seitlich angewachsen. Der Hut, den er auf dem Kopf hatte, erinnerte mich an mexikanische Hüte. Auch er wirkte, als sei er an ihm festgewachsen. Der Zwerg trug keine Kleider. Alles an ihm sah aus wie ein Gummianzug, der Hut eingeschlossen.«

Die Hunde sprangen ihn an und rissen ihn in Stücke. Er besaß anscheinend menschliche Organe. Als die Jungen sich am nächsten Tag noch einmal die Stelle ansahen, an der die blutigen Überreste gelegen hatten, war keine Spur mehr von ihnen zu finden.[2]

In einer Sommernacht des Jahres 1919 wurden in der Nähe von Barron, Wisconsin (USA), zwanzig kleine Männer gesehen. Harry Anderson war damals dreizehn Jahre alt und mit Begleitern in einem Auto unterwegs, als der Wagen Öl verlor und anhalten mußte. Harry machte sich auf den Weg zu einer Farm, um neues Öl zu besorgen. Auf dem Rückweg sah er zwanzig kleine Männer im Gänsemarsch auf sich zukommen. Ihre Haut war weiß, die Köpfe waren kahl, und sie trugen lederne »Kniehosen« mit Hosenträgern. Sie murmelten vor sich hin, sprachen aber nicht miteinander, und dem erschrockenen Jungen schenkten sie keinerlei Beachtung.[3]

Ein kleines, »E.T.«-ähnliches Wesen überraschte eine australische Familie, als es an einem Abend des Jahres 1930 unerwartet bei ihnen zu Hause auftauchte. Das geschah in Mandurah in Westaustralien, und Beryl Hickey, die damals noch ein Teenager war, erinnert sich deutlich an das Ereignis.

»Es war das Schrecklichste, was ich jemals erlebt habe. Auch mein Vater, ein religiöser Mann, war wie erstarrt. Er glaubte, es handle sich um ein Werk des Teufels, und warf ein Netz, das er zum Garnelenfangen benutzte, über das Wesen, um es hinauszuschleppen. Es hatte große Ohren, einen breiten, schlitzförmigen Mund und glänzte, als wäre es naß oder ölbedeckt. Es war ungefähr einen halben Meter groß und hatte hervortretende, von einer dünnen Haut überzogene Augen.

Es handelte sich offensichtlich nicht um einen Menschen, obwohl es perfekt ausgeformte Hände und Füße hatte und rosa wie ein Baby war. Es ließ ein schreckliches Qieken hören, als es unter dem Netz gefangen wurde. Unser Vater wies uns an, niemals darüber zu reden und auch niemandem davon zu erzählen. Aber einer Freundin habe ich doch davon erzählt, und sie hat mich wieder daran erinnert, als sie etwas über den ›E.T.‹-Film gelesen hatte.«[4]

So unglaublich diese Geschichten klingen mögen, die Augenzeugen beharren darauf, daß sie wahr sind. Viele, wie zum Beispiel Beryl Hickey, haben jahrelang kein Wort über ihre Erlebnisse verloren, weil sie Angst hatten, ausgelacht zu werden. Erst als der Film *E.T.* in den Kinos lief, fand sie einen Anlaß, über ihre Erlebnisse zu berichten: »Ich hatte seit Jahrzehnten nicht mehr daran gedacht, und jetzt wollte ich nur, daß die Leute wissen: Es gibt solche verrückten Geschichten wirklich.«

Auch was E. E. Loznaja als fünfzehnjähriges Mädchen erlebte, hinterließ bei ihr einen lebenslangen Eindruck. Es war im Winter 1936, sie war auf dem morgendlichen Schulweg auf einer einsamen Straße in der Gegend von Pavlodar in Kasachstan (UdSSR), als sie eine menschenähnliche Gestalt in schwarzer Kleidung durch die Luft fliegen sah.

»Auf mich wirkte dieser ›Mann‹ mittelgroß, und seine schwarze Kleidung hüllte ihn völlig ein, wie ein Overall. Seinen Kopf (genauer: etwas Helmartiges) und seine kräftigen, stämmigen Arme, die er dicht am Körper hielt, konnte ich genau erkennen. Hände und Füße habe ich nicht gesehen. Auf dem Rücken hatte er so etwas wie einen Rucksack.«

Als er auf sie zugeflogen kam, sah sie, daß an der Stelle des Gesichts nur eine »völlig schwarze Fläche« war. Er befand sich in nur 40 Meter Entfernung, und sie konnte ein rumpelndes Geräusch hören. Ängstlich sah sie sich nach einem Ort um, an dem sie sich verstecken konnte, und als sie wieder nach dem Mann Ausschau hielt, war er verschwunden.[5]

Irlands berühmteste nichtmenschliche Bewohner müssen die Elfen und Feen sein, diese kleinen Wesen, die nicht nur in Märchen vorkommen, sondern denen man auch heute noch leibhaftig begegnet, in England wie in Irland. Einige Begegnungen neueren Datums auf englischem Boden finden sich in unserem Buch *Modern Mysteries of Britain*. Hier wollen wir einen Fall schildern, der sich 1938 in Irland zutrug. Ort des Geschehens war eine Kreuzung zwischen Ballingarry und Kilfinney, sechs Meilen von Rathkeale entfernt (County Limerick). Der Schüler John Keely behauptete, er hätte einen Kobold gesehen. Man glaubte ihm nicht, seine Freunde machten sich über ihn lustig und sagten, er solle noch einmal zurückgehen und mit dem Kobold reden. Das tat John auch. Er fragte den Kobold, woher er komme, und erhielt die Antwort: »Ich komme von den Bergen, und was ich hier tue, geht dich nichts an.« Tags darauf begegnete John an der Kreuzung zwei Elfen, und hinter den Büschen entdeckte er mehrere Männer, die die Wesen heimlich beobachteten. Die Elfen spielten Seilhüpfen. Sie waren ungefähr sechzig Zentimeter groß und hatten »scharf geschnittene bärtige Gesichter, aber keine Ohren«. Sie waren rot gekleidet, hatten Bundhosen an, und einer trug eine weiße Kappe. John ging nahe heran und faßte einen bei der Hand. Zu dritt gingen sie dann die Straße hinunter, aber plötzlich bemerkten die beiden Elfen die versteckten Beobachter, und sie rannten davon. Die Männer jagten ihnen nach, und sie erzählten später, die Elfen wären durch Hecken, Gräben und Sumpfgelände geeilt, ohne sich schmutzig zu machen.[6]

Ein weiterer fliegender Mensch wurde am 6. Januar 1948 gesehen, diesmal über Chehalis, Washington (USA). Mrs. Bernice Zaikowski gehörte zu den wenigen Menschen, die ihn gesehen haben — neben einer Reihe von Schulkindern, die nachmittags um drei Uhr auf dem Heimweg von der Schule waren und in ihren Garten wollten, um ihn zu beobachten. Er schwebte sechs Meter über ihrer Scheune. Er hatte lange silberne Flügel, die an seinen Schultern festgebunden waren. An der Brust trug er Vorrichtungen, mit deren Hilfe er steuerte. Er flog in aufrechter Haltung, und man hörte dazu ein zischendes oder schwirrendes Geräusch.[7] Nur drei Monate später, am 9. April, sahen Viola Johnson und James Pittman *drei* fliegende Männer. Sie kreisten über der Stadt Longview, Washington. Obwohl sie nicht mit Motoren oder Propellern ausgerüstet waren, konnten die Zeugen Motorenlärm hören. Ihre Füße baumelten herunter, und die Köpfe bewegten sie so, als sähen sie sich um. Auf den Köpfen trugen sie offenbar Helme. Mrs. Johnson dachte zuerst, es seien Möwen, bis sie nahe genug waren. Da sah sie, daß es sich um Männer handelte.[8]

Eine ähnliche anfängliche Fehldeutung gab es Anfang der fünfziger Jahre, als man im südlichen Brasilien in der Provinz Rio Grande do Sul zwei geflügelte Männer entdeckte. Luiz do Rosário Real und seine Frau Lucy Gerlach Real unternahmen einen abendlichen Waldspaziergang an einem See. Plötzlich kreuzten zwei Schatten, die sich schnell bewegten, ihren Weg. Es herrschte voller Mondschein. Sie blickten auf und sahen zwei riesige »Vögel«, wie sie dachten, in Höhe der Baumwipfel vorbeifliegen. Als die »Vögel« steil herabkamen und in der Nähe der Zeugen landeten, sahen sie, daß sie menschliche Gestalt hatten und ungefähr 1,80 Meter groß waren. Die »Vogelmenschen« kauerten dann auf dem Boden. Die beiden Zeugen hatten das Gefühl, nun ebenfalls beobachtet zu werden. Luiz wollte sich, da er neugierig geworden war, nähern. Aber seine Frau setzte durch, daß sie den Ort verließen.[9] Diese »Vogelmenschen« waren wahrscheinlich mit natürlichen Flügeln ausgestattet, im Gegensatz zu den schon zitierten Berichten, nach denen die Wesen entweder überhaupt keine oder befestigte Flügel hatten. Daß diese Wesen keine wirklichen »Vögel« waren, geht schon daraus hervor, daß die Zeugen in diesem wie in den anderen Fällen zunächst dachten, sie beobachteten riesige Vögel, bis sie dann in ihre Nähe kamen und sich vom Gegenteil überzeugen konnten.

Im nächsten Fall kann nicht eindeutig nachgewiesen werden, ob es sich um einen Riesenvogel oder doch um ein anderes Wesen gehandelt hat, weil es sich zu schnell wieder davonmachte. In einem Lager namens Okubo in der Nähe von Kyoto (Japan) verrichtete ein Rekrut im Jahre 1952 seinen Dienst, als er einen riesigen Vogel auf sich zufliegen sah. Als er in Schußnähe über ihm schwebte, spürte der Wachmann, wie die Augen seines Gegenübers auf ihm ruhten. Er sah genauer hin, und da fiel ihm auf, daß es sich um keinen Vogel handeln konnte. Es hatte einen menschlichen Körper und war von Kopf bis Fuß gute 2,10 Meter groß. Ähnlich groß war seine Spannweite. Da schoß der junge Mann, aber ohne sichtbaren Erfolg. Ein Vorgesetzter erzählte ihm später, daß im Jahr zuvor einem anderen Wachmann eine ganz ähnliche Geschichte passiert sei.[10]

Seltsam ist auch eine Beobachtung, die aus Houston, Texas (USA), bezeugt wurde. Wieder war es ein geflügelter Mensch, der dort am 18. Juni 1953 auftauchte, doch diesmal hatte er Fledermausflügel. Es war eine heiße Nacht, als gegen 2.30 Uhr Hilda Walker, die in Gesellschaft von zwei Bekannten auf einer Veranda saß, plötzlich in zehn Metern Entfernung »einen riesigen Schatten über dem Rasen« sah. »Zuerst dachte ich, es handle sich um den vergrößerten Schatten einer großen Motte, die unter einer Straßenlampe in der Nähe flatterte. Aber dann sah es aus, als zöge der Schatten hinauf in die Zweige eines Pecanobaums.« Sie machte ihre Bekannten aufmerksam, und alle sahen sie jetzt »die Gestalt eines Menschen mit Fledermausflügeln. Er trug graue oder schwarze enganliegende Kleidung. Ungefähr dreißig Sekunden verharrte er schaukelnd auf einem Ast des alten Pecanobaums. Plötzlich ging langsam das Licht aus.« Es blieb jedoch genügend Zeit, um sich den Mann genauer anzusehen. Nach ihrer Beschreibung war er gut 1,90 Meter groß, trug einen schwarzen Umhang, hautenge Hosen und wadenhohe Stiefel. »Er trug eine Uniform wie ein Fallschirmjäger. Er war rundum von einem Lichtschein umgeben«, lautete die Aussage eines Zeugen, und Mrs. Walker ergänzte: »Ich habe ihn deutlich gesehen. Er hatte große Flügel, die an den Schultern zusammengefaltet waren. Ein mattes Licht umgab ihn.«[11]

Unter der Flut von geflügelten Wesen treffen wir nun auf eine ganz besondere Art. Der Zeuge heißt Eberto Villafañe. Er schlief eines Nachts im Jahre 1953 in der Glimmermine seines Vetters in Cerro del Valle (Argentinien) auf einem improvisierten Bett aus Schaffellen. Plötzlich wachte er auf und sah, wie eine schöne Frau auf ihn zukam. Zuerst dachte er, es müsse ein Traum sein, aber was dann folgte, überzeugte ihn davon, daß er völlig wach war. Er stand auf und bemerkte, wie die Frau ihm ein Zeichen gab stehenzubleiben. Sie trug ein grünes, enganliegendes Netzgewand, und ihre Füße hatten die merkwürdige Form von Schlangenköpfen mit schrägen glänzenden Augen auf der Innenseite. Villaflañe ergriff die Flucht, aber als er sich umschaute, sah er, daß die Frau sich auf seinen Schaffellen niederließ. Als er die Felle später anderen Leuten zeigte, waren sie nicht mehr weiß, sondern gelblich, als wären sie angeschmort.[12]

Eine große Zahl nicht-menschlicher Wesen, über die es Berichte gibt, sind den UFO-Insassen nicht unähnlich. Aber in diesen Fällen haben die Zeugen keine UFOs gesehen, und so ist es auch nicht sicher, ob die Wesen einem UFO entstiegen waren. Tatsächlich ist es überhaupt schwer, in Fällen wie diesen endgültige Sicherheit zu gewinnen: Außer den Aussagen der Zeugen haben wir nichts in der Hand. Die Wesen, die Mrs. Margaret Symmonds am 3. Juli 1955 auf dem Weg nach Florida (USA) sah, trieben eigentümliche unlogische Dinge. Das wird oft bei UFO-Insassen beobachtet. Aber Mrs. Symmonds sah keine UFO, sondern nur die Lebewesen. Sie fuhr mit einer Geschwindigkeit von 60 Meilen in der Stunde, als sie in der Nähe von Stockton, Georgia, im Scheinwerferlicht vier Objekte ausmachte, die sie für Wildschweine hielt. Sie bremste ab, um sie nicht zu überfahren. Als sie näher kam, sah sie, daß es sich um kleine Gestalten handelte, 1,00 bis 1,20 Meter groß, grau, mit Umhängen bekleidet. Sie hatten die Köpfe zusammengesteckt und schienen mit einem Stock etwas ausgraben zu wollen. Eines der Wesen wich vor ihr aus und sah sie direkt an. Es hatte einen rundlichen Kopf und trug eine Art Schlapphut. Die Augen waren so groß wie Teller und reflektierten rot. Die Nase war lang und spitz, der Mund schien klein zu sein, Lippen waren nicht zu erkennen. Es hatte kurze Beine, der übrige Körper war von dem Umhang verdeckt. Mrs. Symmonds machte einen Schwenk um sie herum. Dann schrie sie in ihrer Angst auf und weckte damit ihren Mann, der auf dem Rücksitz des Wagens schlief. Als sie erzählte, was sie gesehen habe, wollte er, daß sie noch einmal zurückfuhr. Aber das lehnte sie ab.[13]

1955 war ein gutes Jahr für seltsame Wesen. Neben dem Vorfall im Juli, bei dem Mrs. Symmonds Zeugin war, und der Belagerung durch die UFO-Insassen im August in Kelly (Kentucky), die wir in Kapitel 6 beschrieben haben, gab es auch einen merkwürdigen Auftritt in der Nähe von Branch Hill, Ohio (USA), wo im März ein Lastwagenfahrer morgens um vier Uhr auf einer Brücke drei kleine Gestalten sah, die neben der Straße knieten. Sie waren neunzig Zentimeter groß und hatten froschähnliche Gesichter. Ihre Farbe war gräulich. Der Fahrer stoppte, weil er dachte, jemand könnte verletzt sein. Eines der Wesen hielt eine dunkle Kette oder einen Stock in der Hand, der Funken sprühte. Als der Zeuge ausstieg, machte ihm eines der Wesen Zeichen, er solle bleiben, wo er war. So beobachtete er sie ungefähr drei Minuten lang. Das nächste, an das er sich erinnerte, war, daß er sich wieder auf dem Weg zurück nach Loveland befand.[14] Andere merkwürdige froschähnliche Kreaturen wurden 1972 in derselben Gegend gesichtet (näher beschrieben in Kapitel 14).

Im Herbst 1956 fand in Falls City, Nebraska (USA), ein Ereignis statt, das in verschiedenen Punkten der Chehalis-Geschichte von 1948 gleicht, die wir bereits angeführt haben. Es war ein heller Nachmittag, und der Zeuge war mit seinem Sattelschlepper unterwegs, als er am Himmel etwas bemerkte, das er für einen Drachen hielt. Als er näher kam, erkannte er, daß es sich um ein 2,50 bis 3,00 Meter großes, geflügeltes Wesen handelte. Es flog bloß fünf Meter über dem Boden. Die Flügel, die wie glattes Aluminium glänzten und an der Unterseite farbige Leuchten hatten, waren an einem Schultergeschirr befestigt, das vorne eine Brustplatte hatte. Auf dieser befanden sich Knöpfe, die das Wesen mit den Händen bediente (auf die gleiche Art wie die fliegende Gestalt von Chehalis). Das Gesicht des Wesens machte einen »ganz schrecklichen, fast dämonischen« Eindruck. Es hatte große wasserblaue Augen und eine lederne, verschrumpelte Haut. Als es näher kam, fühlte sich der Zeuge eine Zeitlang wie gelähmt, bis das Wesen über ihm weggeflogen war. Dabei hörte er ein zischendes Geräusch (wieder wie in Chehalis).[15]

Nun mit einer Schilderung aus New Hampshire (USA) zurück zu den kleinen Geschöpfen. Doch dieser »Zwerg«, nur dreißig Zentimeter groß, unterscheidet sich eindeutig von den »Kleinen« in England und Irland. Letztere haben eine menschliche Erscheinung und stehen wahrscheinlich in keiner Beziehung zu dem Zwerg, den wir hier schildern, und auch nicht zu anderen, die noch erwähnt werden. Kleine Lebewesen wurden und werden aus aller Welt gemeldet, im Zusammenhang mit UFOs oder ohne. Aber wie soll man feststellen, ob so eine Verbindung besteht? Der Zwerg von New Hampshire, der am 15. Dezember 1956 gesichtet wurde, hatte keine sehr menschliche Erscheinung. Er war grün, hatte eine faltige Haut wie ein Elefant und eine hohe geschwungene Stirn. Die Ohren waren wie die eines Bluthunds, die Augen von einer dünnen Haut überzogen, wie man das von Schlangen kennt, statt einer Nase hatte er nur zwei Löcher. Die Arme und Beine waren kurz, die Hände stummelartig, und an den Füßen waren keine Zehen. Er war auch völlig unbekleidet. Der Mann, der dieses seltsame kleine Wesen sah, war in den Wald gegangen, um Christbäume zu schlagen. Er beobachtete es ungefähr zwanzig Minuten lang, bevor er versuchte, es zu fangen. Darauf reagierte das Wesen indessen mit einem derartigen Kreischen, daß der Zeuge die Flucht ergriff. In einer anderen Aussage meinte er, es sei verschwunden, als er sich gebückt habe, um ein Bündel Zweige aufzuheben.[16]

Worauf läßt sich die unendliche Vielfalt der Beschreibungen von kleinen Wesen zurückführen? Auf die Menge von Lebewesen, die aus ihrer normalerweise unsichtbaren Welt für kurze Augenblicke in die sichtbare treten? Auf Lebewesen, die von wer-weiß-woher kommen und sich irgendeine beliebige Aufmachung suchen, in der sie hier ihr kurzes Gastspiel geben? Oder auf die besonders blühende Phantasie der menschlichen Zeugen? Wir werden hier nicht den Versuch unternehmen, die Zeugenberichte zu beurteilen, sondern wollen weiterhin einfach schildern, was sie uns zu erzählen haben. Dieses Kapitel führt nur eine kleine Auswahl aus den Berichten auf, die bisher gesammelt wurden. Ausgewählt wurden die, die wirklich interessant und besonders seltsam sind. Ein Beispiel dafür sind die beiden »Michelin-Männchen«, die man im Mai 1960 auf einer Straße in der Nähe von Jerez de la Fontera in Spanien entdeckte. Bei hellem Tageslicht fuhr der Zeuge mit einem Motorrad von Prado del Rey nach Jerez. Da sah er 150 Meter voraus auf der Straße ein Lebewesen. »Es war von Kopf bis Fuß völlig rot und erschien ganz plötzlich am Straßenrand. Es war eher groß, um die zwei Meter oder mehr, und hatte Schwierigkeiten beim Gehen. Die Art, wie es sich bewegte, erinnerte an eine Gliederpuppe, ähnlich wie ein Roboter, mit steifen Armen.« Don Miguel Timermans Ceballos hielt sein Motorrad an und sah dann plötzlich ein weiteres Wesen auftauchen, das dem ersten folgte. Es war ungefähr 1,20 Meter groß und gleich angezogen, trug allerdings Stiefel. Sie überquerten die Straße in schrägem Winkel, und Timermans entschloß sich, näher heranzugehen. Aber als er wenige Augenblicke später die Kurve erreichte, in der er sie an einer Böschung gesehen hatte, waren sie verschwunden. Da er allein war, wagte er es nicht, die Straße zu verlassen und weiter nach ihnen zu suchen.[17]

Ein Ereignis, das sich mit Mrs. Symmonds Sichtung aus dem Jahr 1955 vergleichen läßt, wurde von einer Frau fünf Jahre später Anfang Juni 1960 beobachtet. Sie saß am Steuer ihres Cadillac auf dem Weg nach Kalifornien. Ihr Mann und ihre Kinder saßen schlafend im Wagen. Da sah sie gegen Mitternacht 15 Meilen östlich von Globe, Arizona, auf dem Highway ein nichtmenschliches Wesen. Es stand am rechten Rand der Straße und wollte anscheinend gerade die Fahrbahn überqueren. Sie bremste. Die Gestalt wandte ihr das Gesicht zu, dann rannte sie ins Gebüsch.

»In der Sekunde, als ich sie sah, schlug mir das Herz bis zum Hals, und mein Magen drehte sich ... Die kleine Gestalt ... war nur ungefähr neunzig Zentimeter groß, breitschultrig, mit langen Armen,

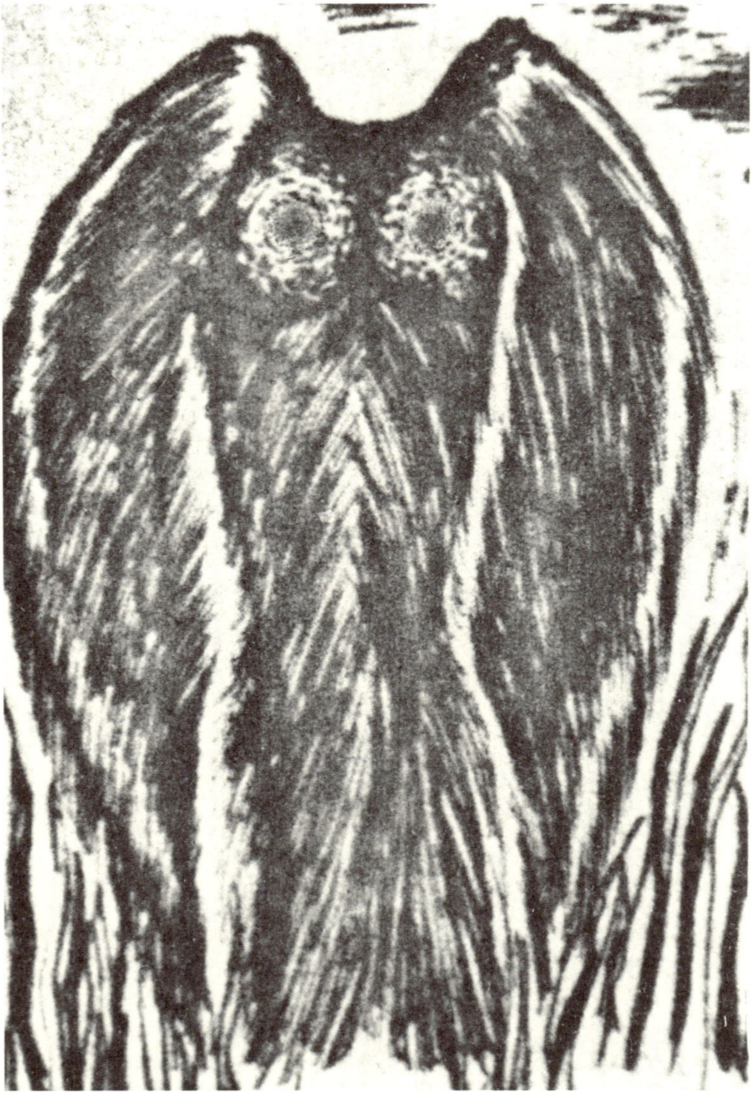

Der »Mothman«, von einem Zeichner festgehalten.

dunkler Haut, und hatte einen Kopf, der wie ein flacher Ball aussah, fast wie ein Kürbis. In diesem Kopf steckten zwei gelblich-orangefarbene, glühende ›Augen‹. Ich erinnere mich, daß von ihnen ein Lichtstrahl ausging, wenn sie von der Seite betrachtet wurden. Eine Nase konnte ich nicht erkennen, auch keinen Mund und keine Ohren. Den Körper konnte ich nicht genauso scharf erkennen wie den Kopf. Ich hatte aber den Eindruck von Haaren oder einem Fell.«

Wie bei Mrs. Symmonds wollte auch hier der Mann der Zeugin noch einmal zurückfahren, aber klugerweise lehnte die Fahrerin dies ab.[18]

Nächster in unserer Parade der geflügelten Wesen ist eine mannsgroße menschengleiche Gestalt auf der Straße in den Chief Cornstalk Grounds in West Virginia (USA) in den Jahren 1960 oder 1961. Gesichtet wurde sie von einer Frau, die ihren Vater über die Route 2 den Ohio River entlang chauffierte.

»Ich bremste ab, und als wir näher kamen, sahen wir, daß die Gestalt viel größer war als ein gewöhnlicher Mann. Eine große graue Gestalt. Sie stand mitten auf der Straße. Dann entfaltete sie auf ihrem Rücken ein Paar Flügel, die sich praktisch über die ganze Breite der Straße erstreckten. Es sah aus, als stünde dort ein kleines Flugzeug. Dann hob sie steil ab ... und verschwand binnen Sekunden außer Sicht. Wir waren beide vor Schreck erstarrt. Im nächsten Augenblick trat ich auf den Gashebel und raste davon. Wir sprachen über den Vorfall und beschlossen, nichts davon zu erzählen. Wer hätte uns denn geglaubt?«[19]

Ein paar Jahre später tauchte der »Mothman« (Mottenmann) in derselben Gegend wieder auf. Nach einer Motte wurde da ein Lebewesen getauft, das 1,50 bis 2,10 Meter groß sein mochte, ohne Arme, aber mit Flügeln, die auf dem Rücken zusammengefaltet waren, wenn sie nicht gebraucht wurden. Es hatte keinen Kopf, zwei hellrot leuchtende Augen von fünf bis acht Zentimetern Durchmesser saßen direkt auf den »Schultern«. Es war grau, doch ist unbekannt, ob das die Farbe seiner Kleidung oder seines Fells bzw. seiner Haut war. Niemand kam ihm nahe genug, um das festzustellen. Im Flug schlugen seine Flügel nicht, aber es konnte sehr schnell fliegen, wohl über 100 Meilen in der Stunde. Es gab einen quiekenden Ton von sich, der an eine Maus erinnerte. Tatsächlich also ein sehr merkwürdig klingendes Lebewesen! In der Gegend von West Virginia, wo man »Mothman« gesichtet hatte, wurden in den beiden letzten Monaten des Jahres 1966 auch UFOs beobachtet, hauptsächlich um Point Pleasant und in der Nähe des stillgelegten TNT-Distrikts, einem Munitionslager aus dem 2. Weltkrieg.[20]

Im Juli oder August 1969 tauchte dann eine ganz außergewöhnliche »Vogelfrau« in Vietnam in der Nähe von Da Nang auf. Der wichtigste Augenzeuge in diesem Fall war Earl Morrison, der damals im 1. Division Marine Corps der US-Army diente und zusammen mit zwei anderen Soldaten Wachdienst hatte. Es war eine ruhige Nacht. Sie saßen auf einem Bunker, unterhielten sich, sahen sich um. Plötzlich fiel ihnen zwischen 1.00 und 1.30 Uhr eine Gestalt am Himmel auf, die langsam auf sie zuschwebte. Es war eine nackte Frau von schwarzer Hautfarbe. Ein grünlicher Schimmer umgab sie. Sie hatte weite Fledermausflügel und glitt lautlos in einer Höhe von knapp zwei Metern über sie hinweg. Sie konnten sie also genau erkennen. Als sie drei Meter weiter war, konnten sie ihren Flügelschlag hören.[21]

Aus Schweden stammt der Bericht über einen »kleinen Mann«, den gleich mehrere Zeugen gesehen haben. Zu dritt fuhren sie in einer dunklen, regnerischen Nacht (es war der 19. August 1970) mit ihrem Wagen durch den eine Meile südlich von Narken gelegenen Wald. Da sahen sie einen kleinen, nicht mehr als neunzig Zentimeter messenden Mann auf dem Weg stehen. Als die Scheinwerfer ihn erfaßten, hob er die Arme schützend vor sein Gesicht. Sie hörten etwas, das wie ein Schuß klang, und sahen einen weißen Blitz. Sie fuhren weiter und hielten nicht an, dabei sprachen sie über den kleinen Mann, den alle drei deutlich gesehen hatten. Sie fragten sich, ob er etwa eine Waffe auf sie gerichtet hatte. Sie konnten erkennen, daß er eine Art grauen Regenmantel trug und dazu einen Helm oder einen Südwester. Später erfuhren sie, daß bereits andere Leute die gleiche Gestalt in dieser Gegend gesehen hatten. Anfang des folgenden Jahres sah auch Åke Westerberg aus Stråken in der Nähe von Överkalix — das liegt 40 Meilen südlich von Narken — in der Nähe seines Hauses eine kleine Figur, die auch wieder das gleiche Wesen gewesen sein könnte.

»Es war ungefähr sechs Uhr abends. Ich mußte mit dem Bus zu einem Nachbarn fahren, um Milch zu kaufen. Als ich mein Haus verließ, war es bereits dunkel. An der Bushaltestelle fiel mein Blick auf ein dunkles Etwas mitten auf der Straße, ungefähr 15 Meter entfernt. In meinen Augen war es ein kleiner Mann. Sein Gesicht konnte ich nicht sehen. Man sah nur etwas Graues. Der kleine Mann machte keine Bewegung und sah aus, als hätte er dort Wurzeln geschlagen. Ich wurde neugierig und trat näher heran. Plötzlich hörte ich ihn knurren. Ängstlich trat ich einen Schritt zurück, aber er bewegte sich nicht. Ohne Warnung blitzte ein starkes weißes Licht auf, so daß ich meine Augen fest schließen mußte. Der Lichtstrahl dauerte fünf oder sechs Sekunden. Als ich vorsichtig die Augen wieder öffnete, war der kleine Mann verschwunden.«

Von dem Äußeren des Wesens hatte Åke Westerberg allerdings nur einen sehr verschwommenen Eindruck. »Er wirkte dunkel und irgendwie unbeholfen. Das Ding auf seinem Kopf war schwer zu erkennen. Aber vor dem Bauch trug er irgend etwas wie eine Lampe oder eine Art Kästchen.«[22]

In Mexiko waren zwei Maurer gerade mit ihrer Arbeit an einem Haus in Ixtapalapa beschäftigt, da geschah ihnen folgendes: »Wir hörten ein entferntes Summen, blickten zur Straße hinüber und sahen zwei Wesen auf uns zukommen. Sie waren fast zwei Meter groß und trugen silbrigglänzende schuppige Anzüge. Sie hatten weder Nasen noch Münder, und sie schienen in der Luft zu schweben. Sie näherten sich uns bis auf fünfzehn Meter, und wir konnten erkennen, daß ihre Rücken grün waren.« Als sich eine Frau mit ihrem Auto näherte, verschwanden sie.[23]

Wenn von »kleinen« Wesen die Rede ist, denkt man meistens an Maße um einen Meter. Aber manchmal werden noch sehr viel kleinere Lebewesen entdeckt, wie zum Beispiel die gerade zwanzig Zentimeter großen Wesen, denen vier Jungen vor den Toren von Ibague in Kolumbien begegneten. Die Jungen suchten in einem schlammigen Flußbett nach Pflanzenproben für den Schulunterricht, da fielen ihnen vier winzige Wesen unter einer kleinen steinernen Fußgängerbrücke auf. Offensichtlich suchten sie im Schlamm nach etwas. Sie waren weiß gekleidet und hatten winzige graue Mützen auf dem Kopf. Als die Jungen auf sie zugingen, verschwanden sie »wie durch einen Zauber«. Die Jungen untersuchten die Stelle anschließend genau und fanden winzige Fußabdrücke.[24]

Es war wieder ein Junge, der acht Jahre alte Tonnlie Barefoot, der als erster das winzige Wesen von Dunn in North Carolina (USA) sah. Er spielte am 12. Oktober 1976 mit vertrockneten Maisstengeln auf einem Feld in der Nähe seines Elternhauses. Da sah er den kleinen Mann, »nicht größer als eine Cola-Flasche«, in schwarzen Stiefeln, blauer Hose, hellblauem Hemd, mit einem schwarzen Hut auf dem Kopf und einer hübschen weißen Krawatte um den Hals. Es sah aus, als griffe er nach etwas in seiner Gesäßtasche, dann erstarrte er, quiekte wie eine Maus und rannte zwischen den Maisstauden davon. Er hinterließ fünfeinhalb Zentimeter lange und zweieinhalb Zentimeter breite Fußspuren. Die Abdrücke stammten eindeutig von kleinen Stiefeln. Am 25. Oktober sah auch die zwanzigjährige Shirley Ann McCrimmon einen kleinen Mann, als sie kurz vor Tagesanbruch von einer Party heimkam. Er hatte nur ein dünnes Gewand an und trug ebenfalls Stiefel. Seine Haut war hellbraun. Er richtete eine winzige helle Lampe auf ihre Augen und rannte davon, als sie schrie. Auch die Hunde schlugen an, als sie ihn bemerkten. Wieder wurden Fußabdrücke ge-

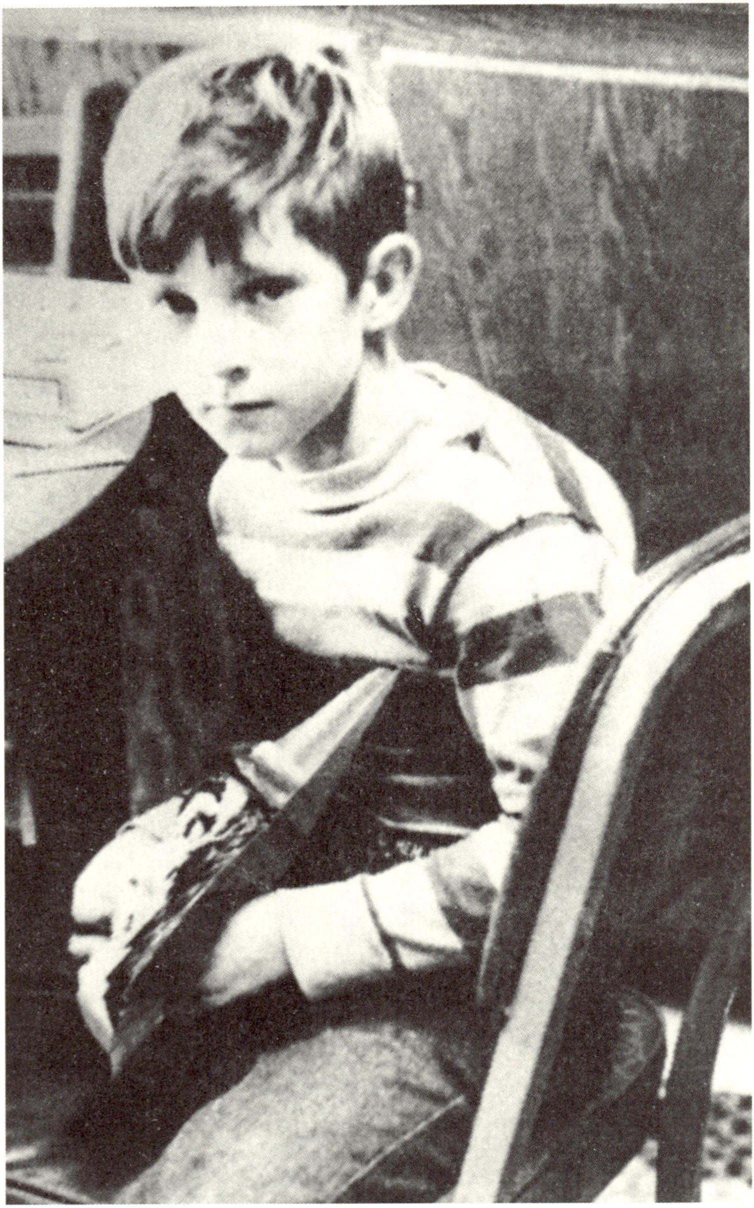

Tonnlie Barefoot sah 1976 ein kleines Wesen.

funden, aber nur auf hartem Grund. Im weichen Boden, wo er auch gestanden hatte, fand man keine, und wie im vorangegangenen Fall endeten sie ganz abrupt.[25]

Warum sind es so oft junge Leute, die die kleinen Wesen entdeckten? Ist es bloßer Zufall, oder sind sie offener für psychische Phänomene und fähiger, Dinge zu sehen, die für erwachsene Menschen unsichtbar sind? Die einzigen Zeugen, die jemals einen Blick auf den »Dämon von Dover« werfen konnten, waren Jugendliche. Der siebzehnjährige Bill Bartlett war mit seinen gleichaltrigen Freunden Mike und Andy am 21. April 1977 in der Gegend von Dover, Massachusetts (USA), unterwegs, als er als erster dieses seltsame Geschöpf sah, das plötzlich vor ihnen auftauchte. Sie fuhren gerade gegen 22.30 Uhr eine mit Bäumen gesäumte Straße entlang. Rechts und links befanden sich Felder, hin und wieder ein Haus. Plötzlich erfaßten die Scheinwerfer ein seltsames Wesen, das Bill zunächst für eine Katze hielt oder für einen Hund, der an einer niedrigen Mauer am Rande der Straße entlangschlich. Doch dann erkannte er, daß es sich weder um eine Katze noch um einen Hund handelte.

Der »Dämon« hatte einen großen Kopf, der an eine Wassermelone erinnerte. Aus ihm strahlten Bill zwei große Augen an, die »wie orangefarbene Murmeln aussahen«. Ohren, Nase oder Mund konnte er aber nicht entdecken. Ein dünner Hals verband den großen Kopf mit einem dünnen Körper. Auch die Arme und Beine waren lang und dünn, mit langen Fingern und Zehen. Die Haut war offenbar unbehaart, wirkte pfirsichfarben und hatte eine rauhe Oberfläche. Seine Größe schätzte Bill auf neunzig Zentimeter bis 1,20 Meter. Bill war Amateurmaler und ein guter Beobachter, so prägte sich ihm die Erscheinung des seltsamen Geschöpfs gut ein, zumal er es aus einer Entfernung von etwa sechs Metern betrachten konnte. Nach späteren Schätzungen hatte er es fünf bis sechs Sekunden im Blick. Bill fragte gleich seine Freunde: »Habt ihr das gesehen?« Keiner konnte es bestätigen. Mike hatte nach der anderen Seite aus dem Fenster geschaut, und Andy hatte sich zu Mike umgedreht, der auf dem Rücksitz saß. Als Bill ihnen sagte, was er gesehen hatte, wollten sie gleich umkehren, aber Bill hatte der unheimliche Anblick des Geschöpfs doch einen Schrecken eingejagt. »Auf keinen Fall, auf keinen Fall«, war seine Antwort. »Wenn du so etwas siehst, dann hast du keine Lust, dich da noch einmal herumzudrücken. Wer weiß, was alles passieren kann!« Nach einer halben Meile Fahrt hatte man ihn schließlich doch überredet, zu wenden und zurückzufahren. Aber ihre Suche war vergeblich. Als sie zu Hause ankamen, war Bill nach der Aussage seines Vaters noch immer sehr aufgeregt. Bill fertigte dann, solange seine Erinnerung noch frisch war, gleich eine Zeichnung des Geschöpfs an.

Der »Dover-Dämon« in Bill Bartletts erster Bleistiftzeichnung.

Aber es gab am selben Abend in Dover noch einen jungen Einwohner, der diesem »Dämon« begegnen sollte. Kurz nach Mitternacht hatte der fünfzehnjährige John Baxter das Haus verlassen, in dem seine Freundin wohnte. Er wollte heimgehen oder auch per Anhalter fahren. Er war gerade eine Meile von der Stelle entfernt, an der Bartlett seine Begegnung gehabt hatte — wovon er natürlich nichts wußte —, als er etwas auf seiner Straßenseite auf sich zukommen sah. Da es sehr dunkel war, konnte er keine Einzelheiten erkennen. Nach der Größe der Gestalt schätzte er, ein Kind vor sich zu haben. Da es mög-

John Baxter mit seiner Zeichnung vom »Dover-Dämon«.

lich war, daß er es kannte, rief er es an, bekam aber keine Antwort. Als sie noch ungefähr acht Meter voneinander entfernt waren, blieb die Gestalt stehen. Auch John hielt an und rief: »Wer da?« Sofort zog sich die Gestalt ins Gehölz zurück. John blieb ihr auf den Fersen. Als sie beide wieder einen Augenblick stehenblieben, konnte er aus etwa zehn Metern Entfernung sehen, wie die langen Finger des Wesens sich an einem Ast festklammerten, während seine Zehen sich um einen Stein krallten. Wie Bill vor ihm, sah auch er zwei helle Augen, aber sonst keine Gesichtszüge. Während sie dastanden und sich beobachteten, bekam John ein wenig Angst, und er ging so schnell, wie er konnte, zur Straße zurück. Auch er fertigte später eine Skizze an. Er zeigte sie, als die Geschichte bekannt wurde, Bill Bartlett. Bill war nicht wenig überrascht, wie ähnlich die Zeichnung dem Wesen war, das er selbst beobachtet hatte.

Knapp 24 Stunden nach John Baxter begegneten noch zwei Jugendliche aus Dover einem Wesen, das mit ziemlicher Sicherheit das gleiche war. Der achtzehn Jahre alte Will Taintor fuhr am 22. April gegen Mitternacht die fünfzehnjährige Abby Brabham nach Hause. Will hatte schon erfahren, was Bill Bartlett erlebt hatte, denn die beiden waren enge Freunde. Aber Abby wußte noch von nichts. Sie sah den »Dämon« als erste, und sie sah ihn auch genauer als Will, der nur einen flüchtigen Blick auf ihn werfen konnte. Er kroch auf allen vieren am Rand der Straße entlang. Sie fuhren in etwa zweieinhalb Metern Entfernung an ihm vorbei. Er hatte einen großen, länglichen Kopf, einen unbehaarten braunen oder beigefarbenen Körper. Weder Nase noch Mund oder Ohren waren zu erkennen. Aber Abby bemerkte an ihm runde hellgrün leuchtende Augen — das steht im Widerspruch zu den orangefarbenen Augen, die Bill gesehen hatte. Wie auch die anderen vor ihnen, hatten Will und Abby nicht den Mut anzuhalten, im Gegenteil: Abby bat Will sogar, schneller zu fahren. Das ist ein Beleg dafür, wie ungewöhnlich dieses Geschöpf gewesen sein muß — und es ist unwahrscheinlich, daß alle vier Zeugen sich geirrt und es nicht bemerkt haben sollten, falls es wirklich eine Katze, ein Hund, eine Ziege oder sonst ein häufiger vorkommendes Tier gewesen sein sollte.

Aber worum hat es sich dann gehandelt? Man hat ein paar halbherzige Theorien aufgestellt — von einem Affen war die Rede, einem kranken Tier, das sein Haar verloren hatte, einem aus dem Labor entflohenen Versuchstier —, aber keine paßt wirklich zu dem, was die Zeugen gesehen haben. Die andere Möglichkeit: Die Zeugen haben gemeinsam einen Schwindel ausgeheckt; schließlich besuchten sie alle dieselbe Schule. Bei der Untersuchung des Falles war man sich dieser Möglichkeit sehr wohl bewußt. Deshalb wurden alle peinlich genau befragt. Die Untersucher kamen zu dem Schluß, daß alle von Grund auf glaubwürdig seien. Man traute ihnen keinen Schwindel zu. Auch hatte sich keiner der Zeugen zu irgendwelchen wilden Spekulationen hinreißen lassen und von einem Wesen von einem anderen Stern oder einer übersinnlichen Erscheinung gesprochen. Sie versuchten eher alle, ein seltenes irdisches Lebewesen zu finden, auf das die Beschreibung paßte. In allen drei Fällen war Wasser in der Nähe, daher dachte man auch an ein Wassertier. Eines aber steht fest: Niemand ist seither noch einmal einem ähnlichen Geschöpf begegnet. Und das veranlaßte einen jener Männer, die die Untersuchung führten, zu dem Kommentar: Wäre das Wesen ein Tier aus der Umgebung gewesen, dann wäre es schon mehr als erstaunlich, daß man es nur ein einziges Mal gesehen hatte und nur an diesem einen Tag, aber niemals zuvor und niemals danach.[26]

Und wieder waren es Jugendliche, die Ende Februar 1981 das kleine grüne Männchen von Arnold, Pennsylvania (USA), sahen. Fünf Jungen im Alter von elf bis sechzehn verbrachten den Samstagnachmittag auf dem Bahnhofsgelände, als der elfjährige Chris den kleinen Kerl sah, der sich mit dem Rücken zu ihm niederhockte. Chris kroch näher heran und war entschlossen, ihn zu fangen: Tatsächlich konnte er ihn packen und hob ihn hoch. Er rief die anderen um Hilfe. Das Wesen zappelte, wand sich und kreischte aber so laut und heftig, daß er es loslassen mußte. Es rannte weg und verschwand in einem Rohr. Die Jungen bestätigten alle, daß es grün gewesen war, nackt, ohne Fell und ohne Haare. Dafür hatte es eine faltige Haut wie ein Elefant, trocken und elastisch wie Gummi. Es war knapp neunzig Zentimeter groß, hatte eine menschenähnliche Gestalt, Brustwarzen, lange Ohren, einen zwei Zentimeter langen Schwanz und ging aufrecht auf zwei Beinen.[27]

Betrachtet man die Dinge mit rationalem Blick, dann klingen alle Geschichten in diesem Kapitel unglaubwürdig. Sie hören sich an, als wären da unbekannte wilde Tiere für etwas ganz anderes gehalten worden, als hätten die Zeugen unter Halluzinationen gelitten oder aber einen Schwindel inszeniert. Natürlich ist es bequemer, wenn man sich die Dinge so erklären kann ... Aber sind wir wirklich dazu berechtigt? Für die meisten Menschen ist die Existenz solcher nichtmenschlicher Wesen wohl erst dann wirklich bewiesen, wenn sie sie mit eigenen Augen sehen. Aber dann wären sie plötzlich in der gleichen Lage wie all jene Zeugen, die die Zweifler und die Ungläubigen nun davon zu überzeugen haben, daß sie die Wahrheit sagen. Der elfjährige Chris machte es richtig, als er versuchte, das kleine Geschöpf zu packen. Hätte er Erfolg gehabt, besäßen wir jetzt einen unwiderlegbaren Beweis, daß es tatsächlich solche nichtmenschlichen Hominiden gibt (zumindest die grünhäutige Sorte) — aber es mißlang ihm, und so bleibt die Frage offen: Was haben all diese Menschen wirklich gesehen?

USOs — Unbekannte Untersee-Objekte

Die auf unserem Planeten von Meeren und Ozeanen bedeckte Fläche ist viel größer als die Landmassen. Sie macht rund 70 Prozent der Erdoberfläche aus, in manchen Bereichen ist das Meer sehr tief — in den (allerdings nicht sehr breiten) »Gräben« mehr als 11 000 Meter. Viele Meeresgebiete erreichen mittlere Tiefen um die 4000 Meter. Der Mensch dringt nur selten in diese Tiefen vor, daher dürfte es, wie wir bereits gesehen haben, dort unten viele Tierarten geben, die die Wissenschaft bisher noch nicht entdeckt hat. Für den Menschen ist es sehr schwierig, in große Meerestiefen vorzustoßen und dort längere Zeit zu verbringen. Die Unterwassergebiete sind deswegen nur wenig erforscht und noch kaum genutzt — jedenfalls nicht vom Menschen. Aber die folgenden Berichte, die unbekannte Fahrzeuge beschreiben, die in die Tiefen eintauchen, sie befahren und wieder verlassen, legen den Gedanken nahe, daß es auf diesem Planeten noch andere Intelligenzen gibt, denen die Unterwassergebiete sehr wohl vertraut sind.

Da wir von der Welt nur das wissen, was beobachtet und berichtet wird, ist es von vornherein unmöglich, das Ausmaß der Aktivitäten zu beurteilen, die hier zur Debatte stehen. Draußen auf dem Ozean, fern der nächsten Küste, dürfte viel mehr geschehen, als berichtet wird. Die meisten Beobachter befanden sich an Land und berichteten von Sichtungen nahe der Küste, da sich nur wenige Menschen auf der hohen See aufhalten. Auch die geographische Verteilung der Beobachtungen hängt vom Entwicklungsstand des Landes ab, in dem der Zeuge lebt. In unterentwickelten Ländern gibt es weder Ansprechpartner noch Institutionen, denen man seine Beobachtungen mitteilen könnte. Daher besagt die Verteilung der Berichte und ihre Massierung in bestimmten Ländern nicht sehr viel. Im Grunde ist das Phänomen weltweit.

Wie üblich können wir nur eine Auswahl aus den vorhandenen Zeugenberichten geben (weitere finden sich im Anhang). Wie bereits angedeutet, verteilen sie sich auf drei Kategorien, von denen einige möglicherweise leichter zu erklären sind als andere. Wenn ein Zeuge von einem UFO berichtet, das in die See eintaucht, gibt es eine ganze Reihe möglicher Erklärungen: Er beobachtete ein tauchendes unbekanntes Flugobjekt, obwohl dieses Eintauchen nicht unbedingt mit Absicht geschehen sein muß, sondern auch Folge eines Unfalls gewesen sein kann; er sah einen Meteoriten, ein Flugzeug oder Weltraummüll ins Meer stürzen und konnte den Vorgang wegen der Entfernung nicht genau beobachten; oder er sah einen Himmelskörper (einen Stern, Planeten, den Mond, die Sonne) am Horizont und hielt ihn für ein Objekt, das ins Wasser tauchte, obwohl es in Wirklichkeit hinter dem Horizont verschwand. Berichtet ein Zeuge, er hätte ein UFO aus dem Meer auftauchen und davonfliegen gesehen, findet sich dafür keine so naheliegende Erklärung. Es gibt kein natürliches Phänomen, das dafür in Frage käme. Wird ein unbekanntes Untersee-Fahrzeug gesichtet, könnte es ein normales U-Boot, das heimlich fremde Gewässer erforscht, gewesen sein, vielleicht auch ein Seeungeheuer. Manche Berichte passen jedoch in keine dieser Kategorien, wie wir noch sehen werden. Möglicherweise haben einige Zeugen UFOs beobachtet, die zeitweise untertauchten (Schließlich sind ja Flugobjekte denkbar, die sich ebensoleicht in der Luft wie unter Wasser bewegen können.). Vielleicht haben sie ein Fahrzeug beobachtet, das gar nicht von Menschenhand gebaut wurde und auch nicht von außerirdischen Wesen, sondern von einer unterseeischen Zivilisation. Das ist natürlich reine Spekulation; bedenkt man aber, wie wenig wir über die Tiefen des Ozeans wissen, dann ist es nicht unvorstellbar, daß sich intelligentes Leben auch unter Wasser entwickeln konnte und jetzt dort, von der Menschheit unentdeckt, existiert.

Aber fürs erste genug der Spekulation. Wir werden hier einige der interessantesten Berichte aus unserem Jahrhundert wiedergeben. Der Leser mag selbst urteilen, ob unter der Meeresoberfläche Seltsames vor sich geht oder ob all diese Geschichten auf natürliche Erscheinungen zurückzuführen sind. Beginnen wir unsere Reise in Nordeuropa, wo sich in den letzten Jahren die Sichtungen mysteriöser Unterseeboote gehäuft haben — bei Grönland und Island, bei Norwegen und vor allem bei Schweden. Im April 1988 ließ Bengt Gustafsson, der Oberkommandierende der schwedischen Streitkräfte, verlautbaren, in den vorausgegangenen sechs Monaten habe es 30 Fälle von unidentifizierten fremden U-Booten in schwedischen Hoheitsgewässern gegeben.[1] Da die Berichte aus Skandinavien mit fast hundertprozentiger Sicherheit auf normale U-Boote zurückzuführen sind, hin und wieder auch auf Einbildung, auf Gerüchte und Panikmache oder Riffe und andere fälschlicherweise für U-Boote gehaltene Objekte, wollen wir uns nicht länger damit aufhalten. Im Jahr 1959 sahen dagegen Soldaten vor Kolobrzeg an der polnischen Küste, wie die See unruhig wurde und dann ein dreieckiges Gebilde von je 3,50 Metern Seitenlänge aus dem

Wasser stieg, über einer Kaserne kreiste und davonflog.[2] Bei aller Phantasie kann dies kein gewöhnliches, von Menschen gebautes U-Boot gewesen sein. Das trifft ebenso auf das Objekt zu, das Lorentz Johnson 1959 über dem Namsenfjord in Norwegen beobachtete. Er befand sich an einem Dezemberabend um 22 Uhr auf dem Heimweg nach Skomsvoll, als er fünfzig Meter über sich ein zigarrenförmiges Gebilde entdeckte. Es hatte Fenster und glänzte rötlich. Plötzlich ließ es zwei lange Gegenstände in den Fjord fallen. Es gab noch einen zweiten Zeugen, der zwar nichts Auffälliges sah, aber die Aufschläge ins Wasser hörte. Fünf Jahre später verhakte sich die Leine eines Fischerbootes an einem Objekt auf dem Meeresgrund. Ein anderer Fischer, der ein Sonargerät an Bord hatte, erfaßte mit ihm ein größeres Objekt. 1968 begab sich eine norwegische UFO-Untersuchungsgruppe an den Ort und machte mit ihrem Sonargerät ein sechs Meter langes Objekt aus, diesmal in rund hundert Meter Tiefe. Dies wurde als Bestätigung der vorausgegangenen Beobachtungen gewertet. Aber mit Tauchern war es nicht möglich, dem Objekt noch näher zu kommen.[3]

Ende Februar 1963 kam es 30 bis 50 Meilen vor der norwegischen Nordküste in Richtung Spitzbergen zu einem sehr merkwürdigen Radar-/Sonar-Kontakt. Einheiten der Nordatlantikflotte der britischen Royal Navy führten dort ein Manöver durch. An diesem Morgen leistete der Zeuge gerade Dienst im Radarraum einer Fregatte. Auf dem Radarschirm erschien ein festes Objekt. Es wurde in etwa 10000 Metern Höhe geortet und hatte einen Durchmesser von 30 bis 35 Metern. Es war so plötzlich erschienen, daß es sich unmöglich um ein konventionelles Flugzeug handeln konnte. Nach Aussage des Zeugen herrschten gute Wetterverhältnisse, Täuschungen können daher ausgeschlossen werden. Das nächste Schiff im Verband erfaßte das Ziel ebenfalls auf dem Schirm. Mit dem Fernrohr konnte es jedoch nicht ausgemacht werden, auch per Funk war kein Kontakt herstellbar. Jagdflugzeuge wurden hinaufgeschickt, die das Objekt abfangen sollten. Als sie zehn bis zwölf Meilen von dem Ziel entfernt waren, sahen die Beobachter im Radarraum, wie das Signal auf dem Schirm einen Sinkflug in steilem Winkel und mit großer Geschwindigkeit anzeigte und schließlich unter den Radarbereich ging, der bei 250 bis 300 Metern lag. Das ereignete sich in nur zwei bis drei Sekunden. Kaum hatte man den Kontakt auf dem Radar verloren, meldete das Sonargerät einen Unterwasserkontakt. Es zeigte ein Objekt an, das sich in einer Entfernung von etwa zehn Meilen mit großer Geschwindigkeit fortbewegte, in der selben Richtung, die das Ziel auf dem Radar genommen hatte. Das Objekt ging tiefer, entfernte sich im Zickzack-Kurs vom Schiff, und nach fünf Minuten wurde der Kontakt verloren. Die

Fregatte steuerte die Stelle an, an der das Objekt ins Meer eingetaucht war, aber es war nichts zu sehen, es konnte kein neuer Kontakt mehr hergestellt werden.[4]

Auch von allen britischen Küsten wurden immer wieder USOs gemeldet — von der englischen, der walisischen und der schottischen Küste. Oft wurden Rettungsschiffe ausgesandt, als vor der Küste Lichtsignale gesichtet worden waren, aber es wurde nie etwas gefunden, und die Lichtsignale blieben ungeklärt. Das scheint vor der englischen Küste von East Anglia (Norfolk und Suffolk) regelmäßig vorzukommen. Im Mai 1975 wurde zufällig etwas Konkreteres gefunden. Ein Schleppnetzfischer bekam 30 Meilen vor Gorleston (Norfolk) Berührung mit einem sich in 50 Meter Tiefe unter Wasser befindenden Objekt. Auch an der Schiffsschraube entstand leichter Schaden. Später fuhr das Schiff noch einmal an dieselbe Stelle zurück und setzte dabei ein Echolot ein. Es wurde aber nichts mehr gefunden.[5]

An der britischen Westküste gab es ein merkwürdiges Ereignis, das Gavin Gibbons in seinem Buch *The Coming of the Space Ships* schildert.[6] Es geschah am 24. März 1955 vor der Küste von Dyfed (Wales).

»Um 19.15 Uhr wurde Mrs. Harding, die Frau eines Farmers in Aberarth, von ihrer kleinen Tochter vor die Tür gerufen. Das Mädchen — es hieß Rosalyn — zeigte aufgeregt in den abendlichen Himmel, in den Nordwesten auf einen Punkt über dem Meer. Dort befand sich ein großer, orangefarbener Ball, der einen schwarzen Schwanz hinter sich herzog und im Zickzack niederging. Die Zeugen stellten fest, daß das Objekt der Sonne sehr ähnlich schien, bis auf die schnelle Bewegung und die lange schwarze und rauchige Spur, die es hinter sich herzog. Dann sahen sie, wie es explodierte und, noch immer in Form einer orangefarbenen Kugel, ins Wasser tauchte. Das Eigentümliche war nun, daß das Objekt auch noch unter Wasser weiterleuchtete. Das ging noch eine Stunde so weiter, bis das Objekt endgültig verschwunden war. Der Schwanz, den es hinterlassen hatte, verfärbte sich von schwarz zu grau, ehe er sich auflöste. Keiner der beiden Beobachter hörte ein Geräusch, weder, als die Kugel sich in der Luft befand, noch später im Wasser.«

Von einer Küstenwachstation aus wurde am selben Abend einige Meilen weiter nördlich in der Nähe von Tywyn (Gwynedd) ein ähnliches Objekt gesichtet. Die beiden Zeugen berichteten, daß nach dem Eintauchen ein hell-orangefarbenes Objekt wieder in den Himmel hinaufschoß und dabei einen grauen Schweif hinter sich herzog. Aber es ließ sich nie klären, ob tatsächlich das gleiche Objekt gesehen wurde, das auch die Zeugen von Aberarth beobachtet hatten.

Jenseits des Kanals sah die Besatzung eines französischen Fischerbootes vor der Küste der Normandie, wie »ein großes schwarzes, vogelähnliches Objekt« an einem Julitag des Jahres 1910 vom Himmel fiel. Es stürzte ins Meer, sprang wieder hoch, fiel erneut und ging spurlos unter.[7] Südlich von Portugal, vor Puerto La Cruz, sahen der Kapitän und die Mannschaft eines norwegischen Tankers am 6. Juli 1965 ein zigarrenförmiges Objekt aus dem Meer steigen und sich in die Luft erheben. Es glänzte blau und hatte eine Reihe Bullaugen, hinter denen gelbes Licht brannte.[8] Sechzehn Jahre später beobachteten zwei Jungen weiter südlich hinter der Grenze zu Spanien, bei Isla Cristina in der Provinz Huelva, wie etwa 300 Meter vor der Küste ein Licht aus dem Meer auftauchte. Sie wurden in der Nacht zum 8. Februar 1981 auf das Licht aufmerksam, als es aus der Tiefe emporkam. »Das Licht wurde heller und heller. Wir dachten an ein U-Boot, aber plötzlich kam es aus dem Wasser, blieb ungefähr in einer Höhe von 500 Metern stehen und verschwand kurz darauf, ohne eine Spur zu hinterlassen.«[9]

Weiter östlich im Mittelmeer wurde über Jahre hinweg eine beträchtliche Anzahl von USO-Auftritten gezählt. Am 26. Juli 1970 befand sich ein Sporttaucher etwa 60 Meter vor der Küste von Alcocebre in Ostspanien in einer Tiefe von acht bis zehn Metern, als er auf dem Meeresboden einen merkwürdigen Metallzylinder von sechs Metern Länge sah. Er untersuchte das Objekt aus der Nähe und versuchte ohne Erfolg, es zu bewegen. Er konnte nicht einmal mit seinem Messer einen Kratzer an der Außenwand anbringen. Am anderen Morgen ruderte er mit dem Boot durch dasselbe Gebiet, als sein Begleiter bemerkte, daß etwas aus dem Wasser kam. Nur wenige Stunden danach schwamm der Taucher wieder zu der Stelle, aber der Zylinder war verschwunden. Der Zeuge war sicher, genau die gleiche Stelle wiedergefunden zu haben. Er galt als ein sehr erfahrener Taucher.[10]

Acht Jahre früher kam es ebenfalls im Mittelmeer zu einer sehr merkwürdigen USO-Begegnung. Es war einer der sehr seltenen Fälle, bei denen auch Insassen eine Rolle spielten. Ort des Geschehens war der Fischerhafen Le Brusc zwischen Marseille und Nizza in Südfrankreich, die Zeugen waren Fischer. Sie fuhren zu dritt am 1. August 1962 spät in der Nacht aus, als sie etwas, das sie für ein U-Boot hielten, aufgetaucht und in langsamer Fahrt vorbeigleiten sahen. Aus dem Wasser kletterten ein paar »Froschmänner« auf das Boot. Einer der Fischer rief sie über Megaphon an (sie waren ungefähr 300 Meter entfernt), erhielt aber keine Antwort — nur der letzte Mann drehte sich um und winkte zurück. Nachdem er eingestiegen war, erhob sich das Fahrzeug über die Wasseroberfläche und verharrte dort eine Weile so. Es hatte rote und grüne Positionslichter. Mit einem weißen Suchscheinwerfer streifte es über die Fischerboote. Dann verloschen alle Lichter, das Fahrzeug leuchtete orangefarben auf und begann zu rotieren, schneller und immer schneller, bis es nach oben wegschoß und zwischen den Sternen verschwand. Die Fischer waren völlig überrascht und sprachlos. »Außer dem Rauschen und Schlagen der Wellen haben wir keinen Ton gehört, und wir haben uns natürlich gleich gefragt, um was es sich gehandelt haben könnte. Es war kein U-Boot, auch kein Hubschrauber oder ein Wasserflugzeug, denn die hätten wir gewiß erkannt.«[11] Nicht viele Zeugen kommen einem USO so nahe oder sehen seine Insassen, und falls diese Geschichte wahr ist, ist sie ganz außergewöhnlich. Wir machen diese Einschränkung, denn es ist schließlich nicht möglich, alle von uns zitierten Berichte zu verifizieren. Wir müssen uns daher auf die Glaubwürdigkeit der Journalisten und Forscher, die die Fälle überprüft haben, verlassen. Selbstverständlich benutzen wir keine Quellen, die als unseriös gelten.

USO-Sichtungen hat es auch entlang der italienischen Küste gegeben, vor allem während der italienischen UFO-Welle im Jahre 1978. Im Oktober sahen Fischer 30 Meter hohe Wassersäulen bei sonst klarem und ruhigem Wetter, dann tauchte kurz ein dunkler Körper auf, der länger als ihre Boote war und der schnell wieder in den Fluten verschwand.[12]

Verlassen wir den Mittelmeerraum und wenden uns nach Süden, dann fällt auf, daß der afrikanische Kontinent von USOs weitgehend gemieden wird. Der einzige Bericht von der gesamten Westküste datiert aus dem Jahre 1902, als in den frühen Morgenstunden des 28. Oktober der Ausguck auf der S. S. *Fort Salisbury* in einiger Entfernung im Golf von Guinea ein großes dunkles Objekt an Steuerbord sichtete. Er rief den Zweiten Offizier, und zusammen mit dem Steuermann beobachteten sie ein seltsames Untersee-Fahrzeug. Der Zweite Offizier erinnerte sich später so: »Es war schon ein wenig unheimlich. Wir konnten in der Dunkelheit nicht allzu viele Details erkennen. Es war insgesamt etwa 150 bis 180 Meter lang. Es hatte zwei Lichter, eines am Bug, das andere am Heck. Irgendein Mechanismus — vielleicht Flossen — sorgte dafür, daß es sich im Wasser bewegte.« Die Oberfläche des Fahrzeugs wirkte »eher schuppig« als glatt, es sank langsam. Das hört sich fast nach einem riesigen Lebewesen an, nur daß die Länge von 150 bis 180 Metern nicht stimmen kann. Außerdem setzt kein Tier Positionslichter.[13] Ist es wahrscheinlich, daß es ein von menschlicher Hand gebautes U-Boot war? Etwa um diese Zeit wurden die ersten entwickelt — das erste englische U-Boot lief 1901 vom Stapel —, aber es ist unwahrscheinlich, daß es zu der Zeit schon so weite Fahrten unternehmen konnte.

Von der ostafrikanischen Küste erreichte uns auch nur eine USO-

Meldung. Am 10. Februar 1975 sah ein Mann von der Petite Ile aus, die zu Réunion gehört, ein sehr hell glänzendes Objekt aus dem Meer steigen und sehr schnell davonfliegen.[14] Weiter östlich im Indischen Ozean sah der Vierte Offizier an Bord der *Queensland Star* am Himmel ein weißes UFO, das herabfiel, in der See versank und dabei das Wasser in helles Licht tauchte. Partikel einer weißen Substanz fielen noch herab, als das UFO schon längst gesunken war. Das ereignete sich am 18. September 1961.[15]

Seltsame U-Boote wurden auch vor Australien und Neuseeland gesehen. Am 11. April 1965 beobachteten zwei Männer auf den Klippen von Wonthaggi, Victoria (Australien), 15 Minuten lang zwei »fremdartige Fahrzeuge«. An ihren Kommandotürmen identifizierten sie sie als U-Boote, aber ein Sprecher der Kriegsmarine meinte dazu: »Eine vorläufige Untersuchung des Berichts läßt vermuten, daß es sich angesichts des Ortes und des Verlaufs der Küstenlinie wahrscheinlich nicht um U-Boote handelt.« Nur vier Tage später sahen zwei Jugendliche vor Coolum (Queensland) zwei zylindrische Objekte, und drei Tage später wurden Fischer in der Nähe von Brisbane (Queensland) von einem großen Schiff verfolgt. Am 6. Juni 1965 tauchten vor Fraser Island (Queensland) zwei Objekte auf: Sie waren dunkel, schlank und an die 30 Meter lang. Die Zeugen beobachteten sie von einem Flugzeug aus und entdeckten noch zwei oder drei kleinere Objekte in der Nähe der größeren.[16]

Noch früher im Jahr wurden vor Neuseeland mysteriöse U-Boote gesichtet: Eine DC-3 flog am 12. Januar in 500 Fuß Höhe über den Hafen von Kaipara, nördlich von Helensville, als der Kapitän einen »gestrandeten Wal« meldete. Er wies bei näherer Betrachtung aber eine Außenhaut aus Metall auf, war etwa 30 Meter lang und lag zehn Meter tief im Wasser. Die Kriegsmarine versicherte, daß es sich nicht um ein konventionelles U-Boot gehandelt haben könne, denn diese Stelle sei für ein U-Boot gar nicht passierbar.[17] Am 13. November sahen zwei Langustenfischer vor Rugged Islands nordwestlich von Stewart Island in 300 Metern Entfernung einen fremdartigen »Turm« aus dem Wasser steigen, an dem sich ein »Kasten« anschloß. Nach ein paar Sekunden brodelte das Wasser, und die Objekte verschwanden. Die Männer waren sich sicher, weder den Kommandoturm eines U-Bootes gesehen zu haben noch Wale bzw. Baumstämme. Die Kriegsmarine versicherte wiederum, wegen der vielen Riffe würde diese Gegend von U-Booten gemieden.[18]

Ein unbekanntes Untersee-Objekt tauchte am 28. Dezember 1976 vor Coomlieyna Beach in der Nähe von Ceduna (Südaustralien) auf. Beobachtetet wurde es von ungefähr zwanzig Eingeborenen, die am Strand fischten. Das Fahrzeug war etwa 28 Meter lang und hatte einen weißen Kommandoturm, eine schwarze Mittschiffslinie und einen roten Streifen an der Wasserlinie. Ein Sprecher der Royal Australian Navy gab bekannt, daß U-Boote gewöhnlich dunkel angestrichen seien und die angegebenen Details überdies auf kein U-Boot in irgendeiner Flotte der Welt paßten. Auch habe sich zu dieser Zeit kein Boot in diesen Gewässern aufgehalten. [19]

Weiter nördlich vor der ostasiatischen Küste sind an verschiedenen Stellen USOs gesichtet worden. In Vietnam wurde am 16. Juni 1909 ein länglicher »Bolide« (ein Meteor, ein Feuerball) von Fischern über der Stadt Dong Hoi in Annam gesehen. In den frühen Morgenstunden beobachteten sie ihn acht bis zehn Minuten lang, ehe er in die See stürzte. Dies schließt aus, daß es sich tatsächlich um einen Meteor handelte.[20] Die Besatzung eines amerikanischen Schiffs, das vor Inchon (Südkorea) kreuzte, sah zwei Objekte mit Rauchfahnen, die mit großer Geschwindigkeit auf das Wasser aufschlugen und mächtige Wellen hervorriefen.[21] Das ereignete sich im Dezember 1950, ein paar Jahre später sah man am 15. Januar 1956, wie ein großes blaugrau leuchtendes Objekt vor Pusan (Südkorea) ins Meer fiel. Das Leuchten war noch in den anderthalb Stunden sichtbar, in denen das Objekt auf dem Wasser trieb, bevor es sank.[22] 1956 und 1957 wurden fremdartige Objekte beobachtet, die vor Japan ins Meer sanken. Noch am 18. August 1980 wurde dort ein USO gesichtet. Der Kapitän eines russischen Forschungsschiffs entdeckte im Japanischen Meer ein metallisch wirkendes, zylinderförmiges Objekt, das sich langsam aus dem Meer erhob und dann eine Weile knapp über der Oberfläche schwebte, ehe es davonschoß.[23]

Überqueren wir nun den Pazifischen Ozean in Richtung Amerika, von wo einige sehr merkwürdige Vorgänge berichtet werden. Den ersten Halt machen wir im hohen Norden bei den Aleuten, wo im Sommer 1945 die Besatzung eines US-Versorgungsschiffs auf dem Weg nach Alaska in einer Entfernung von ungefähr einer Meile ein großes rundes Objekt aus der See aufsteigen sah. Sie beobachteten, wie es steil nach oben schoß und einmal über dem Schiff kreiste, bevor es nach Süden davonflog.[24] Für den Vorfall am 9. März 1960 in der Juan-de-Fuca-Straße (Washington State, USA) gibt es zwei Zeugen. Zwei Lkw-Fahrer waren östlich von Port Angeles unterwegs und sahen ein großes, in Flammen stehendes Objekt im Wasser versinken. Gefunden wurde allerdings nichts, es wurde auch kein vermißtes Flugzeug gemeldet.[25] Es gibt noch eine ganze Reihe anderer Berichte von ins Meer abgestürzten Objekten, vor den Küsten der Bundesstaaten Washington, Oregon und Kalifornien. Obwohl in den meisten Fällen keine Trümmer gefunden wurden, war es doch einmal möglich, ein Objekt bis auf den Meeresboden zu verfolgen. Das Objekt ging am

27. Juli 1984 vor Lummi Island (Washington) nieder. Es war eiförmig, aus Metall und orange- oder goldfarben. Ein Taucher, der sich sogar mit den Füßen auf es stellte, erzählte, es habe gesummt. Als er wieder auftauchte, waren seine Stiefel mit einem rötlichen Staub überzogen. Als die Taucher ein paar Tage später noch einmal nach unten gingen, war das Objekt verschwunden.[26]

Einem ungewöhnlichen U-Boot begegneten am 28. Juli 1962 der Kapitän eines Fischerboots und seine Mannschaft vor der kalifornischen Küste bei Avalon, Catalania. Kurz vor Einbruch der Dämmerung entdeckte der Kapitän tief über dem Wasser Lichter, und er steuerte sein Boot näher heran, um der Sache auf den Grund zu gehen. Durch das Fernglas sah er einen geduckten Umriß mit gesetztem Positionslicht, der sich als Achterschiff eines U-Bootes herausstellte. An Deck waren Männer bei der Arbeit.

»Wir konnten fünf Männer erkennen, zwei ganz weiß angezogen, zwei in dunklen Hosen und weißen Hemden, einer in einem himmelblauen Overall. Wir passierten sie querab auf einer Viertelmeile Distanz, und ich war mir ganz sicher, daß es sich um ein tief im Wasser liegendes U-Boot handelte, stahlgrau, ohne Kennzeichen, Deck fast unter Wasser, nur das Heck und diese seltsamen Aufbauten über Wasser.«

Das U-Boot nahm Kurs auf sie, drehte dann mit hoher Geschwindigkeit ab und stach immer noch aufgetaucht in See. Später wurde die Ansicht vertreten, es müsse sich um einen russischen U-Boot-Typ gehandelt haben, aber diese Einschätzung ist zweifelhaft.[27]

Von der Westküste des südamerikanischen Kontinents haben wir überraschenderweise nur einen Bericht. Er stammt von einem Fischdampfer, der zwanzig Meilen vor der chilenischen Küste in der Nähe von Tocopilla kreuzte. Mehrere Zeugen, darunter Polizisten, hatten am 23. und 24. September 1971 zunächst von Land aus ein UFO gesehen. Nach ungefähr acht Stunden beobachtete dann die Schiffsbesatzung, wie das UFO mehrere Minuten lang ihren Dampfer umflog. Dann versank der »rote Ball« drei Meilen entfernt im Meer.[28]

Der Mangel an Fällen im Westen Südamerikas wird reichlich kompensiert, wenn wir uns nun nach Osten wenden. Vor allem die Küste Argentiniens scheint USOs anzuziehen. Unser frühester Bericht stammt aus dem Jahr 1950. Damals wanderte ein Mann die Atlantikküste entlang von Tierra del Fuego nach Buenos Aires. Eines Nachts hörte er ein Rauschen, als werde das Wasser aufgerührt, und sah, wie ungefähr 500 Meter von der Küste entfernt ein glänzendes ovales Objekt aus dem Meer auftauchte und landeinwärts flog. Vierzehn Tage später beobachtete derselbe Zeuge einen ähnlichen Vorgang zwischen Rio Gallegos und Santa Cruz. Diesmal tauchten vier UFOs aus dem Meer auf.[29]

Im Juni 1959 sorgte ein unbekanntes U-Boot bei der argentinischen Kriegsmarine für Verwirrung. Sie hatten es im Hafen von Buenos Aires eingeschlossen, konnten es aber nicht identifizieren. Es hatte die Form eines riesigen Fisches (und vielleicht *war* es das auch), eine silbrige Farbe und einen langen Schwanz, der dem vertikalen Stabilisator einer B-17 ähnelte. Es vollzog sehr schnelle Manöver. Taucher kamen näher heran, konnten es aber nicht als einen bekannten U-Boot-Typ identifizieren. Was weiter mit dem Objekt geschah, ist uns nicht bekannt.[30] Im Jahr darauf gab es Probleme mit zwei U-Booten im Golfo Nuevo, einer teilweise geschlossenen Bucht von 20 bis 40 Meilen Breite. Sie liegt viele Meilen südwestlich von Buenos Aires. Im Februar 1960 versuchte die Marine mit allen ihr zur Verfügung stehenden Mitteln, den U-Booten auf der Spur zu bleiben. Erst war dort eines aufgetaucht, ein paar Tage später dann ein zweites. Die Fahrzeuge konnten mehrere Tage im getauchten Zustand ausharren und sich unter Wasser schneller bewegen als die Schiffe an der Oberfläche. Die argentinische Kriegsmarine wurde von Experten der US Navy unterstützt, und beide verbrauchten viele Tonnen Wasserbomben, aber die U-Boote verschwanden auf die gleiche mysteriöse Art, in der sie erschienen waren.[31] Ein Lkw-Fahrer behauptete, er hätte zu dieser Zeit sehr oft hell leuchtende Objekte ins Meer eintauchen und wieder aufsteigen gesehen: »Für mich gibt es keinen Zweifel, daß sich in den Tiefen des Golfs von San Matías eine Basis für fliegende Untertassen befindet. Über das, was hier passiert, weiß man fast überall in Patagonien Bescheid. Für die Leute dort ist es nichts Ungewöhnliches, über Marsmenschen zu reden.«

Der Golfo San Matías schließt sich gleich nördlich an den Golfo Nuevo an.[32] Nach Süden folgt der Golfo de San Jorge, dort sah am 30. September ein Mann, der in der Nähe von Comodoro Rivadavia an der Küste entlangfuhr, drei UFOs, die hintereinander ins Meer tauchten. Er fuhr ein paar Meilen weiter und sah dort noch weitere hell glänzende Objekte, vielleicht dieselben wie zuvor, aus dem Wasser aufsteigen und mit hoher Geschwindigkeit einen Kreis beschreiben. Dann gingen sie höher und verschwanden.[33]

Einige Meilen südlich des Golfo de San Jorge sah ein Farmer am 18. März 1966 ein großes zigarrenförmiges UFO aus allernächster Nähe. Es flog keine 30 Meter entfernt vorbei und war nach seiner Schätzung 18 bis 20 Meter lang. Es war grauschwarz, metallisch und glatt und wies keinerlei Kennzeichen oder Fenster auf. Nach hinten stieß es grauen Qualm aus und schien in Schwierigkeiten zu sein, jedenfalls machte es »tuckernde« Geräusche. Der Bauer suchte Deckung, als es zu vibrieren begann, als würde es explodieren. Es befand sich noch über dem Meer, als es schließlich abstürzte. »Es trieb keinen Moment auf dem Wasser, sondern schlug einmal heftig auf und ging sofort unter.« [34]

Die Häufigkeit, mit der UFOs und USOs vor der argentinischen Küste gesichtet wurden, läßt die Idee von einer unter Wasser gelegenen UFO-Basis im Südatlantik als nicht gar zu abwegig erscheinen. Auch weiter nördlich an der brasilianischen Küste wurden ähnliche Vorgänge beobachtet. Am 10. Januar 1958 saß ein Hauptmann der brasilianischen Armee auf seiner Veranda in der Nähe von Curitiba und sah sich eine ihm bis dahin unbekannte »Insel« näher an. Die »Insel« entpuppte sich als ein merkwürdiges Objekt, das durch senkrechte Schafte oder Rohre in zwei Teile geteilt war. Das ganze Ding versank vor seinen Augen. Außer ihm gab es noch weitere Zeugen, die sahen, wie das Ding nach fünfzehn Minuten — inzwischen hatte ein Schiff die Stelle passiert — wieder auftauchte. Nach ein paar Minuten verschwand es endgültig.[35]

Um einiges dramatischer war das Ereignis, dessen Zeugin ein acht Jahre altes Mädchen aus der Nähe von Iguapé war. Am 31. Oktober 1963 hörte es ein dröhnendes Geräusch und entdeckte ein silbriges Objekt am Himmel, das über es hinwegflog, eine Palme streifte und in den Peropava-Fluß stürzte. Andere Zeugen kamen noch rechtzeitig, um das Wasser und den Schlamm an der Stelle brodeln zu sehen, an der das UFO aufgeschlagen war. Auch eine Gruppe Fischer, die sich am anderen Flußufer befand, beobachtete den Aufschlag des UFOs. Nach ihrer Aussage hatte es einen Durchmesser von acht Metern und bestand aus blankem Aluminium. Eine ganze Anzahl von Tauchern versuchte, das UFO ausfindig zu machen, aber die fast vier Meter dicke Schlammschicht, in der es versunken sein mußte, hinderte sie daran. Es ist auch möglich, daß das Flugobjekt unter Wasser wieder instand gesetzt werden und in der Dunkelheit entkommen konnte. Es könnte unter Wasser flußaufwärts oder flußabwärts gefahren sein und könnte natürlich auch immer noch tief im Schlamm vergraben liegen. Doch wie dem auch sei, man hat nie wieder eine Spur von ihm gefunden.[36]

Am 20. Juli 1967 wurde der Kapitän des argentinischen Schiffs *Naviero* Zeuge einer klassischen USO-Erscheinung. Das Schiff befand sich 120 Meilen vor Kap Santa Marta Grande in Brasilien, als der Kapitän an Deck gerufen wurde. Von dort sah er ein zigarrenförmiges UFO von etwa 33 Metern Länge, das blau und weiß glänzte. Es hielt fünfzehn Minuten lang mit dem Schiff Schritt, bevor es tauchte und unter dem Schiff durch in der Tiefe verschwand. Auch als es schon unter Wasser war, leuchtete es noch immer hell.[37]

Ende 1980 wurde in Amapa im nördlichen Brasilien ein UFO gesichtet, das aus dem Araguari-Fluß aufstieg. Wenigstens siebzig Zeugen, die auf eine Fähre warteten, konnten es beobachten. Das Flugobjekt wirkte, als wäre es aus festem Material. Es hatte einen Durchmesser von ungefähr fünf Metern, blieb einen Augenblick lang fünf bis sieben Meter über dem Fluß stehen, stieg dann langsam weiter und verschwand darauf mit hoher Geschwindigkeit in Richtung Ozean.[38]

Auch von der nördlichen Küste des südamerikanischen Kontinents, aus Venezuela, gibt es Berichte über USO-Erscheinungen. Ein kegelförmiges UFO, das ein »merkwürdig flackerndes Licht von sich gab«, wurde am 13. Dezember 1959 nördlich der Insel Orchila gesehen, als es vom Himmel herabsank und ins Wasser tauchte, das aufwallte und sich hell verfärbte. Beobachtet wurde die Szene von einem Zeugen, der sich an Bord eines schwedischen Schiffes befand.[39] Im Jahr 1967 registrierte man eine bemerkenswert rege Aktivität. Mehrere Zeugen beobachteten vom Festland aus, wie UFOs aus dem Meer aufstiegen. Am Strand von Catia la Mar sah ein Mann am 27. August die See »kochen«, dann tauchten drei graue Scheiben auf und flogen davon.[40] Am 29. März 1973 sichtete ein Mann in der Nähe von Carayaca eine kleine Gestalt, so groß wie ein fünfjähriges Kind, hinter einem schmalen Fenster in einem UFO, das wenige Meter vor dem Strand auf das Meer zu sank. Seine Frau sah sogar noch ein zweites UFO auf dem Wasser landen. Eines der Objekte tauchte für eine Weile unter, bevor beide wieder abhoben.[41]

Im Laufe des Jahres 1963 nahm ein Sonar-Techniker auf einem Zerstörer der US-Kriegsmarine an einer U-Boot-Abwehrübung in der Karibik vor Puerto Rico, also nördlich von Venezuela, teil. Sein Sonar-Gerät zeigte ihm an, daß eines der amerikanischen Schiffe ein unbekanntes U-Boot verfolgte. Doch dieses bewegte sich mit einer Geschwindigkeit von mehr als 170 Meilen pro Stunde fort. Das mysteriöse Unterwasser-Fahrzeug wurde übrigens von den Sonargeräten auf dreizehn Schiffen erfaßt und vier Tage lang verfolgt. Es sank bis auf eine Tiefe von 27000 Fuß, also mehr als 8000 Meter. Kein U-Boot uns bekannter Herkunft kann so schnell fahren und so tief tauchen.[42]

Noch ein Stück weiter nördlich stoßen wir auf der anderen Seite des Golfs von Mexiko an der Südküste von Mississippi (USA) auf ein kleines USO, 90 Zentimeter lang, zehn Zentimeter breit und glänzend wie rostfreier Stahl. Es spielte am 6. November 1973 an der Mündung des Pascagoula River Katz und Maus mit Angehörigen der Küstenwache. Zwei Fischer hatten ein Objekt gemeldet, von dem ein bernsteinfarbenes Leuchten ausgehe. Die Küstenwache und die Fischer bemühten sich, mit Rudern und Bootshaken an das Objekt heranzukommen, aber es entfloh, indem es das Licht löschte, fortglitt, und die Beleuchtung dann wieder einschaltete. Nach vierzigminütiger Jagd verloren die Verfolger das USO aus den Augen. Dieses Ereignis fand in der gleichen Gegend statt, in der knapp einen Monat zuvor eine aufsehenerregende UFO-Entführung stattgefunden hatte.[43]

Wie an der Westküste, so gab es auch an der Ostküste Nordamerikas zahlreiche Meldungen über große Objekte, die ins Meer stürzten. Aber dabei kann es sich natürlich auch um abstürzende Flugzeuge gehandelt haben (was unwahrscheinlich ist, solange keine als vermißt gelten) oder um Meteoriten bzw. Weltraummüll. Im Sommer 1954 legte ein holländisches Schiff im Hafen von New York an, sein Kapitän berichtete, er und seine Mannschaft hätten 80 Meilen vor der Küste gesehen, wie ein flaches Objekt aus dem Meer aufstieg. Der Kapitän nahm das Fernglas zu Hilfe und sah zuerst etwas Graues, das aber zur unteren Hälfte hin immer heller wurde. An den Grenzlinien erkannte er helle Punkte, die Lichter gewesen sein könnten.[44]

Ein großes Objekt, das am 22. Juni 1957 in den Long Island Sound (New York) tauchte, hatte zwei weiße Lichter und ein rotes, so daß es kaum ein Meteor gewesen sein kann. Damals kann es sich auch noch nicht um Weltraumtrümmer gehandelt haben.[45]

Ein interessanter, wesentlich früherer Bericht von der *St. Andrew*, die im Nordatlantik kreuzte, zeugt von der Schwierigkeit, einen Meteor immer von einem UFO zu unterscheiden. Am 30. Oktober 1906 geriet das Schiff 600 Meilen nördlich von Cape Race (Neufundland) in einen Meteoritenschauer. Mit den Worten des Ersten Offiziers:

»Am Dienstagnachmittag war das Wetter klar und hell, wenn auch nur wenig Sonnenschein herrschte. Direkt nach dem Glockenschlag um 16.30 Uhr sah ich drei Meteoriten hintereinander ins Meer fallen, direkt voraus in etwa fünf Meilen Entfernung. Es herrschte Tageslicht, trotzdem konnte man den roten Streifen sehen, den sie bei ihrem Absturz am Himmel hinterließen. Im selben Augenblick rief mir der Dritte Ingenieur etwas zu. Dann sah ich einen riesigen Meteor an Backbord im Zickzack niedergehen, weniger als eine Meile entfernt. Wir konnten hören, wie das Wasser beim Aufprall zischte. Der Meteor machte bei seinem Sturz taumelnde Bewegungen, auch er hinterließ einen breiten roten Lichtstreifen. Er muß einige Tonnen schwer gewesen sein und schien mir drei bis fünf Meter dick zu sein. Er war flach wie eine Untertasse, was wohl auch seine taumelnden Bewegungen erklärt. Als die Metallmasse die Meeresoberfläche berührte, spritzte das Wasser wenigstens zwölf Meter hoch auf. Einen Moment lang glaubte man, in einen Krater zu schauen. Wäre es Nacht gewesen, hätte der Meteor die See im Umkreis von 50 oder 60 Meilen erleuchtet. Das Zischen wie entweichender Dampf war beim Auftreffen auf dem Wasser so laut zu hören, daß der Chefingenieur aus seiner Koje sprang und an Deck kam, weil er dachte, im Maschinenraum sei etwas nicht in Ordnung. Ich habe schon überall auf der Welt Meteore und Meteoriten gesehen, aber noch nie ein so großes Exemplar.«[46]

Die Beschreibung des Objekts als untertassenförmig, der Zickzack-Flug und die taumelnden Bewegungen lassen Zweifel aufkommen, ob es sich dabei tatsächlich um einen Meteor gehandelt hat. Aber an ein UFO dachte 1906 noch niemand. Wenn sich indes auch Meteore so verhalten können, waren dann vielleicht manche »UFOs«, die man ins Meer stürzen sah, in Wirklichkeit Meteore?

Bestimmt kein Meteor war das Objekt, das am 4. Oktober 1967 in das Hafenbecken von Shag Harbour, Neuschottland (Kanada), fiel. Zeugen beobachteten das Objekt von Land aus, als es in der Nacht mit rötlich-orangefarbenen Lichtern, die nacheinander an und wieder aus gingen, im Wasser verschwand. Dann sahen sie, wie die einzelnen Lichter zu einem einzigen weißen verschmolzen und das Objekt wieder eine halbe Meile von der Küste entfernt auf den Wellen schaukelte. Auch Polizisten bezeugten das Licht auf dem Wasser. Einige Beobachter fuhren mit Booten hinaus, fanden aber nur einen großen Flecken brodelnden Wassers und gelblichen Schaum. Zwei Tage dauerte die Suchaktion, aber man stieß auf keine weiteren Spuren. Kein Flugzeug wurde als vermißt gemeldet.[47]

Als wären diese Berichte von USO-Erscheinungen nicht schon seltsam genug, liegen uns auch noch Beobachtungen vor, die vom Landesinneren stammen, also von Flüssen und Seen. Nachdem Skandinavien besonders seenreich ist, hat es auch eine entsprechend große Zahl an Fällen aufzuweisen. Während des Sommers 1946 beobachteten Tausende von Menschen unbekannte, raketenähnliche Objekte am Himmel, die manchmal in Seen stürzten. Man nahm allgemein an, sie kämen aus Rußland, doch bewiesen wurde das nie. Einer dieser Abstürze einer »Geisterrakete« wurde erst kürzlich noch einmal durch Befragung eines der Hauptzeugen, des Bauern Knut Lindbäck, im Jahr 1984 genauer überprüft. Er war mit seiner Magd am 19. Juli 1946 beim Heuen in der Nähe des Kölmjärv-Sees im nördlichen Schweden. Beide hörten ein summendes Geräusch von oben. Lindbäck hob den Kopf und sah ein langes graues raketenähnliches Objekt im Sturzflug auf den See zukommen. Als es ins Wasser stürzte, stieg eine Fontäne auf, danach eine zweite. Nach seiner Beschreibung war das Objekt ungefähr 1,80 Meter lang »und hatte eine stumpfe Nase, während das hintere Ende spitz zulief. Ich glaube, an den Seiten waren ein paar kleine, flügelartige Ausbuchtungen zu sehen, aber ich bin nicht sicher. Es ging alles so schnell!« Er ging zum See und ruderte bis an die Stelle, an der das Objekt versunken war. Wasserpflanzen und Wasserlilien waren entwurzelt und das Wasser trübe. An dieser Stelle war der See nur knapp zwei Meter tief, aber trotz intensiver Suche durch das Militär ließ sich die Rakete im Schlamm nicht lokalisieren.

Ähnliche Fälle wurden im selben Sommer auch von anderen Seen gemeldet, zum Beispiel vom Kattistjärn-See (20 Kilometer nördlich des Kölmjärv-Sees). Dort schlug neben einem dort angelnden Jungen etwas ins Wasser, und eine hohe Fontäne spritzte auf. Das geschah ungefähr fünfzehn Minuten vor dem Zwischenfall auf dem Kölmjärv-See. Zur gleichen Zeit wurde weiter nördlich über Bölebyn ein Objekt in der Luft gesichtet. Man verglich es mit einer glänzenden Milchkanne, nach den Berichten war es fünfzehn Minuten lang sichtbar. Es kann sich also nicht sehr schnell bewegt haben. Drei Wochen später stürzte am 13. August in Mittelnoorland ein Objekt mit kleinen Flügeln in einen See. Am 18. Juli, also einen Tag vor dem Kölmjärv-

Karl-Gösta Bartoll sucht 1946 nach dem Raketenabsturz den Boden des Kölmjärv-Sees ab.

Zwischenfall, fielen gleich zwei zigarrenförmige Raketen mit Flügeln in den Mjösa-See in Mittelnorwegen.[48] Da diese skandinavischen »Geisterraketen« dem weltweiten Aufsehen, das die UFOs seit 1947 erregten, vorausgingen, müssen sie zu den rätselhaftesten UFO-Erscheinungen zählen. Waren es wirklich von den Russen abgeschossene Versuchsobjekte, dann muß es eine ganze Produktion und kontinuierliche Abschüsse gegeben haben, wenn man die vielen Meldungen berücksichtigt. Und doch ist kein einziges Wrackteil gefunden worden.

Aus jüngerer Zeit stammen Berichte aus Skandinavien, nach denen große Löcher im Eis zugefrorener Seen gefunden wurden, zum Beispiel eines von knapp 20 mal 30 Meter in der fast einen Meter dicken Eisschicht des Uppramen-Sees in Schweden im Jahre 1968.[49] Im schwedischen Siljan-See zog am 30. April 1976 ein dunkles bzw. graues Objekt eine regelrechte Rinne in das Eis.[50] In Finnland entstand am 8. Dezember 1983 ein 2,50 bis 3,00 Meter großes Loch im Säkkiä-See, nachdem Dorfbewohner am Himmel wirbelnde Lichter gesehen hatten. Das gleiche ereignete sich noch einmal im Winter 1984.[51] Auch aus den USA und Kanada gibt es ähnliche Berichte — zum Beispiel vom Upper Scott Lake in Michigan (1. Januar 1970), aus Wakefield, New Hampshire (10. Januar 1977),[52] und vom Wyandotte County Lake in Kansas (Mitte März 1978)[53] — ebenso gibt es Fälle von UFO-Landungen in Seen und Flüssen. Bisweilen wurden die UFOs auch beobachtet, als sie wieder auftauchten. Eine glänzende Kugel, mit Stacheln gespickt und so groß wie eine Bowling-Kugel, landete im September 1962 wie mit Absicht in einem 20000 Quadratmeter großen See bei Concord, North Carolina (USA). Polizisten beobachteten dabei, wie sie sich im Wasser in eine Masse glänzender Drähte oder in Stücke gegangenes Aluminium auflösten.[54]

Als eigentümlichsten Bericht muß man sicher den des Mannes ansehen, der am 16. Mai 1981 im Thompson River bei Kamloops, British Columbia (Kanada), angelte. Es war ein strahlender, sonniger Nachmittag. Gerade war ein kleines Boot an dem Mann vorbeigefahren, als er Geräusche hörte, »wie wenn Wasser in eine Bratpfanne geschüttet wird«. Tatsächlich fing in hundert Metern Entfernung das Wasser an zu brodeln. Dann erhob sich eine »typische fliegende Untertasse« aus dem Fluß in die Luft und flog davon. Ein Regen von kleinen Kugeln fiel auf ihn herab, wahrscheinlich von dem UFO. Er sammelte ein paar von ihnen auf, damit man sie später untersuchen konnte. Unglücklicherweise verfügen wir über keinerlei Informationen über die Resultate.[55]

Ein seltenes Foto eines USOs verdanken wir Frank S. Kinsey, einem ehemaligen Piloten der Air Force, der im November 1964 zusammen

Ein UFO steigt aus dem Casitas Reservoir auf, fotografiert von Frank S. Kinsey.

mit seinem Schwager dem gerade fertiggestellten Casitas-Staubecken in der Nähe Venturas, Kalifornien, einen kurzen Besuch abstattete. Es war ein düsterer, verhangener Morgen.

»Plötzlich hörte ich ein lautes Rauschen und Klatschen im Wasser. Ich sah hin und entdeckte dieses Objekt, das sich aus dem Wasser erhob. Ich war sprachlos ...

Ich hatte eine Kamera mit einem Infrarot-Film um meinen Hals hängen, aber ich war so von alldem überrascht, daß ich sie völlig vergaß. Es kam rund sieben bis zehn Meter aus dem Wasser und schwebte dort ... Dann fiel mir meine Kamera wieder ein ... und gerade, als ich sie am Auge hatte, setzte sich dieses Objekt in Bewegung. Ich bekam es gerade noch auf den Bildrand. Dann verschwand es binnen weniger Sekunden über den Bergen ... Als es beschleunigte, fing es an, die Farben zu wechseln, von einem ganz dunklen Violett bis zu einem hellen Orangegelb. Das war das letzte, was ich von ihm sah.«

Bevor er nach der Kamera griff, beobachtete Mr. Kinsey das Objekt durch ein Fernglas und konnte etwas erkennen, das wie ein Lebewesen wirkte, das ihn anstarrte.[56]

Können all diese merkwürdigen Berichte als Schwindel, Halluzinationen oder aber als natürliche Erscheinungen zurückgewiesen bzw. erklärt werden? Einige könnten zweifellos identifiziert werden, wenn uns mehr Informationen vorlägen. Aber was ist mit jenen Fällen, in denen feste Gegenstände gesehen oder gefunden wurden? Seltsamerweise ist niemals auch nur ein einziges Stück einer wissenschaftlichen Analyse unterzogen worden. Entweder waren die Objekte verschwunden, wenn man den Ort des Geschehens ein zweitesmal besuchte, oder sie lagen unauffindbar im tiefen Schlamm. Ähnlich wie mit den UFO-Erscheinungen, geht es uns also auch mit den USOs: Sie bleiben flüchtig, quälen unsere Gedanken, blieben jedoch immer außerhalb unserer Reichweite. Sie dienen dazu, uns daran zu erinnern, daß, obwohl der Mensch glaubt, seinen Planeten zu beherrschen, im Grunde noch viele Rätsel der Lösung harren. Gewöhnlich werden Vorgänge ignoriert, die uns aus dem Gleichgewicht bringen könnten. USOs gehören sicher zu dieser Kategorie. Wie oft ist Ihnen als Leser, Hörer oder Zuschauer ein Bericht über diese Dinge in den Medien schon begegnet? Höchstwahrscheinlich noch nie, obwohl es, wie dieses Kapitel gezeigt hat, immer wieder Erscheinungen von Flugkörpern über allen Ozeanen der Welt gegeben hat, von deren Herkunft wir noch gar nichts wissen. Wir können natürlich spekulieren, wie es Ivan T. Sanderson in seinem Buch *Invisible Residents* getan hat, daß es in den Meeren oder unter ihnen intelligentes Leben gibt. Aber wir haben überhaupt keine Möglichkeit, diese Hypothese zu überprüfen. Wenn es tatsächlich Zivilisationen unter Wasser gibt, dann müssen sie nur eines fürchten, nämlich daß die Menschheit ihre Existenzgrundlagen durch die Verschmutzung ihrer Lebenswelt vernichtet.

Geisterstimmen

Geister sind gewöhnlich nicht kommunikativ. Sie bewegen sich lautlos und scheinen oft die Zeugen gar nicht wahrzunehmen. Zwar haben schon viele Menschen geheimnisvolle Schritte in ihren Wohnhäusern gehört, aber wir wissen von keinem Fall, bei dem ein Geist gesehen und gleichzeitig seine Fußtritte gehört wurden. Dafür gibt es eine ganze Reihe Berichte, nach denen Geister gesprochen haben. Im Vergleich zur Gesamtzahl der Geistererscheinungen jedoch bleiben sprechende Geister die Ausnahme. G. N. M. Tyrrell hat das Phänomen psychologisch untersucht, in *Apparitions*, seinem klassischen Werk zu diesem Thema, schreibt er über die »perfekte Geistererscheinung«: »Sie kann sogar zu uns sprechen, vielleicht geht sie so weit und antwortet auf eine Frage, die man an sie richtet; aber es wird uns nie gelingen, sie in ein langes Gespräch zu verwickeln.«[1] Andrew MacKenzie bemerkt zu diesem Aspekt in seinem eigenen Buch *Hauntings and Apparitions*, daß viele Gesprächskontakte zu Geistern telepathischer Natur sein dürften: »Was man als von einer Erscheinung gesprochenes Wort interpretiert, ist häufig eine telepathische Kommunikation und wird vom Empfänger in Sprache umgesetzt.«[2] Es gab Beispiele, in denen fremde Geister sich ohne Schwierigkeiten mit Zeugen unterhalten konnten, die nur Englisch sprachen. In diesen Fällen drängt sich die Theorie von der telepathischen Kommunikation geradezu auf, auch wenn das dem Zeugen gar nicht bewußt geworden war. In der Mehrheit sprechen Geister indessen nicht oder nur widerwillig und antworten nicht, wenn man sie anspricht.

Aber es gibt wiederum Berichte von Geisterstimmen, die nicht mit einer sichtbaren Erscheinung verbunden waren, sondern nur gehört wurden. Diese Stimmen könnten halluzinatorischer Natur sein — aber in einigen Fällen konnten sie von den Zeugen aufgezeichnet werden, müssen also objektivierbar gewesen sein. Andere Formen von Geisterstimmen sind Anrufe von Toten, sind Stimmen, die sich über ein Medium ausdrücken; und schließlich gibt es Stimmen, die nicht direkt, sondern nur über eine Bandaufzeichnung hörbar sind. Für all diese Typen werden sich in diesem Kapitel Beispiele finden. Beginnen wir mit jenen Fällen, in denen ein Geist gleichzeitig sichtbar war und sprach. Um 1955 besuchte eine Frau eine Vorstellung in der Metropolitan Opera in New York und mußte sich ständig über ihre Nachbarin ärgern — eine Frau in einem raschelnden Seidenkleid, die der Zeugin in die Rippen stieß und jedesmal »Wie flach, wie flach, wie *flach*!« zischte, wenn der Sopran sang. In der Pause wandte sie sich an die Aufsicht, aber der Platzanweiser, der mit ihr kam, fand den Sitz leer. Man kam zu der Schlußfolgerung, daß es sich um den Geist der Sopranistin Frances Alda gehandelt habe, die sich zu Lebzeiten genauso aufzuführen beliebte.[3]

In Finnland behaupteten 1957 zwei Frauen, den Geist ihres Präsidenten, Dr. Juho Kusti Paasikivi, gesehen und gesprochen zu haben, der vier Monate zuvor verstorben war. Sie gingen am 19. April gerade in einem Wohnhaus in Helsinki auf den Aufzug zu, als sie dort an der Tür den Präsidenten stehen sahen. Eine der beiden, Frau E. Sinisalo, öffnete ihm die Tür, und Präsident Paasikivi sagte: »Nach Ihnen, meine Damen!« Frau Sinisalos Kommentar: »Er sah ein wenig jünger und schlanker aus als zu dem Zeitpunkt, an dem ich ihn zum letztenmal gesehen habe. Aber er sprach mit seiner bekannt kräftigen, ein wenig heiseren Stimme.« Sie stiegen alle in den Aufzug und fuhren in den vierten Stock. Dort sagte er im Hinausgehen: »Sie werden sich sicher fragen, meine Damen, warum ich hier bin, obwohl ich doch in meinem Grab sein sollte. Aber ich bin es wirklich!« Er verließ den Aufzug. Während die beiden Frauen ins nächste Stockwerk fuhren, sahen sie, daß er ihnen durch die Glastür zulächelte. Interessant ist, daß der Präsident den Aufzug nicht selbst bediente. Unten öffnete ihm Frau Sinisalo die Tür. Im vierten Stock hielten sie an, ohne daß jemand den Knopf gedrückt hatte, und wieder mußte dort Frau Sinisalo die Tür aufstoßen, damit der Präsident hinaustreten konnte. Aber warum merkten die beiden Frauen nicht gleich beim ersten Anblick des Präsidenten, daß sie seinen Geist vor sich hatten? Sie erkannten ihn und müssen gewußt haben, daß er seit vier Monaten tot war. Aber Frau Sinisalo sagte später: »Ich habe gar nicht begriffen, daß er ein toter Mann war, bis er es von sich aus sagte ... Doch ich finde es immer noch eigenartig, daß weder meine Tante Maja noch ich daran dachten, daß Paasikivi eigentlich tot war.« Es gibt also gute Gründe für die Annahme, daß die beiden gleichzeitig beim Betreten des Wohnhauses in eine Art Trancezustand gerieten und gemeinsam eine Halluzination des toten Präsidenten erlebten. Wenn diese Erklärung etwas weit hergeholt erscheint, dann gilt dies aber auch für die Vorstellung, daß der Geist des Präsidenten tatsächlich mit ihnen im Aufzug fuhr.[4]

Neben einem weiteren Fall aus Finnland stammen alle anderen spre-

Finnlands Präsident Paasikivi, aufgenommen in den frühen fünfziger Jahren.

chenden Geister aus England, dem Land, das besonders reich an legendären wie an tatsächlichen Geistererscheinungen ist. So verwundert es nicht weiter, daß auch der Anteil an »kommunikativen« Geistern entsprechend höher ist. Den Geist eines Priesters erblickte Ivor Potter in der Kirche von Poundstock, Cornwall, am 2. März 1971, als er eine Seelenmesse besuchte. Seine Schilderung:

»Ungefähr vier Minuten lang sah ich einen Priester, von dem ich annahm, er werde später mit den anderen die Messe zelebrieren. Er stand neben dem Vikar auf der Empore. Wir wünschten uns sogar einen guten Tag. Erst später ging mir auf, daß er ja gar nicht existierte... Ich dachte immer, Geister seien nebelhafte, quasi durchsichtige Erscheinungen. Aber dieser Geist war ganz solide. Er antwortete auf meinen Gruß, und ich ging regelrecht um ihn herum.«[5]

In Chester sahen in den siebziger Jahren mehrere Menschen die Erscheinung eines Mönches nahe der alten St.-John's-Kirche. Mit mindestens zwei Zeugen sprach er auch. Eine dieser Begegnungen fand im Dezember 1973 statt, als der Zeuge spät in der Nacht über einen kopfsteingepflasterten Fußweg, der an der Kirche entlangführte, nach Hause ging. Plötzlich sah er einen Mönch in schwarzem Gewand mit Kapuze. Die Gestalt redete in einer Sprache, die wie Deutsch klang, aber obwohl der Zeuge deutsch sprach, konnte er den Mönch nicht verstehen und hielt es für einen Dialekt. Der Mann, der keinen Grund hatte, den Mönch nicht für einen lebendigen Menschen zu halten, sagte zu ihm, er könne ihn nicht verstehen. Das schien den Mönch zu verärgern. Der Zeuge machte einen Bogen um ihn und wollte seinen Weg fortsetzen. Da ging ihm plötzlich durch den Kopf, daß der Mönch vielleicht Hilfe brauchte. Also drehte er sich um — aber da war niemand mehr, es gab auch keine Stelle, wohin er so schnell hätte verschwinden können. Trotzdem weigerte sich der Zeuge, daran zu glauben, daß er einen Geist gesehen hatte. Er schrieb über sein Erlebnis einen Bericht für die Lokalzeitung. Ein Leser meldete sich darauf und schrieb, er habe genau die gleiche Erfahrung gemacht, als er nachts diesen Weg gegangen sei. »Als ich zur Hälfte an der Kirche vorbei war, begegnete ich einem Mann, der wie ein Mönch gekleidet war, das heißt, er trug eine schwarze Kutte und Sandalen. Er redete mich in einer fremden Sprache an, die ich nicht verstand. Ich sagte ihm das. Er schien seine Bitte zu wiederholen, aber es hatte keinen Zweck. Ich verstand ihn nicht.« Die Unfähigkeit, sich verständlich zu machen, machte den Mönch traurig, und er wandte sich ab. Auch dieser Zeuge setzte dann seinen Weg fort, drehte sich noch einmal um, sah den Mönch aber nicht mehr. Die Kirche ist mehrere Jahrhunderte alt und scheint der rechte Ort für solche Geistererscheinungen zu sein. Wir fragen uns nur, was der Mönchsgeist wollte. Daß seine Kommunikationsversuche telepathischer Natur waren, ist unwahrscheinlich, denn dann hätten die Zeugen ihn verstehen müssen.[6]

Sehr selten hat ein Zeuge Gelegenheit, mit demselben Geist mehr als einmal zu sprechen. Genau das passierte aber Matthew Manning, einem Medium und Heiler. Er war damals noch ein junger Mann und lebte zu Hause in Linton, Cambridgeshire. Matthew entdeckte 1971 den Geist auf der Treppe. Er entschuldigte sich bei Matthew dafür, daß er ihn erschreckt hatte, und fügte hinzu, er müsse sich bewegen, um die Schmerzen in seinen Beinen zu lindern. Er erlaubte Matthew, eine kleine Zeichnung von ihm anzufertigen, bevor er die Treppe hinaufkletterte und auf dem Absatz aus seinen Augen verschwand. Im Jahr darauf sah Matthew ihn in einem der Schlafzimmer wieder. Sie schüttelten die Hände, obwohl Manning dabei nichts spürte — »meine Hand ging einfach durch seine hindurch.« Wieder klagte der Geist über seine Beine. Diesmal sah Matthew, wie er sich auflöste.

»Es war, als blickte ich auf einen Bildschirm, der langsam seine Farbe verlor. Die Gestalt von Robert Webbe begann an den Rändern zu verblassen, wurde gräulich, während sein Körper innen weiterhin farbig blieb. Ich konnte zusehen, wie dann die Farbe immer mehr verschwand... Binnen weniger als dreißig Sekunden war nach meiner Schätzung keine Farbe mehr zu sehen. Übrig blieb eine schattenhafte, graue Gestalt. Dann wurde auch das Grau blasser und blasser, und mir wurde klar, daß sich der Geist in Luft auflöste.«

Wenn Matthew dem Geist auch nicht oft begegnete und deswegen selten direkt mit ihm kommunizieren konnte, so hat der Geist doch durch Matthews Hand ein beachtliches Manuskript niedergeschrieben und ihm auf seine Fragen geantwortet. Auch für Hunderte alter Zeichen und Signaturen an der Wand eines der Schlafzimmer war der Geist verantwortlich. Außerdem gelang es Matthew auch, gedämpfte Stimmen und Geräusche vom Eßtisch, Rülpser inklusive, aufzunehmen. Die Fülle und Vielseitigkeit dieses Falls macht ihn zu einem der faszinierendsten Begegnungen mit Geistern, auf die wir gestoßen sind. Alle Einzelheiten sind in Matthew Mannings Buch *The Strangers* nachzulesen.[7]

Ein ähnlicher Fall ereignete sich im November 1984 in Dodleston, Cheshire (England). Ken Webster bewohnte dort ein Landhaus, in dem ein Poltergeist aktiv war. Einmal erschien auf seinem Computer-Bildschirm eine Botschaft in Form eines Gedichts. Ein paar Wochen später fand Webster die nächste Botschaft, in einem spätmittelenglischen Dialekt verfaßt: »Welch fremde Worte du doch sprichst... Allein — ich muß gestehen, ich bin recht ungebildet... Und magst du auch ein guter Mensch sein und mit einer wunderbaren Frau in meinem Hause wohnen — es war nicht recht, mir dieses Haus zu rauben.« Als Ken beschloß, diese Botschaften zu beantworten, begann ein längerer Briefwechsel mit Tomas Harden, der behauptete, im 16. Jahrhundert in diesem Landhaus in Dodlestone gelebt zu haben. Er benutzte für seine Nachrichten nicht nur den Computer, sondern schrieb auch auf Blätter oder mit Kreide auf dem Boden. Was den Computer betrifft, so ist dies unseres Wissens der erste Fall, in dem ein Geist sich dieses Instruments bedient. Aber wir nehmen an, daß die Bewohner eines Geisterreichs (Oder in diesem Fall einer parallelen Zeitströmung?) dann, wenn sie kommunizieren wollen, auch mit modernen High-Tech-Anlagen umgehen können. Ein Schwindel scheint uns in diesem Fall unwahrscheinlich — er hätte eines allzu großen Aufwands bedurft. Sollte aber alles auf Wahrheit beruhen, dann sind die Umstände, wie schon im Manning-Fall, schon sehr an der Grenze des Unglaublichen. Vielleicht haben Wissenschaftler es deswegen bisher auch vorgezogen, solche Fälle zu ignorieren.[8] Alle Einzelheiten über die Tomas-Harden-Geschichte sind in Ken Websters Buch *The Vertical Plane* nachzulesen.

Am 12. Februar 1977 gab in der finnischen Hauptstadt Helsinki eine Frau in ihrer Wohnung einen Empfang, bei dem, wie sich später herausstellte, ein weiblicher Gast in Wirklichkeit ein Geist war. Man feierte die Promotion eines Freundes. Etwa 60 Gäste waren anwesend. Eine Frau war der Gastgeberin unbekannt. Sie trug altmodische Kleider und Schuhe und hatte keinen Mantel an, was angesichts des sehr kalten Wetters verwunderlich war. Sie schien sich in Begleitung eines der Professoren zu befinden, daher hielt die Gastgeberin sie für dessen Frau.

Später kam die Frau zu ihr in die Küche und fragte, ob sie helfen könne. Die Gastgeberin lehnte ihr Angebot ab und sah danach die fremde Frau nicht wieder. Als sie einige ihrer Gäste auf die Fremde ansprach, stellte sich heraus, daß sonst niemand sie bemerkt hatte. Erst drei Jahre später konnte das Rätsel gelöst werden. Da stieß die Gastgeberin nämlich zufällig auf einen Aufsatz in einem Magazin über die Malerin Meri Genetz, die 1943, also 34 Jahren zuvor, gestorben war. Auf ihrem Selbstporträt und einigen Fotografien erkannte sie die Frau wieder. Meri Genetz hatte früher in der Wohnung, in der der Empfang stattgefunden hatte, gewohnt. Sie hatte sich für Spiritismus interessiert und in der Wohnung Séancen abgehalten. Die gegenwärtige Bewohnerin der Wohnung hatte bereits Zeichen ihrer Anwesenheit entdeckt, bevor sie Meri Genetz dann mit eigenen Augen sah. In einem anderen Fall begegnete sie auch noch dem Geist ihres toten Hundes. Sie hatte also offensichtlich selbst mediale Fähigkeiten.[9]

Vielleicht hauste der Geist der Meri Genetz ständig in dieser Wohnung, blieb aber meistens unauffällig. Oft erklären sich Bewohner von Häusern, in denen Seltsames geschieht, diese Dinge damit, daß es bei ihnen spuken müsse. In der Folge hören sie dann auch Geisterstimmen. So hörte eine Frau, die in einem Bauernhaus in Thatcham, Berkshire (England), wohnte, eine weibliche Stimme laut im dort üblichen Dialekt sagen: »Achten Sie auf meine Pastete!« Die Frau hielt sich zu dem Zeitpunkt in der Speisekammer auf. Sie war allein im Haus. Ein paar Monate später bekam sie Besuch von ihrer Mutter, und dieser fiel der Geist einer Frau auf, die einen Kinderwagen schob und von zwei Kindern begleitet wurde. Es war derselbe Geist, dessen Stimme zuvor schon gehört worden war, den sie aber auch jetzt nicht zu Gesicht bekam. Ihrer Mutter hatte sie zuvor nichts von dieser Stimme erzählt![10]

In einem Pub in Bourne, Lincolnshire (England), hörte man plötzlich das Schreien eines Babys. Die Frau des Wirts hatte gerade ein Baby bekommen, aber sie war sich sicher, daß das nicht ihr Baby gewesen war. Doch aus naheliegenden Gründen erzählte sie niemandem von der Geisterstimme, bis dann ihre Mutter, die im selben Haus wohnte, von sich aus bemerkte, sie habe ein anderes Baby weinen gehört. Zudem stellte sich heraus, daß es in beiden Fällen nicht unbedingt dasselbe Schreien gewesen sein mußte. Zieht man in Betracht, daß es in der direkten Nachbarschaft keine weiteren Häuser gab, läßt sich ausschließen, daß ein lebendiges Baby geweint hatte.[11]

Auch Fabrikarbeiter scheinen anfällig für Geisterstimmen zu sein. Während einer Nachtschicht hörten Arbeiter in einer Fabrik in Soham, Cambridgeshire (England), mysteriöse Stimmen. Außerdem sahen sie schattenhafte Gestalten. In Dunston, Tyne & Wear (England), hörte eine Putzfrau eines Tages im Jahre 1974 in der Frühe in einer Fabrik »einen gräßlichen Schrei«, dann rauschten die Spülungen in den Toiletten, und verschlossene Türen schlugen auf und zu. Einige Arbeiter behaupteten, sie hätten gehört, wie jemand »Maria« rief, begleitet von anderen merkwürdigen Geräuschen.[12] Manche Menschen haben auch Geister singen gehört. In Monkstown, Dublin (Irland), hat eine ganze Anzahl von Leuten die Stimme eines Mannes gehört, der mitten in der Nacht »Danny Boy« und »Old Man River« sang. Sie hörten ihn jede zweite Nacht, manchmal etwas weiter entfernt, manchmal wieder näher und lauter. Wenn Vollmond herrschte, war der Gesang jede Nacht und sehr vernehmlich zu hören. Ein Zeuge konnte die Stimme auch aufzeichnen. Dem Singen ging ein Hilferuf voraus, der aus der Ferne kam. Die Einwohner glaubten, es handle sich um die

Ruine der Palley Abbey, in der die Geister von singenden Mönchen spuken.

Stimme von Sir Valentine Grace, dem das Grundstück einmal gehört hatte, auf dem jetzt die Häuser standen. Er war dreißig Jahre zuvor gestorben. Sie meinten auch, die Geistererscheinung sei wohl dadurch herbeigelockt worden, daß ein Baum gefällt wurde. Als das Grundstück verkauft wurde, hatte man eine Übereinkunft unterschrieben, nach der dort kein Baum gefällt werden durfte.[13]

Auch Ewloe Castle in Clwyd (Wales) wurde von einem singenden Geist heimgesucht. Jedenfalls hatte ein früherer Schloßaufseher dreimal schönen Gesang gehört, der von einem Turm herunterschallte, jedesmal vor einem schweren Gewitter. Das führte zu der Theorie, der Wind habe Telefonkabel oder elektrische Leitungen zum Pfeifen gebracht — nur: Die gibt es nicht in der Nähe des Schlosses.[14] Ebenfalls in Wales hat man den Geistergesang von Mönchen in den stimmungsvollen Ruinen von Talley Abbey in Dyfed gehört.[15]

Auch in Amerika gibt es Orte, die von Gespenstern heimgesucht werden und an denen man ihre Stimmen hören kann. Besonders beliebt scheint der Point Lookout State Park in St. Mary's County, Maryland, zu sein; vor allem das Haus mit dem kleinen Leuchtturm, das zugleich ein ehemaliges Hotel ist. Gerald J. Sword, der im Januar 1973 dort einzog, hörte in den zwanzig Räumen immer wieder Geräusche — Füße stampften, Dinge fielen zu Boden, Möbel wurden gerückt, Türen gingen auf und zu, Stimmen waren zu hören. Nachts wurde er von einem Gewirr von Stimmen geweckt, als er aufstand und nach der Ursache suchte, folgte er den Stimmen hinaus zum Tor, von dort zum Nachbargebäude und wieder weiter, einmal hierhin, einmal dorthin. Jedesmal, wenn er ihnen folgte, nahmen die Stimmen denselben Weg. Zu sehen war nie etwas. Während des amerikanischen Bürgerkriegs befand sich an dieser Stelle ein Kriegsgefangenenlager.

Der Leuchtturm von Point Lookout.

Mr. Sword fragte sich, ob es wohl die Stimmen kranker und sterbender Gefangener waren, die er hörte. Er erlebte viele seltsame Dinge in dem Haus. Dazu gehörten auch direkte Kontakte mit einem Geist. Als das Gespenst gerade einmal besonders aktiv war, schaltete Sword sein Tonbandgerät ein. Auf diese Weise erhielt er eine ungewöhnliche Aufnahme, in der eine weibliche Stimme sagte: »Stimmen wir dem doch zu, was sie tun.« Auch eine singende Männerstimme war zu hören. Parapsychologen, die die Erscheinungen später erforschten, nahmen mit ihren Tonbandgeräten ebenfalls ungewöhnliche Stimmen auf. Einige dieser Stimmen sprachen von Dingen, die offensichtlich mit dem Ort als einem ehemaligen Lager zu tun hatten. »Impfstoff!« sagte eine weibliche Stimme aus der Gegend des damaligen Lazarettbereichs. »Sofort feuern, wenn sie euch zu nahe kommen«, sagte eine männliche Stimme im Bereich der alten Straße, auf der die Gefangenen hereinzumarschieren pflegten. »Helfen Sie mir!« und »In schlechter Verfassung« konnte man wiederum im Lazarettbereich hören.[16]

Geisterstimmen kann man also nicht nur im Innern von Häusern hören, wie diese Schilderungen bereits zeigen. Im Juli war eine seltsame Stimme auf einem Friedhof in Butler, New Jersey (USA), zu hören. Daher betrat am 13. Juli eine Untersuchungskommission der örtlichen Bürgerschaft spätnachts den Friedhof, um Berichte zu überprüfen, nach denen »in den vergangenen zehn Nächten jemand, der am Friedhof entlangging oder sich im nahe gelegenen Wald befand, von einer Stimme gegrüßt wurde, die aus den Baumwipfeln, vom Boden und von oben aus der Luft zu kommen schien«. Erster Zeuge war der Streifenpolizist Thomas Spring gewesen. »Er gab an, daß er auf dem Heimweg gegen Mitternacht einen Schrei aus dem Wipfel eines Baumes hörte, dem ein langes Stöhnen folgte. Dieses endete plötzlich in einem wilden, gackernden Gelächter. Als er zu dem Baum hinaufschaute, schien die Stimme hoch in die Luft davonzuziehen und ein paar Meter weiter wieder auf einen anderen Baum herabzusinken. Mr. Spring war überrascht, ging der Sache aber nicht weiter nach.« In der Folge wurde die Stimme von vielen Menschen gehört, manche hörten auch Drohungen oder »flehentliche Hilferufe«. Mr. und Mrs. Roland Marcus aus Butler wurden über mehrere Meilen auf der Straße von der Stimme verfolgt. »Es heißt, die Stimme habe in diesem Fall zuerst laut ›Hilfe!‹ gerufen, dann ein warnendes ›Aufpassen!‹, dann folgte ein dämonisches Lachen und schließlich ein Stöhnen. Die Stimme schien zeitweise einem Mann zu gehören, der sich hinter ihnen auf der Straße befand, dann kam sie wieder aus der Höhe der Telegrafendrähte über ihren Köpfen.«

Über das Ergebnis dieser Friedhofsexkursion schweigt die Presse zwar in ihren Berichten, aber dafür erfährt man einiges über die Theorien der Einheimischen, woher diese Stimme wohl stammen könnte. Die meisten verschmähten jede übersinnliche Erklärung. Nur einige erinnerten sich an die Taten des legendären »Jersey Devil«, der zu Anfang des Jahrhunderts sein Unwesen trieb. Ob er Butler nun wieder besucht hatte? Am weitesten verbreitet war die Annahme, »irgendein Wissenschaftler habe die Radiotechnik weiterentwickelt und sende jetzt aus seinem Laboratorium in der Nähe dieses Seufzen und Stöhnen und die Schreie so, daß sie immer an bestimmten Stellen zu hören waren. Diese Theorie wurde dadurch gestützt, daß einige Zeugen behaupteten, die Geisterstimme habe einen hohlen Klang gehabt, unmenschlich, als komme sie aus einem mechanischen Verstärker.«[17] Wir werden nie erfahren, welche Erklärung die richtige war — aber wenn jemand aus Butler oder Umgebung diese Zeilen liest und Licht auf das Rätsel werfen kann, würden wir uns freuen, von ihm zu hören.

Zu den unerklärlichen Stimmen im Freien gehören auch die Hilferufe, die angeblich von einem Felsen im Dongting-See in der chinesischen Provinz Hunan kamen. Doch bei ihnen könnte es sich auch um die Hilferufe ertrunkener Seeleute handeln, die irgendwie in dem Felsen gespeichert wurden und jetzt ertönen, wenn die Bedingungen günstig sind.[18] Andere Fälle, die mit diesem vergleichbar sind, werden in diesem Kapitel etwas später behandelt. In Südafrika gab es in Daveyton, Witwatersrand, einen Baum, der jedes Jahr von September bis Februar »weinte« — wohl ein natürliches Phänomen —, aber zugleich soll er auch gesprochen haben. Leider führt der Bericht nicht an, was er sagte.[19]

Die Stimme, die man seit 1972 auf dem Friedhof von Arapaho, Oklahoma (USA), hörte, wurde sofort als die des gerade beigesetzten George Smith identifiziert. Er rief: »Oh, nein! Oh, mein Gott! Robina konnte nicht gerettet werden!« Er hatte nie den Verlust seiner neunzehnjährigen Tochter bei einem Autounfall im Jahr 1936 überwinden können. Die Befürchtung, daß sie dabei auch ihr Seelenheil verloren haben könnte, verfolgte ihn sein ganzes Leben lang. Er wurde neben seiner Frau und seiner Tochter beigesetzt. Einheimische hörten sein Rufen jahrelang. Unter den Zeugen befanden sich auch Cecil und Sharon Rutherford, die 1980 auf dem Friedhof ein Grab schmückten, als sie »ein tiefes Grunzen« hörten. »Dann weinte eine dunkle männliche Stimme tieftraurig und sagte, daß Robina nicht gerettet werden konnte.« Als sie fünfzehn Meter von der Gruft der Smiths entfernt waren, hörten sie das Weinen wieder, aber sie fanden keinerlei Hinweise darauf, daß es sich um einen Scherz gehandelt hätte. Ein Priester, der am 13. März 1979 auf dem Friedhof eine Beerdigung vornahm, hörte die Stimme ebenfalls. Arthur Turcotte, ein Geologe, der in seiner Freizeit parapsychologische Forschungen durchführt, besuchte Arapaho, um eine natürliche Erklärung für das Phänomen zu finden. Tatsächlich hörte auch er die Stimme und das, was sie zu verkünden hatte.[20]

Einige der Geisterstimmen, von denen wir berichtet haben, wurden an Stellen gehört, an denen sich auch andere seltsame Dinge ereignen, wenn es auch nicht zwangsläufig dazugehört, daß Geisterstimmen von Erscheinungen oder anderen übersinnlichen Phänomenen begleitet werden. Menschen, deren Häuser von Poltergeistern heimgesucht werden, hören auch noch Geisterstimmen, mit denen sich diese Erscheinungen zusätzlich bemerkbar machen. Der außergewöhnlichste Fall in diesem Zusammenhang kommt zwar streng genommen für unser Buch nicht in Frage, da er im Jahre 1889 stattfand, aber wir können doch der Versuchung nicht widerstehen, ihn wenigstens kurz zu erwähnen. Ort des Geschehens war die Farm der Familie Dagg in Clarendon bei Shawville, Quebec (Kanada). Im Herbst 1889 gab es dort einen Poltergeist-Ausbruch. Gleichzeitig wurde aber auch ein Geist in verschiedenen Gestalten wahrgenommen, der dazu noch sprach. Nicht nur die Nachbarn, auch Percy Woodcock, ein erfolgreicher Künstler aus Ontario, der sich für übersinnliche Vorgänge interessierte, hörte von der Geschichte und reiste nach Clarendon, um die Vorfälle zu untersuchen. Tatsächlich sprach der Geist mehrere Stunden lang mit ihm. Die ganzen Vorgänge schienen sich auf die elfjährige Dinah zu konzentrieren, ein Mädchen, das bei der Hausarbeit aushalf. Aber Woodcock war überzeugt, daß sie mit ihrer hellen Stimme niemals die rauhe Tonart des Geistes hätte nachahmen können. Tags darauf fanden sich viele Menschen auf der Farm ein, weil sie gehört hatten, der Geist habe versprochen, das Haus endlich zu verlassen. Alle konnten ihn hören, darunter auch ein baptistischer Geistlicher, der versuchte, an dem Mädchen einen Exorzismus vorzunehmen. Der Geist lachte los und gab ihm den Rat, sich lieber seinem Hobby zu widmen und fleißig zu fotografieren. Die Stimme zeigte intime Kenntnisse über jede anwesende Person. Niemand fand einen Anhaltspunkt, wer hier einen Schabernack getrieben haben könnte. Schließlich brachte die Stimme die Versammlung dazu, stundenlang Choräle zu singen und schied dann für immer von ihnen.[21]

Wir wissen von keinem neueren Fall, in dem eine Stimme so lange gesprochen hätte. Bei den meisten Poltergeist-Ausbrüchen sind Stimmen, wenn überhaupt, nur kurz zu hören. Im März 1984 stürzten in Santa Fé (Argentinien) Felsbrocken und Steine auf ein Haus. Gleichzeitig sprangen Türen auf, und Schreie wurden gehört, darunter »Mutter, Mutter!«.[22] Eine Familie in Hackettstown, New Jersey (USA), erlebte eine ganze Palette von Poltergeist-Aktivitäten in den

Jahren 1973 bis 1976. Dazu gehörten Männerstimmen in einer Ecke des Schlafzimmers, deren Worte im einzelnen nicht zu unterscheiden waren, und eine singende weibliche Stimme.[23] Bei einem Poltergeist-Ausbruch in Leesburg, Florida (USA), der Anfang 1978 begann, wurden unerklärliche Stimmen über das Telefon gehört. Eine fremde Stimme schaltete sich plötzlich in ein Gespräch ein, identifizierte die Person, die am Hörer war, und gab dem anderen Gesprächspartner einschlägige Informationen. Dabei bediente sich die Stimme einer üblen Ausdrucksweise, wie das für sprechende Poltergeister typisch zu sein scheint. Ein paar Monate später kamen Stimmen sogar aus den Hauswänden, dann drangen sie direkt aus einem zehnjährigen Mädchen. All diese Vorgänge wurden von den üblichen Poltergeist-Erscheinungen begleitet, wie wir sie in Kapitel 1 beschrieben haben.[24] In einem älteren Fall — er datiert von 1919 — hatte sich ein Poltergeist auf den sechzehn Jahre alten Sisir Kumar in Suri, West-Bengalen (Indien), konzentriert, der ebenfalls Stimmen hörte. Sein toter Vater sprach zu ihm und gab ihm Anweisungen, wie er den »Geist« bekämpfen solle, der »dir zu schaden versucht«. Er hörte zudem einen weiblichen »Geist«, der vorgab, in einem früheren Leben Sisirs Frau gewesen zu sein.[25] In Spanien gibt es in dem Dorf Bélmez de la Moraleda ein Haus, das wegen der mysteriösen Gesichter berühmt wurde, die auf seinem Fußboden erschienen. Dort ereigneten sich noch weitere übersinnliche Dinge, zu denen auch mysteriöse Stimmen gehörten. Einige von ihnen wurden aufgezeichnet. Auf spanisch war da die Rede von »Geistern«, dem »armen Cico«, einem »Säufer«, einem »kleinen Enkelkind«, und einmal wurde die Frage gestellt, was einer »aus seinem Leben machen wird«. Außerdem war ein Weinen und Stöhnen zu hören.[26]

Manchmal klingen solche Stimmen, als kämen sie aus der Vergangenheit, manchmal aber auch, als kämen sie aus der Gegenwart. Beispiele dafür waren die Erscheinungen des Präsidenten Paasikivi, des Mönchs von Chester, des Geistes im Haus von Matthew Manning und des anderen »Geistes«, der sich mit Familie Dagg unterhielt. Ein weiterer Fall, der zu dieser Kategorie gehört, ist der der seligen Clelia Barbieri, die in der Nähe Bolognas den Orden der Suore Minime dell'Addolorata gründete, bevor sie im Jahr 1870 mit 23 Jahren starb. Auf dem Sterbebett versprach sie ihren sechs Mitschwestern, daß sie sie nie verlassen werde. Seitdem hat sie immer wieder an den Gesängen und Gebeten der Schwestern teilgenommen, nicht nur bei ihren Andachten in Italien, sondern auch in Afrika und Indien, wo der Orden Niederlassungen hat. In den verschiedenen Ländern wird natürlich die jeweilige Muttersprache gesprochen (Italienisch, Kisuaheli und Malayalam); die Stimme der seligen Clelia war dort jeweils in perfekter Aussprache zu hören. Sie wurde auch von jungen Novizinnen gehört, die von der Existenz dieses Phänomens gar nichts wußten und dementsprechend erschraken, bis ihnen die älteren Schwestern den Hintergrund und das Versprechen der seligen Clelia erklärten. Man hört ihre Stimme auch heute noch, wie eine der Schwestern bezeugt:

»Diese ›Stimme‹ spricht nie allein, sondern immer im Chor mit den anderen Nonnen, so als wäre sie noch lebendige Teilnehmerin an der Gemeinschaft der Schwestern. Ich kann dieses Gefühl ihrer Gegenwart bezeugen, weil ich selber dabei bin, wenn wir die Stimme hören und bei ihrem unerwarteten Erscheinen auch spüren, daß sie manchmal glücklich klingt und manchmal traurig. Sie bewegt sich auch von einem Teil der Kirche zum anderen und erweckt dadurch tatsächlich den Eindruck, unter uns zu sein. Das Gefühl ihrer Anwesenheit ist bisweilen so stark, daß ich kaum die Kraft habe, weiterzumachen, weil ich so aufgewühlt bin. Nicht alle Schwestern hören die ›Stimme‹, aber die, die sie hören, sind deswegen nicht ›heiliger‹ als die anderen. Auch von Menschen, die überhaupt nicht religiös sind, wurde die ›Stimme‹ schon gehört, ohne daß sie vorher von ihrer Existenz gewußt hatten.«[27]

Es ist schwierig, solche von vielen Zeugen erlebte Fälle auf Massenhalluzinationen zurückzuführen. Wir wollen uns das auch nicht anmaßen. Auch glauben wir nicht, daß Stimmen, die klingen, als kämen sie vom Tonband, halluziniert werden. Viel wahrscheinlicher ist es, daß sie tatsächlich von einer Art Tonband kommen, wenn auch nicht von einem Gerät konventioneller Bauart. Hier sollen jetzt noch ein paar Fälle dieser Art folgen, um die bereits angeführten Beispiele (wie »Achten Sie auf meine Pastete!«, das weinende Baby, das Geistersingen in Monkstown, die Stimmen im Point Lookout und die Stimme auf dem Friedhof von Arapaho) zu ergänzen.

Im englischen Somerset saßen im November 1986 abends eine Frau und ihre Freunde in einem Bauernhaus zusammen, als sie Stimmen hörten, denen »ein Klicken genau wie beim Einschalten eines Radios« vorausging. Die Stimmen klangen wie ein Gespräch unter Erwachsenen, aber die Frau konnte keine einzelnen Worte heraushören. Nach zwei Minuten kam wieder das Klicken, und die Stimmen verstummten. In derselben Nacht ereignete sich das Ganze noch einmal genau nach dem gleichen Muster, dann wieder am Morgen, als die Frau versuchte, ihren verlorenen Schlaf nachzuholen. Diesmal konnte sie jemanden sagen hören: »Sag Tante Emmie [oder ein ähnlicher Name] nichts auf dem Weg zur Kirche.« Später erfuhr sie, daß die Hausherrin das gleiche auch schon gehört hatte, und zwar jede Woche ungefähr einmal. Es gab keinen offensichtlichen Grund für das Auftauchen der Stimmen. In dem Haus spukte es eigentlich nicht, obwohl man doch schon beobachtet hatte, wie eine Milchkanne durch die Luft schwebte, sich selbst entleerte und am Boden zerschellte. Es mußte also so etwas wie eine Quelle für psychokinetische Energien in dem Haus geben.[28]

Was die Frau berichtete, klingt nach der Wiedergabe eines Gesprächs, das einmal zu einer nicht genau bekannten Zeit in dem Haus tatsächlich stattfand. Es waren auch wieder zwei Frauen (diesmal allerdings gemeinsam), die in Frankreich am 4. August 1951 Stimmen aus der Vergangenheit hörten. Sie befanden sich in Puys in der Nähe von Dieppe im Urlaub. Sie wohnten in einem Zimmer in einem Haus, das während des Krieges von deutschen Truppen besetzt worden war. Um vier Uhr in der Frühe wurden sie von einem Geräusch wach, das sich wie ein Sturm auf See anhörte. »Es klang wie das Rauschen von Ebbe und Flut, und wir konnten genau Schreie, Rufen und Gewehrfeuer hören.« Sie gingen auf den Balkon hinaus und hörten vom Strand her »aus weiter Ferne Schreie, Gewehre und Wasserbomben. Mehrfach hörten wir auch gleichzeitig Artilleriefeuer. Der Donner wurde sehr laut.« Um 4.50 Uhr hörte der Lärm plötzlich auf, um 5.05 Uhr begann er wieder und ging bis 7.00 Uhr mit mehreren Unterbrechungen weiter, bis die Zeuginnen einschliefen. Ein paar Tage später hörte eine der Frauen wieder ähnliche Geräusche, allerdings »ferner und nicht so deutlich«. Am Ende »sang eine Menge Männer«. Ihre Erlebnisse schrieben die Zeuginnen noch am selben Tag, also in frischer Erinnerung, auf. Sie hatten wohl die Schlacht gehört, die in Dieppe am 19. August 1942 im Zweiten Weltkrieg stattgefunden hatte. Nachdem aber sonst niemand die Geräusche hörte, kam während der Nachforschungen die Theorie auf, der »Schlachtenlärm« könnte in Wirklichkeit eine Mischung aus natürlichem Meeresrauschen, dem Motorgeräusch eines Flugzeugs auf der Route London—Paris und dem Lärm eines Baggers gewesen sein, der damals etwa zwei Kilometer entfernt im Hafen von Dieppe arbeitete.[29] Im nachhinein ist es nicht mehr möglich, festzustellen, ob diese Erklärung zutrifft oder ob sich die Zeugen vielleicht auf irgendeine Weise in eine »Erinnerung« an den Angriff auf Dieppe von 1942 eingeschaltet hatten.

Wenn die Theorie auch noch nicht wissenschaftlich akzeptiert ist, daß jemand sich in eine »Aufzeichnung« einschalten kann, die in der Vergangenheit einmal »aufgenommen« wurde, so wird sie doch dadurch stichhaltig, daß der Vorgang so oft bezeugt ist. Am bedeutendsten in dieser Hinsicht sind wohl die Vorgänge, die aus Kenfig in Mid-Glamorgan (Wales) aus einem Wirtshaus namens »Prince of Wales« gemeldet wurden. Der Besitzer hatte behauptet, er habe in seinem Pub Geisterstimmen und Orgelmusik gehört. Darauf machten der Elektroingenieur John Marke und der Chemiker Allan Jenkins ein erfolgreiches Experiment: Sie legten des Nachts, als der Pub geschlossen war, Elektroden an eine Mauer des Hauses und konnten so die Töne aufzeichnen. Sie brachten die Elektroden auf eine Spannung von 20000 Volt, schalteten die Tonbandgeräte ein, schlossen den Raum ab und ließen die Geräte vier Stunden lang laufen. Als sie die Bänder abhörten, stellte sich heraus, daß die verschiedensten Töne darauf waren, unter ihnen auch Stimmen, Orgelmusik und eine tickende Uhr (Während der Aufnahme hatte sich keine Uhr im Zimmer befunden.). Die gesprochenen Worte waren nicht zu verstehen, sie könnten Walisisch gewesen sein. Man nimmt an, daß die Mauersteine vielleicht Substanzen enthalten, die ähnlich auch in den Beschichtungen von Tonbändern vorkommen, zum Beispiel Quarz und Eisenoxid. So könnten in den Steinen gespeicherte Töne abgerufen werden können, wenn die Elektronen im Quarz aktiviert werden.[30] Soweit wir wissen, ist man dieser erstaunlichen, aber denkbaren Möglichkeit bislang kaum nachgegangen. Aber sollte sich herausstellen, daß die »Aufnahmen« von Kenfig echt sind und damit tatsächlich Aufzeichnungen aus der Vergangenheit des Pub existieren, dann gibt es keinen Grund, den gleichen Vorgang nicht überall für möglich zu halten. Ebenso gibt es keinen Grund, dieses Experiment nicht in anderen steinernen Gebäuden, in denen es »spukt«, zu wiederholen — zum Beispiel in alten Kirchen. Einige der Fälle von Geisterstimmen, die wir hier behandelt haben, könnten so erklärt werden, zum Beispiel die Geschichte von dem chinesischen Felsen.

Tonbandaufnahmen von Geisterstimmen sind auch anderswo gemacht worden, zum Beispiel in Point Lookout in Maryland (USA), worüber wir schon berichtet haben. Einer der Parapsychologen, die dort Aufnahmen machten, war Mike Humphries, Anthropologe und Direktor des St. Clement's Island Museum. Er hat auch an verschiedenen anderen Orten in Maryland Stimmen von Geistern aufgezeichnet. Gewöhnlich hört er diese Stimmen nicht während der Aufnahme, sondern erst dann, wenn die Bänder wieder abgespielt werden. Er fragt nach längst verstorbenen Bewohnern der Häuser, die er untersucht, und hofft, daß sie ihm antworten. Einmal sprach eine Stimme von »dieser Seite des Todes«. In einem anderen Fall konnte er zunächst »nicht die Quelle einiger rätselhaften Schnalzlaute bestimmen. Nach Rückfrage beim Besitzer des angeblichen Spukhauses ergab sich dann, daß der frühere, jetzt hier spukende Besitzer einen Schlaganfall erlitten und sich daher mit Schnalzlauten verständigt hatte, bevor er starb.«[31]

Während der Arbeit für ihren Verein, des Southern Maryland Psy-

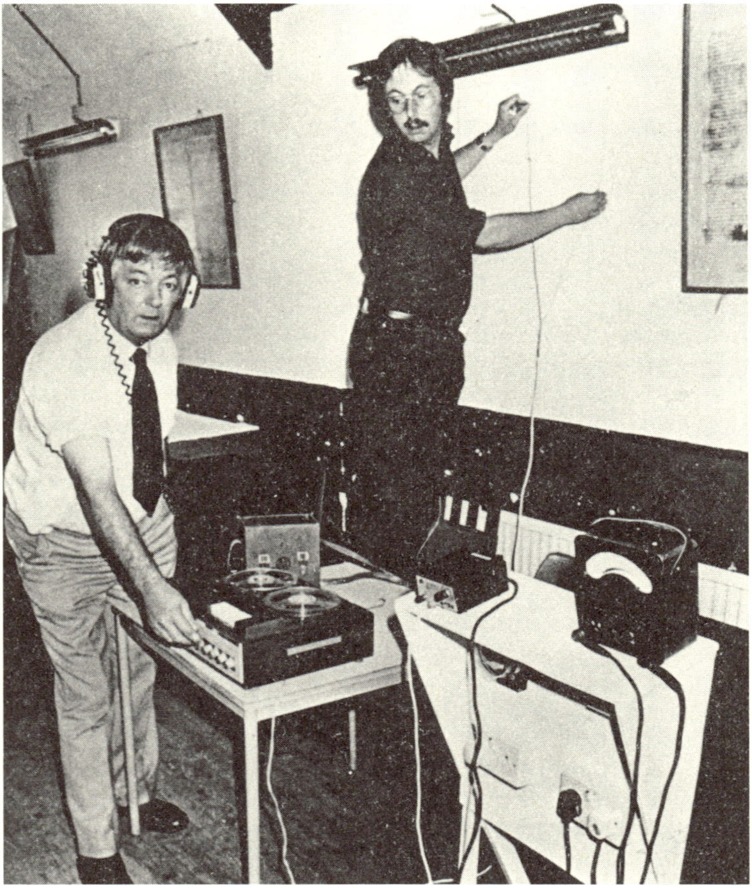

John Marke und Allan Jenkins bei den Vorbereitungen für die Tonbandaufnahme von Geisterstimmen in Kenfig, 1982.

chic Investigations, haben Mori Mellott und Lynda Andrus ebenfalls Tonbandaufzeichnungen von Geisterstimmen gemacht. Ihre Hauptaufgabe sehen sie darin, »Geistern zu helfen, die zwischen dem Hier und dem Drüben feststecken. Lange Zeit begreifen sie nicht, daß sie tot sind. Unser erstes Ziel ist daher, einen Kontakt zu ihnen herzustellen und ihnen zu erklären, daß dies hier das zwanzigste Jahrhundert ist. Oft freuen sie sich darüber und gehen ins Jenseits.«[32] Ende 1986 untersuchte der Verein ein altes Haus in Calvert County, Maryland, in dem es angeblich spukte. Dort zeichneten sie verschiedene Stimmen auf, männliche und weibliche, die unter anderem wissen ließen: »Hier bin ich«, »Was kann ich für Sie tun«, »Ich mag Sie«, »Sie wollen mich umbringen«, »Ich habe für dich getötet« und »Er ist dem Grabe nahe«.[33]

Gerät man unerwartet in den Besitz ähnlicher Aufnahmen, fürchtet man sich eher als wenn man sie unter experimentellen Bedingungen absichtlich gewinnt. Im August 1986 fand die dreizehn Jahre alte Dawn Dearden eine Botschaft auf einem alten Tonband in ihrem Haus in Kilnhurst, South Yorkshire (England). Auf dem Band sollte eigentlich ihre eigene Stimme aus der Zeit, als sie sieben war, sein. Aber an einer Stelle hörte man die Stimme eines anderen Kindes sagen: »Wiedergeboren, um nie zu sterben. Wieder in deine Familie geboren. Ich bin wiedergeboren, ich bin wiedergeboren.« Niemand erkannte die Stimme. Sechs Jahre lang lag das Band in einer Kiste verschlossen. Dawns Mutter meinte: »Dawn und Clare kamen die Treppe heruntergerannt, als sei ein Geist hinter ihnen her. Sie waren furchtbar aufgeregt. Wir hatten uns die Bänder drei Wochen zuvor angehört, und damals war die Botschaft bestimmt nicht darauf gewesen. Niemand hätte sie auf das Band kopieren können, ohne dabei zugleich die Aufnahme von Dawn zu löschen. Das Band hat niemals dieses Haus verlassen und wir verfügen nicht über die Ausrüstung, die man bräuchte, um die Stimme etwa über die von Dawn zu legen, das Band also zu mischen.«[34]

Woher stammen diese aufgezeichneten Stimmen? Sind sie bewußt oder unbewußt auf das Magnetband geraten, etwa genau durch die Leute, die sie dann »entdecken«? Verfügen die Leute, die damit zu tun haben, vielleicht über psychische Energie, die ihnen diese Aufnahmen ermöglichen? Stammen die Aufzeichnungen aus der Vergangenheit? Oder sind es die Stimmen von Toten?

In unserem Jahrhundert hat es immer wieder Experimente und Behauptungen gegeben, die Toten würden manchmal zu uns sprechen. Zu Anfang gelang diese Kommunikation angeblich nur mit Menschen als direkten Medien. Ein verdunkeltes Zimmer für die Séance und ein Medium, das sich in Trance befand, waren die Voraussetzung, bevor der Tote sich meldete. Oft kündigte sich der Geist mit Trompetenschall an, während Lichtzeichen die Stelle markierten, an der er schwebte; manchmal kamen die Töne auch aus Trompeten aus Ektoplasma, das durch das Medium erzeugt wurde. Objektiv gesehen scheinen das höchst unwahrscheinliche Kommunikationsgewohnheiten von Toten zu sein. Sicherlich hat es von Generation zu Generation eine Menge betrügerischer »Medien« gegeben. Aber grundsätzlich bleibt die Möglichkeit, daß bestimmte Medien tatsächlich in der Lage waren, einen Kanal zu schaffen, durch den der Tote sprechen konnte. Ein Fall aus jüngster Zeit, der in Chicago, Illinois (USA), stattfand, zeigt, wie unklug es wäre, diese Möglichkeit ganz zu leugnen. Am 21. Februar 1977 wurde Teresita Basa in ihrer Wohnung erstochen aufgefunden. Im Juli desselben Jahres geriet Remibios Chua, die mit der toten Frau zusammengearbeitet hatte, dreimal in Trance und sprach mit Teresita Basas Stimme. Sie erzählte dabei ihrem Mann, Dr. José Chua, daß Allan Showery, der im selben Krankenhaus gearbeitet hatte, der Mörder sei. Showery wurde festgenommen und unter Anklage gestellt, nachdem die Polizei, von Frau Chua unterstützt, die Beweise geliefert hatte. Der Beschuldigte gestand schließlich den Mord und den Raub der Juwelen des Opfers.[35] Es ist möglich, daß Frau Chua bei der Arbeit an der Seite Showerys bewußt oder unbewußt Hinweise aufgeschnappt hatte, die ihren Verdacht nährten. Vielleicht hat sie die Trancezustände nur vorgetäuscht, um einer direkten Konfrontation aus dem Wege zu gehen. Es ist aber auch möglich, daß die tote Teresita Basa durch sie gesprochen hat.

Eine andere Methode der direkten Kommunikation kann sich durch das sogenannte »elektronische Stimmphänomen« vollziehen. Friedrich Jürgenson entdeckte es 1959 in Schweden. Unabhängig von ihm stieß auch das Medium Attila von Szalay in den USA nach jahrelangen Versuchen zusammen mit dem Parapsychologen Raymond Bayless auf das Phänomen. Jürgensons Arbeit wurde in Europa von Dr. Konstantin Raudive, einem in Deutschland lebenden Letten, bis zu seinem Tod im Jahre 1974 fortgesetzt. Er zeichnete Tausende von »Geisterstimmen« auf, und die Erforschung dieses merkwürdigen Phänomens wurde von anderen Untersuchern weiter fortgeführt. Die Methode, nach der diese Stimmen auf Tonband gebannt werden, ist zu kompliziert, als daß wir sie hier beschreiben könnten. Manchmal können die Stimmen sogar Antworten auf Fragen geben, die die Forscher ihnen stellen. Aber ob es sich bei ihnen tatsächlich um die Stimmen von Toten handelt, ist noch immer unsicher. Eine andere Erklärung wäre, daß die Forscher selber unbewußt auf dem Wege psychokinetischer Energie die Stimmen auf das Tonband bannen oder die Stimmen durch psychische Umwandlung des Rauschens aus dem Radio entstehen, das vom Band mit aufgezeichnet wird. (Es hat sich herausgestellt, daß die Stimmen besser herauskommen, wenn dieses Rauschen im Hintergrund nicht weggefiltert wird.) Wie immer es sich erklären läßt, dieses Phänomen ist sehr real und sehr erstaunlich, denn die Stimmen klingen oft sehr klar und übermitteln bedeutsame Botschaften.[36]

Ein ähnliches Forschungsprojekt ist das sogenannte »Spiricom«. Es wurde in den Vereinigten Staaten von William O'Neil entwickelt, einem Parapsychologen, der sich mit elektronischen Experimenten beschäftigte. Unterstützt wurde er von George W. Meeks »Meta-Science Foundation« in Franklin, North Carolina. Im Jahr 1980 konnte O'Neil einen Kontakt mit dem 1966 verstorbenen Dr. George Jefferies Mueller herstellen. Achtzehn Monate lang kommunizierten sie miteinander. Muellers Stimme ist auf Band gespeichert und wurde analysiert. Ein Experte ist der Meinung, die Stimmen seien mit Hilfe eines künstlichen Kehlkopfs hergestellt worden, aber diese Hypothese ist nicht schlüssig bewiesen.[37] Die neueste Entwicklung auf diesem Gebiet der Kommunikation vollzieht sich via Fernsehen. Es gibt Forscher in Luxemburg und in der Bundesrepublik Deutschland, die behaupten, über Videobänder von toten Personen zu verfügen, die sich auf dem Bildschirm sichtbar bewegen.[38]

Mediale Trompeten, Bandgeräte, Spiricom-Geräte, Videoaufzeichnungen — die Toten scheinen begierig und mit allen Mitteln Kontakt zu suchen. Haben sie sich auch schon des Telefons bedient? So unglaublich es erscheinen mag, es gibt tatsächlich eine ganze Reihe von aufgezeichneten Telefongesprächen, bei denen der Anrufer ein Toter war. Manchmal wußten die Empfänger, daß der Anrufer tot war, jedoch nicht immer. Ein jüngerer Fall mag eine Ahnung davon vermitteln, welche Erfahrung das ist. (Viele weitere Fälle inklusive einer Diskussion der Mechanismen und Begleiterscheinungen finden sich in dem Buch *Phone Calls From the Dead* von D. Scott Rogo und Raymond Bayless; hier wird auch auf andere elektronische Methoden für die Kontaktaufnahme mit den Toten eingegangen.) Im Oktober 1987 kam es in Indianapolis, Indiana (USA), zu einer Katastrophe, als ein führerloses Düsenflugzeug auf das Hotel »Ramada Inn« stürzte und explodierte. An dem schicksalhaften Tag hatte gerade der 21 Jahre alte Christopher Evans Dienst am Empfang. Ein Verwandter rief seine Eltern an und informierte sie, daß mit dem Hotel etwas passiert sei. Sie wollten sich gerade auf den Weg machen, um selber nachzusehen, da läutete das Telefon erneut. »Ich sagte: ›Hallo!‹«, erinnert sich Mrs. Evans. »Er sagte: ›Hallo, Mom!‹ Ich sagte: ›Bist du das, Chris?‹ Er sagte: ›Ja.‹ Ich sagte: ›Bist du verletzt?‹ Er sagte: ›Nein, Mom, mir geht es gut.‹« Die Evans waren erleichtert, fuhren aber zum Hotel, um Christopher abzuholen. Dort aber wurde er vermißt, und sie erfuhren später, daß er tot war. Vertreter der Behörden spekulierten darüber, Mrs. Evans könnte gerade in dem Augenblick mit ihrem Sohn gesprochen haben, als das Flugzeug auf das Hotel stürzte. Durch den Aufschlag sei dann das Gespräch unterbrochen worden. Aber Mr. und Mrs. Evans blieben dabei, daß der Anruf eine halbe Stunde nach der Katastrophe bei ihnen angekommen sei.[39] Ein wahrlich verwirrender Fall, aber es gibt viele ähnliche.

Schneemenschen in aller Welt

Die meisten Menschen in der westlichen Welt haben wohl vom Yeti gehört oder von dem »Schneemenschen«. Und viele Leute wissen auch, daß es angeblich einen ähnlichen Tiermenschen in Nordamerika gibt, den Bigfoot oder Sasquatch (vgl. Kapitel 2). Aber nur wenigen ist bewußt, daß es aus vielen Gegenden der Welt solche Berichte gibt. Wie wir sehen werden, beschreiben sie indessen nicht immer den gleichen Typ. Manche der Wesen sind menschenähnlich, andere tierähnlich, und sie variieren in der Größe. In Mittelamerika, besonders in Belize und Guatemala, kennt man sie als »Zwergwesen« unter dem Namen »Dwendis« oder »Duende«. Sie sind etwa 1.00 bis 1,40 Meter groß, haben ein dichtes Fell wie Hunde, flache gelbliche Gesichter und leben im Wald.[1] In Ecuador und Kolumbien kennt man sie als »Shiru«, in Guyana, Surinam und Französisch-Guayana heißen sie »Didi«. Erst 1986 bzw. 1987 hörte ein Amerikaner, der in den Wäldern von Guyana auf Pilzsuche war, im trockenen Laub Schritte. Als er aufsah, stand eine Gestalt vor ihm, die »vom Kopf bis zu den Zehen behaart war«. Dieser 1,50 Meter große Affenmensch »bewegte sich wie ein Mensch und hörte sich auch so an, aber es war keiner«. Er zog langsam an ihm vorbei, machte dabei ab und zu ein schnaufendes Geräusch und hatte den vorsichtig heranschleichenden Pilzfreund offensichtlich nicht bemerkt.[2]

Weiter südlich in Brasilien soll es den »Mapinguary«, ein viel größeres und furchteinflößendes Wesen, geben. Es lebt größtenteils in den Amazonas-Provinzen Mato Grosso und Goyaz sowie in Guaporé und Acre an der bolivianischen Grenze. Man hat dort totes Vieh gefunden, dem die Zunge herausgerissen worden war. Man nimmt an, daß es diesen Wesen zum Opfer gefallen ist. Ein Brasilianer, der 1930 an einer zehn Mann starken Expedition teilnahm, sah bei dieser Gelegenheit ein Wesen, das er für einen »Mapinguary« hielt. Sie befanden sich im Dschungel in der Nähe des Urubú-Stromgebiets, als er den Kontakt zu den anderen verlor. Als die Nacht kam, kletterte er auf einen hohen Baum. Plötzlich hörte er ein lautes Schreien, das wie von einem Menschen klang und näher kam. Als er deutliche Schritte hörte, lud er sein Gewehr durch. Dann sah er auf der 40 Meter entfernten Lichtung die dunklen Umrisse einer menschlichen Gestalt. Beim nächsten Schrei feuerte er. Das Wesen suchte Deckung und knurrte schrecklich. Der Mann schoß noch einmal, und das Wesen flüchtete sich in den Wald, wobei es immer noch knurrte. Bei Morgengrauen entdeckte der Mann Blutspuren zwischen den Büschen und bemerkte einen »durchdringend sauren Geruch«. Das erinnert uns an den üblen Geruch, von dem auch die Bigfoot-Beobachter oft berichteten.[3]

Oberstleutnant P. H. Fawcett, der bekannte Entdecker, begegnete im Urwald »Unholden«, die zwar ein Fell hatten, aber menschenähnlich aussahen und sogar mit Pfeil und Bogen bewaffnet waren. Das ereignete sich um 1914 in Brasilien in der Cordilheira nahe der Grenzen zu Bolivien. Die »Unholde« lebten in einem primitiven Hüttendorf, und als Fawcett und seine Begleiter dort auftauchten, sahen sie »große affenartige Untiere« vor sich, »die sich kaum über den Stand des Tierischen hinaus entwickelt zu haben schienen«, die Bogen schnitzten oder herumsaßen. Was dann geschah, schildert Fawcett so:

»Ich pfiff, und ein Wesen von gewaltiger Größe, behaart wie ein Hund, sprang in der nächstgelegenen Hütte auf die Füße, spannte blitzartig einen Pfeil auf seinen Bogen und kam, von einem Fuß auf den anderen tänzelnd, heran, bis es nur noch vier Schritte entfernt war. Es gab grunzende ›Öff! Öff! Öff!‹-Laute von sich und tanzte dabei weiter auf der Stelle. Plötzlich wurde der ganze Wald ringsum lebendig und die ganzen Affenmenschen kamen aus ihren Verstecken, grunzten ihr ›Öff! Öff! Öff!‹, tanzten genau wie der erste von einem Bein auf das andere und legten dabei ihre Pfeile auf die Bogen. Es sah nach einer ziemlich verzwickten Lage aus, in die wir da geraten waren, und ich fragte mich, wie sie wohl enden würde. Ich signalisierte ihnen Friedensangebote in Maxubi, aber sie achteten nicht darauf. Es war, als ob sie mit der menschlichen Sprache nichts anfangen könnten.«

Fawcett entging einer Katastrophe, indem er in den Boden schoß und dann in die Bäume, während die »Unholde« ihre Pfeile auf die Eindringlinge abschossen und sich schließlich zurückzogen. Die Einheimischen kannten diese »Unholde« und nannten sie »Maricoxis«.[4]

Weiter südlich, in Argentinien, treffen wir auf Geschichten über die »Ucumar« und die »Ucu«, behaarte Kreaturen, denen man am häufigsten am Fuß des Umahuaca und in der Provinz Salta begegnet.[5] Im Süden Argentiniens stießen 1976 Mitglieder einer Expedition, die auf dem Weg zum ewigen Eis in Südpatagonien waren, auf seltsame

Fußabdrücke im Schnee der Anden. Sie stammten von einem Wesen, das sich auf zwei Beinen fortbewegte, waren 15 Zentimeter lang und zehn bis zwölf Zentimeter breit.[6]

Blicken wir nun über den Atlantik nach Afrika und denken dabei an Ivan Sandersons Kommentar, daß »nur die Götter wissen, wie viele Gattungen von Lebewesen noch immer unerkannt durch die Berge und Wälder von Afrika schleichen«[7]. Das bestätigen auch Forschungen, die Jacqueline Roumeguère-Eberhardt vom Centre National de la Recherche Scientifique, Paris, in Kenia durchführte. Auf einer Pressekonferenz erklärte sie 1978 in Nairobi, sie hätte zehn Jahre lang Berichte über unbekannte Hominiden, die dort in den Wäldern lebten, gesammelt. Sie bezeichnete sie alle mit dem Kürzel »X«. Fünf Typen der Gattung »X« hatte sie herausgearbeitet. Die einen benutzten Keulen, mit denen sie Wild jagten, andere ernährten sich von Knollen, Beeren und Pilzen, wieder andere waren mit Pfeil und Bogen bewaffnet. Einen Bogen und Pfeile eines »X-5« zeigte sie vor der Presse. Die Eingeborenen der Gegend hatten solche Waffen noch nie zuvor gesehen und erklärten, bei Begegnungen hätten die »X« auf keine Sprache reagiert, auch nicht auf Massai und Suaheli. Außer Pfeil und Bogen trugen diese Hominiden auch Lederbeutel bei sich, in denen sie Nesseln und Honig transportierten. Ein Zeuge wurde einmal von einem »X« länger als eine Stunde gefangen gehalten. Er berichtete: »Augen, Nase und Mund waren wie von einem Menschen. Auch sein Gesicht war haarlos. Aber seine Stirn war sehr flach, eher wie bei einem Gorilla.« Ein anderer Zeuge sah einen Hominiden mit langen Haaren, die ihm fast bis auf die Fersen herunterhingen: »In seinen Haaren hatten sich Zweige und so viele Steine verfangen, daß ich ihn für ein Stück Felsen gehalten hätte, hätte er sich nicht bewegt.« Mme. Roumeguère-Eberhardt konnte von 33 Begegnungen in elf verschiedenen Waldgebieten erzählen und plante eine Expedition, um noch mehr über diese Waldhominiden zu erfahren. Denn sie glaubte, hier gebe es eine Brücke zwischen dem modernen Menschen und seinen vorsintflutlichen Vorläufern.[8]

Das Problem bei vielen rätselhaften afrikanischen Hominiden besteht darin, daß sie tatsächlich bislang unentdeckte oder falsch zugeordnete Affenarten sein könnten. Wer diesem Aspekt unserer Betrachtungen genauer nachgehen will, sei auf das Buch von Bernard Heuvelmans, *Les Bêtes Humaines d'Afrique,* verwiesen.[9] Neben Berichten über affenähnliche Wesen finden sich dort auch einige verläßliche Beobachtungen stark behaarter Pygmäen. Im Westen Afrikas kennt man sie in den Wäldern der Elfenbeinküste als die »Séhité« — Zwerge mit rötlichem Fell. Im Jahr 1947 sah ein junger Afrikaner einen von ihnen ganz nahe beim Institute of Education and Research in Adiopodoumé, nur knapp zwanzig Kilometer von Abidjan entfernt. Das Institut lag in einem dichten Wald, der aber regelmäßig von den Eingeborenen durchquert wurde. Sie wußten nichts von dort lebenden Pygmäen, deswegen kam die Meldung des Afrikaners auch unerwartet. Doch der Zeuge war seiner Sache sicher, seine Schilderung paßt auch zu anderen aus dieser Gegend. Er hatte den kleinen Mann mit dem rötlichen Fell und den langen Kopfhaaren nur kurz zwischen den Wurzeln einer Silbereiche gesehen. Als der Zwerg merkte, daß er nicht allein war, ergriff er die Flucht. Man glaubt auch weiter östlich in Tansania, daß dort behaarte Pygmäen leben, die um 1,20 Meter groß sein sollen und als »Agogwe« bezeichnet werden.[10] All diese Pygmäen könnten zu den Vorfahren der heutigen Pygmäen gehören, sie könnten aber auch Abkömmlinge der Australopithecinen sein, die vor rund 500 000 Jahren im südlichen Afrika lebten und von denen man fossile Reste gefunden hat.

Man glaubt, daß es auch in Asien noch viele verschiedene Arten von Hominiden gibt. Am bekanntesten ist natürlich der Yeti, dessen Territorium das Himalaja-Gebirge ist, das von Indien über Nepal bis Tibet reicht. Heutzutage melden die meisten Bergexpeditionen aus diesem Gebiet seltsame Fußabdrücke im Schnee. Die Lebewesen, von denen sie stammen, wurden aber nur selten gesehen. (Kurzbeschreibungen finden sich im Anhang.) Don Whillans hat im Juni 1970 ein Wesen gesehen, das ein Yeti gewesen sein könnte. Er bestieg den Annapurna und entdeckte Fußspuren im Schnee. In der Nacht darauf warf er einen Blick aus seinem Zelt, denn er hatte das Gefühl, daß sich das Wesen noch in der Nähe aufhalten könnte. Im hellen Mondlicht sah er eine Bewegung. Ein Wesen hüpfte auf schneebedeckte Bäume zu, wo es etwas aus den Zweigen riß. Er konnte es zwanzig Minuten lang beobachten und erkannte durch das Fernglas eine schwarze affenartige Gestalt. »Dann schien es ganz plötzlich zu merken, daß es beobachtet wurde, und es schoß den Abhang des Berges hinunter.«[11]

Selten kommen Besucher der Himalaja-Region dem Yeti noch näher. Am ehesten gelingt es den Einheimischen, ihnen Auge in Auge zu begegnen. So ging es zum Beispiel einem Sherpa-Mädchen, das im Juli 1974 in der Nähe von Pheriche in Nepal Ochsen hütete. Sie saß am Ufer eines Flusses, als sie ein Geräusch hörte. Sie wandte sich um und sah einen Yeti mit schwarzen und braunen Haaren, großen Augen und hervortretenden Backenknochen. Er packte sie und trug sie ein Stück fort, ließ sie aber wieder fallen, weil sie schrie und strampelte. Dann tötete der Yeti zwei Ochsen, den einen mit einem Schlag, den anderen, indem er ihm das Genick brach.[12] Dieser mißlungene Entführungsversuch ist schon deswegen interessant, weil es aus Kanada gleichlautende Berichte über Entführungen gibt, ebenfalls aus China, wo Bauern erzählten, sie seien von wilden, behaarten Frauen vergewaltigt worden.

Eine weitere nahe Begegnung zwischen einem Yeti und einem Eingeborenen fand in Indien gegen Ende Januar 1987 statt. Ein siebzehnjähriger Junge, der in einem Dorf im nördlichen Kaschmir wohnte, trat abends um 21.30 Uhr mit seinem Feuertopf (einem Topf aus gebranntem Ton, in dem sich Asche befand) vor sein Haus und wurde von einem 1,20 Meter großen, behaarten Wesen angegriffen, das auf zwei Beinen stand. Er schlug mit dem Feuertopf zurück, es rannte dann quiekend davon. Zwei Dorfbewohner hörten das Quieken und sahen hinaus. Sie bemerkten, daß sich das Wesen aufrecht auf zwei Beinen bewegte und ganz wie ein Mensch über einen Graben sprang. Achtzehn feine rote Haare, die an dem Feuertopf haftengeblieben waren, wurden zur Analyse eingeschickt. Zehn Tage zuvor hatte eine ähnliche Kreatur hundert Meilen westlich in den Bergen Dorfbewohner mit seinem hohen Quieken geweckt.[13] Die Analyse ergab, daß die Haare von einem im Himalaja lebenden Braunbären stammten.[14]

So sind denn auch Skeptiker mit natürlichen Erklärungen für die vielen Yeti-Fußabdrücke im Schnee aufgetreten: Tierspuren werden zum Beispiel durch schmelzenden Schnee verzerrt und wirken dann größer; auch Einsiedler und Mönche gehen manchmal barfuß. Ganz sicher kann die Existenz von Yetis durch Fußspuren allein nicht nachgewiesen werden. Nur die Beobachtungen dieser Wesen geben uns Aufschluß über ihre Natur. Zusammen mit anderen Requisiten, zum Beispiel Haaren und Kot, könnten sie die Informationen liefern, die eine Identifikation erlauben. Die sogenannten Yeti-Skalpe, die man in einigen Klöstern aufbewahrt, sind wahrscheinlich aus Ziegenhaut. Sie stellen aber keinen Schwindel dar, sondern sind für die Mönche traditionelle Requisiten. Sie dienten Tänzern als Masken, wenn sie in rituellen Tänzen den Yeti darstellten.[15]

Die Überprüfung von Yeti-Berichten wird dadurch kompliziert, daß die Eingeborenen glauben, es gebe viele verschiedene Typen — vom kleinen *yeh-teh* über den größeren *meh-teh* bis zum riesigen *dzu-teh*. Die kleinen und mittleren Exemplare könnten Affen sein. Im Himalaja kommen verschiedene Arten von Languren vor, die man fälschlicherweise für Yetis gehalten haben könnte.[16] Größere Yetis könnten sich als eine Abart des Orang-Utans entpuppen, der eher am Boden als in den Bäumen lebt. Er kann aufrecht stehen und hat sich in verschneiten Berggegenden vielleicht angewöhnt, auch aufrecht zu gehen. Es gibt Schilderungen von Yetis, die, als sie es eilig hatten, sich auf allen vieren fortbewegten. Die besonders großen Yetis könnten eine Abart des Giganthopithecus sein, riesige Primaten, die man von Fossilien aus China kennt. Sie sind dem nordamerikanischen Bigfoot bzw. Sasquatch sehr ähnlich. Andererseits könnte es sich auch um Verwechslungen mit Bären handeln, wie das zum Beispiel 1987 in Kaschmir geschah. Der rote Bär dort ist die tibetische Version des europäischen Braunbären. Steht er auf den Hinterbeinen, mißt er gute zwei Meter oder mehr und hinterläßt große, menschenähnliche Fußspuren. Man weiß, daß Bären in den kalten Monaten, in denen sie nichts fressen und eher träge sind, in großen Höhen leben.[17] Dennoch sind sich die Leute, die Yetis aus der Nähe gesehen haben, sicher, daß es keine Bären waren oder eine andere, in der Gegend bekannte Tierart. Bis es keine aus der Nähe aufgenommenen Fotografien gibt, oder, besser noch, bevor keine Kadaver gefunden werden, wird der Yeti indessen das geheimnisvolle riesige Schneewesen bleiben.[18]

Nördlich und westlich des Himalaja erstrecken sich die Weiten der dort oft nur spärlich besiedelten Sowjetunion — ideale Gebiete für unentdeckte Lebewesen. Aus einleuchtenden Gründen haben die Tiermenschen, auf deren Spuren wir uns in diesem Kapitel befinden, nur in solchen unbewohnten Gegenden überlebt, die europäischen Tiermenschen existieren nur noch in der Legende weiter. Je mehr der Mensch die Wildnisse der Welt »zähmt«, desto prekärer wird die Überlebensfrage für diese Wesen. Wahrscheinlich werden einige dieser großartigen prähistorischen Tierarten Ende dieses Jahrhunderts ausgestorben sein. In der UdSSR könnten sie noch einige Zeit länger in Sicherheit leben, weil manche Gebiete dort wenig einladend für den Menschen sind, aber auch dort sind die Populationen bedroht. Die in den letzten Jahren besonders intensiv erforschten Gebiete sind der Kaukasus (inklusive Dagestan), Pamir (inklusive Tadschikistan), der Ural und das Tien-Shan-Gebirge. Das andere Verbreitungsgebiet umfaßt das nördliche Sibirien, aus dem es einige einschlägige Berichte gibt, und Teile der Mongolei (Die Innere Mongolei ist eine zu China gehörende autonome Region, die Äußere Mongolei ist eine Volksrepublik.). Beginnen wir unseren Überblick über dieses weite Gebiet im Norden. Über das sibirische Lebewesen, Tschutschuna genannt, ist wenig bekannt. Es kommt vor allem in Jakutien in der Gegend um Werchojansk vor und weiter im Osten auf der Halbinsel Tschukotskij. Aber auch fast 5000 Kilometer weiter westlich wurde es am Ob, dem Hauptstrom des westsibirischen Tieflands, gesehen. In Jakutien erzählte die 55 Jahre alte Tatjana Ilinicha Tsakarowa, wie sie beim Beerensammeln in den zwanziger Jahren einen Tschutschuna gesehen hat.

»Er sammelte auch Beeren und stopfte sie sich mit beiden Händen in den Mund. Als er uns sah, richtete er sich zu seiner vollen Größe auf. Er war sehr groß und mager, man sagt, er hätte mehr als zwei Meter gemessen. Er war in ein Tierfell gehüllt und ging barfuß. Er hatte sehr lange Arme und struppiges Haar. Er hatte ein sehr breites Gesicht wie ein Mensch, aber viel dunkler. Seine Stirn war klein und ragte wie der

Schirm einer Mütze über seine Augen. Das Kinn war kräftig und breit, viel größer als bei einem Menschen. Im ganzen sah er einem Menschen sehr ähnlich, nur war er viel größer. Nach einigen Augenblicken rannte er weg. Er rannte sehr schnell und machte nach jedem dritten Schritt einen hohen Satz.«[19]

Hier handelte es sich um den Tschutschuna, der menschenähnlicher ist und sogar Kleidung trägt, während aus Sibirien auch »wildere« Arten gemeldet wurden. 1960 oder 1961 sah ein Mann in der Nähe des Ob zwei behaarte, 1,80 Meter große Tiermenschen mit dunkelrot glühenden Augen. Die Hunde des Mannes rissen aus und stürmten zurück ins Dorf, nachdem die beiden Kreaturen wieder verschwunden waren. Sie trugen keine Kleidung, hatten vorspringende Gesichter, lange Arme und eine ungewöhnliche Art zu gehen — sie drehten ihre Beine nach außen.[20]

Auch aus dem Ural und weiter westlich gelegenen Gebieten haben wir Zeugnisse. Im August 1986 leitete Nikolaij Awdejew eine Expedition zum Timanskij-Rücken in der Republik Komi und sammelte dort Augenzeugenberichte bei den Einheimischen, die »Jag-mort« kannten, wie das Wesen dort heißt. Es wurde regelmäßig gesichtet, sogar in dem Monat, als sich Awdejew dort aufhielt. Das Wesen besuchte einen Mann, der gerade beim Heuen war. Der »Jag-mort« öffnete die Tür der Hütte, in der der Mann zusammen mit anderen Landarbeitern die Nacht verbrachte. Eine Minute lang blieb es in der Tür stehen, dann drehte sich das Wesen um und ging weg. Es war hellgrau behaart und hatte glühende Augen. Die Hunde hatten angeschlagen, als es sich näherte. Aber dann verschwanden sie und kamen erst am nächsten Tag wieder. Im September sah ein weiterer Zeuge eine ganze »Jag-mort«-Familie; sie bestand aus Vater, Mutter und Kind. Das männliche Wesen war über 1,80 Meter groß, das weibliche etwas kleiner und hatte lange hängende Brüste. Nachdem Awdejew diese Geschichte gehört hatte, flog er selber zu der Höhle in der Nähe von Kedwa, bei der man die Lebewesen gesehen hatte. In dem sandigen Boden der Gegend fand er einige Spuren, wurde dann aber von einem Einheimischen verjagt, der einen Schuß abfeuerte und ihn aufforderte, zu verschwinden. Später erfuhr er, daß die Einheimischen glauben, die »Jag-morts« müßten in Ruhe gelassen werden. Störe man sie, bringe das Unglück über das Volk der Komi.[21]

Ebenfalls in Westsibirien befindet sich im Bezirk Tjumen eine Siedlung an einem Nebenfluß des Ob. Dort sah Maja Bjkowa, ein Mitglied der erst kürzlich in Moskau gegründeten Vereinigung für Kryptozoologie, im August 1987 einen behaarten Tiermenschen. Sie hatte sich in eine abgelegene Jagdhütte in einem Zedernwald begeben,

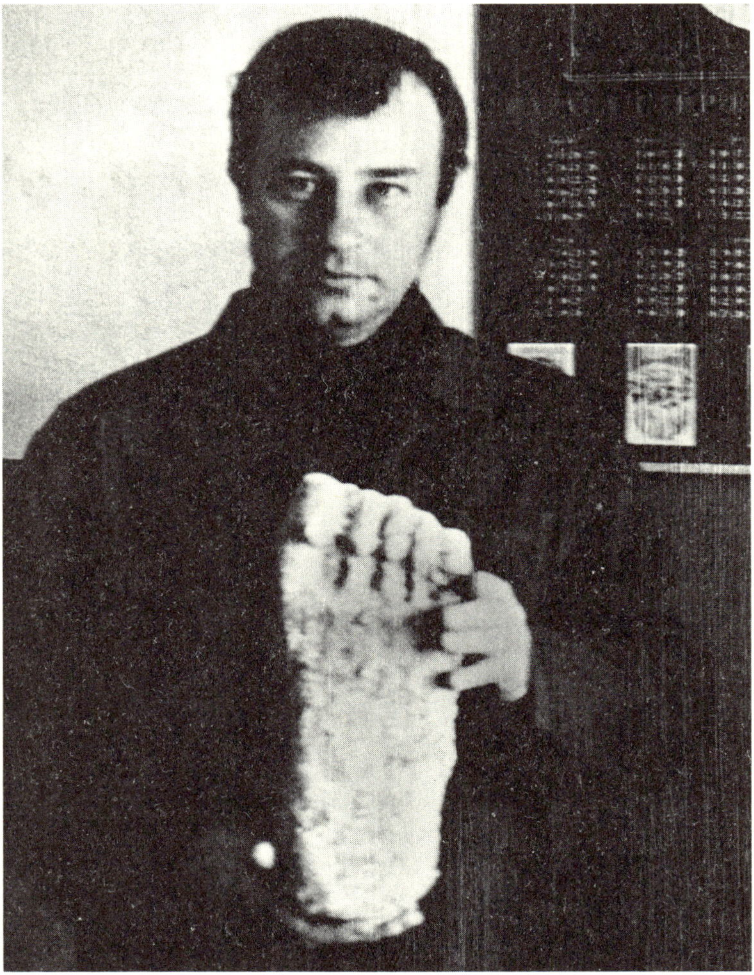

Nikolaj Awdejew.

nachdem sie gehört hatte, daß dort ein hominides Wesen gesehen worden war. Die Zeugen nannten es »Mechenji«. Es soll am ganzen Körper rot behaart sein — bis auf den linken Unterarm, an dem die Haare weiß seien. Sie sah den »Mechenji« bei Morgengrauen. Er lehnte fünf Meter von der Jagdhütte entfernt an einem toten Baum. Sie konnte seinen weißen Unterarm und die rotglühenden Augen erkennen. Er war ungefähr 1,80 Meter groß und ähnelte stark dem Wesen, das Roger Patterson in den USA auf Film gebannt hatte (vgl. Foto in Kapitel 2). Nach nur etwa einer Minute kam ein Hund, der zu einer Jagdgesellschaft gehörte, zur Hütte gerannt und bellte. Da verschwand der »Mechenji« im Wald.[22]

Die Berge des Kaukasus weiter im Süden zwischen dem Schwarzen und dem Kaspischen Meer sind besonders dicht von Tiermenschen bevölkert. Mehr als dreißig Jahre lang hat Dr. Zh. I. Kofman den Kaukasus intensiv erforscht. Sie verfügt heute über viele wertvolle Augenzeugenberichte.[23] In dieser Gegend heißt das Wesen »Kaptar« oder »Almastij« und ist den Jägern und anderen Menschen, die sich häufiger in den Bergen aufhalten, wohl bekannt. Man hält es nicht für gefährlich. Es ist ungefähr 1,50 Meter groß, hat braune Haare am ganzen Körper, geht aufrecht und besitzt ein vorstehendes Gesicht. Es lebt in den dichten Wäldern, die die Berge und Talhänge bedecken. Bisweilen taucht es auch in den Dörfern auf und stiehlt Früchte von den Feldern, wie wir das bereits vom Bigfoot in Nordamerika wissen. Es heißt sogar, die Wesen trieben manchmal Handel und tauschten Gemüse gegen billigen Schmuck. Zweimal wurden sie am Chegem-Fluß gesichtet. Die beiden Zeugen schlugen dort Holz. Beim zweitenmal sahen sie das Wesen im Gras liegen. Bis auf die Gesäßbacken war sein Rücken behaart. Sie konnten es aus zehn Metern Entfernung beobachten. Als sie sich näherten, sprang es auf und rannte davon. Beim erstenmal hatte der Zeuge eine nach vorn gezogene Stirn beobachtet, schräge Augen und eine gekrümmte Nase. Nach der Analyse von Dr. Myra Shackley klingt das sehr nach einem Neandertal-Menschen.[24]

Es gibt Forscher, die glauben, eine Population von Neandertalern könnte in Asien überlebt haben. Sie werten diese Aussagen über »Tiermenschen« als Beweise für ihre Theorie. Dr. Shackley untersucht diese Möglichkeit in ihrem Buch *Wildmen*. Leider gibt es keine Leiche, die man untersuchen könnte, und so läßt sich diese Theorie weder beweisen noch widerlegen. Es war möglicherweise ein Kaptar, der 1941 erlegt wurde, aber was mit diesem Kadaver geschehen ist, weiß man nicht. Es geschah in der Nähe von Bujnaksk (Dagestan), wo ein Infanterie-Bataillon stationiert war. Man fand einen Mann, den man für einen Spion hielt, ein Oberstleutnant V. S Karapetjan untersuchte den Fall. Der »Spion« wurde in eine ungeheizte Hütte gesperrt, weil er im Warmen übermäßig schwitzte. Karapetjan erinnert sich, daß das Wesen am ganzen Körper mit zwei Zentimeter langem, struppigem Fell bedeckt war. Nur die Innenflächen der Hände und die Sohlen waren nackt.

»In gewisser Weise sah er aus wie ein Bär, auf keinen Fall ähnelte er einem Affen. Mir fiel auf, daß seine Hände sehr groß waren und die Finger ungewöhnlich kräftig. Sein Gesicht irritierte mich zunächst, denn ich sah weder einen Kinn- noch einen Schnauzbart. Seine Nase war nicht breit und platt, aber auch nicht vorstehend. Tatsächlich wirkte das Gesicht menschlich. Es hatte ovale Form, das Kopfhaar war lockig, aber nicht lang. Auf dem ganzen Gesicht lag ein leichter Flaum — wie bei einem kleinen Kalb. Seine Genitalien wirkten menschlich. Seine Augen waren in die Ferne gerichtet. Sein Blick war dumpf und leer. Manchmal blinzelte er.«[25]

Karapetjan zupfte mit der Pinzette Haare aus dem Körper des Wesens. Es zuckte, hielt aber still. Karapetjan wußte nun, daß er niemanden mit einem übergezogenen Tierfell vor sich hatte. Zu den Partisanen, die das Wesen gefangen hatten, sagte er, daß es sich möglicherweise um einen wilden Menschen handle. Er stellte ihnen frei, was mit ihm geschehen sollte. Nach einiger Zeit dachte er, der wilde Mensch sei inzwischen vielleicht geflohen, mußte dann aber erfahren, daß sie ihn standrechtlich erschossen hatten.[26]

Weiter östlich im Grenzbereich zu China und Afghanistan liegt das Bergland von Pamir, eine entlegene Gegend mit Gletschern, Eisfeldern und aufragenden Bergspitzen und dazwischen einigem Wiesenland. In neuerer Zeit zogen regelmäßig Amateur-Expeditionen in das tiefer gelegene Gissar-Gebiet im Pamir und fanden bemerkenswerte

Oberstleutnant V. S. Karapetjan (2. v. l.) und die beiden russischen Hominiden-Forscher Dmitrij Bajanow (l.) und Dr. Zh. I. Kofman (r.); Vierter im Bunde ist René Dahinden, der kanadische Bigfoot-Forscher.

Der Russe Igor Bourzew zeigt den 32,5 cm langen Fußabdruck eines Tiermenschen, auf den er bei seiner Jagd nach diesem Wesen am 21. August 1979 im Pamir-Gebirge im Bereich der Gissar-Bergkette stieß.

Hinweise auf eine überlebende Art von großen Tiermenschen, vor allem Fußabdrücke und Augenzeugenberichte. Aber es gab auch Expeditionsteilnehmer, die einen Tiermenschen direkt gesehen haben. Nina Grinjewa, die mit der Expedition von Igor Tatsl zum Siama-Fluß aufgebrochen war, gelang das zum erstenmal im August 1980, ein zweitesmal dann im September 1980 am Pairon-See. Zwei weibliche Mitglieder der Tatsl-Expedition sahen einen weiblichen Hominiden aus zehn Metern Entfernung. Sie verbrachten die Nacht draußen unter einem Baum am Seeufer, das Wesen saß auf einem Stein und beobachtete sie, wobei es eine Zeitlang schmatzende Geräusche von sich gab.[27]

Einen Blick ganz aus der Nähe konnte der Generalmajor Topilskij im Jahr 1925 auf eines dieser Wesen werfen. Es war einem Schuß zum Opfer gefallen. Mit seinen Männern verfolgte Topilskij damals in Pamir Soldaten, die sich auf dem Rückzug befanden. Die Flüchtenden hatten sich in eine Gletscherhöhle verkrochen und saßen damit in einer Falle. Einige kamen heraus, als plötzlich Schnee und Eis von einem Felsen herabstürzten und den Eingang zur Höhle verschütteten. Sie wußten eine merkwürdige Geschichte zu erzählen. Im Innern der Höhle hätten ihnen nämlich »behaarte, menschenähnliche Wesen« gegenübergestanden, die sie mit Stöcken angegriffen hätten. Eines der Wesen hätten die Männer erschossen, es liege nun unter dem Eis und dem Schnee begraben. Der General ließ den Schnee wegschaufeln, der Körper wurde gefunden. Im ersten Moment dachte Topilskij an einen Affen, der aber sehr menschenähnlich wirkte. Das Wesen war 1,65 Meter groß. Seine Brust war mit braunem, der Bauch mit grauem Haar bedeckt. Das Haar war dicht bis auf Hinterbacken, Knie, Sohlen und Handflächen. Das Wesen hatte keinen Bart, dafür aber dicht verfilztes Haar im Nacken. Die Augen waren dunkel und die Zähne sehr groß und glatt. Sie sahen wie menschliche Zähne aus. Der Unterkiefer war massiv, und die Backenknochen standen vor. Auch die Augenbrauen waren kräftig, aber die Nase war flach. Die Männer begruben die Leiche unter einem Steinhaufen, weil sie sie nicht zum Zweck weiterer Untersuchungen mitnehmen konnten.[28]

Nur ein paar Jahre später stieß der Geologe B. M. Zdorick auf einen schlafenden »Dew« (so nannten die Einheimischen die Wesen, als er ihnen davon erzählte). Das Wesen lag auf einem gerade aufgewühlten Erdhügel. Seine Beschreibung gleicht ziemlich genau der des erschossenen Wesens.[29]

Weiter nördlich befindet sich das Tien-Shan-Gebirge, das zur Hälfte in der UdSSR und zur Hälfte in China liegt. Auch Kirgisien und Kasachstan gehören zu dieser bergreichen Gegend. Man hat dort überall schon Tiermenschen beobachtet. Im Juli 1972 wurden ein Lehrer und seine zwei Schüler bei einer Wanderung durch die kirgisischen Berge über eine Woche lang von einem Wesen verfolgt, »das wie ein alter männlicher Hominide aussah und sich anhörte, als hätte es Asthma«. Es versuchte sogar, ihnen des Nachts Eßbares aus dem Zelt zu stehlen, als es seinen behaarten Arm zu ihnen hereinsteckte. Eines Nachts kam das Wesen aus dem Schatten auf das Feuer des Lehrers zumarschiert und blieb erst gute drei Meter entfernt davon stehen. Der Lehrer geriet in Panik, daher wurde der Hominide nie wieder gesehen.[30]

In der UdSSR wurde die Suche nach »Wildmenschen«, wie sie auch genannt werden, von einigen engagierten Forschern mit großer Intensität betrieben. Jahrzehnte wurden auf diese Aufgabe verwandt, zum Beispiel von Professor Boris Porschnew oder Frau Dr. Kofman. Aber sie sind nicht die einzigen. In den siebziger und achtziger Jahren haben Männer wie Igor Tatsl, Dmitrij Bajanow und Igor Bourtsew Amateurexpeditionen in die Berge geleitet, um Beweise für die Existenz der »Wildmenschen« zu suchen. Anfang 1988 wurde bekannt, daß sich in Moskau eine Vereinigung für Kryptozoologie formiert hatte. Wissenschaftler gehen jetzt den Berichten über die »Wildmenschen« nach. Vielleicht wird es daher eher in Rußland als in den USA passieren, daß die Existenz von behaarten Hominiden auch offiziell anerkannt wird.

Wenden wir uns weiter nach Nordosten, dann kommen wir nach China, genauer: in die Dsungarei, in der Tiermenschen gesichtet wurden, und weiter in die Mongolei, aus der uns viele entsprechende Meldungen erreicht haben. Sie sind vor allem Forschern wie Dr. Rinchen zu verdanken, der die »Almas« fünfzig Jahre lang bis zu seinem Tod 1977 erforschte. In den ersten Jahren unseres Jahrhunderts kamen auch viele Meldungen aus der Wüste Gobi und dem Altai-Gebirge. Aber neuere Berichte lassen darauf schließen, daß das Aufkommen der Tiermenschen jetzt eher auf die Provinzen Hovd und Bajan Gol nach Westen begrenzt ist und ihre Zahl wohl immer mehr abnehmen wird.[31]

Erst in den letzten zehn Jahren haben wir im Westen davon erfahren, daß es in China schon seit langer Zeit immer wieder Gerüchte über das Auftauchen von »Wildmenschen« gibt. Das geht zurück bis

Zhou Guoxing in Shennongjia, 1977.

Gong Yulan (die Frau neben dem Baum) sah am 19. Juni 1976 an dieser Stelle im Waldgebiet von Shennongjia einen Wildmenschen.

zu überlieferten literarischen Werken, in denen von großen, behaarten menschenähnlichen Kreaturen in den Wäldern von Zentralchina die Rede ist. Diese Berichte stammen vor allem aus den Shennongija-Bergen in der Provinz Hubei. Andere Provinzen, aus denen Begegnungen gemeldet wurden, sind Zhejiang, Hunan, Shaanxi, Sichuan, Fujian, Anhui und Yunan. In den Jahren 1961, 1977 und 1980 wurden große Forschungsprojekte in Angriff genommen. Die Expedition von 1977 dauerte fast ein Jahr. 110 Menschen nahmen an ihr teil. Bisher konnte kein endgültiger Beweis für die Existenz der »Wildmenschen« erbracht werden. Die Expedition von 1980, die in die Jiulong-Berge in der Provinz Zhejiang führte, konnte eine abgeschlagene Hand und einen Fuß eines »Wildmenschen« sichern — aber später stellte sich heraus, daß sie von einer kurzschwänzigen Affenart stammten. In der Provinz Hunan wurde 1984 ein »Wildmensch« gefangen, doch auch das war nur ein Affe. Muß daher in China in allen Fällen auf diese Erklärung zurückgegriffen werden? Zhou Guoxing glaubt das nicht. Er ist stellvertretender Direktor des naturhistorischen Museums von Bejing und Experte in dieser Frage.

Nach seinen Forschungen gibt es zwei Arten dieser Wesen, eine kleinere von ungefähr 90 Zentimetern Größe und eine größere, die 1,80 bis 2,20 Meter groß wird. Der kleinere Typ zählt seiner Meinung nach mit ziemlicher Sicherheit zu der kurzschwänzigen Affenart, und zudem gibt es wohl noch viele fehlgedeutete Bären, die die Angelegenheit noch mehr verwirren. Aber bei dem größeren Typ glaubt er, es könnte sich um Nachkommen des Gigantopithecus handeln, dem wir ja bereits begegnet sind.[32]

Im Ganzhou-Gebiet sah ein Biologe 1940 die sterblichen Überreste eines weiblichen »Wildmenschen«. Das Wesen hatte große Brüste, eine Größe von 1,80 Meter und graubraunes Haar. 1950 beobachtete ein Geologe Mutter und Sohn im waldigen Bergland von Shaanxi.[33] Im Juni 1977 hatte der Kommunarde Pang Gensheng eine einstündige Begegnung aus nächster Nähe mit einem 2,10 Meter großen »behaarten Mann«. Er befand sich zum Holzschlagen im Wald von Dadi Gully im Kreis Zhouzhi in der Provinz Shaanxi. Als das Wesen auf ihn zukam, zog sich der verängstigte Zeuge zurück, bis er an einen Felsen stieß und nicht mehr weiter konnte. Der »Wildmensch« war nun noch gerade anderthalb Meter von ihm entfernt. Beide standen sich eine Stunde lang bewegungslos gegenüber. Schließlich griff Pang Gensheng nach einem Stein und warf ihn dem »Wildmenschen« gegen die Brust. Der heulte auf, rieb sich die Stelle und wanderte murmelnd von dannen, ohne sich allerdings bei seinem Widerpart zu rächen. Letzterer hatte genug Zeit, sich das Äußere des »Wildmenschen« einzuprägen. Er gab folgende Beschreibung:

»Er war ungefähr 2,10 Meter groß und hatte breitere Schultern als ein Mensch, eine flach abgesenkte Stirn, tiefliegende Augen und eine Knollennase mit leicht aufwärts gerichteten Nüstern. Die Backen waren eingefallen. Die Ohren wirkten menschlich, nur größer. Das gleiche gilt für die runden Augen. Das Kinn sprang vor, er hatte wulstige Lippen. Die Vorderzähne waren so breit wie die eines Pferdes. Die Augen waren schwarz. Das Haar war dunkelbraun und mehr als dreißig Zentimeter lang und hing lose über die Schultern. Das Gesicht war, bis auf Nase und Mund, mit kurzen Haaren bedeckt. Die Arme hingen bis zu den Knien herab ... Auch seine Körperbehaarung war kurz. Er hatte dicke Schenkel ... Er ging aufrecht und gespreizt.«[34]

Nur wenige Wochen später sah auch Yang Wanchun einen »haarigen Mann« an derselben Stelle: »Als wir uns gegenseitig ansahen, gab der haarige Mann elf oder zwölf verschiedene Laute von sich, mit denen er das Tschilpen eines Sperlings nachmachte, Hundebellen, Wiehern, das Knurren eines Leoparden und das Schreien eines Kindes. Über eine Stunde lang ging das in unablässigem Wechsel.« Das Wesen verschwand und tauchte wieder auf, und Yang meint, daß es »zweifellos kein schwarzer Bär, kein Goldaffe, kein *Zongyang* und auch kein riesiger Panda war«.[35]

Es gibt viele solche Berichte, und es scheint, als ob der Gigantopithecus, wenn er denn irgendwo überlebt hat, noch in den Bergen von China anzutreffen ist. Dort hat er bekanntlich im mittleren und späteren Pleistozän gelebt, vor ungefähr 500 000 Jahren. Die Umgebung hat sich seither nicht wesentlich verändert. Es gibt noch Urwälder und eine Flora und Fauna aus der Zeit des Gigantopithecus, zum Beispiel den malayischen Tapir, den Orang-Utan oder den Riesenpanda. Möglicherweise hat sich der Gigantopithecus von hier bis zum Himalaja ausgebreitet, wo aus ihm eine größere Abart, der Yeti, wurde. Nach Norden und Osten wanderte er dann über die Bering-Straße auf den nordamerikanischen Kontinent. Dort entwickelte er sich zu dem Bigfoot und Sasquatch.[36]

Auch weiter nach Osten und Süden finden wir Berichte von Tiermenschen, zum Beispiel aus Japan, Malaysia und Indonesien. Die Berichte aus Japan lassen sich schwer einordnen. Es gibt dort immer noch viele einsame Gegenden, zum Beispiel das Gebiet um den Berg Hiba, aus dem in den frühen siebziger Jahren über das »Hiba-gon-Monster« berichtet wurde. Bauern, die am Fuß des Berges arbeiteten, wollen ein 1,50 Meter großes, behaartes Wesen gesehen haben, aber ob es sich um eine Bigfoot-artige Kreatur handelte oder nur um eine große Affenart, ist unklar geblieben. Im Süden Chinas, von Burma über Thailand, Laos, Kambodscha und Vietnam bis zur Malayischen Halbinsel, wird von Begegnungen mit behaarten »Wildmenschen« erzählt. In den sechziger Jahren wurde einmal ein tiefgefrorener Hominide in den USA in einer Ausstellung gezeigt, der angeblich in Vietnam erlegt worden war. Aber was diese »Wildmenschen« wirklich sind — ein Gigantopithecus oder »nur« eine unbekannte Art von Riesenaffen —, muß noch geklärt werden.

In Indonesien, auf Sumatra, Borneo und wahrscheinlich auch auf einigen kleineren Inseln, scheinen noch einige kleinere behaarte Hominiden zu leben. Auf Sumatra heißen sie »Sedapa« oder »Orang-pendek«, auf Borneo »Batutut«. Der malayische Bär dürfte häufiger mit einem »Orang-pendek« verwechselt werden[37], aber manchmal gelang es einem Zeugen, das Wesen aus der Nähe zu beobachten. Zwar gelang es dabei nicht, ihn zu identifizieren, wohl aber ließen sich seine menschenähnlichen Merkmale feststellen. Im Jahr 1923 entdeckte ein holländischer Siedler namens van Heerwaarden im Dschungel einen »Sedapa« oder »Orang-pendek«. Es war ein 1,50 Meter großes Weibchen, das sich auf einen Baum zurückzog, wo van

Heerwarden es gut beobachten konnte. In seiner Beschreibung kommt er mehrfach auf die Ähnlichkeiten mit menschlichen Zügen zu sprechen: »Die Augen bewegten sich frei und offen ... wie menschliche Augen ... Ich konnte sein rechtes Ohr sehen, das genau wie ein kleines menschliches Ohr aussah ... An seinem Gesicht war nichts Häßliches oder Abstoßendes, es war überhaupt nicht affenähnlich ...« Als es schließlich die Flucht ergriff und Deckung suchte, griff van Heerwarden nach seinem Gewehr. »Manche Leute werden mich für kindisch halten, wenn ich gestehe, daß ich beim Anblick seines fliegenden Haars einfach nicht abdrücken konnte. Ich hatte plötzlich das Gefühl, einen Mord zu begehen. Ich legte das Gewehr noch einmal an, aber wieder fehlte mir der Mut.« Dr. Heuvelmans merkt dazu an, die einzigen nicht-menschlichen Züge seien die »relativ langen Kaninchenzähne und die extrem langen Arme gewesen«.[38]

Neuere Berichte aus diesem Teil der Erde sind seltener, und so wäre eine kryptozoologische Expedition nötig, um mit Sicherheit festzustellen, ob die Wesen auch heute noch zu sehen sind, und wenn ja, um was es sich exakt handelt.

Östlich der indonesischen Inseln gibt es mehrere Inselgruppen. Ein ganzer Gürtel zieht sich bis zum nordaustralischen Festland, und sogar von diesen relativ kleinen Inseln dringen Gerüchte über behaarte Tiermenschen zu uns: aus Malaita und Guadalcanal von den Solomon-Inseln zum Beispiel, von einigen Inseln der Neuen Hebriden und von den Fidschi-Inseln.[39] Auch Neuseeland hat sein »Moehau-Monster« bzw. den »Coromandel Man«, der auf der Halbinsel Coromandel von North Island östlich von Auckland leben soll. Aber die häufigsten Meldungen über Tiermenschen kommen heute direkt aus Australien. Die meisten Zoologen winken indessen geringschätzig ab, wenn jemand auch nur den Gedanken äußert, es könnten über zwei Meter große, behaarte Tiermenschen auf dem Kontinent leben. Jede derartige Schilderung erklären sie als Produkt einer allzu lebhaften Phantasie — da habe einer zuviel von Yeti und Bigfoot gelesen und dort heimische Lebewesen für etwas anderes gehalten. Als Beispiel dient der Wombat. (Ein in Erdbauen lebendes Beuteltier, das bis zu 1,20 Meter lang wird, in den östlichen Bergen Australiens lebt und dem Dachs ähnelt; ihn mit einem behaarten Tiermenschen zu verwechseln ist allerdings nur möglich, wenn man an einem grauen Tag irgendwo zwischen den Bäumen einen kurzen Blick auf ihn wirft — es sei denn, es gibt auch zwei Meter große Wombats, die sich auf den Hinterbeinen fortbewegen.) Es gibt in Australien keine wildlebenden Affen, damit entfällt diese Erklärungsmöglichkeit. Aber es gibt dessen ungeachtet eine Tradition in Australien, die zumindest bis in die Mitte des 19. Jahrhunderts zurückgeht und nach der es dort große, zweibeinige Hominiden geben soll. Die Ureinwohner kannten sie, heute heißen sie »Yowies«. Der Ursprung des Namens bleibt im dunkeln. Die meisten Begegnungen mit dem »Yowie« in diesem Jahrhundert wurden aus New South Wales und Queensland gemeldet; mehrheitlich stammen sie aus den siebziger Jahren. Ein sehr interessanter Bericht aus früherer Zeit kommt aus der Gegend von Bombala/Bemboka in New South Wales, wo am 12. Oktober 1912 ein Mann bei einem Ritt auf eine seltsame Kreatur traf, die auf allen vieren am Rand eines Bachs hockte und trank. Sie war am ganzen Körper mit grauen Haaren bedeckt, der Zeuge George Summerell dachte im ersten Augenblick: »Was für ein riesiges Känguruh.«

»Aber als es die Huftritte hörte, richtete es sich zu seiner vollen Größe auf — das waren ungefähr zwei Meter — und sah den Reiter mit ruhigem Blick an. Dann beugte es sich wieder hinab, trank zu Ende, griff nach einem Stock, der neben ihm lag, marschierte mit gleichmäßigen Schritten den rechten Fahrdamm hinauf und verschwand 150 Meter weiter zwischen den Bäumen und Felsen.

Summerell erkannte in dem Gesicht Ähnlichkeit mit dem eines Affen bzw. eines Menschen ohne Stirn und Kinn. Der Rumpf hatte vom Schulterbereich bis zu den Hüften den gleichen Umfang, die Arme reichten bis zu den Füßen hinab ...

Eine Reihe von Fußabdrücken belegten Summerells Bericht, und die Handabdrücke an der Stelle, an der sich das Lebewesen am Bachufer über das Wasser gebeugt hatte, waren deutlich zu erkennen. Diese Abdrücke unterschieden sich von einer großen menschlichen Hand hauptsächlich dadurch, daß ein menschlicher Daumen in den Abdruck des kleinen Fingers gepaßt hätte ...

Aber die Fußabdrücke zeigten noch eine eigentümliche Besonderheit. Zwar glichen sie im Bereich der Ferse, des Innenfußes und des Ballens einem enorm großen und häßlichen menschlichen Fuß, doch zeigten sie nur vier Zehen. Die wiederum waren sehr lang (fast zwölf Zentimeter) und zylindrisch, und sie zeugten von einer enormen Beweglichkeit. Selbst die Abdrücke, die am tiefsten in den feuchten Boden eingedrungen waren, wiesen nicht den charakteristischen ›Daumen‹ des Affenfußes auf.

Neben einer Anzahl neuer Abdrücke waren auch ältere erkennbar, die bewiesen, daß das Lebewesen zumindest zwei Wochen zuvor hier schon einmal den Bach überquert hatte.«[40]

Fünfundsechzig Jahre später und nur 35 Kilometer von der Stelle entfernt, schoß der Obst- und Gemüsehändler Kos Guines in der Nähe von Pambula (New South Wales), als er mit seinem Sohn auf Kaninchenjagd war, auf einen »Yowie«. Im Unterholz hinter sich hörte er etwas knacken. »Ich drehte mich und dachte an ein Känguruh, da sah ich 30 Meter entfernt ein großes, behaartes Lebewesen.« Er hatte noch nie etwas von dem »Yowie« gehört. »Ich konnte nur eines denken: Mein Gott — ein Gorilla.« Er schoß dem Wesen in den Rücken. »Aus der Entfernung konnte ich es gar nicht verfehlen. Das Gewehr war mit Schrot geladen, und falls der Gorilla überhaupt etwas gespürt hat, ließ er es sich nicht anmerken. Nicht einmal gezuckt hat er oder irgendein Geräusch von sich gegeben, sondern er ist einfach durch das Unterholz davongestürmt.« Er bewegte sich dabei auf zwei Beinen vorwärts. Er ähnelte einem Affen, hatte die Größe eines kleinen Menschen, war aber etwas breiter. »Am deutlichsten prägte sich mir sein Hinterkopf ein, der rund und behaart war und direkt auf den Schultern saß.«[41]

Diese Vorfälle fanden im äußersten Süden des Bundesstaates, gleich an der Grenze zu Victoria, statt. Viele Begegnungen werden auch weiter nördlich aus den Blue Mountains um Sydney gemeldet, außerdem aus dem Nordosten von New South Wales und jenseits der Berge aus dem Goldküstenbereich im südlichen Queensland. In der Gegend um Springbrook beobachtete ein Arbeiter im Nationalpark Anfang 1978 einen über zwei Meter großen »Yowie« aus nächster Nähe. Der Mann war gerade beim Holzschlagen, als er ein grunzendes Geräusch hörte. Er dachte an ein ausgerissenes Schwein und ging in den Wald, um nach ihm zu suchen.

»Irgend etwas ließ mich aufschauen und da sah ich es, dieses große, schwarze, behaarte Menschending, ungefähr dreieinhalb Meter vor mir. Am ehesten sah es wie ein Gorilla aus. Es hatte riesige Hände. Mit einer hielt es einen Schößling umklammert. Es hatte ein flaches schwarzglänzendes Gesicht mit zwei großen gelben Augen, der Mund war ein großes Loch. Es starrte mich nur an, und ich starrte zurück. Ich war wie gelähmt, so daß ich nicht einmal das Beil in meiner Hand heben konnte. Ich glaube, wir haben uns an die zehn Minuten so gegenübergestanden, bevor es plötzlich einen fauligen Geruch von sich gab, der mich zum Würgen brachte — und dann machte es sich seitwärts davon und verschwand.«[42]

Drei Jahre später sahen drei Jungen im Alter von elf, dreizehn und vierzehn Jahren am 20. Mai 1981 während einer Buschwanderung im einsamen Hügelland westlich von Dunoon ein behaartes menschenähnliches Wesen, das drei bis vier Meter vor ihnen den Weg überquerte. Kurz darauf tauchte ein weiteres derartiges Wesen auf. Die Jungen sahen die beiden lange genug, um sie als 1,50 Meter groß mit bräunlichem Haar am ganzen Körper beschreiben zu können. Sie schienen keine Hälse zu haben, sondern runde Köpfe, »die direkt auf den Schultern saßen«. Es waren keine Wildschweine, keine kleinen Känguruhs und auch keine Gorillas. Der älteste Junge meinte: »Gorillas sind schwarz und krummbeinig. Die hier hatten gerade Beine und waren braun, sahen eher wie Menschen aus.«[43]

Der »Yowie« ist häufig gesehen worden (vielleicht tausende Male?), jedenfalls zu häufig, als daß alle Berichte als fehlinterpretiert, eingebildet oder geschwindelt hingestellt werden könnten. Es scheint eher wahrscheinlich, daß zumindest in den östlichen Gebieten des Landes ein unbekanntes Lebewesen sich die Wälder mit den Eingeborenen und den weißen Siedlern teilt. Aber handelt es sich dabei um eine Tierart — vielleicht einen Affen, den die Naturforscher bisher noch nicht entdeckt haben — oder um eine Menschenart? Es gibt reichlich Hinweise, daß in Australien ein früher Menschentypus gelebt hat. Inzwischen weiß man, daß Menschen mit den Eigenschaften des *Homo erectus* bis vor 10000 Jahren dort gesiedelt haben. Haben sie tatsächlich länger überlebt, vielleicht bis zum heutigen Tage? Die Funde, die auf den *Homo erectus* schließen lassen, stammen aus Kow Swamp in Victoria, nicht weit von der Stelle entfernt, an der unser »Yowie« zum erstenmal gesehen wurde.[44] Gerade erst (1987) wurden am Nepean-Fluß in der Nähe von Sydney (New South Wales), einer weiteren Hochburg des »Yowie«, 43000 bis 47000 Jahre alte Steinwerkzeuge gefunden. Diese Werkzeuge sind 5000 Jahre älter als die erste nachgewiesene Besiedlung Australiens.[45] Es könnte sein, daß früher eine Landbrücke von Neuguinea ins nördliche Australien führte und daß die Menschen der Frühzeit auf ihr südwärts wanderten, wie sie auch über eine Landbrücke an der Stelle der jetzigen Bering-Straße nach Nordamerika gezogen sein könnten.

Wenn wir akzeptieren, daß die Berichte über den Bigfoot in Nordamerika tatsächlich auf einen bisher unbekannten, behaarten Hominiden zurückzuführen sind, dann gibt es keinen Grund, warum das nicht auch für die Berichte aus Australien, China, der UdSSR und all den anderen Ländern gelten soll, von denen in diesem Kapitel die Rede war. Höchst deprimierend ist es aber, wie gering die Aufmerksamkeit ist, die die Wissenschaft diesem ganzen Komplex widmet. Wir können nicht verstehen, warum Wissenschaftler nicht mit Erregung oder zumindest neugierig auf sie reagieren. So aber bleibt es den Kryptozoologen mit ihren gewöhnlich sehr geringen finanziellen Mitteln überlassen, nach der Wahrheit zu forschen, ehe es zu spät ist. Und bald wird es zu spät sein, denn alles weist darauf hin, daß die Hominiden in vielen Gegenden keine Überlebenschancen haben und bald unwiderruflich ausgerottet sein werden.

Gegenstände regnen vom Himmel

Der alten Dame, die beim Wetteramt anrief und fragte, ob das Ende der Welt gekommen sei, als im September 1945[1] in St. Louis, Missouri (USA), Bohnen vom Himmel fielen, mag diese Überreaktion wohl zu vergeben sein. Und sieht es nicht wirklich so aus, als spiele die Welt verrückt, wenn es plötzlich Frösche, Fische und ähnliches vom Himmel regnet? Gewiß geschieht so etwas recht selten — jedoch häufig genug, um darin etwas anderes zu sehen als Sinnestäuschungen. Zweifler haben behauptet, die »fallenden Frösche« seien nichts anderes als die Folge von Regenschauern, die kleine Frösche aus ihren unterirdischen Verstecken ins Freie gelockt hätten — eine Erklärung, die schlicht ignoriert, daß Zeugen *gesehen* haben, wie die Frösche herunterfielen, und *erlebt* haben, wie ihnen die Tiere auf den Kopf fielen oder auf ihre Fahrzeuge aufschlugen.

Am häufigsten sind Fälle, bei denen Eisbrocken aus den Wolken herabfallen. Manchmal sind das sehr große Brocken, wie jener 100 Pfund schwere Kloß, der im Juli 1982 das Hausdach von Edith Turner in Stuart, Florida (USA), durchschlug, als sie gerade in der Küche saß und Kaffee trank. Nach ihrer Schilderung klang es, »als stürze der Himmel ein«.[2] Es gibt so viele Berichte über das Fallen von »Eisbomben«, daß wir sie nicht einmal in den Anhang aufgenommen haben: Man hat sich fast an sie gewöhnt. Auch gibt es für viele dieser »Bomben« eine eindeutige Erklärung. Oft haben sie eine blaue oder grüne Farbe und einen strengen Geruch, oder enthalten menschliche Abfallprodukte. In diesen Fällen stammen die Brocken offensichtlich aus Flugzeugtoiletten: Undichte Verschlüsse lassen die Spülflüssigkeit und den Abfall nach außen dringen, wo sie am Rumpf gefrieren und sich lösen, wenn das Flugzeug in wärmere Luftschichten taucht. Aber nicht alle Eisbomben bestehen aus Abwasser, einige sind aus gefrorenem frischem Wasser. Auch diese können sich vom Rumpf eines Flugzeugs gelöst haben. Gewöhnlich haben Flugzeuge Vorrichtungen zur Enteisung, damit es nicht soweit kommt. Es fällt auch dort Eis vom Himmel, wo überhaupt keine Flugzeuge fliegen, es muß also noch andere Ursachen geben. Eisbomben lassen sich jedoch nicht einfach als große Hagelkörner ansehen: Sie haben eine ganz andere Zusammensetzung. Bisweilen sind sie sehr groß: Stücke von 20 bis 50 Pfund sind nicht selten, und von einem noch größeren war bereits die Rede. Manchmal zerspringen sie beim Aufschlag auf dem Boden. Eine Theorie lautet, diese Eisbrocken seien in Wirklichkeit Meteoriten, nur diesmal nicht aus Stein. Es gibt jedoch Wissenschaftler, die das wiederum nicht für möglich halten, weil Eis beim Eintritt in die Erdatmosphäre schmelzen würde. Vielleicht sind die Brocken aber nur noch die geschmolzenen Überreste ursprünglich viel größerer Stücke. Gewöhnlich können Wissenschaftler die Brocken nicht mehr untersuchen: Es bleibt schließlich kaum etwas übrig, wenn die Eisbombe erst einmal am Boden angekommen ist und dort schmilzt. In Kazan (UdSSR) legte ein Mann im August 1984 einen Eisklumpen, von dem er fast getroffen worden wäre, jedoch schnell in den Kühlschrank. Er konnte so für eine Analyse aufbewahrt werden, und die Wissenschaft-

Ein großer Eisklumpen fiel im April 1986 in Wiston bei Haverfordwest, Dyfed (Wales), auf ein Feld. Beryl Voyle hörte ein Pfeifen, als er herabfiel. Sie zeigt auf diesem Bild nur einen kleinen Teil des Fundes, der möglicherweise ein Eismeteorit war.

ler kamen zu dem Schluß, daß es sich um das Stück eines »gefrorenen Gasmeteoriten« handelte.[3]

Im Westen, wo man in den Flugzeugen gleich einen Sündenbock zur Hand hat, werden Berichte über vom Himmel fallendes Eis weitgehend ignoriert. Dennoch bleiben Eismeteoriten in vielen Fällen eine wahrscheinliche Erklärung. Man hat sogar die Hypothese aufgestellt, daß die Ozeane auf der Erde sich aus dem Wasser von Eiskometen gebildet haben, mit denen die Erde vor Milliarden von Jahren bombardiert wurde, und daß auch heute noch der Wasserspiegel durch kleine Eiskometen »aufgefüllt« wird.[5]

Manchmal gibt es Details in den Berichten über herabfallendes Eis, bei denen sich die Frage stellt, ob nicht doch übersinnliche Kräfte mit im Spiel sind. In Lake Worth, Florida (USA), hörte zum Beispiel Mrs. Helen Goddard im September 1978 tagelang Geräusche, als fiele etwas auf ihr Dach. Nach drei oder vier Tagen hörte sie einen »lauten Knall« und fand danach Eisbrocken in ihrem Garten. »Es sind kleine, würfelförmige Stücke, ungefähr vier Zentimeter lang und knapp zwei Zentimeter breit. Sie sehen wie Eisstückchen aus einer sehr schmalen, länglichen Schale aus, nicht wie aus unseren normalen Haushaltsschalen.« Sie hörte wieder Geräusche und fand noch mehr Eis. Mrs. Goddard verdächtigte jemand, das Eis auf ihr Dach zu schleudern. »Die Veranda befindet sich an der Rückseite des Hauses, also an der von der Straße abgewandten Seite. Man kann sich aber nicht vorstellen, daß ein Kind bis dorthin hätte werfen können. Hinter dem Haus geht zwar auch ein Weg entlang, aber ich habe einen deutschen Schäferhund, und deswegen befindet sich selten jemand auf dem Weg.« Ihre Schlußfolgerung: »Man kann sich gar nicht vorstellen, was für einen Lärm das macht, wenn das Eis auf das Aluminiumdach schlägt. Ich lebe zwar jetzt nicht in der Angst, daß auch mich selbst die Eiswürfel einmal treffen, aber es ist schon eine lästige Sache.«[6] Ähnlich, nur um einiges lästiger, klingt ein Vorfall aus South Burnaby in British Columbia (Kanada). Im Februar 1986 fiel dort drei Tage lang hintereinander Schlamm vom Himmel auf eine Grundschule. Er klatschte auf das Gebäude und auf die Autos, die in seinem Schutz parkten. »Es roch wie Dung«, sagte ein Vertreter des Schulamts. Ein Vertreter der Gesundheitsbehörde schrieb das Zeug einem Düsenflugzeug zu, das seine Tanks durchspülte. Aber ist es wahrscheinlich, daß es dreimal an drei Tagen hintereinander stets an derselben Stelle geschehen sein soll?[7] Das wiederholte Auftreten dieses Phänomens läßt uns an die Steinschauer denken, die wir in Kapitel 16 beschreiben und die möglicherweise mit Poltergeist-Aktivitäten zu tun haben.

In der Rangfolge der Häufigkeit kommen nach dem Eis die vom Himmel regnenden Fische, Frösche und Kröten. Anders als bei den

Eismeteoriten kann man hier kaum davon ausgehen, daß sie aus dem Weltraum stammen. Es gibt auch eine direkte natürliche Erklärung für dieses Phänomen. Die Fische, Frösche und Kröten sind oft noch am Leben, wenn sie landen. Sie sind also nicht sehr lange in der Luft gewesen. Die Erklärung scheint zu sein, daß Wirbelwinde oder Wasserhosen sie in die Luft saugen, ein Stück weitertragen und wieder fallen lassen, sobald ihre Kraft nachläßt.[8] Die Frösche und Kröten gehören immer zu den kleineren Exemplaren ihrer Gattung, und das gleiche gilt für die Fische. In der Natur trifft man junge Frösche und Kröten immer in größeren Mengen an, denn nach dem Ausreifen in den Laichgebieten wachsen sie noch eine Zeitlang gemeinsam auf.

Bisweilen scheinen die allgemeinen Wetterverhältnisse die Wirbelwindtheorie noch zu erhärten. Am 25. Oktober 1947 fielen in Marksville, Louisiana (USA), früh am Morgen Fische auf die Straßen und in die Gärten des Ortes. Das Wetter war neblig und ruhig, aber am Tag zuvor hatte man viele kleine Wirbel, sogenannte Staubteufel, in der Gegend beobachtet. Die Fische stammten aus Seen und Teichen in der Umgebung. Sie waren zwar tot, aber noch frisch. Viele von ihnen landeten daher in den Kochtöpfen.[9] Oft betonen die Zeugen die Heftigkeit des Sturms und Regens zum Zeitpunkt der Ereignisse. So war es auch am 2. Juli 1901 in Minneapolis, Minnesota (USA). Nach den Meldungen in der Presse fielen damals in einem Teil der Stadt mit dem Regen auch Frösche und Kröten vom Himmel.

»Als der Sturm seinen Höhepunkt erreichte und Regenschwaden gegen die klappernden Fenster trieb, wurde es plötzlich fürchterlich dunkel. Eine dichte grüne Masse fiel mit dem Wind direkt vom Himmel herab.

Dann folgte ein ganz besonderes klatschendes Geräusch, das anders als Regen oder Hagel klang. Als der Sturm nachließ, bedeckte eine Ansammlung aller möglichen Arten von Fröschen fast zehn Zentimeter hoch den Boden auf einer Fläche von mehr als vier Wohnblocks. Es waren Frösche und Kröten in allen Variationen. Der von oben gekommene Segen war teilweise so dicht, daß die ›Quaker‹ die Gehsteige und Straßen unbenutzbar machten.«[10]

Manchmal beobachten Zeugen auch, daß eine ganz »besondere« Wolke auf sie zukommt, aus der sich dann die Ladung über sie ergießt. Das erlebte Louis Castoreno, der Anfang Mai 1985 gerade auf dem Hof seines Anwesens in Fort Worth, Texas (USA), arbeitete, als die Fische vom Himmel fielen. Am Morgen hatte es ein Gewitter gegeben, und nach Castorenos Aussage fielen die Fische herab, »gleich nachdem eine dunkle Wolke vorbeigekommen war«. Zuerst dachte er, je-

Louis Castoreno zeigt einige von den Fischen, die 1985 in den Hof seines Hauses in Fort Worth fielen.

mand werfe mit Fischen nach ihm, und sah sich um. Aber er entdeckte nichts, nicht einmal ein Flugzeug, aus dem sie gefallen sein könnten. Er erklärte: »Ich hatte Angst. Wenn du siehst, wie Fische vom Himmel fallen, und niemand ist in deiner Nähe, dann kriegst du Angst.« Insgesamt sammelte er 34 Fische auf. Sie waren alle um die fünf Zentimeter lang. Der Finder lebt nicht weit vom Trinity River entfernt, dort hatte er noch kurz zuvor mit seinen Söhnen ohne Erfolg geangelt: Die Fische waren wohl schon in der Wolke verschwunden.[11]

Es war ein klarer und warmer Tag, als im April oder Mai 1956 auf einer Farm in Chilatchee in der Nähe von Uniontown, Alabama (USA), lebende Fische vom Himmel fielen. Die Zeugin und ihr Mann bemerkten überrascht, wie sich über ihnen am Himmel eine kleine sehr dunkle Wolke bildete. Sie war fast genau über ihren Köpfen, als es losregnete. Der Regen fiel nur auf eine kleine, ungefähr 60 Quadratmeter große Fläche; während es regnete, verlor die Wolke ihre dunkle Farbe und wurde fast weiß. In dem fünfzehn Minuten langen Schauer fielen drei Fischarten herab: Welse, Barsche und Brassen. Sie kamen alle in dieser Gegend vor. Sie lebten noch und zappelten auf dem Boden. Als der Regen aufhörte, löste sich die Wolke auf. Die Zeugen konnten sich das Ganze nicht erklären. Nachdem die Fische lebendig waren, konnten sie nicht lange in der Luft gewesen sein. Aber beim Wetter, das in der Umgebung herrschte, wurde nichts Ungewöhnliches bemerkt, es gab keine Meldungen über Wirbelwinde oder Tornados. Sollten die Fische aus den etwa eine bis zwei Meilen entfernten Bächen stammen, wie waren sie dann in die Luft gesogen und weitertransportiert worden? Möglicherweise stammten sie noch aus entfernteren Gewässern. Aber dann mußte alles um so schneller gegangen sein, sonst wären sie nicht mehr am Leben gewesen.[12]

So einleuchtend die Wirbelwindtheorie auch klingt, es gibt einige Vorfälle, die sich damit nur schwer erklären lassen. Da wäre etwa die Geschichte von den drei Fischern von einer kleinen Insel der Kiribati-Gruppe im Pazifik. 1986 trieben sie, nachdem ihr Motor versagt hatte, 119 Tage lang im offenen Boot. Sie ernährten sich von Haien, deren Blut sie tranken und Fleisch roh verzehrten. Als sie endlich gerettet wurden, erzählten sie, wie sie eines Nachts darum gebetet hätten, einmal anderen Fisch zu essen, weil sie den rohen Hai über hatten. Da fiel etwas in ihr Boot. Es war ein seltener schwärzlicher Fisch, der nie bis an die Oberfläche kommt, sondern in 200 Metern Tiefe im Ozean lebt. Wie kam es, daß ausgerechnet *dieser* Fisch vom Himmel fiel? War es eine Antwort auf ihr Gebet?[13]

Fische, Frösche und Kröten sind nicht die einzigen Lebewesen, die vom Himmel fallen, andere Tierarten kommen allerdings nicht so häufig vor. Von toten Vögeln wird berichtet, aber damit werden wir uns nicht befassen, denn mögen die Gründe für ihren plötzlichen Tod auch rätselhaft sein, so ist es doch kein Rätsel, wenn sie von oben herabfallen. Das kann man aber sehr wohl von Alligatoren, Krebsen, Aalen und Muscheln sagen. Der Alligator fiel am 21. Mai 1911 in Evansville, Indiana (USA): »Mit einem starken Regenguß fiel heute ein 60 Zentimeter langer Alligator aus den Wolken und landete auf den Stufen zum Haus von Mrs. Hiram Winchell. Er versuchte, durch die Eingangstür hineinzukriechen. Der Besucher wurde von Mrs. Winchell und einigen anderen Frauen mit Latten erschlagen.«[14] (Soviel zur Gastfreundschaft in Indiana!) In Long Beach in Kalifornien wurde Ende 1960 in einem Hof ein 1,50 Meter großes Krokodil gefunden, nachdem die Bewohner einen heftigen Schlag und ein lautes Grunzen gehört hatten. Sie mußten annehmen, daß es vom Himmel gefallen war, denn eine andere Erklärung gab es nicht.[15] Ebenso rätselhaft war die Entdeckung eines toten kleinen Affen in einem Garten im kalifornischen Broadmoor am frühen Morgen des 26. Oktober 1956 durch Mrs. Faye Swanson. Der zehn mal zehn Zentimeter dicke Pfosten, an dem ihre Wäscheleine befestigt war, war zersplittert, wahrscheinlich durch den Aufschlag des herabfallenden Tieres. Man spekulierte, der Affe könnte aus einem Flugzeug gefallen sein, aber ein Sprecher des Flughafens sagte dazu, in dieser Nacht seien keine Flugzeuge gestartet oder gelandet, die Affen geladen hatten.[16]

Seesterne, Krebse und Muscheln — alles Salzwasser- bzw. Meerestiere — hat man weit im Innern des Festlandes fallen gesehen: Seesterne kamen am 21. April 1985 in St. Cloud, Minnesota (USA), aus den Wolken; es stellte sich heraus, daß sie aus dem Meeresgebiet um Florida stammten, also einen weiten Weg hinter sich hatten.[17] Krebse fielen am 12. Mai 1930 in Ladley, Queensland (Australien), herab, 50 Meilen von der Küste entfernt.[18] Eine Muschel fiel am 20. August 1941 in Yuma, Arizona (USA), vom Himmel, ungefähr 60 Meilen vom Salzwasser entfernt.[19]

Daß diese Meerestiere und sogar Krokodile und Alligatoren durch Wirbelwinde in die Luft gesogen und meilenweit fortgetragen worden sein sollen, ist gerade noch im Bereich des Möglichen. Aber was ist mit den, zugegeben seltenen, Berichten von herabfallendem Fleisch und Blut? Am 27. August 1968, so wird berichtet, regnete es zwischen Cocpava und São José dos Campos in Brasilien auf einer Fläche von einem Quadratkilometer fünf bis sieben Minuten lang Fleisch und Blut. Das Fleisch bestand aus fünf bis zwanzig Zentimeter langen Brocken, violett und schwammig; es tropfte auch Blut herab. Zu dieser Zeit sah man weder Flugzeuge noch Vögel in der Luft, und der Himmel war wolkenlos.[20] Von wem das Fleisch stammte, war nicht gleich zu erkennen — ganz anders als im März 1986: Da kam ein durchaus erkennbares Stück Fleisch vom Himmel gefallen, ein menschlicher Finger nämlich. Er landete mit einem dumpfen Aufschlag auf dem Dach eines Autos in West-Berlin, als der Fahrer gerade einstieg. Er hielt es für einen Scherz (einen Scherz!) und ließ den Finger am Straßenrand liegen. Später meldete er es doch der Polizei, die den Finger aufhob und sich auf die Suche nach seinem Besitzer begab.[21]

Wenden wir uns leblosen Objekten zu, die vom Himmel fallen, so eröffnet sich uns ein unglaublich weites Feld. Dafür immer nur die Theorie vom Wirbelwind als Erklärung anzuführen ist allerdings schon ein Akt der Verzweiflung. Nehmen wir als erstes die Nahrungsmittel: Am 12. Juli 1961 fielen Pfirsiche auf eine Baustelle in Shreveport, Louisiana (USA). Die Bauarbeiter beobachteten, wie die Pfirsiche, hart und grün und so groß wie Golfbälle, von oben herabfielen und nicht etwa geworfen wurden. Sie sahen über ihren Köpfen auch eine dichte Wolke, aus der die Früchte wahrscheinlich herabfielen. Doch die Leute vom Wetterdienst meinten, es hätten zu der Zeit gar nicht die Bedingungen geherrscht, unter denen starke Winde die Früchte nach oben wirbeln können.[22] Die sonst in diesem Jahrhundert vom Himmel geregneten Nahrungsmittel waren eher klein — zum Beispiel Reis, der im Januar 1952 über Teilen von Mandalay (Burma) niederging;[23] oder Saatgut über Savannah, Georgia (USA), im Februar 1958;[24] oder Bohnen, die am 6. März 1958 mit einem Hagelschauer über Van Nuys in Kalifornien fielen;[25] Bohnen und Erbsen, die im August 1962 über Blackstone, Virginia (USA), herabregneten;[26] und schließlich wieder Bohnen, die auf einer Ranch in Joao Pessoa in Brasilien im Juli 1971 landeten. Der Rancher warf einige der Bohnen in den Kochtopf, doch sie waren zu hart zum Essen.[27] In unserem Buch *Modern Mysteries in Britain* führen wir auch ein paar seltsame Fälle von herabregnenden Nahrungsmitteln in England auf: Haselnüsse in Bristol im März 1977; Eier in Wokingham (Berkshire) im Dezember 1974; Senf, Kressesamen, Mais, Erbsen und Bohnen in Southampton im Februar 1979. Für all diese Vorfälle gibt es keine einfache Erklärung. Wo zum Beispiel werden denn Erbsen und Bohnen im Freien gelagert, wo sie ein Wirbelwind einfach mit sich fortreißen könnte?

Noch verwunderlicher ist die Geschichte der Maiskörner, die sich in Evans, Colorado (USA), ereignete, obwohl vor kurzem eine etwas sonderbare Erklärung geäußert wurde. Ab 1982 regnete es dort fast täglich Mais. Die Körner fielen nur auf eine Fläche von ungefähr 15 mal 15 Metern. Im Durchschnitt handelte es sich um zwanzig Kerne pro Tag, aber an manchen Tagen waren es an die hundert.[28] Das ging ein paar Jahre lang so, so daß eine ganze Menge Mais zusammenkam.

Im Juli 1987 behauptete nun ein Einwohner des Ortes, er habe mit einer Schleuder Kerne in die Luft geschossen. Wenn das auch die Antwort sein könnte, scheint es doch seltsam, daß jemand auf diese Weise seine Zeit und sein Geld verschleudert. Woher hatte er denn all den Mais und warum tat er es? Unter den Einwohnern wurde sein Bekenntnis daher mit einiger Skepsis aufgenommen — und wer weiß: Vielleicht regnet es ja noch immer Mais bei den Evans ...[29] Unser letzter Fall aus der Welt der Nahrungsmittel sind die Kekstüten, die im November 1965 auf dem Garagendach und im Garten eines Hauses in Louisville, Kentucky (USA), landeten. Wahrscheinlich kamen sie aus einem Flugzeug, aber ein entsprechender Verlust wurde nirgends gemeldet.[30]

Wie auch immer, *ein* Regen ist stets willkommen — der Geldregen. Am 17. Juni 1940 fielen in der Umgebung von Gorki in der UdSSR während eines Gewitters Silbermünzen im Wert von mehreren tausend Kopeken vom Himmel.[31] Tausende von 1000-Franc-Noten flatterten 1957 auf Bourges (Frankreich) herab,[32] während im Oktober 1958 in Gastonia, North Carolina (USA), eine einzelne französische Münze — es war ein glänzendes Zwei-Franc-Stück — herabfiel. Mr. und Mrs. McGee arbeiteten gerade in ihrem Garten, als die Münze fiel — sie sahen auf, entdeckten aber kein Flugzeug, aus dem sie gefallen sein konnte.[33] Im Dezember 1975 fielen über der LaSalle Street in Chicago, Illinois (USA), Dollarnoten herab. Eifrige Sammler brachten 588 Dollar zusammen und überreichten sie der Polizei.[34] Das Papiergeld, das im Januar 1976 über Limburg (Bundesrepublik Deutschland) herabregnete, bestand passenderweise aus deutscher Währung: Zwei Geistliche sahen 2000 Mark von einem klaren Himmel auf sich herabfallen.[35]

Neben diesen identifizierbaren Dingen gibt es auch viele seltsame Dinge oder Substanzen, die von oben kommen und von denen man nicht weiß, ob sie von Menschen stammen oder nicht. Sie könnten auch industriellen Ursprungs sein. Wir geben an dieser Stelle ein paar Beispiele, weitere finden sich im Anhang. Heutzutage fliegen so viele Dinge über unseren Köpfen herum, die aus menschlicher Produktion stammen, daß wir bei allen Dingen aus Metall sagen könnten, sie seien Überreste aus unseren Aktivitäten im Weltraum. Daher sind jene Berichte noch am interessantesten, die vor dem ersten Abschuß eines Satelliten in den Weltraum datieren — das war »Sputnik I« am 4. Oktober 1957. Besonders faszinierend ist der heiße Regen aus geschmolzenen Teilen, der am 6. Januar 1909 im Küstenbereich von Santa Cruz, Kalifornien (USA), fiel. Zu den Zeugen gehörte Mrs. W. H. Burns.

»Gestern nachmittag fiel Mrs. Burns, die den Spielen einiger barfüßiger Kinder vor ihrem Haus zusah, auf, wie diese sich plötzlich etwas eigentümlich benahmen. Sie fragte die Kinder, was sie hätten, und bekam zur Antwort, die Luft sei ganz elektrisch geladen und aus den Wolken schieße etwas heiß auf sie herunter. Dann hörte sie ein Trommeln auf dem Hausdach, das sich wie niedergehender Hagel anhörte. Sie blickte zur Tribüne auf dem Casino-Gelände hinüber und sah, wie kleine weiße Rauchfahnen vom Dach aufstiegen. Sie entstanden überall dort, wo diese kleinen roten Metallkügelchen auf die feuchten Dachbretter trafen. Auf allen Dächern in der Nachbarschaft konnte man das gleiche beobachten.

Dieser Regen aus geschmolzenen Teilen dauerte zwei Stunden an, von 14 bis 16 Uhr, mal stärker, mal schwächer. Hin und wieder mußten Kinder, die weder Kopfbedeckungen noch Schuhe trugen, Schutz vor ihm suchen. Eine Junge erlitt eine Verbrennung am Finger, als ihn eines der heißen Kügelchen traf. Eine Erklärung für diesen Regen könnte sein, daß es sich um die Reste eines Meteors handelte, der auseinandergeplatzt war. Mrs. Burns hat einige der kleinen Kugeln aufbewahrt. Sie haben die Größe von Schrotkugeln und sehen aus wie Blei.«[36]

Im Sommer des Jahres 1910 landete, so lautet die Beschreibung, ein weißer Zylinder aus Marmor, 30 Zentimeter lang und drei Pfund schwer, auf einem Acker in Westerville, Ohio (USA). Ob dieses symmetrisch geformte Objekt von Hand gefertigt war oder ob es sich vielleicht um einen ungewöhnlichen Meteoriten handelte, ist nicht bekannt.[37] Fragmente von etwas wie Porzellan, fielen am 21. Juli 1920 während eines Gewitters über Portland, Oregon (USA), herab,[38] während am 25. Januar 1923 während eines heftigen Gewitters in Quetta (Pakistan) etwas in einen großen Heuhaufen fiel. Ein Nachtwächter aus dem Ort sah einen riesigen Feuerball vom Himmel herabsausen und das Heu in Brand setzen. Dabei kann es sich um einen »normalen« Kugelblitz gehandelt haben, aber das Befremdliche an der Sache war, daß das Feuer zwei Tage lang brannte und mehr als fünf Tonnen Glasschlacke hinterließ. Von dem Draht, mit dem die Heuballen zusammengebunden waren, fanden sich einige Stücke in der Schlacke. Wenn das Glas wegen der hohen Temperaturen geschmolzen war, warum dann der Draht nicht?[39] Im Jahr 1930 fiel ein teilweise geschmolzener Eisenbarren während eines Gewitters vom Himmel und streifte in Hunstanton, Norfolk (England), einen Kamin.[40] In New Haven, Connecticut (USA), wurde 1953 eine Reklametafel von einem »glühenden Objekt« durchschlagen, bevor es offensichtlich wieder gen Himmel verschwand. Ein paar Fragmente hatte das mysteriöse Objekt zurückgelassen, und eine Analyse ergab, daß sie aus fast reinem Kupfer bestanden.[41] Rotglühende Eisenstücke fielen im Sommer 1954 auf Woodside, Kalifornien (USA), nieder.[42] Nägel regnete es im Juli 1955 auf Raritan, New Jersey (USA).[43]

Sämtliche hier angeführten Berichte datieren aus der Zeit vor dem ersten Satellitenabschuß in den Weltraum. Bei den späteren Berichten müssen wir vorsichtiger sein, aber auch dann erscheinen uns manche äußerst seltsam, und es ist unwahrscheinlich, daß es sich dabei immer um Satellitenbruchstücke gehandelt haben soll. Als das fast 50 Zentimeter lange Stück einer schweren Kette am 15. Mai 1959 in Rock Hill, einem Vorort von St. Louis, Missouri (USA), auf einen Bulldozer fiel, sah der Fahrer, Wallace Baker, zum Himmel und entdeckte hoch oben etwas in der Luft, das sich schnell fortbewegte — ein Flugzeug oder ein UFO? Wäre er nicht in der Lage gewesen, ein normales Flugzeug zu erkennen, falls das über ihn hinweggeflogen wäre? Gab es Flugzeuge, die Ketten von dieser Art und Länge mit sich führten (siehe Foto auf Seite 254) Auch diese Kette war sehr heiß und verschmorte Bakers Handschuhe, als er sie aufhob.[44]

Und was ist mit den Golfbällen, die am 3. September 1969 über Punta Gorda, Florida (USA), vom Himmel fielen? Buchstäblich zu Hunderten rollten sie auf den Straßen herum — ein gefundenes Fressen für alle Golfer, aber für die Polizei ein Rätsel. Sie konnte niemanden finden, der die Bälle verloren hatte oder Licht auf die Geschichte werfen konnte.[45] Ähnlich merkwürdig war der Papierregen in North Greenbush im Bezirk Albany von New York (USA), den Bob Hill, Leiter des Radiosenders WHRL, am 24. Juli 1973 beobachtete. Er sah, wie die Papiere langsam von oben herabflatterten. »Ich bin sicher, sie sind aus mehr als 3000 Metern Höhe gekommen. Der Himmel war kristallklar. Nichts konnte meine Beobachtung einschränken. Es dauerte 30 bis 45 Minuten, ehe die Papiere am Boden angekommen waren.« Er konnte einige Blätter einsammeln. Sie enthielten komplizierte mathematische Formeln, aber ihr Besitzer konnte nie ausfindig gemacht werden.[46] Das Papier, das am 16. Mai 1984 in Indianapolis, Indiana (USA), vom Himmel fiel, befand sich auf einem weniger hohen intellektuellen Niveau: Es war Abfall. Ein Zeuge beobachtete, wie 500 bis 600 zerfetzte Blätter und anderer Abfall — Zeitungen, Computerausdrucke, Pappe, Plastikbecher — herabregneten. Eine Meile entfernt gab es einen Schuttabladeplatz, aber die Leute vom Wetteramt konnten sich nicht erklären, wie die Sachen in die Luft gekommen waren. Der nächste Sturm war Hunderte Meilen entfernt geortet worden, und es war auch nicht warm genug, um die kleinen Staubteufel zu erzeugen, die sie hochgewirbelt haben könnten.[47]

Einer der merkwürdigsten Fälle der letzten Jahre ereignete sich ge-

Joseph Barbieri beobachtete 1953 ein feuriges Objekt durch diese Reklametafel in New Haven, Connecticut (USA), fliegen.

nau am 1. Januar 1984, als eine 22 Pfund schwere Granate aus dem Zweiten Weltkrieg in die Veranda von Fred Simons im kalifornischen Lakewood einschlug und einen 1,20 m großen Krater hinterließ. Glücklicherweise gab es keine explosiven Stoffe in der Nähe. Niemand hatte ein Flugzeug gesehen oder gehört, aber Nachbarn war ein pfeifender Ton aufgefallen, als die Granate herabkam.[48] Könnte das ein Fall von »Teleportation« gewesen sein, bei der jemand die Granate seit dem letzten Krieg in der Schwebe gehalten hatte? Das ist eine sehr abwegig klingende Erklärung, aber der Fall selber ist ja auch ziemlich abwegig!

Wenn wir uns dessen auch gar nicht bewußt sind: Täglich fallen rund 1000 Tonnen Materie auf uns herab. Sternschnuppen und Meteore haben wir alle schon gesehen. Wenn sie zur Erde fallen, dann erkennen wir sie auch als solche. Neben den Meteoriten, die groß genug sind, daß man sie erkennen und in die Hand nehmen kann, schweben andauernd Mikro-Meteoriten herab. Sie sind es, die die 1000 Tonnen zustande kommen lassen. Nur etwa 500 Meteoriten der verschiedensten Größe landen jährlich auf der Erde. Viele fallen ins Meer, und deswegen werden nur ungefähr zehn pro Jahr tatsächlich registriert.[49] Es gab vor gar nicht langer Zeit noch Wissenschaftler, die schlichtweg leugneten, daß Steine überhaupt vom Himmel fallen können. Heute sind Meteoriten längst jedermann vertraut. Aber es gibt noch immer höchst ungewöhnliche Fälle von Steinen und Felsbrocken. Wenn es sich wiederholt an ein und demselben Ort ereignet, haben wir es eindeutig mit einem paranormalen Phänomen zu tun. Als solches wird es auch in Kapitel 16 eigens behandelt. An dieser Stelle beschreiben wir nur einzelne Fälle: Aber wir müssen uns der Möglichkeit bewußt sein, daß ein Stein, den man nach einem offenbar damit zusammenhängenden Ereignis, zum Beispiel einem Gewitter, am Boden gefunden hat, nicht unbedingt vom Himmel gefallen sein muß. Er kann immer schon dort gelegen haben — unbemerkt bis zu dem dramatischen Ereignis, das dann den Anlaß zu Spekulationen lieferte. Die folgenden Berichte bieten manchmal nicht ganz ausreichende Informationen, sie sind es aber trotzdem wert, hier noch einmal aufgeführt zu werden.

Am 19. Juli 1912 gab es in Holbrook, Arizona (USA), eine laute Explosion, nach der Steine vom Himmel fielen — wenigstens 14 000 Stück. Einige von ihnen waren sehr klein.[50] Zwei ganz verschiedene, aber aneinander haftende Steine fielen am 9. April 1919 in Cumberland, Kentucky (USA), herab.[51] Eine Kugel aus Kalkstein fiel am 11. April 1925 in Bleckenstad (Schweden) vom Himmel und explodierte. Mehrere Zeugen beobachteten den Vorfall. Man analysierte die Überreste und fand Fragmente von Meermuscheln und Fossilien einer Urkrebsart (Trilobiten). Diese Art von Kalkstein gibt es nirgendwo in Schweden.[52] Ein Klumpen von 75 mal 75 Zentimetern Umfang fiel am 27. Januar 1956 in Dundalk, Maryland (USA), herab.[53] Ein viel kleinerer Stein von zehn mal acht Zentimetern fiel am 12. Mai 1969 vor einem Mann in Aston, Birmingham (England), auf den Boden, als er gerade in seinem Garten arbeitete. Das Besondere an diesem Stein war, daß er als »warm und klebrig« beschrieben wurde. Als er sich abkühlte, dehnte er sich sogar noch aus.[54] Am 12. Juli 1975 regnete es schwarze und klebrige Steine auf eine Straße in Etterbeek in Belgien.[55] Ein poröser Steinbrocken, auf dem etwas wie geschmolzenes Glas glänzte, das ihn wie eine Art Schlacke überzog, krachte am 20. August 1978 in eine Veranda in Toronto, Ontario (Kanada). Er war warm und dürfte auch eine kleine Explosion verursacht haben. Beim Aufschlag zersprang er. Nach Aussage von Geologen des Royal Ontario Museum war es kein Meteorit.[56] Ähnliche Beschreibung erfuhr ein Stein, der am 4. November 1983 in Marshfield, Massachusetts (USA), das Gras versengte und einen Krater hinterließ. Niemand sah ihn fallen. Erst das Loch im Boden und der aufsteigende Qualm zogen die Aufmerksamkeit der Leute auf sich. Nach Feststellungen der Polizei hatte ein abgerissenes Starkstromkabel das Loch verursacht und einen Stein angeschmolzen. Aber Robert Lang, der ein Stück von dem angeschmorten Stein aus dem Loch hervorholte, widersprach dieser Darstellung: Dort unten habe es keine Kabelreste gegeben. Es wurden noch mehrere Stücke von dem Stein eingesammelt. Lang beschrieb seines als porös: »Auf der einen Seite sah mein Stück aus, als wäre etwas von dem Schweißdraht darauf getropft, wie man

Diese Kette fiel 1959 in Rock Hill, Missouri (USA), vom Himmel.

ihn beim Schweißbrennen benutzt. Und dazwischen glänzte es fast wie Silber oder Aluminium.«[57]

Bisher kann man generell sagen, daß Objekte, die vom Himmel fielen, dann auch tatsächlich »von oben« stammten — wenn es sich nämlich um Eismeteoriten und Gesteinsbrocken handelte. Auch unsere nächste Gruppe — Schleim, Schmalz und Gallert — könnte außerirdischen Ursprungs sein, oder zumindest das eine oder andere. Es gibt natürlich eine Menge denkbarer »irdischer« Antworten, an erster Stelle von Vögeln und anderen Lebewesen ausgewürgter Schleim, an zweiter Stelle Abfallprodukte industrieller Art, die irgendwo ausgekippt wurden. Aber sehen wir uns an, wie viele Berichte uns doch noch mysteriös genug erscheinen: Wir werden sehen, daß es nicht immer leicht ist, zu entscheiden, ob ein Fall eine »irdische« Erklärung hat oder nicht.

Am 8. Juni 1901 fiel in Sart (Belgien) eine Substanz vom Himmel, die nach Klebstoff roch.[58] Salzig-weißes Schmalz kam (passenderweise!) am 25. März 1955 über Salt Lake City, Utah (USA), nieder.[59] In beiden Fällen reichen die Informationen nicht aus, um festzustellen, um was es sich gehandelt hat. Eine rötliche ölige Flüssigkeit wurde am 22. Juli 1955 in einen Garten in Cincinnati, Ohio (USA), gesprüht. Sie fühlte sich warm und klebrig an und erinnerte an Blut, als Ed Mootz etwas von ihr auf die Hand bekam, begann die Haut zu brennen. Seine Pfirsichbäume verdorrten und starben ab. Während des verhängnisvollen Schauers sah Mr. Mootz nach oben und entdeckte eine kleine Wolke, einen Wirbel aus roten, grünen und pinkfarbenen Fetzen.[60] Hier könnte es sich um Abgase einer Chemiefabrik gehandelt haben, die auf irgendeine Weise in flüssiger Form in die Luft geraten waren. Grüner Schleim ging am 5. und 6. September 1978 über sechs Häuserblocks in Foggy Bottom in Washington, D. C., nieder. Auch hier mit schlimmen Nachwirkungen: Pflanzen gingen ein, Hunde und Katzen wurden krank, und bei einem Auto ging die Windschutzscheibe entzwei. Unzweifelhaft kam der Schleim von oben, denn auch das Dach eines zwölfstöckigen Hauses war davon überzogen. Die wissenschaftliche Analyse lautete: »Es handelt sich um eine grüne Masse — die sowohl in Wasser wie in Alkohol löslich ist. Im erhitzten Zustand wird sie sehr flüssig.« Später dickte sie immer mehr ein und nahm eine schwarze Färbung an. Ihre Hauptbestandteile waren Nickelsulphat, Eisensulphat und Eisenmangan. Es war auf alle Fälle ein »Verbrennungsprodukt«, kein Flugzeugbrennstoff und auch kein Pestizid.[61]

Es gibt eine ganze Anzahl ähnlicher Berichte über rätselhafte Flüssigkeiten, die sich verhärteten oder auflösten, auf alle Fälle aber nicht identifizierbar waren — ein Vorfall merkwürdiger als der andere. Zwei besonders seltsame Fälle datieren aus den fünfziger Jahren. Am 26. September 1950 waren zwei Polizisten in ihrem Streifenwagen in der

Nähe von Philadelphia, Pennsylvania (USA), unterwegs, als sie etwas auf einen Acker fallen sahen. Sie forschten nach und fanden ein 1,80 Meter langes Objekt, das mattrötlich glühte. Einer der Polizisten berührte es und stellte fest, daß es sich um eine gallertartige Masse handelte. Binnen einer halben Stunde war es verdampft.[62] Ein weiterer Polizist war Zeuge, als ein anderer seltsamer Gegenstand am 28. Februar 1958 in seinen Garten in Miami, Florida (USA), fiel. Er kam aus einem klaren Himmel gefallen — eine durchsichtige Kugel mit glitzernder Oberfläche. »Sie sah aus, als wäre sie aus tausend winzigen Zellen zusammengesetzt, wie eine Bienenwabe, die rundherum pulsierte.« Der Zeuge steckte einen Finger hinein. »Zu meiner Verwunderung spürte ich nichts. Sofort zog ich meinen Finger wieder heraus und sah, daß er ein entsprechend großes Loch hinterlassen hatte. Das war das erstemal in meinem Leben, daß ich etwas sehen und berühren konnte, ohne es zu fühlen.« Es gelang ihm, von dem Material einiges in ein Gefäß zu füllen. Das übrige begann, sich über den Rasen auszubreiten und zu schrumpfen. Das Stück, das er in das Gefäß gefüllt hatte, löste sich auf. Zurück blieb ein völlig trockenes und leeres Gefäß.[63] Fünf »seltsame, in der Luft treibende, schaumartige Objekte« beobachtete man am 20. März 1957 in Charlotte, North Carolina (USA), als sie langsam gen Himmel zogen — bis auf eines, das in 20 Metern Entfernung von den Zeugen auf dem Boden landete. Es wirkte wie eine dicke Flüssigkeit bzw. wie »auseinanderbrechendes Eis«, glänzte und war kühl, wenn man es berührte, so daß die Fingerspitzen taub wurden. Dazu kam ein schwacher Geruch wie von verbrannten Streichhölzern.[64]

In früheren Jahrhunderten nannte man solche rätselhaften Kleckse »Sumpfbutter« und hielt sie für geleeartige Meteore bzw. Sternschnuppen, die auf die Erde gefallen waren.[65] Wie bereits erwähnt, gibt es viele natürliche Erklärungen, aber ob sie auch auf die besonders befremdlichen Fälle anwendbar sind, ist noch nicht ausdiskutiert. Drei rote Kleckse, die man am 11. August 1979 in Frisco, Texas (USA), auf einem Rasen fand, trotzten anfangs jeder wissenschaftlichen Analyse. Später wurde dann jedoch behauptet, es seien chemische Rückstände einer Batterie-Wiederaufbereitungsanlage. Ist das die Wahrheit? Oder bloß eine Methode, schwierige Fragen unter den Teppich zu kehren?[66]

Möglicherweise gibt es einen Zusammenhang zwischen der »Sumpfbutter« und dem »Engelhaar«, jenen klebrigen Fasern, die angeblich von UFOs stammen, während Zweifler behaupten, es seien einfach Spinnweben. In vielen Fällen ist diese Erklärung zweifellos die richtige, denn es gibt bestimmte Spinnenarten, die sich auf ihren schwebenden Netzen durch die Luft tragen lassen. Aber es gibt auch Fälle, die nicht so leicht erklärt werden können. Eine Zeugin sah zum Beispiel am 4. Oktober 1971 in Monterey, Kalifornien (USA), quallenartige »Raumschiffe« über der Bucht dahinzittern. Als sie schließlich davonschossen, ließen sie Fasern in der Luft zurück.[67] Am 22. Oktober 1973 sah eine Frau in Sudbury, Massachusetts (USA), ein schimmerndes kugelförmiges UFO über sich am Himmel, gleichzeitig bemerkte sie glänzende Fasern an Stromleitungen, auf Blättern und Ästen. Sie sammelte einige der klebrigen Dinger, verschloß sie in einem Gefäß und legte sie in den Kühlschrank. Die Analyse ergab, daß es sich zwar nicht um Spinnweben handelte, daß aber auch keine andere Identifizierung möglich war.[68]

Auch die merkwürdigen Fäden, die in den siebziger Jahren an drei verschiedenen Stellen in Amerika bis in den Himmel hinaufreichten, können nicht von Spinnen gezogen worden sein: in Caldwell, New Jersey, im August 1970, in Elberton, Georgia, Mitte Juni 1972, und in Greensburg, Ohio, im September 1978. Über Caldwell hingen mehrere Fäden oder Drähte vom Himmel, genauer: Sie waren mit Haken im Boden festgespannt und gingen in einem Winkel von 30 bis 50 Grad nach oben. In *Pursuit* sind die einschlägigen Berichte darüber erschienen. Wir zitieren:

»Weder die oberen noch die unteren Enden konnte man sehen bzw. lokalisieren. Sie kamen offensichtlich von oben herunter und gingen mit einem Ende bis zum Boden, am anderen gingen sie so weit wieder hinauf, daß sie unsichtbar waren, selbst wenn man starke Ferngläser zu Hilfe nahm. In einem Fall blieb der Faden einen ganzen Monat lang am Boden befestigt und überstand selbst schwere Gewitter und stürmische Tage. Dann kam aus unersichtlichem Grund das obere ›Ende‹ nach, und am Boden fand sich ein zusammengerollter Haufen. Man zog weiter an dem Faden, um ihn einzuholen, doch er riß ab und verschwand nach oben ins Unsichtbare. In einem anderen Fall holten vier Jungen eine ganze Stunde lang einen Faden ein, der in der Nacht bis zum Boden herabgekommen war. Auch hier mißlang das Unternehmen, und der Faden riß, bevor er ganz eingezogen werden konnte. In allen Fällen rollte sich der Faden sofort auf, wie wir das auch von den Nylonschnüren auf den Angelrollen kennen.«[69]

Bei der Anordnung der Fäden ließen sich keine Muster erkennen, und trotz aller Anstrengungen hat man nie das andere Ende zu Gesicht bekommen. Einiges von dem Material, das erhalten blieb, wurde von der DuPont Company analysiert, »die feststellte, daß es sich um Nylon vom Typ 6 (Caprolactam) handelte oder möglicherweise um ein Copolymerisat des Typs 6 oder 66, keineswegs aber um einen Kunststoff aus ihrer Produktion«. Auch Dr. Vargas von der Rhode Island University analysierte eine Probe. »Diese Fäden waren kleine Röhren mit einem

Hohlraum darin, der leer war, als Dr. Vargas sie zuerst untersuchte. Doch mit der Zeit stellte sich zu seiner Überraschung heraus, daß sich unter Vakuum-Bedingungen dieser Hohlraum mit einer festen Substanz füllte. Soweit sich in Erfahrung bringen ließ, widersetzte sich diese Substanz jeder Analyse.«[70]

Zwei Jahre später entdeckte man in Elberton, Georgia, einen ähnlichen Faden, diesmal nur einen einzigen. Der Zeitungsreporter Herbert Wilcox wurde vom Entdecker des Fadens informiert. Er begab sich selber an Ort und Stelle.

»Als ich dort ankam, war die Sonne aufgegangen, und der Mond war verschwunden. Aber der Faden war noch zu sehen und reichte hinauf in den Himmel. Er glänzte im frühen Morgenlicht, soweit das Auge reichte. Man hätte ihn für eine Drachenschnur halten können. Aber wäre er das gewesen, dann hätte es sich um die längste und ausgefallenste Drachenschnur gehandelt, die es hier je gab. Außerdem war ja überhaupt kein Drachen zu sehen. Eine andere Möglichkeit wäre gewesen, daß ein Flugzeug die Ursache war, das eine Art Leine gelegt hatte. Oder ein Fallschirm war zerrissen und dort drüben niedergegangen, und dies hier waren die Reste davon. Aber wieso war der Faden dann dort noch zu sehen. Im Laufe des Tages stieg Eddie Boswell ... dann auf das Dach, über dem der Faden seinen tiefsten Punkt erreicht hatte und von wo aus er in einem Winkel wieder nach oben stieg. Er holte ihn Meter um Meter ein, entdeckte aber nichts, woran er oben festgemacht war. Der Faden bestand aus zwei verschiedenen Arten von Material. Auf der einen Seite war er flaumig und glänzend weiß. Auf der anderen handelte es sich um eine grüne, sehr feste Substanz, die an eine Angelschnur erinnerte. Aber beide waren schwer zerreißbar.«[71]

Der dritte Faden, von dem wir erfahren haben (wenn es auch noch mehr geben mag), wurde im September 1978 in Greensburg, Ohio, gesehen. Ein Mann entdeckte ihn an einen Busch hinter seinem Haus gehakt und begann, ihn einzuziehen. Dazu mußte er einen Nachbarn um Unterstützung bitten. Sie spulten ihn auf Angelrollen und brachten es auf 300 Meter und füllten damit acht Rollen. Dann riß der Faden und zog davon. Man konnte noch sehen, wie er bis hinauf in die Wolken reichte, und so kam man wieder auf Idee, daß Kinder mit Hilfe einer Angelschnur einen Drachen hätten steigen lassen. Aber wenn diese Theorie auch immer wieder aufgetischt wird — niemand hat jemals den dazu gehörenden, aber offenbar schwer zu fassenden Drachen gesehen. Und niemals wurde bisher jemand ausfindig gemacht, der den Drachen zuvor hatte steigen lassen.[72]

Riesenkatzen und andere geheimnisvolle Tierwesen

Zwar ist es der Menschheit mit Erfolg gelungen, viele wilde Tiere aus den Gegenden zu vertreiben, in denen beider Interessen kollidieren. Doch gibt es guten Grund für die Annahme, daß es manchen Tierarten gelungen ist, sich wieder heimlich Gebiete zurückzuerobern, in denen sie als ausgestorben gelten. Das beste Beispiel ist wohl der *Felis concolor*, der Puma, Silber- oder Berglöwe, der bis vor hundert Jahren in den östlichen USA sehr weit verbreitet war. Heute ist Florida der einzige Staat, in dem es noch eine offiziell registrierte, allerdings kleine Population gibt. Aber auch aus anderen östlichen Bundesstaaten der USA wird sein Auftauchen immer wieder gemeldet — aus Georgia, Alabama, Mississippi, Louisiana, Oklahoma, Arkansas, Tennessee, South Carolina, North Carolina, Virginia, Kentucky, Missouri, Wisconsin, Iowa, Illinois, Indiana, Michigan, Ohio, West Virginia, Maryland, New Jersey, Pennsylvania, New York, Connecticut, Massachusetts, Vermont und Maine. (Genaueres über Ort und Zeitpunkt der Pumasichtungen im Anhang.) Die Tiere sind so scheu, daß endgültige Nachweise für ihre Existenz nur schwer zu erbringen sind. Zweifler halten dagegen, die Zeugen müßten sie mit anderen Tieren verwechselt haben, großen Hunden zum Beispiel, Luchsen oder Wildkatzen. Unter schlechten Sichtverhältnissen ist das durchaus möglich. Dennoch ist es vorstellbar, daß der *Felis concolor* sich in den wilderen Gegenden der östlichen Staaten der USA wieder angesiedelt hat. Es ist auch kein Geheimnis, wie der Puma überlebt, woher er auch immer stammen mag — ob er ein aus Privathaltung entflohenes oder aus dem Zirkus ausgerissenes Tier ist (Was hin und wieder sicher der Fall ist.) oder ob es sich um ein überlebendes Exemplar aus der ursprünglich wilden Population handelt. Geheimnisvoll ist an den Berichten über die Großkatzen etwas anderes, nämlich die Beschreibung von Löwen und schwarzen Panthern.

Sicher gibt es keine wildlebenden Löwen auf dem Boden der USA, es sei denn, sie sind aus der Gefangenschaft geflohen, oder es handelt sich um eine »Maskerade«. Im November 1985 wurde in Waukegan, Illinois, eine Löwenjagd wieder abgeblasen, als sich herausstellte, daß das gesuchte Tier ein deutscher Schäferhund war, den man geschoren hatte, um ihn so löwenähnlicher erscheinen zu lassen: vorn mit einen Löwenmähne und hinten mit einem Schwanz, der in einem Büschel endete.[1] Es gab noch andere »Löwenjagden« — im mittleren Illinois im Juli 1917; in Elkhorn Falls, Indiana, im August 1948; in der Nähe von Kapuskasing, Ontario (Kanada), im Juni 1960; bei Roscoe, Illinois, im Mai 1970; in Tacoma, Washington, im Juli 1976 und in Fremont, Kalifornien, im November 1979. Die Beschreibungen liefen immer auf löwenähnliche Tiere hinaus, zum Beispiel: »ein männlicher afrikanischer Löwe, etwa 2,40 lang, mit einem Büschel am Schwanz und einer Mähne« (Roscoe, Illinois).[2] Das inspirierte den Forscher Loren Coleman zu der Theorie, daß es in Nordamerika einen Restbestand des großen amerikanischen Löwen geben könnte, der vor 10000 Jahren lebte: der *Panthera leo atrox.*[3]

Die anderen geheimnisvollen Berichte über Großkatzen drehen sich um *schwarze* Katzen. Sie sind deswegen so rätselhaft, weil es den schwarzen (melanistischen) Puma sehr selten gibt. Bekannt sind schwarze Jaguare (*Panthera onca*), aber auch sie sind selten und lediglich in südlichen Bundesstaaten, zum Beispiel in Arizona anzutreffen.[4] Der Leopard (*Panthera pardus*), dessen Lebensraum Asien und Afrika ist, ist manchmal schwarz. Er wird dann Panther genannt. Im Osten der USA will man ihn häufig gesehen haben. Ist es also möglich, daß dort ganze Familien von entlaufenen Panthern leben? Es ist unwahrscheinlich, aber was haben die Zeugen dann gesehen? Manchmal dürfte es so gewesen sein, daß sie einen schwarzen Labrador oder einen Fischmarder (*Martes pennanti*) für einen Panther hielten. Letzterer gehört zur Familie der Wiesel und ist in Kanada und im Nordosten der USA anzutreffen. Er wurde in den Adirondacks, weiter südlich bis zum Oneida Lake und im nördlichen Maine nachgewiesen. Vielleicht ist er auch noch weiter nach Süden verbreitet. Im Januar 1984 wurde jedenfalls ein Exemplar in Florida gesichtet.[5] Der Fischmarder ist etwas kleiner als ein Fuchs, hat ein dunkles, buschiges Fell und einen langen Schwanz.[6] Per Saldo dürfte aber am ehesten der melanistische Puma als Erklärung in Frage kommen, wenn es dafür auch keine offizielle Bestätigung gibt, weil bislang kein schwarzer Kadaver gefunden wurde.[7]

Auch in England hat man völlig überraschend schwarze Katzen gefangen und geschossen, die jedoch keine Pumas waren. Um es noch ein wenig komplizierter zu machen: Sie stellen eine bis jetzt noch nicht identifizierte Spezies dar, wahrscheinlich eine Kreuzung zwischen der schottischen Wildkatze und anderen Wildkatzen. Wir haben ausführlich in *Modern Mysteries of Britain* über diese geheimnisvollen Katzen berichtet, so daß wir uns hier auf eine Zusammenfas-

Das seltene Foto einer mysteriösen schwarzen Katze im Exmoor Forest (England). Aufgenommen wurde es 1987 von Trevor Beer, der jahrelang auf der Suche nach dem »Exmoor Beast« war.

sung beschränken können. Seit den sechziger Jahren gab es immer wieder Berichte über Riesenkatzen in England, die oft Pumas genannt wurden. Kaum eine Gegend in Großbritannien scheint von ihnen verschont worden zu sein. In Schottland wurden schließlich schwarze Katzen gefangen und geschossen. Wer sich näher über den Stand der zoologischen Forschung informieren und zugleich einen lesbaren und interessanten Überblick über geheimnisvolle Riesenkatzen in der ganzen Welt haben will, sollte sich das Buch *Mystery Cats of the World* von Dr. Karl Shuker besorgen. Auch aus den verschiedensten Gegenden Europas gibt es hin und wieder Berichte über Riesenkatzen, aber wie in den Vereinigten Staaten hat man noch keine fangen und untersuchen können. Die jüngsten Meldungen aus Europa kommen von Frankreich, Dänemark, der Bundesrepublik Deutschland, der Schweiz und Italien. Der Luchs (*Felis lynx*) ist in Europa heimisch, wird aber in vielen Gegenden immer seltener. Heute findet man ihn hauptsächlich in den Pyrenäen, in den Alpen und im Jura. 1984 unternahm man in Frankreich den erfolglosen Versuch, Luchse in den Vogesen wieder anzusiedeln; sie sind dort seit einem Jahrhundert ausgestorben. Andere Ansiedlungsversuche, bei denen man die Luchse besser vor raub- und jagdgierigen Exemplaren der Gattung Mensch verborgen hat, könnten mehr Erfolg gehabt haben. Im Süden Europas gibt es in einigen Gegenden noch Wildkatzen (*Felis sylvestris*), und in Spanien, Italien, Frankreich und der DDR lebt noch der graue Wolf. Daher waren wohl einige der »Pumas« seltenere einheimische Tiere, zum Beispiel Wildkatzen oder große Hunde. Wirkliche Pumas werden es dann gewesen sein, wenn es sich um aus Zoos, Zirkussen oder Privathaushalten ausgerissene Tiere gehandelt hat. Und wie in England könnte es noch eine bislang unbekannte Spezies von Katzen geben, die in den wilderen Gegenden Europas herumstreift.[8]

Die dritte Gegend in der Welt, aus der viele Berichte über geheimnisvolle Katzen stammen, ist Australien. Nachdem es dort ursprünglich keine Katzen gegeben hat, können die heute dort beobachteten keine Nachkommen ehemals wild lebender Populationen sein. Aber natürlich kann es auch sein, daß es sich gar nicht um Katzen handelt. Wie in den USA ist man offiziell sehr zurückhaltend, wenn man Wert und Wahrheitsgehalt der entsprechenden Berichte untersucht, aber die Einheimischen sind überzeugt, daß dort wilde Katzen leben. In New South Wales gibt es mehrere Bezirke, in denen Pumas oder schwarze Panther beobachtet wurden. Die meisten Berichte stammen aus den letzten zwanzig Jahren, aber ähnliche Tiere wurden in der Umgebung von Tallong bereits in den späten zwanziger und den frü-

Ein Beutelwolf in Gefangenschaft.

hen dreißiger Jahren gesehen. Das südliche Hochland im Südosten Australiens ist heute das Zentrum, vor allem die Gegend um Nowra und das Kangaroo Valley. Eines von vielen Beispielen war die Begegnung, die Mrs. Robin Neale und Mrs. Janice Bruem Anfang Juni 1978 in der Nähe der Stadt Kangaroo Valley mit einem solchen Tier hatten. Was sie dort sahen, »hatte einen langen, katzenähnlichen Schwanz, der Kopf glich dem einer Katze. Es war etwa 60 Zentimeter hoch und vom Kopf bis zur Schwanzspitze 1,50 Meter lang ... Wir sind beide überzeugt, daß es ein riesiges katzenähnliches Tier war. Wir würden gerne wissen, was für ein Tier es war.« (Mit dem Wunsch stehen sie sicher nicht allein.) Es rannte mit großen, graziösen Sprüngen davon. Beide Frauen hatten auch schon in den Jahren zuvor Riesenkatzen gesehen.[9] Im Norden des Landes beobachtete man in Emmaville einen schwarzen Panther. Der erste derartige Bericht stammt vom 19. Februar 1958 aus der Nähe von Coolatai.

Man hat in Australien das Auftauchen von Pumas damit zu »erklären« versucht, daß es sich um Ausreißer aus Wanderzirkussen gehandelt hat — oder um das entlaufene Maskottchen eines Soldaten aus der Kriegszeit — oder um Verwechslungen mit Hunden, Dingos und Wildkatzen. Aber »Pumas« und »Panther« werden weiterhin gesichtet.[10] Die Lage wird dadurch noch komplizierter, daß es eingeborene und noch nicht entdeckte Arten geben könnte bzw. »ausgestorbene«, die dennoch in bestimmten Teilen von Australien überlebt haben. Eine dieser Tierarten ähnelt einem großen Hund, hat deutlich erkennbare Streifen auf dem Körper und einen Beutel. Es handelt sich also um ein Beuteltier wie das Känguruh. Man kennt es unter dem Namen Beutelwolf, Tasmanischer Wolf oder Tasmanischer Tiger. In Tasmanien gilt der Beutelwolf als ausgestorben, aber man will ihn noch hier und da gesehen haben. Auch die in Australien lebenden Beutelwölfe sollen ausgestorben sein. Als Fossil hat man auch einen Beutel-»Löwen« gefunden, der ebenfalls bis zum heutigen Tag überlebt haben könnte. Wo immer gestreifte Tiere gesichtet wurden, kann man annehmen, daß zumindest Abarten des Beutelwolfs noch vorhanden sind. Im Januar 1979 waren Mr. Barlow und seine Frau nachts in der Nähe von Forster (New South Wales) mit dem Auto unterwegs, als vor ihnen ein gestreiftes hundeähnliches Tier über die Straße rannte. Sie mußten daher plötzlich bremsen. Im Scheinwerferlicht konnten sie das Tier genau betrachten: Es war etwa 1,50 Meter lang, fast 60 Zentimeter hoch, hatte einen Körper wie ein Windhund und eine Reihe schwärzlicher Streifen auf dem mattbraunen Fell.[11]

Auch weiter nördlich, in Queensland, wurden gestreifte »Katzen« gesehen. Die Berichte reichen zurück bis in das Jahr 1870.[12] Diese Tiere könnten zu einer noch unbekannten Spezies gehören, zu den

Beutel-Tigerkatzen.[13] Auch »schwarze Panther« wurden entdeckt, zum Beispiel in Miles, 150 Meilen nordwestlich von Brisbane. Mervyn Platz sah einen im Januar 1983 in der Abenddämmerung.

»Ich blieb mit meinem Kombiwagen etwa 15 Meter vor ihm stehen. Zuerst dachte ich, es sei ein schwarzer Dingo. Er war ungefähr 60 Zentimeter groß, 1,50 Meter lang von der Nasen- bis zur Schwanzspitze, vielleicht etwas mehr, und hatte einen Katzenkopf, nur dreimal so groß wie der einer normalen Katze. Die Augen waren gelb. Wir sahen uns gegenseitig vielleicht fünf Minuten lang an, bevor er sich ins Gras davonschlich. Er zeigte überhaupt keine Furcht.«

Bauern aus der Gegend hatten kurz zuvor geklagt, ihnen seien Tiere gerissen worden (Hunde, Katzen, Schafe und Ziegen).[14]

In Victoria treffen wir auf die gleiche Situation wie in Queensland und New South Wales. Auch dort wurden große schwarze und gestreifte Katzen gesichtet; letztere könnten möglicherweise Beutelwölfe gewesen sein. Die schwarzen Katzen tauchen häufig in den Grampian-Bergen südlich von Horsham auf. In Gippsland wurde im Februar 1979 bei Trafalgar ein großer schwarzer Hund von einem Auto überfahren, der die Ursache für eine ganze Reihe von gemeldeten Begegnungen mit angeblichen »Riesenkatzen« gewesen sein dürfte. Er hatte eine Schulterhöhe von 115 Zentimetern und war sehr abgemagert,

Dieses rätselhafte Tier fotografierte Miss Rilla Martin 1964 im australischen Bundesstaat Victoria.

hatte in der Wildnis also nicht allzuviel Nahrung gefunden.[15] Wenn auch die »moderne« Welle der »Puma«-Begegnungen in den fünfziger Jahren begann, so gab es doch schon früher Berichte über ihr Auftauchen — mehr, als wir uns heute bewußt sind. Wahrscheinlich erreichten diese Berichte damals nicht in dem Maße die Zeitungsredaktionen wie heute. Im November 1933 hörten drei Männer, die im Hügelland von Gunyah in der Nähe von Trafalgar arbeiteten, »einen seltsamen Tierlaut und sahen dann ein großes rehbraunes wildes Tier, das sich langsam durch das Farngestrüpp bewegte. Es hatte einen großen katzenähnlichen Kopf und schien ungefähr 1,80 Meter lang zu sein. Alle konnten das Tier gut erkennen, das in seiner Gesamterscheinung einer Löwin ähnelte. Später entdeckte man auch Spuren. Die Abdrücke zeigten deutlich erkennbare Tatzen.« Andere Farmer aus der Umgebung hatten ein ähnliches wildes Tier gesehen.[16] Beutelwolfartige Tiere wurden an sehr weit voneinander entfernten Orten in Victoria gesehen: in der Umgebung von Portland im Südwesten, in West Wimmera, rund um Lang Lang in Gippsland und an der Grenze von Victoria und New South Wales. Dort konnten Farmer 1977 ein ganzes Rudel beobachten. Eines der Tiere trug ein Junges in seinem Beutel.[17] Meistens wurden die Tiere dabei beobachtet, wie sie eine Straße überquerten. Zwei Männer, die Ende Dezember 1980 nördlich von Benambra zum Fischen fuhren, sahen einen Beutelwolf aus einer Entfernung von nur zehn Metern. Der Fahrer bremste ab, damit sie ihm zuschauen konnten, als er über die Fahrbahn bummelte. »Er war ungefähr einen halben Meter hoch und einen Meter lang von der Nase bis zum Schwanz und hatte eindeutig Streifen. Das Fell war grau und an einigen Stellen braun. Der Schwanz war dick und lang, doch nicht so buschig wie bei einem Fuchs, aber auch nicht so spitz zulaufend wie bei einem Hund.« Der Zeuge war sich sicher, um was für ein Tier es sich gehandelt hatte: »Ich steige seit 25 Jahren in den Bergen im Osten, und es ist für mich so sicher wie das Amen in der Kirche, daß es ein Tasmanischer Tiger war. Ich habe eine Menge wilder Hunde, Dingos und Füchse gesehen, aber so ein Tier bisher noch nie.«[18]

In Tasmanien hat man ebenfalls Beutelwölfe gesehen. Sie gehörten dort bis zu Beginn dieses Jahrhunderts zu den vertrauten einheimischen Tierarten. Weil man ihnen unterstellte, daß sie zu viele Schafe rissen, wurde auf ihr Fell eine Prämie ausgesetzt. Der Bestand an Beutelwölfen nahm rapide ab, bis sie in den dreißiger Jahren offiziell als ausgerottet galten. Damals starben die letzten Exemplare im Zoo von Hobart. Trotzdem wurde seitdem immer wieder und regelmäßig von Begegnungen mit ihnen berichtet, wenn auch eine ganze Reihe von Expeditionen keinen positiven Beweis für die Existenz der Beutelwölfe erbracht haben. Einen verläßlichen Bericht über eine Begegnung gibt der Parkaufseher Hans Naarding aus dem Nordwesten der Insel. Er schlief im März 1982 in seinem Kombi. Als er erwachte, leuchtete er wie gewohnt mit seinem Suchscheinwerfer den Waldrand ab. Da stand im Regen ein gestreiftes Tier, das einem Hund ähnelte und einen dicken, steifen Schwanz hatte.

»Meine Kameratasche war außer Reichweite, also nahm ich mir vor, das Tier erst einmal vorsichtig zu beobachten, ehe ich eine Bewegung riskierte. Es war ein erwachsenes männliches Tier in bester Verfassung. Zwölf Streifen zogen sich über sein sandfarbenes Fell. Die Augen spiegelten sich blaßgelb im Licht meiner Lampe. Es machte nur einmal eine Bewegung, als es das Maul öffnete und seine Zähne zeigte. Nach ein paar Minuten der Beobachtung versuchte ich, nach meiner Kameratasche zu greifen. Aber dadurch erschreckte ich das Tier, und es verschwand im Unterholz. Ich stieg aus dem Wagen und ging zu der Stelle, an der das Tier verschwunden war. Ich nahm einen strengen Geruch wahr. Obwohl ich intensiv nach ihm suchte, konnte ich keine Spur mehr von dem Tier entdecken.«[19]

Es ist fast sicher, daß Tasmanien noch Beutelwolf-Populationen beherbergt. Ob sie auch im westlichen Australien leben, ist weniger sicher. Fünf Fotos, die irgendwo im Westen Australiens im November 1985 von Kevin Cameron, einem Fährtenleser und Ureinwohner, geschossen wurden, sollen angeblich Beutelwölfe zeigen. Aber es hat heftige Kontroversen um die Echtheit der Fotos gegeben.[20] Jahrelang sind katzenähnliche Lebewesen in Western Australia beobachtet worden, vor allem auf Schaffarmen, wo sie die Tiere gerissen haben. »Schwarze Panther« wurden Anfang 1972 aus Kulja nördlich von Koorda gemeldet. Die Farmer versuchten vergeblich, sie in Fallen zu fangen.[21] Im August 1982 sah Dr. Per Seglen, ein norwegischer Forscher, der zu einer Konferenz nach Australien gereist war, wie eine Riesenkatze vor ihm die Straße von Badgingarra nach dem Nambung National Park nördlich von Perth überquerte. Er berichtet: »Ich sah diese Katze ungefähr hundert Meter vor mir. Sie sprang die Straße entlang und verschwand dann zwischen den Büschen. Wären wir in Afrika gewesen, hätte ich nach Größe und Gangart gesagt, daß es sich um einen Leoparden handelte. Flecken auf dem Fell konnte ich nicht erkennen. Aber sie hatte einen langen gepunkteten oder kräftig gestreiften Schwanz.« Im Zoo von Perth fand er kein Exemplar dieser Art, und sie war auch in keinem Buch über australische Beuteltiere aufgeführt. »Die ganze Angelegenheit war sehr verwirrend. Ich hatte nicht erwartet, auf etwas anderes als ein Känguruh zu stoßen. Statt dessen sah ich nun ein Tier, das gar nicht auf diesen Kontinent gehörte.«[22]

Zweifellos wird der Streit, ob es Riesenkatzen und Beutelwölfe in Australien gibt, so lange anhalten, bis diese Tiere von einem unanfechtbaren Zeugen gefilmt oder fotografiert worden sind oder, besser noch, Kadaver von ihnen gefunden werden. Die große Scheuheit dieser Tiere gibt den Bezweiflern ihrer Existenz natürlich besondere Nahrung. Aber wahrscheinlich ist es genau diese Scheu, die ihnen so lange zu überleben ermöglicht hat.

Wenn in Australien und Europa Pumas und Panther in freier Wildbahn gesichtet werden, dann sind sie dort Tiere »am falschen Ort« — Tiere in einer Umgebung, die für sie nicht die normale ist. Es gibt aber auch andere Tierarten, nicht nur Riesenkatzen, die oft an unerwarteten Plätzen gesehen werden, zum Beispiel Känguruhs. Begegnet man einem Känguruh in England, handelt es sich gewöhnlich um ein Wallaby, eine kleinere Känguruh-Art, die aus Australien stammt. In England gibt es mehrere wildlebende Wallaby-Kolonien. Teils sind es aus der Gefangenschaft ausgebrochene Tiere, teils (in Derbyshire) die Überreste einer Kolonie, die in einer seit 1940 verwahrlosten Besitzung lebten. Sie scheinen sich in Freiheit wildlebend ganz gut zu halten, solange das Winterwetter nicht gar zu extrem wird. Das mag auch für die USA gelten, wo man seit Mitte der sechziger Jahre häufig

Das Känguruh bzw. der Wallaby von Wisconsin, aufgenommen 1978.

Känguruhs beobachtet hat. Gewöhnlich geschieht das nicht aus nächster Nähe, aber am 18. Oktober 1974 gelang das doch zwei Polizisten, die sich in Chicago (Illinois) auf die Jagd nach dem Tier gemacht hatten. Die beiden Streifenwagenfahrer Byrne und Ciagi trieben ein 1,50 Meter großes Känguruh um 3.30 Uhr morgens in einer dunklen Gasse in die Enge. Aber es schien nicht gewillt, sich ohne Widerstand zu ergeben, sondern begann zu schreien, als Byrne versuchte, ihm Handschellen anzulegen. Dann begann eine Rauferei, bei der es Ciagi einen Tritt gegen das Schienbein versetzte. Dem Känguruh gelang dann die Flucht.[23]

Diese Känguruhs am falschen Ort werden selten, wenn überhaupt, gefangen. Oft scheinen sie auf genauso rätselhafte Weise zu verschwinden, wie sie aufgetaucht sind, nachdem ein paar verblüffte Bürger ihnen begegnen. Doch 1978 konnte ein Foto von solch einem Tier gemacht werden — kein besonders gutes Foto zwar, aber scharf genug, um das Besondere an seiner Erscheinung deutlich zu machen. Zum erstenmal wurde dieses Känguruh am 5. April 1978 in Waukesha gesehen. Danach beobachtete man es in Pewaukee, Brookfield, und erneut in der Umgebung von Waukesha. Am 24. April gelang es zwei Männern, bei den Menomonee-Fällen zwei Polaroidfotos des Tieres aufzunehmen. Loren Coleman, der einen der Farbabzüge begutachten konnte, hielt das Tier für ein »Bennett«-Wallaby oder ein Sumpf-Wallaby,[24] und wie in England könnte es sich auch bei ihm um einen Flüchtling aus einem Privatzoo gehandelt haben. Auch sonst wurden aus verschiedenen Gegenden der Welt Känguruhs gemeldet, zum Beispiel aus New Brunswick, Neuschottland, und aus Ontario (alle in Kanada — genauere Angaben im Anhang), in der Umgebung von Morange-Silvange in Frankreich und an der Nordgrenze Ungarns. Daß diese Tiere wahrscheinlich ausgebrochen sind, läßt sich aus bisweilen gleichzeitigen Meldungen über geflohene Känguruhs ableiten. Im Mai 1979 wurde zum Beispiel in Nashua, New Hampshire (USA), ein Känguruh gesichtet und gefangen. Es stellte sich heraus, daß es einer Truppe ausgerissen war, die kürzlich bei einem Volksfest in der Stadt gastiert hatte.[25] In Nordamerika gibt es aber noch eine andere Identifikationsmöglichkeit für angebliche Känguruhs, der dort heimische Nasenbär (*Nasua narica*), ein fleischfressender Angehöriger der Waschbär-Familie. Wenn also Känguruhs angetroffen werden, die nicht größer als 60 Zentimeter sind (mit einem fast 50 Zentimeter langen Schwanz, der aufrecht steht und an der Spitze gekringelt ist), dann handelt es sich mit großer Wahrscheinlichkeit um einen Nasenbär.[26]

Zwar können auch ein Känguruh oder ein Wallaby dem Menschen gefährlich werden, nämlich dann, wenn sie in die Enge getrieben und verängstigt sind, aber für Krokodile gilt das wohl in weit größerem Maße. Es gibt in Nordamerika eine einheimische Krokodilart, den amerikanischen Alligator. Er lebt in den Südstaaten und im Südosten in Sümpfen und Flußgebieten. Sein Lebensbereich reicht nicht weiter nördlich als Louisiana hinaus. Und doch wurden Krokodile auch viel weiter nördlich und westlich gesehen, gefangen und geschossen: in Arizona, Kalifornien, Colorado, Connecticut, Delaware, Washington, D.C., Illinois, Indiana, Kansas, Maryland, Massachusetts, Michigan, Minnesota, New Jersey, New York, Ohio, Oklahoma, Texas, Virginia, Washington und Wisconsin (genauere Angaben im Anhang). Wahrscheinlich handelt es sich bei vielen dieser Tiere um ausrangierte Haustiere, die bis zum Einbruch kälteren Wetters überleben konnten. Kaimane sind die kleinsten Vertreter der Krokodilfamilie und werden über die einschlägigen Läden auch als Haustiere gehandelt. Sie stammen aus Mittel- und Südamerika. Aber einige der beobachteten Tiere waren um einiges größer als Haustiere, als sie in freier Wildbahn angetroffen wurden. Das läßt vermuten, daß sie überlebt und in der Wildnis über die Jahre an Körpergröße zugenommen hatten. Alligatoren scheinen gern in Abwasserkanälen zu leben, weil es dort wärmer ist und weil sie dort Ratten fangen können. Man mag »einen Alligator im Abflußrohr« für ein Märchen halten, doch man hat tatsächlich dort schon einige gefunden. (Ob es Haustiere waren, die einfach durch die Toilette gespült wurden, ist eine andere Frage.)

Die *New York Times* berichtete 1935 von einem Alligator, den man auf der Straße gefunden hatte. In der East 123rd Street schaufelten ein paar Jungen Schnee in einen Kanalschacht, als sie unten eine Bewegung bemerkten. Mit einem Seil zogen sie einen zweieinhalb Meter langen Alligator heraus, der in jämmerlicher Verfassung war. Sie schlugen ihn mit ihren Schaufeln tot. Er wog 125 Pfund.[27] Aus jüngerer Zeit stammt der Fall von einem Krokodil, das in Cairns, Queensland (Australien), aus einem Überlaufkanal auftauchte und nach dem Bein eines vorbeikommenden Mannes schnappte. Glücklicherweise trug er Cowboystiefel und wurde nicht verletzt. In der französischen Hauptstadt fanden Arbeiter im März 1984 in den Kanälen unter den Straßen von Paris ein junges Krokodil auf Wanderschaft. Sie konnten das 80 Zentimeter lange Tier fangen und an einen angenehmeren Ort transportieren: in ein Vivarium im Jardin des Plantes.[28]

Auch Aale gehören zu den Tieren, denen man an unvorhergesehenen Orten begegnen kann — nur Wasser muß in der Nähe sein. In einem Fall, der dem »Alligator im Abflußrohr« gleicht, fand man mehrere Aale von mehr als einem Meter Länge in den Wasserleitungen eines Wohnhauses in Medford, Boston, Massachusetts (USA), nachdem sich die Bewohner über den geringen Wasserdruck beklagt hatten. Nach Ansicht der Behörden mußten sie 100 Meilen durch Wasserrohre geschwommen sein, die im Quabbin-Stausee endeten.[29] Warane vom Nil, die ungefähr 1,80 Meter lang werden, bleiben stets in der Nähe von Wasser — aber da sie aus Afrika stammen, kommen sie in den USA gewöhnlich nicht vor. Im Sommer 1981 wurden in Florida innerhalb von drei Wochen drei Nil-Warane gefangen, zwei Jahre zuvor hatte man einen in der Nähe der South Bay gefunden. Ein weiteres Exemplar entdeckte man auf dem Golfplatz von Royal Palm Beach, das nächste in einem Garten in Hypoluxo und wieder ein anderes unter der Motorhaube eines Autos in Miami.[30] Im Februar 1984 erlegte ein Junge einen 1,80 Meter langen Waran in einem Teich in Findly, Ohio.[31]

Natürlich ist es möglich, daß auch die Warane ausgerissene Haustiere waren. Aber die Erklärung läßt sich schwerlich auf Tiere übertragen, die gewöhnlich im Salzwasser leben und plötzlich im Süßwasser gefunden werden. Das gilt zum Beispiel für den Tintenfisch, den zwei Männer am 24. Dezember 1933 aus dem Kanawha River bei Charleston, West Virginia (USA), in ihr Boot zogen. Sie bemerkten ihn, als seine Arme über den Rand des Bootes gekrochen kamen. Vom Kopf bis zur Spitze des längsten Armes maß er 90 Zentimeter.[32] Wir haben auch Meldungen über vier Haie, die man im Süßwasser angetroffen hat: am 14. Juli 1968 im Rivieres des Prairies, einem Fluß in Montreal North, Quebec (Kanada) — 1,20 Meter lang, 20 Pfund schwer;[33] im Juli 1976 in einem kleinen Fluß in Arlington, Texas (USA) — ein ein Meter langer Sandhai;[34] am 18. August 1977 im East Lynn Lake, West Virginia (USA) — 60 Zentimeter lang, zehn Pfund schwer;[35] Ende Juni 1978 im Filter eines Zuflusses zu einem Kraftwerk in Detroit, Michigan (USA) — der Hai war tot, Größenangaben liegen uns nicht vor.[36] Ist es bezeichnend, daß sie alle in einem 6-Wochen-Zeitraum und jeweils im Sommer gefunden wurden?

Noch weitere merkwürdige Tiere wurden an unerwarteten Plätzen gefunden, zum Beispiel das acht Pfund schwere Gürteltier (ursprünglich heimisch in den südlichen USA bzw. Mittel- und Südamerika), das am 23. Dezember 1978 über einen Rasen in Holliston, Massachusetts (USA), kroch,[37] oder der Lemur (ursprünglich aus Madagaskar), den man am 12. November 1931 sterbend in Lincoln, Nebraska (USA), in einem Garten fand. Beide könnten aus privaten oder öffentlichen Zoos entflohen sein.[38] Zoos melden gewöhnlich den Verlust und die eventuellen Besitzansprüche an, wenn sie Tiere vermissen. Das geschieht vor allem dann, wenn es sich um große Lebewesen handelt, aber für einen Bären, der im September 1974 in der Gegend von Hamburg herumwanderte, fand man keine Erklärung. Mehr als 30 Menschen sahen ihn, die Polizei fand Fußspuren und Haare, aber nachdem nirgends ein Bär vermißt wurde, kam sie zu dem Schluß, es müsse sich um einen Schwindel gehandelt haben.[39] Auch die Herkunft des kleinen Elefanten, der am 2. Mai 1979 im Bay-Ridge-Bezirk von Brooklyn, New York (USA), herumwanderte, ließ sich nicht bestimmen.[40]

Es ist unwahrscheinlich, daß Elefanten wild in den Vereinigten Staaten leben, aber bei Affen und Schimpansen wäre das möglich. Aus Florida und Texas weiß man, daß es dort naturalisierte Affen-Populationen gibt. Loren Coleman glaubt, daß sich auch in anderen Gegenden Primaten aufhalten.[41] Man hat sie oft genug gesichtet — und es ist möglich, daß manche angebliche Bigfoot-Begegnung in Wirklichkeit auf Affen zurückzuführen ist, die sich am falschen Ort aufhielten. Zu den Stellen, an denen Affen gesehen wurden, gehören: eine Insel in einem See im südlichen Massachusetts (Juni 1980); das Schwemmland des Gum Creek in der Nähe von Mt. Vernon (Sommer 1941) und Enfield (April und Mai 1973), beide in Illinois; Hamburg, Arkansas (1968); Trimble County, Kentucky (1962); Calumet, Oklahoma (1967—70, wo ein Mann einen »Schimpansen« fütterte, um ihn zu fangen), und North Huntingdon Township, Pennsylvania (Herbst 1987).[42] Nachdem ein Affe mehrmals ab Anfang Oktober 1987 auf den Feldern um Honeybrook Township in Pennsylvania gesehen worden war, wurde er dort einen Monat später erlegt. Sein Kadaver überzeugte die Zweifler, daß die Einheimischen tatsächlich einen Primaten gesehen hatten. Er war ungefähr 70 Zentimeter groß und wog um die 50 Pfund. Er hatte ein rötlichbraunes Fell und zwei Zentimeter lange Hundezähne. Selbst Veterinäre von der University of Pennsylvania konnten nicht feststellen, zu welcher Art er gehörte. Auch woher er gekommen war, ließ sich nie ermitteln.[43]

Alle am falschen Ort auftauchenden Tiere, die wir bisher beschrieben haben, sind im Grunde identifizierbar gewesen, auch wenn man sie bisweilen nicht exakt einer Art zuordnen konnte. Aber es gibt in den Medien so viele Berichte über unheimliche und wunderbare Tiere, daß man die besten Zoologen mit ihrer Identifizierung auf eine harte Probe stellen würde. Manche Berichte sind so vage oder so konfus, daß wir sie ignorieren müssen. Andere gehen ins Detail und sind spannend genug, daß wir darüber nachdenken sollten, was die Zeugen gesehen haben könnten. Manche von diesen Tieren haben scheinbar hundeähnliche Züge. An dieser Stelle ist anzumerken, daß bisweilen Tiere, die man aus verschiedenen Gründen für Katzen hielt, wie Hunde beschrieben wurden, in England wie auch in den Vereinigten Staaten. Die Unsicherheit der Zeugen, was für ein Tier sie denn wirklich gesehen haben, und Spurenfunde, die auf Hunde schließen lassen, haben die Behörden oft dazu veranlaßt, die beobachteten Tiere als große Hunde zu bezeichnen. Aber wie einige von diesen Fällen zeigen, ist die Antwort oft nicht so eindeutig.

Im Jahr 1951 sah Mrs. Lawrence Laub, die auf einer Farm in Calumet, Oklahoma (USA), lebte, ein Tier, »das aussah wie eine Kreuzung zwischen einem Wolf und einer Hirschkuh«. Es hatte vier dünne Beine, und Kopf und Leib ähnelten einer Hirschkuh. Seine Füße waren »riesige Pfoten«, es hatte langes Haar, einen buschigen Schwanz und kleine spitze Ohren. Es war größer als ein Hund oder als ein Wolf. Mrs. Laub hatte zwei Jahre zuvor ein Tier der gleichen Art gesehen.[44] Im Jahr 1975 biß ein nicht zu identifizierendes wolfsähnliches Tier in Jasper County, Mississippi (USA), mehreren Schweinen die Ohren ab.[45] Im Frühjahr 1978 sprang ein »hundeähnliches Tier, größer als ein Fuchs und braun mit einem langen dunklen Schwanz« in Prestonbury, Kentucky (USA), auf den Rücken eines Ponys und verletzte es schwer.[46] In der Nähe von Cheyenne, Oklahoma (USA), sahen zwei Viehhüter ein Tier, das sie nicht identifizieren konnten. »Es war größer und stämmiger als ein Hund. Der Kopf saß ihm direkt auf den Schultern, und es ging auf allen vieren«, berichtet Alex Inman. Und George Springer fügt hinzu: »Es war nicht struppig oder hatte ein langes Fell, sondern glatt wie ein Schwein. Es hatte eine fließenden Gang und machte keine Sprünge. Es war ziemlich schwer und hatte einen recht kräftigen Leib.« Sie drückten auf die Hupe, da zog sich das Vieh unbekümmert ins Gebüsch zurück.[47]

Es ist möglich, daß manche dieser seltsamen Tiere Kreuzungen oder Bastarde sind. Kojoten und Wölfe, die ja beide zur Familie der Hunde gehören, leben in bestimmten Gebieten der USA. Von beiden weiß man, daß sie sich erfolgreich mit Hunden gekreuzt und auf diese Weise Bastarde gezeugt haben: Auch untereinander haben Kojoten und Wölfe sich vermischt und Bastarde hervorgebracht.[48] Kreuzungen zwischen Kojoten und Hunden nennt man in den Vereinigten Staaten »coy-dogs«. Einer von ihnen suchte jahrelang das Vieh in der Gegend von Williamsville, Virginia (USA), heim, bis man ihn am 2. Oktober 1977 erlegen konnte.[49] Es ist wahrscheinlich, daß viele dieser hundeartigen Lebewesen tatsächlich Bastarde sind. Als weitere mögliche Identifizierung kommt der Graufuchs (*Urocycon*) in Frage, der sich deutlich vom Rotfuchs (*Vulpes*) unterscheidet, nicht nur in der Farbe, sondern auch in Gangart und Verhalten.[50] Auch andere Mitglieder aus der Familie der Hunde können für diese seltsamen Begegnungen verantwortlich sein, allerdings sind sie nicht in den Vereinigten Staaten heimisch: Der Mähnenwolf zum Beispiel mit seinen langen dünnen Beinen (war er das Tier von Calumet?) lebt in Südamerika. Wilde oder verwilderte Hunde können sicher in Gegenden überleben, in denen auch Kojoten und andere räuberische Lebewesen existieren. Es würde sich dabei immer um große Tiere handeln, denn im Wettbewerb in der Wildnis überleben die größeren Arten. Allerdings jagen Wildhunde gewöhnlich in Rudeln, und die hier genannten rätselhaften Tiere treten immer einzeln auf.

Einige der beschriebenen Tiere gehören aber wohl nicht zur Hundespezies. Hunde, Kojoten und Wölfe hüpfen gewöhnlich nicht beim Gehen. Doch einige unserer »Untiere« tun das durchaus. Am 2. Juli 1924 sorgte ein Tier, das in der Nähe von West Orange, New Jersey (USA), gesehen wurde, für einige Aufregung auf dem Polizeirevier. Ein Beamter hatte vom Streifenwagen aus angerufen und gemeldet: »Ich habe gerade ein Tier entdeckt, das einen Kopf wie ein Reh hat, wie ein Kaninchen läuft und leuchtende Augen hat. Was könnte das sein?« Auch Mrs. Clyde Vincent sah es: »Wir hatten uns am Straßenrand zu einem Picknick hingesetzt, als ein Tier mit dem Kopf eines Rehes und leuchtenden Augen wie ein Kaninchen angelaufen kam und über uns hinwegsprang.« Ein Farmer aus Livingston hatte »den Teufel« über seine Felder springen gesehen. Die Polizei nahm an, es handle sich um ein Känguruh, das aus einem Zirkus oder einem Zoo ausgerissen sei, aber ihre Suche nach dem Tier blieb ohne Ergebnis.[51]

Das merkwürdige Tier, das im Dezember 1925 auf einer Farm in Greenwich, New Jersey (USA), Hühner stahl, wurde von dem zornigen Farmer überrascht und erlegt, aber weder er noch hundert andere, die sich den Kadaver betrachteten, konnten ihn identifizieren. Nach dem Pressebericht hatte es ...

»... die Größe eines ausgewachsenen Airdales. Das schwarze Fell erinnerte an Lammwolle. Es rannte nicht, als der Farmer es verfolgte, sondern hüpfte wie ein Känguruh. Sein Vorderteil ragte höher als das Hinterteil auf, das immer etwas geduckt wirkte. Die Hinterpfoten hatten vier mit Schwimmhäuten verbundene Krallen. Seine Augen standen noch offen. Sie waren äußerst gelb. Die Kinnpartie glich weder der eines Hundes noch der eines Kojoten oder eines Wolfes. Die Zähne waren äußerst seltsam: Die Backenzähne im Unterkiefer hatten vier Zacken, zwischen die sich die Zähne aus dem Oberkiefer genau fügten.«

Auch hier kann es sich um einen Bastard aus der Hundefamilie gehandelt haben, bis auf die hüpfende Fortbewegungsart.[52] Ein anderes springendes Tier verwirrte die Polizei im September 1979 in der Nähe von Concord, Delaware (USA). Zeugen beschrieben ein schwarzes, vierfüßiges Lebewesen, nicht höher als 90 Zentimeter, mit einem 60 Zentimeter langen Schwanz, der nicht buschig war, sondern spitz zulief und am Ende geringelt war. Statt zu rennen, sprang es »wie ein

Känguruh«. Man fand auch seltsame Spuren von zehn bis elf Zentimeter Länge.[53] Das mysteriöse Tier, das von Juli bis September 1986 in der Gegend um Old Lyme, Connecticut (USA), beobachtet wurde, wurde als eine Kreuzung zwischen Hund und Kaninchen geschildert. Es hatte einen Hundekörper und den Kopf eines Kaninchens mit langen, herabhängenden Ohren. Es hoppelte auch wie ein Kaninchen. Aufgerichtet war es 45 Zentimeter hoch. Es war mager wie ein Windhund (vielleicht vor Hunger, weil es sich nicht entscheiden konnte, ob es ein fleisch- oder ein pflanzenfressendes Wesen war). Das Fell war kurz und grau, der Schwanz lang und dünn. Es ist natürlich höchst unwahrscheinlich, daß ein Hund und ein Kaninchen gemeinsam Nachkommen zeugen. Eine Hypothese lautet daher, daß es ein europäischer Hase gewesen sein könnte, aber kein Mitglied der Familie der Hasen verfügt über einen langen dünnen Schwanz.[54]

Der Nasenbär, den wir schon als eine mögliche Erklärung für das Auftreten einiger »Känguruhs« anführten, ist den meisten Gegenden Nordamerikas kaum bekannt, obwohl der Lebensbereich des weißnasigen Nasenbärs (*Nasua narica*) größer ist als allgemein angenommen. Daher die Überraschung, als ein Exemplar dieser Gattung im Oktober 1968 in der Nähe von Falls City, Nebraska (USA), erlegt wurde.[55] Man hatte beobachtet, daß es für kurze Zeit auf den Hinterbeinen lief, offensichtlich sind also Nasenbären dazu fähig. Sie können auch auf Bäume klettern. Das Tier wurde sowohl mit einem Hund als auch mit einem Waschbären verglichen. Damit waren die Zeugen schon auf der richtigen Spur, denn der Nasenbär gehört zur Familie der Waschbären, und Waschbären gelten als den Hunden und Bären nah verwandt.

Wir haben in diesem Kapitel bereits von Begegnungen mit einigen größeren Reptilien in den USA berichtet — den 1,80 Meter langen Nil-Waranen und Krokodilen, die bis zu drei Meter und länger werden. Es gab noch andere Meldungen über Riesenreptilien und -amphibien, deren Herkunft wohl noch nicht ganz gesichert ist: zum Beispiel über den riesigen, 2,40 Meter langen Salamander, der angeblich 1960 von dem Tierdompteur Vern Harden und seinem Begleiter in den Trinity Alps in Nordkalifornien gefangen wurde. Sie benutzten dazu einen Angelhaken und hielten das Tier damit lange genug fest, um es zu vermessen. Als ein Gewitter aufzog, ließen sie es wieder frei. Andere Entdeckungsreisende behaupten, sie hätten dort riesige Salamander vor Höhlen und an Teichen liegen sehen, vor allem in der rauhen und wilden Landschaft 25 Meilen nordwestlich von Weaverville.[56] Der größte bekannte Salamander in Nordamerika wird bis zu 70 Zentimeter lang. Es ist der Hellbender, der allerdings nicht in Kalifornien vorkommt. In Asien gibt es dagegen Salamander, die bis zu 1,50 Meter

Dieser Nasenbär wurde 1968 in der Nähe von Falls City, Nebraska (USA), erlegt.

lang werden. Weitere Meldungen aus neuerer Zeit über 2,40 Meter lange Salamander liegen uns nicht vor. Aber dafür gibt es mehr als einen Bericht über aufrecht gehende Eidechsen, die in ihrer Gestalt Menschen ähneln. In den siebziger Jahren wurde ein »Eidechsenmann« in der Nähe von Wayne, New Jersey (USA), gesehen. Ein Motorradfahrer erspähte im Vorbeifahren einen aufragenden grünlichen Körper mit Schuppen und einem reptilienartigen Kopf mit hervortretenden Froschaugen und einem breiten lippenlosen Maul.[57] Im Oktober 1975 sah eine ganze Reihe von Zeugen in der Nähe von Milton im Trimble County, Kentucky (USA), eine fünfzehn Meter lange »Riesenechse« mit bis zum Boden reichender gespaltener Zunge und großen, hervortretenden Augen. Sie war mattweiß mit weißen und schwarzen Streifen und Tupfen.[58]

Der sogenannte »Loveland-Frosch« war wahrscheinlich gar kein Frosch. Er wurde zuerst am 3. Mai 1972 an der Riverside Road in der Nähe von Loveland, Ohio (USA), gesehen. Ein Polizist entdeckte ihn im Scheinwerferlicht: ein zwischen ein und eineinhalb Meter großes Tier mit ledriger Haut und einem Frosch- oder Eidechsengesicht, das den Beamten ein paar Sekunden lang ansah und dann über die Leitplanken der Straße ans Ufer des Little Miami River sprang, in dem er schließlich untertauchte. Vierzehn Tage danach sah ihn ein weiterer Polizist an derselben Straße. Berichte über einen großen Frosch, der dort im Fluß lebt, gehen zurück bis in die fünfziger Jahre. 1985 behaupteten zwei Jungen, sie hätten dort einen Frosch von der Größe eines Hundes gesehen.[59] Eine mögliche Identifikation des »Loveland-Froschs« könnte ein Leguan sein. Der Gemeine Leguan (*Iguana iguana*) kann bis zu zwei Meter lang werden. Er lebt hauptsächlich in Mittelamerika und in den nördlichen Teilen Südamerikas. Man trifft ihn aber auch in Florida an. Ob er allerdings auch im nördlicher gelegenen und damit kälteren Ohio überleben könnte ist eine andere Frage. Alle anderen in Nordamerika verbreiteten Leguane sind nur ein paar Zentimeter lang. Auch der Eidechsenmann von New Jersey könnte ein Gemeiner Leguan gewesen sein, allerdings ist auch New Jersey ziemlich weit von Florida entfernt. Als Alternative bietet sich an, daß es sich bei diesen Tieren, inklusive der »Riesenechse« von Kentucky, um Nil-Warane gehandelt hat. Man hat einige Exemplare in den Vereinigten Staaten gefangen und eindeutig identifiziert, obwohl sie keine einheimische Spezies sind. Sie leben in der Nähe des Wassers (wo der »Loveland-Frosch« gesichtet wurde), sie können auf Bäume klettern (der »Loveland-Frosch« kletterte über eine Leitplanke), sie haben gespaltene Zungen (die Kentucky-Echse hatte sie), und sie sind gestreift und gesprenkelt (das trifft wiederum auf die Kentucky-Echse zu). Es gibt Übereinstimmungen und Widersprüche in den Beschreibungen, nicht zu reden von der Seltenheit eines Nil-Warans in Nordamerika — aber eine bessere Erklärung konnten wir nicht finden. So bleiben wir auf Hinweise unserer Leser mit größeren zoologischen Kenntnissen angewiesen ...

Nicht nur in Nordamerika ist man auf mysteriöse Riesenreptilien gestoßen. In Australien tauchen immer wieder zehn Meter lange Warane auf, die dort mit Erfolg Fuß gefaßt haben müssen — in den Wäldern des nördlichen Queensland und weiter südlich in New South Wales und Victoria, schließlich in Neuguinea. Offiziell wird die Existenz dieser Lebewesen auf australischem Boden nicht anerkannt,

Der »Loveland-Frosch«, den man 1972 in Ohio gesehen hat.

aber es gibt eine ganze Anzahl glaubwürdiger Meldungen über Sichtungen. Man nimmt übrigens an, daß sie eine einheimische Spezies darstellen, also keine am falschen Ort auftauchenden Nil-Warane wie in Nordamerika, sind.

Am 27. Dezember 1975 sah ein Farmer im Buschwerk seiner Farm in Cessnock (New South Wales) einen mindestens zehn Meter langen Waran. Bis zum Kamm hatte er eine Höhe von knapp einem Meter. Er besaß kräftige Beine, einen 60 Zentimeter langen Hals und einen 90 Zentimeter langen Kopf. Die Haut war grau und gesprenkelt und wies dunkle Streifen auf. Anfang 1979 war der Herpetologe Frank Gordon in seinem Landrover im Wattagan-Gebirge von New South Wales unterwegs. Er suchte in einem Sumpf in einem unzugänglichen Gebiet nach Lurchen, als er im Wasser einen »Baumstamm« sah, der plötzlich vier Beine bekam und in den Wald lief. Er war neun bis zehn Meter lang. Im Jahr 1975 mußten zwei Farmer ihren Wagen stoppen, um einen »Baumstamm« wegzuschaffen, der die Straße blockierte. Aber das tat der dann freundlicherweise selbst. Auch das soll sich im Wattagan-Gebirge zugetragen haben. Diese Beispiele stammen aus dem Archiv von Rex Gilroy, das er bei der Suche nach dem australischen Riesen-Waran angelegt hat.[60]

Auch in Teilen Europas wurden in neuerer Zeit Riesenreptilien gesichtet. Seit den dreißiger Jahren kommen mit Unterbrechungen aus Italien Berichte über riesige Echsen, zum Beispiel über den 2,50 Meter langen »Drachen« mit grüngelbem Körper, den man 1935 in Monterose nördlich von Rom gesehen hat. Ein alter Mann sagte, er habe ihn im Wald seit seiner Jugend alle zehn bis fünfzehn Jahre beobachtet.[61] Aus neuerer Zeit stammt ein italienischer Bericht, nach dem mehrere Menschen ein »riesiges, schuppiges Ding von mindestens fünf Metern Länge« gesehen hätten. »Es bewegte sich auf dicken Beinen und hatte einen heißen Atem. Ich rannte um mein Leben, es verfolgte mich ein paar hundert Meter weit.« Diese Kreatur erschien 1969 in der Nähe von Forli. Ein paar Jahre später tauchte das »Goro-Monster« auf. Ein Bauer erntete im Juni 1975 gerade seine Tomaten, als er eine große Schlange mit Beinen vor sich sah, die über drei Meter lang war und den Körperumfang eines Hundes hatte. Die Polizei fand zwar Spuren, aber kein Monster. Offenbar wurde es auch schon in den Jahren zuvor gesehen.[62] Ein dreieinhalb Meter langes reptilähnliches, aber mit Fell ausgestattetes Tier mit vier Beinen wurde im Juli 1981 angeblich in Cosenza gesehen, wiederum von mehreren Zeugen. Die Polizei fand jedoch keine Spur.[63]

Weiter im Norden, in der Schweiz, in Bayern und in den österreichischen Alpen gibt es seit Jahrhunderten die Geschichte von dem »Tatzelwurm«, einem ein bis zwei Meter langen unbekannten Reptil. Der Drache sieht wie eine überdimensionale Eidechse von weißer oder brauner Farbe aus, er hat kräftige Füße mit drei Zehen und einen Katzen-, Fisch- oder Salamanderkopf, ein breites Maul mit scharfen Zähnen und eine gespaltene Zunge. Heute sieht man ihn nur noch selten. Im Sommer 1921 tauchte er bei Rauris (Österreich) auf, 60 bis 80 Zentimeter lang und von grauer Farbe. Er sprang mit einem acht Meter weiten und einen Meter hohen Satz auf den Zeugen zu, der die Flucht ergriff.[64] Zahllose Lösungen hat man bereits vorgeschlagen: Er soll sich um einen Otter, eine Perleidechse, eine Kreuzotter, ein mythisches Tier ... oder einen Riesensalamander handeln — das ist durchaus möglich. Der Hellbender Schlammteufel in Amerika wird tatsächlich an die 80 Zentimeter lang, eine andere Salamanderart in Asien bis zu 1,50 Meter. Warum sollte es dann nicht auch einen europäischen Bergsalamander von 1,00 bis 1,80 Meter Länge geben? Auch in den Pyrenäen zwischen Frankreich und Spanien könnte es Tatzelwürmer geben. In der Nähe von Ossum in Frankreich hat man gegen Ende der neunziger Jahre des vorigen Jahrhunderts eine Rieseneidechse gesehen, dann wieder im Mai 1939, als beerensammelnde Frauen ein Ungeheuer entdeckten. In den Sagen der Gegend kommen riesige Echsen mit einer Halskrause vor.[65]

In Spanien wurden ebenfalls Riesenschlangen beobachtet. Bei Chinchilla, Albacete, kroch am 22. Juli 1969 eine grüne Schlange von 1,80 Meter Länge über die Straße. Sie kam aus einem Zuckerrohrfeld und wurde von einem Auto überfahren. Im Sommer darauf wurde eine ebensolange Schlange regelmäßig bei einem Bauernhof in der Nähe von Alcoy in Alicante beobachtet, eine andere in Orihuela.[66] Auch in Amerika sind bereits zahlreiche Riesenschlangen gesehen worden. Es ist sehr wahrscheinlich, daß ein Großteil davon aus Vivarien geflüchtet ist, aber es ist gut möglich, daß diese Tiere — wie auch eine möglicherweise noch unbekannte einheimische Spezies — in den weniger besiedelten Gebieten einen bescheidenen Lebensraum gefunden haben. In den Appalachen von Pennsylvania haben im Jahr 1919 zum Beispiel Wanderer eine zwölf Meter lange Schlange entdeckt, die seither immer wieder einmal aufgetaucht ist. Man nimmt an, daß sie die kalten Winter in den warmen Stollen eines Kohlebergwerks verbringt.[67] Ein anderes Gebiet, in dem über Jahrzehnte ähnliche Beobachtungen gemacht wurden, sind die Hockomock-Sümpfe in Massachusetts.[68] Im Sommer 1944 sahen viele Leute am Cuyahoga-River in Ohio eine sechs Meter lange Schlange, der man den Spitznamen »Peninsula Python« verlieh.[69] Neueren Datums ist der Beinahe-Unfall, den Eilenn Blackburn in der Nähe von Cascade, Montana, durch eine Schlange erlebte. Sie war im Oktober 1978 auf dem Interstate Highway 15 ungefähr zweieinhalb Meilen südlich von Cascade unterwegs, als sie die Schlange sah.

»Sie war zwischen sechs und zehn Meter lang und hatte sich auf ungefähr einen Meter zusammengerollt. Sie lag auf meiner Seite der Fahrbahn. Den Kopf und den Vorderteil ihres Körpers hatte sie erhoben. Sie überragte so die Motorhaube meines Wagens.

Ich versuchte zu bremsen, aber ich bin sicher, daß ich gegen sie stieß oder daß sie von sich aus gegen die linke Seite des Wagens schlug. Sie sah weißgrau aus und hatte einen braunen Streifen.

Der Kopf war flach und spitz. Er war breiter als der Leib. An seiner dicksten Stelle hatte der Körper einen Durchmesser von etwa 15 Zentimetern. Aus meinem Blickwinkel und nach der Form des Kopfes zu beurteilen, sah sie aus wie eine Kobra. Ich kenne Klapperschlangen, Puffottern und Kobras, und die hier sah wie eine Kobra aus.«

Ihre Tochter sah die Schlange ebenfalls, wie auch weitere Personen, die vorbeikamen. Die Polizei jedoch suchte vergeblich nach ihr.[70]

In diesem Kapitel haben wir einen weiten Bogen von Riesenkatzen über Känguruhs, Krokodile und Riesenechsen bis zu Riesenschlangen geschlagen. Aber in Kapitel 17 werden wir noch von weiteren Monstern zu berichten haben: von den »ausgestorbenen« nämlich, die vielleicht doch nicht ganz ausgestorben sind. Zum Beispiel Flugsaurier, Dinosaurier und Mammuts!

Religiöse Erscheinungen und Muttergottes-Visionen

Als 1988 eine Menschenmenge in Manila auf den Philippinen die Muttergottes schaute, schrieb Kardinal Sin die Vision kurzerhand dem Hunger zu, unter dem die Betroffenen litten: »Wenn man hungrig ist, hat man Visionen. Also müssen diese Menschen essen. Wenn sie nicht mehr hungrig sind, dann sehen sie auch keine Visionen mehr.«[1] Hätte sich der Kardinal auf den geistigen Hunger bezogen, der offenbar herrschte, und nicht auf den physischen, dann hätte seine Bemerkung vielleicht mehr Sinn gemacht. Aber seien wir nachsichtig und folgern nur, daß Sin nicht wußte, daß Tausende von Menschen allein in diesem Jahrhundert Erscheinungen der Muttergottes gesehen haben wollen, von denen wohl nur ein geringer Teil gleichzeitig Hunger litt. Relevanter für die Suche nach einer Erklärung dürfte der Umstand sein, daß die Mehrheit der Zeugen Katholiken waren. Aber keinesfalls darf man unterstellen, die katholische Priesterschaft hätte diese Erscheinungen auf irgendeine Weise inszeniert oder zumindest gefördert, um so ihre Herde der Kirche noch ergebener zu machen. Im Gegenteil, die katholische Kirche erkennt solche Erscheinungen nur höchst widerwillig an, das gleiche gilt für die Wunder und Heilungen, die ihnen folgen. Vielmehr versucht sie, wie Kardinal Sin, die Gläubigen von ihrem Interesse an solchen Ereignissen wieder abzubringen. Diese Ereignisse liegen außerhalb der Kontrolle der offiziellen Kirche. Die Gläubigen, die an die Orte der Marienerscheinungen strömen, tun dies selten mit Billigung der Kirche. Vielmehr scheinen sie sich faktisch außerhalb der Regeln der Kirche zu stellen. Sie übertragen ihre Verehrung von der offiziellen Kirche auf die religiösen Gestalten, deren Erscheinungen sie sehen. Vielleicht ist es dieser Verlust an Kontrolle über ihre Schäfchen, die die Kirchenführung am meisten beunruhigt.

Was immer aber die Kirche über die Erscheinungen denkt — es gibt sie regelmäßig von Jahrzehnt zu Jahrzehnt. Die heilige Jungfrau Maria pflegt den Gläubigen in einer ihrer vielen Gestalten zu erscheinen, manchmal allein, manchmal mit dem Jesuskind und/oder Engeln und Heiligen. Sie läßt sich in den verschiedensten Gewändern sehen, und normalerweise können sich die Zeugen bis in die kleinsten Details daran erinnern. Die ersten Zeugen sind oft Kinder oder Jugendliche, wenn auch später dann Erwachsene die gleichen Erscheinungen sehen mögen. Oft verkündet die Muttergottes Botschaften, die manchmal geheimer Art und nur für die Ohren auserwählter Gläubiger bestimmt sind. Manchmal gibt sie ein Zeichen, um den Frommen ihre Gegenwart zu beweisen, vor allem in den Fällen, in denen nur einige Auserwählte sie tatsächlich sehen können.

Es gibt viele Fälle, in denen nur ein einziger Mensch Zeuge ihres Erscheinens gewesen ist und sie auch kein Zeichen hinterlassen hat. Mit derartigen Visionen haben wir uns hier nicht beschäftigt, weil dabei zu leicht Schwindeleien möglich sind oder weil allzu fanatische Katholiken ihrer Einbildungskraft freien Lauf gelassen haben dürfen. Wir befassen uns hier nur mit Erscheinungen, für die es mehr als einen Zeugen gibt oder bei denen zumindest die Zeichen von vielen Beobachtern gesehen wurden, die der Muttergottes selbst nicht ansichtig wurden. Selbst solchen Ereignissen kann es natürlich noch an greifbarer Realität mangeln: Die Zeugen teilen eine imaginäre Erfahrung, die auf bestimmte festgelegte Erwartungen gründet.

Es gibt eine Denkrichtung, die alle Ereignisse dieser Art für halluziniert und eingebildet hält. Derartige Visionen entstünden etwa »nach dem Verlust eines geliebten Menschen oder durch unterdrückte sexuelle Gefühle«.[2] Doch das ist eine vereinfachende Interpretation komplexer psychischer Vorgänge. Ob Katholiken tatsächlich hungriger, gramgebeugter und sexuell bedürftiger sind als andere Sterbliche, darf bezweifelt werden. Wir haben die Vermutung, daß die Gründe, die zu Visionen führen, in den meisten Menschen selbst stecken und sich nur verschieden ausdrücken können: Katholiken haben Erscheinungen, andere sehen UFOs oder werden gar von UFOs entführt. Wenn wir genau genug nachforschen, werden wir in allen Zivilisationen Wege finden, auf denen sich dieser Wunsch nach einem Kontakt mit höheren Wesen auf seine Weise manifestiert.

Die wichtigste, indessen noch unbeantwortete Frage ist, ob irgendeine äußere objektive Intelligenz ihre Hand bei dieser Art von Erfahrungen im Spiel hat oder ob die Visionen, Begegnungen und andere Kontakte nur ganz persönliche, selbstinduzierte Vorgänge sind. Gewiß müssen dabei einige rätselhafte Faktoren bedacht werden. Die Vorliebe der Muttergottes für Bäume und Quellen springt ins Auge. Würde ein ungebildetes Bauernkind seine Erscheinung nun bewußt in einem solchen Zusammenhang auftreten lassen? Die berühmteste Serie von Erscheinungen der Jungfrau Maria fand in Fatima in Portugal statt. Sie begann im Frühjahr 1916 damit, daß ein Engel drei Kindern erschien, die auf dem Feld Schafe hüteten. Es folgten zwei weitere Erscheinungen, und am 13. Mai 1917 sahen sie dann die Jungfrau Maria, als sie wieder die Schafe hüteten. Ihre Ankunft wurde von einem Blitz angekündigt. Als sie hastig die Schafe den Hügel hinabtrieben, weil sie den Aufzug eines Gewitters fürchteten, sahen sie eine wunderschöne strahlende Frau im Blätterwerk eines kleinen Eichbaums stehen. Auch spätere Erscheinungen fanden in dieser Eiche statt.[3] Die Erscheinungen, die am 29. November in Beauraing (Belgien) begannen, standen vor einem Weißdornbusch,[4] in San Damiano (Italien) erschien die Muttergottes über einem Birnbaum,[5] und auch andere Visionen fanden in oder vor einem Baum statt.

Quellen sind sogar noch wichtiger. Die berühmten Erscheinungen von Lourdes in Frankreich, die am 11. Februar 1858 in Massabielle damit begannen, daß Bernadette Soubirous die Vision einer Dame in Weiß hatte, führten dazu, daß das Wasser von Lourdes bis heute als heilkräftig gilt. Die Muttergottes lenkte Bernadette zu einer feuchten Stelle am Boden der Grotte, und genau dort entsprang eine Quelle, die bald schon mehr als 60 Liter Wasser täglich spendete. Sie wurde zum Mittelpunkt der Wallfahrt von Lourdes.[6] Im September 1846 ereignete sich bereits in La Salette (Frankreich) eine Vision, auf die Heilungen durch das Wasser einer Quelle folgten,[7] und in Banneux (Belgien) wies die Muttergottes die zwölfjährige Mariette Beco an, ihre Hände in eine kleine Quelle oder einen Wasserlauf zu halten und sagte dazu: »Dieser Wasserlauf ist mir vorbehalten.« Bei der nächsten Gelegenheit ging Mariette wieder zu dem Wasserlauf, und die Erscheinung sagte: »Diese Quelle ist allen Ländern der Erde vorbehalten. Sie soll die Not der Kranken lindern.« Im ganzen gab es acht solche Erscheinungen zwischen Januar und März 1933, und Banneux ist jetzt ein Zentrum, zu dem die Pilger strömen und wo sie Heilung suchen.[8] Am 2. Juli 1947 erschien die Jungfrau Maria Clara Laslona in ihrem Haus in St. Emmerich-Berg in Ungarn und zeigte ihr eine Quelle, die der Heilung der Kranken dienen sollte. Im Jahr 1964 sorgte die Muttergottes dafür, daß neben dem Birnbaum, in dem sie in San Damiano erschienen war, ein Brunnen gegraben und das Wasser für Heilungszwecke verwendet wurde.[9]

Bäume und Quellen sind seit Jahrtausenden Orte religiöser Verehrung. In England gibt es zum Beispiel noch viele heilige Quellen, die der Heilung von Krankheiten dienen sollen. Einige werden deswegen noch heute aufgesucht, etwa St. Winefride's Well in Holywell (Clwyd, Wales), das auch ein katholisches Heiligtum ist.[10] Bäume und Quellen stellen wichtige Symbole in mystischen, visionären und religiösen Zusammenhängen aller Art dar, aber die genaue Rolle, die sie für den Visionär spielen, ist zu komplex, als daß wir sie hier in der gebotenen Kürze abhandeln könnten.

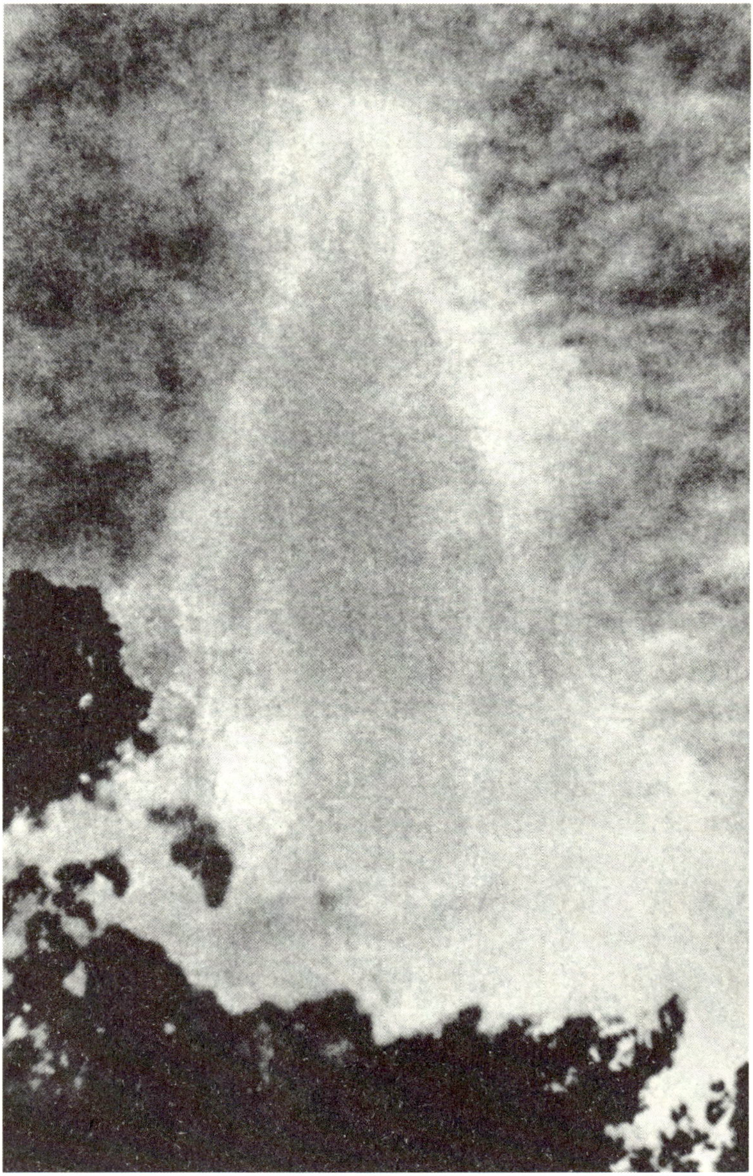

Dieses Foto soll eine Erscheinung der Muttergottes in San Damiano (Italien) am 16. Oktober 1967 zeigen.

In die religiösen Visionen spielen viele übernatürliche Elemente hinein. So könnte man die Zeichen, die die Zeugen sehen, als übernatürlich bezeichnen, zum Beispiel die herabregnenden Rosenblätter, die in Lepa (Philippinen) den am 12. September 1948 beginnenden Erscheinungen folgten. Die Jungfrau Maria erschien dabei der Karmeliternovizin Teresita. Von den Blättern wurde gesagt, sie verfügten über heilende Kräfte.[11] Der Birnbaum von San Damiano, in dem die Muttergottes erschien, brach im späten Herbst noch in Blüten aus, was auch als »Zeichen« gedeutet wurde. Das geschah in den sechziger Jahren zumindest zweimal. Es gibt zudem Fotos von seltsamen Lichteffekten, als die Sonne zu kreisen und farbige Lichtstrahlen auszusenden schien.[12] Ein ähnliches »Sonnenwunder« konnte am 13. Oktober 1917 in Fatima von 70 000 Menschen beobachtet werden. Die Menge hatte sich versammelt, um der erwarteten Erscheinung der Jungfrau Maria beizuwohnen. Unter den Augenzeugen war Pater Ignatius Lawrence Pereira, der damals ein neunjähriger Bub war und in der Schule saß, als Lehrer und Schüler plötzlich Rufe von draußen hörten.

»Unser Lehrer rannte hinaus und alle Kinder hinterher. Draußen weinten und schrien die Menschen, zeigten auf die Sonne und schenkten den Fragen unserer Lehrer nicht die geringste Beachtung ... Es war

Ein Ausschnitt aus der riesigen Menschenmenge, die den »Tanz der Sonne« am 13. Oktober 1917 in Fatima verfolgte.

das große Sonnenwunder mit all seinen wunderbaren Erscheinungen, das man von dem Hügel aus, auf dem mein Dorf lag, sehr genau beobachten konnte. Ich kann es so, wie ich es damals sah, einfach nicht mit den angemessenen Worten beschreiben. Ich schaute mit festem Blick auf die Sonne, die mir blaß vorkam und die mich nicht blendete. Sie wirkte wie ein Schneeball, der sich um sich selbst dreht. Dann schien sie sich plötzlich vom Himmel zu lösen und rollte nach rechts und nach links, als wolle sie auf die Erde herabfallen. Völlig verängstigt rannte ich auf die Menge zu. Alle weinten, alle erwarteten das Ende der Welt ... Während der langen Minuten, die das Sonnenwunder anhielt, spiegelten sich alle Dinge rund um uns in den Farben des Regenbogens. Wenn man sich gegenseitig in die Gesichter sah, dann erschien das eine blau, das andere gelb, das dritte rot und so weiter. All diese merkwürdigen Dinge steigerten nur noch die Angst der Leute. Nach ungefähr zehn Minuten kletterte die Sonne wieder an ihre angestammte Stelle, noch immer ganz blaß und ohne Glanz. Als die Leute überzeugt waren, daß die Gefahr vorbei war, brachen sie in Jubel aus.«[13]

Bei derselben Gelegenheit fiel, bevor der »Tanz der Sonne« begann, ein Regen aus weißen Blüten auf den Platz, über dem die Muttergottes erschien. Doch bevor sie den Boden berührten, lösten sie sich auf.[14] Will man den Wahrheitsgehalt dieser Erscheinung ermitteln, die als »Sonnenwunder« berühmt wurde, dann kann man zwar unterstellen, eine einzige Person könne so etwas als Halluzination erlebt haben; und auch zwei *könnten* sogar einer gemeinsamen Halluzination erlegen sein (obwohl Psychologen dies nicht für möglich halten) — aber es ist außerhalb jeden Vorstellungsvermögens, daß 70 000 Leute die gleiche Halluzination hatten. Auch waren die Augenzeugen nicht nur einfache Bauern — es gab viele Skeptiker, Zweifler und Wissenschaftler in der Menge, und auch sie haben die Erscheinung gesehen. Unter der Menge in Fatima weilte am 13. Oktober 1917 auch Monsignore John Quareman. Er sah einen Lichtkreis am Himmel, als Lucia verkündete, daß die Erscheinung sich jetzt auf den Eichbaum herabsenke. Es sei daran erinnert, daß nur die drei Kinder die Muttergottes wirklich sehen konnten. Monsignore Quareman erzählt: »Zu meiner Überraschung sah ich klar und deutlich, wie eine Lichtkugel langsam und majestätisch am Himmel von Osten nach Westen glitt ... Mein Freund sah auch hinauf, und er hatte das Glück, die gleiche unerwartete Erscheinung zu beobachten. Plötzlich entschwand die wundervoll strahlende Kugel aus unserem Blickfeld.«[15] Wüßte man nicht, daß er die Ankunft der Jungfrau Maria beschrieb, könnte man auch denken, er schildere das Auftauchen eines UFOs.

Wir haben bereits spekuliert, daß, während einer eine Vision der Muttergottes hat, ein anderer dafür vielleicht UFOs sieht. Das läßt sich durch Ereignisse in Quebec (Kanada) illustrieren, als dort im Sommer 1968 mehrere UFOs samt ihren Insassen beobachtet wurden. Bei einer UFO-Landung in St. Stanislas-de-Kotska am Abend des 28. Juli 1968, einem Sonntag, sahen fünf Kinder »eine Art Kreis, der von einem hellroten Ring umgeben war«, dann einen weiteren. Das erste UFO landete in einem Getreidefeld nahe beim Haus. Sie gingen nach draußen, um sich alles aus der Nähe anzuschauen. Sie hatten eine Taschenlampe dabei, und in ihrem Schein sahen sie aus weniger als fünfzehn Metern Entfernung ein Lebewesen. Es war ungefähr einen Meter groß und hatte ein scheußlich schwarzes Gesicht mit einer rauhen, runzeligen Haut. Kaum hatten sie es erblickt, da rasten sie in Panik ins Haus zurück. Einer der Jungen sah das Gesicht des Wesens, als es durch das Fenster zu ihnen hereinschaute. Es klopfte an die Scheibe und gab seufzende Geräusche von sich. Kurz danach sahen sie das UFO mit seinem roten Ring wieder langsam aufsteigen. Am anderen Tag konnte man den Landungsbereich daran erkennen, daß dort der Hafer plattgedrückt war.[16] In derselben Nacht sah eine Familie in Upton, Quebec, drei Stunden später eine glitzernde, rotierende »Wolke« in ihrem Garten, und mehrere knapp einen Meter große Wesen machten Jagd auf die Kühe auf der nebenan gelegenen Weide.[17] Ob es sich bei diesen Wesen um dieselben handelte, von denen die Kinder eines gesehen hatten, läßt sich natürlich nicht feststellen, zumal sie in Upton aus größerer Entfernung und daher weniger genau beobachtet wurden.

Ende Juli sahen zwischen fünf und dreizehn Kinder auf einer Farm in St. Bruno in Quebec eine Wolke vom Himmel kommen, aus der die Muttergottes trat und zu ihnen über Frieden und Brüderlichkeit sprach. Eine der dort lebenden Familien stellte in ihrem Hof einen Altar auf, und am 7. Oktober versammelten sich viele Menschen um ihn, weil die Muttergottes für diesen Tag ihr erneutes Erscheinen vorausgesagt hatte. Aber sie warteten vergebens.[18]

Irgend etwas Seltsames geschah offenbar gegen Ende Juli 1968 in Quebec — aber was? Wenn auch alle Zeugen die Flugobjekte als Wolken oder Lichterscheinungen sahen — und so werden UFOs oft beschrieben —, fällt doch auf, daß Menschen mit einem religiösen Hintergrund eine Marienerscheinung sahen, im anderen Fall war es ein UFO. Ist das ein Hinweis darauf, daß es bei einer solchen Begegnung nur eines zusätzlichen Anreizes bedarf, und schon sieht der Zeuge das, was sein eigener Glaube und seine Vorstellungen ihm sagen? Manche Beobachter meinen, der Auslöser seien seismische Spannungen, genauer gesagt: Wenn es irgendwo eine seismische Spannung (also ein Erdbeben) gibt, dann entstehen elektromagnetische Felder. Diese reagieren mit dem bioelektrischen System des Menschen und führen zu Verzerrungen der menschlichen Hirnströme. Bei einem derart stimulierten Gehirn sieht der Zeuge dann Monster, Hominiden, UFO-Insassen, Erscheinungen ...[19]

Seismische Aktivitäten können auch zu Lichterscheinungen führen, die dann für UFOs gehalten werden — oder für die Jungfrau Maria in Fatima oder sonstwo. In Zeitoun, einer Vorstadt Kairos (Ägypten), wurden zwischen April 1968 und Mai 1971 Hunderttausende zu Zeugen einer Lichterscheinung über der Marienkirche. Es begann damit, daß am 2. April 1968 zwei islamische Kraftfahrzeugmechaniker eine weiße Gestalt sahen, die wie eine Nonne aussah und auf dem Dach der Kirche stand. Nach ein paar Minuten verschwand sie wieder, aber um die Kirche versammelte sich eine Menschenmenge und hoffte auf eine Wiederkehr der Erscheinung. Das geschah tatsächlich eine Woche darauf. Dann erschien sie zwei- bis dreimal pro Woche. Ihre Ankunft wurde immer mit Lichtblitzen angekündigt, dann bildete sich die weiße (manchmal bläulichweiße) Gestalt heraus, nahm menschliche Form an und war von Gewändern aus Licht umflossen. Bisweilen wurde sie von »Tauben aus Licht« umflogen, die aber nicht mit den Flügeln schlugen. Man hielt die Gestalt für die Muttergottes, und die Menschen unten sahen, wie sie sich zu ihnen herabbeugte und wieder aufrichtete, die Hände zum Segen ausgebreitet. Ihre Kleider flatterten im Wind.[20] War das die Phantasie einer von Ehrfurcht ergriffenen Menge? Oder war die Jungfrau Maria tatsächlich über ihren Häuptern erschienen?

Untersuchungen über den Zusammenhang zwischen diesen Erscheinungen und seismischen Aktivitäten im Jahr 1969 haben ergeben, daß die seismischen Spannungen in einem Radius von weniger als 500 Kilometern zehnmal größer waren als normal. Dies wurde als Bestätigung der entsprechenden Hypothese gewertet.[21] Aber die Erscheinungen von Zeitoun waren vom April bis in den Sommer 1968 am häufigsten, während sie ab 1969 abnahmen. Ein zeitlicher Zusammenhang ist also nicht so sehr gegeben, wie Wissenschaftler ihn gerne sähen. Auch ist der Radius von 500 Kilometern ziemlich weit gefaßt. Doch selbst wenn diese Theorie halten sollte, so beraubt das die Erscheinungen von Zeitoun doch nicht ganz ihres paranormalen Aspekts (und das gilt auch für ähnliche Fälle). Es könnte auch sein, daß die psychische Energie, die jeweils von der Menge ausging, diese Gestalt aus Licht entstehen ließ. Wenn indessen eine außerirdische Kraft oder Intelligenz hinter den Erscheinungen stehen sollte, dann könnte sie sich diese seismischen Lichteffekte zusätzlich zunutze machen und sich quasi in ihr Kleid hüllen. Auf die Weise käme sie leichter an die Vorstellungswelt der auf ein Wunder begierigen Zeugen heran. Es gibt noch eine dritte Möglichkeit: Die Energieentfaltung der Erscheinung selbst könnte zu den seismischen Reaktionen geführt haben, damit wäre alles den umgekehrten Weg gegangen. Neuerdings ist die Muttergottes auch über einer anderen Kairoer Kirche erschienen, und zwar über dem Dach der Kirche der Märtyrerin St. Damiana im Stadtteil Shoubra. Die erste Erscheinung war am 25. März 1986 zu sehen. In den folgenden Nächten strömten Tausende herbei, um sie ebenfalls zu erleben. Neben der Muttergottes erschienen ein feuriges Kreuz und die heilige Damiana selbst. Auch Wunderheilungen soll es gegeben haben. Wenn aber die Erscheinungen von Zeitoun und Shoubra nur natürliche Lichteffekte sind, wieso tauchen sie dann eher über den Dächern von Kirchen als bei anderen Gebäuden auf?

Wie immer die Wirklichkeit hinter den religiösen Erscheinungen aussehen mag — eines ist gewiß unumstritten: Viele fromme Katholiken würden es, wenn auch vielleicht mit ängstlichem Jubel, begrüßen, wenn sie der Muttergottes und anderen Heiligen persönlich begegnen dürften. Aus dem Grund mögen sie dazu neigen, manche Ereignisse auf eine religiöse Weise zu interpretieren, während nichtreligiöse Menschen sie vielleicht differenzierter betrachten. Die Presse ist voll von solchen Geschichten. Erscheinen zum Beispiel irgendwo rätselhafte Bilder, werden sie fast immer als die Züge Jesu Christi oder Marias erklärt. In Sault Ste. Marie, Ontario (Kanada), fand man zum Beispiel 1985 das Bild der Jungfrau Maria in einem Astloch wieder,

Lichterscheinungen über eine Kirche in Zeitoun (Ägypten), 1968.

das ein dicker abgebrochener Ast im Stamm eines Baumes hinterlassen hatte. Ein Strom von Pilgern setzte ein, der diese natürliche Ikone in Augenschein nehmen wollte.[22] Am 8. März 1977 starb in Beauport, Quebec (Kanada), der Kanonikus Cyrille Labreque. Als er in seinem Sarg lag, entdeckte eine Dominikanerschwester auf der Sohle seines Schuhs das Bild Christi.[23] Im April 1974 sahen die Gemeindemitglieder während eines Gottesdienstes in Castelnau de Guers (Frankreich) das Gesicht Christi auf einem Tuch, das das Ciborium auf dem Altar bedeckte. Ungefähr fünfzehn Minuten lang war es zu sehen, auch vom Priester selbst. »Ich hatte gerade vor dem Altar gekniet. Als ich mich wieder erhob, sah ich auf dem feinen weißen Tuch über dem Ciborium das Antlitz unseres Herrn. Sein rechtes Auge war geschlossen, das linke offen. Die Nase war übel zugerichtet und geschwollen, und auf dem ganzen Antlitz lag ein Ausdruck von Schmerz.« Die Kirche wurde danach von Menschen auf der Suche nach Reliquien förmlich überrannt.[24] In Italien erschien im September 1987 auf einem Kirchenfenster in Supino ein Christusbild. Man erklärte es als eine optische Täuschung und machte die schmutzigen Scheiben dafür verantwortlich. Aber das hielt die Gläubigen nicht davon ab, weiter nach dem Bild zu suchen.[25] Auf dem Markt von Daressalam (Tansania) lag unter den angebotenen Waren ein Schmetterlingsfisch, der auf seiner Flosse eine arabische Inschrift trug. Sie lautete: »Göttliche Universelle Wahrheit. Zu niemandem betet, außer zu Gott.«[26] In Mount Shasta, Kalifornien (USA), erschien im August 1987 das Bild eines flatternden weißen Engels auf dem Bildschirm eines nicht mehr funktionierenden Fernsehapparats. Der nüchterne Mechaniker hielt einen defekten Kondensator für die Ursache.[27] In Lake Arthur, New Mexico (USA), bereitete im Oktober 1977 eine Frau Tortillas zu. Eine davon trug die Gesichtszüge Christi. Sie liegt jetzt in einer Vitrine der örtlichen Kirche und wird von Pilgern besucht.[28] Wir könnten diese Aufzählung religiöser Imaginationen endlos fortsetzen. Die Menge der Berichte bestärkt die Menschen darin, in ganz zufälligen Zeichen bedeutungsvolle Bildzusammenhänge zu entdecken — eine Variante zu dem kindlichen Spiel, aus Wolken »Schlösser zu bauen« oder im Feuer Bilder zu erkennen. Das Problem ist hier nun, solche Kleckse à la Rorschach von den tatsächlich übernatürlichen Bildern zu unterscheiden, die es zweifellos gibt. Am eindringlichsten war da vielleicht der Fall der Hagelsteine von Remiremont (Frankreich). Während der Hagelschauer niederging, herrschte in dem Ort gerade große Aufregung darüber, daß man eine Prozession zu Ehren der Muttergottes verboten hatte. Am 26. Mai 1907 folgte dem ersten dann ein zweites schweres Gewitter, in dem Hagelschloßen in der Größe von Tomaten und Hühnereiern vom Himmel fielen. Der morgendliche Schauer dauerte von 5.30 bis 6.15 Uhr, ein paar der Schloße wurden aufgelesen. Sie enthielten ein Bild der Muttergottes. Eine Dorfbewohnerin trug sie zu Abbé Gueniot, dem Pfarrer der Gemeinde.

»Ich wollte nett zu ihr sein und sah achtlos auf ihre Hände. Ich wollte eigentlich gar nichts sehen, und ohne meine Brille war das auch gar nicht möglich. Als ich mich dann wieder meinem Buch zuwandte, insistierte sie: ›Ich bitte Sie, setzen Sie ihre Brille auf.‹ Ich tat es und sah mir die Schloßen sehr genau an. Sie waren außen schon etwas angetaut, aber man konnte erkennen, daß die meisten eine leicht ovale Form hatten. In der Mitte abgerundet war eine Frauenbüste zu erkennen. Über ihren Schultern hing ein Gewand, das an einen Priesterrock erinnerte. Um noch genauer zu sein: Sie sah aus wie die Maria von Einsiedeln. Die Umrisse der Bilder waren etwas vertieft, als hätte man sie eingestanzt. Aber sie waren scharf umrissen. Mademoiselle André wies mich auf einige Details der Kleidung hin, aber ich weigerte mich, sie mir länger anzusehen. Ich schämte mich meiner Leichtgläubigkeit und war mir sicher, daß die Muttergottes selber kaum etwas mit solchen Momentaufnahmen auf Hagelschloßen zu tun haben könnte. Ich sagte zu ihr: ›Sehen Sie nicht, daß diese Schloßen auf Pflanzenblätter gefallen sind und von ihnen die Abdrücke angenommen haben? Werfen Sie sie fort, das ist nichts Gutes.‹ Ich wandte mich wieder meinem Buch zu und dachte nicht mehr an das, was geschehen war. Aber in meinem Innern arbeitete es weiter. Die seltsame Form dieser Schloße ging mir nicht aus dem Kopf. Ich hob drei von ihnen wieder auf, um sie zu wiegen, sah sie dabei aber nicht mehr genauer an. Sie wogen zwischen 170 und 200 Gramm. Eine von ihnen war völlig rund wie eine Kugel und hatte eine Naht, als wäre sie in einer Form gegossen worden.«[29]

Genauso merkwürdig wie das Bild der Muttergottes ist der Umstand, daß man die Schloße ganz langsam fallen sah. Das ist etwas, dem wir schon im Zusammenhang mit den Poltergeistern begegnet sind (Kapitel 1), und auch im nächsten Kapitel werden wir, wenn es um Steinschauer geht, damit zu tun haben. Wenn das, was in Remiremont geschah, akkurat wiedergegeben wurde, dann gibt es jedenfalls keine normale Erklärung für die wundersamen Hagelschloße.[30]

Gleichermaßen erstaunlich sind die Berichte von weinenden und blutenden Heiligenbildern. Auf der ganzen Welt gibt es sie zu Hunderten: Irgendwo existiert anscheinend immer eine fromme katholische Gemeinde, in der das gerade passiert. Aber Italien und die Vereinigten Staaten haben wohl die meisten Fälle aufzuweisen. Statuen oder Gemälde der Jungfrau Maria und Christi stehen dabei im Mittelpunkt, aber es können auch die Bilder von anderen Heiligen oder sogar von Nichtheiligen sein: Im Januar 1974 traten aus einem Teller mit den Bildern von Papst Johannes XXIII. und Präsident John F. Kennedy in Pescara (Italien) Blutstropfen. [31]

Wenn religiöse Inbrunst die Menschen ergreift, dann können auch Heiligenbilder zu weinen beginnen. So geschah es 1953 in Syrakus in Sizilien. Im August dieses Jahres war Antonietta Januso schwanger und bettlägrig, nachdem sie unter Anfällen, Ohnmachten und partieller Erblindung zu leiden hatte. Am 29. August hatte sie mehrere Anfälle, danach sah sie, daß eine Gipsstatue der Madonna weinte. Die Nachricht von dem Wunder verbreitete sich rasch, und die Leute eilten in Mengen herbei. Man untersuchte Proben der Tränen mit dem Ergebnis, daß sie von menschlichen Tränen nicht zu unterscheiden waren. Die Kirche erkannte das Wunder offiziell an, und man errichtete einen Altar, auf dem die Statue noch heute von Pilgern verehrt wird.[32] Zweifler haben natürlich auch hier einen Weg gefunden, die Merkwürdigkeit dieses Falls zu bestreiten. So hieß es, daß Gipsstatuen mit einer Glasur überzogen sind, wird diese an den Augen durchstochen, dann tritt dort die im Gips noch enthaltene Feuchtigkeit aus, und man sieht »Tränen«.[33]

Ein unternehmungslustiger Wissenschaftler in Amerika namens Shawn Carlson hat sechs Methoden entwickelt, mit denen man ein Bild zum Weinen bringen kann. In einem Fall hat er mit Salzkristallen experimentiert, um eine Kopie der Mona Lisa zum Weinen zu bringen.[34] Aber daß er dabei Tränen produziert haben sollte, die in ihrer Zusammensetzung nicht von menschlichen Tränen zu unterscheiden waren, wird nicht erwähnt. Die Madonna von Syrakus weinte echte Tränen, und in anderen Fällen, bei denen eine Analyse der Flüssigkeit unternommen wurde, wurden sie als echte menschliche Tränen bezeichnet. Als wären echte geweinte Tränen nicht schon seltsam genug, verschwanden sie in einem Fall wieder, sobald sie den unteren Rahmen erreichten, in dem das Bild der Jungfrau Maria steckte. Nach dem Zeugnis eines Priesters geschah das im März 1960 in Island Park, New York (USA).[35] Natürlich wird auch in diesem Bereich geschwindelt. In Lomello bei Pavia (Italien) weinte im August 1980 eine Gipsmadonna farbige Tränen. Danach ging das Gerücht um, man habe ihren Besitzer dabei beobachtet, wie er mit der Wasserpistole rosafarbenes Wasser auf die Statue gespritzt habe.[36]

Blutende Bilder sind wahrscheinlich schwerer zu fälschen, vor allem dann, wenn man das Blut analysiert und sich dabei ergibt, daß es menschlichen Ursprungs ist. Einen bezeichnenden Fall gab es im Januar 1971 in Maropati (Italien), als ein Rechtsanwalt des Morgens in

Weinende Marienstatue in Maasmechelen (Belgien).

seinem Schlafzimmer aufwachte und bemerkte, daß von dem Muttergottes-Bild an der Wand Blut auf sein Bett tropfte. Als erstes waren ihm Blutflecke auf den Kopfkissenbezügen aufgefallen. Aber weder er selbst noch seine Frau hatten sich irgendwo geschnitten.

»Als noch weitere Blutstropfen auftauchten, entdeckte ich verblüfft, daß sie unter dem Glas des Bildes hervortraten. Die blutartige Flüssigkeit quoll wie Tränen aus den Augen der Madonna, außerdem aus ihrem Herzen, den Händen und Füßen. Auch von den Händen und Füßen der beiden Heiligen, die neben ihr knieten, tropfte es. Auf der weißen Wand unter dem Bild formten sich Kreuze aus der roten Flüssigkeit.«

Eine Zeitlang trat das Blut täglich hervor, später wurden die Abstände größer. Die Polizei stellte Nachforschungen an, aber für einen Schwindel fand sie keine Beweise. Sie nahm das Bild mit und verschloß es im Revier in einer Kiste, aber als die am nächsten Morgen geöffnet wurde, befand sich wieder Blut auf dem Bild. Analysen ergaben, das es menschliches Blut war.[37] Als man 1975 das Blut einer Christusstatue in Pennsylvania (USA) analysierte, stellte sich ebenfalls heraus, daß es menschliches Blut war, aber in einem fortgeschrittenen Zustand des Zerfalls. Es hatte nur noch wenig rote Blutkörperchen.[38] Einige derartige Blutungen wurden auch von Wunderheilungen begleitet, so zum Beispiel in Baguio City (Philippinen), wo 1983 ein Herz, das auf der Brust einer drei Meter hohen Statue der Jungfrau Maria prangte, zu bluten begann. Ein weißes Tuch, das unter der Statue lag, sog sich mit dem Blut voll. Der Schöpfer der Statue selbst gehörte zu den vielen, die danach von einer Krankheit geheilt wurden — in seinem Fall von Krebs.[39] Selbst solche Blutungen kann man natürlich vortäuschen. In Ste.-Marthe-sur-le-lac in Quebec (Kanada) weinte und schwitzte eine Madonnenstatue angeblich im Dezember 1985 und im Januar 1986 Blut. Aber das Mitglied eines Fernsehteams hatte bei den Aufnahmen etwas von dem Blut aus ihrem Gesicht gekratzt und analysieren lassen: Es stellte sich als eine Mischung aus Schweineblut, Rinderfett und Pflanzenöl heraus. Später gestand jemand, er hätte auf die Statue regelmäßig eigenes Blut und dazu Fett aufgetragen.[40]

Manchmal ist die Substanz, die aus einem Bild austritt, weder Blut noch Tränenflüssigkeit, sondern eine Art Öl. In Concord, Sydney, New South Wales (Australien), schwitzte eine Statue des heiligen Charbal (ein 1977 kanonisierter Heiliger aus dem Libanon) Öl. Das begann am 15. März 1985 und ging so eine Woche lang. Aus einer Plastikstatue der Jungfrau Maria in Ramallah (Jordanien) trat im Okto-

Blutendes Christusbild in einer Kirche in Mirabeau-en-Poitou (Frankreich), 1911/12.

ber 1987 immer dann Öl hervor, wenn die zehn Jahre alte Samaher Hnout sie berührte. Unzählige Male kletterte sie zu Hause auf den Tisch, um nach der Statue zu greifen, die auf einem Wandsockel stand. Sie faßte sie an und rieb ihre öligen Finger dann an den Händen der Pilger ab, die herbeigeströmt waren, um das Wunder zu sehen.[41] Die Flüssigkeit, die von einer Marienstatue in Rmaïch (Libanon) im November und Dezember 1983 tropfte, war angeblich eine Mixtur aus Blut und Öl.[42] In Montreal (Kanada) trat aus einer Ikone der Muttergottes, die vom Berg Athos in Griechenland stammte, im November 1982 ein wohlriechendes Harz aus.[43]

Eine Lösung der Frage, auf welche Weise Tränen, Blut und andere Flüssigkeiten aus Heiligenbildern hervortreten können, bietet vielleicht ein Fall, der im August 1920 in Templemore, County Tipperary (Irland), passierte. Im Mittelpunkt stand der damals sechzehn Jahre alte James Walsh, ein frommer Katholik. Alle in seinem Besitz befindlichen Heiligenbilder begannen zu bluten, auch die Devotionalien in fremden Häusern bluteten, sobald er anwesend war. Zur gleichen Zeit machten sich auch Poltergeister bemerkbar, Möbel und andere Gegenstände rückten wie von selbst von der Stelle.[44] D. Scott Rogo hat in seinem hervorragenden Buch *Miracles* den Zusammenhang zwischen Poltergeist-Erscheinungen und blutenden bzw. tränenden Bildern beschrieben. Es scheint, daß es Parallelen gibt: So, wie bei einigen Menschen unterdrückte Gefühle zu den bekannten Poltergeist-Erscheinungen führen (wie in Kapitel 1 behandelt), kommt es bei sehr religiösen Menschen zu blutenden oder Tränen verströmenden Bildern. Auch die Menschen, die selber unter Stigmatisierungen leiden (die an Jesu Wundmalen bluten, zumeist an den Händen), erleben bisweilen, daß ihre Bilder daheim zu bluten beginnen. Zu diesen gehörte auch Schwester Elena Aiello aus Cosenza in Kalabrien (Italien), die stigmatisierte Hände hatte. Eines Tages spritzte von dem Blut etwas an die Wand neben ihrem Bett, und daraus formte sich das Gesicht Jesu. Es ließ sich nicht wegwaschen, auch nicht mit Reinigungsmitteln, und bestand, wie Tests ergaben, aus frischem menschlichem Blut. Es begann am 29. September 1955 und dauerte bis zum 13. Oktober. Dann floß das Blut nur noch mit Unterbrechungen, bis Schwester Elena 1961 starb.[45] Ein weiterer italienischer Stigmatisierter war Enzo Alocci, in dessen Haus in Port Santo Stefano Heiligenbilder zu bluten begannen.[46]

Natuzza Evolos »Hämographien« oder Blutbilder sind vielleicht das Außergewöhnlichste in diesem Gebiet. Sie ist Stigmatikerin und lebt in Paravati (Italien). Sie ist eine ungebildete, einfache Frau, deshalb kann man ihr selbst ganz bestimmt nicht die Worte zuschreiben, die sich in fremden Sprachen aus ihrem Blut formen. Über das Entstehen einer solchen Hämographie gibt die Schullehrerin Giovanna de Chiara Auskunft.

»Es war am Ostermontag vor drei Jahren. Natuzza befand sich in meinem Haus in Catanzaro. Außer ihr und mir waren noch meine Schwestern Nella und Rosetta anwesend. Plötzlich sahen wir, daß die Wunde an Natuzzas Handgelenk zu bluten begann. Da baten wir sie, für einen jungen Mann, der mir diesen Wunsch genannt hatte, eine Hämographie zu zeichnen. Ich gab Natuzza ein Taschentuch, das sie sich zehn bis fünfzehn Minuten lang gegen das Handgelenk drückte. Der Name des Besitzers war in das Tuch eingestickt. Dann gab sie es mir zurück. Ich öffnete es und sah ein paar Blutflecken. Ich legte es auf den Tisch, und wir warteten, was sich nun daraus bilden würde.

Langsam bewegte sich das Blut nach einer Seite des Taschentuchs, und es entstand ein Schriftzug mit dem Namen S. Valeriano Martire. Ein Blutfleck war jetzt noch übrig. Er geriet ebenfalls in Bewegung und formte die Umrisse einer Gestalt, die wir für den heiligen Valeriano hielten. Als wir ihr den Namen vorlasen, rief Natuzza: ›Wer ist dieser Heilige? Gibt es ihn?‹ Als ich dem Besitzer das Taschentuch zurückgab, stellte sich heraus, daß er ein Verehrer dieses Heiligen war.«[47]

Die stigmatisierte Schwester Elena Aiello aus Cosenza (Italien), fotografiert zwischen 1955 und 1961. Die Stigmata an ihren Händen sind abgedeckt, aber sie zeigt auf das an der Wand ihres Schlafzimmers erschienene, mit Blut gemalte Antlitz Jesu.

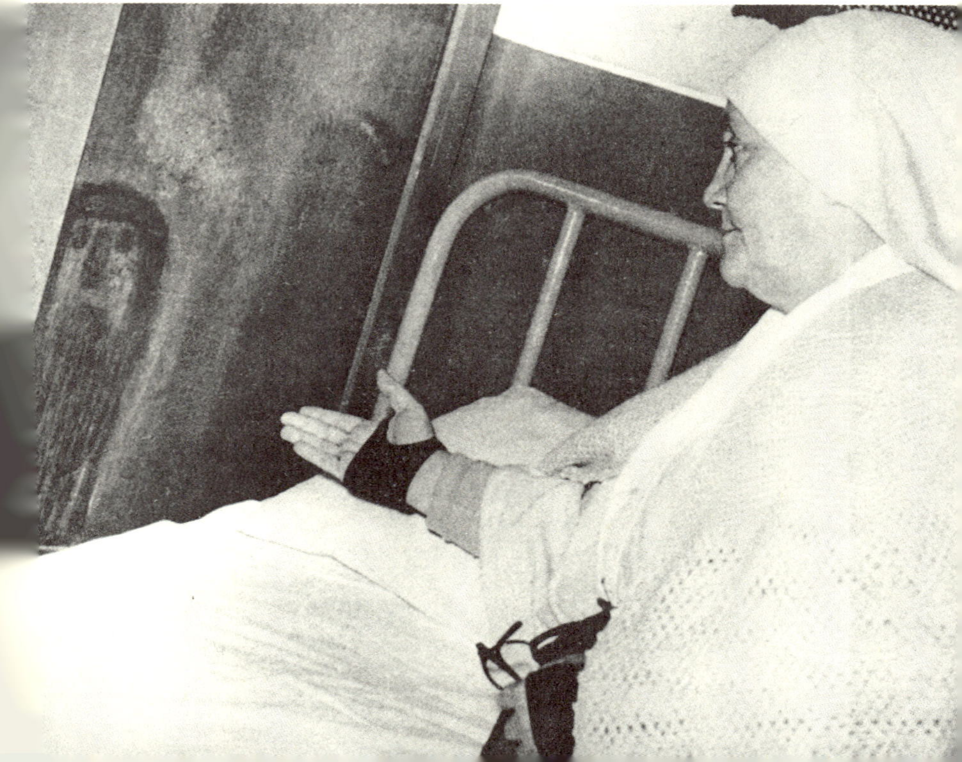

Obwohl immer wieder Schwindel vorkommen — in diesem Fall ist die Beweislage eindeutig, und wahrscheinlich sind die Erscheinungen mit Blut und Tränen größtenteils echt und stehen in irgendeinem Zusammenhang mit Poltergeistaktivitäten.

Es gibt noch andere religiöse Phänomene, in denen Blut eine Rolle spielt und die sich genausowenig eindeutig erklären lassen. Die 1700 Jahre alten Gebeine der heiligen Maximina werden in der St.-Adrians-Kirche in Chicago, Illinois (USA), aufbewahrt. Im Mai 1970 entdeckte man, daß sie wäßriges Blut schwitzten.[48] Das klingt ganz ähnlich wie das »Blut- und Wasser-Schwitzen« des unverwesten Körpers des heiligen Charbal Maklhouf, dessen sterbliche Überreste im Kloster St. Maro in Annaya (Libanon) aufbewahrt werden. Die wundersamen Erscheinungen begannen mit dem Tod des heiligen Charbal. Nach seiner Beerdigung umgab 45 Tage lang ein heller Lichtschein das Grab. Als man ihn danach wieder exhumierte, befand sein Leichnam sich in unverwestem Zustand, obwohl es heftige Regenfälle gegeben und der Leichnam in feuchter Erde gelegen hatte. Die blutige Exsudation wurde bei seiner Exhumierung zum erstenmal bemerkt. Seit diesem Tag im Jahr 1899 hat sie nie ganz aufgehört. Von 1927 bis 1950 war der Körper wiederum für 23 Jahre beigesetzt. Pilger entdeckten, daß von seinem Grabstein eine Flüssigkeit herabtropfte. Als man den Leichnam erneut exhumierte, war er immer noch völlig erhalten, biegsam und wie lebendig. Seine Kleidung war mit Bluttropfen übersät. Jetzt wird der Leichnam jedes Jahr von neuem untersucht. Das Blut steht dann acht Zentimeter hoch im Sarg. Viele tausend Pilger ziehen zum Heiligtum von St. Charbal, und häufig kommt es zu Wunderheilungen.[49] Auf eine etwas andere, aber ebenso unerklärliche Weise vollzieht sich die wunderbare Verflüssigung des Blutes des heiligen Januarius. St. Januarius war Bischof von Benevento und wurde im Jahr 305 von den Römern geköpft. Zu seinen Reliquien gehören auch zwei Phiolen, die angeblich das Blut des Heiligen enthalten. Diese werden zusammen mit seinem Haupt im Dom von Neapel (Italien) aufbewahrt. Die Phiolen stehen verschlossen in einem Schrein aus Glas und Silber, der nicht geöffnet werden kann, ohne die Reliquien zu zerstören. Mehrere Male im Jahr werden zu Ehren des Heiligen die Reliquien ausgestellt und Andachten gehalten. Das normalerweise trockene Blut verflüssigt sich wieder, wobei es manchmal sprudelt und schäumt. Bei den wenigen Gelegenheiten, bei denen sich das Blut nicht verflüssigt, erwarten die Bewohner irgendein Unglück, wie zum Beispiel das schwere Erdbeben, das 1976 Italien heimsuchte. Im Jahr 1970 beobachtete der neapolitanische Arzt Dr. Giorgio Giorgi die Demonstration der Reliquien aus nur einem Meter Entfernung. Der Erzbischof hob das Reliquiar in die Höhe, schwenkte es langsam nach der einen und der anderen Seite und bat den Heiligen, das Wunder zu vollziehen.

»Nach ungefähr vier Minuten, bestimmt nicht länger, sah ich fassungslos aus einem Meter Entfernung, daß das Blut plötzlich aus seinem festen in einen flüssigen Zustand übergegangen war. Diese Umwandlung ereignete sich ganz plötzlich und unerwartet. Die Flüssigkeit wurde zugleich viel heller und leuchtender. In ihr stiegen so viele Blasen hoch, daß man den Eindruck haben konnte, die Flüssigkeit (Sollen wir sie Blut nennen?) sei am Kochen.«

Als Dr. Giorgi den Schrein küßte, spürte er, daß er ganz kühl war. Damit war bewiesen, daß die Verflüssigung nicht durch Erhitzung stattgefunden hatte. Der Zustand wird offenbar unbeeinflußt von der Temperatur im Dom erreicht. Manchmal ist das Blut bereits flüssig, wenn der Schrein aus seiner Gruft geholt wird, manchmal dauert es dagegen mehr als 24 Stunden, bis der Verflüssigungsprozeß stattgefunden hat. Alle wissenschaftlichen Versuche, dem Wunder auf die Spur zu kommen, sind bisher gescheitert.[50] Zwar ist das Wunder des heiligen Januarius bei weitem das berühmteste seiner Art, aber es gibt noch weitere Beispiele der Blutverflüssigung auf die gleiche Weise. Das ebenfalls in einer Phiole aufbewahrte Blut des heiligen Aloysius Gonzaga in der Kirche Gesù Vecchio in Neapel wird immer am Tag des heiligen Aloysius vom 21. bis 29. Juni flüssig, und das gleiche geschieht auch mit dem Blut von St. Pantaleone in Ravello.[51]

Die religiösen Erscheinungen, die sich nicht an die Gesetze der Naturwissenschaften halten, sind Legion. Im eucharistischen Wunder zum Beispiel werden Brot und Wein nicht nur symbolisch, sondern manchmal auch schon tatsächlich in Fleisch und Blut verwandelt. In den Jahren von 595 bis 1730 soll das in Europa an verschiedenen Orten geschehen sein. Im 8. Jahrhundert las ein Priester die Messe in Lanciano (Italien), der »an der leibhaftigen Anwesenheit unseres Herrn auf dem Alter zweifelte« und vor dessen »erstauntem Blick sich fast die ganze Hostie in Fleisch verwandelte. Nur ein kleines Stück blieb als Brot übrig. Zugleich wurde der Wein zu Blut, das zu fünf verschieden großen und unterschiedlich geformten Brocken gerann.« Noch zwölf Jahrhunderte später sind diese Reliquien völlig intakt. Man kann sie auf einem reich geschmückten Altar in der Kirche San Francesco bewundern. Dieses aus alter Zeit überlieferte Wunder könnte man für ein Stück italienisch-katholischer Folklore halten, stünde nicht die Tatsache dagegen, daß 1970 die Reliquien im Labor und unter dem Mikroskop wissenschaftlich untersucht wurden. Dr.

Odoardo Linoli, Professor für Anatomie, Histologie und Mikroskopie in Arezzo, notierte dazu, daß ...

»... das Fleisch echtes Fleisch ist und das Blut echtes Blut. Ohne jeden Zweifel stammt das Fleisch aus dem Herzmuskel (myocardium). Herzmuskel und Blut sind von einem Menschen. Sie gehören beide der Blutgruppe AB an. Das Blut enthält jene Substanzen, die man normalerweise in frischem Blut findet. Die Konservierung des Fleisches und Blutes in ihrem natürlichen Zustand über zwölf Jahrhunderte, wobei es den atmosphärischen und biologisch-physikalischen Einflüssen ausgesetzt war, ist ein Phänomen, das sich der Erklärung entzieht.«[52]

Eine Einschränkung muß man dieser unzweideutigen Aussage allerdings hinzufügen: Es gibt keinen *Beweis*, daß das Fleisch und Blut zuvor auch Brot und Wein gewesen sind; in dem Sinne bleiben Zweifler auch weiterhin unüberzeugt.

Wenden wir uns aber dem Phänomen der unversehrten Leichname zu, dann verfügen wir über unwiderlegbare Beweise — die völlig erhaltenen Leichname nämlich. Es gibt viele Berichte über die sterblichen Überreste von Heiligen, die Jahre nach ihrer Beisetzung wieder exhumiert und unversehrt aufgefunden wurden. Dieses Phänomen ist nicht auf heilige Männer und Frauen aus der katholischen Welt beschränkt, obwohl es dort häufiger vorkommt als anderswo. Das wiederum liegt an der verbreiteten Sitte, Heilige wieder zu exhumieren. Ein gutes Beispiel hierfür bietet die heilige Catherine Labouré, die 1876 in Paris verstarb. Ihr Leichnam wurde in einem Tripelsarg in der Krypta einer Kapelle der Stadt beigesetzt, wo er 56 Jahre ungestört ruhte. Am 21. März 1933 wurde sie zur Vorbereitung der Seligsprechung exhumiert. Ein Arzt, der als Zeuge dabei war, berichtet:

»Der Leichnam wurde vorsichtig aus dem Sarg gehoben und auf einen langen Tisch gelegt.

Das Gesicht war leicht gedunkelt. Das lag daran, daß der Sarg am Tag zuvor bereits geöffnet worden und die Gesichtshaut daher Kontakt mit der Luft bekommen hatte. Die bestens erhaltene Kleidung wurde vorsichtig beseitigt ...

Bei der Untersuchung des Körpers fiel uns die absolute Geschmeidigkeit der Arme und Beine auf. Die Glieder waren nur ganz geringfügig mumifiziert. Die Haut war rundherum intakt und wirkte wie Pergament. Die Muskeln waren erhalten; wir konnten sie für eine anatomische Studie leicht sezieren.

Das Brustbein schnitten wir mit einem zentralen Schnitt auf. Der

Knochen wies eine knorpelige, elastische Konsistenz auf und war mit dem Seziermesser leicht zu durchtrennen. Nachdem wir den Brustkorb geöffnet hatten, konnten wir das Herz leicht herausnehmen. Es war stark geschrumpft, hatte aber seine Form behalten. Überreste der Herzmuskulatur und der Klappen waren in seinem Innern als Fasern erkennbar. Wir entfernten auch einige Rippen und das Schlüsselbein. Die Arme trennten wir ab — sie werden für sich konserviert. Auch die Kniescheiben haben wir ausgelöst. Finger und Fingernägel waren im besterhaltenen Zustand. Das Haar hatte sich noch nicht von der Kopfhaut gelöst.

Die Augen lagen in den Augenhöhlen. Die Lider waren halb geschlossen. Der Augapfel war zwar geschrumpft, aber als ganzer noch vorhanden; sogar die Farbe der Iris, ein bläuliches Grau, war noch zu erkennen. Die Ohren waren intakt.

Um den Leichnam sicher zu konservieren, injizierten wir ihm eine Lösung aus Formaldehyd, Glyzerin und Karbol.«[53]

Zu den Gestalten aus der christlichen Religion, deren Leichname bei der Exhumierung in diesem Jahrhundert unversehrt vorgefunden wurden, gehören die selige Maria Assunta Pallotta, der Pfarrer von Ars (St. Jean Vianney), die heilige Bernadette Soubirous (die Seherin von Lourdes), die selige Paula Frassinetti und St. Charbal Maklhouf (Den wir auch bereits erwähnten.). Genaueres über die hier Genannten und über viele weitere unversehrte katholische Heilige aus den früheren Jahrhunderten kann man dem Buch *The Incorruptibles* von Joan Carroll Cruz entnehmen. Ein Beispiel aus jüngster Zeit, erst nach dem Erscheinen des Buchs von Joan Carroll Cruz geschehen, ist die Entdeckung des unversehrten Leichnams des Kardinal Schuster in Mailand (Italien). Er starb 1954 und war ein Bewunderer des Faschismus und ein Freund Mussolinis. Daher war der Kirche die Unversehrtheit seines Körpers natürlich peinlich. Es kam der Verdacht auf, daß man die Leiche gleich nach dem Tode mit Konservierungsmitteln behandelt hatte.[54] Auch in anderen religiösen Traditionen finden wir die »Unversehrtheit«. Zum Beispiel entdeckten die chinesischen Kommunisten beim Öffnen des Schreins, in dem die Mumie von Tsong Kha-pa lag (einem führenden tibetischen Buddhisten, der 1419 verstarb), daß die Leiche unverwest und sogar noch warm war.[55]

Oft folgen Wunderheilungen der Entdeckung, daß aus den sterblichen Überresten von Heiligen Blut hervortritt. Gleiches geschah aber auch, wenn auf wunderbare Weise bloß reines Wasser floß. Ein steinerner Sarkophag aus dem vierten Jahrhundert in Arles-sur-Tech in den Pyrénées Orientales (Frankreich) gibt ständig so viel reines Wasser von sich, daß es von einer kleinen Pumpe hochgepumpt werden kann. Das Grabmal steht auf Blöcken über dem Boden, und es gibt keine Erklärung für die jährlich 300 bis 550 Liter, die aus ihm fließen. Das Wasser wird in kleine Fläschchen abgefüllt und dient der Heilung von Kranken.[56] Eine ähnliche Quelle für heilendes Wasser (in diesem Beispiel als »Öl« bezeichnet) bietet der Steinsarkophag der heiligen Walburga im Kloster St. Walburg in Eichstätt (Bundesrepublik Deutschland). Ab Oktober jeden Jahres tropft bis Ende Februar Wasser in eine Schüssel. Es fließt ohne Rücksicht auf die atmosphärischen Bedingungen. Das gesammelte Wasser wird in kleine Fläschchen gefüllt, da es angeblich heilende Kräfte besitzt.[57] Das als »Manna« bezeichnete Wasser, das aus den Gebeinen des hl. Nicholas in der Basilika von Bari (Italien) tritt, soll einen süßlichen Geruch haben und Trunksucht heilen. Es wird ebenfalls in Flaschen abgefüllt und nach Verdünnung mit normalem Wasser (da man sonst die Nachfrage nicht befriedigen könnte) an Pilger verkauft.[58]

Es gibt noch viele andere wohlverbürgte und unerklärliche Phänomene im Zusammenhang mit Religion und Mystizismus, zum Beispiel Stigmatisierungen, Levitation, körperliche Ausdehnung, den Geruch der Heiligkeit, langes Fasten, Bilokation (die gleichzeitige Anwesenheit eines Menschen an zwei verschiedenen Orten) und andere wunderbare Vorgänge. Bis jemand die endgültige und umfassende

Der unversehrte Leichnam der hl. Bernadette Soubirous.

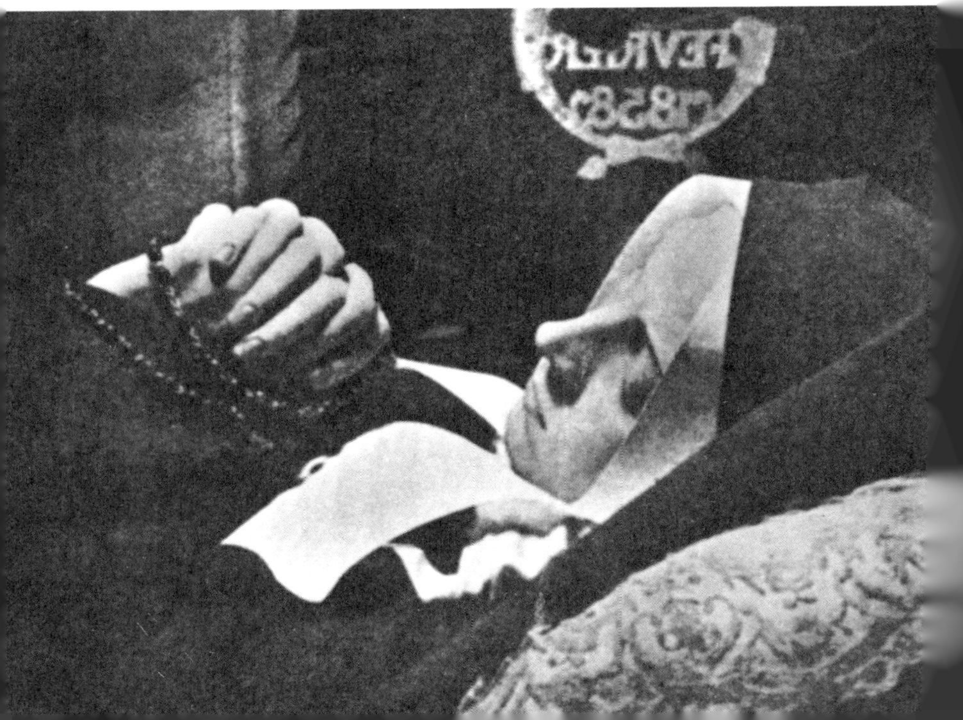

Studie über all diese Phänomene schreibt, zu denen auch unsere hier kurz erwähnten gehören, müssen wir neugierig gewordene Leser auf zwei seriöse Bücher verweisen, die einige Fälle behandeln: *Miracles* von D. Scott Rogo und *The Physical Phenomena of Mysticism* von Herbert Thurston behandeln die Materie gründlich. Bei D. Scott Rogo ist auch eine gute Begründung dafür zu lesen, warum es diese endgültige Studie noch nicht gibt: »Ein derartiges Vorhaben würde ein ganzes Forscherleben ausfüllen, und heraus käme dabei ein Werk von mehr als einem Dutzend Bänden.«

Geisterhafte Steinewerfer

»Jene unsichtbaren Wesen, die in Häusern umgehen, scheinen eher Bewohner der unterirdischen Welt zu sein (und können von Menschen vermittels des Zweiten Gesichts auch gesehen werden) als etwa böse Geister oder gar Teufel. Wenn sie die Bewohner auch mit Steinen, Erdklumpen und Holzstücken bewerfen, so verletzen sie dennoch niemanden. Sie handeln nicht bösartig wie Teufel, sondern haben ihren Spaß wie Possenreißer und Hanswurste.«

Diese Sätze schrieb Robert Kirk 1690 in seinem Buch *Secret Common-Wealth*, einer Abhandlung, die er übernatürlichen Ereignissen widmete.[1] Sie zeigen, daß man bereits im siebzehnten Jahrhundert und früher das Phänomen der Steinschauer sehr wohl kannte. Ein 1698 in London erschienenes Pamphlet beschrieb unter dem Titel *Lithobolia oder Der steineschleudernde Teufel* einen Poltergeist, bei dem »eine unsichtbare Hand« in New Hampshire (USA) auch Gegenstände durch die Luft schleuderte.[2] Aber man hat wenig bis keine Fortschritte bei der Lösung dieses Geheimnisses gemacht. Wahrscheinlich liegt das daran, daß sich bisher noch kein Wissenschaftler der Sache angenommen hat. Wo und wann auch immer dieser Spuk stattfindet, steht die Polizei vor einem Rätsel. Sie geht davon aus, daß irgendwer die Geschosse wirft, kann sich aber nicht erklären, wie das ausnahmslos unbeobachtet geschehen soll. Normalerweise weiß die Polizei nicht, daß es viele vergleichbare Berichte gibt, und behandelt jeden Fall als Einzelfall. Wir werden in diesem Kapitel den Nachweis führen, daß es sich aber ganz im Gegenteil um ein weltweites und regelmäßig auftretendes Phänomen handelt.

Offensichtlich steht es im Zusammenhang mit Poltergeistern, denn gewöhnlich treten sie gleichzeitig in Erscheinung. Auch scheinen sich die Steine immer auf eine bestimmte Person zu konzentrieren, was ja auch bei Poltergeistern der Fall ist. Es gibt eine weitere interessante Überschneidung beider Phänomene, die wir in Kapitel 13 dargestellt haben: Manchmal fallen die Steine senkrecht herab, als kämen sie vom Himmel. Ob sie tatsächlich von dort oben fallen oder ob sie sich erst ein paar Meter über den Zeugen materialisieren, ist nicht leicht zu sagen. Wenn herabfallende Steine tatsächlich ein poltergeisttypisches Phänomen sind, dann sind auch andere »vom Himmel fallende« Dinge vielleicht in Wirklichkeit von Poltergeistern verursachte Schauer. Jedenfalls könnte es sinnvoll sein, die Fälle aus Kapitel 13 in diesem Licht noch einmal zu überdenken. Ein Überblick über die bekanntesten Fälle aus unserem Jahrhundert könnte uns womöglich einen Zugang zu der Frage verschaffen, wie und warum dieses erstaunliche Phänomen aufzutreten pflegt.

Im Oktober 1901 fielen Steine auf Harrisonville, Ohio (USA). Im *Buffalo Express* vom 27. Oktober 1901 ist dazu zu lesen:

»Pomeroy, Ohio, 26. Oktober. — Der kleine, acht Meilen von Pomeroy entfernte Ort Harrisonville wurde von mysteriösen Steinschauern heimgesucht, die bei hellem Tageslicht auf Häuser und Menschen fielen. Es begann am 13. Oktober, einem Sonntagnachmittag, damit, daß ein kleiner Brocken durch ein Fenster des Hauses von Zach Dye geflogen kam, das sich eine halbe Meile außerhalb des Dorfes befindet. Die Familie hielt sich im Innern des Hauses auf. Alle liefen gleich hinaus, um den Übeltäter dingfest zu machen. Aber niemand wurde entdeckt. Dabei steht das Haus frei in der Landschaft und mehrere hundert Meter von dem nächsten Objekt entfernt, hinter dem sich jemand verstecken könnte. Während die Bewohner verblüfft im Hof standen, prasselten weitere Steine auf das Haus. Woher sie kamen, war nicht zu erkennen.

Am Montagnachmittag fiel ungefähr zur gleichen Stunde ein Steinschauer mitten in das Herz des kleinen Dorfes. Er kündigte sich mit einem Stein an, der durch die Glastür eines Ladens schlug. Als der Besitzer und die Kunden hinausstürzten, war niemand zu sehen, der den Stein geworfen haben könnte. Man gab Alarm, die Bürger kamen bewaffnet aus ihren Häusern. Aber die Steine fielen weiter um sie herab, ohne daß jemand hätte sagen können, woher sie kamen. William Alkire wurde von einem Stein am Arm gestreift, aber nicht ernsthaft verletzt. Dafür traf es den einbeinigen James Clay. Er stand vor seinem Haus und rief den aufgeregten Leuten zu, daß wahrscheinlich ein paar bösen Buben bloß einen Streich ausgeheckt hätten, als ihm ein großer Steinbrocken die Krücke wegschlug und sie zerbrach.

Am dritten Tag, als noch immer kein Ende abzusehen war, versammelten sich alle Einwohner auf der Straße. Sie stellten sich in Reihen auf und zählten ab, um so herauszubekommen, wer der Steinewerfer sein könnte. Aber auch als alle Männer und Buben aufgereiht standen, flogen immer noch die gefährlichen Geschosse durch die Luft.«[3]

Nachdem die erfinderischen Dorfbewohner so die gesamte männliche Bevölkerung im Blick hatten, kamen sie zu dem Schluß, daß es kein Streich sein könne. (Offenbar herrschte bei ihnen die Überzeugung, Frauen seien zu so etwas nicht fähig.) Daß wahrscheinlich Poltergeister die Hand im Spiel hatten, läßt sich aus dem Vorfall mit James Clays Krücke schließen. Er stellt nämlich ein typisches Beispiel für den oft bösartigen Humor der Poltergeister dar.

Zwei Jahre später hatte es W. G. Grottendieck bei Dortrecht im Dschungel Sumatras (Indonesien) im September 1903 für kurze Zeit mit einem ähnlich rätselhaften, etwas anders gearteten Fall von steinewerfenden Poltergeistern zu tun. Er notierte dazu:

»Gegen ein Uhr nachts wurde ich aus dem Schlaf geweckt und hörte, wie neben mir etwas außerhalb des Moskitonetzes auf den Boden fiel. Nach ein paar Minuten war ich wach genug, um mich umzusehen. Auf dem Fußboden lagen schwarze Steine, einen halben bis anderthalb Zentimeter groß. Ich stand auf und drehte die Kerosinlampe auf, die am Ende meines Betts auf dem Fußboden stand. Ich sah jetzt, daß die Steine in einem Bogen durch das Dach fielen. Sie purzelten direkt neben meinem Kopfkissen zu Boden. Ich ging nach draußen und weckte den Boy (einen malayischen Kuli), der im Zimmer nebenan auf dem Fußboden schlief. Ich sagte zu ihm, er solle vor die Tür gehen und sich ein wenig im Dschungel umsehen. Während er das tat, leuchtete ich mit einer elektrischen Lampe, die ich immer bereithielt, den Dschungel aus. Solange mein Boy draußen war, fielen weiterhin Steine. Dann kam er wieder herein, und ich sagte ihm, er solle in der Küche nachschauen, ob sich dort jemand aufhalte. Er tat es, und ich ging in mein Zimmer zurück und sah den Steinen zu, die herabfielen. Ich kniete mich neben das Kopfende meines Betts und versuchte, die Steine aus der Luft aufzufangen, aber das gelang mir nicht. Ich hatte den Eindruck, sie änderten im Fallen die Richtung, sobald ich nach ihnen schnappte. Nicht einen einzigen konnte ich fangen, bevor er auf dem Fußboden landete. Dann kletterte ich an der Wand hoch, die mein Zimmer von dem des Boys trennt, und sah mir das Dach näher an, durch das die Steine kamen. Sie drangen direkt durch die Schilfabdeckung. Aber Löcher waren nirgends zu entdecken. Auch der Versuch, die Steine dort gleich beim Eintreten abzufangen, mißlang ...«

Er fügte noch hinzu, der Boy habe direkt vor ihm gestanden, aber hinter ihm seien die Steine weiterhin herabgefallen.

»Die Steine waren wärmer, als sie gewesen wären, wenn jemand sie länger in der Hand oder in der Hosentasche gehalten hätte ... Sie fielen ziemlich langsam ... Es schien, als schwebten sie durch die Luft. Sie beschrieben dabei eine Kurve und fielen dann mit einem Knall auf den Boden. Auch dieser Knall hatte etwas Abnormales, wenn man bedenkt, wie langsam sie fielen. Er war dafür viel zu laut.«[4]

Dieser Bericht enthält eine ganze Reihe paranormaler Details, die man aus Poltergeist-Erscheinungen sehr wohl kennt: die offensichtliche Materialisation der Steine, ihr Durchdringen einer festen Masse (hier des Dachs), die Unmöglichkeit, sie zu fangen, das langsame Herabfallen, der unerwartet laute Knall beim Aufschlagen ... Es gibt keinen Hinweis darauf, daß sich die Geschichte nach dieser Nacht noch einmal wiederholt hätte. War sie vielleicht eher auf den Boy als auf Mr. Grottendieck selbst zentriert gewesen?

In Port of Spain (Trinidad) begann am 12. November 1905 ein Bombardement in und außerhalb einer Pension. Es war dabei nur ein Aspekt einer ganzen Reihe von Poltergeist-Aktivitäten. Möbel wurden verrückt, Kartoffeln verließen ihren Korb und segelten durch die Luft, Gegenstände wurden hin und her geworfen. Zu der Zeit lag in dem Haus ein Mädchen krank zu Bett. Sie war vielleicht der Auslöser all dieser unnatürlichen Vorgänge.[5] In Magilligan, County Derry (Irland), scheint Mr. McLaughlin die Dinge dadurch ausgelöst zu haben, daß er seinen Kamin reinigte. Am 9. Januar 1907 zogen jedenfalls Wolken von Ruß durch die Zimmer, gleichzeitig schlugen Steinschauer auf das Haus herab. Fensterscheiben gingen zu Bruch. Im Haus lebten drei Frauen, die allerdings auch die Auslöser der Ereignisse hätten sein können.[6] Wie lange die ganze Geschichte dauerte, ist nicht belegt.

In einem Haus in Marcinelle bei Charleroi (Belgien) hielt sie genau vier Tage an. Als man den Steinfall am 30. Januar 1913 bei der Polizei meldete, stellte diese das Haus unter Beobachtung. Im Bericht eines Beobachters heißt es:

»Ich sah, wie ein Stein eine große Fensterscheibe genau in der Mitte traf. Die nächsten Einschläge bildeten eine Spirale um die erste Einschlagstelle, so daß die ganze Scheibe sozusagen methodisch zerschlagen wurde. In einem anderen Fenster sah ich sogar, wie ein Stein in dem ersten Loch, das er geschlagen hatte, steckenblieb. Der nächste schob ihn dann weiter durch die Lücke.«

Mit anderen Worten: Der unsichtbare Angreifer konnte äußerst genau zielen. Mr. Van Zanten, der in dem Haus wohnte, meinte dazu:

»Was uns aber am meisten erstaunte, war die Tatsache, daß keiner von den 300 Steinen jemanden traf. Am ersten Tag spielte mein kleiner

Junge im Garten, und meine kleine Tochter schlief in ihrer Wiege neben einem Fenster im ersten Stock. Beide bekamen überhaupt nichts ab. Das Kindermädchen trug allerdings von einem Stück Dachziegel eine kleine Verletzung am Kopf davon. Mein Schwiegervater wurde am Arm getroffen, rief aber: ›Also, gespürt habe ich nichts!‹«

Obwohl die Polizei vier Häuser durchsuchte, von denen aus ihrer Ansicht nach die Geschosse abgefeuert worden sein konnten, fand sie nichts Verdächtiges. Am 2. Februar endete das Bombardement dann.[7]

Ein Fall, der die Theorie stützt, nach der Poltergeist-Manifestationen von jungen Menschen ausgelöst werden oder sich auf sie konzentrieren, trug sich im April 1914 in Molignon in der Schweiz zu. Eine gute Woche lang befielen einen elfjährigen Jungen »Nervenzusammenbrüche«: Er litt unter Zuckungen, und gleichzeitig bewegten sich Gegenstände im Zimmer. Sand und Steine landeten in dem Raum. Der Junge wurde auch im Bett von Steinen getroffen.[8] Während des Poltergeist-Ausbruchs von 1919 in Suri, Westbengalen (Indien), wurden Ziegelsteine durch die Fenster in das Haus geschleudert. Man sah auch ein weibliches Gespenst, und eine Zeugin sagte aus, sie habe den Geist beobachtet, als er sich gebückt und Ziegelsteine aufgehoben habe. Sie konnte die anderen Familienmitglieder warnen, bevor dann die Steine flogen.[9]

Der steinewerfende Poltergeist in der französischen Region Ardèche, der sich seit September 1921 bemerkbar machte, schien sich auf einen Bauern zu konzentrieren, dem die Steine bis hinaus auf die Felder, 200 Meter vom Haus entfernt, folgten. Die Steine fielen zu jeder Tages- und Nachtzeit. Die drei Kinder, zwölf, siebzehn und zweiundzwanzig Jahre alt, gerieten als Täter in Verdacht. Man beobachtete sie, konnte aber niemanden überführen. Ein Priester, den der Bauer um Hilfe gebeten hatte, berichtet:

»Ich war in erster Linie darauf bedacht, nur die Fakten gelten zu lassen. Am nächsten Tag war ich um siebzehn Uhr draußen auf dem Hof. Zwei der drei Kinder waren auch da, und sie standen mir gegenüber, als ein Stein von der Größe eines Hühnereis senkrecht herabgestürzt kam. Er streifte dabei ein Kind. Ein bißchen später streifte mich selbst ein Stein auf die gleiche Weise. Wir waren diesmal 50 Meter vom Haus entfernt. Die Kinder waren in meiner Nähe und konnten es nicht gewesen sein. Die Steine fielen langsam, man hatte den Eindruck, als fielen sie erst ab Kopfhöhe. Das war oft zu beobachten. Es war unbegreiflich.«

Er sah auch Äpfel gegen die Fensterläden prallen, und einige davon flogen durch ein Loch in einem der Läden ins Innere.

»Sie flogen horizontal und mit beträchtlicher Geschwindigkeit. Für einen Menschen wäre es völlig unmöglich gewesen, sich im Bereich vor den Fenstern im hellen Tageslicht versteckt zu halten, denn dort lag ein offenes Feld von 400 Metern Länge.

Selbst der fähigste Werfer hätte einen Apfel nur aus allernächster Nähe durch dieses wenige Zentimeter große Loch zielen können.«

Wieder erleben wir diese unheimliche Präzision, wie sie 99 Prozent der Menschen mit solcher Regelmäßigkeit nicht zustande bringen dürften. Nach vier Monaten ging die Geschichte im Januar 1922 zu Ende.[10]

In den frühen zwanziger Jahren häuften sich die Fälle von unerklärlichen Steinwürfen. Zur gleichen Zeit, als in der Ardèche die Schauer niedergingen, fielen auch in Chico, Kalifornien (USA), Steine. Es begann angeblich im Juli 1921 und dauerte bis in den März 1922. Große, glatte Steine »schienen direkt aus den Wolken zu fallen« und landeten gewöhnlich auf zwei nebeneinanderliegenden Lagerhäusern. Die Steine waren warm (Wie wir das schon 1903 in Sumatra erlebt haben.). Es gab noch weitere Hinweise auf den Poltergeist-Charakter dieses Vorfalls. Im Lagerhaus des Mr. Charge wurden über Nacht nämlich fünfzig Ballen Wolle auf rätselhafte Weise genau an die Stelle transportiert, die der Besitzer für sie vorgesehen hatte. Nach Aussage des Mr. Charge fielen außer den Steinen auch Mandeln, Früchte und andere kleine Gegenstände auf das Dach des Lagerhauses und ins Innere. Miriam Allen de Ford, die in Gesellschaft vieler anderer Neugieriger im März 1922 nach Chico reiste, berichtet: »Als ich mit einigen Umstehenden den Fall diskutierte, blickte ich in den wolkenlosen Himmel. Plötzlich sah ich einen Stein direkt herunterfallen. Es schien, als würde er erst im Näherkommen sichtbar. Er traf mit einem Schlag auf das Dach auf, sprang wieder hoch und fiel dann auf die neben dem Haus verlaufenden Geleise. Dort konnte ich ihn dann nicht mehr finden.« Wenn diese Geschichte auch auf den ersten Blick so klingt, als seien da Steine »direkt vom Himmel« gefallen, so lassen doch die vielen Begleitumstände auf die Manifestation eines Poltergeistes schließen.[11]

Auch die Episode von Roodeport (Südafrika) im Jahr 1922 war eindeutig das Werk eines Poltergeistes, obwohl die Polizei sich bemühte, einem Hausmädchen die Sache anzuhängen. Nach ihrer Ansicht hatte sie damit auch Erfolg. Mehrere Monate lang gingen Steinschauer auf das Haus eines Chemikers nieder, und als das Mädchen einmal in den Garten geschickt wurde, fielen die Steine dort rund um sie zu Boden. Die Polizei untersuchte den Fall, fand aber die Ursache nicht. Nachdem die Steine jedoch in einem Zusammenhang mit dem Mädchen zu stehen schienen, wurde sie dafür verantwortlich gemacht.

Angeblich legte sie ein Geständnis ab und beschuldigte noch andere als Mittäter. Aber nach dem, was wir inzwischen wissen, hört sich doch alles sehr nach einer der üblichen Poltergeist-Manifestationen an, die sich hier auf das unglückliche Hausmädchen konzentriert hatten.[12] Im Jahr darauf flogen Gegenstände in Weti auf Sansibar (Tansania). Als Zeugen können wir Bischof Weston aus Sansibar zitieren:

»(Man zeigte mir) große Stücke trockenen Lehms, die aus den Hüttenwänden gerissen und durch die Luft geschleudert worden waren. Man kann sich gewiß vorstellen, mit welcher Skepsis ich dorthin gegangen war. Ich verlangte, daß alle die Hütte verließen. Dann ließ ich sie von einem Kreis von Wächtern umstellen. Trotzdem wurden weiter große Stücke Lehm aus den Wänden gerissen und gegen die Decke geworfen. Einige flogen auch vor die Tür. Ein Stück traf mich dabei am Kopf. Ich wandte mich der Hütte zu und begann mit dem Exorzismus, indem ich die rituellen Gebete sprach. Sofort hörten die Manifestationen auf. Die Hütte ist inzwischen repariert, und es hat sich nichts mehr ereignet.«[13]

Wenn es hier auch keine Steine waren, die geworfen wurden, so ist der Mechanismus doch derselbe. Und in diesem Fall (wie auch in einigen noch folgenden) sah man die geworfenen Gegenstände gleich von Anfang an. Der Bischof sagt nichts darüber, ob die Erscheinung sich auf eine bestimmte Person bezog. Aber offenbar war er auch gar nicht daran interessiert, wie die Dinge entstanden, sondern wollte sie nur zu einem Ende bringen. Da er behauptet, das durch einen Exorzismus geleistet zu haben, muß er angenommen haben, daß teuflische Geister im Spiel waren.

Ein sehr vielschichtiger Poltergeist, verbunden mit Steinewürfen, fand an einem Augusttag des Jahres 1927 in der Tschechoslowakei auf dem Lande statt. Der Bericht darüber stützt sich auf die Aussagen des örtlichen Pfarrers und wird in Pater Herbert Thurstons Buch *Ghosts and Poltergeists* wiedergegeben. Er enthält alle wichtigen Details.

»Am 11. August 1927 waren ein junger Mann und ein dreizehn Jahre alter Junge zu einem Fluß fischen gegangen, dessen Quelle in der Tatra lag. Sie wollten sich gerade auf den Heimweg machen, als plötzlich ein Stein neben ihnen auf den Boden fiel. Es folgten ein zweiter und dann noch weitere. Die beiden bekamen es mit der Angst zu tun und brachen schnell ihre Zelte ab. Als nächstes waren sie einem ständigen Schauer von Steinen ausgesetzt, aber sie bemerkten die einzelnen Steine erst, als sie nur noch dreißig Zentimeter von ihnen entfernt waren. Auch schlugen die Steine keineswegs mit großer Wucht auf den Boden auf... Die beiden suchten Schutz in einem Wirtshaus, aber die Steine verfolgten sie auch dorthin. Man warf sie daher umgehend wieder hinaus, weil sie vom Teufel besessen sein mußten. Als sie zu Hause ankamen, manifestierte sich der Poltergeist weiter. Steine schienen von der Decke zu fallen. In einem Zimmer hatte der Vater des Jungen eine Sammlung von seltenen Bergkristallen und anderen geologischen Proben. Sie flogen plötzlich von einem Zimmer ins andere und fielen auf den Boden. Am Tag darauf segelte ein Stück Kohle durch die Luft und zerbrach eine Scheibe in der Tür. Am Nachmittag flog ein Stapel Spielkarten vom Tisch auf und flatterte zwischen den Anwesenden herum. Am dritten Tag fielen von nirgendwoher Geldstücke herab — zwischen zehn und zwanzig Münzen —, außerdem eine 20-Kronen-Banknote. Später fand man heraus, daß das Geld einem der Besucher des Hauses gehörte. Die herabgefallenen Steine stammten aus der Gegend. Es wurde nachgewiesen, daß der dreizehnjährige Junge in anderen Teilen des Landes als Medium an verschiedenen Séancen teilgenommen hatte. Doch diese besonderen Manifestationen waren anderer Art und spielten sich nur in seinem Heimatdorf ab.«[14]

Ganz offensichtlich folgten die Erscheinungen dem Jungen. Also war er es, der sie, wenn auch vielleicht unbewußt, auslöste. Es gibt keinen Hinweis darauf, daß sie wiederkehrten. Es ist ein Rätsel, warum sie sich auf diesen kurzen Zeitraum beschränkten, vor allem, nachdem so viele wirkungsvolle Manifestationen stattgefunden hatten: Da hätte man eigentlich eine weitaus längere Dauer ihres Auftretens erwartet.

Der sehr aktive und langlebige Poltergeist von Poona (Indien), der in den Jahren von 1927 bis 1930 sein Unwesen trieb (wir beschrieben ihn in Kapitel 1), warf bisweilen auch Steine. Einmal geschah das am 28. Mai 1928, als Steine offensichtlich vom Dach herabfielen. Es war Damodars neunter Geburtstag, und Miss Kohn, die auf ihn aufpaßte, war ihm die ganze Zeit so nah, daß sie beobachten konnte, ob er es war, der die Steine aufhob und warf. Sie überzeugte sich, daß auch seine Hosentaschen leer waren und er keinen Stein aufgehoben hatte. Da sah sie, wie doch ein Stein durch die Luft flog. Sie untersuchte seine Hosentaschen noch einmal und fand sie voller Steine. Sie nahm sie heraus, und das Ganze begann wieder von vorn. Es hatte den Anschein, als wäre Damodar der Schuldige, aber Miss Kohn wußte, daß dem nicht so war. Die Steine mußten auf magische Weise in seine Hosentaschen gelangt sein, und zwar von dem Poltergeist, der oft genug Beweise seiner Intelligenz, seiner Lust am Einmischen und seines seltsamen Sinns für Humor gezeigt hatte.[15] Ebenfalls 1928 erlebte der inzwischen verstorbene Ivan T. Sanderson, in seinen späteren Jahren ein aktiver Erforscher unerklärlicher Erscheinungen, einen paranormalen Steinewerfer. Er saß mit seinem Gastgeber und dessen Frau auf der Veranda ihres Landsitzes auf Sumatra, als ein kleiner glänzendschwarzer Kieselstein aus der Dunkelheit herangesegelt kam. Ihm folgten noch weitere, und Sanderson wollte wissen, wer mit den Steinen warf. Sein Gastgeber antwortete ihm, das gehe jede Nacht so, doch sei noch nie jemand von den Steinen getroffen worden.

»Unser Gastgeber forderte uns auf, ein paar Steine aufzuheben, sie mit Kreide, Lippenstift, Farbe oder sonst etwas zu kennzeichnen und sie dann so weit wie möglich in den Garten zurückzuwerfen. Es war ein weitläufiger Garten mit weiten Rasenflächen und Buschwerk. Dahinter wuchs undurchdringlicher tropischer Urwald. Wir warfen die kleinen Steine, ordentlich markiert, weit hinaus in dieses Unterholz. Es müssen mehr als ein Dutzend gewesen sein.

Binnen einer Minute waren sie alle wieder da!

Niemand hätte diese kleinen Steine in einem derart dichten Pflanzengewirr finden können, auch nicht mit einer starken Taschenlampe oder einem besonders scharfen Auge und schon gar nicht in der kurzen Zeit, bis sie wieder auf der Veranda gelandet waren. Aber da lagen sie, alle ordentlich mit unseren Markierungen versehen!«[16]

Solch ein Experiment beweist natürlich, daß hier keine menschliche Hand im Spiel gewesen sein kann.

Aus der Mitte der dreißiger Jahre haben wir drei Fälle in unserem Archiv. Auf der Insel Grenada (Westindien) war ein Landhaus Mittelpunkt seltsamer Begebenheiten. Darunter waren auch fallende Steine. Im *The West Indian* heißt es dazu:

»Die Polizei kletterte dann durch die Fenster auf das Dach und beobachtete, wie die Steine auf das Dach fielen. Besonders seltsam an diesem Steinregen ist, daß die Brocken vom Himmel zu fallen und gleichzeitig zu schweben scheinen. Bis jetzt haben die Steine noch niemanden verletzt, obwohl sich jeden Abend die Massen um das Landhaus drängen. Das Gewicht der Steine variiert zwischen 50 Gramm und einem Pfund.«

Der Ausbruch begann am 17. September 1934 über dem Landhaus, das »am Ende von Lowther's Lane an der Botanischen Station liegt«

und dauerte mehrere Monate, bis die Bewohner sich zum Auszug entschlossen. Am 15. Januar 1935 brannte das Landhaus nieder.[17]

Als die Ereignisse auf Grenada zu Ende gingen, kam der Poltergeist von Burgess, Ontario (Kanada), erst in Schwung. Im Januar 1935 wurden aus einem Bauernhaus in Burgess Township merkwürdige Dinge gemeldet. Die Leute, die hinausfuhren und sich die Dinge mit eigenen Augen betrachteten, fanden das Holzhaus mit zerbrochenen Fensterscheiben vor. Alle zehn Scheiben waren den Steinen zum Opfer gefallen. Daneben hatten James Quinn und seine Familie noch andere Poltergeist-Manifestationen erlebt, an erster Stelle Objekte, die im Haus herumflogen. Auch Nachbarn hatten die merkwürdigen Vorgänge beobachtet. Nach vierzehn Tagen Wirbel und Aufregung war am 15. Januar Schluß, kurz darauf zog die Familie aus dem Haus. Es ist sehr gut möglich, daß Spannungen innerhalb der Familie die Erscheinungen hervorgerufen haben und daß Mrs. Quinn und ihre Kinder sich die Rückkehr in eine zivilisiertere Gegend wünschten. Aber wahrscheinlich haben die Opfer nichts vorgetäuscht (Was man natürlich auch unterstellt hat.), weil die Vorfälle zu genau dem wohlbekannten Poltergeist-Schema folgen, mit dem die Familie gar nicht vertraut war.[18]

Im Sommer und Herbst 1936 hielt sich ein Mann zum Goldschürfen in der verlassenen Mine von Howells auf (nahe Prescott, Arizona, USA) und wurde dort Zeuge einiger seltsamer Poltergeist-Erscheinungen, darunter auch Steinwürfe. Wie üblich, verletzten die Steine niemanden, auch wenn sie trafen. Aber sehr ungewöhnlich war, daß gleichzeitig unheimliche Lichteffekte entstanden, die aus der Nähe wie kleine »pinkfarbene Gallertklumpen« aussahen und aus der Ferne wie Autorücklichter.[19] In Lovington, New Mexico (USA), ereignete sich ein weiterer ungewöhnlicher Fall, bei dem es ebenfalls seltsame Lichterscheinungen gab. Der Ort war ein aus Lehmziegeln gebautes Haus auf dem Land. Dort beobachtete Mrs. D. T. Spears, unsere Informantin, ein »starkes rot-orangefarbenes Licht«. Es sah aus, »als trüge es jemand auf Schulterhöhe und gehe damit rund um die Scheune«. Andere Zeugen traten aus dem Haus, um sich das Licht anzusehen. Sie beobachteten es zwei Stunden lang und versuchten, ihm näher zu kommen. Doch das mußten sie wieder aufgeben. Als sie schließlich gegen ein Uhr nachts ins Haus zurückkehrten, hörten sie plötzlich gewaltigen Lärm. Sie gingen ans Fenster und sahen ...

»... wie Hunderte von Steinen, jeder so groß wie ein Baseball, um das Haus verstreut lagen. Sie fielen oben vom Haus herab. Wir eilten auf den Dachboden und sahen den roten Feuerball, wie wir ihn nannten, über die Viehweiden davonziehen. Er befand sich ganz tief unten am Boden und wirkte jetzt doppelt so groß.

Dann hielt er an, und wir liefen wieder hinaus, kamen ihm näher und näher. Wir blieben eine Weile stehen, und als es so aussah, als verharre er nun über dem Düngerhaufen, marschierten wir weiter. Noch war er ein Stück von uns entfernt, als wir losliefen. Da schoß er geradewegs in die Höhe und schwebte über uns, bis wir wieder hineingingen. Und solange der Mond hell schien, fielen auch jede Nacht die Steine herab. Jeden Tag haben wir sie weggeräumt. Es waren nie dieselben Steine.«

Auch hier wurde die Polizei zu Hilfe gerufen, aber die unterstellte nur einen schlechten Scherz. Der Steinfall dauerte fünf oder sechs Tage. Es gab im Rahmen dieser Vorfälle wohl noch mehr interessante Dinge, über die Mrs. Spears aber nichts verlauten ließ, weil sie sich »zu lächerlich anhören würden«.[20]

Die ganze Geschichte unterschied sich recht deutlich von den gewöhnlichen Poltergeist-Ausbrüchen, denn unheimliche Lichter — sie ähneln jenen leuchtenden Kugeln, die wir bereits aus dem 8. Kapitel kennen — sind sonst nie im Zusammenhang mit einer Poltergeist-Aktivität erwähnt worden. Auch die Lichterscheinungen von Howells bleiben rätselhaft. Da wir in beiden Fällen nicht einmal einen Ansatzpunkt für eine Erklärung haben, wenden wir uns schnell wieder zurück in die fünfziger Jahre. Im November und Dezember 1950 erlebten ein holländisches Ehepaar und seine Angehörigen in Indonesien einen Poltergeist, der sich größtenteils wieder in Steinschauern bemerkbar machte. Manchmal fielen die Steine in geschlossenen Räumen, wobei sie in der Luft deutliche Wendungen ausführten, um Hindernissen auszuweichen. Auch schienen sie zu »schweben«. Zugleich kam es vor, daß ein weggeworfener Stock gleich wieder an seinen Platz zurückkehrte.[21] In Australien zog 1957 ein von den Ureinwohnern abstammender Farmarbeiter in Pumphrey, Western Australia, Steinschauer auf sich. Fünf Tage lang regnete es Steine um ihn, und zwei Zeugen erlebten in seinem Beisein, wie in einem geschlossenen Zelt Steine vor ihren Füßen landeten. »Außergewöhnliche Winde« machte ein Wissenschaftler, dessen Kenntnisse über Steinschauer offenbar bei Null lagen, dafür verantwortlich.[22]

Aus den sechziger, siebziger und achtziger Jahren haben wir zu viele Berichte, als daß wir alle hier unterbringen könnten. Möglicherweise treten die Erscheinungen aber gar nicht häufiger auf, es wird nur öfter über sie berichtet. Im März 1963 wurde eine Pension in Brooklyn, Wellington (Neuseeland), von einem Schauer aus Steinen und Münzen heimgesucht. Er begann am 24. März und dauerte sieben Stunden bis zum nächsten Morgen. Die Bewohner und die Polizei verbrachten eine schlaflose Nacht damit, den vermeintlichen Besitzer des verantwortlichen Katapults aufzuspüren — vergebens. Fast alle Fensterscheiben waren am Ende zerbrochen und mehrere Leute getroffen, aber niemand ernstlich verletzt. Kein anderes Haus bekam etwas ab. Zwischen den Steinen wurden vier Pennys neuseeländischer Währung gefunden und eine größere Kupfermünze. In der Nacht darauf gab es die nächste Attacke, und in der dritten Nacht betrachteten 600 Zuschauer das Ereignis. Nach drei Stunden war es vorbei und wiederholte sich nicht mehr.[23]

Im Dezember 1965 fand in der kleinen Stadt Jabuticabal (Brasilien) ein Poltergeist-Ausbruch statt, bei dem besonders viele Steine und Ziegel durch die Luft flogen. Auch im Haus selbst fielen Ziegel, und ihre Anzahl nahm sogar noch zu, nachdem ein katholischer Priester einen Exorzismus versucht hatte. Die elf Jahre alte Maria wurde ins Nachbarhaus gebracht, und schon begannen dort Steine in den Zimmern umherzufliegen. 312 Stück wurden während eines besonders intensiven Bombardements gezählt. Während einer Mahlzeit in einem anderen Nachbarhaus ...

»... fiel ein Stein von der Decke herab und zerbrach ungefähr einen Meter über dem Fußboden in zwei Teile, die sich in verschiedene Richtungen bewegten, bevor sie zu Boden gingen. Eine Frau hob die beiden Stücke sofort auf und stellte fest, daß sie wie zwei Steinchen eines dreidimensionalen Puzzles zusammenpaßten. Außerdem schnappten sie zusammen, als wären sie magnetisch. Der Stein ging am Tisch von Hand zu Hand, und alle bemerkten die starke magnetische Anziehungskraft, die aber bald nachließ und verschwand.«

Maria blieb über ein Jahr lang der Mittelpunkt der Poltergeist-Zugriffe. Manchmal litt sie unter dieser unerwünschten Zuwendung, zum Beispiel als plötzlich tief im Fleisch ihrer linken Ferse Nadeln steckten. Einmal wurden 55 Nadeln zur gleichen Zeit herausgezogen.[24]

Ein indischer Poltergeist begann 1963 Kohlenstücke und Steine zu werfen. Später variierte er seine Wurfgeschosse immer mehr. Ort des Geschehens war Karol Bagh in der Nähe von Neu-Delhi. Besonders aktiv wurde der Poltergeist im Dezember 1968, als »Hände voll *dhal* (Futtererbsen) und *gram* (Kichererbsen), Kohlebrocken, *pedas* aus feuchtem Mehl, Zwiebeln, Tomaten und Streichhölzer in den Hof zu fallen begannen«. Nach siebzehn Tagen kam ein Reporter des *Indian Express* und schrieb über seine Erlebnisse:

»... Der unsichtbare Teufel schleuderte seine unverlangten Gaben in den Hof. Weder Gebete noch Flüche konnten ihn davon abhalten. Heute morgen ließ er *gram* und *dhal* regnen, bevor er auf Münzen umwechselte. 2-*paise*-, 10-*paise*- und 25-*paise*-Münzen klimperten über den Fußboden. Sie kamen, wie ich selber sehen konnte, von nirgendwo. Es war fünf Uhr nachmittags, und es herrschte helles Tageslicht.«[25]

Bereits früher im selben Jahr hatte man von Steinwürfen begleitete Poltergeist-Ausbrüche registriert. Im Januar 1968 fielen in Kuala Lumpur (Malaysia) inner- und außerhalb eines Hauses Steine, einzelne Gegenstände fingen auf mysteriöse Weise Feuer.[26] Bei einem Ausbruch in Osceola, Indiana (USA), beobachtete man, wie Steine vom Boden abhoben und durch Fensterscheiben flogen.[27] Bei einem Ausbruch in Nicklheim (Bundesrepublik Deutschland), der im November 1968 begann, fielen wieder Steine in geschlossenen Räumen. Einer fühlte sich warm an, als ein Priester ihn aufhob. Er segnete gerade das Haus, als der Stein fiel.[28]

Ende Oktober 1973 ging ein Steinschauer auf zwei Fischer auf dem Skaneateles Lake, New York (USA), nieder. Er ähnelte dem 1927 aus der Tschechoslowakei gemeldeten Schauer. Die herabrieselnden Kiesel verfolgten die Fischer bis zu ihrem Auto. Als sie auf dem Heimweg anhielten, um sich umzuziehen, kamen erneut Steine geflogen. Beim nächsten Halt wurden sie wieder bombardiert, als sie nach einem Drink eine Bar verließen. Sogar in ihrer Heimatstadt Liverpool (New York) fielen Steine herab, als sie sich trafen. Die Steine wurden später analysiert; sie stammten aus der Gegend.[29]

Der Parapsychologe Guy Lyon Playfair beobachtete im September 1974 in Brasilien mit eigenen Augen einen Steinschauer. Es ereignete sich in einem Slum in der Nähe von Carapicuiba. Als er am 24. September dort ankam, währte das Bombardement schon mehr als drei Wochen. Sechs kleine Häuser standen im Mittelpunkt der Phänomene. Als Playfair mit zwei betroffenen Bewohnern sprach . . .

». . . fielen Steinhagel bzw. Ziegelstücke von einem wolkenlos blauen Himmel herab, prallten vom Dach des einen Hauses ab und fielen auf das nächste, das etwas niedriger war. Ich kann nicht sagen, wie viele Steine es waren. Ich sah deutlich, wie eine kleine Wolke aus Ziegelstaub hochwirbelte, als ein Stein das Dach direkt in meinem Blickfeld traf. Ich stand ungefähr drei Meter entfernt. Ein kleines Bruchstück von einem Dachziegel landete zu Füßen einer Frau, mit der ich gerade sprach. Ich hob es sofort auf: Man sah ihm an, daß es gerade erst abgebrochen war.«

Niemand wurde von einem der herumfliegenden Gegenstände direkt getroffen. Nicht einmal ein Paar, das in der offenen Tür seines Hau-

Guy Lyon Playfair auf dem Dach seines Hauses, das 1974 in Carapicuiba (Brasilien) mit Steinen bombardiert wurde. Die großen, lose aufgelegten Ziegel dienen der Fixierung von Bruchstücken. Dieses Dach ist mehrere Male bombardiert worden.

ses stand, wurde von einem Stein getroffen, der sich zwischen ihnen durchmanövrierte. Zusätzlich zu den Steinen kamen auch noch Bruchstücke aus Mauern geflogen, eines, kurz bevor Playfair die Szene betrat. Er stellte fest, daß es nur schwer zu heben, geschweige denn zu werfen war.[30]

Die Polizei mußte zu einem Ausbruch gerufen werden, der am 30. April 1977 in Spokane, Washington (USA), begann und nur das Haus von Billy Tipton betraf. Er dauerte bis zum 6. September, wahrscheinlich sogar noch länger. Bis dahin waren hundert bis hundertfünfzig Steine auf das Haus gefallen. Die Polizei »stand vor einem Rätsel«. Sie vermutete einen Scherzbold, konnte aber keine Spur von ihm finden. Zwei Steine kamen herab, als Captain Charles Crabtree gerade auf dem Dach stand, um sich einen besseren Überblick zu verschaffen. »Es ist nicht möglich, die Herkunft der Steine zu bestimmen. Auch ein Werfer ist nicht festzustellen«, konstatierte er. Vor dem Haus standen einige bis zu fünfzehn Meter hohe Bäume. Das brachte die Polizei auf die Idee, dort oben müsse jemand sitzen und die Steine schleudern. Wir sind sicher, daß niemand festgenommen wurde, denn was die Polizei dort erlebte, war ein klassischer Fall von »Steinen, die von einem unsichtbaren Angreifer geworfen werden«.[31] Im Jahr darauf zog der geisterhafte Steinewerfer nach Hazlet, New Jersey (USA), wo im Juni 1978 an zwanzig aufeinanderfolgenden Tagen ein Haus an der Elm Avenue mit großen Steinen und Ziegelwerk bombardiert wurde. Fenster gingen zu Bruch, Autos wurden beschädigt. In ihrer offensichtlichen Verzweiflung nahm die Polizei einen Jungen fest, der dabei beobachtet wurde, wie er Kieselsteine gegen das eigene Garagentor warf. Sie vermutete, daß er mit anderen im Bunde war. Aber das bezweifeln wir. Wie sollen die Jungen den Brocken von fünf Pfund Gewicht so hoch geschleudert haben, daß sie wie von oben herabfielen und nur auf einem einzigen Haus landeten? Und ohne daß sie dabei gesehen wurden?[32]

Nur einen Monat später wurde in Galax, Virginia (USA), eine Autowerkstatt vier Tage lang mit Nägeln bombardiert. Mechaniker sammelten 300 bis 400 Nägel. Die Polizei bezog auf dem Dach Posten und kommentierte die Lage von diesem guten Aussichtspunkt aus so: »Es fallen Hunderte pro Tag. Es handelt sich um Dachnägel, Wandnägel und Stahlstifte aller Art.« Die Bombardements traten periodisch auf. Sie begannen am 10. Juli und endeten am 13. Juli 1978. Windschutzscheiben gingen zu Bruch, auch an den Gebäuden entstanden Schäden. Aber es wurde niemand verletzt. Wieder glaubten die Polizeibeamten, daß ein lebendiger Mensch dafür verantwortlich sein müßte, obwohl sie niemanden entdecken konnten — auch nicht, als sie die Sache vom Dach der Werkstatt aus beobachteten.[33]

In den achtziger Jahren gab es auf dem afrikanischen Kontinent mehrere Fälle von Steinschauern, der erste im Juli 1980 in Pietermaritzburg (Südafrika). Zwei junge Freunde waren auf dem Weg zu den Tennismeisterschaften, als sie auf dem Bahnhof einem Medizinmann begegneten. Sie reizten ihn durch ihr Verhalten, und so machten sie ihn dann auch für das verantwortlich, was ihnen später passierte. Als sie nämlich Tennis spielten, fielen rundherum Steine vom Himmel; auch in ihrem Zimmer, als sie im Bett lagen. Erst als sie nach Hause zurückfuhren, fielen keine Steine mehr.[34] Im Jahr darauf regnete es im Februar Steine auf eine Autowerkstatt in Aversa (Italien), und die Polizei bekam es so sehr mit der Angst zu tun, daß sie mit Maschinenpistolen in die Luft schoß. Im Bericht findet sich keine Bemerkung darüber, ob es ihnen so gelang, die Steinschauer zu stoppen. Es dürfte aber der erste Fall gewesen sein, in dem ein Poltergeist von der Polizei per Gewehrfeuer in die Schranken gewiesen wurde.[35] Im selben Jahr wurde in Belize (Mittelamerika) ein Großelternpaar samt dreizehnjähriger Enkeltochter zum Ziel einiger Steinschauer erkoren, die sie einmal beim Spazierengehen, einmal während des Abendessens in einem geschlossenen Raum und einmal in der Kirche heimsuchten.[36]

In England gehört der Ward-Ende-Fall von Birmingham zu den spektakulärsten Fällen neueren Datums. Er begann 1979 und erstreckte sich über mehrere Jahre. 3500 Stunden lang suchte die Polizei nach der Ursache, aber sie stand am Ende immer noch vor einem Rätsel.

Ein weiterer Ausbruch von langer Dauer fand in Kenia statt. Er begann am 23. Dezember 1982 und dauerte wenigstens sechs Monate. Die Familie Kavoi, die in Machakos wohnte, wurde von Steinschauern terrorisiert. Der erste prasselte auf ihr Dach nieder, als sie gerade zu Abend aßen. Am nächsten Morgen wiederholte sich der Schauer, doch nie konnte jemand dabei beobachtet werden, wie er die Steine warf. Sie schienen vielmehr direkt von oben herabzufallen, andere flogen in horizontaler Richtung. Wie in den gleichen Fällen in den USA und anderswo wurde auch hier die Polizei zu Hilfe gerufen. Aber sie fand keinen Schuldigen. William Ndunda, der stellvertretende Polizeichef, wurde sogar selbst von einem Stein getroffen. Er beobachtete mit eigenen Augen, wie »ein großer Stein vom Boden hochflog und mit solcher Gewalt auf dem Dach aufschlug, daß es beschädigt wurde«. Peter Kavoi bemerkte noch andere seltsame Vorgänge: »Manchmal sah ich wirklich, wie sich die Steine aus der dünnen Luft materialisierten. Plötzlich kamen sie aus einem Baum oder entstanden über einem Dach und fielen dann in den Hof. Manchmal kamen sie ganz sanft herab und schepperten nur leicht am Boden. Andere schlugen so heftig auf, daß dabei Dinge zu Bruch gingen.« Das Bombardement ließ auch nicht nach, als man Gebete und fromme Lieder zum Himmel schickte. Auch einem Medizinmann gelang es nicht, den Spuk zu beenden. Kaum verwunderlich, daß Mr. Kavoi endlich die Nase voll hatte:

»Ich kann nur sagen, daß wir am Rand der Verzweiflung standen. Hunderte Menschen suchten uns auf und versprachen, uns zu helfen. Aber niemand konnte etwas tun. Wir haben gebetet und mit dem Medizinmann seltsame Rituale aufgeführt. Nichts hat geholfen. Selbst die Regierung sagte, sie wisse jetzt nicht mehr, was sie tun solle. Das einzige, was ich noch tun kann: auf Gott vertrauen. Wenn ich weiter bete, wird es früher oder später schon ein Ende mit den Steinschauern haben.«[37]

Eine Serie von Steinschauern, die auf gleiche Weise eine ganze Familie in Mitleidenschaft zog, begann im September 1983 in der Wüste 15 Meilen westlich von Tuscon, Arizona (USA). Das Schema war wieder dasselbe: Die Familie Berkbigler — Eltern und drei Kinder von zwanzig, neunzehn und fünfzehn Jahren — zog gerade in ihr noch nicht ganz fertiges »Traumhaus« ein, als das Bombardement begann. Das Anwesen war von Kakteen und Gebüsch umgeben. Es gab keine Nachbarn in der Nähe. Und trotz intensiver Suche, bei der sogar Hubschrauber eingesetzt wurden, fand man niemanden, der sich in der Gegend herumtrieb und schuld sein konnte. Doch täglich fielen die Steine. Sie waren aus Granit, der in der Gegend vorkam, manche so dick wie eine Faust. Im Freien parkende Wagen trugen oft Beulen davon. Wenn die Bombardements besonders heftig wurden, war die Familie im Haus praktisch gefangen. Sie konnte sich dann nur mit Schutzhelmen und behelfsmäßigen Schilden über dem Kopf hinauswagen. Innerhalb von drei Monaten fielen 79mal Steine, und der Schaden, den sie anrichteten, belief sich auf geschätzte 7200 Dollar. Schließlich zog man einen in Poltergeist-Fällen erfahrenen Parapsychologen, D. Scott Rogo, zu Rate. Er suchte die Berkbiglers Anfang Dezember auf und konnte sich einen eigenen Eindruck machen, bevor alles am 7. Dezember endete. Er war überzeugt, daß ein »steinewerfender Poltergeist« und nicht etwa ein Scherzbold am Werk gewesen war.[38]

Kehren wir noch einmal nach Kenia in das Dorf Ngoliba zurück, wo 1986 ein Poltergeist die Einwohner mit seinen Steinschauern heimsuchte. Auch Baumäste, die aus dem Nichts kamen, prasselten auf die Einwohner herab. Von einem Medizinmann erhofften sie sich die Austreibung der Dämonen.[39] Schauer auf ein abgelegenes Bauerndorf in Kenia und über dem indonesischen Dschungel, über einer englischen

Stadt und in der Wüste Arizonas — berücksichtigt man die allgemein bekannte Tatsache, daß die Polizei in aller Welt mit dieser Erscheinung nicht vertraut ist, den Gedanken an Poltergeister zurückweist und stets nach Menschen als Verursachern sucht, ohne *jemals* welche zu finden; betrachtet man weiterhin die so häufig dabei vorkommenden paranormalen Vorgänge wie etwa besonders schnelles oder langsames Fallen der Steine, ihr Auftreten in geschlossenen Räumen, ihr Hochfliegen vom Boden oder die Rückkehr von markierten Steinen aus dem Dschungel, dann weisen all diese Faktoren in Verbindung mit den bisweilen parallel dazu vorkommenden Poltergeist-Erscheinungen darauf hin, daß das Steinewerfen auch zu dieser Art von Aktivität gehört. Es manifestieren sich die gleichen Energien, wie Poltergeister sie entwickeln, wenn Möbel verrückt werden und Haushaltsgegenstände durch die Luft fliegen. Kein menschliches Wesen wäre fähig, viele der Dinge zu tun, die Poltergeister bewerkstelligen. Es fällt auf, wie ähnlich der Ablauf der Ereignisse ist, aus welchem Teil der Erde sie auch gemeldet werden. Das kann man nicht mit der Publizität erklären, die diese Fälle heutzutage erhalten, wenn nicht einmal die Polizei sie angemessen zur Kenntnis nimmt. Im Frühjahr 1987 protokollierte die Polizei von Itapeva, São Paulo (Brasilien), daß Steine aus dem Boden gerissen und gegen Häuser und auf Dächer geschleudert wurden. Möbel und Mülleimer segelten durch die Luft. Ein Sondergottesdienst im Dom, der die Bevölkerung durch Gebete von diesen Heimsuchungen befreien sollte, bewirkte das Gegenteil: Ein ein Kilo schwerer Stein fiel vom Himmel, schlug durch das Kirchendach und landete vor den Füßen der versammelten Gemeinde.[40] Dieses Phänomen, das wir seit mindestens 300 Jahren überall in der Welt beobachten können, bedarf entschlossener wissenschaftlicher Untersuchung und nicht einer Behandlung, die jeden einzelnen Fall als einmalig und ohne Parallele ansieht und ihn daher immer nur mit Verblüffung zur Kenntnis nehmen kann.

Sind sie wirklich ausgestorben?

Ausgestorben hört sich endgültig an. Aber es hat sich erwiesen, daß der Mensch oft genug vorschnell von einer Tierart verkündet, sie sei ausgerottet oder ausgestorben — nur weil man von ihr ein paar Jahre lang nichts mehr gesehen hat. Doch die Tiere haben die lästige Angewohnheit, plötzlich wiederzukehren und den Forschern eine Überraschung zu bereiten, die schon eine Grabinschrift für sie entworfen hatten. Viele Beispiele ließen sich dafür anführen, aber der Platz erlaubt uns nur einige wenige. Nehmen wir etwa den Kurzhaarhasen oder das Zwergschwein, von denen man Anfang der siebziger Jahre behauptete, sie seien ausgestorben. In Assam wurden sie inzwischen beide wiederentdeckt, und kleine Populationen des Kurzhaarhasen finden sich auch in Nepal und Indien.[1] Anfang 1986 wurde der elfenbeinschnäbelige Specht in Kuba gesichtet, von dem man seit dreißig Jahren annahm, er sei nach dem Verlust seiner bevorzugten Waldgebiete ausgestorben.[2] Menschliche Eingriffe in die Wildnis verringern den Lebensraum und die Futterquellen und sind leider der Hauptgrund dafür, daß bis heute schon so viele Tierarten ausgerottet worden sind. Noch viel mehr Tierarten sind vom Aussterben bedroht. Aber dafür erscheinen andere wieder auf der Bildfläche, wie zum Beispiel der bambusfressende Lemur, den man im Regenwald von Madagaskar im Herbst 1986 wiederentdeckte, obwohl es sich bei ihm um einen der am meisten gefährdeten Primaten auf der Welt handelt.[3]

Manchmal läßt sich das Wiederauftauchen einstmals heimischer Tiere nicht einfach erklären. Das gilt zum Beispiel für das britische Wildschwein. In England ist es neuerdings wieder gesehen und auch geschossen worden. Aber man kann daraus nicht zwingend folgern, daß das Wildschwein in England nun nicht mehr als ausgestorben gelten darf. Man nimmt an, daß die Art im siebzehnten Jahrhundert ausgerottet wurde, 1972 hat man Wildschweine jedoch mehrfach in Hampshire gesehen; eines wurde sogar gefangen, ein weiteres geschossen. Vier Jahre später, im März 1976, wurde ein einjähriger, wildlebender Keiler auf einer Waldstraße in der Nähe von Nairn (Schottland) überfahren. Aber der Highland Wildlife Park, der ein Wildschweinpärchen besaß, behauptete, er vermisse keinen Keiler. Keiler scheint es in Hausgärten zu ziehen. Der in Hampshire gefangene fraß in einem Garten gerade junge Baumtriebe, im Dezember 1979 ärgerte einer die Besitzer eines Hauses in Basildon, Essex (England), als er nachts in ihrem Garten den Boden aufwühlte. Gefangen wurde das Tier nie, obwohl es mehrfach beobachtet wurde, einmal zwischen weidenden Pferden auf einer Wiese.[4]

Auch andere einst heimische Tiere wurden in den letzten Jahren in England in freier Wildbahn wiederentdeckt, darunter der Bär, der Luchs, die Hyäne, der Wolf und der amerikanische Vielfraß. Sie alle gelten seit langem als ausgestorben. Es gibt natürlich — wie auch bei einigen nichtheimischen, ebenfalls in Freiheit angetroffenen Tierarten (Affe, Schakal, Känguruh und Wallaby, Krokodil usw.) — mögliche Erklärungen für ihr Auftauchen: Es können aus einem Zoo oder einem Zirkus ausgerissene, aus Privathaltung geflüchtete oder ausgesetzte Tiere sein. Manche Beobachter könnten sie auch falsch zugeordnet haben. Hinzu kämen noch Betrug- und Schwindelberichte. Denken wir an die »Jagd auf den Riesenalk« im Jahr 1986. Der Riesenalk gilt seit 1844 als ausgestorben, aber auf den Orkney-Inseln wurde vor kurzem berichtet, man habe ihn dort wieder gesichtet. Im Mai 1986 brach eine Expedition zu den Inseln auf, um den Vogel zu jagen. In ihrem Schlepptau befand sich ein Pulk erwartungsvoller Journalisten. Aber ihre Aufregung verwandelte sich in Enttäuschung, als sie bemerkten, daß das Ganze nur ein Publicity-Trick war. Der Riesenalk bleibt ausgestorben, wie es der Pterodaktylus ist (und wie ausgestorben *der* ist, werden wir später noch erfahren).[5]

Der Tasmanische Beutelwolf oder Thylacinus wird ebenfalls noch immer als ausgestorben betrachtet, er wurde jedoch seit 1936 mehr als tausendmal gesichtet. Es kann sich nicht immer um Schwindel handeln. (Wir haben bereits in Kapitel 14 darüber berichtet.) Auf dem australischen Festland wurde der Thylacinus vor 2000 Jahren ausgerottet, in Tasmanien vor 50 Jahren, doch hier wie dort hat man ihn seitdem wieder gesichtet. Unsere Liste von in jüngerer Zeit »ausgestorbenen« Tieren, die immer noch gesehen werden, könnte noch um einiges verlängert werden, aber wir wollen sie hier beenden.[6]

Das berühmteste Beispiel einer seit langem ausgestorbenen Tierart, die man dann munter und lebendig wiederentdeckte, ist der Quastenflosser. Bis zu seiner Entdeckung im Jahr 1938 kannte man ihn nur als Fossil. Man nahm allgemein an, er sei mit den Dinosauriern vor etwa 65 Millionen Jahren ausgestorben — bis Fischer ihn vor den Komoren in der Nähe Madagaskars aus den Tiefen des Meeres zogen. Seit dem ersten Fang im Jahr 1938 sind mehr als 80 Exemplare ins Netz gegangen. Leider kann man sie nicht am Leben erhalten, weil sie in den dunklen und kalten Tiefen des Ozeans leben und schon nach wenigen Tagen in der Gefangenschaft verenden. Kürzlich konnte der deutsche Meeresbiologe Hans Fricke, der vor den Komoren mit einem Zweimann-Unterseeboot ungefähr 200 Meter tief tauchte, den Quastenflosser in seiner natürlichen Umgebung filmen.[7]

Wenn es dem Quastenflosser gelungen ist, so viele Millionen Jahre zu überleben — wie vielen anderen Kreaturen des Zeitalters der Dinosaurier mag das dann noch gelungen sein? Wir werden auf diese knifflige Frage später eine Antwort versuchen. Aber ganz sicher gibt es einige Tierarten, die Tausende von Jahren erfolgreich überlebt haben; ein Beispiel ist der Bulmersche Flederhund, der von dem Zoologen J. I. Menzies 1977 in einer Höhle in Neuguinea entdeckt wurde. Es müssen nicht gleich die Millionen Jahre eines Quastenflossers sein, denn auch ein paar tausend Jahre sind eine lange Zeit, in der sich eine Tierart vor dem Menschen versteckt. Den Flederhund kannte man von 10000 Jahre alten Fossilien, die auch von Menzies in Neuguinea gefunden wurden. Zu seiner Überraschung entdeckte er die lebenden Exemplare dieser Spezies kurz nach den Fossilien. Leider wurde die ganze Kolonie von einem Jäger getötet oder vertrieben, bevor Menzies im selben Jahr in die Höhle zurückkehren konnte. Seit der Eiszeit galt eine Art des Pekari (auch als Nabelschwein bekannt) als ausgestorben, aber 1972 wurde sie in Paraguay wiederentdeckt. In Australien fand man 1966 ein in den Bergen lebendes Zwergopossum, das man bis dahin nur von 20000 Jahre alten Fossilien kannte — es hatte sich in die Küche einer Skihütte in den Victorian Alps verirrt, 130 Meilen von Melbourne entfernt.[8]

Auch völlig neue Tierarten, die die Forschung entdeckt, können natürlich eine Art sein, die es bereits seit Tausenden von Jahren gibt. Die bloße Tatsache, daß auch große Tiere noch bis in unsere Zeit unentdeckt blieben, beweist, daß der Mensch viel weniger mit dem Leben auf der Erde vertraut ist, als er selbst glaubt. Sehr wahrscheinlich wird es auch in Zukunft weitere spektakuläre Entdeckungen geben. Zu den vielen neuen Funden gehören die Bananen-Fledermaus von Mexiko (1960), ein neuer honigfressender Vogel auf der Hawaii-Insel Maui (1973), der Kongopfau (1936) und viele weitere Fledermaus- und Vogelarten. Der Kouprey, ein in der Wildnis lebender Büffel (in den dreißiger Jahren in Kambodscha entdeckt), der drei Meter lange Komododrache von Indonesien (erstmalig 1912 gemeldet), und der Onza, eine pumaähnliche Katze (Mexiko 1986), sind drei Beispiele für größere Tierarten, die bis in unser Jahrhundert hinein unentdeckt blieben. In den Meeren müssen sich noch zahllose unbekannte Tierarten aufhalten. 1986 entdeckte man eine Garnele, die am Boden des Atlantischen Ozeans in der Nähe von Heißwasserquellen siedelt.

Auch ein sechseckig geformtes Tier von der Größe einer Dollarmünze fand man dort, mit Reihen von schwarzen Punkten bedeckt. Bis 1986 kannte man es nur von 70 Millionen Jahre alten Fossilien.[9]

Doch im Meer werden nicht nur kleine Tierarten neu entdeckt. Im Jahr 1976 wurde eine bis dahin unbekannte Haiart von viereinhalb Metern Länge vor Hawaii aus dem Pazifik gefischt. Sie erhielt den Spitznamen »Großmaul«, aus diesem »Megamouth« wurde dann der zoologische Name *Megachasma pelagios* gebildet. Sein riesiger Schlund dient ihm nur dazu, möglichst viel Plankton aufzunehmen. Ein zweites Exemplar ging Fischern 1984 vor Kalifornien ins Netz. Die Entdeckung des »Megamouth« beweist ohne jeden Zweifel, daß in unseren Meeren heute noch sehr große Tiere auf ihre Entdeckung warten. Es ist durchaus möglich, daß darunter Überlebende aus prähistorischer Zeit sind. In allen Jahrhunderten haben Seeleute von Ungeheuern berichtet, denen sie auf dem Meer begegnet sind. Noch heute werden diese Monster gesichtet (Wie wir in Kapitel 7 ausgeführt haben.). Was aber für unbekannte oder »ausgestorbene« Meeresungeheuer gilt, trifft auch wohl auf die Ungeheuer in Binnenseen zu (ebenfalls Kapitel 7). Das Ungeheuer von Loch Ness ist möglicherweise ein Plesiosaurier, ein langhalsiges Meeresreptil, das seit 70 Millionen Jahren als ausgestorben gilt. Es gibt Indizien für und gegen diese Identifikation; das Rätsel wird wohl erst dann gelöst werden, wenn man einen Kadaver findet und ihn wissenschaftlich auswertet. Das gleiche gilt für »Champ«, das Ungeheuer des Lake Champlain in den Vereinigten Staaten. Auch ihn halten manche für einen Plesiosaurier, während andere eher dazu neigen, ihn als walartiges Zeuglodon zu bezeichnen, das vor 20 Millionen Jahren ausgestorben sein soll.

»Nessie« und »Champ« sind oft genug gesichtet worden: Beide Seen sind leicht zugänglich, und Augenzeugen konnten ihre Beobachtungen ohne Schwierigkeiten weitermelden. Unserem dritten Binnensee-Ungeheuer kann man nicht so leicht nahe kommen. Es bedurfte bisher einiger Organisation und des ganzen Einsatzes der potentiellen Augenzeugen, um dem Lebensbereich des Tieres überhaupt nahe zu kommen. Dieses Monster heißt »Mokele-mbembe« und soll in den Likouala-Sümpfen und dem Lac Tele in der Volksrepublik Kongo in Afrika leben. Seit 200 Jahren kennt man Berichte von großen unbekannten Tieren in Zentralafrika. Früher hatten die Entdecker genügend andere Probleme und gingen daher diesen Berichten nicht weiter nach. Trotzdem brachten sie die ersten Meldungen über große, nicht genauer identifizierbare Fußabdrücke mit nach Europa. Im Jahr 1913 leitete der Rittmeister Freiherr von Stein zu Lausnitz eine Expedition in den Likouala-Distrikt; was er dort über ein Tier namens »Mokele-mbembe« erfuhr, faßte er später so zusammen:

»Das Tier soll glatte, bräunlichgraue Haut und in etwa die Größe eines Elefanten, zumindest die eines Nilpferdes, haben. Es soll einen langen, sehr beweglichen Hals besitzen und einen einzigen sehr langen Zahn. Manche meinen, es handle sich um ein Horn. Einige erwähnten auch einen langen, muskulösen Schwanz, etwa dem eines Alligators vergleichbar. Einbäume, die ihm zu nahe kamen, wurden versenkt. Es heißt, das Tier greife Boote an und töte die Besatzungen, allerdings ohne sie zu fressen. Man sagt, es lebe in Höhlen, die der Fluß an scharfen Biegungen aus dem lehmigen Ufer gewaschen hat. Es soll tagsüber an Land klettern und nach Futter suchen. Es ernährt sich angeblich rein pflanzlich. Dies widerspricht einer möglichen Erklärung des Tieres als Mythos. Die von ihm bevorzugte Pflanze wurde mir gezeigt: Es ist eine Lianenart mit großen weißen Blüten, einem milchigen Saft und apfelähnlichen Früchten.«

Es dauerte bis in die siebziger Jahre, bis man entschlossener daran ging, die Wahrheit hinter all den Berichten und Gerüchten zu suchen. James H. Powell jr., ein anerkannter Krokodilexperte, gehörte zu der Gruppe von Forschern, die sich an den Ort begaben, von dem die Berichte kamen. Er sprach mit den Einwohnern rund um den Lac Tele und konnte einige Schilderungen von Augenzeugen aus erster Hand sammeln. Der Schullehrer Mambombo Daniel behauptete, noch 1977

Wie »Mokele-mbembe« aussehen könnte, falls es sich um einen kleineren Vertreter aus der Familie der Dinosaurier handeln sollte.

einen »Mokele-mbembe« gesehen zu haben; das Tier habe Kopf und Hals aus dem Fluß gestreckt. Nach seiner Aussage ähnelte es einem Brontosaurus, von dem man ihm ein Bild gezeigt hatte. Er beobachtete es aus nur zehn Metern Entfernung: es war grau und hatte einen Hals, der so dick wie ein menschliches Bein war. Daniel konnte einen Teil des Körpers sehen und somit ausschließen, daß es sich um eine Schlange handelte. Alle Zeugen bekamen beim Anblick von »Mokele-mbembe« Angst. Es soll auch Unglück bringen, wenn man zugibt, das Tier gesehen zu haben. Ein Fischer erinnerte sich, daß man um 1959 einmal einen »Mokele-mbembe« getötet hatte, und alle, die von ihm gegessen hatten, starben. James Powells Kommentar: »Er sagte, von den langen Stangen, mit denen man dem Tier eine Falle gebaut habe, seien noch einige an Ort und Stelle. Als Roy und ich sagten, wir würden gern dorthin gehen und nach Knochen und anderen Resten suchen, machte unser Informant ein ziemlich skeptisches Gesicht. Er schien uns für verrückt zu halten, weil wir etwas so Tollkühnes unternehmen wollten.«[10]

Mit diesem »Roy« war Dr. Roy Mackal gemeint, der James Powell 1980 auf dieser Expedition begleitete. Ein Jahr später führte Dr. Mackal eine andere Expedition in den Kongo, konnte den Lac Tele aber nicht erreichen. 1983 leitete dann der kongolesische Zoologe Marcellin Agnagna eine Expedition in die Likouala-Region. Er behauptet, ein »Mokele-mbembe« mit eigenen Augen gesehen zu haben. Er befand sich mit zwei Einwohnern am Rand des Lac Tele, als einer der beiden rief, er sehe ein seltsames Tier im Wasser. Alle drei wateten in das seichte Wasser hinaus und kamen dem Tier bis auf 200 Meter nahe. Es hatte den Blick auf sie gerichtet. Sie sahen »einen breiten Rücken und einen kleinen Kopf auf einem langen Hals«. Auf ungefähr fünf Meter Länge sahen sie das Tier deutlich aus dem Wasser ragen. Ehe es ganz untertauchte, konnten sie Kopf und Hals ungefähr zwanzig Minuten lang betrachten. Unglücklicherweise hatten sie ihr Filmmaterial schon verbraucht. Als sie noch einmal mit einem Kanu an die Stelle hinausfuhren, diesmal mit einer Videokamera bewaffnet, hatten sie kein Glück. Das Tier blieb unsichtbar.[11]

In seinem Buch *A Living Dinosaur?* gibt Dr. Mackal eine lebendige Beschreibung seiner Reisen in den Kongo auf der Suche nach »Mokele-mbembe«. In dem Kapitel »Mokele-mbembe: Welcher Art gehört er an?« führt er die Möglichkeiten auf, welche Tierart das scheue, aber offenbar wirklich dort lebende Dschungelmonster sein könnte. Es ist fünf bis zehn Meter lang, einschließlich Hals und Schwanz, hat vier kurze Beine mit Klauen, die man an den 30 Zentimeter großen Fußabdrücken erkennen kann, und ist ein Pflanzenfresser. Es gibt keine bekannte Säugetierart, der der »Mokele-mbembe« zuzuordnen

Bei ihrer Suche nach »Mokele-mbembe« waren Dr. Roy Mackal und seine Kollegen in einem riesigen Einbaum unterwegs.

wäre, aber die bisherigen Beschreibungen hören sich an, als wäre er ein kleiner sauropoder Dinosaurier. Doch es könnte sich auch um eine große Echse handeln, obwohl keine Echse bekannt ist, die bis in die Einzelheiten dem »Mokele-mbembe« ähnelt. Dr. Mackal scheint der Dinosaurier-Theorie zuzuneigen, aber solange wir über kein Exemplar verfügen, das wir genau untersuchen können, bleibt die Sache kontrovers. Zumal auch von manchen Wissenschaftlern die Existenz eines Tieres wie »Mokele-mbembe« an sich noch bezweifelt wird.

In seinem Buch beschreibt Dr. Mackal noch andere, bislang unbekannte Tiere aus der Likouala-Region. Der »Emela-ntouka« besitzt ein großes gekrümmtes Horn auf dem Kopf. Er sieht dem »Mokele-mbembe« zwar in einigen Zügen ähnlich, doch fehlt ihm der lange Hals. Er ernährt sich von Blättern, soll aber auch schon Elefanten, Büffel und Nilpferde getötet haben. Es könnte sich auch um eine noch unbekannte Abart des Nashorns handeln oder um einen Ceratops, der zu den ornithischen Dinosauriern gehört, wie auch der Monoclonius und der Centrosaurus, die beide ein Horn hatten.[12] Es gibt noch ein weiteres unbekanntes Tier, das die Eingeborenen »Mbielu-mbielu-mbielu« nennen und »aus dessen Rücken Planken wachsen« — wahrscheinlich große Knochenplatten, wie wir sie als Rückenpanzer vom Stegosaurier kennen.[13]

Dr. Mackal betont die Schwierigkeiten bei der Identifizierung all dieser mysteriösen Lebewesen, zu denen auch noch »Ngumamonene« zählt, »das mysteriöseste von allen«. Es ist eine riesige Schlange, 35 bis 60 Meter lang, mit einem gezackten Kamm auf dem Rücken. 1961 wurde sie von einer Frau entdeckt, die im Mataba-Fluß badete. In fünfzehn Metern Entfernung tauchten vor ihr ein schlangenähnlicher Kopf und Hals auf. Ihr Schrei lockte Dorfbewohner herbei, die das riesige Tier eine halbe Stunde lang beobachteten, als es sich durch das Wasser fortbewegte. Das Tier tauchte nicht ganz auf, aber die Beobachter erkannten den Kamm, der seinen Rücken schmückte, und die gespaltene Zunge. Pastor Ellis, ein Missionar, sah ein ähnliches Tier im November 1971. Dr. Mackal besuchte ihn, um alle Details in Erfahrung zu bringen. Pastor Ellis hatte das Ungeheuer dabei beobachtet, als es den Mataba-Fluß überquerte und im Dschungel verschwand. Er schätzte es auf eine Länge von zehn Metern. Es muß indessen um einiges länger gewesen sein, denn er hatte weder Kopf noch Schwanz gesehen. Es hatte ebenfalls einen gezackten Rückenkamm. War es vielleicht eine Riesenechse primitiven Typs, eine überlebende Zwischenform zwischen Echse und Schlange? Das waren die Fragen, die Dr. Mackal sich stellte.[14] Die Möglichkeit einer Existenz von Riesenechsen ist, wissenschaftlich gesehen, denkbar: Der Komodo-Drache ist viereinhalb Meter lang, und in Kapitel 14 haben wir von zehn Meter langen Waranen in Australien berichtet.

Riesenschildkröten (»Ndendeki«) von dreieinhalb bis fünf Metern Durchmesser soll es ebenso in der Likouala-Region geben, außerdem Riesenkrokodile (»Mahamba«), die bis zu fünfzehn Meter lang werden.[15] Das Likouala-Gebiet ist schwer zugänglich, es besteht aus Sümpfen und Wäldern, die der Mensch kaum durchdringen kann. Die Pflanzen- und Tierwelt dort ist weitgehend unerforscht und sieht so aus, als wäre dieser Teil von Afrika besser als die meisten geeignet, prähistorischen Monstern einen Lebensraum zu bieten, sollten sie überlebt haben. Es gibt genügend Berichte von seltsamen Tierarten, um sogar den konservativsten Zoologen zumindest neugierig zu machen. Und wahrscheinlich werden die Entschlossensten unter ihnen noch viele Expeditionen unternehmen, um dem Rätsel des »Mokele-mbembe« auf die Spur zu kommen. Dr. Bernard Heuvelmans, der Vater der Kryptozoologie, nennt, was sich da andeutet, bereits »die zoologische Manie der achtziger Jahre«.[16]

Meeres- und Seeungeheuer können sich zumindest unter der Wasseroberfläche verbergen, wenn sie den allzu neugierigen Blicken des Menschen entfliehen wollen. An Land lebende Tiere sind dafür dem Forscherblick viel stärker ausgesetzt. Das ist der Grund, warum Experten noch weniger bereit sind, unbekannt gebliebene größere Tierarten an Land auch nur für möglich zu halten. Sicherlich ist es kaum vorstellbar, daß geflügelte Kreaturen aus prähistorischer Zeit — der Pterosaurier/Pterodaktylus/*Pteranodon* — nicht seit 65 Millionen Jahren ausgestorben sind, sondern bis in die Gegenwart hinein überlebt haben. Dennoch haben drei Schullehrer auf dem Weg in ihre Schule in der Nähe von San Antonio, Texas (USA), am 24. Februar 1976 einen riesigen »Vogel« gesehen, der mit einer Spannweite von fünf bis sechs Metern auf ihre Autos herabstieß. Patricia Braint berichtet: »Ich konnte das Skelett dieses Vogels durch die Haut oder die Federn oder was es sonst war, erkennen. Es hob sich schwarz gegen die grauen Federn ab.« David Rendon fügte die Beobachtung hinzu, daß das Tier weniger flog als gleitete und daß die breiten Schwingen eine knöcherne Struktur aufwiesen. Später fanden sie ihren »Vogel« in einem Lexikon unter »*Pteranodon*« wieder! Es gab zu dieser Zeit eine regelrechte Schwemme von Sichtungen ähnlicher Art im Südosten von Texas: Im Monat zuvor hatte ein Mann in Raymondville ein Flügelschlagen wie von einer Fledermaus und einen seltsamen Pfeifton gehört. Als er vor das Haus trat, um der Sache nachzugehen, spürte er plötzlich, wie zwei große Krallen nach ihm griffen. Als er begriff, was ihn da angriff, suchte er, fast zu Tode erschrocken, Schutz. Was Armando Grimaldo gesehen hatte, war ein 1,00 bis 1,20 Meter großer »Vogel« mit 3,00 bis 3,50 Meter Flügelspannweite. Er hatte ein fledermaus- oder affenähnliches Gesicht, große rote Augen, keinen Schnabel und eine dunkle, ledrige Haut ohne Federn. Er zerriß Grimaldo zwar die Kleider, ritzte dabei aber nicht einmal dessen Haut. Der geheimnisvolle Vogel von Texas ist nie positiv identifiziert worden, aber einige Zeugen waren sicher, einen *Pteranodon* gesehen zu haben, also eine Abart des Pterosauriers.[17]

Am 14. September 1983 konnte ein weiterer Texaner einen Blick aus nächster Nähe auf ein »großes, vogelähnliches Objekt« erhaschen, das in der Nähe von Los Fresnos in der Nähe der texanisch-mexikanischen Grenze über den Highway 100 flog. »Sein Schwanz erregte meine Aufmerksamkeit besonders«, erzählt James Thompson, der Fahrer eines Krankenwagens. »Ich dachte, es würde gleich landen wie ein Modellflugzeug. Denn dafür hielt ich es. Doch dann schlug der Vogel mit seinen Flügeln und gewann wieder an Höhe ... Er sah schwarz-grau aus, aber es waren keine Federn. Ich bin ganz sicher, daß es ein hautartiger Überzug war ... Ich konnte beobachten, wie er davonflog.« Der Körper des Tieres war 2,50 bis 3,00 Meter lang, es hatte eine Spannweite von 1,50 bis 1,80 Meter. Er hatte einen Höcker am Hinterkopf, fast keinen Hals und unter der Kehle einen Beutel. Thompson bezeichnete es später als einen »pterodaktyloiden Vogel«.[18]

Anfang 1972 grub ein Student im Big Bend National Park die Skelettreste eines Pterodaktylus aus, der eine Spannweite von 16 Metern hatte.

Der Park erstreckt sich östlich von Terlingua in Texas (USA), damit ist der Beweis erbracht, daß einstmals Pterodaktylen in diesem Gebiet lebten, wenn auch vor langer Zeit. Was aber haben dann James Thompson und die anderen Augenzeugen tatsächlich gesehen? Einige der Riesenvögel oder Pterodaktylen waren in Wirklichkeit vielleicht riesige Fledermäuse. Ivan T. Sanderson zum Beispiel hielt das, was er während seiner zoologischen Forschungsarbeiten 1932 in den Assumbo-Bergen in Kamerun in Westafrika sah, für eine riesige Fledermaus. Das Tier hatte eine Spannweite von wenigstens 3,50 Metern. Es griff ihn an, als er in einen Fluß gefallen war. Dieses Ereignis hat er sehr lebendig in seinem Buch *Investigating the Unexplained* beschrieben.[20] Aber tatsächlich kann es sich dabei auch um einen Flugsaurier gehandelt haben, denn überall in Afrika trifft man auf Überlieferungen, in denen »fliegende Drachen« vorkommen — wahrscheinlich Pterodaktylen.[21] Die in Texas beobachteten Riesenvögel lassen sich nicht ohne weiteres als bekannte Vogelarten identifizieren, zum Beispiel als Pelikan, Reiher, Kondor oder Storch; aber wenn es wirklich noch überlebende Flugsaurier gibt, dann müßten sie eigentlich viel öfters gesehen werden. Da alle Vögel nahe der Grenze zu Mexiko gesichtet wurden, kann es aber auch sein, daß das Tier oder die Tiere sich zeitweise von ihren angestammten Gebieten in den mexikanischen Bergen entfernt hatten — und das ist eine recht einsame Gegend, in der man sie wohl kaum häufig sehen wird.

In einem unserer früheren Bücher, *Alien Animals*, haben wir über einige andere geflügelte Monster geschrieben. Wir erwähnten dort den riesigen Pinguin von Florida (USA) nicht, der 1948 für Aufsehen sorgte, der seitdem aber nie wieder gesehen wurde. Ivan T. Sanderson, Zoologe und Forscher der Fortean Society, hat diesen mysteriösen Vorgang untersucht. Er befragte 24 Zeugen nach Einzelheiten. Jeder von ihnen hatte das Tier tatsächlich gesehen. Einen ersten Hinweis auf seine Existenz boten Fußspuren am Strand von Clearwater in Florida im Februar 1948. Die Spuren stammten von zwei Füßen mit je drei gleichlangen Zehen und waren 32 Zentimeter lang. Man fand ähnliche Spuren dann auch an anderen Stränden in dieser Gegend und sogar 40 Meilen vom Meer entfernt am Suwannee River. Das Untier, von dem all diese Spuren stammen sollten, wurde sowohl auf dem Strand als auch im Meer und im Fluß beobachtet. Eine Zeugin unternahm mit ihrem Mann eine Bootsfahrt. Auf einer kleinen unbewohnten Insel ging sie gerade den Strand entlang, als sie etwas zwischen den Büschen bemerkte. Was von dort dann auf das Meer zuwatschelte, stellte sich als ein fast fünf Meter großes Tier heraus »mit einem Kopf wie ein Nashorn, aber ohne Hals. Er ging irgendwie gleich in die schmalen Schultern über. Das Tier war grau und hatte ein dickes Fell. Es hatte kurze, sehr dicke Beine und große Füße, von den Schultern hingen zwei Flossen herab. Es rannte nicht einfach ins Wasser oder sprang hinein, sondern glitt irgendwie halb seitwärts hinein.« Ivan Sanderson konnte vom Flugzeug aus einen kurzen und intensiven Blick auf das Tier werfen, als er den Suwannee-Fluß überflog: »Es war ein riesiges, schmutziggelbes Lebewesen. Es wühlte das dunkle Wasser auf, das sich lehmig färbte.« Aus allen Spuren und Beschreibungen stellte er schließlich eine detaillierte Studie zusammen, die ihn folgern ließ, daß es sich bei dem Tier um einen riesigen, fast fünf Meter großen Pinguin handelte. Fossilienfunde von einem immerhin halb so großen Pinguin gibt es aus Neuseeland, heute existieren auch Pinguine, die bis zu einem Meter groß werden, der Kaiser- und der Königspinguin. Sanderson schloß seinen Bericht mit den Worten:

»Schließlich muß festgehalten werden, daß die meisten Sichtungen der »Dreizehe« [wie er das Tier nannte] von der südlichen Erdhälfte stammen. Pinguine sind Bewohner der südlichen Halbkugel, wenn auch eine Spezies gleich nördlich des Äquators auf den Galapagos-Inseln lebt. Außerdem verbringen alle Pinguine die meiste Zeit ihres Lebens im Meer und versammeln sich nur einmal im Jahr zum Brüten an speziellen Plätzen, oft auf fern gelegenen Inseln. Wenn sie im Wasser sind, sind sie sehr scheu, halten sich immer unter der Wasseroberfläche und stecken nur den Kopf hinaus. Kaum hören sie das Schraubengeräusch eines nahenden Schiffs, tauchen sie weg und schwimmen weite Strecken unter Wasser. Es könnten Tausende von Riesenpinguinen in den Ozeanen der Antarktis und der Sub-Antarktis schwimmen, und doch käme ihnen ein modernes motorisiertes Schiff niemals nahe genug, um sie tatsächlich auszumachen. In diesem Zusammenhang sind manche Berichte aus den Zeiten der Segelschiffahrt interessant, die von angeblichen ›großen Seeschlangen‹ handeln. Deren Köpfe werden nämlich mit denen von Pferden, Kamelen oder Nashörnern verglichen. Ein dickschnabeliger, fünf Meter großer Pinguin an der Küste von Florida — das ist zugegebenermaßen starker Tobak, aber ich glaube, so leicht dürfen wir es uns wohl nicht mehr machen, über dergleichen Ideen bloß noch zu lachen.«[22]

Sollte es also wirklich in südlichen Gewässern einen fünf Meter großen Pinguin geben, dann fügt er sich nur zu gut in die Liste anderer, in jüngster Zeit entdeckter größerer Tiere wie dem Kouprey, dem Komodo-Drachen, dem Onza und dem »Großmaul«-Hai. Ob es auch noch größere Vögel gibt, die bislang unentdeckt geblieben sind? Ein Zeitungsbericht aus dem Jahr 1985 deutet darauf hin, wenn auch in amüsiertem Ton, unter der Schlagzeile »Riesenküken verbreitet Angst und Schrecken«:

»MAILAND. Fluchtartig seine Felder verlassen und die Polizei zu Hilfe rufen mußte gestern der Bauer Gianpiero Balzi, 39. Er besichtigte ein Maisfeld in der Nähe von Brescia, als er plötzlich auf vier gewaltige Fußabdrücke stieß. ›Es waren exakt die Spuren von Hühnerkrallen‹, sagte er, ›aber enorm große — so, als wäre ein riesiger Vogel dort gelandet und wieder davongeflogen.‹ Ein Sprecher der Polizei erklärte: ›Die Fußspuren sind zweieinhalb Meter lang, anderthalb Meter breit und haben einen Abstand von knapp sechs Metern. Die ganze Umgebung ist von einer grauen Puderschicht bedeckt. Wir versuchen die Abdrücke zu erhalten, bis Experten für eine Untersuchung eingetroffen sind. Derzeit können wir noch keine Erklärung für sie abgeben. Sonst haben keinerlei Aktivitäten in der betroffenen Gegend stattgefunden.‹«[23]

Man kann sich kaum vorstellen, daß ein Vogel mit zweieinhalb Meter messenden Fußspuren längere Zeit unentdeckt bleiben sollte. Im Vergleich dazu klingen die fünf Meter großen Pinguine vom Strand von Florida regelrecht normal. Allerdings gestand Tony Signorini aus Clearwater 1988, die Fußabdrücke als Schwindel inszeniert zu haben. Was aber haben die Leute dann gesehen?

Ein weiteres großes Tier, dessen Überleben man lange Zeit nicht registriert hat, weil es fern von der Zivilisation im und am Wasser lebt, ist die Stellersche Seekuh. Sie ist ein Meeressäugetier und zählt zu den Sirenen, wie auch der Dugong und der Lamantin. Zum erstenmal entdeckt wurde sie 1741 vor der Küste der sibirischen Halbinsel Kamtschatka (UdSSR). 1768 galt sie bereits als ausgerottet, doch sie muß in anderen nördlichen Gewässern überlebt haben: Es gab sogar die Theorie, daß man vielleicht eine Sirene mit langem Hals für die

Eine junge Stellersche Seekuh.

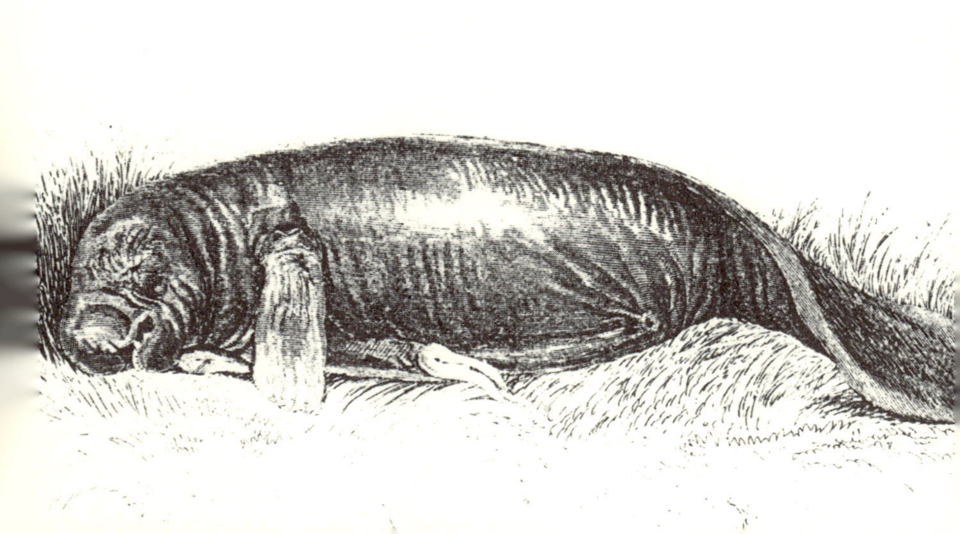

Seeungeheuer in den nördlichen Breiten verantwortlich machen könnte. Im 18. Jahrhundert wurden zahlreiche Beobachtungen von Seekühen gemeldet,[24] auch in diesem Jahrhundert wurden sie noch gesichtet. Ein Walfänger erzählte Dr. S. K. Klumov von einem Tier, dem er bei verschiedenen Gelegenheiten in der Nähe der Komandorskije ostrova, einer Sibirien vorgelagerten Inselgruppe, und vor Kamtschatka begegnet sein will:

»Dieses Tier taucht fast immer an genau der gleichen Stelle und zur gleichen Zeit auf: normalerweise in der ersten Julihälfte. Die Stelle liegt nicht weit von der Bering-Insel entfernt, etwa 50 Kilometer südöstlich ... Natürlich ist es kein Wal. Wir erkennen den Wal an seinen Flossen und an den Fontänen, die er spritzt. Dieses Tier aber spritzt keine Fontäne, es hält auch nicht den Kopf über Wasser, sondern nur den oberen Teil seines Rückens. Der Rücken ist breit und groß, glatt, ohne Flosse und schwarz ... Niemand ist auf eine vernünftige Erklärung gekommen. Ob es sich um einen großen Fisch handelt? Es war ungefähr zehn Meter lang.«[25]

Im Juli 1962 sichtete die Mannschaft eines Walfängers in der Nähe von Kap Navarin an dem nordöstlichen Ende von Matschaka Tiere, bei denen es sich um Seekühe gehandelt haben könnte:

»Die Zeugen waren größtenteils erfahrene Walfänger; alle waren sich einig, daß die Tiere nichts Walartiges an sich hatten und auch keine Robben waren. Sie hatten eine Länge von 18 bis 20 Metern, zweifellos je nach Alter. Ihre Haut war sehr dunkel, und sie besaßen einen kleinen Kopf, der sich deutlich vom Körper abhob. Die Oberlippe war gespalten und hing über die untere hinweg. Der Schwanz war bemerkenswert, weil er an den Rändern oben und unten mit Fransen besetzt war. Die Tiere schwammen langsam, tauchten gelegentlich kurz und kamen dann wieder deutlich sichtbar an die Oberfläche. Sie bildeten nämlich enge Gruppen und schwammen dann alle in derselben Richtung davon.«[26]

In der Bucht von Anapkinskaja[27] entdeckte man im Sommer 1976 einen Kadaver, und noch Anfang der achtziger Jahre sollen russische Forscher aktiv nach lebenden Exemplaren der Spezies vor Kamtschatka gesucht haben. So ist es wahrscheinlich nur noch eine Frage der Zeit, bis die Stellersche Seekuh wieder quicklebendig ist und keineswegs mehr als ausgestorben gilt.[28]

Sibirien hält man gewöhnlich für eine öde Gegend, aber es dürfte dort lebendiger und interessanter sein, als man sich vorstellt. In den

Gewässern um Sibirien lebt vielleicht die »ausgestorbene« Stellersche Seekuh, und in Sibiriens Wäldern hausen vielleicht behaarte Tiermenschen (vgl. Kapitel 12) und noch weitere »ausgestorbene« bzw. »unbekannte« Lebewesen. Unter den angeblich ausgestorbenen prähistorischen Tieren ist das Mammut ein guter Kandidat für eine Wiederauferstehung. Es lebte in arktischen Regionen und erreichte eine Körpergröße von drei Metern. Alle Welt weiß von den riesigen Kadavern, die man tiefgefroren in der sibirischen Erde gefunden hat, die letzte Mahlzeit noch unverdaut in den Mägen. Über Hunderte von Jahren hat man diese Überreste immer wieder gefunden — fast 5000 Exemplare wurden in den letzten 300 Jahren entdeckt —, und man nimmt an, daß 500 000 Tonnen Stoßzähne entlang der arktischen Küste begraben liegen.[29] In unserem Jahrhundert haben Wissenschaftler diese Kadaver intensiv erforscht, um mehr über diese Urtiere zu erfahren, die mit der letzten Eiszeit von der Erdoberfläche verschwunden sind — falls das stimmt. Die amerikanische Zeitschrift *Technology Review* veröffentlichte 1984 einen Artikel, der von der künstlichen Befruchtung gefrorener Eizellen aus einem Mammut durch Sperma von einem asiatischen Elefanten berichtete. Die Eizellen wurden dann asiatischen Elefantenweibchen eingepflanzt. Zwei Elefanten/Mammut-Kreuzungen wurden tatsächlich ausgetragen und geboren. Man

Das Mammut.

transportierte sie nach Irkutsk in die UdSSR zurück. Leider war dieser biologische »Durchbruch«, wie sich bald herausstellte, nichts weiter als ein Aprilscherz, den sich ein Student der Biochemie am Massachusetts Institute of Technology geleistet hatte.

Mammuts waren einst sehr weit verbreitet. Man hat ihre Überreste auch in Europa gefunden, und es gab sie noch, als der Mensch schon die Bühne der Welt betrat. Als mit dem Ende der Eiszeit das Klima immer wärmer wurde, zogen sie sich nach Norden zurück. Aber warum sie schließlich auch aus Sibirien verschwanden und warum so viele von ihnen derart plötzlich vom Tod dahingerafft wurden, daß ihre Körper im gefrorenen Zustand konserviert werden konnten, ist nicht bekannt. Eine Theorie besagt, daß die auf diese Weise verendeten Tiere sich zu weit in die sumpfigen Gebiete gewagt hatten und dort im eisig werdenden Schlamm versunken sind. Auch könnten Schnee und Frost sie unerwartet überfallen haben, als sie noch zu weit von den schützenden Wäldern entfernt waren. Andere Mammuts könnten kein so unglückliches Schicksal gehabt, sondern unter idealen Bedingungen weitergelebt und sich fortgepflanzt haben, in den Wäldern Nordsibiriens, die über 7 Millionen Quadratkilometer bedecken. In dieser Region leben so wenige Menschen, daß ganze Mammutherden Raum zum Leben hätten. Und in der Tat haben Waldbewohner berichtet, daß sie Mammuts begegnet seien. Die Ewenken, die Ureinwohner Sibiriens, erzählten russischen Wissenschaftlern 1922, daß sie »zottige Elefanten« gejagt hätten. Sie konnten präzise Angaben darüber machen, wovon sich die Tiere ernährten, wie sie aussahen und wie sie sich verhielten. Auch konnten sie gut präparierte Mammutfelle vorweisen.[30]

Auch ein russischer Jäger behauptete 1918, Mammuts begegnet zu sein. Er durchforschte die Wälder der sibirischen Taiga, als er auf gewaltige Fußspuren stieß. Die Abdrücke hatten eine ovale Form und einen Durchmesser von 60 Zentimetern. Der Jäger folgte der Spur und fand einen »riesigen Haufen Dung« aus verdautem Grünzeug. Er bemerkte auch abgebrochene Zweige bis zu einer Höhe von drei Metern, als wäre ein großes Tier durchgebrochen. Mehrere Tage folgte er den Spuren durch den bitterkalten Wald, voller Spannung, was ihn wohl erwartete.

»Eines Nachmittags war an den Spuren ziemlich deutlich zu sehen, daß die Tiere nicht mehr weit entfernt sein konnten. Der Wind blies mir entgegen, was für mich günstig war, denn so würden sie mich nicht wittern. Plötzlich sah ich eines der Tiere ganz deutlich. Ich muß gestehen, daß ich mich tatsächlich fürchtete. Ich war zwischen ein paar jungen Bäumen stehengeblieben. Es war ein riesiger Elefant mit großen weißen Stoßzähnen, die sehr stark gebogen waren. Soweit ich erkennen konnte, hatte das Tier eine kastanienbraune Farbe. Hinten hatte es ziemlich lange Haare, vorne schienen sie kürzer zu sein. Ich muß sagen, daß ich keine Ahnung von der Existenz derartig großer Elefanten dort hatte. Das Tier hatte mächtige Beine und bewegte sich sehr langsam. Ich kannte Elefanten bisher nur von Bildern, aber ich muß sagen, ich hätte selbst aus dieser Entfernung (zwischen uns lagen ungefähr 300 Meter) nie angenommen, daß irgendein Tier derartig groß sein könnte.«

Der Jäger wußte nichts von Mammuts, und deswegen sprach er von den Tieren als Elefanten. Als er am nächsten Tag wieder die Stelle aufsuchte, waren sie weitergezogen, und die Kälte hinderte ihn daran, ihnen noch einmal zu folgen.[31]

Logisch betrachtet, scheint es keinen Grund zu geben, der gegen ein geruhsames Überleben der Mammuts in der wilden sibirischen Tundra bis in unsere Tage spricht. Es gibt viele andere Hinweise und Gerüchte in aller Welt, in denen es um überlebende Exemplare »ausgestorbener« Gattungen geht und um die Entdeckung neuer Tierarten. Manches scheint denkbar, manches hört sich unwahrscheinlich an. Unter letzteren sind Berichte von der sibirischen Halbinsel Kamtschatka einzuordnen, die sich um ein neues mysteriöses Tier drehen, den »Irkujem«. Es soll sich um einen Eisbären handeln, der es auf eine Tonne Gewicht bringt. Er kriecht am Boden, hat einen kleinen Kopf und einen langen schmalen Körper wie eine Raupe. Er könnte mit einer Bärenart verwandt sein, die vor 10000 Jahren ausgestorben ist: dem *Arctodus simus* oder »Kurzgesicht-Bären«. Rentierzüchter haben kürzlich mehrfach behauptet, dem Irkujem begegnet zu sein. 1987 brach eine Expedition auf, um ihn zu stellen. Ein riesiger Bär, der nicht laufen kann, sondern sich über den Boden schlängelt, ist eine zumindest ungewöhnliche Vorstellung. Doch warten wir weiter mit angehaltenem Atem, ob die Expedition uns Neues bringen wird — bei der Niederschrift dieses Buches waren ihre Ergebnisse noch nicht bekannt.[32]

Einige der entlegensten, kaum bewohnbaren Regionen der Welt mögen zu den letzten Refugien wahrhaft bemerkenswerter Tiere gehören. Goldschürfer aus dem Innern Australiens haben von »Riesenkaninchen« berichtet. Sind sie identisch mit den fast fünf Meter großen Känguruhs, die man dort gesehen haben will? Oder ist es eine andere Spezies, etwa das Diprotodon, ein prähistorisches, dem Wombat ähnliches Lebewesen, von dem man glaubt, daß es zumindest bis vor 2000 oder 3000 Jahren gelebt hat?[33] Es lebte in Gesellschaft des Menschen, denn man hat im nördlichen Queensland in einer Höhle die Zeichnung eines Ureinwohners gefunden, die vor etwa 10 000 Jahren entstanden sein dürfte und eindeutig ein Diprotodon zeigt.[34] Aus Afrika gibt es genügend Berichte von überlebenden prähistorischen Lebewesen und anderen mysteriösen Tieren, um ganze Bücher damit zu füllen. Tatsächlich hat Bernard Heuvelmans auch eines geschrieben, obwohl es derzeit leider nur in einer französischen Ausgabe erhältlich ist: *Les Derniers Dragons d'Afrique*.[35] Auch aus Südamerika erreichen uns manche aufregenden Geschichten, wie etwa die von dem Mann, der viele Jahre in den fernen Regenwäldern unter Indios lebte und dem erzählt wurde, daß prähistorische Tiere immer noch im Dschungel zu finden seien. Einmal fuhr er den Amazonas in Brasilien hinauf und beobachtete ein »prähistorisches Tier«, das aus dem Wasser auftauchte und sein Kanu umwarf.[36] Und ein Mann aus Liverpool namens J. Harrison fuhr im Februar 1947 über den Manuos, einen Mündungsarm des Amazonas, als er und seine Begleiter fünf seltsame Vögel über ihre Köpfe hinwegfliegen sahen. »Die Spannweite muß von der einen zur anderen Flügelspitze mindestens 3,50 Meter betragen haben. Sie waren braun wie Leder und hatten keine Federn. Sie hatten flache Köpfe, lange Schnäbel und lange Hälse. Die Flügel waren gerippt.«[37] Im Jahr 1977 brach eine Gruppe von Forschern zur Besteigung des Mount Antana in einem abgelegenen Dschungelgebiet Venezuelas auf, um dort nach einem »Dinosaurier« zu suchen — einer großen Echse, von der es hieß, sie lebe in einer Höhle nicht weit vom Gipfel des Berges. Ob sie allerdings etwas gefunden haben, ist noch nicht zu uns gedrungen.[38] Im Hochland des benachbarten Guayana könnte es auch noch große Reptilien geben,[39] desgleichen in der Matto-Grosso-Region in Brasilien.[40] Im südlichen Brasilien könnte der *minhocao*, ein Glyptodont aus dem Pleistozän, überlebt haben, eine Art mächtiges Gürteltier. Dafür könnte im argentinischen Patagonien noch der Smilodon oder Säbelzahntiger leben. Ebenfalls in Patagonien ist vielleicht noch der Mylodon, das Riesenfaultier unterwegs: Als die ersten Indios dort siedelten, wurde es noch gesehen.[41] Natürlich müssen wir zu dieser wachsenden Liste möglicher Überlebender aus prähistorischer Zeit die weltweit verbreiteten großen und kleinen Hominiden rechnen, die wir bereits in Kapitel 12 behandelt haben, vor allem den Neandertaler und den Giganthopethecus.

Die mögliche Zufriedenheit der Wissenschaftler darüber, daß sie alle auf der Erde lebenden größeren Lebewesen identifiziert und katalogisiert haben dürften, wird gewiß einen spürbaren Rückschlag erleben, wenn einmal eines der von so vielen Augenzeugen beobachteten und beschriebenen Monster als Kadaver zur Untersuchung in ihre Laboratorien geschafft wird. Uns beschleichen gemischte Gefühle, wenn wir an eine solche Entwicklung und die daraus resultierende öffentliche Aufmerksamkeit denken: Könnte es dann nicht dazu kommen, daß diese Wesen endgültig Opfer der Ausrottung würden? Vielleicht wäre es wirklich das beste für sie, wenn sie unentdeckt blieben, beschützt vom Spott unserer »Experten«, die sich nicht die Mühe machen, nach Kreaturen zu suchen, die gar nicht existieren können.

Nachwort

Im vorliegenden Buch haben Janet und Colin Bord in beispielhafter Weise all jene »unentschlüsselten Rätsel« aufgelistet, die immer wieder für Aufsehen und Beunruhigung in der Bevölkerung sorgen. Die folgende kurze Übersicht berichtet noch einmal ausführlich von Bedeutsamen im deutschsprachigen Raum.

Geisterhafte Riesenkatzen

Die erste Jagd nach einer gefährlichen Riesenkatze fand bereits 1933 und 1934 statt. Immer wieder waren in den Wäldern entlang der Lahn tote Junghirsche gefunden worden; ihre Köpfe fehlten, und die Flanken waren von tiefen Kratzwunden zerrissen. Im Februar 1934 wurden verstümmelte Hirsche bei Driedorf und Obermörlen entdeckt. Die Mordserie hatte im Frühjahr 1933 begonnen, sich über den Sommer ausgeweitet und im Herbst ihren vorläufigen Höhepunkt gefunden. Obwohl Förster und Jäger immer wieder versuchten, das Raubtier zur Strecke zu bringen, hatten sie nie Erfolg. Anhand der Kadaver wurde das Tier als Luchs identifiziert — doch Luchse waren auch damals schon seit über 100 Jahren ausgestorben![1]

Im Sommer 1982 wurde dann Schleswig-Holstein von einer wahren Raubtier-Panik erfaßt. Fast täglich wurden Beobachtungen gemeldet. Ein Uwe Sander aus Rantrum kam kurz ins Rampenlicht, als er behauptete, eine Katze hätte ihn angefallen. Die von ihm als Beweis vorgelegten Tierhaare erwiesen sich aber als Kaninchenfell! Die Riesenkatze wurde bei Husum, im Dithmarschen, bei Tellingsstedt und Hamburg gesehen, aber fangen konnte das Tier niemand.[2]

Im Juli 1983 tauchte eine Riesenkatze bei Hannover auf. Die Polizei meinte das Problem lösen zu können, indem sie einen Schäferhund einfing und ihn zum Schuldigen erklärte.[3] Doch so einfach war es nicht. Bereits im Juni 1985 kehrte die Riesenkatze zurück, ein Jogger war ihr bei Delligsen begegnet. Obwohl die Polizei das Gebiet sofort mit Hubschraubern absuchen ließ, konnte keine Spur von ihr entdeckt werden. Ein Pfotenabdruck wurde von einem Polizeibeamten als der einer Riesenkatze identifiziert, ein herbeigerufener Tierarzt allerdings meinte, es sei viel eher der eines Hundes. Zwei Tage später wurde die Raubkatze 15 km entfernt von einem Autofahrer gesehen. Die Polizei registrierte noch weitere Zeugenaussagen, dann blieb die Riesenkatze wieder verschwunden.[4]

Der Tatzelwurm und andere Drachen

Im Mittelalter ist der westfälische Köterberg wohl kein besonders sicherer Ort gewesen, denn wie die »Annalen« des Klosters Corvey berichten, »stak noch im Jahre 1029 eine große Schlange im Köterberg, von der man sagte, daß sie einen Hund, Lämmer und Kälber verschlungen habe. Sie ward von Bauern nur vermittels Rauches, welchen angezündetes Birkenholz und in die Flamme geworfenes Schuhpech gaben, vertrieben.«[5]

Was sich wie eine deutsche Version der biblischen Geschichte von Daniel und dem Drachen liest, muß im Mittelalter alltäglich gewesen sein: überall kämpften Menschen gegen Drachen. Im Jahre 1598 soll sich an der schlesisch-oberlausitzer Grenze ein »greulicher Wurm« gezeigt haben, »etliche Ellen lang, mit grün und gelben Leib, am Kopf wie eine Katze gestaltet«.

Er soll Pilz- und Nußsucher im Wald angegriffen und zwei Mädchen gefressen haben.[6]

Noch am 28. 12. 1810 konnte Kleist in seinen »Berliner Abendblättern« melden, daß »in Dürrenstein bei Krems, in einem finsteren Kerker, eine 12 Ellen lange Schlange gefangen wurde, nachdem sie vorher einen Mann und ein Kalb gefressen hatte.«

Kleist hielt die Nachricht für eine Presse-Ente.

Der berühmteste Drache ist der Tatzelwurm — ein salamanderartiges Tier von einem Meter Länge, kurzen Stummelbeinen und einem Stummelschwanz. Der fischartige Kopf hat eine Krause, der Körper ist entweder behaart, glatt oder geschuppt. Seit dem Mittelalter und noch im zwanzigsten Jahrhundert wurden aus den Alpen über 100 Begegnungen mit diesem Untier berichtet. Der Tatzelwurm soll äußerst aggressiv und giftig sein und sich mit gewaltigen Sprüngen auf seine Opfer stürzen. Zahlreiche Erklärungen wurden bereits offeriert: Es soll sich um eine Rieseneidechse, einen Salamander oder um einen Saurier handeln. Skeptiker dagegen sprechen von Märchen oder von

Verwechslungen mit Ottern, Murmeltieren und Schlangen. Obwohl bereits zahlreiche Naturforscher das Rätsel lösen wollten und in vielen Fachzeitschriften, darunter dem »Kosmos«, Artikel über den Drachen veröffentlicht wurden, hat bisher niemand das Geheimnis gelüftet. Noch vor wenigen Jahren will ein Franzose den Tatzelwurm bei Aosta gesichtet haben, vielleicht wird aber doch eines Tages einer gefangen und identifiziert.[7]

Nessies unbekannte Verwandte

Am 26. Mai 1499 soll ein riesiger Drache aus dem Vierwaldstädter See in die Reuß geschwommen sein. Schradin, der Verfasser der »Reimchronik des Schwabenkrieges«, beschreibt das Ereignis wie folgt:

> vff den xxj tag meyen ist beschechen
> zu Lutzern, hat man ein seltsam Ding gesehen,
> ein wurm, sin hals ward geacht zwei klaffter lang,
> sich vß dem sew durch die Rüßbrück schwang.
> Sin houpt mit breiten oren, gestalt eins kalb,
> vnd die grosse des libß allenthalb
> ouch einem kalb ze glichen vnd ze schetzen.
> daby hab ich die welt horen schwetzen,
> des wurms lengy sy by xj klaffter gewesen.[8]

Das sind immerhin fast 30 m gewesen! Und solche Ungeheuer waren nicht selten. Von einem »Ungeheuer«, das im Herbst 1688 den Rhein besuchte, erzählt ein zeitgenössischer Bericht:

> Es war an Größe und Farbe einem schwarzen Pferd gleich, mit langen Ohren und einem breiten Schweif, den es ganz aufrecht in der Luft trug, und hatte darbey einen gar grossen Kopf; etliche hielten es für ein Meer-Pferd, andere aber für ein Monstrum, welches alles das Unglück, so die Pfaltz und Rhein-Länder betroffen, vermutlich angedeutet. Es ging in der größten Geschwindigkeit den Rhein hinauf an Bonn, Cölln, Coblenz, Bacharach, Bingen und an andere Orter vorbey bis nach Basel.[9]

Das jüngste deutsche Seeungeheuer tauchte am 26. April 1979 im Zwischenahner Meer auf. Zwei Polizisten wollten einen 4 Meter langen, schleimigen Höcker im See gesichtet haben. Die »deutsche Nessie« tauchte sogar in der »New York Times« und der »Bangkok Post« auf. Zahlreiche weitere Beobachtungen wurden gemeldet, eine Zeitung schrieb einen Preis auf den Kopf des Monstrums aus, und bald wurde die Seeoberfläche Tag und Nacht von Neugierigen überwacht. Während einige Zoologen darauf hinwiesen, daß es in dem See bei Bad Zwischenahn kein Ungeheuer geben könne, glaubten andere Experten, es könne sich um einen Riesenwels handeln. Gefangen wurde das scheue Wesen allerdings nie, und so lebt es heute vielleicht noch, wie seine vielen Geschwister in anderen Seen, etwa dem Ulmener Maar oder dem Seelisberger See in der Schweiz. Dort sind zwar Ungeheuer häufig gesichtet, nie aber gefangen worden.[10]

Fliegende Drachen

Früher bezeichnete man alles, was man am Himmel beobachtete und nicht erklären konnte, als »fliegende Drachen«. Die meisten Berichte sind auf Beobachtungen von Meteoren, Kugelblitzen, Nordlichtern oder Wolken zurückzuführen.

Der Renaissancegelehrte A. Kircher war ein Drachenfan und sammelte eifrig Beobachtungen. Sein Freund, der Kantonspräfekt Christoph Scherer, meldete ihm im Jahre 1619:

> Ich sah einen feurig leuchtenden Drachen, der sich aus einer der Höhlen des Pilatusberges erhob und schnell nach Flüelen an der gegenüberliegenden Seeseite flog. Er war von enormen Ausmaßen, sein Schwanz war lang, sein Hals ausgestreckt ... Im Fluge gab er Funken von sich.[11]

Vielleicht hat die Skepsis der Aufklärung die Drachen aus Deutschland vertrieben. Im 18. Jahrhundert erklärte Zedler, der Verfasser des ersten deutschen Lexikons:

> Der fliegende Drache ist ein feuriges Lufft-Zeichen in der Gestalt eines Drachens, welches wie andere dergleichen Meteora erzeuget wird. Alle diese entstehen von denen Ausduenstungen von verschiedener Art ... Gleichwie nun dergleichen Daempffe eine ungefehre Figur in der Lufft zusammen formiren, entstehen auch verschiedene Erscheinungen von denselben Meteoris, als Stern-Schnuppen, springende Ziegen, fliegende Drachen und so ferner, als welchen man dergleichen Namen um deßwillen beygeleget, weil sie nach der Einbildung derer Menschen die Figur von dergleichen Sachen gehabt haben sollen. Der gemeine Mann haelt ihn aus Aberglauben vor einen dienstbaren Geist derer Zauberer, der ihnen allerhand Vorrath zutragen soll.[12]

Zedler war auch der Ansicht, daß es Landdrachen gebe, daß aber die Volksmeinung, es handle sich dabei um Hexentiere, »als etwas auslachens würdiges abgewiesen« werden sollte.[13] Auch Nixen und Wassermänner gab es nach Zedlers Ansicht wirklich.

Nixen

Johann Justus Winkelmann überliefert in seiner »Beschreibung der Fürstentümer Hessen und Hersfeld« (1697) die Geschichte einer Nixe in der Lahn:

> Was sich im Jahr 1615 von 15. bis 17. Oktober zu Marburg in der Lahn für ein Wundertier hat sehen lassen, das besieh in Olaus Worms ›Monumenta Danica‹ ... Es soll eine schlangenartige Gestalt gewesen sein, deren Körper dünn, vom Wasser gebildet und vielfarbig war und Bewegung und Empfindung hatte. Wenn ihr Gefahr gedroht, habe sie sich in die Tiefe gesenkt. Sie bedeute nichts Böses, sagte man damals, und schade niemand; drum möge man sie ungestört auf ihre Weise ihr Wesen treiben lassen; wer sie beunruhige, werde dafür büßen müssen.[14]

Das waren erstaunlich tierfreundliche Gedanken in jener Zeit. Leider stand der Wassermann des Königssees in Ungarn nicht unter Naturschutz, wie Heinrich von Kleist in seinen »Berliner Abendblättern« (5. und 6. 2. 1811) berichtet:

> Die Fischer lauerten so lange, bis sie das vermeintliche Thier, im Frühling des Jahres 1776, mit ihren ausgesetzten Netzen fiengen. Als sie nun desselben habhaft waren, sahen sie mit Erstaunen, daß es ein Mensch war ... Derselbe mochte damals etwa 17 Jahr alt sein, seine Bildung war kräftig und wohlgestaltet, bloß die Hände und Füße waren krumm, weil er kroch; zwischen den Zehen und Fingern befand sich ein zartes, entenhaftes Häutchen, er konnte, wie jedes Wasserthier, schwimmen und der größte Theil des Körpers war mit Schuppen bedeckt ... Er lernte auch reden, und sprach schon viele Worte aus, arbeitete fleißig, war gehorsam und zahm. Allein nach einer Zeit von drei Vierteljahren, wo man ihn nicht mehr so streng beobachtete, gieng er aus dem Schlosse über die Brücke, sah den mit Wasser angefüllten Schlossgraben, sprang mit seinen Kleidern hinein und verschwand.

Engel- und Marienerscheinungen

Den Weltuntergang im Jahre 1984 prophezeite der Erzengel Gabriel zahlreichen Autofahrern im Herbst 1982. Der Engel stand als Anhalter an der Autobahn Salzburg—München in Oberbayern, ließ sich mitnehmen und verschwand dann spurlos, nachdem er seine Botschaft losgeworden war. Sogar die Sicherheitsgurte blieben geschlossen! Ein halbes Dutzend Zeugen meldete sich bei der Polizei. Die offiziellen Stellen reagierten mit der üblichen Hilflosigkeit: das Ordinariat München ließ verlauten, die Engelserscheinung widerspreche der Lehre der Kirche und sei daher »abwegig«, die Polizei dagegen mutmaßte, es handele sich um einen Scherz, der »zwar blöd, nicht aber strafbar« sei.[15]

Konkretere Hinweise gab es zur gleichen Zeit auf eine Erscheinung der Jungfrau Maria in der Eifel. Im September 1982 entdeckte eine Gruppe der Jugendfeuerwehr in einem Steinbruch bei Bergweiler die Umrisse der »Muttergottes« im Fels. Innerhalb weniger Wochen pilgerten über 30000 Schaulustige zu dem Wunder, die Illustrierte »Stern« veröffentlichte sogar ein Foto der Erscheinung: es handelte sich um eine Felsformation, die bei einer bestimmten Beleuchtung wie eine Skulptur wirkte. Polizei und bischöfliches Ordinariat Trier wiesen immer wieder darauf hin, daß es eine natürliche Erklärung für das Mirakel gab, und es galt schon als Fortschritt, als Mitte September nur noch 600 Autos täglich zu dem Bild fuhren. Im Oktober 1983 ließ der Besitzer des Steinbruchs die »Muttergottes« abreißen, weil ihm der Trubel zuviel geworden war.[16]

Blitz und Donner

Blitz und Donner haben auch heute noch, da die Wissenschaft glaubt, alle Rätsel gelöst zu haben, für die meisten Menschen etwas Erschreckendes. Es gibt allerdings auch Blitze, für die die Wissenschaft immer noch keine Erklärung gefunden hat.

Am bekanntesten ist der Kugelblitz, ein runder, roter Feuerball, der sich fast intelligent benimmt und großen Schaden anrichten kann. Werden mehrere Kugelblitze aneinandergereiht gesehen, spricht man von einem Perlenschnurblitz. Von einem solchen Ereignis berichtet Dr. Schmauss in der »Meteorologischen Rundschau« (1910, S. 83):

> Am 24. September 1908 wütete über Schweinfurt (Unterfranken) ein kräftiger Sturm. Er begann um 23.30 Uhr ohne Regen, aber mit großen Blitzen in Schnurform, wie uns freundlicherweise der

Beobachter, Herr Mack, mitteilte. Die Einzigartigkeit der Blitze veranlaßte ihn, aus dem Haus zu gehen, um eine Fotografie des interessanten Naturschauspiels anzufertigen. Da begann es stark zu regnen und zu hageln. Der Beobachter richtete seinen Apparat gegen Westen und konnte ein Foto aufnehmen. Der Blitz bewegte sich waagerecht auf einen etwa 50 m hohen Schornstein zu, dessen Spitze den Endpunkt des interessanten Phänomens darstellte.

Eine ähnliche kuriose und unerklärliche Naturerscheinung ist der Spiralblitz. Ein solches Ereignis wird von Herrn Dr. Schmauss im »Kosmos« (1909, S. 151) beschrieben:

> Am 12. Juli 1908, abends zwischen 9 und 10 Uhr, konnte von Goslar aus ein äußerst schweres Gewitter in der Richtung nach Hildesheim beobachtet werden, das sich in unzähligen Blitzen entlud. Jedem sind ja nun die wunderlichen Formen der Blitzentladungen bekannt, indessen dürfte eine solche, wie nachstehend geschildert, wohl zu den größten Seltenheiten zählen. Ein Blitz kreiste nämlich spiralförmig in etwa 4—5 Windungen und verblieb in einer Gewitterwolke. Die Erscheinung könnte mit einem Feuerrad verglichen werden. Bemerkenswert ist noch, daß kurz vorher sich an fast derselben Stelle eine Art Kugelblitz entlud.

So wie es äußerst ungewöhnliche Blitze gibt, so gibt es auch unerklärliches Donnern. Das bekannteste Beispiel ist das »Seeschießen« des Bodensees. Im August 1908 hörte ein Zeuge, der bei Manzell am Seeufer entlangspazierte, »mehrmals ein dumpf-rollendes Geräusch wie fernen Donner, das vom Schweizer Seeufer herzukommen schien; da jedoch der Himmel vollständig wolkenlos war, dachte ich gleich an das zur Sommerzeit vorkommende Seeschießen, das ich schon seit einer Reihe von Jahren am See gehört habe und das von den Detonationen ferner Geschütze gut zu unterscheiden ist.«

Auch im September dieses Jahres, und zuletzt am 15. November, wurde das eigenartige Donnern bemerkt:

> Eine besonders starke Ausprägung des Seeschießens wurde heute vormittag gegen 11 Uhr am Bodensee beobachtet. Allenthalben am Seeufer wurde um diese Zeit eine Detonation wie von anhaltendem Artilleriefeuer oder einem rasch ausbrechenden Gewitter vernommen; in Friedrichshafen wurde dabei eine Erschütterung wie bei einem Erdbeben verspürt.

All diese Berichte wurden von F. Regensburg gesammelt, der sie 1909 im »Kosmos« (S. 19—21) veröffentlichte. Regensburgs Schlußsatz ist heute immer noch gültig:

> Immerhin sind die vorstehend beschriebenen Schallerscheinungen im In- und Auslande bis heute hinsichtlich ihrer wahren Ursachen noch durchaus nicht sicher erklärt, so daß genügend Grund vorliegt, diesen in streng wissenschaftlicher Weise weiter nachzuforschen.

Ähnliche Luftbeben wurden auch von anderen Orten Deutschlands gemeldet. Eine Abart ist das »Brüllen« der Eifelmaare im Winter[17], und noch im Winter 1977 erschreckte eine ganze Serie von Luftbeben die Bewohner Niedersachsens.

Mancherlei Regen

Jedes Weltbild begründet sich auf den Dingen, die »vom Himmel kommen«, ob es sich dabei um Regen, Manna oder Blitze handelt. Nicht immer regnet es allerdings Wasser oder Hagel. Manchmal fällt Sand, oder es regnet Fische, Frösche und riesige Eisklumpen.

Am 9. August 1892 erschien eine gelbe Wolke über Paderborn. Daraus fielen nicht nur wolkenbruchartiger Regen, sondern auch »Hunderte von Miesmuscheln« herab! Dieser fast unglaubliche Bericht stammt nicht aus einer Zeitung, sondern aus dem angesehenen britischen Wissenschaftsmagazin »Nature«.[18]

Sand regnet es regelmäßig auf Deutschland herab. Gewöhnlich wird Sand und Staub aus der Sahara in höhere Schichten der Atmosphäre gewirbelt und von dort nach Europa transportiert. Früher hielt man diesen »roten Regen« für Blut und sah ihn als böses Omen an, heute gilt er nur noch als Kuriosität. Der letzte derartige Regen ging am 29. Oktober 1987 im Raum Offenbach in Hessen nieder.[19]

Immer noch Aufsehen erregen dagegen die »Eisgeschosse«. Es handelt sich um Eisklumpen von 20—30 cm Durchmesser, die sich, so offizielle Erklärungen, auf hochfliegenden Flugzeugen bilden und sich davon lösen. Das erklärt jedoch viele Fälle nicht, die sich bereits vor der Erfindung des Flugzeuges zutrugen.

Ein Eisball ging im Oktober 1978 bei Köln nieder, ein weiterer im August 1988 bei Weistropp in der DDR. Es war ein 17 cm großer und 180 Gramm schwerer Eisbrocken, der bei wolkenlosem Himmel niederging. Spezialisten aus Leipzig versuchten, die Herkunft und Entstehung des »Eismeteors« im Labor zu entschlüsseln — vergebens. Im Dezember 1988 durchschlug ein 20 cm großer Eisbrocken das Dachfenster eines Hauses bei Poing im Landkreis Ebersberg, Bayern. Hier soll es sich erwiesenermaßen um Eis gehandelt haben, das sich von einem Flugzeug gelöst hatte.[20]

UFOs — Besucher aus dem All

Bei UFOs gibt es immer zwei Meinungen: Während die einen ihren fast religiösen Glauben an außerirdische Besucher vertreten, sind für andere all jene, die UFOs gesehen haben wollen, allesamt Spinner oder Lügner. Die Erfahrung der seriösen UFO-Forscher (vgl. Liste zu Ende des Kapitels) hat gezeigt, daß fast alle UFO-Zeugen wirklich etwas gesehen haben, allerdings in den seltensten Fällen etwas Unerklärliches. Die deutschen UFO-Forscher haben seit 1975 über 400 Beobachtungen recherchiert, doch nur ein rundes Dutzend davon blieb schließlich unerklärt. Bei diesen Fällen handelt es sich auch eher um noch nicht bekannte Naturphänomene in der Art des Kugelblitzes als um Besucher von anderen Planeten.

Ein kurzer Überblick über die 1989 gemeldeten UFOs, von denen keines ohne Erklärung blieb, soll kurz die Täuschungsmöglichkeiten aufzeigen.

Am häufigsten werden Party-Ballone, das sind birnenförmige, rotleuchtende Kugeln mit einem Durchmesser von etwa einem Meter, als UFOs gemeldet. Sowohl der »leuchtende Körper in Form einer Birne mit rötlichem Licht«, den mehrere Zeugen im Juni bei Lüdenscheid sichteten, wie auch das »große, rotglühende Teil, das sich drehte«, dann zerbrach, weiß glühte und dann verschwand (im Juli bei Heilbronn), waren solche Miniaturballone. Manche Zeugen sehen auch seltenere Naturerscheinungen, wie etwa eine rötliche Scheibe hinter der Sonnenscheibe, die eine Hausfrau im März bei Nersingen an drei Tagen beobachten konnte. Es hat sich hier wohl um eine Fata Morgana gehandelt.[21]

Zudem werden häufig Meteore und Meteoriten, Hubschrauber, Flugzeuge, helle Sterne und Planeten für UFOs gehalten. Offenbar sind heute nur noch wenige Menschen mit den Sternen vertraut, daher werden oft gerade die hellen Planeten wie Venus und Jupiter für außerirdische Raumschiffe gehalten.

Es gibt in Deutschland nur wenige »unheimliche Begegnungen der dritten Art«, also vermutete Begegnungen mit Piloten von UFOs. Es ist nicht einfach, solche Erlebnisse mit Verwechslungen zu erklären, es handelt sich also entweder tatsächlich um außerirdische Besucher oder aber um Visionen und Halluzinationen.

Im Juni 1950 will Oskar Linke in Begleitung seiner Tochter Gabriele bei ein Motorradfahrt bei Hasselbach in der DDR ein gelandetes UFO »in Form einer Wärmflasche« gesehen haben:

> Als ich mich über das wellige Gelände bis auf rund 80 m genähert hatte, erkannte . . . ich zwei menschliche Gestalten. Sie steckten in dicken Anzügen, ähnlich wie Polarforscher. Ich dachte, es wären Russen und verhielt mich still. Sicher ist sicher, dachte ich, und beobachtete die Männer, die sich gestikulierend zu unterhalten schienen, und den merkwürdigen Apparat. Das mögen 25 Minuten gewesen sein.[22]

Gleich dreimal will Horst Raps aus Leimersheim bei Mannheim im März und April 1959 Außerirdischen begegnet sein. Die »Planetenmenschen«, die der Untertasse entstiegen, trugen »eine kombinationsähnliche Kleidung, die regenbogenfarbig schillerte«. Raps konnte mit den schlanken, menschenähnlichen Außerirdischen Deutsch reden. Man übermittelte ihm eine Botschaft der Planetarier, die vor allem zu mehr Liebe aufrief. Bei einem weiteren Treffen durfte Raps auch ins All mitfliegen. Dieser Kontaktbericht folgt bis in die kleinsten Details den Mustern, die UFO-Forscher weltweit feststellen konnten, und hat große Ähnlichkeit mit traditionellen Marien-Erscheinungen. Vielleicht handelt es sich bei solchen »Kontakten« also um moderne mystische Erfahrungen.[23]

Heute werden irdische Zeugen nicht mehr kontaktiert, sondern gleich von E.T.s entführt. Im November 1978 will der in der Bundesrepublik stationierte US-Soldat Chris Owens zusammen mit seiner Frau Pam von Außerirdischen entführt worden sein. Sie befanden sich in der Nähe von Trier, als sie einem großen ovalen Flugobjekt begegneten. Unter Hypnose berichteten sie von 75 cm großen Zwergen, die sie im Innern des UFOs auf einen Tisch legten und medizinisch untersuchten. Die Wesen waren haarlos, hatten einen großen Kopf, große, tiefliegende Augen und eine rauhe, grüne Haut.[24]

In den USA gibt es mittlerweile mehrere tausend Menschen, die ähnliche Geschichten erzählen — allerdings immer unter Hypnose. Die Hypnose allerdings fördert nicht die Wahrheit, sondern nur für wahr Gehaltenes zu Tage, und oft genug beeinflußt die Erwartung des Hypnotiseurs die Aussagen des Hypnotisierten. Heute geht man davon aus, daß solche »Entführungen« eine Art Traum sind. Motive der Folklore werden modernisiert, um weiterhin glaubhaft zu sein. Einen grünen Zwerg hätte man noch vor hundert Jahren als Kobold, nicht als Raumfahrer gedeutet.

Zwerge und Kobolde

Wenn es nach den Sagen und Märchen ginge, dann wären Mittelalter und frühe Neuzeit durch die Begegnung zweier Kulturen gekennzeichnet gewesen: nämlich der unsrigen mit der der Kobolde, einer kleinwüchsigen Rasse technisch versierter und magisch begabter Männlein.

1138 soll ein eigenartiger dunkelhäutiger Zwerg im Keller eines Klosters bei Trier aufgetaucht sein. Er wohnte in einem engen Erdtunnel, der vom Kloster aus schräg unter die Erde führte. Als die Mönche das Wesen einfingen, weigerte es sich, mit ihnen zu sprechen: »Er saß die ganze Zeit mit gekreuzten Beinen auf einem Bett, starrte gerade vor sich hin und verweigerte Speise und Trank.« Ein Bischof, dem das fremdartige Wesen allmählich unheimlich wurde, las den Exorzismus und vertrieb es so. Es verschwand in seiner Höhle und wurde nie mehr gesehen.[25]

Noch gegen Ende des 16. Jahrhunderts sollen solche Kobolde überall in Deutschland heimisch gewesen sein. Mit Vorliebe entführten sie Frauen und Kinder, hatten jedoch auch liebenswertere Züge. Zwischen Selbitz und Malsreuth, nahe des oberfränkischen Naila, soll sich ein »Zwergenloch« genannter Koboldsbau befunden haben. Die Einheimischen pflegten mit den Zwergen zu handeln und ihnen Brot zu verkaufen, zumindest bis die Kobolde auszogen, weil ihnen der Lärm der aufkeimenden Industrie unerträglich war. Einige Jahre nach dem Auszug der Kobolde gruben einige Leute das Zwergenloch aus; sie entdeckten eine enge Kammer, die in den Fels gehauen war, und winzige Stühle.[26]

Solche »wissenschaftliche Beweise« für die Existenz der Elfen, Kobolde und Zwerge waren nicht selten. Noch gegen Ende des 19. Jahrhunderts will ein Professor Kollmann ein »Zwergengrab« bei Schaffhausen in der Schweiz entdeckt haben. Seiner Meinung nach waren Kobolde eine heute ausgestorbene Eingeborenenrasse in Europa, die vor Urzeiten Dolmen und Menhire errichtet hatte.[27]

Früher wurden immer wieder Geisterarmeen am Himmel gesehen, die sich dort in luftigen Höhen erbarmungslose Schlachten lieferten. Aus Deutschland liegen mehrere Dutzend solcher Berichte vor. Skeptiker erklären sie als Beobachtungen von Nordlichtern, Luftspiegelungen oder Gewittern. Im Mittelalter galten sie als Kriegsomen, und die Berichte davon zeugen oft von abergläubischer Angst.

Am 5. Dezember 1577 erschien um 7 Uhr morgens ein Geisterheer am Himmel über Altdorf in der Diözese Wittemberg. Die Sonne war gerade am Horizont aufgegangen, als sie sich wie bei einer Sonnenfinsternis zu verdunkeln schien. Kaum war sie ganz verschwunden, erschien schon unter ihr eine zweite, hellere Sonne. Eine schwarze Wolke näherte sich, aus ihr kamen viele schwarzgekleidete Männlein, manche beritten, andere zu Fuß, und stellten sich in Formation um die Sonne auf. Dann marschierten sie davon. Die zweite Sonne stieg langsam höher, verfärbte sich mehrmals und nahm dann allmählich ihre normale Farbe wieder an. Um 10 Uhr war der ganze Spuk vorbei.[28]

Etwas Ähnliches soll sich auch am 25. Januar 1630 über Rothenburg ob der Tauber zugetragen haben. Eine zeitgenössische Flugschrift berichtet darüber in Reimform. Zuerst seien am Himmel drei Besen erschienen, dann ein weißes Blatt — vermutlich ein Nordlicht.

> Als viel Schuß warn geschehen
> am hellen Himmels Crais da haben wir gesehen
> fein sichtiglich mit Fleiß zwey große Heer gegn Mitternacht
> zusammen sie doch renten/biß sie die Schlacht vollenden.
>
> Eine schwarze Wolke kame/und zog zum Anfang dar
> darinnen man vername/deutlich und offenbar
> daß zwey Heer stritten grimmiglich/
> wie Picken ließ was sehen sich biß weilen ein Heer verschwande
> sich doch bals wider fande/und auf das ander rante.
>
> Das die Schlacht waren geschehn/in Wolken grimmiglich
> hat man darauff gesehen/fein klar und eigentlich
> viel Wolken gfärbt wie lauter Blut/welches von erschlagenen fließen thut
> wann eine Schlacht geschehen/solchs haben wir gesehen/
> ach wie wirds uns ergehen.[29]

Poltergeister

Im Juli 1982 sorgte ein Poltergeist im Dorfschulhaus von Altnußberg im Bayerischen Wald für Aufregung. Polizeibeamte untersuchten übersinnliche Ereignisse, in deren Mittelpunkt ein 13jähriger Junge stand. So soll Wasser von der Zimmerdecke getropft sein, obwohl es in dem Haus keine Wasserleitungen gab, Fensterscheiben und Glühbirnen zersprangen, die Scherben ordneten sich selbst zu kleinen Häufchen, Wäsche und Kaffeetassen sausten durch die Luft.

Die Polizei ging dem Spuk mit »kriminalistischen Methoden« nach, der Freiburger Parapsychologe Dr. Hans Bender fand sich ein, Reporter lauerten. Bei so viel Aufmerksamkeit wurde der Spuk verjagt. Ob es sich um ein echtes Phänomen oder Betrügereien des Jungen gehandelt hatte, konnte niemand mit Sicherheit sagen.

Bender erklärte gegenüber der Presse, daß es zu der Zeit sechs Spukfälle in Bayern gab, die alle untersucht wurden. Seit 1948 habe er mindestens 52 Spukfälle registriert. Der bekannteste war wohl der Spuk von Rosenheim im Jahre 1967, als in einem Rechtsanwaltsbüro sämtliche elektrische Geräte verrückt spielten. Auslöser der Phänomene, die in der Welt der Parapsychologen den Rang eines Klassikers errungen haben, soll die 19jährige Anwaltsgehilfin Annemarie gewesen sein.

Zur gleichen Zeit, als der Poltergeist Kaffeetassen durch Altnußberg segeln ließ, ereignete sich auch der berühmte Fall »Chopper« in einer Neutraubinger Zahnarztpraxis. In diesem Fall handelte es sich erwiesenermaßen um einen Schwindel. Daß sich jedoch alle Fälle von Spuk so einfach vom Tisch wischen lassen, muß bezweifelt werden.[30]

Weitere Informationen

Ein ganzes Panoptikum außergewöhnlicher Erscheinungen, eine Menagerie exotischer Lebewesen, auch aus Deutschland. Handelt es sich tatsächlich um reale Ereignisse? Nur in wenigen Fällen, etwa bei dem Regnen ungewöhnlicher Objekte, gibt es physikalische Beweise — bei praktisch allen anderen Beobachtungen haben wir es nur mit anekdotischem Material zu tun. Vielleicht handelt es sich bei den meisten Beobachtungen um ganz normale Vorgänge, in die die Beobachter, wie bei einem Rorschach-Test, ihre eigenen Vorstellungen und Erwartungen hineininterpretieren. Vielleicht aber hausen tatsächlich noch Drachen, Säbelzahntiger und Zwerge in unseren Wäldern, und außerirdische Raumfahrer besuchen uns. Jede neue Beobachtung, jedes zusätzliche Foto, jede genaue Recherche bringt die Wissenschaft einen Schritt weiter.

In der Bundesrepublik gibt es drei Organisationen, die Beobachtungen von UFOs untersuchen, und eine parapsychologische Forschungsstelle an der Universität Freiburg. Die UFO-Gruppen geben eigene Zeitschriften heraus, die über den neuesten Stand der internationalen und heimischen UFO-Forschung berichten. Falls Sie selbst schon einmal etwas Unerklärliches gesehen haben, sind diese Gruppen auch an Ihrer Beobachtung interessiert.

Centrales Erforschungsnetz außergewöhnlicher Phänomene
(CENAP)
Werner Walter
Eisenacher Weg 16
6800 Mannheim 31
(Publikation: CENAP Report, monatlich)

Gesellschaft zur Erforschung des UFO-Phänomens e. V. (GEP e. V.)
Postfach 23 61
5880 Lüdenscheid 1
(Zeitschrift: Journal für UFO-Forschung, zweimonatlich)

Skylight Aktuell
Roland Horn
Pfarrgasse 7
6120 Erbach
(Zeitschrift: Skylight Aktuell, vier Mal pro Jahr)

In der Schweiz sammelt und untersucht Luc Bürgin Berichte über außergewöhnliche Erscheinungen im deutschsprachigen Teil des Landes.

Luc Bürgin
Gundeldingerstraße 177
4053 Basel
(Zeitschrift: Sign, zweimonatlich)

Mit außergewöhnlichen Phänomenen, jedoch mit Schwerpunkt auf angeblich prähistorische Besucher aus dem Weltall, beschäftigt sich das von H. W. Sachmann und Ayel Ertelt herausgegebene Magazin Mysteria.

Mysteria
Postfach 1227
5884 Halver 1

ANHANG

Eine Liste rätselhafter Ereignisse, nach Ländern geordnet (in Stichworten)

ÄGYPTEN

Shoubra, Kairo Tausende von Menschen beobachten Erscheinung der Muttergottes auf dem Dach der Kirche St. Damiana in Papadoplo; beginnt im März 1986 (vgl. Kap. 15).

Zeitoun, Kairo Hunderttausend Menschen sehen leuchtende Erscheinungen über einer Kirche, die man für die Muttergottes hält; April 1968 – Mai 1971 (vgl. Kap 15).

ALEUTEN

Matrosen beobachten von einem US-Schiff aus ein aus der See aufsteigendes UFO; März 1945.

ALGERIEN

Ain-el-Turck Kleiner Mann mit glühenden Augen am Strand beobachtet; 24. Oktober 1954.

Bénoud (Umgebung) 35 Meter lange Riesenschlange von Nomaden und französischen Soldaten erlegt.

Jean-Mermoz Gewölbtes UFO gibt gelben und blauen Lichtschein wie bei Suchscheinwerfern von sich; 20. Oktober 1954.

Lavarande, Oran Zwei LKW-Fahrer flüchten in die Felder, nachdem ein riesiges scheibenförmiges UFO die Straße überflogen hat; 11. Oktober 1954.

ANTARKTIS

Admirality Bay Brasilianischer Meteorologe und fünf Begleiter beobachten rötliches eiförmiges UFO, das sich langsam durch die Luft bewegt und in zwei Teile spaltet. Jedes war mit dem ursprünglichen identisch. Sie nehmen einen bläulichweißen Schimmer an und verschwinden; 16. März 1961.

ARGENTINIEN

Atacama-Wüste In den verschneiten Bergen hinterlassen riesige Wesen Fußabdrücke; 1956.

Bajada Granda und *Paraná* (Umgebung) Student auf Motorrad wird von rundköpfigem Wesen mit weißem Haar und drei Augen attackiert; Wesen greift nach dem Kragen des Jungen, macht dann »eine halbe Drehung wie ein Roboter« und verschwindet; 28. Juli 1962.

Buenos Aires (Hafen) Flotte macht Jagd auf unbekanntes Untersee-Objekt; Juni 1959 (vgl. Kap. 10).

Cerro del Valle, San Juan Einem Mann, der im Freien bei seiner Glimmermine schläft, erscheint schöne Frau in Grün; 1953 (vgl. Kap. 9).

Chubut-Bezirk Gerüchte über Ungeheuer in *Patagonien*: Goldschürfer namens Sheffield trifft auf niedergetrampeltes Gras: »Ich sah mitten im See ein Tier mit einem gewaltigen Schwanenhals. Nach den Bewegungen, die es machte, wirkte das Untier auf mich wie ein Krokodil.«; 1922.

Comodoro Rivadiva Mann sieht UFOs ins Meer eintauchen, später leuchtende Objekte aufsteigen und davonfliegen; 30. September 1964 (vgl. Kap. 10).

Correa, in der Nähe von *Rosario* Viehzüchter entdeckt tote Kuh und in der Nähe sieben runde, verbrannte Stellen im Gras; ein paar Tage später wachsen dort Pilze von der Größe von Basketbällen aus dem Boden. Nachbarn haben zu der Zeit, als die Kuh starb, seltsame Lichter am Himmel gesehen; 14. Oktober 1968.

Deseade (Umgebung) Bauer entdeckt zigarrenförmiges UFO, etwa 20 m lang, das tuckert und grauen Qualm von sich gibt; schlägt auf dem Wasser auf und versinkt im Meer; 18. März 1966 (vgl. Kap. 10).

Nahuel Huapi-See Seeungeheuer gemeldet.

Golfo Nuevo, Chubut Flotte verfolgt USOs vierzehn Tage lang; Februar 1960 (vgl. Kap. 10).

Pajas Blancas (Flughafen, Umgebung), *Córdoba* Motorradfahrer beobachtet 20 m breites UFO, das über ihm schwebt, versteckt sich im Gebüsch. Insasse in Taucheranzug kommt heraus und lädt Zeugen ins UFO ein, bringt ihn dann wieder ins Freie und klopft ihm zum Abschied auf die Schulter; April 1957.

Pinamar-Küste, Buenos Aires Mann beobachtet rotierendes UFO, das aus dem Meer steigt und ihm ein Stück folgt, bevor es steigt und außer Sicht fliegt; 31. Mai 1971.

Puerto Garibaldi Alufolie/Lametta fällt vom Himmel; ca. 17. Januar 1965.

Quilin, Provinz Córdoba Luftwaffenangehöriger entdeckt UFO, ist aber unfähig, Revolver zu ziehen; Stimme aus dem UFO läßt ihn auf spanisch wissen, daß er keine Angst haben soll. Sie hätten in der Gegend von *Salta* eine Basis und seien gekommen, die Menschen vor den Gefahren der Atomenergie zu warnen; 20. August 1957.

Salta Schulkinder sehen kleine grüne Wesen, die versuchen, sie zu fangen; ca. 4. Oktober 1965.

Salta, Chaco, El Chorro, Umahuaca Gerüchte und Legenden von »Ucumar« oder »Ucu«, einem großen behaarten Tiermenschen (vgl. Kap. 12).

Golf von San Matías Mehrfach seltsames Fluggerät beim Verlassen des Meeres und beim Wiedereintauchen beobachtet; Anfang der 60er Jahre (vgl. Kap. 10).

Santa Fé Poltergeist-Aktivitäten mit Steinschauern und Stimmen einschl. Schreien; März 1984 (vgl. Kap. 1 und 11).

Tierra del Fueg Zwischen *San Sebastían* und *Rio Grande* sieht ein Mann vom Strand aus, wie ein ovales UFO aus dem Meer auftaucht und landeinwärts verschwindet; Juni 1950. Vierzehn Tage später beobachtet er das gleiche in der Nähe von *Santa Cruz* (vgl. Kap. 10).

AUSTRALIEN

New South Wales

Zwischen *Bombala* und *Bemboka* Ein Mann, der die Bahnlinie entlangreitet, sieht seltsames menschenähnliches Tier aus einem Bach trinken; wahrscheinlich ein »Yahoo« oder »Yowie«; 12. Oktober 1912 (vgl. Kap. 12).

Boyd Town Beach, in der Nähe von *Eden* Kadaver eines Meereslebewesens angeschwemmt, zweieinhalb Meter lang mit pferdähnlichem Kopf; kurz zuvor wurde in der Nähe von Narooma ein ähnliches gefunden; Mai 1935.

Cessnock Bauer entdeckt Waran in dichtem Unterholz, wenigstens zehn Meter lang; 27. Dezember 1975 (vgl. Kap. 14).

Coffs Harbour Froschregen auf Dach und auf Schiff; 1944.

Concord, Sydney Öl dringt aus einer Statue des libanesischen Heiligen, St. Charbal. Kruzifix, das mit dem Öl in Berührung kommt, beginnt, Öl und Blut abzusondern. Auch aus einem Bild des hl. Charbal tropft Öl; beginnt am 15. März 1985 und hält eine Woche lang an. Weitere Vorfälle 1986 (vgl. Kap. 15).

Dunoon (Umgebung) Drei Jungen beobachten zwei »Yowies« (behaarte Tiermenschen) im dichten Buschwerk der Hügellandschaft; Mai 1981 (vgl. Kap. 12).

Emerald Beach LKW-Fahrer sieht nachts helles kreisrundes Objekt in der Nähe des Highways aufsteigen; an der Unterseite schlagen Flammen heraus. UFO senkt sich wieder, Zeuge fährt aus Angst davon. Drei Jahre später wird die Stelle untersucht. Man findet angesengte Baumstämme und kreisförmige Flecken, wo das Gras nicht mehr wächst; Juni 1970.

Emmaville (Umgebung) Große schwarze Katze gesichtet; seit 19. Februar 1958 (vgl. Kap. 14).

Ewingsdale Tausende Frösche fallen im Regen; 6. April 1939.

Fernvale (Umgebung) Brüder sehen scheibenförmiges UFO mit Kuppel über sie hinwegfliegen. Es leuchtet das Tal aus, bevor es in der Nähe landet. Am nächsten Tag findet man eine kreisförmige Stelle mit angesengtem Gras; 1927.

Forster (Umgebung) Gestreiftes Tier, wahrscheinlich Beutelwolf, beim Überqueren der Straße beobachtet; Januar 1979 (vgl. Kap. 14).

Grose Valley, in der Nähe von *Katoomba* (1976), und *Oxley Island*, in der Nähe von *Taree* (1977), *Woodenbong* (1977) »Yowies« werden hier und an anderen Stellen in den 70er Jahren gesehen, einer besonders aktiven Zeit für diese Wesen.

Hawkesbury River Riesiges schwarzes Lebewesen im Fluß beobachtet: Zeuge sieht durch Fernglas zwei große Höcker und unter der Wasseroberfläche zwei Flossen und einen Schwanz. Der aus dem Wasser auftauchende Kopf zeigt schlangenähnliche Züge, der Hals ragt zwei Meter heraus; Mai 1979. Auch vorher schon zahlreiche Sichtungen.

Huskisson Mehrfarbiger Feuerball von 3 m Durchmesser bricht durch die Wand einer Hotelbar; 19. März 1978.

Kempsey Ab 1971 starke UFO-Aktivitäten über der Stadt.

Lismore Nachts leuchtet Kreuz hell auf Friedhof; Beginn etwa 1918. 1978 wird das Kreuz zerstört. Seit Beginn des Jahrhunderts Sichtungen eines Wasserungeheuers in Lagune nördlich von Lismore – pelziger zylinderförmiger Körper, 1 bis 2 m lang, hundeähnlicher Kopf und kleine Ohren, winselnde Töne.

Orange (Umgebung) Frau und Sohn beobachten UFO auf ihrer Farm. Am nächsten Tag werden Spuren am Boden gefunden; 26. Mai 1977.

Pambula (Umgebung) Mann auf Kaninchenjagd in hügeliger Waldgegend sieht »Yowie« und schießt ihm in den Rücken, verletzt ihn aber nicht ernstlich; 1977 (vgl. Kap. 12).

Port Stephens Vom Dampfer aus wird 15 Minuten lang ein langhalsiges Meeresungeheuer beobachtet (Hals 2,5 m lang); Körper hat fünf »Buckel« und ist schmutziggelb; 2. Februar 1925.

Quirindi Fische fallen aus wirbelsturmartiger Wolke; 12. November 1913. Weitere Fischregen in diesem Bundesstaat in *Singleton* (Garnelen, 1918), *Mullumbimby* (1921), *Gulargambone* (um 1920), *Randwick* (lange Meereswürmer, 1927), *Adelong* (29. Oktober 1932), *Vaucluse* (13. Januar 1941), *Gosford* (16. April 1946), *Belfield* (Strandschnecken, August 1952), *Woodburn* (April 1959), *Lismore* (17. Juli 1959), *Woolooware Golf Course* (November 1959).

Scarborough 25 m langes Meeresungeheuer mit langem Hals gesehen; Mitte 30er Jahre.

Southern Highlands Viele Meldungen von Panthern oder Pumas seit 1966, vor allem in der Umgebung von *Nowra* und im *Kangaroo Valley* (vgl. Kap. 14).

Stockton, Newcastle Paar verläßt Haus, in dem es spukt: Weißes Gesicht tauchte vor dem Fenster auf, Betten durcheinandergebracht, Spielzeug bewegt, Gestalt gesehen; Februar 1970 (vgl. Kap. 5).

Wattagan Mountains Riesige Warane (10 m) seit 1830 beobachtet; Zeugen aus neuerer Zeit: zwei Farmer (1975) und ein Herpetologe (1979) (vgl. Kap. 14).

Northern Territory

Corroboree Rock, in der Nähe von *Alice Springs* Reverend R. S. Blake nimmt an diesem rituellen Ort der Ureinwohner ein Foto auf, das eine seltsame Gestalt zeigt; 1959.

Darwin Langhalsiges Meeresungeheuer von mehr als 22 m Länge von Polizeibeamten beobachtet, der im Hafen von Bynoe angelt; Februar 1980.

Killarney Station Dreimal Fischregen innerhalb von 14 Tagen auf eine Viehfarm, 200 Meilen vom Meer entfernt; Februar 1974.

Melville Island Meeresungeheuer etwa 5 Meilen südöstlich der Insel beobachtet: wenigstens 12 m lang mit breitem Kopf, den der Zeuge vom Boot aus mit dem Ruder zu treffen versucht; Juni 1916.

Wave Hill Station Hunderte von Fischen fallen vom Himmel; 1951 oder 1952.

Wearyan River Krankenschwester fährt in entlegene Gegend, um einem Mann mit Beinschuß zu helfen. Während sie die Wunde versorgt, erscheinen zwei Männer in weißer OP-Kleidung und assistieren. Als sie aufschaut, um sich zu bedanken, sind sie verschwunden. Mehrere Eingeborene bezeugen den Fall; Februar 1941.

Queensland

Bougainville Reef Pilot fotografiert vorbeifliegendes UFO; 28. Mai 1965.

Boulia und *Winton* Gelegentliches Auftauchen des »Min-Min-Lichts« – oval und leuchtend –, das sich unregelmäßig teils nah am Boden, teils höher bewegt (vgl. Kap. 8).

Cairns Auf der Straße schnappt Krokodil nach dem Bein eines Mannes; er stößt es weg, und es verschwindet in einem Gully; Mai 1983 (vgl. Kap. 14).

Cunnamulla »Flugzeug« mit Deltaflügeln und ohne Schwanz und Fenster, fliegt völlig geräuschlos im Zickzack über Golfspieler und Radfahrer hinweg – Luftwaffe stellt fest, daß in der Gegend keine entsprechende Maschine unterwegs war; Ende September 1984.

Emerald Schwarzer Panther entdeckt und mit Geschwindigkeit von 60 km/h Geschwindigkeit verfolgt; 23. September 1979; weitere Meldungen aus *Warburton, Healesville, Montrose, Mt. Eveleyn, Neerim, Beenleigh, Miles* (Januar 1983). Weitere Sichtungen könnten sich auf eine unbekannte Spezies beziehen, die Beutel-Tigerkatze (vgl. Kap. 14). Ebenfalls in Emerald verfolgt Tiermensch (»Yowie«) unter Hinterlassung von 30 cm langen Fußspuren Augenzeugen und bringt dessen Auto zum Schaukeln; August 1979.

Eton Range, in der Nähe von *Mackay* Drei Männer beobachten kreisrundes UFO von 9 m Durchmesser, das mit einem brummenden Ton fliegt; es transportiert eine weitere Scheibe und hat ein dreifüßiges Landegestell und Scheinwerfer. Polizei findet beschädigte Bäume und Spuren der Landung; 23. Mai 1965.

Fraser Island Lange schwarze Objekte bis zu 30 m Länge treiben in der See; 6. Juni 1965. Andere Sichtungen von USOs vor *Coolum* und *Mooloolaba* im selben Jahr (vgl. Kap. 10).

Hook Island Robert le Serrec macht Fotos von einem Meeresungeheuer; 12. Dezember 1964 (vgl. Kap. 7).

Horseshoe Lagoon, in der Nähe von *Tully* Traktorfahrer sieht graublaues UFO von 7 m Durchmesser von der Lagune aufsteigen, wobei es sich wie ein Kreisel dreht und schnell davonfliegt; niedergedrücktes Schilf gefunden; 19. Januar 1966.

Kilcoy (Umgebung) Zwei Jugendliche, die an einem Bach zelten, können kurzen Blick auf einen »Yowie« werfen und entdecken im weichen Sand große Fußspuren; Februar 1980.

Laidley, Bezirk *Toowoomba* Mit dem Regen fallen Krabben vom Himmel, 50 Meilen vom Meer entfernt; 12. Mai 1930 (vgl. Kap. 13).

Maryborough-Moreton Bay Seit Ende des letzten Jahrhunderts Meeresungeheuer die Küste entlang beobachtet.

Nambour (Umgebung) Junge sieht kleine Scheibe, etwa 25 cm im Durchmesser, knapp über sich schweben; sie macht ein summendes Geräusch und verbreitet einen weißlichen Nebel. Später fühlt sich der Zeuge krank, und an seinen Händen entstehen große Brandblasen; 1932 oder 1933.

Nebo (Umgebung) Gruppe junger Leute sieht merkwürdige Lichter und Objekte in den Bäumen, hört laute Explosion; in den folgenden Tagen finden sich ungewöhnliche Spuren am Boden; 22. März 1975.

Prince of Wales Island Jäger sehen rotes UFO landen; andere sehen ein ähnliches Objekt; 14. Juli 1959.

Springbrook, Gold Coast Holzfäller sieht 2 m großen »Yowie«; 1978 (vgl. Kap. 12).

Mount Tamborine, Gold-Coast-Hinterland Ein »Yowie« beschleicht drei Reiter an den Berghängen – er ist groß, grau und verschreckt die Hirtenhunde; Mai 1981.

Townsville Meeresungeheuer mit drei Höckern und Schuppen, mit Entenmuscheln besetzt, von Fischern hinter Fairway Beacon gesehen; außerdem vor Mourilayn Harbour und Mackay gesichtet; August und September 1934.

Warwick Gründlinge fallen vom Himmel; 1901. Im selben Bundesstaat weitere Fischfälle in *Cooper's Plains* (1906), *Victoria Park, Brisbane* (1907), *Caloundra* (Februar 1909), *Ipswitch District* (12. Mai 1930), Umgebung von *Prairie* (Februar 1944), *Cloncurry* (6. Februar 1949), *Townsville Airport* (1. April 1959), *Brisbane Suburbs* (1959), *Hughenden* (16. April 1971).

Südaustralien

Coomlieyna Beach, in der Nähe von *Ceduna* Ureinwohner entdecken vor der Küste unbekanntes U-Boot, etwa 30 m lang; 28. Dezember 1976 (vgl. Kap. 10).

Parkside Kugelblitz trifft Häuser, zerstört eines in *Fullarton*, 1920 (vgl. Kap. 8).

Stuart Range Opal-Sucher trifft auf Riesenreptil; 1931.

Tasmanien

Boobyalla Gewaltiges bananenförmiges UFO direkt über dem Boden gesichtet; 25. Mai 1974 während der Zeit zahlreicher UFO-Meldungen in Tasmanien.

Cressy Area UFO-Erscheinungen, inklusive Sichtung eines »Mutterschiffs« und weiterer kleiner Objekte; Oktober und November 1960.

Kettering Mann sieht nachts »Flugzeug« landen und macht sich auf den Weg, um es zu untersuchen. Er trifft auf Objekt mit Kuppel und Fenstern, hinter denen helles Licht scheint. UFO startet mit brummendem Geräusch. Am nächsten Tag stellt der Zeuge eine runde Fläche mit angesengtem Gras fest; Februar 1976.

Lune River Thyclacinus bzw. Tasmanischer Tiger bzw. Tasmanischer Wolf von Wanderern im Busch entdeckt; Februar 1986. Neuerdings häufiger Beobachtungen des »ausgestorbenen« Tieres von verschiedenen Orten der Insel, darunter *Black River* (Februar 1977), zwischen *Gladstone* und *Derby* (19. August 1977) und *Mole Creek*. Seit 1936 über 1000 Sichtungen, davon 104 zwischen 1970 und 1980, aber noch immer kein positiver Beweis für seine Existenz gefunden (vgl. Kap. 14).

Murchison Highway, zwischen *Queenstown* und *Burine* Ehemalige Polizistin sieht von ihrem Wagen aus hellgrünes Licht am Himmel – ihre Armbanduhr und die Autouhr bleiben stehen, der Motor versagt, und die Bremsen funktionieren nicht mehr. Das dauert mehrere Minuten an, bis das grüne Licht wieder verschwindet. In Burnie läuft die Uhr wieder, und sie merkt, daß sie zusätzlich Treibstoff verbraucht hat; 20. August 1979.

Lake Sorell Beim Kampieren am See entdecken zwei Männer drei UFOs. Ein intensives Licht scheint auf den See herab, bevor die Objekte wie »in einem Blitz« verschwinden; 26. Februar 1975.

Westküste Minenangestellte beobachten vierbeiniges Meeresungeheuer am Strand; 20. April 1913 (vgl. Kap. 7).

Victoria

Bass Strait Von zwei Flugzeugen aus, die nach einem vermißten Schoner suchen, werden Lichter beobachtet; ein Flugzeug fliegt in eine große Wolke und wird nie mehr wiedergesehen, und auch der Schoner bleibt verschollen; 1920. Die Besatzung eines Beaufort-Bombers der RAF sieht in 4500 Fuß Höhe einen »dunklen Schatten« nur 30 bis 50 m entfernt vorbeifliegen, aus dessen hinterem Ende Flammen stoßen. Zwischen 18 und 20 Minuten fallen das Funkgerät und die Navigationsinstrumente des Bombers aus, bis das UFO sich schnell entfernt; Februar 1944. Frederick Valentich verschwindet auf einem Flug nach *King Island*; 21. Oktober 1978 (vgl. Kap. 3).

Benambra (Umgebung) Thyclacinus beim Überqueren einer Straße beobachtet; Ende Dezember 1979. Andere Sichtungsorte: der *Lang-Lang*-Bezirk von Gippsland, *West Wimmera* und die Gegend von *Portland* (vgl. Kap. 14).

Grampian Mountains, südlich von *Horsham* Häufig Meldungen vom Auftauchen großer Katzen seit den 50er Jahren (vgl. Kap. 14).

Gunyah, in der Nähe von *Trafalgar* Große rehbraune Katze von 1,80 m Länge von Männern gesehen, die im Hügelland arbeiten; November 1933 (vgl. Kap. 14).

Hayfield, Gippsland Fischregen; 25. Juli 1933.

Laurisior Reservoir, Kyneton Tier mit langen, struppigen Ohren, die es »mit kolossaler Geschwindigkeit« rotieren ließ, mehrfach von Bewohnern der Gegend im Wasser beobachtet; August-September 1949.

Ram Head Meeresungeheuer von Dampferbesatzung beobachtet: 9 bis 11 m lang mit vier 1,50 m hohen Rückenflossen und einem Kopf, der größer ist als der eines Seehunds; 13. Juli 1902.

Rosedale (Umgebung) Farmarbeiter wird nachts durch Hundebellen geweckt und entdeckt draußen ein UFO mit Kuppel direkt über der Pferdekoppel. Es hat weder Flügel noch Schwanz, ist an die 5 m hoch und hat orangefarbene und blaue Lichter. Es schwebt über dem Wassertank, ehe es in der Pferdekoppel landet. Der Farmarbeiter fährt mit dem Motorrad hin. Als er ankommt, hört er einen Pfeifton und fühlt Kräfte schwinden. Aus 12 m Entfernung beobachtet er, wie das UFO mit kreischendem Ton und einem Schwall heißer Luft wieder aufsteigt. Am nächsten Tag stellt er Spuren auf dem Landeplatz fest. Im Wassertank fehlen über 40 000 Liter; 30. September 1980.

Wonthaggi Zwei unbekannte U-Boote vor der Küste gesichtet, von der Marine nicht identifizierbar; 11. April 1965 (vgl. Kap. 10).

Wycherproof Die Lichtstrahlen eines Autoscheinwerfers scheinen nach rechts abzuknicken, der Autofahrer sieht konischen Lichtstrahl auf dem Feld. Objekt, von dem er stammt, fliegt davon; 5. April 1966.

Westaustralien

Claremont Viermaliger Fischfall; 20. Juni 1945.

Cordering Area, östlich von *Bunbury* Viele Meldungen von mysteriösen, katzenähnlichen Tieren; Höhepunkt 1978. Weitere Sichtungsorte: *Kulja* (1972), *Nambung* (August 1982), *Eneabba* (24. August 1982), *Trayning* (Oktober 1985) (vgl. Kap. 14).

Mandurah Kleines glänzendes haarloses Lebewesen mit menschenähnlicher Gestalt betritt Haus; 1930 (vgl. Kap. 9).

Moora (Umgebung) Zwei junge Männer sehen ein Objekt, das wie zwei umgekehrt aufeinandergestellte Untertassen aussieht. Es steht auf Beinen in der Pferdekoppel, hat ovale Fenster und glänzt. Als sie ein paar Tage später wieder an die Stelle zurückkehren, finden sie nichts mehr vor; 1925.

Nullarbor Plain Frau mit drei Söhnen berichtet, auf ihrer Fahrt auf einer einsamen Straße von einem eierbecherförmigen UFO verfolgt worden zu sein, das sich hinter ihr vom Boden erhob und mit Asche bedeckt schien; ein Astronom stellt die Theorie auf, daß es sich um einen größeren Meteoritenschauer gehandelt haben könnte; 20. Januar 1988.

Pumphrey Kleine und große Steine fallen tagelang vom Himmel, gleichzeitig an einem 150 Meilen entfernten Ort; März 1957 (vgl. Kap. 16).

Upper Swan Valley Fischfall; 1. Juli 1927.

BAHAMAS

Nassau (60 Meilen östlich) Offiziere und Passagiere an Bord der *Mauretania* sehen ein 18 m langes Meeresungeheuer mit hervortretenden Höckern und einem großen Kopf, der flach auf dem Wasser liegt; 6. März 1934.

BELGIEN

Banneux Acht Marienerscheinungen; Januar – März 1933 (vgl. Kap. 15).

Beauraing Fünf Kinder sehen Marienerscheinungen und hören ihre Botschaften; erstmals am 29. November 1932 (vgl. Kap. 15).

Brüssel Erleuchteter Bereich von 8 m Länge und 1,50 m Höhe in der Straße beobachtet; er phosphoresziert grün, zittert, verändert seine Gestalt und schwindet wieder; wirkt wie aus winzigen leuchtenden Partikeln zusammengesetzt; 24. Januar 1970.

Etterbeek Einige Sekunden lang fallen kleine Steine, schwarz und klebrig, vom Himmel; 12. Juli 1975 (vgl. Kap. 13).

Huy Zigarrenförmiges UFO landet, zwei Wesen an Bord beobachtet; 9. Oktober 1954.

Maas (Fluß), in der Nähe von *Ombret* 90 cm langes »Krokodil« im Fluß entdeckt – ausgerissener Alligator, der als Haustier gehalten wurde? 6. August 1979.

Marcelline, in der Nähe von *Charleroi* 300 Steine werden binnen vier Tagen gegen ein Haus geschleudert, ohne daß ein menschlicher Täter gefaßt werden konnte, auch nicht von der Polizei; 30. Januar – 2. Februar 1913 (vgl. Kap. 16).

Sart Eine Substanz, die nach Klebstoff riecht, fällt vom Himmel; 8. Juni 1901 (vgl. Kap. 13).

Warneton (Umgebung) Während nächtlicher Fahrt sieht ein Mann gelandetes UFO auf einem Feld. Dann kommen zwei der Insassen zu seinem Auto. Sie tragen Helme und wollen sich scheinbar unterhalten, ehe sie wieder zu ihrem Fluggerät zurückkehren; 7. Januar 1974.

Zwischen *Wasmes* und *Audemets* Kleidung eines Mannes gerät in Brand, als er sich nachts einem UFO nähert, das auf der Straße gelandet ist und helles Licht abstrahlt; 14. November 1954.

Wilsele Steine regnen auf vier Häuser; Mai – Juli 1973.

BELIZE

Maya-Gebirge Im Wald am Fuß des Gebirges entdeckt Forstbediensteter »kleine Männchen«, 10 bis 15 cm groß und am ganzen Körper behaart; werden »Dwendis« genannt und leben in den Wäldern des Südens.

San Antonio Ein Paar und seine Enkeltochter werden von kleinen Steinen beworfen, und zwar im Freien wie in geschlossenen Räumen; 1981.

BOLIVIEN

Origuere-See Berichte über einen riesigen »Fisch«, der Kanus zum Kentern bringt.

Oruro Radiotechniker behauptet, von UFO-Insassen entführt worden zu sein, die ihn ausgefragt und ihm eine Botschaft übergeben hätten; 15. August 1980.

BORNEO

Lawas (Fluß) Berichte über ein Ungeheuer mit kuhähnlichem Kopf, dickem Hals und Augen wie Glühlampen – ein Dugong? Mai 1985.

BRASILIEN

Araguari (Fluß in der Provinz *Amapá*) Viele Zeugen beobachten ein UFO, das aus dem Fluß startet, eine Weile über ihnen schwebt und dann in Richtung Meer davonfliegt; November 1980 (vgl. Kap. 10).

Barra da Tijuca Pressefotograf Ed Keffel schießt fünf Fotos von einem UFO; 7. Mai 1952 (vgl. Kap. 3).

Baurú Landvermesser sieht scheibenförmiges 45-Meter-UFO landen; steht auf drei Beinen. Drei mehr als 2 m große Insassen versuchen, ihn ins Innere zu locken. Er versteckt sich und beobachtet, wie sie mit dicken Steinen werfen und herumhüpfen; 23. Juli 1947.

Brasília Poltergeist; 18. – 19. September 1960.

Carapicuiba Steine, Backsteine und Ziegel fallen auf sechs Slum-Hütten; September 1974 (vgl. Kap. 16).

Copçaba (Umgebung) Ungefähr fünf Minuten lang regnet es Fleisch und Blut vom Himmel; 27. August 1968 (vgl. Kap. 13).

Cordilheira dos Parecis Entdecker Col. Fawcett sieht zusammen mit seinen Begleitern nackte, behaarte »Wilde«, die sie mit Pfeil und Bogen bedrohen: Sie werden dort »Maricoxis« genannt und sind wahrscheinlich Angehörige eines primitiven Menschenstammes; 1914 (vgl. Kap. 12).

Curitiba (Umgebung) Beobachtung eines merkwürdigen Objekts auf See, das sinkt, wieder steigt, erneut sinkt; 10. Januar 1958 (vgl. Kap. 10).

Fernando de Noronha Vor der Insel Meeresungeheuer gesichtet; Kopf so groß wie der einer Kuh. Zeuge sieht auch, 10 m vom Kopf entfernt, schwanzähnlichen Teil des Tieres; 1905.

Francisco de Sales (Umgebung), *Minas Gerais* Der 23 Jahre alte Bauer Antonio Villas Boas wird von seinem Traktor in ein UFO verschleppt. Mehrere Insassen sind daran beteiligt. Sie ziehen ihn mit Gewalt aus und zapfen ihm Blut ab. Dann kommt ein nacktes weibliches Wesen hinzu, macht ihm Avancen, und sie haben Geschlechtsverkehr. Bevor er das UFO verläßt, versucht er, ein Beweisstück für seine Erfahrungen mitgehen zu lassen, aber die Insassen hindern ihn daran; 14. Oktober 1957.

Ipirianga, São Paulo Poltergeist mit einer Reihe von verschiedenen Manifestationen, darunter Transport eines Stuhls durch geschlossene Tür, Schleif- und Klopfgeräusche, Feuerausbrüche (u. a. auch in einem Plastiksack voller Kleider); außerdem werden Kleidungsstücke und ein Fußboden zuerst mit Wasser durchweicht und dann auf ähnlich rätselhafte Art wieder getrocknet, Gegenstände bewegen sich wie von selbst und verschwinden. Der Poltergeist verfolgt die Familie durch vier Wohnungen und stellt seine Aktivitäten erst ein, als die Tochter heiratet; 1968 – 1973 (vgl. Kap. 1 und 4).

Itapeva Steine fallen auf Häuser, einer durchschlägt das Dach der Kirche; Mai 1987.

Jabuticabal Poltergeist, konzentriert auf ein junges Mädchen namens Maria: Herumfliegen von Steinen und Eiern in geschlossenen Räumen, desgleichen von Geschirr, das auch zu Bruch geht, Materialisation von Gegenständen; Maria wird geohrfeigt, Möbelstücke werden nach ihr geworfen, nachts wird sie gewürgt, Nadeln werden ihr in die Fersen gestochen, und ihre Kleider werden versengt; beginnt im Dezember 1965 und dauert mindestens ein Jahr (vgl. Kap. 16).

Joao Pessoa Bohnen regnen vom Himmel; Juni 1971.

Lins-Sanatorium Frau, die Nachtdienst hat, gibt einem weiblichen UFO-Insassen Wasser; August 1968 (vgl. Kap. 6).

Manuos am *Amazonas* Reisender beobachtet fünf »Vögel« mit lederner Haut und Flügeln; etwa Februar 1947 (vgl. Kap. 17).

Mato Grosso Bericht über hominides Lebewesen, genannt »Mapinguary«, das Vieh tötet und ihm die Zungen ausreißt (vgl. Kap. 12).

Minduri (Umgebung) Zwei Riesen von an die 5,50 m Größe in roter Kleidung beobachtet, wie sie einen Hügel hinaufsteigen; August 1958.

Rio Negro Entdecker Col. Percy Fawcett tötet 18 m lange Anakonda; normalerweise sind diese Riesenschlangen 7 bis 10 m lang; 1907. Aus den späten 40er Jahren gibt es zwei Fotos des *sucuriju gigante*, einer 18 bis 45 m langen Monster-Schlange mit grünglühenden Augen, die angeblich am *Rio Araguaya* zu Hause ist.

Pelotas, Rio Grande do Sul Paar beobachtet Vogelmenschen; Anfang der 50er Jahre (vgl. Kap. 9).

Pernambuco/Recife (40 Seemeilen vor der Küste) Offizier auf einem Handelsschiff beobachtet Meeresungeheuer von ungefähr 55 m Länge, das das Schiff »mit Pfeilgeschwindigkeit« überholt. Es hat hohe Rückenflossen; 1906.

Peropava-Fluß, in der Nähe von *Iguapé* Scheibenförmiges UFO fällt in den Fluß; 31. Oktober 1963 (vgl. Kap. 10).

Piata-Strand Motorradfahrer sieht UFO über dem Meer und nimmt vier Fotos auf, die Markierungen an den Unterseiten der UFOs zeigen; dann gerät er in Trance und schreibt eine Botschaft, angeblich von dem UFO, in der zur Beendigung von Atomtests aufgerufen wird; 24. April 1959.

Pontal (Umgebung) Fischer sehen ein UFO landen und drei kleine Insassen aussteigen; sie sammeln Blätter, Gras und Wasser in einem Schlauch; November 1954 (vgl. Kap. 6).

Ponta Pora Poltergeist-Ausbruch; 1969–1973.

Port das Caixas In einer Kirche tropft aus einer 300 Jahre alten lebensgroßen Kruzifixstatue aus Holz menschliches Blut; anschließend Wunderheilungen; beginnt im Januar 1968 und dauert wenigstens 10 Jahre an.

Rio de Janeiro (100 Meilen nördlich davon) Fischer melden Sichtung eines Meeresungeheuers mit langem Hals und dunkelgrünen Schuppen, 30 m lang; August 1982.

Santa Maria Grande (vor der Küste) Nichtidentifizierbares Untersee-Objekt von der Mannschaft eines Transportschiffs beobachtet; 30. Juli 1967 (vgl. Kap. 10).

São Paulo Poltergeist-Ausbruch; Juli 1972. Paranormales Bewegen von Steinen und anderen Objekten; Frühjahr 1987 (vgl. Kap. 16).

São Paulo, São José dos Campos, Rio de Janeiro Mehrfarbige UFOs, die Tischtennisbällen gleichen, am Himmel und auf dem Radarschirm entdeckt; Jagdflieger werden zu ihrer Verfolgung hinaufgeschickt; einer von ihnen wird von 13 farbigen Lichtern umkreist; 19. Mai 1986.

Sorocaba Poltergeist; mehrere Wochen ab Mitte Juli 1972.

Suzano Poltergeist-Ausbruch mit verschiedenen Fällen spontaner menschlicher Selbstverbrennung; 1970 (vgl. Kap. 4).

Trinidad Marinefotograf nimmt vier Bilder von UFOs von einem Schiff der brasilianischen Kriegsmarine aus auf; 16. Januar 1958 (vgl. Kap. 3).

Ubatuba UFO explodiert über dem Meer, einige Trümmer können für eine Analyse gesichert werden – es handelt sich um reines Magnesium; 10. September 1957 (vgl. Kap. 3).

Urubú (Stromgebiet) Expeditionsteilnehmer schießt auf aufrecht stehende »stämmige schwarze Gestalt«; hält sie für einen »Mapinguary«; 1930 (vgl. Kap. 12).

BULGARIEN

Sofia Helles kugelförmiges UFO fliegt langsam in großer Höhe über die Stadt; 1908. Zylinderförmiges UFO gesichtet; 9. April 1967. Bläulich neonfarbenes UFO in Trapezform beobachtet, das sich gegen den Wind bewegt; 21. November 1967.

BURMA

Comilla In einem schweren Sturm regnet es Tausende kleiner Fische; 2. Weltkrieg.

Mandalay Reis fällt vom Himmel; Januar 1952 (vgl. Kap. 13).

Mekong-Fluß Große dunkle behaarte »Affenmenschen« in der Nähe der Grenzen zu Burma, Thailand und Laos gesichtet; Juli 1969.

CHILE

Arica (Umgebung) Schürfer beobachtet UFO-Landung mit Ausstieg zweier Insassen. Sie bitten in einer Mischung aus Spanisch und Englisch um Wasser. Zeuge gibt es ihnen, sie fliegen davon; 15. Juni 1964. Pilot und Besatzungsmitglieder sehen UFO, das offenbar automatisch gesteuert wird und auf das Flugzeug zufliegt; 6. September 1985.

Isla de Chiloe Phantomschiff *Caleuche* gesichtet; 1968 und zu anderen Zeiten.

Osorno (Umgebung) Mann sieht auf Marsch durch den Wald einen Lichtstrahl und dann ein UFO; wird gelähmt; dann tauchen menschenähnliche Wesen von etwa 1,30 m Größe auf, die glatte, durchscheinende Anzüge tragen; Ende Januar 1967.

Pampa Lluscuma, in der Nähe von *Putre* Gefreiter Armando Valdes geht auf ein Licht (UFO?) zu und kommt nach fünfzehn Minuten mit einem fünf Tage alten Bart zurück; auch die Kalenderanzeige an seiner Uhr ist um fünf Tage weitergewandert; 25. April 1977.

Pelluco UFO, das violettes Licht ausstrahlt, landet und fliegt fünf Minuten später wieder davon; entwurzelte Bäume und deutlicher Landungskreis festgestellt, große Mengen Erde fehlen; 31. Juli 1965.

Tocopilla (Umgebung) Mehrere Zeugen beobachten UFO, und die herbeigerufene Polizei sieht leuchtendes Objekt, etwa 18 m im Durchmesser, mit hubschrauberähnlicher Kanzel über dem Meer. Polizist schießt auf das UFO, das schnell auf 50 m herankommt und die Umgebung taghell erleuchtet. Nach einigen Stunden versinkt es im Meer, wird dabei von einer Schiffsbesatzung beobachtet; 23.–24. September 1971 (vgl. Kap. 10).

CHINA

Changbai (Mandschurei) Ungeheuer in einem See gesichtet: etwa 1,80 m lang, schwarz, reptilienhaft, mit ovalem Kopf und langem Hals; mehrfach gesichtet, von einem Zeugen beschossen, aber verfehlt; 1980.

Chongquing (Umgebung), Provinz *Sezuan* Bauer begegnet auf dem Feld

Wesen mit gewaltigem Kopf, das einen einteiligen, metallisch wirkenden und hell glänzenden »Raumanzug« trägt. Auf dem Kopf trägt es einen Helm, es geht steif, aber schnell. Zeuge läuft davon, aber als er sich umdreht, ist das Wesen verschwunden; Ende August 1971.

Dadi-Wasserlauf, Provinz *Shaanxi* Holzfäller begegnet behaartem Wildmenschen, der ihm eine Stunde lang in 2 m Entfernung gegenübersteht, bis der Zeuge einen Stein nach ihm wirft; darauf zieht sich der Wildmensch zurück; Anfang Juni 1977. Kurz darauf erneute Begegnung mit der gleichen Kreatur; 21. Juli 1977 (vgl. Kap. 12).

Dongting-Hu-See, Provinz *Hunan* Hilferufe von einem Felsen; 1981 (vgl. Kap. 11).

Gaoligon-Gebirge, Süd-Yünnan Jeder, der sich zu den dortigen »Geheimnisvollen Seen« begibt und ruft, wird mit einem Regenschauer belohnt: je lauter der Schrei, desto heftiger der Schauer; je länger der Schrei, desto länger anhaltend der Regen; 1981.

Hanas-See Seeungeheuer entdeckt, etwa 10 m lang, als Riesenlachs identifiziert *(hucho taimen)*; 1985 (vgl. Kap. 7).

Lanzhou, Provinz *Gansu* Student entdeckt schwarzes, leuchtendes Wesen im Gemüsegarten; zwei andere sehen es zwei Tage später; 29. Juli 1974. Chinesische Boeing 747 wird auf dem Weg von Beijing nach Paris von schnellem UFO überholt, Vorgang dauert 2 Minuten; 11. Juni 1985.

Meishan, Provinz *Sezuan* Lautes, rötlich-orangefarbenes UFO, das an einen riesigen Strohhut erinnert, schwebt gegen Mitternacht 30 Minuten lang über der Stadt; 7. März 1987.

Nördliches China In 5 km Höhe trifft ein von oben fallendes Objekt den Schwanz eines chinesischen Militärflugzeugs, bricht ein Stück heraus, doch die Maschine kann sicher landen; 2. November 1983.

Quiaoshiang, Provinz *Hubei* Frau beobachtet beim Grasschneiden für die Schweinefütterung eine rote, behaarte Kreatur, die ihr Hinterteil an einem Baum reibt; Primatenhaare gefunden; 19. Juni 1976.

Quing Xian, Provinz *Hebei* UFO mit Kuppel, das weißes Licht ausstrahlt, fliegt 5 bis 6 m über dem Boden; September 1943.

Shanghai Statue der Unbefleckten Jungfrau Maria in einer Kirche auf einem Hügel nahe Shanghai weint drei Tage lang; 1953. 40 Minuten lang UFO über der Stadt gesichtet: ein »ovaler Teller« oder ein »Komet mit Schwanz wie ein Regenschirm« oder eine »fliegende Orange«; Militärmaschine startet zur Beobachtung; später identifiziert als in der Atmosphäre verbrennender Treibstoffüberschuß einer japanischen Rakete, die einen Satelliten in Umlauf gebracht hat; 27. August 1987.

Shennongija-Gebirge, Provinz *Hubei* Über 300 Sichtungen »wilder Menschen« seit den 20er Jahren; Suchexpeditionen (vgl. Kap. 12).

Taskurghan (wo sich die Grenzen von China, Indien, Afghanistan, Pakistan und der UdSSR treffen, in Verlängerung zu Tatschikistan in der UdSSR, wo Wildmenschen noch heute gesichtet werden) Behaarter Tiermensch erlegt; 1944.

Tianchi/Himmelssee am *Berg Baitou* Meldungen von Seeungeheuern in den letzten hundert Jahren.

Tong-eul-Kiou Die sterblichen Überreste der sel. Maria Assunta Pallotta werden acht Jahre nach ihrem Tod in unverwestem Zustand gefunden; April 1913.

Wuxi 100 Pfund schwerer Eisblock fällt vom Himmel auf einen Gehsteig; Wissenschaftler weisen seinen meteorischen Ursprung durch Satellitenfotos nach; 11. April 1983.

Yunan (Provinz) Soldaten töten und essen »Yeti«-ähnliche Kreatur; 1962.

Zhangpu (Kreis), Provinz *Fujian* Zwei große orangeleuchtende Objekte sinken über einem Freiluftkino mit 3000 Zuschauern nieder, fahren zwischen den Reihen hin und her, wobei sie fast den Boden berühren, und lösen eine Panik aus; zwei Kinder sterben, 200 Menschen werden verletzt; 7. Juli 1977.

Zhejiang (Provinz) Zwei Lkw-Fahrer, die im Konvoi fahren, beobachten UFO und zwei seltsame Gestalten auf der Straße, an zwei verschiedenen Stellen; Wesen sind etwa 1,30 m groß und tragen Helme und Raumanzüge mit Rucksäcken und Trommeln. Alle verschwinden, als ein Fahrer sein Führerhaus verläßt; 13. Dezember 1979.

DÄNEMARK

Furesö-See (in der Nähe von Kopenhagen) An privatem Bootssteg heftige Welle beobachtet, die ein Boot kurz aus dem Wasser hebt; mehrere 3 cm dicke Planken gebrochen. War es ein Riesenhecht oder ein anderes Monster? Februar 1944.

Gudenaa-Fluß in *Jütland* Gelbbraune, 1,80 m lange Schlange im Wasser gesehen; eine Person wird von ihr angegriffen und muß flüchten, nachdem sie sich mit einem Stock verteidigt hat; September 1943.

Herning & Holsted, Jütland Große Katze gesichtet; 1971. Ähnliches in *Vejen, Ålum* (1980 oder 1981), *Asserbolgård, Åbenrå* (Januar 1965), *Thy* (Winter 1968/69).

Kildevaeld-See, Osterbro, Kopenhagen Am See spazierendes Paar beobachtet dunkles Objekt, das etwa einen Meter aus dem Wasser ragt und im See hin und her schwimmt; Juli 1986.

Sonderborg Mechaniker sieht UFO landen und ist gelähmt; ebenso hören Vögel auf zu singen, Kühe bewegen sich nicht mehr. Vier Insassen mit schwarzen Helmen steigen aus, andere nehmen Reparaturen vor. Acht weitere Objekte tauchen auf und schweben über ihnen, bis alle wieder davonfliegen; 19. Juni 1951.

Svendborg (Umgebung) Mann auf Fahrrad sieht scheibenförmiges, leuchtendes UFO, anscheinend aus Glas, das kreiselnd über dem Boden schwebt; es verfolgt ihn in 6 m Höhe; 15. April 1959.

Tved (Dünengebiet) »Luchs« entdeckt, graugelb mit langen Läufen, großem Kopf und stumpfem Schwanz, aber kein Zootier als vermißt gemeldet. Mehrfach gesichtet, aber nicht gefangen oder erlegt; Winter 1968/69.

Ulushale (Wald von) auf der Insel *Mön* Merkwürdige Schlange beobachtet, etwa 1,30 m lang mit schwarzem Rücken und heller Unterseite und einem »widerlichen Kopf«; manche halten sie für einen riesigen Aal auf Landspaziergang; Juni 1973.

DEUTSCHLAND

Aschaffenburg und Umgebung von *Darmstadt* In verschiedenen Teichen Löcher in der dicken Eisdecke entdeckt; Februar 1986.

Bad Ems (Umgebung) Pfadfindergruppe stößt beim Holzsuchen auf große Kröte in der Höhlung eines Baumstumpfs, als einer mit dem Beil in den Stumpf schlägt; vorher hatte die Höhlung keinen Ein- oder Auslaß; Mai 1975.

Zwischen *Baden-Baden* und *Frankfurt* Auf der Autobahn beobachtet ein Zeuge eine kleine dunkle Limousine, die sich in einer Explosion aus Feuer und Rauch auflöst; 14. Oktober 1987.

Bayerische Alpen Berichte von einem Riesenreptil, genannt »Tatzelwurm« (vgl. Kap. 14).

Berlin Menschlicher Finger fällt vom Himmel und landet auf Autodach; März 1986 (vgl. Kap. 13).

Berlin-Charlottenburg Poltergeist; 9. Januar bis Ende April 1929.

Eichstätt Aus dem Sarkophag der hl. Walburga fließt jährlich vom Oktober bis zum Februar klares Wasser; es dient Heilzwecken (vgl. Kap. 15).

Gerolstein Poltergeist-Ausbruch; 4. Dezember 1901 – 20. Februar 1902.

Grosserlach (bei Sulzbach) Poltergeist-Ausbruch; 30. April bis Mitte Mai 1916.

Hamburg Mann entdeckt UFO mit beleuchteten Fenstern auf Feld in der Nähe seines Hauses; einige zwergenhafte Insassen gehen wieder zurück an Bord, als er sich nähert; Juni 1914. Kugelblitz dringt durch geschlossenes Fenster in Haus ein; 27. Juli 1952 (vgl. Kap. 8). Über 30 Menschen sehen einen Bären herumwandern; September 1974 (vgl. Kap. 14). In der Umgebung von Hamburg werden Pumas gesichtet, und ein Mann aus *Rantum* auf Sylt behauptet, von einem angegriffen worden zu sein; Jäger und Polizisten machen sich auf die Suche, finden aber keinen; Juli – August 1982. Andere Großkatzen in Umgebung von *Hannover* (Juli 1983), *Merzig-Wadern* im Saarland (August 1983) und *Delligsen* in Niedersachsen (Juni 1985) gesichtet.

Heede Vier junge Mädchen erleben hundertmal die Erscheinung der Muttergottes; 1. November 1937 – 1940

Heroldsbach-Thurn Kleine Mädchen und später auch Erwachsene sehen Maria; 9. Oktober 1949 – 1952.

Hohenschäftlarn Während eines Gewitters dringt Kugelblitz durch offenes Fenster in ein Haus ein und rollt über den Fußboden, klettert an einem Ofen hoch und explodiert, hinterläßt Ozongeruch; 2. August 1921 (vgl. Kap. 8).

Hopfgarten (bei Weimar) Poltergeist-Ausbruch mit Klopfgeräuschen, konzentriert auf eine sterbende Frau; 14. – 28. Februar 1921.

Katterbach In einem Offiziersclub der US Army spuken Piloten der deutschen Luftwaffe; 1976.

Kempen (bei Düsseldorf) Eiszapfen von 1,80 m Länge und 15 cm Umfang fallen vom Himmel und töten Zimmermann, der auf einem Dach arbeitet; 1951.

Köln (Umgebung) Krokodil im Waschraum eines D-Zugs München – Köln; Februar 1973.

Lauterach Poltergeist; September – Dezember 1946.

Leipzig Poltergeist; 4. September – 20. November 1931.

Limburg Geistliche heben 2000,– DM auf, die vom Himmel fallen; 1976 (vgl. Kap. 13).

München Poltergeist-Ausbruch; einige Tage im Januar 1927.

Neubrandenburg Zwei Affen mehrfach gesehen; Zoos vermissen keine Tiere; November 1938.

Neudorf (Baden) Poltergeist-Ausbruch; 9. Oktober – 10. November 1952 (vgl. Kap. 1).

Nickelheim (Bayern) Poltergeist-Ausbruch, bei dem Gegenstände durch geschlossene Türen und Fenster dringen; November 1968 – Februar 1969 (vgl. Kap. 1 und 16).

Oppau Poltergeist-Ausbruch; 9. Oktober 1930 – Ende Februar 1931.

Peißenberg Poltergeist-Ausbruch; Oktober – November 1925.

Pursruck Poltergeist-Ausbruch; November 1970 – August 1971.

Remagen 20 Kinder sehen Erscheinung der hl. Jungfrau Maria; 18. Dezember 1950.

Rinkerode (Umgebung) bei *Münster* Filmvorführer sieht auf der Heimfahrt gelandetes UFO in Zigarrenform und vier Insassen, die unter der Flugmaschine zu arbeiten scheinen; 9. Oktober 1954.

Rosenheim Poltergeist-Aktivitäten in einer Rechtsanwaltskanzlei, aber immer nur bei Anwesenheit einer jungen Angestellten – Lampen schwingen, Bilder rotieren an der Wand, Glühbirnen platzen, Telefone versagen; November 1967 – 1968.

Saarlouis Mehrere Zeugen sehen einen Puma; März/April 1988.

Scherfede (Westfalen) Poltergeist-Angriff; September – Dezember 1972.

Speicher (Rheinland-Pfalz) Geisterhafte Schritte und Belege für einen Anti-Nazi-Geist in einem Haus, das von Familie eines amerikanischen Soldaten bewohnt wird; 1965/66.

Vachendorf (Bayern) Poltergeist-Ausbruch; 1948 (vgl. Kap. 1).

Wildberg (bei Stuttgart) Poltergeist-Ausbruch; zehn Tage lang, Ende 1921.

Schloß *Wildenstein* (bei Heilbronn) »Kobolde« gesehen; Baronin sieht Geist eines 1890 im Schloß gestorbenen Kindes; 1. März 1953. Weibliche Spukgestalt in Weiß im Badezimmer; 1945. Weitere Geister gesehen, dazu Phantom-Musik.

DOMINIKANISCHE REPUBLIK

Palenque, San Cristobal Fahrer von drei Wesen in grüner Kleidung angehalten. Gelbgraue Haut. Im Gebüsch ovales UFO. Ein Wesen erzählt dem Zeugen, es heiße Freddy Miller und stamme aus der Dominikanischen Republik. Ein UFO habe ihn im Meer vor dem Ertrinken gerettet und mit zur Venus genommen. Nach einigen Minuten Unterhaltung fliegen die Wesen davon. Miller, der von der Existenz von UFOs überzeugt war, war 1959 auf einer Bootsfahrt verschollen; 22. September 1972.

ECUADOR

Anden Berichte über 1,20 bis 1,50 m große Hominiden, die »Shiru« genannt werden.

ELFENBEINKÜSTE

Aboro, Abidjan Blut spritzt aus Hauswänden; 12. März 1985 (vgl. Kap. 1).

Adiopodoumé (bei Abidjan) Afrikanischer Junge mit Schulausbildung begegnet »Pygmäen« mit langem rötlichem Fell und langem rötlichem Kopfhaar, der in den Wald davonrennt; 1947. Weitere ähnlich lautende Meldungen, darunter die von einer Kreatur, die von einem Elefantenjäger zwischen den Flüssen Sassandra und Cavally erschossen wird; 1947 (vgl. Kap.12).

ENGLAND

(s. auch *Modern Mysteries of Britain*).

Bedfordshire

Chicksands Wood Mann beobachtet beim Ausführen seiner Hunde großes katzenähnliches Tier und findet halbverzehrtes Kaninchen; November 1985.

Dunstable In einem Haus spukt ein Mann in viktorianischer Kleidung; Sommer 1966 (vgl. Kap. 5).

Berkshire

Ascot Poltergeist mit ungewöhnlichen Varianten – Blitze inner- und außerhalb des Hauses, fliegende Gegenstände, geparkte Autos werden geräuschlos verrückt, ein Aschenbecher wird geworfen, ohne daß Asche durch die Luft fliegt, Telefonstörungen; Weihnachten 1974 bis Anfang 1976 (vgl. Kap. 1).

Thatcham In einem Bauernhaus Geisterstimmen; später wird Geist einer kleinen alten Frau gesehen (vgl. Kap. 11).

Windsor Geist von Kardinal Wolsey in einem Haus gesehen; Ostern, Anfang 20er Jahre.

Cambridgeshire

Linton Männlicher Geist spricht zweimal mit einem Zeugen. Von den Gesprächen werden Aufzeichnungen gemacht, dazu von anderen in früheren Jahrhunderten in dem Haus gefallenen Äußerungen. Haus wird von dem medial veranlagten Matthew Manning bewohnt; ab 1971 (vgl. Kap. 11).

Soham Arbeiter sehen während Nachtschicht schattige Gestalten und hören Geisterstimmen; Herbst 1973 (vgl. Kap. 11).

Channel Islands

Vale, Guernsey In sumpfiger Gegend springt nachts ein Feuerball eine Hecke entlang; 1933 (vgl. Kap. 8).

Cheshire

Chester Geist eines Mönchs spricht mit einem nachts nach Hause eilenden Mann; Dezember 1973 (vgl. Kap. 11). Mann hört und sieht schluchzenden Geist und den Geist eines Mannes, der in einem Baum hängt; November 1984. Frau hört beim Verlassen eines Geschäfts Geisterstimme »Auf Wiedersehen« sagen; 1985. Mädchen begegnet einem Mann, der mit ihm spricht; später wird ihr klar, daß er tot war; Januar 1986.

Dodleston Poltergeist in einem Landhaus, begleitet von Kommunikation über Heimcomputer mit einem Mann, der im 16. Jahrhundert gelebt hat; beginnt im November 1984 (vgl. Kap. 11).

Weaverham Poltergeist in einem Bungalow, sobald ein Junge anwesend ist, verbunden mit Möbelrücken, auf den Boden geschriebenen Botschaften und fallenden Gegenständen; Oktober 1975.

Cleveland

Hartlepool Zwei Feuerbälle (Kugelblitze?) fliegen an Malern, die ein Haus anstreichen, vorbei und »lösen sich in einem Funkenregen« auf; 25. Oktober 1979.

Cornwall

Lostwithiel Poltergeist im Trout-Hotel; Anfang 1987.

Poundstock Mann spricht mit einem Priester, der ihm auch antwortet; später erfährt er, daß es sich um einen Geist gehandelt hat; 2. März 1971 (vgl. Kap. 11).

Derbyshire

Hardwick Hall Kinder sehen einen Geist, der Tablett mit Humpen trägt; 1934 (vgl. Kap. 5).

Devon

Charford Manor Im Hotelkeller spukt der Geist eines älteren Mannes – man hört Schritte, Flaschen werden von unsichtbarer Hand bewegt, und eine Gestalt kommt ins Speisezimmer geschwebt; Anfang 80er Jahre.

Dartmouth (Umgebung) Großes katzenähnliches Tier rennt über die Straße, Zeuge fährt mit seinem Wagen gegen eine Hecke; 5. November 1986.

Devonport, Plymouth Geisterhafter »Lebensmittelschleuderer« wirft Würstchenpakete in Gärten und einmal eine frische Languste im Wert von 4 bis 5 Pfund; 1979–1983.

Honiton Kinder sehen auf dem Marlpit's Hill den Geist eines Mannes, der in der Schlacht von Sedgemoor im 17. Jahrhundert getötet worden sein könnte; 1904 (vgl. Kap. 1).

Ivybridge Poltergeist – Klopfen, Gerüche, Schreie, Qualm; November 1984 (vgl. Kap. 1).

Widecombe (Umgebung) Asiatische Leopardenkatze von einem Bauern aus Dartmoor erlegt; April 1988.

Dorset

Lytchett Matravers Geist einer kleinen alten Dame in einer Kirche gesehen; 30. März 1915 (vgl. Kap. 5).

Durham

Durham (Umgebung) Mehrfach mysteriöse Katze gesichtet, vor allem in *Bowburn, Thinford, Ferryhill, Deaf Hill, Wingate*; August – Oktober 1986.

East Sussex

Brighton Zeuge hört Geisterstimme am frühen Morgen; Januar 1973.

Essex

Cranham (Umgebung) Geistererscheinung in Mönchskutte oder mit Kapuze zur Weihnachtszeit auf der Straße von mehreren Autofahrern gesehen; 70er Jahre (vgl. Kap. 5).

Hadleigh Phantom aus georgianischer Epoche in einem Haus gesehen; etwa 1946.

Southend-on-Sea Mann sieht Erscheinung einer Frau; 1983.

Gloucestershire

Cheltenham Während eines Gewitters dringt Kugelblitz in Haus ein, folgt einer Frau treppauf und schießt zum offenen Schlafzimmerfenster wieder hinaus; 1961 (vgl. Kap. 8).

Stow-on-the-Wold Poltergeist, zuerst destruktiv, dann Übergang zu Singen und Scherzen eines Geistes namens »George«; 1963–64.

Greater London

Clarence House Als das Britische Rote Kreuz dort residiert, sieht eine allein im Haus arbeitende Frau an einem dunklen Herbstnachmittag eine »gräuliche, wirbelnde dreieckige qualmende Masse ... die sich mal vor-, mal zurückbewegt«; 40er Jahre.

Elm Park Gardens, Chelsea Poltergeist, konzentriert auf ein junges Dienstmädchen; hauptsächlich Schläge und Klopfen gegen eine Zwischenwand; 1937.

Hampstead Heath Junge wilde Robbe in einem Teich entdeckt; 25. August und Anfang November 1926.

House of Commons Geist eines lebenden Mannes im Parlament gesehen; Mai 1905.

Greater Manchester

Collyhurst, Manchester Kinder sehen in einem Spukhaus den Geist einer Frau in ihrem Zimmer; spricht mit ihnen; 12. November 1972.

Hampshire

Barton-on-Sea Mann und Frau werden auf Golfplatz von Hunderten lebender Fische, etwas größer als Köderfische, die aus einem wolkenlosen Himmel fallen, umgeben; 1948.

Hayling Island Katze mit fuchsartigem Körper von Auto überfahren, identifiziert als asiatische Sumpfkatze *(Felis chaus)*; Juli 1988.

Hereford & Worcester

Worcester Poltergeist-Aktivität beginnt mit einem heftigen Rütteln des Christbaums; Familie hört auch Schritte, und ein Aschenbecher fliegt durch das Zimmer; Weihnachten 1985 – Februar 1986.

Herfordshire

Berkhamsted Kugelblitz in einem Haus – weiß mit sich bewegender Struktur im Innern und knackenden Geräuschen; 13. September 1981.

Humberside

Bridlington Fischtrawler von Spuk heimgesucht, Radargerät versagt, das Ruder läßt das Schiff im Kreis fahren, Lichter gehen an und aus, die Kabinen sind kalt, obwohl geheizt wird; auch an Deck wird Geistererscheinung gesehen. Die Lage ändert sich »über Nacht«, nachdem ein Priester einen Exorzismus zelebriert, Kapitän und Mannschaft haben danach wieder gute Fänge; Dezember 1987.

Kent

Upstreet Zeuge wird in seinem Zelt vom Sturm geweckt und sieht »runde Feuerbälle« über den Wipfeln von Apfelbäumen tanzen; etwa 1927.

Lancashire

Morecambe Spezialist für Fernsehempfang über weite Distanzen fängt Kennungen eines Senders aus Houston, Texas, auf – aber diese Kennungen von KLEE-TV werden seit drei Jahren schon nicht mehr ausgesendet: Sind sie via Weltraum übertragen worden? September 1953, zweiter Fall am 23. November 1955.

Leicestershire

Breedon-on-the-Hill (Umgebung) Metallklumpen fällt vom Himmel, durchschlägt Windschutzscheibe eines Autos und verletzt Fahrer; nahe gelegener Flughafen verneint Flugverkehr zu diesem Zeitpunkt; August 1987.

Lincolnshire

Bourne Geist eines Babys weint in Wirtshaus (vgl. Kap. 11).

Denton (Umgebung) Rallye-Fahrer sieht Geisterreiter; 28./29. Januar 1967 (vgl. Kap. 5).

Norfolk

Eccles Gepard beobachtet: 60 cm groß, dunkelbraun gepunktet; 16. Juni 1987.

Gorleston Schleppnetzfischer stößt unter Wasser auf festes Objekt, 30 Meilen vor der Küste; als er die Stelle noch einmal aufsucht, um nun Echolot einzusetzen, kein Erfolg; Mai 1975 (vgl. Kap. 10).

Hunstanton Während eines heftigen Gewittersturms fällt teilweise geschmolzenes Eisenstück vom Himmel und trifft einen Kamin; 1930 (vgl. Kap. 13).

Norfolk Broads Möglicher Fall einer spontanen menschlichen Selbstverbrennung; 29. Juli 1938.

Nottinghamshire

Cotgrave Colliery Bergarbeiter begegnet unter der Erde einem Geist (vgl. Kap. 15).

Rufford Abbey Soldat auf Wache sieht Geist eines Mönchs, der ein Kruzifix trägt; Frühjahr 1942.

Oxfordshire

Magdalen College, Oxford Studenten hören und sehen Geister in ihren Zimmern; Frühjahr 1987.

Shropshire

Bridgnorth (Umgebung) Paar sieht auf Wanderung Phantom-Ruine; 21. September 1978.

Chatwall Geisterreiter auf Geisterpferd gesehen; Ostern 1965 (vgl. Kap. 5).

Somerset

Bridgwater Angekohlter Torf bzw. Kompost in einem Garten gefunden, nachdem Zeuge zuvor ein helles Objekt unter starker Lärmentwicklung herabsinken sah; Sommer 1978.

Exmoor Mehrere Jahre lang Großkatzen im Moor beobachtet; ein Haar, das bei gerissenen Schafen gefunden wird, stammt von einem Luchs, aber wahrscheinlich gibt es mehr als eine Katze; ab 1983.

Wychanger Barton 30 cm langer Zylinder, rot und heiß, durchschlägt Hausdach; zu der Zeit keine Flugzeuge im Luftraum darüber; September 1987.

South Yorkshire

Kilnhurst Mysteriöse Botschaft auf einer Tonbandkassette entdeckt; August 1986 (vgl. Kap. 11).

Rotherham In Spukwohnung Geräusche und Erscheinungen; August 1986 (vgl. Kap. 5).

Silverwood Colliery, in der Nähe von *Rotherham* Bergarbeiter vor Ort sieht Geist; Datum nicht bekannt, wahrscheinlich 70er oder 80er Jahre.

Stocksbridge Auf neuer Umgehungsstraße Geister gesehen; September 1987 (vgl. Kap. 5).

Staffordshire

Alton Towers Im Rotwildgehege beobachtet ein Mann, wie zumindest 1 1/4 Stunden lang Millionen von Fröschen, jeder kaum 2 cm groß, vom Himmel fallen; Zeit des 2. Weltkrieges.

Suffolk

Lakenheath Auf dem Militärflughafen werden Geister beobachtet, darunter auch RAF-Pilot, der in einer Maschine mitfliegt; Februar 1951 (vgl. Kap. 5).

Tyne & Wear

Dunston Reinemachefrau hört in der Toilette einer Fabrik, in der es spukt, Schreie; auch Arbeiter hören die Stimme; Herbst 1974 (vgl. Kap. 11).

West Midlands

Aston, Birmingham Warme und klebrige Steine fallen vom Himmel; 12. Mai 1969 (vgl. Kap. 13).

Coventry (Umgebung) Mann sieht bei einem Spaziergang auf dem Lande »Seifenblasen«, die gegen den Wind fliegen; Sommer 1952 (vgl. Kap. 8).

Oldbury Schüler beobachten bei gewittrigem Wetter in ihrem Gymnasium Kugelblitz: »Rundes glühendes Objekt kam durch das Fenster«, es war »gelblich, fast weiß«, und »ähnelte einer riesigen glühenden Distelwolle« von mehr als 15 cm im Durchmesser. Nach zehn Sekunden berührte es ein metallenes Tischbein und verschwand geräuschlos, hinterließ auch keinen Geruch; Anfang der 40er Jahre.

FIDSCHI-INSELN

Lautoka (Missionsschule der Methodisten) Studenten entdecken 60 cm große Zwerge, deren Körper mit schwarzem Haar bedeckt sind und die davonrennen, als die Jungen sich nähern; Juli 1975.

FINNLAND

Helsinki Eine große Anzahl Münzen materialisiert sich im Innern eines Hauses und fällt auf den Parkettboden; Herbst 1917 oder 1918 (vgl. Kap. 1). Geist eines ehemaligen Präsidenten spricht mit zwei Frauen; 19. April 1957 (vgl. Kap. 11). Eine ehemalige Bewohnerin besucht Party in ihrer Wohnung und spricht mit Zeugin; 12. Februar 1977 (vgl. Kap. 1).

Imjärvi Zwei Männer auf Skitour beobachten UFO, das langsam landet und einen Lichtstrahl aussendet, in dem ein 90 cm großes, sehr dünnes Lebewesen steht. Auf einen der beiden Männer richtet es ein rhythmisch sich ein- und ausschaltendes Licht, danach sendet das UFO einen rotgrauen Nebel aus und dazu farbige Funken, die beide Männer treffen. Der Nebel ist so dicht, daß sie nichts mehr erkennen können. Als es wieder aufklart, ist das UFO verschwunden. Die Männer fühlen sich eine Zeitlang krank; 7. Januar 1970 (vgl. Kap. 6).

Kursu, Salla Von seiner Hütte im unzugänglichen Waldgebiet aus sieht Mann ein UFO; dann steht, obwohl die Tür verschlossen ist, ein Wesen mit Helm und schimmerndem Anzug und mit großen Augen im Zimmer. Sie unterhalten sich über Apollo 13, bevor das Wesen durch die Wand verschwindet; 15. April 1970.

Loukusa-See, Taivalkoski Weißes Seeungeheuer, erstmals im Herbst 1958 gesichtet.

Insel *Parainen*, in der Nähe von *Turku* Rund um die Insel Sichtung eines Meeresungeheuers; Juni 1978.

Pudasjärvi (Umgebung) Frau fährt auf Landstraße und gerät in merkwürdigen Nebel, entdeckt UFO mit Kuppel und Bullaugen; sie wird ins UFO gezogen und untersucht, erhält eine Botschaft für Frieden und gegen Krieg; 2. April 1980.

Säkkiä-See, in der Nähe von *Länkipohja* 3,00 m x 2,50 m großes Loch im Eis; Lichter am Himmel; 8. Dezember 1983 (vgl. Kap. 10).

Zwischen *Tüstenjoki* und *Laitomaki* Lkw-Fahrer kollidiert mit Kugelblitz, der beim Zusammenstoß explodiert; 30. August 1969 (vgl. Kap. 8).

Tynka, Bezirk *Kalajoki* Während eines schweren Gewitters wird Kugelblitz beobachtet, der über den Boden rollt; ein anderer zerschneidet eine Kiefer und beschädigt eine Hütte; 14. Juli 1979.

Yrjo Kanto bei *Sikasalo* Bauer spaltet Stamm eines Espenbaums, den er ein paar Monate zuvor gefällt hat, und findet getrockneten Fisch, wahrscheinlich einen Flußbarsch, in einer morschen Aushöhlung; unmöglich festzustellen, wie er dorthin gelangt ist; Oktober 1969.

FRANKREICH

Ardèche (Departement) Bauernhaus wird mit Steinen und Äpfeln beworfen, von denen manche langsam fliegen, manche auch von oben fallen; September 1921 – Januar 1922 (vgl. Kap. 16).

Arles-sur-Têch, Pyrénées orientales Aus Sarkophag in einem Kloster fließen jährlich 350 bis 600 l Wasser, das zu Heilungszwecken verwendet wird (vgl. Kap. 15).

Ars Nach der Exhumierung des ehemaligen Pfarrers von Ars 45 Jahre nach seinem Tod ist der Leichnam unverwest; 17. Juni 1904.

Athis-Mons, Seine et Oise Mme. Debord und andere sehen eine Erscheinung der Madonna mit Kind; 1943.

Bois-de-Champ bei *Bruyères* Waldarbeiter berührt über ihm schwebendes UFO; April 1954 (vgl. Kap. 3).

Bourges Es regnet 1000-Franc-Noten vom Himmel; 1957 (vgl. Kap. 13).

Brignoles Bei einem schweren Sturm fallen Tausende von kleinen Kröten vom Himmel; 23. September 1973.

Canet-Plage bei *Perpignan* Direkt vor einem schweren Regenschauer fallen Tausende erbsengroßer Frösche vom Himmel; 28. August 1977.

Chablis Panther gesichtet; Anfang 1980.

Cherbourg Poltergeist mit Kratzen und Schlagen; 26.–28. April 1918.

Crollon, Manche Kinder sehen drei Erscheinungen der Muttergottes; 16. Juli 1933.

Deux Sèvres Kind berührt Kugelblitz mit dem Fuß; er explodiert und tötet elf Kühe, aber das Kind bleibt unverletzt; 1904.

Douai Poltergeist-Aktivitäten, konzentriert auf eine Türglocke, die schließlich von der Wand fällt und zerbricht; Juni 1907.

Draguignan, Provence Zwei Piloten beobachten weißleuchtendes »längliches Ei«, das sich mit hoher Geschwindigkeit in westlicher Richtung fortbewegt; auch am Boden fünf Zeugen; 6. Oktober 1956.

Dugny Drei Arbeiter in einem Kalkwerk haben Erscheinung der hl. Jungfrau Maria und des Jesuskindes; August 1951.

Entreveux Mann beschädigt Gipsstatue der hl. Anna; aus der abgetrennten Hand fließt menschliches Blut; 1954.

Epinal, Vogesen Mysteriöse Tiere töten Schafe und Kühe; in der Umgebung schwarze Großkatzen gesichtet; 1977.

Espis, Tarn et Garonne Kinder und Erwachsene haben Visionen von der hl.

Jungfrau Maria, Engeln und Heiligen, jeweils genau am 13. eines Monats; beginnen am 22. August 1946 und dauern bis 1950 an.

Ferdrupt, Vogesen Zwei Kinder sehen Erscheinung der hl. Jungfrau Maria mit Strahlen, die aus ihren Händen schießen; 2. März 1928.

Fougères-sur-Bièvre bei *Blois* Poltergeist mit lauten Schlägen an die Hauswände; 27. Dezember 1913 – Februar 1914 (vgl. Kap. 1).

Gaillac Zigarrenförmiges UFO gesichtet, begleitet von etwa zehn Paar scheibenförmigen Flugkörpern; sie schweben über der Stadt und lassen große Mengen »Engelshaar« fallen; 27. Oktober 1952. Ähnlicher Vorfall in *Orolon* am 17. Oktober 1952.

Grande-Synthe Poltergeist-Ausbruch mit Klopfen, Bewegen von Gegenständen und rätselhaften Bränden; Ende 1985.

Graulhet, Tarn In der Friedhofskapelle von St. Roch kommt es sechzehnmal in drei Jahren zu rätselhaften Verbrennungen von Tüchern zu Füßen einer Muttergottes-Statue; 1980–1983.

Hydrequent, Pas-de-Valais Zehn Jahre alter Junge und später fünfzig Erwachsene haben Erscheinung der hl. Jungfrau Maria in einer Höhle; August 1953.

Ile Napoléon, Haut-Rhin Drei Jungen sehen Erscheinung der hl. Jungfrau Maria; 1947.

L'Isle Bouchard, Indre et Loire Vier junge Mädchen sehen Erscheinung der hl. Jungfrau Maria; 8. Dezember 1947.

Lachaud, Corrèze Bauer hört auf dem Feld einen Knall, dann fällt klebriger Staub auf ihn herab, der Verbrennungen zweiten Grades auf seinen Armen, Händen und Gesicht verursacht, außerdem wird ihm schwindelig, er hat Sehstörungen und Anämie; 15. Juli 1966.

Le Brusc, Var Fischer sehen UFO auf dem Meer; Froschmänner klettern an Bord, bevor es wieder startet und verschwindet; 1. August 1962 (vgl. Kap. 10).

Liart, Ardennen Zwölf Menschen beobachten stille Erscheinung der hl. Jungfrau Maria; 7. Dezember 1948.

Flughafen *Marignane* bei *Marseille* Zollbeamter sieht UFO landen; 27. Oktober 1952 (vgl. Kap. 6).

Mirebeau Christusbild in einer Kirche beginnt an Haupt, Herz und Händen zu bluten; Tests zeigen, daß es sich um menschliches Blut handelt; 1911 (vgl. Kap. 15).

Montpinchon, Manche Auf Feldwegen sehen Zeugen eine glänzende »weiße Dame«, die sie als die Muttergottes ansehen; Mitte September 1984.

Morange-Silvange an der Mosel (Umgebung) 1 m große Känguruhs beobachtet; Juni 1986.

Mulhouse Weitgefächerte Poltergeist-Aktivitäten, die sich über vier Jahre hinziehen, mit körperlichen Attacken, Lärm, einer Erscheinung, Bewegen von Gegenständen etc.; 1978–1981.

Muzillac, Morbihan Drei Kinder haben 65 Visionen von der hl. Jungfrau Maria; 1918.

Neuville Poltergeist-Ausbruch; Juni – Juli 1906.

Nevers Als 30 Jahre nach ihrem Tod der Leichnam der hl. Bernadette Soubirous, der Seherin von Lourdes, exhumiert wird, erweist er sich als völlig erhalten; 22. September 1909.

Normandie Vor der Küste fällt ein großes schwarzes vogelähnliches Objekt ins Meer und verschwindet; Anfang Juli 1910 (vgl. Kap. 10).

Ossum Mehrere Meter lange Echse gesichtet; Ende 19. Jh. und Mai 1939 (vgl. Kap. 14).

Paris Beim Exhumieren der Leiche der hl. Catherine Labouré 56 Jahre nach ihrem Tod findet man sie völlig erhalten vor; 21. März 1933 (vgl. Kap. 15). Junges Krokodil im Abwasserkanal gefunden; 8. März 1984 (vgl. Kap. 14).

Petit Trianon, Versailles Mlle. Moberly und Mlle. Jourdain sehen Leute und Szenen aus dem 18. Jahrhundert; 10. August 1901. Andere Zeugen sehen später ebenfalls Geistererscheinungen in historischen Kostümen (vgl. Kap. 5).

Plescop, Morbihan Drei Kinder erleben elf Erscheinungen der hl. Jungfrau Maria; 26. Dezember 1947–1948.

Golf von Porto, Korsika Fischer beobachten 60 m langes Meeresungeheuer; Oktober 1907.

Puys bei Dieppe Zwei Frauen hören während ihrer Ferien am Strand Phantomgeräusche eines Fliegerangriffs aus dem 2. Weltkrieg; 4. August 1951 (vgl. Kap. 11).

Quaruble Stahlarbeiter Marius Dewilde sieht dunkles Objekt (UFO) auf Bahngeleisen, daneben zwei kleine Insassen. Er versucht, sie anzuhalten, wird aber von einem starken, auf ihn gerichteten Licht gelähmt; 10. September 1954. Im Herbst 1954 gibt es eine Welle von UFO-Begegnungen, vor allem in Frankreich, und die Landung von Quaruble ist typisch für 200 weitere.

Remiremont Hagelschauer mit Bildern der Jungfrau Maria in den Körnern; 26. Mai 1970 (vgl. Kap. 15).

Rhône-Fluß Wasserungeheuer in den Jahren 1954/55 gesehen; langhalsiges Meeresungeheuer in der Flußmündung im Sommer 1964.

St.-Jean-de-Maurienne Poltergeist-Ausbruch; Juni 1955.

Saint-Quay-Portrieux, Côtes-du-Nord Drei Zeugen sehen Meeresungeheuer mit schwarzem Höcker, schwimmt sehr schnell, gefolgt von einem weiteren; Sommer 1911.

St. Quentin, Aisne Kleine rote Bluttröpfchen erscheinen an Wänden, auf Teppichen und Bettbezügen; Lärm von zerbrechendem Steingutzeug in der Küche; Januar 1986 (vgl. Kap. 1).

Seron, Hautes-Pyrénées Etwa 90 rätselhafte Brände innerhalb eines Monats in einem Bauernhaus; Beginn am 6. August 1979.

Seyssuel bei Lyon Poltergeist-Ausbruch; etwa zwei Wochen Anfang der 30er Jahre.

Trans en Provence M. Collini beobachtet Landung eines UFOs in seinem Garten, etwa gegen 17 Uhr. Eine Minute später hebt es ab, man findet Spuren von der Landung. Wissenschaftliche Untersuchungen vorgenommen; 8. Februar 1981 (vgl. Kap. 6).

Uzès, Gard Jugendlicher sieht vom Haus aus auf der Straße hell leuchtende Kugel und fotografiert sie; 19. November 1974 (vgl. Kap. 8).

Valensole, Basses-Alpes Maurice Masse beobachtet UFO-Landung in seinem Lavendelfeld und wird von zwei 60 cm großen Insassen, die ein Instrument auf ihn richten, vorübergehend gelähmt; 1. Juli 1965 (vgl. Kap. 6).

Valescure, Var Puma gesichtet und gejagt, aber nicht gefangen; Februar 1983.

Villesang, Puy-de-Dôme Geräusche, die nach Einbruch der Nacht vom See kommen, lassen Gerüchte über Seeungeheuer entstehen; 1929.

Vodable Poltergeist-Ausbruch inklusive Glockenläuten, Bilderrücken und Gegenstände, die in die Betten geworfen werden; 7.–24. September, 17./18. Dezember 1914 (vgl. Kap. 1).

GABUN

Libreville Fischer sehen UFO landen und seltsame Wesen aussteigen, die unverständliche Geräusche machen, bevor sie wieder einsteigen und abfliegen; Fußabdrücke im Sand gefunden; 25. Dezember 1963.

GAMBIA

Bungalow Beach Kadaver eines fremdartigen Meerestiers an Land gespült; wahrscheinlich Exemplar einer lange als ausgestorben geltenden Art; Juni 1983.

GIBRALTAR

Nordlinie Tausende kleiner Frösche fallen während eines Gewitters vom Himmel; Mai 1921.

GRIECHENLAND

Asteroussia-Gebirge auf *Kreta* Drei junge Männer auf der Jagd beobachten dunkelgrauen, tieffliegenden Riesenvogel. Er hat fledermausartige Flügel und fingerartige Fortsätze daran, scharfe Krallen, pelikanförmigen Schnabel, erinnert an einen Pterodaktylus; Sommer 1986.

Athen Weinendes Bild der Panagia (Mutter Christi) in der russisch-orthodoxen Dreifaltigkeitskirche; März 1969.

Kap Matapan Schiffsbesatzung beobachtet Meeresungeheuer mit langem Hals und Höckern; Frühjahr 1912.

Missolonghi Poltergeist-Ausbruch; Dezember 1926 – Januar 1927.

Nauplia Tausende kleiner grüner Frösche fallen mit dem Regen herab; 1981.

Thásos Mann sieht »Periskop« 1,50 bis 2,00 m aus dem Wasser ragen und sich schnell fortbewegen, zu schnell für ein U-Boot; Mai oder Juni 1916.

GRENADA

Lowther's Lane Landhaus wird zum Zielpunkt von Steinschauern und anderen Dingen, bevor es auf ungeklärte Weise niederbrennt; 17. September 1934 – 14. Januar 1935 (vgl. Kap. 16).

GRÖNLAND

Sowjetischer Pilot beobachtet großes birnenförmiges UFO, das parallel zu ihm fliegt; hält es für ein amerikanisches Fluggerät, das sich in den Wolken verbirgt. Vierzig Minuten später sieht er es erneut. Es hat weder Flügel noch Antennen, Fenster oder Kondensstreifen. Versucht, ihm näher zu kommen, aber das UFO hält immer dieselbe Entfernung. Nach fünfzehn Minuten schießt es nach oben davon; 1956.

Disko-Bucht Meldungen über ein schwarzes Wasserungeheuer; 1954.

Natsilik-See Meldungen über Seeungeheuer; in einem Zufluß zum See sieht eine Frau eine große Flosse, »so groß wie ein Segel«; 1954.

Umanak-See Meldungen über ein weißes Seeungeheuer; 1954.

GUAM

Soldat beobachtet Fischregen, unter ihnen auch Schleien; September 1936.

GUATEMALA

Cubulco-Gebiet Berichte von »El Sisemite« (einem behaarten Wildmenschen), der in den Bergen lebt; er fängt Frauen; ein Mann behauptet, seine Tochter sei Anfang der 40er Jahre aus *Cobán* entführt worden.

GUYANA

Konawaruk Goldschürfer am Fluß sieht zwei Kreaturen mit menschlichen Zügen, aber mit rötlichbraunem Fell. Sie gehen aufrecht und ziehen sich in den Wald zurück. Vielleicht handelte es sich um »Didis«, die legendären, 1,50 m großen »Wildmenschen« von Guyana und Surinam; 1920. Ein amerikanischer Botaniker sieht einen 1,50 m großen, behaarten »Affenmenschen«; 1986 oder 1987 (vgl. Kap. 12).

HAITI

Port-au-Prince Weinende Statue der hl. Jungfrau Maria; 26. Mai 1976.

HONGKONG

Studenten grillen am Strand und beobachten dabei vor der Küste Meeresungeheuer; schwarz, mit grünen Augen, 6 bis 10 m lang, läßt heulenden Ton hören; März 1969.

Hang hau, Bezirk in *Sai kung* Großes dunkles katzenartiges Tier von verschiedenen Zeugen gesehen; große Hunde werden von rätselhaftem Tier getötet; Oktober und Dezember 1976.

INDIEN

Chengannur, Kerala Eiserne Statue einer indischen Göttin menstruiert.

Cuddapah, Madras Poltergeist; etwa April 1935.

Degaon, Maharashtra Poltergeist; etwa 1967.

Dhubri, Assam Frau sieht »leuchtenden Teller« auf einem Feld landen und wieder aufsteigen; 1. Oktober 1954.

Islampur, Bihar (Umgebung) UFO schwebt über dem Dach einer Schule und trägt große Teile von ihm ab; 12. Juli 1979.

Kalkutta Poltergeist; etwa Juli 1906. Boeing 747 wird bei Landeanflug von rundem, hellem »pink-neonfarbenem« UFO überholt; 16. Juli 1977. An drei Nächten überquert gewaltiges, von farbigen Lichtern umgebenes UFO langsam die Stadt; November 1986.

Karol Bagh bei *Neu-Delhi* Es regnet verschiedene kleine Dinge in einen Garten; 1963–1968 (vgl. Kap. 16).

Nördliches *Kaschmir* Arbeiter auf einer Schaffarm hören und sehen einen 1,20 m großen »Yeti«; ein Junge schlägt mit Kochtopf nach ihm, als er angegriffen wird; Ende Januar 1987 (vgl. Kap. 12).

Lucknow Poltergeist, Steingutzeug und anderes Geschirr werden zerschlagen, Kleider und Betten fangen Feuer – die Frau des Hausbesitzers wird versengt und stirbt; 1975/76 (vgl. Kap. 4).

Madras Leuchtender Ball (Kugelblitz?) nähert sich schnell und trifft auf einen Kokosnußbaum; explodiert »wie eine Ladung Dynamit«; Herbst 1958. Frau sieht im Mondlicht 2,40 m großes hominides Wesen mit »schimmernder Haut«, dann steigt ein gelbrotes Objekt gen Himmel; 1. Juli 1976.

Mannar bei *Dimapur* Möglicher Fall von spontaner Selbstverbrennung: Man findet den verbrannten Leichnam einer Frau, deren Kleider nicht angesengt sind, ebensowenig der übrige Raum; Mai 1907.

Nidamangalam, Tanjore Die katholische Familie eines indischen Magistratsbeamten wird vom »Teufel« in Form eines Poltergeistes heimgesucht, dessen Streiche sie dazu zwingen, in ein anderes Haus zu ziehen; 3.–19. März 1920 (vgl. Kap. 1 u. 4).

Alt-Mahabaleshwar bei *Bombay* Viele Zeugen beobachten UFOs, die in der Dämmerung am Himmel tanzen; kleine rote und gelbe Kugeln verlassen größere gelbe Untertasse und kehren wieder zurück; sie selbst schwebt bewegungslos 40 Minuten lang; 16. Mai 1974.

Pilibhit Poltergeist; 1930.

Poona Außerordentlicher Fall von Poltergeist-Aktivität, konzentriert auf zwei Brüder, mit Bewegen von Gegenständen, körperlichen Attacken, fallenden Steinen, Teleportation usw.; 1927–1930 (vgl. Kap. 1 u. 6).

Sundarbans (Wälder im Gezeitenbereich an der Mündung des Ganges und in Bangladesh) Dort sollen Warane von einer Länge bis zu 3 m leben; kamen auch in Assam vor (wo sie *buru* heißen), sollen neuerdings aber ausgestorben sein; überleben vielleicht auch noch in Bhutan und Burma.

Suri, West-Bengalen Poltergeist mit gesprochenen Botschaften aus dem Munde eines Toten; über zwei Monate im Jahr 1919 (vgl. Kap. 11 u.16).

INDONESIEN

Dortrecht, Sumatra Kleine Steine fallen langsam im geschlossenen Raum; September 1903 (vgl. Kap. 16).

Mount Kaba, Sumatra (Umgebung) Mann, der sich im Wald verirrt hat, begegnet 12 bis 22 cm großem kurzhaarigem Wesen, das auf einen Baum springt; könnte ein »Sedapa« (Tiermensch) gewesen sein; 1917.

Padang, Sumatra Im Sumpfwald begegnet Mann auf Wildschweinjagd einem »dunklen und behaarten Wesen«, das auf einem Baum sitzt; als er näher klettert, sieht er, daß es sich um einen Sedapa handelt; Oktober 1923 (vgl. Kap. 12).

Patenggang-See, Java Meldungen über reptilienartige Seeungeheuer.

Sumatra Ivan T. Sanderson macht Erfahrungen mit einem steinewerfenden Poltergeist; 1928 (vgl. Kap. 16).

Surabaya, Java Poltergeist-Ausbruch über sechs Wochen; 1950.

West-Kalimantan 2,70 m große Kreatur, halb Mensch, halb Tier, im Regenwald gesichtet; August 1983.

IRAN

Tabriz-See Iranischer Geschichtsforscher und seine Frau werden von UFO entführt, das neben ihrem Wagen landet. Insassen sehen aus wie ägyptische Mumien; 20. September 1976.

Teheran UFO kommt in Bodennähe, und eine Menge Neugieriger versammelt sich, ehe es wieder abheben kann. Im Cockpit ein kleines Wesen; 12. Oktober 1954.

IRLAND

County Cork

Lough Attariff Fischer beobachtet langes dunkelbraunes Monster mit großen glitzernden Augen, etwa 100 m entfernt; Juni 1966.

Ballinspittle Muttergottes-Statue bewegt sich auf übernatürliche Weise; erstmals Ende Juli 1985. Im Herbst 1985 wird aus anderen katholischen geweihten Stätten in Irland ähnliches gemeldet.

Ballyvourney Mysteriöses Tier beim Überqueren der Straße beobachtet: »blaßgrau mit zottigem, aber nicht langem Haar«, lang und schmächtig (75 cm von der Nase bis zum Schwanz), hält den Schwanz steil nach oben, kurze Beine, spitze Ohren mit Haarbüschel, katzenähnliches Gesicht – vielleicht ein Luchs; 1980.

County Donegal

Kerrytown Dorfbewohner sehen des öfteren die glänzende Erscheinung der hl. Jungfrau Maria über den Klippen; 11. Januar 1939–1946.

Waskel Lough Fischer haben etwas Großes an der Angel, sehen aber davon nur ein 1 m langes Stück Rücken, bräunlichgrau mit schmutzigen gelben Flekken; Ende der 40er Jahre.

West Donegal Zehn Dörfer zwei Jahre lang von heftigen Blitzschlägen heimgesucht; Dächer werden abgedeckt, Fenster zertrümmert, Fernseher und Telefone zerstört; 1983/84.

County Dublin

Dublin (Umgebung) Fliegende Scheibe von 25 cm Durchmesser landet; Kind trägt Brandverletzungen davon; November 1952.

Killakee Haus wird von Geistern und einer großen schwarzen Katze heimgesucht; Ende 60er, Anfang 70er Jahre.

Monkstown, Dublin Singende Geisterstimmen; 1977 (vgl. Kap. 11).

County Galway

Lough Abisdealy Langhalsiges schwarzes Monster mit schlangengleich gewundenem Körper; 1914. Mann sieht ebenfalls aalartige Kreatur aus dem See kriechen.

Lough Auna Meldungen über Seeungeheuer, eines davon ein über 10 bis 15 m langes, höckriges Tier.

Lough Dubh Schullehrer und Sohn sehen Monster, das aus dem See steigen will, um den Jungen anzugreifen; es hat kurze dicke Beine und ein pferdeähnliches Gesicht; März 1962.

Lough Fadda Fischende Leute sehen Monster mit großem offenem Maul; 1954 (vgl. Kap. 7).

Kilkerrin Bay Meeresungeheuer mit fast 2 m langem Hals und braunem Fell gesichtet; 1910.

Lough Mask Meldungen über Seeungeheuer.

Mutton Island Leuchtturmwächter schießt und erlegt Meeresungeheuer, 14 m lang und in der Mitte mit einem Umfang von gut 8 m, das an den Fischernetzen gerissen hatte; 5. Mai 1935.

Lough Nahooin Meldungen über Seeungeheuer; Nachforschungen erfolglos (vgl. Kap. 7).

Lough Shanakeever Mann sieht langhalsiges Tier mit einem schwarzen, an ein Fohlen erinnernden Körper, das ins Wasser steigt; etwa 1955; auch später noch gesichtet.

County Kerry

Asdee Vier Kinder sehen, wie sich zwei lebensgroße Statuen von Jesus und Maria in einer Kirche bewegen: Jesus nickt, Maria bewegt die Augen; 14. Februar 1985.

Lough Bran/Brin Schwarzes Monster beobachtet, reptilienhaft und wie eine Kreuzung zwischen einem riesigen Seehund und einem mythischen Drachen; Sommer 1979; ebenfalls schon gesehen von einem 14jährigen Jungen, der berichtet, es habe vier kurze Beine gehabt; 1940.

Lackagh Lake Meldungen über Seeungeheuer.

County Limerick

Zwischen *Ballingarry* und *Kilfinney* bei *Rathkeale* Junge begegnet Elfen und spricht mit ihnen; 1938 (vgl. Kap. 9).

County Mayo

Sraheens Lough, Achill Island Seeungeheuer gesichtet; am 1. Mai 1968 sehen zwei Männer es abends die Straße überqueren; nach ihren Angaben war es 2,50 bis 3,00 m lang. Eine Woche später sieht ein Junge, der mit dem Rad am See entlangfährt, ein großes schwarzes Lebewesen aus dem Wasser kriechen.

County Roscommon

Lough Ree Drei Priester beobachten langhalsiges Monster, das in 100 m Entfernung vorbeischwimmt; 18. Mai 1960.

County Tipperary

Templemore Alle Statuen und Heiligenbilder in einem Haus, in dem ein sechzehnjähriger Junge wohnt, fangen an zu bluten; auch Poltergeistphänomene konzentrieren sich auf den Jungen; erstmals am 21. August 1920 (vgl. Kap. 15).

County Waterford

Malleray, Cappoquin Besucher der Grotte sehen, wie die Statue der Jungfrau Maria lebendig wird; sie verkündet Botschaften; erstmals am 16. August 1985.

County Wexford

Cahore Point Langhalsiges Meeresungeheuer gesichtet, das sich wie ein großer Wurm fortbewegt; 23. Januar 1976.

Enniscorthy Poltergeist mit Klopfgeräuschen und Verziehen der Bettwäsche; 7.–29. Juli 1910.

Hook Head Fischer beobachten ein gewaltiges echsenartiges Monster mit langem Hals und höckrigem Rücken, mindestens 10 m lang; 1975.

County Wicklow

Lough Bray Seeungeheuer gesichtet; 1963.

ISLAND

70 Meilen südöstlich von Island Offiziere und Mannschaften der HMS *Hilary* sichten Meeresungeheuer mit 5 bis 10 m langem Hals; Kopf ist schwarz und glänzend; hat eine dreieckige Rückenflosse; Mai 1917.

Kleifarvatn-See Vogeljäger beobachten zwei Tiere, die aus dem See auftauchen; sie sind größer als Pferde, bewegen sich wie Hunde, schwimmen aber wie Seehunde und hinterlassen Spuren, die größer sind als die Hufabdrucke von Pferden und dabei dreigespalten; November 1984.

Saurar Poltergeist mit Möbelrücken und zerbrochenem Geschirr; 18. März – Mitte April 1964 (vgl. Kap. 1).

Vopnafjörthur Zwei Fischer beobachten schwarzes, höckeriges Meeresungeheuer, das fünfmal auftaucht; 13. Februar 1963.

ITALIEN

Adria Fischer beobachten seltsame, ungefähr 30 m hohe Wassersäulen und lange dunkle Objekte, die auf- und untertauchen; Oktober 1978 (vgl. Kap. 10).

Ätna (Sizilien) Auf dem Gipfel Erscheinung der hl. Agatha; Januar 1909.

Ancona Poltergeist; Dezember 1907 – Januar 1908.

Assisi Menge beobachtet Bewegung bei einer Muttergottes-Statue; 11. Februar 1948.

Atripalda, Avellino Fotografie des Gesichts vom Grabtuch von Turin beginnt zu bluten; Dezember 1958.

Aversa Steinschauer regnet auf eine Garage; Anfang 1981 (vgl. Kap. 16).

Bari Zwei Pumas gesichtet; 1983. Gebeine des hl. Nikolaus sondern Wasser ab, »Manna« genannt, das zu Heilungszwecken gebraucht wird (vgl. Kap. 15).

Boaria, Rovigo Eiförmiges UFO überfliegt Bauernhaus und gibt Lichtsignal von sich: Kühe geraten in Panik, der Bauer wird ohnmächtig, Teich trocknet aus, Heumieten fangen Feuer; Vieh erleidet Verbrennungen; 15. Oktober 1954.

Bologna Die Stimme der sel. Clelia Barbieri nimmt nach deren Tod 1870 teil an den Gebeten und Gesängen ihrer Mitschwestern; (vgl. Kap. 11).

Brescia Bauer stößt auf vier riesige Hühnerspuren; Juni 1985 (vgl. Kap. 17).

Capri, Kap Massulo Künstler beobachtet Landung eines UFOs und Aussteigen von vier Insassen in Overalls; sie halten sich eine halbe Stunde draußen auf, bevor sie wieder verschwinden; 17. Oktober 1954.

Caserta/Avellino/Potenza (Umgebung) Mit langen Haaren bedecktes, 1,80 m großes Monster mit hellen Augen und großen Ohren in den Bergen gesichtet; manchmal in Verbindung mit schwachen Lichteffekten; Mai u. Juni 1986.

Cefala Diana (bei Palermo) Mindestens 30 Menschen sehen eine Marienerscheinung am Fenster eines verfallenen Schlosses eine Woche lang täglich; Mai 1967.

Comer See Meldungen über Seeungeheuer.

Cosenza Blutiges Profil des Antlitzes Jesu erscheint an der Wand des Hauses der stigmatisierten Schwester Elena Aiello; Blut fließt seit 29. September 1955 mit Unterbrechungen bis zu ihrem Tod im Jahr 1961 (vgl. Kap. 15). 3,50 m langes Reptil mit langem Fell auf vier Beinen von mehreren Zeugen gesehen; Juli 1981 (vgl. Kap. 14).

Forlí Zeuge wird von 4,50 m langem Reptil verfolgt; Juli 1969 (vgl. Kap. 14).

Formia Gegenstände fangen Feuer, wenn ein Junge sie betrachtet; elektrische Geräte in Funktion beeinträchtigt; erstmals 1982 (vgl. Kap. 4).

Giarre (Sizilien) Foto der hl. Jungfrau Maria weint; 21. August 1954.

Gorgona (Adria-Insel) USO gesichtet; 22. Juni 1979.

Goro 3 m lange »Schlange mit Beinen« gesehen; Sommer 1975.

Isola (bei Spezia) Zigarrenförmiges UFO landet, drei kleine Insassen steigen aus; sie entwenden die Kaninchen eines Bauern aus ihren Käfigen; er richtet sein Gewehr auf sie, kann es aber nicht zielgerichtet halten; Lähmungserscheinungen; 14. November 1954.

Lanciano Eucharistisches Wunder: Brot und Wein verwandelten sich im 8. Jahrhundert in echtes Fleisch und echten Wein, und diese Reliquien sind noch

12 Jahrhunderte später erhalten; 1970 wissenschaftlich untersucht (vgl. Kap. 15).

Marina di Pisa Kinder und Erwachsene sehen Erscheinung der hl. Jungfrau Maria; 27. April 1948.

Maropati Gemälde weint menschliches Blut aus Augen der Madonna, aus dem Herzen, den Händen und Füßen, und an den Wänden darunter formen sich Kreuze aus Blut; seit 3. Januar 1971 (vgl. Kap. 15).

Mailand Leichnam des Kardinals Schuster wird 31 Jahre nach seinem Tod exhumiert und unversehrt vorgefunden; Februar 1985 (vgl. Kap. 15).

Marta, Viterbo Vier junge Mädchen und Erwachsene sehen Erscheinung der hl. Jungfrau Maria in einer Höhle; 19. Mai 1948.

Monterose 2,50 m langes Reptil mit grünen Augen und gelbem Leib gesehen; August 1935 (vgl. Kap. 14).

Montichiari Pierina Gilli hat Muttergottes-Visionen, auch andere Zeugen sehen Zeichen am Himmel; erstmals 1947.

Neapel Blutendes Christusbild; August 1973. Blut des hl. Januarius, das in zwei kleinen Phiolen aufbewahrt wird, verflüssigt sich mehrmals im Jahr bei öffentlichen Zeremonien, die zu Ehren des Heiligen in der Kirche abgehalten werden (vgl. Kap. 15).

Niscima (Sizilien) Statue der Madonna weint blutige Tränen, das setzt sie auch fort, nachdem man sie unter einen Glassturz gestellt hat; erstmals 30. August 1980.

Nuoro (Sardinien) Wasser dringt in die Fußböden jeder Krankenstation, in der sich ein neunjähriger Junge aufhält; November 1972 (vgl. Kap. 1).

Oliveto Citra Hl. Jungfrau Maria erscheint Zwillingsbrüdern; Tonbandaufnahme ihrer Stimme.

Paravati Natuzza Evolo fertigt »Hämographien« bzw. Blutbilder an (vgl. Kap. 15).

Perugia (Umgebung) Wasserungeheuer in Sumpfgegend beobachtet, die durch Tiber mit dem Meer verbunden ist; 1933 oder 1934.

Pescara Teller mit Bildern von Papst Johannes XXIII. und Präsident Kennedy sondert Blutstropfen ab; Januar 1974 (vgl. Kap. 15).

Piacenza Aale fallen vom Himmel; 9. Juni 1957.

Po bei (Portetolle) 50 cm langes Krokodil gefangen; Juni 1973.

Po-di-Gnocca Bauer sieht scheibenförmiges UFO landen; tiefer Krater an der Landestelle festgestellt, außerdem angesengte Bäume; 15. Oktober 1954.

Rom Leichnam der sel. Paula Frassinetti wird bei Exhumierung 24 Jahre nach ihrem Tod unversehrt vorgefunden; 1906. Tausende sehen UFO-Manöver über der Stadt, auch vom Radar eingefangen; 17. September 1954. Poltergeist-Ausbruch; 19. April – 2. Mai 1975. Rätselhafte Brände in Büros; Sommer 1984 (vgl. Kap. 4).

San Damiano Wunderheilung der sterbenden Rosa Quattrini durch die Muttergottes; ihr folgen viele Erscheinungen, Zeugen fotografieren ihre »Zeichen«; Heilung und erste Erscheinung am 29. September 1961 (vgl. Kap. 15).

Savona UFO taucht aus dem Meer vor Savona auf; 3. Juni 1961.

Scheggia, Perugia Vier Kinder haben auf dem Schulweg Erscheinung der hl. Jungfrau Maria; Mai 1959.

Syrakus (Sizilien) Blutendes Kalksteinkruzifix; Blut gerinnt sofort; 1972. In der Umgebung von Syrakus über 3 m langes Reptil gesichtet, nach zweitägiger Jagd von Bauern erlegt; Kadaver verbrannt; Dezember 1933. Muttergottes-Statue vergießt Tränen; 29. August – 1. September 1953 (vgl. Kap. 15). Italienischer Juwelier und seine Frau sehen auf Nachtfahrt im Licht ihrer Scheinwerfer kleines Wesen, 1 m groß, in leuchtendem bzw. irisierendem Gewand, mit Taucherhelm und zwei kleinen Flügeln an der Stelle von Armen; 19. Mai 1960.

Ticino-Fluß An der Flußmündung Wassermonster gesichtet; 1934.

Torriglia (bei Genua) Nachtwächter Fortunato Zanfretta begegnet UFO und 2,70 m großem Insassen und erlebt Zeitverlust. Im selben Monat noch einmal eine Begegnung, nachdem er sich verirrt hat; unter Hypnose erinnert er sich, an Bord des UFOs geschleppt worden zu sein; 6. u. 27. Dezember 1978 und weitere Erlebnisse am 30. Juli und 2. Dezember 1979.

Tre Fontane, Rom Die hl. Jungfrau Maria erscheint in einer Grotte mehrfach Kindern und deren kommunistischem Vater; 1947.

Trenzano, Brescia Madonna weint blutige Tränen; 1957. Andere Fälle von blutenden und weinenden Bildern in Italien u. a. bei *Assisi* (Statue, 1972), in *Cinquefrondi, Reggio Calabria* (weinende Madonna, 1972), *Lendinara, Adria-Rovigo* (weinendes Bild, 1972), *Ravenna* (weinende Fatima-Statue, 9. Dezember 1972), *Vertora, Bergamo* (Madonna weint Blut, 1972), *Castel S. Lorenzo, Salerno* (Maria blutet bei verschiedenen Gelegenheiten aus dem Herzen), *Florenz* (Maria weint Blut), *San Vittorino* (weinende Fatima-Statue in Krypta, 1972).

Turin Poltergeist im Keller eines Wirtshauses, Flaschen gehen zu Bruch; 16. November – 7. Dezember 1900. Farbig leuchtender und pulsierender Lichtball am Himmel über dem Flughafen von Caselle gesehen; dieses UFO bewegt sich so schnell und vollzieht Manöver, die für ein Flugzeug unmöglich wären; 30. November 1973.

Udine (Umgebung) Mehrere Menschen beobachten Riesenschlange von 3,50 m Länge, die pfeifende Geräusche von sich gibt; Sommer 1963.

Venus-See auf der Insel *Pantelleria* Nächtliche Geräusche aus dem See führen zu Gerüchten über Seeungeheuer; Juli 1982.

Villa Santina in *Carnia* (Friaul) Prof. R. J. Johannis, der in den Bergen nach Fossilien sucht, begegnet UFO und zwei kleinen Insassen mit grüner Haut, großen runden Augen und Schlitzmund. Als er sie anruft, sendet einer von ihnen einen Dampfstrahl aus seinem Gürtel, und der Zeuge fällt zu Boden. Sie nehmen seinen Pickel an sich und verschwinden; 14. August 1947.

JAMAICA

Roehampton Poltergeist; Mai – etwa Juli 1931.

JAPAN

Akita Marienstatue tropfen Tränen aus der rechten Hand; 1973. Sie weint und schwitzt; 1975.

Camp Okubo (bei Kyoto) Soldat auf Wache sichtet geflügelten Mann; 1952 (vgl. Kap. 9).

Fujishiro Bankmanager, mit zwei Kollegen auf Umgehungsstraße unterwegs, beobachtet vor sich schwarzen Wagen, der in einer weiß aufquellenden Wolke verschwindet; 19. November 1963.

Fukuoka (Präfektur) Steinernes Götterbild vergißt Tränen, nachdem Besitzer ihm Blumen und Tee anbietet; 22. Juli 1983.

Hiba (Umgebung des Berges) Berichte über »Hibagon-Monster« (Tiermensch); Anfang 70er Jahre. Ähnliche Lebewesen unter Namen »Yamagon« und »Kuigon« bekannt (vgl. Kap. 12).

Hokkaido »Okiku-chan«-Puppe, die sich seit 1938 im Mannen-Tempel befindet, nachdem ihre junge Besitzerin gestorben war, hat Haare, die wachsen und jeden März in einer besonderen Zeremonie geschnitten werden müssen. Haar wurde als menschlich analysiert. Ähnliche Puppen in *Kyoto* und *Obihiro*.

Ikeda-See Meldungen über Seeungeheuer: 20 Menschen beobachten zwei Höcker, jeder etwa 5 m lang und mit 5 m Abstand voneinander; 1978.

Japanisches Meer Kapitän eines russischen Frachters sieht UFO aus dem Meer aufsteigen; 18. August 1980 (vgl. Kap. 10).

Kobe Explosion und »Feuerwerk« über der Bucht, zwei rotierende Feuerbälle versinken in der See; 21. November 1956.

Kofu Zwei siebenjährige Jungen sehen Licht am Himmel und später in einem Weingarten; sie umwandern gelandetes UFO und sehen im Innern unbekannte orientalische Gesichter. Eine Leiter wird ausgefahren, und ein in Silber gekleideter Pilot mit großem Kopf und anderen fremdartigen Merkmalen steigt aus. Zweiter Insasse bleibt drinnen, die Hand am Hebel. Als die Jungen wegrennen wollen, redet das Wesen sie an; es klingt wie ein zu schnell laufendes Tonband. Sie laufen nach Hause und rufen die Eltern des einen Jungen heraus, die ebenfalls das Licht sehen; 32. Februar 1975.

Kutcharo-See Meldungen über Seeungeheuer.

Nishikawa-Cho, Präfektur *Yamagata* Runder, plattgedrückter Bereich im Schilf, UFO-Landung vermutet; 9. August 1986.

Nördlicher Pazifik Besatzung eines Fischerboots sieht zwei silbermetallene UFOs in die See eintauchen; 19. April 1957.

Pazifischer Ozean 180 Meilen vor der Nordostküste sehen vier Piloten einer Fluggesellschaft Wolkenpilz, der bis zu einer Höhe von 18 km steigt und einen Durchmesser von über 300 km hat. Nach zwei Minuten verschwindet er auf unerklärliche Weise. Ähnelt einer Atomexplosion, aber keine Radioaktivität festgestellt; Wissenschaftler nehmen später an, daß aufschlagender Meteor die große Rauchfahne ausgelöst haben könnte; 9. April 1984.

Sayama, Präfektur *Saitama* Amateurfunker Hideichi Amano fährt auf einen Berg, um zu funken; dort sieht er merkwürdige Lichter inner- und außerhalb seines Wagens und am Fenster ein hominides Wesen. Aus einer »Pfeife« in dessen Mund kommen stammelnde Geräusche. Nach einigen Minuten verschwindet es, und Amano kann seinen Wagen wieder starten; 3. Oktober 1978.

Senhara Nachts auf dem Berg zwei Stunden lang orangefarbene und blaue Lichter an verschiedenen Punkten; 31. Juli 1982.

Tokio Im Bereich des Nari-Heiligtums Phantom-Soldaten gesehen; Sommer 1979.

Tomakomai, Hokkaido Nachtwächter beobachtet Licht über dem Meer, das bis auf 20 m über der Wasseroberfläche herabkommt und dort schwebt; Rohr wird ausgefahren und ins Wasser getaucht, offenbar zum Pumpen. Dann kommt UFO näher, Zeuge sieht Gestalten in den Fenstern. Weitere Objekte tauchen auf und gehen in größerem Objekt auf, das davonfliegt; Juli 1973.

JORDANIEN

Beit Sahour Erscheinungen der hl. Jungfrau Maria in einer Grotte am Muttergottes-Brunnen; erstmals 15. August 1983.

Ramallah Aus Plastikstatue der hl. Jungfrau Maria sickert Olivenöl; Oktober 1987 (vgl. Kap. 15).

JUGOSLAWIEN

Belgrad Junge Astronomen beobachten 15 Minuten lang orangerotes Objekt; 21. Dezember 1968. Viele Zeugen sehen ovales rötliches UFO, das beim Überfliegen farbige Strahlen oder Flammen von sich gibt; 11. Juli 1970.

Citluk (Umgebung) »Madonna mit goldenen Haaren« erscheint sechs Mädchen auf dem Feld; etwa 1980.

Komovi (Wald von) UFOs in der Gegend gesichtet, die angeblich auch bei regnerischem Wetter Brände verursachen – ausgestoßene Flammen setzen Bäume in Brand; 26. November 1967.

Lanejevo Besatzungen von zwei Flugzeugen sehen über sich metallisches dreieckiges Objekt am Himmel; 20. September 1971.

Medjugorje Jugendliche haben regelmäßige Erscheinungen der Muttergottes; erstmals Juni 1981, bis in die späten 80er Jahre anhaltend.

Nisjic Helles, konisch geformtes UFO gesehen; 23. November 1967.

Pasman, Dalmatien Erwachsene und Kinder sehen Erscheinung der mit Sternen bekränzten Muttergottes in einer Wolke; 11. Juni 1946.

Rijeka Pilot und Radargerät sehen bzw. erfassen UFO; Oktober 1971.

Sremcica Explosion zu hören, Bäume geraten in Brand, Krater gebildet. Darin liegt ovales Objekt von 20 cm Durchmesser, dunkelgrau und gerippt, wahrscheinlich aus Magnesium; Februar 1969.

JUNGFERNINSELN

St. Thomas Passagiere auf einem Linienschiff sehen 18 bis 24 m langes Meeresungeheuer mit langem Hals und sechs oder mehr Höckern; 26. Oktober 1934.

KAMERUN

Assumbo-Gebirge Zoologe sichtet Riesenfledermaus oder Pterodaktylus; 1932 (vgl. Kap. 17).

Barombi-Mbo-See, Kumba Kinder sehen im See zwei Monster mit Hälsen, die 3 bis 5 m aus dem Wasser ragen; 1948 oder 1949.

KANADA

Alberta

Banff National Park In Eis eingehüllte Mücken fallen vom Himmel; 16. Februar 1952. Im August 1968 wird Bigfoot im Park gesichtet; weitere Bigfoot-Begegnungen in *Alberta* vor 1981, im *North Saskatchewan Valley* (März und Juli 1969), am *Big Horn Dam, North Saskatchewan River* (August 1969), in der Nähe des *Rocky Mountain House* (Sommer 1972), bei *Seven Persons* (Herbst 1972, Oktober und Dezember 1983), am *Big Horn Dam* (Mai 1974), bei *Sexsmith* (Oktober 1975), am *Cold Lake* (Sommer 1976), bei *Caroline* (September 1976) und bei *Rochester* (Oktober 1976).

Battle River, Clearwater River, North und *South Saskatchewan River* Meldungen von Wassermonstern.

Bowness Lagoon, Cold Lake, Heart Lake, Lake McGregor, Lake Minnewanka Meldungen über Seeungeheuer.

Christina Lake Berichte über 10 bis 12 m langes Seeungeheuer mit 1 m langem, behaartem Hals und großen Augen; Juni 1984.

Saddle Lake Seeungeheuer zwischen 1974 und 1984 hundertmal gesichtet; zwischen 20 und 45 m lang, mit pferdeartigem Kopf.

British Columbia

Bennet Lake, Chadvurn Lake, Lake Cowichan, Lake Harrison, Lake Kamloops, Lake Kathlyn, Lake Kootenay, Martin's Lake, Lake Osoyoos, Seton Lake (vgl. Kap. 7), *Lake Skaha, Lake Somenos, Lake Tagai, Williams Lake* Meldungen über Seeungeheuer.

Campbell River (Bezirk) Ort der wahrscheinlich ersten Bigfoot-Begegnung in British Columbia in diesem Jahrhundert; 1901. Holzflößer Mike King beobachtet Bigfoot, der Wurzeln im Wasser wäscht und ordentlich aufeinanderschichtet. Bis 1980 viele weitere Begegnungen in British Columbia, zum Beispiel am *Cougar Lake* (1915), wo Goldschürfer einen Bigfoot beim Essen von Beeren beobachten; der Fall des von einem Bigfoot gekidnappten Albert Ostman im Sommer 1924; *Morris Creek* (Juli 1936), wo ein Bigfoot einen Indianer in seinem Kanu mit einem Stein bewirft; *Mica Mountain*, wo William Roe aus nächster Nähe einen Bigfoot beim Verzehren von Blättern beobachten kann (Oktober 1955); *Bella Coola*, wo ein weiblicher Bigfoot mit zwei Jungen gesichtet wird (April 1962); *Roscoe Inlet* (Juli 1973), wo Fischereiaufseher einen Bigfoot am Strand beobachtet.

Chilliwack Poltergeist, drückt sich in lautem Klopfen an den Wänden aus; einige Monate ab Oktober 1951.

Duncan Brennende Masse fällt vom Himmel und landet auf asphaltierter Straße. Proben der gesteinsartigen Substanz zur Analyse geschickt; 11. März 1984.

Feller's Heights (Umgebung) Vier Mitglieder einer Ölbohr-Mannschaft sehen Bigfoot in einer abgelegenen Waldlichtung; 14. März 1987 (vgl. Kap. 2).

North Vancouver Poltergeist, auf einen dreijährigen Jungen konzentriert, der einen Geist zum Freund hatte; 1977 (vgl. Kap. 1).

Lake Okanagan Heimat des Seeungeheuers »Ogopogo« (vgl. Kap. 7).

Zwischen *Prince Rupert* und *Kamloops* Zwei Bigfoot-Exemplare nachts beobachtet, wie sie unter einen Baum kriechen, ein dritter steht aufrecht in der Nähe. Er scheint gute 3 bis 3,30 m groß zu sein, mit einem Gewicht von 800 bis 1000 Pfund; 24. Dezember 1983.

Saanich, Vancouver Island Jungen im Teenageralter berichten von Begegnung mit 2,50 m großer, behaarter Kreatur im Busch; Februar 1982.

Lake Shuswap Berichte über Seeungeheuer. Z. B. entdeckt die Familie Griffith beim Segeln sieben dunkle Höcker; das Tier ist etwa 6 bis 8 m lang und schwimmt sehr schnell; Juni 1984.

South Burnaby Nach Dung riechender Schlamm fällt vom Himmel auf eine Volksschule, die drei Tage zuvor eröffnet wurde; Februar 1986 (vgl. Kap. 13).

Terrace Schuljunge begegnet »kleinem grünem Männchen«, das in einer unverständlichen Sprache redet und dem Jungen einen Klumpen einer merkwürdigen Substanz gibt, ehe es verschwindet – der Klumpen schrumpft zusammen und löst sich auf oder geht verloren; Ende Februar 1970.

Thetis Lake Monster mit menschenähnlichem Körper gesehen, silbern und schuppig, große Ohren, rasiermesserscharfe Spitzen auf dem Kopf; 19. und 23. August 1972.

Thompson River, Kamloops Fischer sehen UFO aus dem Fluß aufsteigen und wegfliegen; es regnet kleine Kügelchen; 16. Mai 1981 (vgl. Kap. 10).

Vancouver Island Hannah McRoberts fotografiert UFO; Oktober 1981 (vgl. Kap. 3). Häufige Begegnungen mit dem »Cadborosaurus« oder »Caddy«, British Columbias Seeungeheuer, rund um Vancouver Island; vor allem am *Macaulay Point*, in der *Chemainus Bay*, im *Stuart Channel*, vor *Pender Island*, *Valdez Island* und *Queen Charlotte Islands* und in der *Cadboro Bay* (vgl. Kap. 7).

Manitoba

Cedar Lake, Dauphin Lake, Dirty Water Lake, Lake Manitoba, Red River, Lake St. Martin, Lake Winnipeg, Lake Winnipegosis Berichte von Seeungeheuern.

Easterville (Bezirk) Häufige Begegnungen mit Lebewesen vom Bigfoot-Typ; 1968, 1969, 1970, 1973. Weitere Orte, an denen in Manitoba vor 1981 ein Bigfoot gesichtet wurde: Umgebung von *Reynolds* (Sommer 1970), *Pointe di Bois* (Juli 1974), *Beausejour* (Juni 1975), *Long Plains Reserve* (Juli 1975), *Agassiz Provincial Forest* (Oktober 1975), *Poplar River* (1976), *Steinbach* (10. Juli 1979), *Little Saskatchewan Indian Reserve* (Oktober 1979).

Falcon Lake (Umgebung) Steve Michalak, der in den Wäldern nach Mineralien schürft, sieht zwei UFOs, von denen eines landet. Nach dreißig Minuten, in denen es seine Farbe wechselt, öffnet sich eine Tür, und ein rotes Licht scheint heraus. Zeuge hört Stimmen und ruft in sechs Sprachen hinüber, erhält aber keine Antwort. Er geht näher, steckt seinen Kopf in die Öffnung und sieht viele Lichter durcheinanderblitzen. Er untersucht das Äußere des Flugkörpers, entdeckte keine Schweißnähte oder Nieten. Er berührt die Maschine, sein Gummihandschuh schmilzt, das Hemd fängt Feuer. Das UFO fliegt davon, Michalak muß einen Arzt aufsuchen; 20. Mai 1967 (vgl. Kap. 6).

Lone Island, Whiteshell Provincial Park Zwei Polizisten entdecken beim Fischen im Whiteshell River 2,50 m großen Bigfoot am Ufer; am nächsten Morgen werden sie um 5.30 Uhr durch Hundegebell geweckt und sehen von ihrem Wohnmobil aus, wie ein Bigfoot von zwei Wölfen angegriffen wird, die ihn packen und wegschleppen; Oktober 1983.

Rosa (Umgebung) Mann sieht 2 m großen Bigfoot auf dem Highway 59 stehen; 9. April 1986.

Zwischen *Sandy Bay* und *Winnipeg* Mann jagt Bigfoot-ähnliches Geschöpf, das Fußabdrücke hinterläßt, die einer menschlichen Hand gleichen und 40 cm abdecken; August 1982 (vgl. Kap. 2).

Woodridge (Umgebung) Spuklichter im Wald; 1950–1970.

New Brunswick

Grand Lake, Loch Lomond, Lake Maquapit, St. Croix River, Skiff Lake, Lake Utopia (»Old Ned«) Berichte über Seeungeheuer.

Nelson-Miramichi Fabrikwärter entdeckt »Baby-Känguruh«, das in den Busch fortspringt; auch von anderen gesehen; Juni 1979.

St. Croix River Fischer entdecken auf der Höhe von Bayside mehrere Flossen, 6 und 15 m entfernt; später sehen sie Kopf mit großen grünen Augen; 10. August 1903.

St. John (Umgebung) Zwei Männer beobachten am See in der Nacht UFO, das mit roten, orangefarbenen, grünen und blauen Lichtern ausgerüstet ist und auf dem Wasser landet, dann ein zischendes Geräusch von sich gibt und versinkt; am Tag darauf ist das Wasser in der Nähe der Untergangsstelle trüb und heiß; Sommer 1967.

Neufundland

Conception Bay, St. John's Phantom-Schiff gesichtet; November 1910 (vgl. Kap. 5). Hier wie in *Heart's Delight Harbour, White Bay* und *Trinity Bay* Riesentintenfische gefangen; 1901–1935.

Crescent Lake, Dildo Pond, Gander Lake, Long Pond, Swanger's Cove Meldungen über Monster.

Flat Rock, St. John's Haus wird zwei Wochen lang von Feuergeist heimgesucht; Puppe, Wörterbuch, Schachtel mit religiösen Traktaten und ein Sack mit Zucker gehen spontan in Flammen auf; November 1954.

Goose Bay, Labrador Brennendes kugelförmiges UFO von Flugzeugbesatzung beobachtet, wie es einen rechteckigen Schwenk vollzieht; wird auch vom Boden aus so gesehen; Anfang 1952.

Labrador Vor der Nordküste schlägt ein zylinderförmiges UFO mit beleuchteten Bullaugen in die See und versinkt; 23. September 1960.

Port-au-Port 60 m langes Meeresungeheuer, knapp 6 m im Durchmesser, mit 18 Meter aus dem Wasser ragendem Hals, zerreißt angeblich Angelgerät; August 1936.

Traverspine in der Nähe der *Goose Bay* Einsam liegendes Haus wird des öfteren von einem behaarten, Bigfoot-ähnlichem Geschöpf besucht, im aufgerichteten Zustand 2,10 m groß, aber manchmal auch auf allen vieren laufend. Es schwingt einen Stock gegen die Hunde und hält sich zwei Winter lang in der Nachbarschaft auf; etwa 1913.

Nordwestliche Territorien

Dubawnt Lake Meldungen über Seeungeheuer.

Fort Norman Bigfoot gesichtet; November 1973. Ein früherer Bericht aus der nordwestlichen Gegend vom Sommer 1952 beschreibt, wie ein Mann einen 2,70 großen Bigfoot sieht, der ihn von einem Brombeerbusch aus gut 20 m Entfernung beobachtet; dann wandert er davon.

Nova Scotia

Lake Ainslie, Cranberry Lake Meldungen über Seeungeheuer.

Antigonish Känguruh gesichtet; Oktober 1986. Weitere Begegnungen in der Nähe von *Eastern Passage* und *Cole Harbour*; Januar 1987.

Caledonia Mills (bei Antigonish) Viele Brände auf einem einsamen Bauernhof, wahrscheinlich von Poltergeist verursacht – 38 in einer Nacht; Januar 1922 (vgl. Kap. 4).

Cape Sable Island Meeresungeheuer gesichtet: 12 bis 15 m langes Geschöpf mit »Alligatorkopf« und großen roten Augen kommt Fischerboot bis auf 3 m nah; Juli 1976 (vgl. Kap. 7).

Eastern Passage (bei Halifax) Poltergeist mit Klopfgeräuschen und herumfliegenden Haushaltsgegenständen; 24. Dezember 1943 – 8. Januar 1944 (vgl. Kap. 1).

Glace Bay Mysteriöse Brände in einem Haus; erstmals 16. April 1963.

Northumberland Strait Brennendes Phantom-Schiff gesichtet; 10. Januar 1979 (vgl. Kap. 5).

Shag Harbour Unbekanntes Unterwasser-Objekt gesichtet, 18 m lang über alles; Oktober 1967 (vgl. Kap. 10).

Windsor Poltergeist; Oktober 1906 – Februar 1907.

Ontario

Bankfield und *Little Long Lac Gold Mines* Minenarbeiter werden von Lichtern und Geistern erschreckt; März 1937 (vgl. Kap. 5).

Lake of the Bays, Berens Lake, Conway's Marsh, Lake Deschenes, Lake Erie, Lake Huron, Lake Mazinaw, Lake Meminisha, Muskrat Lake (»Mussy«), Niagara River, Nighthawl Lake, Nith River (»Slimy Caspar«), Lake Ontario (»Metro Maggie«), River Ottawa, Bay of Quinte, Rideau Canal, St. Lawrence River, Lac Seul, Lake Simcoe (»Igopogo«; »Kempenfelt Kelly«), Lake Superior, Lake Temiskaming Berichte über Seeungeheuer.

Burgess Township (bei Pearth) Steineschleudern und andere Poltergeist-Aktivitäten in einem Bauernhaus; Januar 1935 (vgl. Kap. 16).

Cache Lake, Algonquin Park Lange, tiefschwebende Wolke läßt ständig grollende Töne hören – aber kein Hagel oder Regen, keine Blitze; Juli 1931.

Campden Mehrere Zeugen sehen schwarzen, 2 m großen Bigfoot; 40 cm lange Fußspuren gefunden; August 1965.

Cobalt (Umgebung) Bigfoot mit dem Spitznamen »Yellow Top« mehrfach gesichtet; September 1906. Im Juli 1923 entdecken Goldschürfer Bigfoot in Blaubeerfeld. In der Nähe des *Gillies Lake* sehen Frau und Söhne einen Bigfoot mit leuchtendem Kopf; April 1946. Bigfoot geht vor einem Bus voll Minenarbeiter über die Straße; 5. August 1970.

Forest Hill Village, Toronto Poltergeist-Aktivitäten in drei Häusern, die sich dasselbe Dienstmädchen teilen; Januar 1947 (vgl. Kap. 1).

Galt 90 cm langes Krokodil gefangen; 17. Juni 1929. Weitere gesehen bzw. gefangen in *Toronto* (18. Juni 1929), *Windsor* (20. September 1970), und in *Guelph* findet eine Frau einen 1 m langen Alligator unter ihrem Auto; Mai 1977.

Gatineau Point Mann, der Schutz vor einem Gewitter sucht, sieht, wie Feuerball in Schuppen dringt; Mann verletzt, Schuppen beschädigt; September 1925 (vgl. Kap. 8).

Georgian Bay Acht Zeugen sehen UFO auf dem Wasser; Insassen lassen Schlauch ins Wasser. Als sie die Zeugen bemerken, ziehen sich alle bis auf einen ins Innere zurück; dieser bleibt sogar noch draußen, als das UFO wieder abhebt; August 1914.

Geraldton (Umgebung) Wanderer erschrickt bei Begegnung mit großem Bigfoot im Wald; etwa 10. Oktober 1978.

Hamilton Junge sieht zwei 2,50 m lange UFOs mit Signallichtern landen; berührt Antenne und erhält elektrischen Schlag; 31. März 1966.

Jordan Nach einem Gewitter mit Spannungen in der Atmosphäre bewirkt Anwesenheit eines neunjährigen Jungen, daß Obst durch die Luft fliegt, außerdem Erdklumpen und Knöpfe – erinnert stark an Poltergeist-Phänomene; Oktober 1913.

Kapuskasing (Umgebung) Mann sieht Löwen mit Mähne auf seiner Farm, 90 cm hoch, 1,50 m lang, mit 1,20 m langem Schwanz mit Büschel; Juni 1960.

Mississauga Geschmolzene, grünglänzende Masse fällt vom Himmel auf einen Gartentisch; 16. Juni 1979.

Niagara-Fälle Flugzeuge zu einem Zeitpunkt gesichtet, zu denen keine Flugbewegungen in dem Bereich gemeldet wurden; 1914–1916.

Niagara-Fluß Möglicherweise Wassermonster gesichtet; Ende 70er Jahre.

Nipissing Junction Spukhaus; Anfang 1937.

Ottawa (40 Meilen nordöstlich von) Durch Nähe zu UFO Instrumente eines Flugzeugs beeinflußt; 18. August 1979 (vgl. Kap. 3).

Queenston Bei heftigem Regen fallen Fische vom Himmel; manche bleiben in Baumästen hängen; 11. Juni 1938.

Ruthven Junge sieht Bigfoot; 4. Juni 1977.

St. Catharines Fische fallen in Gewitter vom Himmel; 13. Juli 1927. Poltergeist-Aktivitäten mit Möbelrücken – ein Sessel, auf dem elfjähriger Junge sitzt, schwebt 20 cm über dem Boden; Februar 1970. Aus einer großen schwarzen Wolke fallen heiße Asche und weiße Substanz, begleitet von Schwefelgeruch; etwa 14. Juli 1976.

Sault Ste. Marie 3,50 m lange Hakenstange mit Dorn am einen und Haken am anderen Ende durchschlägt ein Fenster, kam wahrscheinlich von oben; 7. Februar 1979.

Scarboro Känguruh gesichtet; 31. Mai 1979.

Scarborough, Toronto Poltergeist; 1968 – etwa 1971.

Lake Simcoe Spuklichter am Strand in der Nähe von Brechin; 1952.

Smithville (Umgebung) Lkw-Fahrer beobachtet großen, langarmigen Bigfoot; 9. August 1965.

Stouffville Fußballgroße Lichterscheinung mit rotleuchtender Spitze stürzt vom Himmel und durchschlägt Schuppen mit großem Lärm und Blitzzucken; 1. Mai 1933.

Tillsonburg Bigfoot in Tabakfeld gesichtet, 45 cm lange Spuren gefunden; September 1965.

Toronto Warmer, poröser Stein, kein Meteorit, schlägt in eine Veranda; 20. August 1978 (vgl. Kap. 13). Während vierstündigen Schlafs erleidet 31jährige Frau Verbrennungen zweiten und dritten Grades an Oberschenkeln und Bauch; Hauttransplantation notwendig; Nachthemd und Bettlaken nicht in Mitleidenschaft gezogen; 19. Juni 1980.

Wiarton (Umgebung) Polizist entdeckt Großkatze, wahrscheinlich Silberlöwe; Mitte Oktober 1978; im vorausgegangen Jahr viele entsprechende Meldungen von der Halbinsel *Bruce*.

Windsor (Umgebung) Mysteriöse Brände im Golf & Country Club; auf Tischdecken tanzen winzige blaue Flammen; Dezember 1941 (vgl. Kap. 4).

Prince Edward Island

Egmont Bay Zwei Männer beobachten 12 bis 18 m langes Meeresungeheuer – dunkel, schlangenartig, 90 cm langer Kopf; 1956.

O'Keef's Land Meldungen über Seeungeheuer.

Quebec

Lake Aylmer, Lake Baskatong, Lake Blue Sea, Lake Bowker, Lake Breeches, Lake Brompton, Lac au Cedres, Lake Champlain (»Champ«), Lake Creux, Lake Decaire (»Lizzie«), Lake Maskinonge, Lake Massawippi, Lake Megantic, Lake Memphremagog, Mocking Lake, Lake Moffat, Lac des Piles, Lake Pocknock, Lake Remi, Lake St. François, Lake St. Jean, Lake Simon, Lake Sinclair, Lac Trente-et-un-Mille, Les Trois Lac, Lake Williams Meldungen über Seeungeheuer.

Montreal Feine weiße Fäden segeln auf Schiff herab; reißfest und spinnbar; nach einigen Minuten verschwinden sie; keine Ähnlichkeit mit Spinnweben; 10. Oktober 1962. Kleines Krokodil auf leerem Grundstück gefunden; 28. Juli 1973. Ikone aus dem Kloster Athos (Griechenland) strömt Myrrhenduft aus; erstmals November 1982, mindestens vier Jahre anhaltend.

Lake Pohenegamook Heimat des Seeungeheuers »Ponik« – an die 25 m lang, drei Höcker, auch mit Umrissen eines »gekenterten Bootes« verglichen.

Rivieres des Prairies, Montreal-Nord Fischer fängt 1,20 m langen Hai in Süßwasser; 14. Juli 1968 (vgl. Kap. 14).

St. Bruno Kinder beobachten von Farm aus eine Wolke, aus der die Muttergottes zu ihnen über Frieden und Brüderlichkeit spricht; Ende Juli 1968 (vgl. Kap. 15).

St. Lawrence River (65 Meilen nördlich von Quebec) Pilot und Copilot einer Linienflugmaschine beobachten vier bis fünf Minuten U-Boot in einem Gebiet, wo nach Auskunft der Navy keine U-Boote operieren können; März 1965. Zeuge sieht UFO mit rotblitzenden Lichtern bei Nun's Island ins Wasser stürzen; 23. Mai 1969.

St.-Stanislas-de-Kotska Kinder beobachten UFO und Insassen; 28. Juli

1968 (vgl. Kap. 15). Am selben Tag UFO und Insassen in *Upton* gesehen (vgl. Kap. 15).

Terrebonne Feuerspuk sucht Wohnungen in großem Wohnhaus heim; 14jähriges Mädchen legt ein Geständnis ab, aber Geständnis ist zweifelhaft; Januar 1948.

Saskatchewan

Beechy (Umgebung) Im Bereich des Buffalo Basin Spuklichter gesehen; 1912–1925.

Nipawin Drei Zeugen entdecken gelandetes UFO und beobachten verschiedene kleine Wesen in silbernen Anzügen, die eine Leiter hinauf- und hinabklettern. Am nächsten Tag quadratische Abdrücke und Brandstellen festgestellt; Sommer 1935.

Peter Pond, Turtle Lake Meldungen über Seeungeheuer.

Sakatoon Vier Kinder sehen ovales UFO schweben, das etwas fallen läßt. Sie kommen näher und sehen 2,70 m großes Wesen in »weißem, mönchsähnlichem Gewand«, das Geräusche von sich gibt und die Hände ausstreckt. Sie flüchten; 19. September 1963.

Tabor Um den Friedhof erscheinen die »Tabor-Lichter«, die bis 1892 zurückdatieren; größte Aktivität im November/Dezember 1938.

Yukon Territory

Lake Teslin Meldungen über Seeungeheuer.

KENIA

Kisanana Rote und schwarze Fische fallen während eines Gewitters vom Himmel; Anfang April 1978; gleiches Ereignis zur gleichen Zeit im Jahr zuvor.

Machakos Wenigstens sechs Monate lang fallen Steinschauer auf ein Haus, manche scheinen sich aus der dünnen Luft zu materialisieren; erstmals 23. Dezember 1982 (vgl. Kap. 16).

Ngoliba Hominiden, wahrscheinlich Überlebende aus prähistorischer Zeit, in elf Waldgebieten von 33 Eingeborenen nachweislich beobachtet (vgl. Kap. 12). Poltergeist-Aktivitäten inkl. fliegende Töpfe und Pfannen und mysteriöses Steinewerfen; Mitte April – Mai 1986 (vgl. Kap. 16).

KOLUMBIEN

Anchicaya Amerikanische Peace-Corps-Mitglieder sehen leuchtenden Geist im Dschungel; Juni 1978 (vgl. Kap. 5).

Anden Berichte über 1,20 bis 1,50 m große, behaarte Hominiden, »Shiru« genannt.

Anolaima UFO von elf Zeugen von Farm aus beobachtet; einer nähert sich bis auf 6 m und erkennt Insassen; zwei Tage später erkrankt er und stirbt an Gastroenteritis, wahrscheinlich durch Strahlung verursacht; 4. Juli 1969.

Ibague (Umgebung) Vier Jungen sehen winzige Wesen in schlammigem Flußbett; 10. August 1973 (vgl. Kap. 9).

KONGO

Tele-See und *Likouala-aux-Herbes-Fluß* Wassermonster mit dem Namen »Mokele-mbembe«, wahrscheinlich prähistorisches Tier, das überlebt hat, und auch andere mysteriöse Tiere beobachtet.

KUBA

Havanna Verschiedene Berichte über Erscheinungen der hl. Jungfrau Maria über dem Wasser der Bucht von Havanna: eine lächelnde Frau mit olivfarbener Haut und in Weiß, mit dunklen Haaren, die ihre Arme ausstreckt; Ende 70er Jahre.

LIBANON

Annaya-Djebeil Der hl. Charbal Maklhouf stirbt 1898, 45 Nächte lang umgibt ein helles Licht sein Grab; bei der Exhumierung ist sein Leichnam unversehrt, und eine blutähnliche Flüssigkeit tritt heraus – bis in die Gegenwart anhaltend; Wunderheilungen an seinem Schrein (vgl. Kap. 15).

Rmaïch Blut und Olivenöl fließen von Muttergottes-Statue; erstmals 18. November 1983 (vgl. Kap. 15).

LEEWARD ISLANDS

Liberta, Antigua Kleider und Bettzeug eines Mädchens gehen ohne äußere Einwirkung in Flammen auf; 1929 (vgl. Kap. 4).

LUXEMBURG

Kayl Mehrere Menschen sehen Erscheinung der hl. Jungfrau Maria; 1. November 1947.

MADAGASKAR

Ambatolampy Poltergeist; Juli – August 1909.

Ambohibao »Blut« spritzt aus einem gefällten Baum; 19. Juni 1984.

Straße von Madagaskar Passagiere auf der *Llandovery Castle* beobachten UFO, das bis auf eine Höhe von 13 m über der Meeresoberfläche sinkt und diese mit einem Suchscheinwerfer absucht; gewaltiger Metallzylinder von fast 300 m Länge; 1. Juli 1947.

MALAYSIA

Bukit Mertajam Schulkinder entdecken kleines gelandetes UFO und vier 8 cm große Wesen; 19. Mai 1979. Weiteres winziges UFO in Kampung Nagalilit von Studenten gesehen, die temporär erblinden, nachdem sie von einem Scheinwerfer angestrahlt werden; 26. Mai 1979.

Chini- und Bera-See Meldungen über Seeungeheuer.

Ipoh Fabrikarbeiter sehen 3 m großen kopflosen Geist; Juni 1976.

Kelantan Nach einem furchtbaren Gewitter Fische in knöcheltiefem See entdeckt, der binnen zehn Minuten auf hartgetrockneter Erde entsteht; 1915.

Kuala Lumpur Poltergeist mit aus der Luft herabfallenden Gegenständen; 27. Februar – 17. März 1955. Steine fallen inner- und außerhalb eines Hauses; Januar 1968 (vgl. Kap. 16).

Lawas-Fluß, Sarawak Berichte über Wassermonster – vielleicht ein Dugong? Anfang 1985.

Lumut Nachts beobachten Studenten drei behaarte Geschöpfe mit roten Augen, ca. 3 m groß; sie lösen sich angeblich in Luft auf; 11. August ff. 1979.

Pahang (Bezirk) Mysteriöse behaarte Wesen von 1,20 m Größe im Dschungel östlich von Kuala Lumpur entdeckt; wahrscheinlich Mitglieder der »Orang Batik«, eines scheuen, primitiven Stammes; August 1969.

Segamat »Riese« beobachtet, der Fußabdrücke von 45 cm Länge hinterläßt; nach Angaben von Soldaten, die ihn während der Nachtwache sehen, über 5 m groß; August 1966.

Sungai Siput Drei Wochen lang zieht Schuljunge über 80 farbige Fäden aus dem rechten Auge. Fäden haben stets die gleiche Farbe wie sein Hemd, aber Mediziner finden keine Erklärung. Nach Behandlung mit heiligem Wasser aus Hindu-Tempel verschwindet das Phänomen; Mai 1985.

MALI

Tessalit Luftwaffenoffizier sieht dunkles und fast kreisrundes UFO, das von oben kommt und dann mit hoher Geschwindigkeit davonfliegt; 4. Oktober 1951.

MAROKKO

Mamora-Wälder Französischer Ingenieur beobachtet von seinem Wagen aus ein kleines Wesen, das ein UFO besteigt und wegfliegt; 12. Oktober 1954.

Oved Beth Lkw-Fahrer sieht rundes flaches UFO über den Beth-Fluß fliegen; es zieht hinüber und landet am Rand eines Feldes. Kurz darauf startet es wieder und fliegt mit großer Geschwindigkeit davon; 3. November 1954.

Sahara Froschregen; Dezember 1977.

MAURITIUS

Poltergeist; 21./22. September 1937.

MEXIKO

Catemaco-See Berichte über eine gewaltige schwarze Schlange mit zwei Hörnern auf der Stirn; 1969.

Ciudad Valles Taxifahrer begegnet zwei UFO-Insassen; Mitte August 1953 (vgl. Kap. 6).

Coatepec Vier Männer sehen getrennt voneinander seltsame Gestalt in schwarzem Gewand auf der Avenida Campillo. Hat leuchtende Hände, Katzenaugen, trägt einen metallenen oder kristallenen Stab, der helles Licht abstrahlt; September 1965.

Ixtapalapa Zwei Männer beobachten fliegende Wesen; 18. August 1972 (vgl. Kap. 9).

Mexiko-Stadt Pilot einer Piper wird beidseitig auf Flügelhöhe von zwei Scheiben von je 3,00 bis 3,50 m Durchmesser begleitet, eine dritte fliegt unter ihm; 3. Mai 1975 (vgl. Kap. 3).

Golf von *Mexiko* (50 Meilen nördlich von Frontera) Passagiere an Bord der *Livingston* sehen Meeresungeheuer, wenigstens 30 m lang, dunkelbraun und mit 1,80 m langem Kopf; es macht laute ratternde Geräusche beim Schwimmen; 21. Juni 1908.

Monterrey Statue des Jesuskindes atmet, schwitzt und weint; täglich kommen 15 000 Menschen, um es anzuschauen; Januar 1972.

Yucatan Verwalter des archäologischen Bezirks von Mayapan sieht Pygmäen eines Zwergenvolkes namens »Alux«; 1977.

MONGOLEI

Altai-Gebirge Russischer Arzt trifft auf Familie von Wildmenschen und erfährt von seinen Patienten, daß viele von ihnen den »Almas« bereits begegnet sind; 1963 (vgl. Kap. 12).

Bulgan (Umgebung) Mann findet behaarte Leiche, die weder von einem Bären, Affen oder Menschen stammt; kann sie nicht zuordnen, läßt sie liegen; 26. Juni 1953.

Wüste Gobi Militärs, die an Bewässerungsprojekt arbeiten, sehen »große Scheibe aus loderndem Feuer«, die auf dem Sand niedergeht und wieder abhebt, als sich Truppen auf Motorrädern nähern; hinterläßt Versengungen in Form eines Kreuzes; Mitte April 1968.

Russischer Spähtrupp erlegt während der japanischen Invasion zwei behaarte Geschöpfe, menschengroß, rötliche Haare, wahrscheinlich anthropoide Affen; 1937.

MOZAMBIQUE

Beira Orangefarbenes scheibenförmiges UFO gelandet; vier Insassen rennen davon, ehe es explodiert; 5. April 1960.

NEPAL

Himalaja Edward W. Cronin jr. kampiert mit Begleitern in 3660 m Höhe, wo er Spuren eines großen Lebewesens (Yeti?) findet, das nachts durch ihr Lager marschiert ist; 18. Dezember 1972.

Hinku-Tal Britische Bergsteigergruppe unter Führung von John Edwards hört seltsamen Schrei und findet Fußabdrücke, möglicherweise vom Yeti, in 5175 m Höhe; November 1979.

Khumbu-Gletscher (Umgebung) Expedition unter Führung von Lord Hunt findet Yeti-Spuren von 35 cm Länge; November 1978. Lord Hunt hat binnen 30 Jahren mehrfach Yeti-Spuren gefunden und schrille Schreie gehört.

Machhapuchre Bergsteiger Don Whillans sieht möglicherweise Yeti auf Klettertour im Gebiet von Annapurna: Von seinem Basislager in 3900 m Höhe aus beobachtet er schwarze affenähnliche Gestalt, die durch den Schnee stapft und an Zweigen reißt; Juni 1970 (vgl. Kap. 12).

Marche (bei Pheriche) Mädchen, das Ochsenherde hütet, wird von Yeti niedergeschlagen und verliert die Besinnung – 1,20 bis 1,50 m groß und behaart; tötet die Ochsen (Yaks); Juli 1974 (vgl. Kap. 12).

Mount Everest Polnische Expedition unter Führung von Andrzej Zawada findet in ca. 5280 m Höhe Yeti-Fußspuren; Februar 1980. Im Everest-Gebiet sieht Janusz Tomaszcuk bei Wanderung über 1,80 m großen Yeti; 1975.

Zemu-Gletscher N. A. Tombazi beobachtet in 4500 m Höhe aufrecht gehenden Yeti, der sich bückt, um Zwergrhododendron abzureißen; später stellt T. Fußspuren von 15 bis 18 cm Länge fest; 1925.

NIEDERLANDE

Amsterdam Poltergeist; zehn Tage im April/Mai 1919.

Den Haag Poltergeist; Oktober 1926 – April 1927.

Vorstenbosch Drei elf- und zwölfjährige Kinder sehen Erscheinung der hl. Jungfrau Maria; 27. Juni 1947.

Zandvoort Meeresungeheuer gesichtet; 1906.

NEUKALEDONIEN

Nouméa Meeresungeheuer gesichtet; 22. September 1923 und anderswo im Inselbereich am 28. Juni u. 30. September; auch später, z. B. September 1929 (vgl. Kap. 7).

NEUSEELAND

Blenheim Frau entdeckt beim Melken UFO von 9 m Durchmesser mit zwei starken grünen Lichtern und Düsentriebwerken, aus denen orangefarbene Flammen schlagen. Sie kann innerhalb der Glaskuppel zwei Insassen erkennen. UFO fliegt mit hellem Pfeifton davon; 13. Juli 1959.

Brooklyn, Wellington Gästehaus wird nachts mit Steinen und einigen Münzen bombardiert, wiederholt sich in den folgenden Nächten; März 1963 (vgl. Kap. 16).

Christchurch (30 Meilen östlich von) Japanisches Fischerboot fängt möglicherweise Kadaver eines Meeresungeheuers im Netz; April 1977 (vgl. Kap. 7).

Coromandel (Halbinsel) Meldungen über behaarten Tiermenschen (vgl. Kap. 12).

Kaiapoi (Bezirk) Großkatze, möglicherweise Tiger beobachtet und Pfotenabdrücke sowie Exkremente festgestellt; Juli 1977.

Kaipara Harbour Unbekanntes Untersee-Objekt gesichtet, 30 m lang; 12. Januar 1965 (vgl. Kap. 10).

Lyttelton (24 Meilen vor) Besatzung eines japanischen Fischerboots beobachtet Meeresungeheuer, das einem Nilpferd ähnelt; 28. April 1971. Fischer aus Lyttelton wollen selbst »komische Dinge« beobachtet haben, wenn sie auf See waren.

Rugged Island vor *Stewart Island* Fischer beobachten seltsames Flugobjekt, das aus dem Wasser aufsteigt; 13. November 1965 (vgl. Kap. 10).

South Island (vor der Nordostküste) Wellington Airport beobachtet unidentifizierbare Ziele auf Radarschirm, Pilot sieht in mehreren Nächten Lichter am Himmel. Am 30. Dezember 1978 werden sie gefilmt, eine wissenschaftliche Untersuchung kann alle natürlichen Erklärungen wie Planeten, Meteore, Ballons, Flugzeuge, Militärmanöver und Fischerboote ausschließen (vgl. Kap. 3).

Toupo-See Meldungen über Seeungeheuer; 1980.

Te Kuiti Bei Erdarbeiten für Eisenbahnbau findet Arbeiter eine 3,50 tiefe Höhle in kürzlich abgebrochenem Felsen und darin gefangenen Frosch, der lebend herausgezogen werden kann. Später noch einer gefunden; November 1982 (Schichtgestein).

Te Ngaere Während eines Gewitters dringt Lichtfleck, flüssig wie Quecksilber, in Haus ein; 8. September 1981 (vgl. Kap. 8).

Waimata Valley (bei Gisborne) Farmer sieht nachts gelandetes UFO; leuchtet hellblau mit hellrotem Innern. Zwei Insassen schnappen sich seinen Hund, Farmer schießt auf sie. Sie lassen den Hund fallen und rennen davon; 2. Dezember 1977.

Waipawa Mann sieht torpedoförmiges graues Luftschiff (UFO?) mit drei Mann Besatzung, von denen ihn einer in unbekannter Sprache anruft; 3. August 1909 – ein weiterer Fall während einer »Luftschiff«-Panik über Neuseeland im Jahr 1909.

Wellington Poltergeist-Ausbruch; März 1963.

Whitstone (bei Oamaru) 1,8 cm großer Würfel aus rotem, heißem Metall fällt vom Himmel und trifft Traktor; 24. März 1961.

NIGERIA

Katsina Feuerball (Kugelblitz?) erscheint im Innern eines Hauses mit dikken Lehmziegeln und einem winzigen Fenster; 1956.

NORDIRLAND

Co. Antrim

Bessbrook Die Muttergottes erscheint regelmäßig zwei Menschen in einer Kirchengrotte und übergibt einem von ihnen Botschaften; 1987.

Portglenone Farmer beobachtet 1,80 m breites UFO, das 12 m hohen Baum in 3 m Höhe über dem Boden durchschneidet; 28. Dezember 1958.

Rathlin Island Kapitän sichtet Meeresungeheuer; Juni 1910.

Co. Derry

Magilligan Steinbombardement auf Haus; Januar 1907 (vgl. Kap. 16).

Moneymore Paar nähert sich UFO auf 1 m, das in einem Sumpf gelandet ist: eiförmig, hellrot mit drei dunkelroten Streifen. Als Thomas Hutchinson nach ihm greift, hebt es ab und fliegt davon. Er hatte vorgehabt, es zur Polizei zu schleppen; 7. September 1959.

Co. Fermanagh

Coonian (bei Brookborough) Poltergeist; beginnt 1913.

Lough Erne Große runde Lichter, »wie Autoscheinwerfer«, in der Nähe des Sees sieben bis acht Jahre lang beobachtet; 1904–1912.

NORWEGEN

Gjersjoen-Brücke Drei Zeugen beobachten UFO, das ihrem Wagen folgt und direkt über ihnen schwebt. Sie halten und warten, bis es senkrecht abhebt. Lackierung des Wagens geht von dunklem Beige in helles Grün über; November 1953.

Hessdalen (bei Trondheim) Merkwürdige Lichter in den Bergtälern beobachtet; UFO-Forscher studieren den Fall ausgiebig, benutzen Radaranlagen, Seismographen, Laser, fertigen Fotos und Spektralanalysen an, können aber keine positiven Schlüsse ziehen; 1981–1985.

Mjösa-See Bauer und Familie beobachten zwei zigarrenförmige Flugkörper, die über sie hinwegfliegen und gleichzeitig in den See fallen; 18. Juli 1946.

Namsenfjord Mann sieht UFO, das zwei lange Gegenstände ins Wasser fallen läßt; Dezember 1959. Fünf Jahre später finden Fischer 6 m langen Gegenstand am Grund (vgl. Kap. 10).

Norske Havet Mann auf Fregatte 30 bis 50 Meilen vor der Nordküste sieht UFO auf dem Radarschirm, das ins Meer taucht und dann vom Sonar registriert wird; kein visueller Kontakt; Ende Februar 1963 (vgl. Kap. 10).

Norwegischen Seen wird großenteils nachgesagt, daß sie Seeungeheuer beherbergen, z.B. *Jölstervatn, Kröderen, Mjösa, Mösvatn, Sandsevatn, Skodje, Snåsa, Sögne, Storevatn, Suldal, Torfinnsvatn, Tyrifjorden.*

Oslofjord Von Yacht aus höckeriges Meeresungeheuer gesichtet; ungefähr 18 m lang; 4. Oktober 1902.

Stavanger Holzfäller sieht großes Wesen aus gelandetem UFO steigen, dann zurückkehren und davonfliegen; 4. Januar 1958.

Telemark Mann wird durch Kugelblitz, der in seiner Nähe explodiert, geblendet; 21. August 1900.

Toten Poltergeist; etwa 1935.

ÖSTERREICH

Eggenberg, Graz Poltergeist; 25. Oktober bis Anfang Dezember 1929.

Eisenberg Aloisia Lex hat Visionen der hl. Jungfrau Maria, die ihr Botschaften übermittelt; erstmals 1946, als sie im Koma liegt. 1947 sieht ihr Vater eine schöne Frau in Weiß im Garten. 1956 entsteht als sichtbarer Beweis ein Graskreuz auf dem Boden. Botschaften dauern bis in die 80er Jahre an.

Güssing Poltergeist; September – Dezember 1925 und mit Unterbrechungen drei Jahre lang.

Lading Poltergeist; etwa 1916–1918.

Liesebrücke Poltergeist-Aktivitäten in einem Wirtshaus und Wohnhaus, wo junges Dienstmädchen beschäftigt ist; 24. November 1921 – 31. Januar 1922 (vgl. Kap. 1).

Rauris (Umgebung) Tatzelwurm (Riesenechse) gesehen; Sommer 1921 (vgl. Kap. 14).

Wien Poltergeist in Schmiede; Werkzeug, Kohle und Eisen werden bewegt; Juli/August 1906.

Vöst (bei Peuerbach) Poltergeist; 26. Januar – 5. Februar 1932.

PAKISTAN

Quetta Während eines heftigen Gewitters setzt Kugelblitz Heumiete in Brand; in der Asche wird Glasschlacke gefunden; 25. Januar 1923 (vgl. Kap. 13).

PAPUA-NEUGUINEA

Boianai Revd. W. B. Gill sieht von Missionsstation aus in drei Nächten UFO und Besatzung, zusammen mit Papua-Eingeborenen; 26.–28. Juni 1959.

Dakataua-See, New Britain Meldungen über Seeungeheuer.

PERU

Anden Berichte über Seeungeheuer, u. a. über ein 10 m langes Monster, das Schafe verschlingt; 1974.

Cuzco Verschiedene Zeugen beobachten Landung eines winzigen silberfarbenen UFOs auf dem Gelände einer antiken Inka-Festung; zwei winzige Wesen steigen aus. Als sie sich beobachtet sehen, kehren sie zurück und heben schnell wieder ab; 20. August 1965.

Huanaco (Provinz) Student, der im Moor versinkt, wird von vier schuppigen Wesen von etwa 90 cm Größe und mit drei Fingern an jeder Hand herausgezogen; Januar 1977.

Puno Junge sieht sieben einäugige, 80 cm große Wesen und läuft, um seine Familie herbeizuholen. Familie beobachtet helles Licht, das gen Himmel steigt. Nicht weit entfernt sieht Sportreporter Jorge Chaves auf der Straße voraus UFO landen und wieder abheben; 8. September 1965. Am 20. September sieht Schäferin in Pichaca (Kreis Puno) sechs Wesen, etwa 80 bis 90 cm groß, aus einem UFO steigen – ihre Sprache klingt wie Schnattern von Gänsen, sie tragen weiße Kleidung und geben Lichtblitze von sich. Weiteres einäugiges und 80 cm großes Wesen am 29. September in Arequipa gesichtet – wäre fast von zwei Männern überrannt worden. Ebenfalls UFO-Sichtung.

Titicaca-See 3,50 m langes Wassertier gesichtet, das Seehund oder Seekuh ähnelt.

PHILIPPINEN

Baguio Blut fließt aus aufgesetztem Herzen einer 3 m hohen Statue der hl. Jungfrau Maria in einer Kapelle in der Nähe des Flughafens; Wunderheilungen folgen; erstmals Februar 1983 (vgl. Kap. 15).

Bauang Filmcrew sieht Meeresungeheuer, das untertaucht, nachdem Unterwasser-Sprengladungen gezündet werden. Hat flachen Kopf und langen schlangenähnlichen Körper und zerbeißt Stahlschaft eines Stakholzes, während Männer versuchen, Boot zu besteigen; Dezember 1966.

Lipa Nach Muttergottes-Visionen einer Nonne folgen wunderbare Schauer von Rosenblättern, bezeugt von vielen Menschen; September – Dezember 1948 (vgl. Kap. 15).

Manila Muttergottes-Visionen durch Menschenmenge; Anfang 1988 (vgl. Kap. 15).

Tabing Ilog, Luzon Poltergeist; Oktober/November 1964.

POLEN

Chalupy, Halbinsel *Hel* Mann beobachtet zwei UFO-Insassen in grünen Anzügen, teilweise in »Nebel« eingehüllt; sieht in der Nähe auch »in nebligem Quecksilber« schwebendes UFO; 8. August 1981.

Czerniakow »Rosige Lichtwolke« schießt aus dem Boden, wird gefilmt; Film zeigt festes Objekt bzw. UFO; 12. Juli 1982 (vgl. Kap. 3).

Emilcin Bauer Jan Wolsky wird von kleinen grünen Männern an Bord eines UFOs geholt; 10. Mai 1978 (vgl. Kap. 6).

Ernestowo Paar auf Entenjagd sieht gewaltige, stählern wirkende »Zigarre« am Himmel; seitlich fünf Fenster, die vorderen mit orangefarbener Beleuchtung; schwebt über ihnen, bevor es schnell hinter dem Horizont verschwindet; 29. August 1979.

Kolobrzeg Soldaten sehen dreieckiges, ungefähr 10 m entferntes UFO aus der Ostsee aufsteigen, über der Kaserne kreisen und schnell verschwinden; März 1959 (vgl. Kap. 10).

Lublin Statue der hl. Jungfrau Maria im Dom weint zwei Tage lang blutige Tränen; Juli 1949.

Ostralece Elektroingenieur und andere sehen drei lautlose zigarrenförmige UFOs, rötlich-pinkfarben, die sich den Horizont entlangbewegen; 20. März 1959.

Stettin (Szczecin) Poltergeist; Januar 1931 – 1933.

Wolin Kugelförmiges Metall-UFO wird von sieben Menschen aus knapp 30 m Entfernung bei Landung auf einem Feld beobachtet; 31. Juli 1953.

Zeegrzynski-See Berichte über Seeungeheuer; Badende sehen 6 m langes Monster mit schwarzem Kopf und Kaninchenohren; Juli 1982.

PORTUGAL

Almaseda (bei Vastelibranco) Vier Personen beobachten Landung eines UFOs, aus dem zwei Wesen in glänzender Kleidung steigen; sie pflücken Blumen, Büsche und Zweige und legen sie in eine glänzende Schachtel, bevor sie

Fluggerät wieder besteigen; versuchen auch, Zeugen an Bord einzuladen; 24. September 1954.

Comeada, Vorstadt von *Coïmbra* Poltergeist mit lauten Schlägen und anderen Geräuschen, physischen Attacken und Transport eines Babys aus seiner Wiege auf einen Tisch; Anfang Oktober 1909 (vgl. Kap. 1).

Criacao do Cabrito, Azoren Luftbeobachter macht ovales UFO mit Glasturm und Balustrade aus, auf der zwei Insassen stehen; zwei weitere befinden sich im Turm. Zeuge richtet Scheinwerfer auf UFO und wird in Staubwolke eingehüllt. UFO verschwindet, Zeuge ist betäubt; 1. Februar 1968.

Fatima Drei Kinder sehen Erscheinung eines Engels, später der hl. Jungfrau Maria; 13. Mai. Viele Menschen versammeln sich zu ihrer monatlich verkündeten Erscheinung, und am 13. Oktober sehen sie eine silberne Scheibe, die sich am Himmel bewegt. Maria gibt den Kindern geheime Botschaften; 1917 (vgl. Kap. 15).

Puerto La Cruz Tankerbesatzung sichtet zigarrenförmiges UFO, das auf das Meer hinausfliegt; 6. Juli 1965 (vgl. Kap. 10).

Santa-Maria-Flughafen, Azoren Ein Wachposten sieht UFO landen; Insasse kommt heraus, spricht mit ihm, wird aber nicht verstanden; 20. September 1954.

PUERTO RICO

El Yunque Neun Personen befinden sich nachts auf dem Berg auf der Suche nach UFOs, zwei sehen vier 1,50 bis 1,80 m große Wesen mit langen Armen, großen Augen, spitzen Nasen und Ohren. Eines trägt »kleine Maschine« mit Lichtern darauf, alle bewegen sich springend; 20.–21. Oktober 1973.

Moca (Bezirk) Mysteriöse Todesfälle bei Tieren, vor allem Hausenten, Gänsen und Kaninchen, auch bei Ziegen; im selben Bezirk UFO-Sichtungen; Februar – Juli 1975.

Quebradillas Kleines Wesen in grüner Kleidung und mit Helm gesehen; hat auch einen Schwanz; auf einem Kasten auf seinem Rücken leuchten rote und blaue Lichter auf, Wesen fliegt davon; Zeugen verfolgen die Lichter durch die Bäume; es folgen weitere Lichter, als wären noch mehr Wesen in der Nähe; 12. Juli 1977.

RÉUNION

Arecibo (Umgebung) Arabischer Kaufmann nimmt Phantom-Anhalter mit; 20. November 1982.

Petite Ile Mann sieht UFO aus dem Meer auftauchen und davonfliegen; 10. Februar 1974 (vgl. Kap. 10).

Plaine-des-Cafres Bauer sieht ovales UFO direkt über dem Boden, 4,50 m Durchmesser. Zwei kleine Wesen stehen darin. Es verschwindet in einem Blitz und einem Stoß heißer Luft; 31. Juli 1968.

St. Pierre Kleider eines Mädchens fangen Feuer, in Wohnungen brechen Brände aus; Februar 1983 (vgl. Kap. 4).

RUMÄNIEN

Buhai, Talpa, Gorvei (auch *Wien*, Österreich) Poltergeist-Aktivitäten, konzentriert auf Eleanore Zügun, auch mit physischen Angriffen; Februar 1925 – Mai 1927 (vgl. Kap. 1).

Cluj Menge sieht Marienerscheinung; 1948. In der Nähe von Cluj entdeckt Paar beim Picknick im Wald rundes metallenes UFO, von dem Emil Barnea vier Fotos macht; 18. August 1968.

Neamt Pflastersteine in einem Kloster spalten sich und legen Grab eines Mönches frei, dessen Gebeine Wohlgeruch ausströmen; 23. Mai 1986.

Petrila Petrosani Rundes silbernes UFO erschreckt Hühner; an der Unterseite befinden sich kleine Ausbuchtungen und oben eine Kuppel mit Antenne darauf. Es rotiert beim Fliegen; von mehreren Personen beobachtet; 22. November 1967.

Scaieni (Prahova) Zehn Kinder sehen eine Stunde lang merkwürdige farbige Lichter; später Brandstellen im Gras gefunden und erhöhte Radioaktivität festgestellt; 29. März 1976.

Singeorz-Bai Professor für Tiefbau sieht UFO, das er für herabfallenden Meteoriten hält; aber dann bremst es ab, ändert die Richtung, klettert steil in die Höhe, wechselt die Farbe, ändert noch einmal die Richtung; 4. August 1967.

Valea Plopului, Posesti Nachtwächter sieht nach Mitternacht Objekt vom Himmel fallen; am selben Tag Spuren von vermuteter Landung festgestellt: geknickte Ähren, zylindrische Vertiefung im Boden, verstärkte Radioaktivität im Erdreich; 28. September 1972.

RUANDA

Ort unbekannt Sieben Jugendliche, unter ihnen vor allem Marie Claire, sehen Marienerscheinung und empfangen Botschaften; 1980–1985.

SCHOTTLAND

(vgl. auch *Modern Mysteries of Britain*).

Borders Region

Peebles Geistererscheinungen im Cross-Keys-Hotel, konzentriert auf Zimmer 3; Rundfunkmitarbeiter versucht, Geisterstimme aufzunehmen, bekommt aber nur die Stimme von Donald Duck bei hoher Abspielgeschwindigkeit auf Band; September 1975.

Five Region

St. Andrews Student beobachtet bei nächtlichem Spaziergang auf Spielfeld drei Mönche, die sich ein Stück über dem Boden bewegen und verschwinden, als sie noch 3 m entfernt sind; Herbst 1979.

Grampian Region

Girdle Ness, Aberdeen Vor der Küste sichtet Mannschaft eines Kohleschiffs rotblinkendes Licht, das ins Meer stürzt; keine Wrackteile gefunden; 22. November 1963.

Highland Region

Loch Mullardoch (bei Vannich) Bergsteiger sehen Phantom-Landhaus; Mai 1987 (vgl. Kap. 5).

Loch Ness Heimat des Seeungeheuers »Nessie« (vgl. Kap. 7), einer von mehreren Seen in Schottland, von denen ständig Ungeheuer gemeldet werden: u. a. vom *Loch Morar* (»Morag«), *Loch Eil, Loch Lochy, Loch Shiel* und von mit dem Meer verbundenen Lochs wie *Alsh, Duich, Linnhe.*

Red Castle, Black Isle Rätselhafte schwarze Katze, die Enten reißt, von deren Besitzer in Falle gefangen; möglicherweise melanistische schottische Wildkatze oder Kreuzung zwischen wildlebender Katze und Wildkatze; Februar 1988.

Lothian Region

Livingston Waldarbeiter begegnet über dem Boden schwebendem UFO; 9. November 1979 (vgl. Kap. 6 u. 8).

Strathclyde Region

Glasgow Mann sieht fußballgroßes Objekt über dem Boden schweben, zischend, rotglühend und nach faulen Eiern stinkend – es bewegt sich auf ihn zu, dann die Straße hinauf, bis es verschwindet: Kugelblitz? November 1979.

Lochdon, Isle of Mull Geisterstimmen im Haus zu hören; Sommer 1974.

Milngavie »Feuerball« landet während Gewitter auf einem Haus: Kugelblitz, der Häuser beschädigt; ein weiterer von fast 2 m Durchmesser schlägt in Blantyre in leere Benzintanks ein; 11. Mai 1977.

Western Isles

Loch Seaforth, Harris/Lewis Dampferbesatzung sieht Objekt ins Meer stürzen; kein vermißtes Flugzeug gemeldet; 27. Februar 1961.

SCHWEDEN

In ganz Schweden 1000 Berichte über raketengleiche Objekte am Himmel oder beim Absturz in Seen; Sommer 1946.

Bleckenstad Kugel aus Kalkstein fällt vom Himmel; enthält Meeresmuscheln und Fossilien; 11. April 1925 (vgl. Kap. 13).

Ervalla Bauer wird nachts auf der Heimfahrt von einem konisch geformten, blendendweißen Licht umgeben; Haare sträuben sich, außerdem bleibt »Sonnenbräune« auf seiner Haut zurück; 10. November 1948.

Gotland Paar beobachtet UFOs aus glänzendem Metall mit roten Lichtern, bei denen die obere Hälfte gegen die untere rotiert; sie hören auch klickende Geräusche; 5. August 1957.

Hoganas Zwei Männer sehen scheibenförmiges UFO im Wald und werden von vier grauen »flüssigen« Wesen angegriffen, die flüchten, als ein Mann die Autohupe betätigt; 20. Dezember 1958.

Jalka-See Auf dem Wasser dunkles, 18 m langes Objekt gesehen; März 1974.

Kölmjärv-See Mysteriöses fliegendes Objekt beim Absturz in See beobachtet; 19. Juli 1946. Ähnliche Abstürze in den *Kattisjärn-* und den *Mjösa-See* und andere (vgl. Kap. 10).

Lulea Armeeoffiziere beobachten sieben scheibenförmige UFOs, die über dem Exerzierplatz schweben, mit Unterbrechungen mehrere Stunden lang; ein Zeuge hat das Gefühl, die UFOs hätten Kommunikation auf telepathischem Wege versucht; 3. März 1974.

Markim Mann sieht nachts blendendes Licht und erinnert sich später unter Hypnose, daß er in ein UFO entführt wurde; 23. März 1974.

Narken (Umgebung) Drei Personen im Auto sehen »kleinen Mann« und weißen Blitz; 19. August 1970. Ähnliche Erfahrung aus der Gegend von *Överkalix* gemeldet; 16. Februar 1971 (vgl. Kap. 9).

Öjebyn (Umgebung) Autofahrer von vertikal herabkommenden Lichtstrahlen umgeben; eigene Scheinwerfer und Bremsen versagen. Als die Strahlen verschwinden, sieht Fahrer eine halbe Meile entfernt schwarzes Objekt von einem Feld aufsteigen; 20. September 1971.

Zwischen *Orresta* und *Tortuna* Geisterzug beobachtet; 1933.

Parajaevarra, Lappland Feuerbälle fallen von bewölktem Himmel, Person erleidet tödliche, mehrere andere schwere Verbrennungen, fünf Häuser werden zerstört, weitere beschädigt; Juli 1938.

Serna, Dalarna Loch in Eisdecke des Sees festgestellt; April 1968.

Siljan-See Objekt beobachtet, das Loch ins Eis des Sees reißt und etwa 10 m breite Rinne zieht; 30. April 1976.

Zwischen *Stockholm* und *Kalmar* Leuchtendes, pulsierendes UFO nähert sich bedrohlich Linien-Jet; 1. September 1977.

Storsjön-See, Jämtland Meldungen über Seeungeheuer.

Tornea-See Schwarzes Seeungeheuer gesichtet, etwa 14 bis 18 m lang; Juli 1981.

Uppramen-See Mysteriöses Loch im Eis, dreieckig, 18 mal 27 m, entdeckt, aber Froschmänner finden im Wasser nichts; April 1968 (vgl. Kap. 10).

Vallentuna UFO-Welle mit Hunderten von Begegnungen in wenigen Monaten; darunter am 23. März 1974 möglicherweise Entführung eines Mannes aus *Lindholmen*.

SCHWEIZ

Alpen Während eines schweren Gewitters fallen exotische Insekten vom Himmel und sterben sofort; ähneln Spinnen, Raupen und Ameisen; März 1922. Berichte von großem Reptil mit Namen »Tatzelwurm« (vgl. Kap. 14).

Chur (Umgebung) Zwei Jäger beobachten, wie Tiger ein Reh reißt; September 1974.

Doubs Im Fluß langhalsiges Wassermonster mit blauem Rücken und gelbem Bauch gesichtet; 1934.

Grindelwald Helle Lichtkugeln (Kugelblitze?) dringen aus der Luft durch Eingang in großes Holzlager und verschwinden wieder mit lauten Explosionen und Gestank; Juli 1921.

Lac Léman Ein Dutzend Personen beobachten vom Boot aus untertassenförmiges UFO, das über ihnen schwebt; macht mehrere Sprünge, ehe es hochzieht und schnell verschwindet; 16. August 1958.

Molignon (bei Sion) Poltergeist-Ausbruch, konzentriert auf einen Jungen, u. a. auch Steinewerfen; 18. – 27. April 1914 (vgl. Kap. 1 u. 16).

SOLOMON-INSELN

Santa Cruz In drei Nächten rätselhaftes fliegendes Objekt gesichtet, ähnelt einem Feuerball, der mit großer Geschwindigkeit unter Wolkenhöhe fliegt und den Boden ausleuchtet; einmal eine Landung, aber keine Spuren gefunden; September 1977.

SOWJETUNION

Belorusskaja Passagiere in zwei zehn Meilen voneinander entfernt fliegenden Maschinen sehen mysteriöse grüne Wolke, die Lichtstrahlen nach unten sendet; Januar 1985.

Buinsk (Umgebung) Oberstleutnant Karapetjan sieht großen, behaarten nackten »Mann«, der in den Bergen als mutmaßlicher Spion gefangen wurde. Will weder essen noch trinken oder reden; man hält ihn für einen Wildmenschen; Ende 1941 (vgl. Kap. 12).

Darga-Ata, Turkmenien Froschregen; Juni oder Juli 1979.

Estland (Insel vor E. in der Ostsee) Fabrikarbeiter entdeckt gelandetes UFO aus glitzernden Farben, daneben zwei schwarze Würfel mit einem rotierenden Rohr. Aus einem Würfel schießt orangefarbener Strahl, der den Zeugen trifft und umstößt. UFO ändert Form und hebt ab. Zeuge fühlt sich krank; August 1980.

Gorki (Umgebung) Silbermünzen im Wert von mehreren tausend Kopeken fallen während eines Sturms vom Himmel; 17. Juni 1940 (vgl. Kap. 13).

Grinkalnes/Girkalnis, Litauen Vier Marienerscheinungen über der Kirche; Dezember 1943.

Irkutsk UFO in Raketenform auf vier Beinen am Boden stehend gesichtet, mit zwei Insassen; von Arzt fotografiert; 1961.

Juminda, Estland Grünlichbraunes, 90 cm langes UFO bis zum plötzlichen Verschwinden beobachtet; Herbst 1938 oder 1939.

Karelien Krater am Ufer eines gefrorenen Sees entdeckt, 30 m lang, 15 m breit, 3 m tief – wahrscheinlich etwas, das in der Nähe des Sees gelandet und dann am Boden entlang unter Wasser geglitten ist; aber keine Spur von Fluggerät (UFO?) gefunden; Februar 1961.

Kaukasus Viele Berichte über behaarte Tiermenschen, wahrscheinlich Neandertaler (vgl. Kap. 12). Z. B. Prof. V. K. Leontjews Bericht über »Kaptaren« in der Gegend des *Jurmut-Flusses*: dunkel behaart, aufrechter Gang, ungefähr 2,10 m groß; Juli 1957. Bergsteiger werden in ihrem Camp in 3600 m Höhe von hellgelbem Klecks heimgesucht, wahrscheinlich Kugelblitz, der in Schlafsäcke der Männer eindringt und schwere Verletzungen sowie den Tod eines Mannes verursacht; 17. August 1978 (vgl. Kap. 8).

Kazan Eisklumpen fällt vom Himmel, verfehlt nur knapp Zeugen, der ihn in Eisschrank legt; Analyse ergibt, daß es sich um gefrorene Reste eines Gasmeteoriten handelt; August 1984 (vgl. Kap. 13).

Kislowdsk, Kaukasus Astronomen in Forschungsstation für Astrophysik in den Bergen sehen UFO mit Kondensstreifen; 8. August, 4. September, 18. Oktober 1967.

Leningrad Mann sieht »Seifenblase« aus Steckdose kommen, bläulich und milchigweiß, innen vibrierend, ändert die Form, trifft auf Finger des Mannes, dringt unter den Nagel, schrumpft und verschwindet; 1960.

Moskau UFOs beobachtet; Dezember 1948, 27. November 1954, 14. Februar 1955. Untertassenförmiges Objekt hebt sich in Spiralen vom Grund; 19. März 1958. Scheibenförmiges UFO sinkt in Spiralen abwärts; Frühjahr 1958. Drei UFOs vom Radar eingefangen, aber Flugzeuge können sie nicht lokalisieren; August 1959. »Heißer hellgelber Ball« während eines Gewitters über Glockenturm der Kremlkirche gesehen; dringt durch offene Tür ein, flammt auf und verschwindet mit lautem Krachen, hinterläßt starken Ozongeruch; Januar 1978.

Nowaja-Semlja Große Eiswolken rätselhaften Ursprungs bilden sich und lösen sich binnen Stunden wieder auf – Folgen sowjetischer Waffentests oder natürlichen Ursprungs? Für ersteres keine Beweise, Wissenschaftler finden keine natürliche Erklärung. Am 12. März 1982 erreicht eine Wolke über 170 km Länge und fast 10 km Höhe; sie bewegt sich gegen den Wind.

Ogre-Observatorium, Lettland Drei Astronomen sehen UFO, von dem sie ausschließen können, daß es sich um Satelliten handelt; 26. Juli 1965.

Sotschi (Umgebung) Kugelblitz dringt in Flugzeug während eines Fluges ein; Januar 1984 (vgl. Kap. 8).

Tatschikistan Berichte über behaarte Hominiden im Pamir-Gebirge, ein totes Exemplar wird von General Topilski untersucht; 1925; Goldschürfer sieht schlafendes Lebewesen; 1934 (vgl. Kap. 12).

Tambosk Linienmaschine wird beim Durchfliegen einer Gewitterwolke von Kugelblitz getroffen; 12. August 1956 (vgl. Kap. 8).

Tien Shan und *Kirgisische Berge* Viele Meldungen über behaarte Tiermenschen (vgl. Kap. 12).

Timanskij kr'az Neue Meldungen über behaarte Hominiden; 1986 (vgl. Kap. 12).

Jewpatorija, Krim Gewaltiges Meeresungeheuer mit pferdeähnlichem Kopf im Schwarzen Meer von Fischern gesichtet, die ihre Netze kappen und an Land fliehen; Januar 1934.

Kasachstan

Besatzung eines Jumbos sieht UFO mit Lichtern – nach Aussage des 1. Offiziers definitiv kein Flugzeug; 22. April 1987.

Geophysikalische Expedition sieht vom Camp in den Bergen aus orangefarbenes linsenförmiges UFO mit einem 50 Prozent größeren Durchmesser als die Mondscheibe am Himmel. Fliegt südlich, dann im Zickzack nach Nordosten und verschwindet hinter den Bergen; 16. August 1960.

Kok-Kol-See, Bezirk *Dschambul* Berichte über Seeungeheuer; ein Zeuge ist

Wissenschaftler, sieht schlangenartigen Körper von 15 m Länge mit 1,80 langem Kopf; 1975.

Pawlodar (Umgebung) Frau sieht schwarzgekleideten Mann durch die Luft fliegen; 1936 (vgl. Kap. 9).

Sibirien

Kamtschatka (Halbinsel) Suche nach mysteriösem bärenähnlichem Tier, dem »Irkujem«; 1987 (vgl. Kap. 17).

Khyeyr-See Biologe beobachtet Seeungeheuer beim Grasen am Ufer. Hat kleinen Kopf, langen glänzenden Hals, großen blauschwarzen Leib und Rückenflosse. Zeuge holt Kollegen herbei, aber bei Rückkehr mit Schußwaffen und Kameras ist das Tier verschwunden; 1964.

Komandorskije ostrva (Kommandeursinsel) Sichtung eines Exemplars der »ausgestorbenen« Stellerschen Seekuh; Anfang 50er Jahre. Weitere Fälle am Kap Navarin im Juli 1962 und in der Anapkinskaja-Bucht im Sommer 1976 (vgl. Kap. 17).

Labinkir-See, Jakutien Meldungen über Seeungeheuer.

Ob (Golf von) Gewaltige schwarze Wolke verursacht mehrere Stunden lang Dunkelheit zur Tageszeit in großem Gebiet von Nordwest-Sibirien; möglicherweise »eine kompakte Wolke aus kosmischem Staub, die in die Erdatmosphäre eingedrungen ist«; 18. September 1938.

Ob (Fluß) bei *Wasjakowo* Mann mit Hunden sieht 1,80 große Tiermenschen aus dem Wald treten. Ihre Augen glühen dunkelrot, ihre Körper sind von schwarzen Haaren bedeckt; 1960 oder 1961 (vgl. Kap. 12).

Poljarnji Während eines Gewitters zieht Kugelblitz durch ein Zimmer, dann durch Steinwand auf die Straße hinaus, er hinterläßt angesengte Ränder im Mauerloch; Juli 1972.

Sibirische Taiga Jäger beobachtet Mammuts im Wald; 1918 (vgl. Kap. 17).

Tunguska 30-Megatonnen-Explosion zerstört Hunderte von Quadratkilometern Kiefernwald; Feuerball beobachtet, schwarze Wolken, dann schwarzer Regen. Am nächsten Tag glühende Wolken in großer Höhe über Asien und Europa beobachtet. Keine Meteortrümmer entdeckt. War Explosionsursache also Komet, der auf die Erde traf? Oder Raumfahrzeug? 30. Juni 1908.

Tjumen (Bezirk) Maja Bykowa sieht 1,80 m großen Hominiden im Wald; 16. August 1987 (vgl. Kap. 12).

Worota-See Geologe und Begleiter sehen 9 m großes Lebewesen im See; etwa 2 m breit, dunkelgrauer Leib mit hellen Flecken seitlich am Kopf und 50 cm hoher Rückenflosse; 1953.

Jakutien Wildmensch, bekannt unter dem Namen »Tschutschuna« (Flüchtling oder Verbannter), aus der Gegend um Werchojansk (kältester bewohnter Ort der Erde) gemeldet (vgl. Kap. 12). Ein Triton (eine Molchart) angeblich lebendig von Goldschürfern zehn Meter unter Oberfläche der Tundra gefunden; Juni 1987. Sehr ähnlicher Bericht kommt aus *Koljmsakaja*, wo Geologen bei der Suche nach Gold in 11 m Tiefe auf Eidechse *(uglozub)* stoßen; 1973.

Ukraine

Brody Poltergeist; 3. November – 17. Dezember 1922.

Gruschewo/Hruschiv Muttergottes erscheint in einer Kapelle elfjährigem Mädchen und Nachbarn; 26. April 1987.

Jenakijewo Poltergeist bei Anwesenheit eines Jungen – Gegenstände fliegen herum, Brände brechen aus, Glühbirnen platzen, und einmal wird Kühlschrank auf den Kopf gestellt; Beginn November 1986.

Linienmaschine auf dem Flug von *Zaporpskoje* nach *Wolgograd* geht in Gleitflug über, nachdem Motoren nach Begegnung mit UFO ausfallen; UFO kam von oben, verschwindet wieder, und die Motoren springen 750 m über dem Boden wieder an; 29. September 1967.

Odessa Luftwaffenmajor sichtet UFO, das auch auf seinem Radar erscheint, als er die Stadt überfliegt; auch Radarstation am Boden nimmt es auf; April 1966.

Seredina Zwanzig Marienerscheinungen mit Botschaften; 20. Dezember 1954 – 21. November 1955.

SPANIEN

Alcocebre (Castellón) Vor der Küste entdeckt Taucher am Meeresboden 6 m breites Metallobjekt; am Tag darauf sieht ein Freund in dem Bereich etwas aus dem Meer aufsteigen, und der Taucher muß feststellen, daß der Zylinder verschwunden ist; 26.–27. Juli 1970 (vgl. Kap. 10).

Arroyo de la Miel, Málaga Objekt taucht in den See, kommt wieder an die Oberfläche und fliegt davon; September 1971.

Bélmez de la Moraleda, Andalusien Auf Zementfußboden erscheinen Gesichter; auch Stimmen gehört; 1971 und später (vgl. Kap. 11).

Cantillana (Umgebung) Steine schießen vom Boden in die Luft, von Detonation begleitet; zwei Stunden am Morgen des 4. Mai 1910.

Chinchilla, Albacete Grüne, 18 m lange Schlange überquert die Straße und wird von Auto überfahren; 22. Juli 1969. Andere Riesenschlangen in *Orihuela* und *Alloy* in *Alicante* (Sommer 1970) sowie in der Nähe von *Aceuche* in *Cáceres* (Juli 1973) gesichtet (vgl. Kap. 14).

El Prado de el Escorial (bei Madrid) Muttergottes erscheint Amparo Cuevas in einem Baum und vermittelt ihm Botschaft, die auch andere Zeugen hören; erstmals 1981, wenigstens fünf Jahre lang.

Ezquioga Kinder und 150 weitere Zeugen (darunter auch Nichtgläubige) sehen Marienerscheinung mit Engeln und Heiligen; 30. Juni 1931.

Huesca »Affenmensch« in den Pyrenäen entdeckt, 1,80 m groß und nackt, der tierische Laute von sich gibt; wirft mit Baumstämmen nach Arbeitern, wahrscheinlich eher wildes Kind denn Hominide; Mai 1979.

Isla Cristina, Huelva Jungen sehen leuchtendes UFO aus dem Meer aufsteigen und verschwinden; 8. Februar 1981 (vgl. Kap. 10).

Jerez de la Fronterra, Cadiz (Umgebung) Mann auf Motorrad sieht zwei Humanoiden, die ihn an das »Michelin-Männchen« erinnern; Mai 1960 (vgl. Kap. 9).

La Codosera, Badajoz Insgesamt 100 Kinder und Erwachsene sehen Marienerscheinung; Mai 1945.

La Coruña (Umgebung) Großes glänzendes scheibenförmiges UFO steigt mit explosiver Lautstärke auf und schießt mit großer Geschwindigkeit davon; 5. November 1954.

León Junge Frau sieht zwei Männer mit silbrigen Gegenständen auf dem Rücken, die davonfliegen; am Tag darauf von mehreren anderen Personen gesichtet; etwa 1914.

Madrid Muttergottes-Statue blutet elfmal aus Augen und Herz; 1972.

Palmar de Troya Junge Mädchen sehen Marienerscheinung im Baum; wiederholt sich über mehrere Jahre, jeweils mit Botschaften; erstmals 30. März 1968, 1986 immer noch anhaltend.

Puente de Herrera, Valladolid 2,50 m hohes UFO mit farbigen Lichtern am Boden entdeckt; mit Insassen, der sich draußen scheinbar für Luzernenfeld interessiert; später glüht die Straße an der Stelle, an der das UFO gestanden hat; 15. August 1970.

San Sebastian de Garabandal, Santander Vier Kinder haben regelmäßig Marienerscheinung, von Wundern begleitet; erstmals 18. Juni 1961 bis 1965.

Valencia Caravelle einer Liniengesellschaft muß notlanden, nachdem sie von UFO verfolgt worden ist; 11. November 1979.

Villares del Saz, Cuenca Junger Kuhhirte ohne Schulbildung sieht großen »Ballon« (UFO) am Boden, aus dem winzige Wesen (etwa 65 cm groß) mit gelben Gesichtern steigen; sie sprechen mit ihm, aber er versteht nicht; einer gibt ihm Klaps ins Gesicht; Anfang Juli 1953.

Voltana Geflügelte Frau fliegt über die Stadt, von vielen Zeugen gesehen; Juni 1905 (vgl. Kap. 9).

Zaragoza Poltergeist; November – Dezember 1934.

SRI LANKA

Hewaheta Viele Zeugen sehen von Teeplantage aus rundes UFO mit Seitenflügeln; 17. Juli 1971.

Golf von *Mannar* Zweiter Offizier auf der *Bali* sieht langhalsiges Meeresungeheuer, 4,50 m langer Hals, graugrüne Farbe; 31. Oktober 1922.

Mutwal Schuljunge sieht, wie sich Statue der Muttergottes in einer Grotte bewegt, auch andere beobachten später das gleiche; Juli 1987.

SÜDAFRIKA

Kap-Provinz

Blaauwvlei Poltergeist; September – Oktober 1921.

Fort Beaufort Feuerball, der nach Grün und dann nach Weiß changiert, über den Bäumen einer Farm schweben gesehen. Bernie Smit feuert mehrere Schüsse auf ihn ab, aber ohne Wirkung. Eine Stunde später trifft Polizei ein und sieht eine glänzendschwarze Kugel, die sich rasch hinter Bäumen versteckt, als sie näher kommen. Sie wechselt nach Grauweiß und schießt über die Wipfel hinweg, als man nach ihr schießt, wobei sie ein lautes, schwirrendes Geräusch von sich gibt; 26. Juni 1972.

Groendal Wildreservat (bei Uitenhage) Vier Jungen sehen drei Männer in hellen Silberanzügen, die sich eher gleitend als schreitend vorwärtsbewegen; 1. Oktober 1978.

Hermanus Fischer sichten 4 bis 5 Meilen vor der Küste Meeresungeheuer; 1903 (vgl. Kap. 7).

Kimberley Zwei braune fußballgroße Objekte aus weichem Material fallen vom Himmel; drei Tage später sind sie geschrumpft und weiß geworden; 15. Juni 1962.

Kokstad Spontan ausbrechende Feuer in einem von 39 Personen bewohnten Haus; Sommer 1983.

Landowne (bei Cape Town) Poltergeist-Ausbruch; mehrere Tage im Juli 1937.

Loxton Farmer beobachtet gelandetes UFO und kleine Wesen mit Schlitzaugen; wird von Lichtstrahl geblendet; 31. Juli 1975.

Rosmead Rote Lichter über Tennisplatz in der Nacht; auf dem geteerten Boden Vertiefungen festgestellt; 12. November 1972.

Uitenhage Auf der Straße »On the Flats« sieht Mann Frösche und Fische im Regen vom Himmel fallen; März 1925.

Uniondale (Umgebung) Gefreiter Dawie van Jaarsveld nimmt weiblichen Phantom-Anhalter auf seinem Motorrad mit; April 1978. Ähnlicher Fall geschieht anderem Motorradfahrer zwei Jahre später (vgl. Kap. 5).

Natal

Pietermaritzburg Frühe Sichtung eines UFOs – »massive Metallplatte, die sich dreht ... Mit jeder Drehung stieß auf jeder Seite ein Blitz heraus«; 40 Minuten lang beobachtet, dann schießt es schnell nach oben weg; Sommer 1930. Steinschauer bombardieren zwei Jugendliche im Haus und draußen; Anfang Juli 1980 (vgl. Kap. 16).

Pinetwon Laut krachende Geräusche bei Poltergeist, aber keine Schäden; 24. Dezember 1983 – Januar 1984 (vgl. Kap. 1).

St.-Lucia-See Fischer beobachten fast 30 m langes Monster im Wasser; See steht in Verbindung zum Meer, in derselben Nacht wird ähnliches Lebewesen auch vor der Küste gesichtet; 7. Juli 1933.

Tiger Rocks Meeresungeheuer von über 18 m Länge gesichtet; April 1947. Mehrere Sichtungen im folgenden Sommer. Im September sieht Spaziergänger am Strand von Isipingo Monster mit Augen wie »rote Scheinwerfer«, das stampfende Geräusche erzeugt.

Zululand Englisches Paar hört Schritte und Klopfen an die Tür seines Landhauses und identifiziert Geist als ehemaligen Bewohner; erstmals Mai 1952.

Oranje-Vrijstaat

Boshof Poltergeist; nachts heftiger Lärm, aber kein Durcheinander und keine Zerstörungen; drei Nächte im Jahr 1901 (vgl. Kap. 1).

Transvaal

Daveyton, Witwatersrand Aus einem Baum strömen »Tränen« jährlich zwischen September und Februar; Baum soll auch gesprochen haben; Juli 1982 (vgl. Kap. 11).

Grootvlei Pumpstation Meldungen von Wassermonstern; auch im *Oranje-Fluß* und in Nebenflüssen des *Vaal-Flusses*.

Johannesburg Kugelblitz rollt Hang hinauf, hat kometenhaften Schwanz und zackenförmige Strahlen. Explodiert bei Berührung mit Mauer, ohne Schaden anzurichten, hinterläßt beißenden Geruch; etwa 1920.

Mindalore, Krugersdorp Meagan Quezet und Sohn André sehen gelandetes UFO; vier oder fünf Insassen kommen heraus, sprechen unverständliche Sprache; 3. Januar 1979.

Ost-Orlando, Soweto Poltergeist mit Steinewerfen und Ausbruch von Bränden: Möbel angesengt und zerstört, Fenster zerbrochen; beginnt am 10. Mai 1978.

Pretoria UFO landet auf einer Straße und hinterläßt Flammen auf Schotter nach dem Abheben; 16. September 1965. Hölzernes Kreuz »weint« Harz zum Jahrestag einer Schlacht.

Roodeport Mehrere Monate lang Bombardement eines Hauses mit Steinen, die teilweise senkrecht vom Himmel fallen; 1922 (vgl. Kap. 16).

Vanderbiljpark Beinloser Geist eines alten Mannes mehrfach von Familie gesehen; November 1975.

SÜDKOREA

Inchon Vor der Küste sehen Leute vom Schiff aus, wie UFOs auf Wasser aufschlagen; Dezember 1950 (vgl. Kap. 10).

Pusan Vor der Küste wird beobachtet, wie wannengroßes Objekt ins Meer stürzt und nach einer Weile sinkt, dabei glüht es die ganze Zeit; 15. Januar 1956 (vgl. Kap. 10).

SYRIEN

Damaskus Marienstatue weint; 1977.

TAIWAN

Mount Sion Der Gott »Jehowa« erscheint Elia Hong und macht ihn zu seinem Propheten; das Ereignis ist auf Videoband festgehalten; Anfang 80er Jahre.

TANSANIA

Wembere (Umgebung) Löwenjäger entdeckt zwei kleine Männer, 1,20 m groß, mit braunem Fell und aufrechtem Gang – es handelte sich um die legendären »Agogwe«; vor 1937.

Weti, Sansibar Erdklumpen fallen inner- und außerhalb eines Hauses; Frühjahr 1923 (vgl. Kap. 16).

THAILAND

Bangsue Poltergeist-Aktivität mit Steinwürfen, fliegenden Seifenstücken, Zerschlagen von Gegenständen; Dienstmädchen wird entlarvt und gesteht, aber das ist wohl nur Teillösung des Problems; Ende 1967 – 1. März 1968.

TIBET

Changai Chinesischer Wissenschaftler entdeckt im »Langen See« 3 m langes »Wundertier« mit Pferdekopf und Dinosaurier- bzw. Nilpferdkörper; 12. Oktober 1984.

Duobuzhe-See Chinesische Soldaten sollen merkwürdiges Tier im See getötet haben – Äußeres wie ein Ochse, Beine wie von einer Schildkröte, kurze gekrümmte Hörner, Haut wie ein Nilpferd; 1972.

Lhakpa-La Col. C. K. Howard-Bury entdeckt Yeti-Fußabdrücke in über 6000 m Höhe; 1921.

Menbu-See Bauern und Parteifunktionäre beobachten Seeungeheuer mit langem Hals, großem Kopf und kräftigem Leib; ein Bauer, der auf den See hinausrudert, soll ins Wasser gezerrt und eine Kuh vom Ufer ebenfalls in den See gezogen worden sein; Juni 1980.

Menlungtse Expedition unter Führung von Chris Bonington stößt auf seltsame Fußspuren, möglicherweise vom Yeti, in über 4500 m Höhe; April 1987.

Mount Everest (westlich vom) Eric Shipton und Begleiter entdecken und fotografieren Yeti-Spuren; 1951.

Waldregion Bergsteiger Reinhold Messner beobachtet knapp 2 m großen Yeti mit zottigem schwarzem Fell aus ca. 10 m Entfernung; Juni 1986.

TRINIDAD UND TOBAGO

East Coast River Berichte über »schuppige Schlange« von 7,50 bis 9,00 m Länge, die sich auf eine für Schlangen unmögliche Weise bewegt.

Port of Spain Haus wird mit Steinen beworfen; im Innern Poltergeist-Aktivitäten; erstmals 12. November 1905 (vgl. Kap. 16).

TSCHECHOSLOWAKEI

Bratislava Poltergeist; 11.–13. August 1927.

Brno Soldaten beobachten Licht am Himmel, das verschwindet und an anderer Stelle wieder auftaucht. Auf Radarschirm und mit Düsenmaschinen verfolgt, aber UFO verschwindet jedesmal, wenn Jet näher kommt; nach einer Stunde endgültig verschwunden; 1960.

Hotiansky-Nemce Pilot a. D. beobachtet UFO, das mit hoher Geschwindigkeit Gebirge überfliegt; April 1955.

Kosice Rotglühende und schwarze Kugeln über Städten und Dörfern schwebend gesehen; 1. September 1965.

Kosten-Steinhügel Poltergeist; August – November 1927.

Kotterbach Poltergeist; mehrere Tage im Juli 1927.

Lnar Zeuge beobachtet vier leuchtende Scheiben in Linienformation, dann an ihrer Stelle zwölf Kugeln in zwei Reihen à sechs. Sie teilen sich und fliegen schnell davon; 14. August 1965.

Nikolsburg (Mikulov) bei *Brno* Poltergeist; Oktober 1927 – Sommer 1928.

Schichowitz Drei Mädchen sehen Marienerscheinung; Juni/Juli 1948.

Snezka Paar verliert beim Besteigen des Berges im Schneesturm Orientierung und wird durch leuchtende blaue Kugel in Sicherheit geleitet; November 1977 (vgl. Kap. 8).

Snopousov Frau und Enkel sehen zwei UFOs mit Kuppel, die einige Minuten bewegungslos über ihnen schweben, Rauch ausstoßen, dann hochziehen und dabei helles Licht abgeben; 1. Juli 1966.

Tatra-Gebirge Mann und Junge von Steinschauern verfolgt, auch im Hause; 11. August 1927 (vgl. Kap. 16).

TUNESIEN

Souk el Khemis (Umgebung) Feldarbeiter beobachten scheibenförmiges UFO, das am Rand des Feldes landet und beim Start wie ein Pendel hin und her schwingt, ehe es wieder davonfliegt; 3. September 1954.

TÜRKEI

Istanbul Froschregen; 17. Juni 1969.

UGANDA

Entebbe (Halbinsel) Während eines Gewitters dringen leuchtendblaue Lichtkugeln von 4 bis 6 cm Durchmesser durch ein Fenster in Raum ein, ziehen herum und fliegen zum andern wieder hinaus – Fenster sind mit Metalljalousien versehen; gleiches Phänomen später noch einmal; 1982.

UNGARN

Bata »Feurige Räder« rumpeln geräuschvoll über Bergspitzen; UFOs? Kugelblitze? August 1940.

Budapest In Gegenwart eines Jungen brechen Brände aus, werden Möbel gerückt; 1921 (vgl. Kap. 4). UFOs gesichtet; 10. Juni 1947. Der Dichter Laszlo Benjamin beobachtet UFO, das fast blendendes weißes Licht über den Bergen nahe der Stadt ausstrahlt; 20. November 1967.

Grenze zur Tschechoslowakei Dorfbewohner entdecken Känguruhs in freier Wildbahn; Mitte September 1985.

Hasnos Menge hat Marienerscheinung; 1949.

Kecskemét (bei Budapest) Poltergeist-Ausbruch; 29. – 31. Juli, 13. November 1921.

St.-Emmerich-Berg Marienvision; 2. Juli 1947 (vgl. Kap. 15).

Und Lehrer fotografiert UFO; 27. Oktober 1954.

URUGUAY

El Abrojal, Rivera Landarbeiter und Frau sehen blendendes Licht und hören lautes Geräusch auf sich zukommen. Heißer Windstoß stößt sie nieder, sie werden besinnungslos; später leiden sie an Schwindelgefühlen, Erbrechen, Benommenheit und Sehstörungen. Andere Zeugen sehen dasselbe Objekt von der Dorfschule aus zwanzig Minuten lang; 30. Oktober 1976 (vgl. Kap. 3).

Salto UFO landet vor mit fünf Personen besetztem Auto auf der Straße. UFO ändert ständig Farbe; es ist so breit wie die Straße. Drinnen grünes Licht und drei Insassen, die sich bewegen. Nach einer Weile schießen seitlich Flammen heraus, und das UFO hebt ab; 15. August 1965.

VENEZUELA

Antana Auf dem Berg suchen Forscher nach »Dinosaurier«; 1977 (vgl. Kap. 17).

Caracas Nachtwächter in der Präfektur sehen Geist eines tanzenden Cowboys; November 1969.

Zwischen *Caracas* und *Petare* Zwei Lkw-Fahrer sehen vor sich UFO über der Straße schweben; einer kämpft mit kleinem Wesen mit Klauen und glühenden Augen. Zwei andere sammeln Steine und andere Dinge, während das erste erneut Zeugen angreift. Dieser wehrt sich mit Messer, kann aber die zähe Haut des Wesens nicht verletzen. Sie heben ab, während sie ihn mit einem hellen Licht blenden; 28. November 1954 (vgl. Kap. 6).

Chico (Umgebung) Vier kleine behaarte Wesen aus einem gelandeten UFO greifen zwei junge Männer an, um sie gefangenzunehmen; sind sehr stark, zerbrechen einem das Gewehr; 10. Dezember 1954.

Isla Orchila Nördlich der Insel sieht eine Schiffsbesatzung UFO ins Meer sinken; 13. Dezember 1959 (vgl. Kap. 10).

Los Llanos (Bezirk) Großes, hohles, nierenförmiges Objekt fällt vom Himmel; 22. Juli 1969.

Maracaibo-See Schwache nächtliche Lichter, als »Faro« oder »Taro von Maracaibo« bekannt, werden häufig beobachtet. Glühendes Objekt (UFO?) in den See stürzen gesehen; 23. März 1957.

Marisela, Caracas Männer sehen UFO landen und zwei Insassen in Lichtstrahlen herauskommen. Sie untersuchen Dinge, darunter auch Pflanzen, mit Instrumenten. Von ihren Gürteln strahlen ebenfalls Lichter; 10. Mai 1966 (vgl. Kap. 6).

Salina Pastor sieht UFO aus dem Meer aufsteigen; 8. August 1967. Ähnliche Ereignisse am 4. und 27. August entlang der Küste, erneut Anfang 1973 (vgl. Kap. 10).

VEREINIGTE STAATEN VON AMERIKA

Alabama

Chilatchee (bei Uniontown) Während eines örtlich begrenzten Regenschauers fallen lebende Fische vom Himmel; April oder Mai 1956 (vgl. Kap. 13).

Frankville Zischendes Geräusch mit nachfolgender Explosion, Pflanzen fliegen durch die Luft – aber kein Loch und keine Trümmer gefunden; März 1986.

Huntsville Mädchen sehen nachts auf Heimweg Licht, das sich mit Autogeschwindigkeit durch Flußbett bewegt; 1934 oder 1935.

Mobile (Umgebung) (1948), *Walnut Creek, Clanton* (Umgebung) (Herbst 1960), *Old Taylor Road, Dothan* (Mai 1976), östlich von *Brewton, Jay Pipeline* zwischen *Flomaton* und *Jay, Conecuh River* (März 1978), *Blue Hole Creek, Athens* (Umgebung) (August 1978). Vor 1981 registrierte Bigfoot-Sichtungen.

Montgomery Linienpiloten Chiles und Whitted sehen zigarrenförmiges UFO; 24. Juli 1948 (vgl. Kap. 3).

Nauvoo Schwarze Großkatze, wahrscheinlich Puma, auf Veranden und in Gärten beobachtet; Mai 1987.

Queenstown Mysteriöses Tier (Großkatze?) reißt 250pfündiges Shetlandpony und 130pfündiges Schwein; Januar 1975.

Vernon (Umgebung) 10 Meilen westlich von Vernon – Spuklichter gesehen.

Alaska

Anchorage Japanischer Flugkapitän sieht die hellen Lichter von zwei UFOs und Silhouette eines riesigen »Mutterschiffs«; sie folgen ihm über 400 Meilen auf dem Flug über Nordost-Alaska nach Anchorage; 17. November 1986 (vgl. Kap. 3).

Dry Harbor 30 m langer Kadaver an Land gespült, mit 5 cm langem rötlichbraunem Fell; 15 cm lange Zähne; 1956.

Iliamna Lake Meldungen über Seeungeheuer; weitere alaskische Seen mit Monstern: *Lake Clark, Big Lake, Crosswind Lake, Kalooluk Lake, Lake Minchumina, Nonvianuk Lake.* Auch Spuklichter rund um den Ilimna Lake gesehen.

Kodiak Flottenangehörige auf Patrouillenflug sehen UFO, das ebenfalls vom Radar erfaßt wird; mit 1800 Meilen pro Stunde schneller als damalige Flugzeuge; 22. Januar 1950.

Nulato (etwa 1920), *Kaluka* (Umgebung) (etwa 1940), *Dewilde's Camp, Ruby* (Umgebung) (1943), *Inside Passage* (August 1956), *Ruby* (westlich von) (August 1960), *Hyder* (nördlich von) (August 1968), *Yukon River, Galena* (Umgebung) (Sommer 1968), *Bradfield Canal* (Juli 1969), *Iliamna* und *Newhalen* (Umgebung) (Januar 1978). Vor 1981 registrierte Bigfoot-Sichtungen.

Security Bay Meeresungeheuer gesichtet, das »sich durch das Wasser windet«; April 1947; von kleinem Boot vor Pennoch Island aus Monster mit kuhähnlichem Kopf und Rückenflosse gesichtet; 8. Mai 1947.

Umiat Fallensteller sehen rotes scheibenförmiges UFO auf und ab schweben und fast den Boden berühren, dann dreht es sich um die eigene Achse, ehe es davonfliegt; Februar 1959.

Arizona

Apache-Sitgreaves National Forest (bei Heber) Sechs Männer bei Waldarbeit sehen UFO über Lichtung schweben. Travis Walton springt aus dem Lkw und rennt auf UFO zu, wird von Lichtstrahl getroffen. Seine Kollegen flüchten, kommen aber bald zurück, nachdem UFO abgehoben hat. Können Walton nicht finden, der fünf Tage vermißt bleibt und dann 15 Meilen entfernt in Telefonzelle wieder auftaucht. Behauptet, im UFO mitgenommen worden zu sein. Der Fall bleibt umstritten, aber vieles spricht für Waltons Version; 5.–10. November 1975.

Colorado River, Lost Lake 3 m langes Krokodil erlegt; Juni 1943. 1,50 m langes Exemplar in *Tuscon* gefangen; Frühjahr 1950. Großes krokodilartiges Tier im *La Paz Slough, Parker* gesehen; Anfang 50er Jahre.

Douglas Geist in Khaki-Uniform im Gadsden-Hotel gesehen; 70er Jahre.

Flagstaff (Umgebung) (1924 und Januar 1971), *Little Jedito Wash* (Herbst 1965), *Yarnell* (1975), *Polacca* (Januar 1979). Vor 1981 registrierte Bigfoot-Auftritte.

Globe (Umgebung) Etwa 15 Meilen östlich von Globe kleines nichtmenschliches Wesen auf der Straße gesichtet; Juni 1960 (vgl. Kap. 9).

Holbrook Laute Detonation und anschließender Steinschauer – ungefähr 14000 Stück eingesammelt, einige davon sehr klein; 19. Juli 1912 (vgl. Kap. 13).

Howells (bei Prescott) Goldschürfer bezeugt paranormale Steinschauer und unheimliche Lichterscheinungen; Sommer und Herbst 1936 (vgl. Kap. 16).

Tuscon (Umgebung) Einsam gelegenes Haus wird täglich mit Steinen bombardiert; September–Dezember 1983 (vgl. Kap. 16).

Yuma Muschel fällt vom Himmel; 20. August 1941 (vgl. Kap. 13).

Arkansas

Bedias Creek, Lake Conway, Illinois River, Mud Lake, White River Berichte über Seeungeheuer.

Dierks Schwarzer Panther gesichtet; 1977. Ebenfalls in *Walton Heights, Little Rock*; November 1976.

Fouke Häufig Bigfoot gesichtet und riesige Fußspuren gefunden; seit 1953. Weitere Orte, an denen vor 1981 Bigfoot gesichtet wird: *Springdale* (Anfang 70er Jahre), *Pine Bluff* (Juni 1973), *Holly Springs* (Umgebung) (Oktober 1974), *Fordyce* (Umgebung) (Oktober 1974), *Camden* (März 1975), *South Crossett* (Juni 1978), *Benton* (August 1978).

Gurdon Spuklichter auf Bahnstrecke Missouri—Pacific gesehen (vgl. Kap. 8).

Hope, De Queen, Fulton, Mela, Ola, Baresville, Little Rock u. anderswo Mysteriöses lautes Donnern mit Einsetzen von kaltem Wetter zusammenfallend; Dezember 1983.

Midland Feuerspuk beschädigt Gardinen, Kleidung, Tapeten und Möbel in einem Haus; Schuppen brennt nieder; 9. September 1945.

Wynne Als Frau für ihren kürzlich verstorbenen Mann betet, erscheint ein »wunderschönes Kreuz« in einer Glastür (wird als göttliches Zeichen betrachtet); Tausende stehen Schlange, um es zu sehen; 17. Oktober 1987.

California

Bakersfield Erscheinungen der Muttergottes von Guadalupe im Stadtviertel La Loma; erstmals 24. Dezember 1984.

Big Bear City, San Bernardino Poltergeist; Juni – etwa November 1962.

Block Mountain, Humboldt County Jäger sieht Bigfoot auf sich zulaufen; auf 25 m herangekommen, verschwindet er dann im Dickicht; September 1985.

Bonita Fische fallen vom Himmel in Gärten der Stadt; August 1984.

Broadmoor Frau findet toten Affen im Garten: schien vom Himmel gefallen zu sein; 26. Oktober 1956 (vgl. Kap. 13).

Brush Creek Zwei Goldschürfer sehen am 20. Mai und 20. Juni UFO landen; kleines Wesen steigt mit blankem Eimer aus und schöpft Wasser; 1953.

Carmel River Drei Männer wandern am Uferrand und sehen gewaltigen schlangenartigen Kopf 2,50 m über der Wasseroberfläche; Monster ist ungefähr 12 m lang und hat graugrünes Fell, pinkfarbenen Hals und Kopf und grüne glasartige Stacheln auf dem Rücken; April 1948.

Casitas Dam (bei Ventura) Mann sieht UFO aus dem See steigen; Foto geschossen; November 1964 (vgl. Kap. 10).

Chico Steinschauer fallen in Abständen vom Himmel auf zwei Lagerhäuser; Januar – März 1922 (vgl. Kap. 16).

Cisco Grove (Umgebung) Drei Männer jagen in den Bergen, als einer allein ist, sieht er ein merkwürdiges Licht im Dunst und klettert drei Meter hoch in einen Baum. Drei Gestalten nähern sich, zwei in silbergraue Anzüge gekleidet; der dritte bewegt sich wie ein Roboter. Die beiden ersten versuchen vergeblich, den Baum zu erklettern; der Roboter versucht, den Jäger mit »Rauch« aus seinem »Mund« zu betäuben. Dieser klettert höher und wirft Kleidungsstücke ab, die Feuer gefangen haben. Der Roboter bläst weiter, und der Jäger wird bei jedem Stoß ein paar Sekunden lang bewußtlos. Er schießt Pfeile auf den Roboter ab, der Aufschlag klingt metallisch. Bei Dämmerung kommt ein weiterer Roboter, und weitere Gasstöße lassen den Jäger das Bewußtsein verlieren. Als er wieder aufwacht, sind alle verschwunden. Er findet seine Mitjäger wieder, sie hatten ein Licht gesehen, bei dem es sich um ein UFO gehandelt haben könnte; 4. September 1964.

Commerce Mysteriöse unterirdische Explosionen, am häufigsten um 3 bis 4 Uhr morgens; Ende 1987 bis 1988.

Elfin Forest (bei Escondido) Weiblicher Geist in Weiß von vielen Zeugen gesehen (vgl. Kap. 5).

Elizabeth Lake, Lake Elsinore, Lake Folsom, Homer Lake, Lafayette Lake, Lake Tahoe (»Tessie«) Berichte über Seeungeheuer.

Hagginwood, Sacramento Nachts fallende Steine und Metallstücke zerbrechen Fenster; Juli 1946.

Inyo National Forest (bei Monache Mountain) Arbeiter hören Schreie und sehen Bigfoot-ähnliche Gestalt; August 1986 (vgl. Kap. 2).

Kern County Geist einer Frau spukt in einsam gelegenem Haus, das von ihr erbaut wurde; seit 1968 (vgl. Kap. 5).

Lakewood Granate aus dem 2. Weltkrieg fällt vom Himmel und reißt über 1 m großen Krater in eine Veranda; 1. Januar 1984 (vgl. Kap. 13).

Long Beach Bewohner hören heftigen Schlag und lautes Grunzen im Hof ihres Hauses und finden 1,50 m langes Krokodil; Ende 1960 (vgl. Kap. 13). Geistererscheinungen auf der *Queen Mary*, die seit 1967 außer Dienst gestellt ist.

Los Angeles Wahrscheinlicher Fall von spontaner Selbstverbrennung; Mrs. Esther Dulin (30) stirbt dabei in ihrem Sessel, die Überreste fallen durch den ebenfalls verbrannten Fußboden; Mai 1953. Poltergeist; November 1972 – Februar 1973. Spontane Brandausbrüche in Haus; 9. März 1976. 15 cm großer, glänzender Zylinder durchschlägt Hausdach; August 1987.

Lundy Lake, Yosemite Bigfoot im Wald durch Fernglas beobachtet; 10. September 1982 (vgl. Kap. 2).

Lynwood Poltergeist; September 1960.

Monterey UFOs und »Engelshaar« gesichtet; 4. Oktober 1971 (vgl. Kap. 13).

Mount Lowe Wanderer sieht Phantomhotel; Juni 1974 (vgl. Kap. 5).

Muroc Air Force Base Zeugen beobachten drei silberne Kugeln bzw. Scheiben; Leutnant ist sicher, daß es sich um keine Flugzeuge, Wetterballone oder Vögel handelte. 40 Minuten später UFO über *Rogers Dry Lake* gesichtet; 8. Juli 1947.

Oakland Möglicher Fall von spontaner Selbstverbrennung; Februar 1974.

Oriflamme Mountain, Borrego Desert Nachts an den Berghängen »Spuklichter« beobachtet – angeblich »Schatzlichter«, die vergrabene Schätze und Goldadern anzeigen.

Palm Springs Bereiftes Rad fällt während der Fahrt von oben auf Auto; 16. April 1969.

Red Bluff UFO-Beobachtung an sechs Tagen, bei der Polizisten auf Streifenfahrt Fluggerät in Form eines Footballs von 45 m Länge sehen, das von oben herabgefallen kommt, schwebt, wieder aufsteigt und schnelle Flugmanöver durchführt; 13. August 1960.

Redondo Beach Besatzung eines Fischkutters sieht drei Meilen vor der Küste Meeresungeheuer, das einem Meermann gleicht – leuchtende Augen unter einer breiten, glatten Stirn, dunkles Kopf- und Barthaar, 3,00 bis 3,30 m groß. Er schlägt mit dem Schwanz und verschwindet, als sie ein Boot aussetzen, um ihm zu fangen; Mai 1935.

Riverside (Umgebung) Beim Überqueren des Santa-Ana-Flusses sieht Charles Wetzel ein Monster, das durch die Windschutzscheibe nach ihm zu greifen versucht; es hat einen runden Kopf, keine Ohren, vorstehendes Maul, glänzende Augen und sehr lange Krallen; die Haut ist schuppig »wie Blätter« – handelt es sich um einen Bigfoot? 8. November 1958.

San Fernando Valley Poltergeist mit Störungen des Radioempfangs, Schritten, Erscheinungen etc.; November 1972 – 1973.

San Francisco Möglicher Fall von spontaner Selbstverbrennung; 31. Januar 1959 (vgl. Kap. 4).

San Francisco Bay Mann sieht von Auto aus schlangenartiges Meeresungeheuer, das Seehunde jagt – 18 m lang, dunkelgrün, zum Bauch ins Hellbraune übergehend; 5. Februar 1985.

San Luis Obispo Winziger Fisch kommt mit dem Wasser aus einem 175 m tiefen Brunnen hoch; Februar 1952.

Santa Ana Geist in Pizza-Fabrik; 70er Jahre.

Santa Catalina Island Kapitän eines Fischkutters sieht unbekanntes Untersee-Objekt vor Avalon; 28. Juli 1962 (vgl. Kap. 10).

Santa Cruz Rotglühende Metallstücke fallen vom Himmel auf den Strand;

5. Januar 1909 (vgl. Kap. 13). 15 m langer Kadaver an den Strand gespült; Sommer 1925.

Santa Monica Pilot sieht rundes silberfarbenes UFO mit Fenstern, das 300 m unter ihm fliegt; 1. Januar 1978 (vgl. Kap. 3).

Santa Susanna Mountains Mann und Sohn mit geländegängigem Motorrad auf unbefestigter Straße unterwegs, sehen großes, behaartes Wesen, wahrscheinlich Bigfoot, das sie beobachtet. Es folgt ihnen, und sie stürzen vom Motorrad. Doch nach dem Unfall ist das Wesen nicht mehr zu sehen; Januar 1984. Drei Männer, die den Fall untersuchen, sehen ähnliches Wesen von 2,50 m Größe im Licht ihrer Stablampe; Februar 1984.

Shasta (südlich von), auf dem *Old Highway 99* Paar sieht zwei Bigfoots die Straße überqueren, einer schaut durch das Fenster herein; Frühjahr 1947. Eine von vielen Bigfoot-Meldungen aus Kalifornien in den letzten 40 Jahren. Weitere Orte sind *Bluff Creek*, der Aufnahmeort des berühmten Films von Patterson/Gimlin von 1976 (vgl. Kap. 2), die Gegend von *Oroville, Hoopa Valley, Blue Lake, Trinity Alps, Confidence Ridge, Klamath River, Little Rock, Eureka.*

Stinson Beach Mehrere Personen sehen höckriges Seeungeheuer von ungefähr 30 m Länge; 31. Oktober 1983. Ein weiteres (»langer schwarzer Aal«) von einem Surfer vor *Costa Mesa* gesichtet, ist 3 m lang, nach Aussage des Zeugen aber kein Wal; 2. November 1983.

Thornton 60 Pfund schwere Madonnenstatue weint ölige Flüssigkeit und bewegt sich 9 m von der Stelle; 1981.

Trinity Alps Angeblich 2,40 m langer Salamander gefangen; Januar 1960.

Truckee Drei Männer essen in der Abenddämmerung am Rand des Highway 89 ihren Imbiß, als sie an die 3 m großes, behaartes Tier sehen, das auf den Hinterbeinen geht, wahrscheinlich ein Bigfoot; 24. April 1987 (vgl. Kap. 2).

Tulare Lake Basin, Corcoran 1,80 m langer Alligator entdeckt; Sommer 1930. Verschiedene Begegnungen mit Alligatoren im *Folsom Lake* (September 1957 – Juni 1958), 2,40 m langes Exemplar im *Lafayette Lake* (23. Oktober 1975), ein Vierfüßler im *Kings River, Fresno* (23. Juni 1981), Siebenfüßler im *Feather River, Yuba City* (5. August 1981).

Van Nuys In Hagelgewitter fallen Bohnen vom Himmel; 6. März 1958 (vgl. Kap. 13).

Ventura (Bezirk) Schwarze Großkatzen gesichtet; 60er Jahre. Weitere Stellen u. a.: *Marine County* (30 Begegnungen zwischen 1957 und 1975), *East-Bay*-Gebiet (1972), *San José Highlands* (Ende 1973) und *Fremont* – dort findet eine vergebliche Suche nach einem männlichen Löwen im November 1979 statt.

Wilson Lake (bei Chester) Deputy Sheriff außer Dienst begegnet auf der Jagd in der Wildnis einem 1,20 m kleinen Mann, menschliche Erscheinung, mit rotgoldener Mütze, engen grünen Hosen, goldener Jacke mit langen Ärmeln und engen Stiefeln. Nach einer Minute läuft er einen steinigen Hang hinauf und verschwindet; etwa September 1956.

Woodside Rotglühende krumme Eisenstückchen fallen vom Himmel; Sommer 1954 (vgl. Kap. 13).

Yorba Linda 14jähriger Junge fotografiert UFO durch Fenster; hutförmig mit Fortsätzen am Rand; Analyse ergibt festes frei fliegendes Objekt; 24. Januar 1967.

Colorado

Alamosa Pferd mit Namen Snippy tot auf Ranchgebiet gefunden, seltsam verstümmelt – einer der frühesten und berühmtesten Fälle unerklärlicher Verstümmelung an Tieren; September 1967.

Aurora 90 cm langer Baby-Alligator kriecht durch die Straßen der Stadt; August 1984.

Lake Como, Lake Katherine, Twin Lakes Berichte über Seeungeheuer.

Cripple Creek Mit vier anderen zusammengesperrtes Pferd findet unerklärlichen Tod im Gehege; Kadaver durch sauberen Einschnitt rund um den Anus verstümmelt; das eine Auge mit grauer Schicht überzogen; Frühjahr 1980. Im Jahr 1975, dem Spitzenjahr, 203 weitere Berichte über mysteriöse Tierverstümmelungen in Colorodo. Das Fairley-Lampman Building in Cripple Creek wird von Gespenstern heimgesucht – Stimmen, Schritte, Tanzen im Ballsaal, Erscheinung einer jungen Frau, Schreibmaschinenklappern, Parfümgeruch; Anfang 80er Jahre.

Evans Regelmäßiger Körnerregen vom Himmel; 1982–1986 (vgl. Kap. 13).

Golden Am Stadtrand Känguruh entdeckt und von der Polizei gejagt; 12. August 1976.

Littleton Spuk im Town Hall Arts Center – Gelächter, Musik, von selbst fahrender Aufzug etc.; Ende 1986.

Mt. Elbert (60er Jahre), *Colorado Springs* (Sommer 1975), *Ouray* (Umgebung) (4. u. 5. Juli 1976). Vor 1981 registrierte Bigfoot-Auftritte.

Silver Cliff Seit 1880 Spuklichter auf dem Friedhof.

Connecticut

Basile Lake, Connecticut River, Lake Pocotopang Berichte über Seeungeheuer.

Bridgeport Poltergeist-Aktivität, beginnt mit Schlägen gegen die Wand und endet mit dem üblichen häuslichen Chaos mit umgestürzten Möbeln und zerschlagenem Porzellan; Anfang 1972 – Anfang 1975 (vgl. Kap. 1).

Collender's Point, Darien Krokodile gefunden; 2. Oktober 1929.

East Haddam Township »Wütende Geräusche« periodisch seit dem 18. Jahrhundert, die sich wie Gewehrschüsse, Donner, umstürzende Bäume anhören. Grund könnten Erdbeben knapp unter der Erdoberfläche gewesen sein.

East Hartford Stoffpuppe soll vom Geist eines verstorbenen Kindes besessen sein; in derselben Wohnung einige Poltergeist-Aktivitäten; Anfang 1973 – März 1974 (vgl. Kap. 1).

Ellington Bigfoot in Scheune einer Farm entdeckt; 23. August 1982 (vgl. Kap. 2).

Haddam Neck »Panther« entdeckt und in den Wald verfolgt; wahrscheinlich verantwortlich für Töten und Verzehren von zwei Kälbern; Mai 1907. Meldungen von Großkatzen aus neuerer Zeit aus *Glastonbury* (1939), *West Rock* (wo Panther durch die Stadt bummelte) und aus Wäldern um *Hampton, Ashford* und *Eastford* (80er Jahre), obwohl Pumas offiziell seit 100 Jahren in Connecticut nicht mehr heimisch sind.

New Haven Brennender Gegenstand schlägt durch Reklametafel; analysierte Trümmer aus fast reinem Kupfer; 1953 (vgl. Kap. 13).

Old Lyme Mysteriöses Tier gesichtet, ähnelt einer Kreuzung aus Hund und Kaninchen; November 1986 – Januar 1987 (vgl. Kap. 14).

Old Saybrook Frau beobachtet 6 m langes UFO mit hellerleuchteten Bullaugen von ihrem Schlafzimmerfenster aus; drei Insassen; es schwankt und schießt schnell aufwärts davon; 16. Dezember 1957.

Pomfret Geisterstimmen in den Ruinen einer verlassenen Siedlung; man hört Lachen und Geräusche des täglichen Lebens; Fotos zeigen Streifen, Kleckse und Gesichter; 1971.

Southington Sturmgebiet nähert sich, rötlicher Ball fällt aus den Wolken auf Baumwipfel auf den Bergen, von dort tiefer von Wipfel zu Wipfel, bis er verschwindet; Sommer 1958.

Trumbull Weißes Bigfoot-ähnliches Wesen gesichtet, das über 50 km/h laufen kann; 1970.

Delaware

Concord (Umgebung) Mysteriöses dunkles Tier mit 60 cm langem Schwanz gesehen, das wie Känguruh hüpft; September 1979 (vgl. Kap. 14).

Dover 1,50 m langes Krokodil gefangen; 1. April 1982.

Harrington Mysteriöses schwarzes Tier, möglicherweise Großkatze, von vielen Menschen in der Umgebung gesehen; Sommer 1984.

District of Columbia

Washington Präsidenten erleben unheimliche Dinge im Weißen Haus, der Geist von Lincoln wird gesehen (vgl. Kap. 5). Welle von UFOs gesichtet, auch auf Radar erschienen; 19./20. und 26./27. Juli 1952. Während eines Gewitters dringt Kugelblitz durch Schlüsselloch in einen Raum und explodiert beim Aufschlag gegen den Kamin; Frühjahr 1953 (vgl. Kap. 8). 30 cm langes Krokodil wandert die Pennsylvania Avenue hinab; Dezember 1962. Säurehaltiger grüner Schlamm fällt auf die Stadt, verätzt Tiere und vernichtet Pflanzen; 5. u. 6. September 1978 (vgl. Kap. 13). Geheimdienstoffizier sieht Großkatze auf der Massachusetts Avenue N. W.; 10. August 1982.

Florida

Bardin Bigfoot mit Spitznamen »Bardin Booger« gesichtet; 1987.

Buckingham 1,20 m lange Kobra im Holzstoß in Garten gefunden; Oktober 1986.

Clearwater (Umgebung) und auf dem *Suwannee River* 4,40 m großer Pinguin gesehen; Februar 1948 (vgl. Kap. 17).

Lake Clinch, Lake Monroe, St. Johns's River, St. Lucie River, Suwannee River Berichte über Seeungeheuer.

Dade County Rätselhafter Tod der Esther Cooks, möglicherweise Fall einer spontanen Selbstverbrennung; Januar 1975.

Everglades in der Nähe der *Big Cypress Indian Reservation* James Flynn sieht kegelförmiges UFO und wird von Lichtstrahl getroffen; 12. März 1965 (vgl. Kap. 6).

Jacksonville Am Strand hören Zeugen Geräusche, die aus zwei Wolken kommen, »als knistere jemand mit Zellophan« oder »ginge über knirschenden Kies«; 2. Februar 1969. Erneut über *Miami* eine Woche später. Mädchen steht plötzlich beim Autofahren in Flammen; 9. Oktober 1980 (vgl. Kap. 4). In der Umgebung von Jacksonville kollidiert eine DC-6 auf dem Flug von New York nach Puerto Rico beinahe mit einem »Feuerball«, der schnell und dröhnend vorbeifliegt; 9. März 1957.

Lakeland (1947), *Big Cypress Swamp* (Frühjahr 1957, Februar 1970, Februar 1971), *Holopaw* (1963), *Brooksville* (Frühjahr 1966, 30. November 1966, Sommer 1976), *Anclote River* (Umgebung) (Sommer u. Dezember 1966, Sommer 1967), *Elfers* (Januar 1967), *Davie* (Umgebung) (1969 und 1971), *Fort Lauderdale* (Umgebung) (9. Januar 1974), *Palm Beach County* (September 1974), *Miramar* (23. Januar 1975), *Cape Coral* (2. Februar 1975), *Gainsville* (Februar 1975), *Lake Okeechobee* (6. März 1975), *Dade County* (24. März 1975), *Venice* (Umgebung) (7. Juni 1975), nördlich von *Fort Myers* (Sommer 1975, Juni 1976), *Citrus County* (November 1975), *Grove City* (Umgebung) (Mitte Juni 1976), *Delray Beach* (Februar 1977), *Moon Lake* (Februar u. April 1977), *Labelle* (Umgebung) (23. Mai 1977), *Nobleton* (Mai 1977), *Key Largo* (Juli 1977), *Apoka* (Oktober 1977), *Belleview* (Oktober 1977), *Ocala National Forest* (November 1977). Einige Orte, an denen vor 1981 ein Bigfoot gesichtet wurde.

Lake Worth Eiswürfel fallen auf ein Haus; Anfang September 1978 (vgl. Kap. 13).

Leesburg Unerklärliche Stimmen am Telefon, gefolgt von Poltergeist-Erscheinungen wie Möbelrücken und Verschieben kleinerer Gegenstände und Stimmen aus den Wänden; Januar 1978 – Ende 1978 (vgl. Kap. 1 u. 11).

Miami Runder, pulsierender glitzernder Ball fällt in einen Hof und löst sich vor den Augen der Betrachter auf; 28. Februar 1958 (vgl. Kap. 13). Bettwäsche und Vorhänge gehen spontan in Flammen auf; Ende Februar 1959. Poltergeist in Lagerhaus, in dem 224 Gegenstände aus den Regalen fallen; Mitte Dezember 1966 – etwa Februar 1967. Vor Miami wird im Meer in 12 m Tiefe raketenähnliches Objekt gefunden, aber nach Auskunft der Flotte keine Rakete; 27. September 1966.

Orlando Eiskaltes Ei fällt vom Himmel; 19. Mai 1959.

Oviedo (Umgebung) Spuklichter auf State Road 13.

Pensacola Männlicher Geist in kariertem Hemd wird häufig in Haus gesehen; seit etwa 1963.

Port Richey Hunderte von kleinen Fischen fallen vom Himmel; 7. September 1971.

Punta Gorda Es regnet Golfbälle vom Himmel; 3. September 1969.

Royal Palm Bach Fast 2 m langer Nilwaran auf Golfplatz gefunden; 20. Juni 1981. Ein anderer in einem Haus in *Hypoluxo* am 12. Juli 1981; ein dritter auf dem Motorblock eines in *North Miami* auf einem Parkplatz abgestellten Wagens am 14. Juli 1981 (vgl. Kap. 14).

St. Petersburg Rätselhafter Tod der Mary Reeser, möglicherweise Fall einer spontanen Selbstverbrennung; 2. Juli 1951 (vgl. Kap. 4).

Tarpon Springs Ikone des hl. Nikolaus in der St. Nicholas Cathedral weint; Dezember 1969 u. 1973.

Weeki-Wachi Springs John Reeves sieht gelandetes UFO und Insassen mit enganliegendem, silbergrauem Anzug und Helm wie eine Glaskugel. Das Wesen zieht eine schwarze Schachtel heraus, aus der Blitze wie aus einer Kamera zucken; hinterläßt Fußabdrücke; 3. März 1965.

Georgia

Atlanta Menschliches Blut sickert aus den Fußböden verschiedener Räume im Haus eines älteren Paares; September 1987 (vgl. Kap. 1).

Berrien County Farmer sieht Panther mit Löwenmähne, der sein Vieh im Waldland zwischen Alapaha und Enigma jagt; 1976.

Boston (Umgebung) (etwa 1951), *Kinchafoonee Creek* (1. August 1955), *Columbus* (Umgebung) (etwa 1956), *Tarrytown* (1965), *Blackburn State Park* (2. September 1974). Orte, an denen vor 1981 ein Bigfoot gesichtet wurde.

Chattachoohie River, No Man's Friend Pond, Savannah River, Smith Lake Berichte über Seeungeheuer.

Cheaha State Park Jäger sieht wahrscheinlich Bigfoot auf zwei Beinen vor ihm weglaufen; 24. Januar 1987.

Dale Poltergeist im Telegrafenturm der Bahnstation; Dezember 1909.

Elberton »Leuchtender Faden« zieht sich hinauf in den Himmel; viele Meter eingeholt, ohne Ende zu finden; Mitte Juni 1972 (vgl. Kap. 13).

Griffin »Goldenes Ei« fällt langsam auf Rasen und explodiert unter Entwicklung von Rauch; 10. September 1973.

Moody Air Force Base Flugzeug kollidiert mit orangefarbenem Feuerball (Kugelblitz?), heftige Erschütterung; 1952.

Rome (Umgebung) »Schwarzer Panther« springt gegen Auto und hinterläßt schmutzige Pfotenabdrücke auf Karosserie; 1958.

Savannah Saatregen; Februar 1958. Jack Angel erleidet rätselhafte Verbrennungen, möglicherweise spontane menschliche Selbstverbrennung, aber überlebt; 12.–16. November 1974 (vgl. Kap. 4).

Screven Spuklicht auf Bahngleis (vgl. Kap. 8).

Stockton Am Südrand der Stadt sieht Frau in den frühen Morgenstunden vom Auto aus vier kleine Wesen auf der Straße; 3. Juli 1955 (vgl. Kap. 9).

Taylor's Ridge, Chattooga County 2,25 m großer Bigfoot gesichtet; 24. August 1986 (vgl. Kap. 2).

Union Community, Paulding County 60 cm lange Fußabdrücke, wahrscheinlich von Bigfoot, auf Straßenbelag festgestellt; September 1984.

Hawaii

Honolulu Geist in rotem Gewand im Hilton Hawaiian Village Hotel gesehen; August 1959. Frau sieht 7 m langen elektrisch-blauen »Lichtblitz« durch ihren Garten zischen; nach seinem Verschwinden ist in der Luft eine Explosion zu hören; 22. September 1956.

Idaho

Bear Lake, Lake Coeur d'Alene, Payette Lake (»Slim Slim«, »McCall Monster«, »Sharlie«), *Pend Oreille Lake, Snake River, Tautphaus Park Lake* Berichte über Seeungeheuer.

Chesterfield Wahrscheinlich früheste Begegnung mit Bigfoot in diesem Jahrhundert in Idaho, als am 14. Januar 1902 Schlittschuhläufer von einer 2,40 m großen, behaarten Kreatur mit Knüppel gejagt werden; viele weitere Begegnungen in diesem Bundesstaat, z. B. in der Nähe des *Priest Lake* (30er Jahre u. 1970), am *French Creek* (16. Juni 1968), bei *McCall* (Herbst 1968, Sommer 1970, Herbst 1972, Dezember 1974), *Orofino* (Juni 1969, November 1972, Juni 1973, Oktober 1975), *Dixie* (September 1972), am *Kelly Lake* (September 1975), am *Seigel Creek* (Juli 1976), im *Payette National Forest* (7. April 1980), am *Mine Creek* und bei *Malad* (30. August 1980).

Portage (Umgebung) Kreuzförmiges Loch von 4,20 m Durchmesser im Talboden des Little Malad River an der Grenze Idaho/Utah gefunden; um das Loch Erdklumpen verstreut; 1978.

Smith's Ferry Etwas fällt vom Himmel und verursacht kleinen Waldbrand; 6. August 1961.

Snake River Canyon Zwei Jungen und ein Mann beobachten UFO, das wie eine umgedrehte Tortenplatte aussieht, 6 m lang und 3 m dick ist und innerhalb des Canyon fliegt; seitlich schießen »Flammen« heraus; es macht zischendes Geräusch; 13. August 1947.

Twin Falls Rancher behauptet, UFO sei in der Nähe eines Ochsen niedergegangen; nach dem Abheben ist auch der Ochse verschwunden; 7. September 1956.

Illinois

Belleville 12 cm lange E-förmige Metallgegenstände fallen auf Häuser; September 1982.

Bloomington Möglicher Fall von spontaner Selbstverbrennung; 1942 (vgl. Kap. 4).

Bolingbrook dgl.; 24. November 1979 (vgl. Kap. 4).

Centerville »Zentaur«, halb Mensch/halb Pferd, gesichtet; 18. Mai 1963.

Chicago »Wäßriges Blut« tritt aus Hals, Händen und Füßen der hl. Maximina, deren 1700 Jahre alte Gebeine in einem Glassarg in der St.-Adrians-Kirche liegen; Mai 1970 (vgl. Kap. 15). 1,30 m großes Känguruh von der Polizei auf der Straße eingekreist, kann aber fliehen; 13. Oktober 1974. In Chicago häufiger gesichtet, außerdem in *Plano* (Oktober und November), am *Fox River* bei *Millbrook* (5. November) und in *Lansing* (6. November). Im Juli 1975 1,50 m großes Känguruh in den Kornfeldern von *Du Quoin* und ein anderes am 6. April 1976 in *Rock Island* gesehen (vgl. Kap. 14). Papiergeld fällt vom Himmel; Dezember 1975 (vgl. Kap. 13). Mordopfer spricht dreimal durch Frau in Trance und nennt ihren Mörder, der gesteht und ins Gefängnis kommt; Juli 1977 (vgl. Kap. 11). Polizist sieht mehrere Erscheinungen »in einer Art Mönchsgewand« auf Friedhof »herumlaufen«; als er näher tritt, verschwinden sie; Ende 1977 (vgl. Kap. 5). Frau überlebt wahrscheinlichen Fall von spontaner Selbstverbrennung; Mai 1981 (vgl. Kap. 4). Muttergottes-Statue in der Kirche St. John of God weint; Mai 1984. Marienbild in der albanisch-orthodoxen St.-Nicholas-Kirche weint; seit 6. Dezember 1986. Blaues Licht über dem verwilderten Bachelor-Grove-Friedhof.

Decatur Mehrfach verirrte Krokodile gesichtet; 30. August 1937, 24. Oktober 1966, 26. Juni 1967. In *Oakley* Anfang August 1971 Krokodil gefangen. Kleines Exemplar am Seeufer in *Lombard* gefangen (30. Juli 1970); ein weiteres auf der Route 66 bei *Chenoa* (22. September 1972); 45 cm langer Kaiman im *Humboldt Park, Chicago* (August 1984).

Effingham (Umgebung) Wahrscheinlich erste Bigfoot-Begegnung in diesem Bundesstaat: Zwei Jungen sehen von Zeit zu Zeit behaarte Lebewesen in der Nähe ihres Hauses (etwa 1912). Andere Begegnungen mit Bigfoot vor 1981 u. a. in *Elisabeth* (25. Juli 1929), am *Gum Creek* bei *Mount Vernon* (Sommer 1941), am *Creek* östlich von *Decatur* (November 1962), auf dem *State Higway 89* nahe der Grenze zu *Wisconsin* (Juli 1964), bei *Chittyville* (11. August 1968), am *Kickapoo Creek* (August 1970), in *Peoria* (Juni/Juli 1972), *Cairo* (25. Juli 1972), bei *Creve Coeur* (Juli 1972), *Murphysboro* (1973 – 1975), *Edwardsville* (1973), *Aurora* (Januar 1974), am *Carol Stream* (Herbst 1974).

Enfield (Umgebung) Graue und behaarte Monster mit pinkfarbenen Augen und drei Beinen gesichtet; erstmals 25. April 1972.

Four Lakes, Village Lake, Lake Michigan, Stum Pond, Thompson's Lake Berichte über Seeungeheuer.

Harvard Geisterstimmen und Gelächter in Spukhaus gehört; Ende 50er Jahre.

Macomb (Umgebung) Mysteriöse Brandausbrüche auf Farm – ungefähr 200 in der Woche. Landhaus und Schuppen niedergebrannt; August 1948 (vgl. Kap. 4).

Medinah (Umgebung) Golfspieler sehen großes, dunkel behaartes, 1,80 m großes Lebewesen, wahrscheinlich einen Bigfoot, der auf einen Baum klettert und die Gegend dann verläßt. Überspringt fast 2,50 m hohen Zaun »wie nichts«; September 1985 (vgl. Kap. 2).

Monticelli, Decatur und *Mittleres Illinois* Zahllose Zeugen sehen »Nellie, den Löwen« – »eine große gelbe, langhaarige Bestie«; Sommer 1917. Wildhüter schießt in der Nähe von Decatur am 25. Oktober 1955 auf »schwarzen Panther«. Großkatzen sonst noch u. a. gesehen in *Champaign, Saline* und *Lawrence Counties* (1963), *Macon County, Jasper County, Shawnee National Forest, Winnebago County* (alle 1970), *Belleville* (1976), östlich von *Carondelet* (große schwarze Katze wird verdächtigt, mehrere angekettete Hunde getötet zu haben – Dezember 1986), zwischen *Dupo* und *Cahoika* (beim Verzehren eines Kadavers – 22. Februar 1987), *Millstadt* (21. September 1987).

Rockford Wahrscheinlicher Fall von spontaner Selbstverbrennung, Opfer diesmal ein Kind; Frühjahr 1959.

Indiana

Bass Lake, Big Chapman's Lake, Eagle Creek, Hollow Block Lake, Huntington's Lake, Lake Manitou (Devil's Lake), Lake Maxinkuckee, Wabash River Berichte über Wassermonster.

Carmel, Indianapolis Känguruh gesichtet; dgl. um *Rensselaer* und *Sheridan*; November 1974.

Decker Chapel, Knox County Weißer Bigfoot gesichtet; September 1981 (vgl. Kap. 2).

Elkhorn Falls Familie beim Angeln sieht »Löwen mit langem Schwanz«; gleiches in der Gegend von *Abington*; August 1948. U. a. Großkatze auch in *La Porte* gesehen (August 1985).

Evansville 60 cm langer Alligator fällt lebend vom Himmel; 21. Mai 1911 (vgl. Kap. 13).

Hartford City Hellsilberne menschenähnliche Wesen von 1,20 m Größe, mit eiförmigen Köpfen, Gasmasken mit Schläuchen zur Brust und eckigen Füßen gesichtet; fliegen in aufrechter Haltung davon; 22. u. 23. Oktober 1973.

Houston (Hügelland östlich von) Mehrfach Bigfoot gesichtet; Juli – September 1982.

Indianapolis Poltergeist mit Bewegen von Gegenständen, Klopfen, wiederholtem Beißen eines Zeugen; 10. März 1962 – Februar 1963. Abfall (Pappe, Plastikbecher, Computerausdrucke) fällt vom Himmel; 16. Mai 1984 (vgl. Kap. 13). Anruf eines Toten – Airport-Hotel-Angestellter ruft seine Eltern zu einem Zeitpunkt an, zu dem er nach Flugzeugabsturz bereits tot ist; Oktober 1987 (vgl. Kap. 11).

Odon (Umgebung) Mysteriöse Brandausbrüche auf einer Farm, 28 an einem Tag; 1941 (vgl. Kap. 4).

Osceola, South Bend Zwei verwandte Familien von Poltergeistern heimgesucht, wobei Haushaltsgegenstände durch die Luft fliegen und Steine gegen die Außenmauern geschleudert werden; September – Oktober 1968 (vgl. Kap. 16).

Roachdale-Rockville (Bezirk) Häufige Bigfoot-Begegnungen im Jahr 1972; weitere Orte im Bundesstaat mit Bigfoot-Begegnungen vor 1981 u. a.: *Thorntown* (1949), *Blue Clay Springs* (1962), *Ising Sun* (Umgebung) (Mai 1969), südlich von *Winslow* (15. August 1970), *Sharpesville* (Juni 1971), *Aurora* (April 1977), *Hoosier National Forest* (August 1979), *Monroe Reservoir* (27. März 1980), *Jackson County* (Oktober – November 1980).

South Bend Fische fallen vom Himmel; 16. Juli 1937.

Spraytown (Umgebung) 2,40 m großer Bigfoot in der Nähe eines Hauses stehend gesehen, Fußabdrücke gefunden; 16. April 1981 (vgl. Kap. 2).

Veedersburg (Umgebung) Paar sieht nachts von Auto aus Bigfoot im Scheinwerferlicht; Februar 1981 (vgl. Kap. 2).

Vincennes Krokodil im Mariah Creek erlegt; Dezember 1946. Ein weiteres im *Fall Creek, Indianapolis* gefunden; September 1959.

Wabash (Umgebung) Wahrscheinlich spontane Selbstverbrennung; Opfer befand sich im Auto; 3. Mai 1951 (vgl. Kap. 4).

Iowa

Cedar Rapids Poltergeist; 16. August 1962.

Clayton County Gelbbraune Großkatze von 1,20 m Länge in der Nähe von McGregor gesehen; 1974.

Manchester (Umgebung) (September und 15. Januar), *Webster City* (Umgebung) (12. Oktober), *Minburn* (15. November), *Adel* (Anfang Januar), *Edgewood* (Umgebung) (13. Januar) Bigfoot-Begegnungen 1979/80.

Mich Coal Mine (bei Oskaloosa) 2,50 bis 3,00 m großer Bigfoot springt aus dem Schatten, als Zeuge Schnee schaufelt; Dezember 1977.

Mount Pleasant (Umgebung) Fischer sehen blauglänzendes durchsichtiges UFO in Eiform in der Nähe landen; nach fünfzehn Minuten fliegt es langsam davon; 3. Juni 1920.

Ocheyadan River Junge sieht schwarze, behaarte, 1,80 große Kreatur, wahrscheinlich Bigfoot, die mit den Händen aus dem Fluß Wasser schöpft und trinkt. Später Fußabdrücke gefunden; 22. August 1976.

Pella Bridge (bei Harvey) (etwa 25. Februar), *Ottosen* (27. u. 30. Juli, 11. u. 12. September), *Dean Bottoms* (bei Moulton) (28. August), südlich von *Renwick* (27. September) Bigfoot-Begegnungen im Jahr 1978.

Sioux City Mann steht plötzlich im Bett in Flammen; 40er Jahre (vgl. Kap.4). Bigfoot-Begegnungen; August 1974.

Spirit Lake Berichte über Seeungeheuer.

Stone Park Area Bigfoot-Begegnungen; Sommer 1971, Januar 1972, 1974.

Turkey Creek bei *Lockridge* Traktorfahrer sieht nachts in der Nähe Bigfoot; teilweise verzehrte Puter gefunden; 3. Oktober 1975.

Kansas

Abilene (Umgebung) Känguruh gesichtet; 1. November 1971.

Coldwater 12jähriger Sohn eines Farmers sieht vom Traktor aus auf dem Rückweg vom Feld winzigen Mann in 6 m Entfernung; hat lange Nase und lange Ohren, »schwebt« zu seinem UFO und steigt ein; hebt ab; September 1954.

Delia Lkw-Fahrer sieht Bigfoot; 20. Juli 1964.

Delphos Junge auf einer Farm sieht UFO nah über dem Boden schweben, wo es eine kreisförmige Stelle hinterläßt, die leuchtet; 2. November 1971 (vgl. Kap. 6).

Iola Bergleute sehen während der Nachtschicht Lebewesen mit »Hörnern und langem Haar, großen Augen und einem unmenschlichen Blick, aber aufrecht wie ein Mensch«. Bis auf die Hörner könnte das auf einen Bigfoot zutreffen; November 1903.

Kingman County Lake Berichte über Seeungeheuer.

Leavenworth (Umgebung) Auf der Suche nach Monstern begegnen Forscher einem 2,10 bis 2,40 m großen hellen Bigfoot; Sommer 1968.

Newton 25 m langer Alligator im Keller gefunden; Juli 1970. Weitere gesehen im *Little Arkansas River* und im *13th Street Creek, Wichita* (Juli 1978), auf der *Interstate 70, Olathe* (Sommer 1978), und zwei Jungen finden einen toten Alligator oder Kaiman in einem Bach im südöstlichen *Johnson County* (Anfang März 1979).

Pottawatomie Indian Reserve Bigfoots gemeldet; etwa 1959.

Salina Großer Feuerball trifft auf Haus und explodiert; kleinere Feuerbälle sprühen in die Runde und schweben davon; 8. Oktober 1919 (vgl. Kap. 8). Gorillaartiges Wesen hinterläßt im Hof des Zeugen dreizehige Fußabdrücke; 18. Juli 1977.

Topeka (Umgebung) Häufige Begegnungen mit einem Bigfoot; Mitte bis Ende der 60er Jahre.

Wyandotte County Lake Loch von 1,80 m Durchmesser in der Eisdecke des Sees und im Eis eines Teichs auf einer Farm; Mitte Februar 1978.

Kentucky

Cumberland Falls Zwei miteinander verbundene Steine fallen vom Himmel; 9. April 1919 (vgl. Kap. 13).

Danville Großkatze gesichtet – Löwe oder Puma; Sommer 1966.

Godman Air Force Base bei *Fort Knox* Jagd auf UFO durch drei F-51 unter Führung von Capt. Thomas Manteil, der abstürzt; 7. Januar 1948 (vgl. Kap. 3).

Herrington Lake, Ohio River, Reynolds Lake Berichte über Seeungeheuer.

Kelly (bei Hopkinsville) Farmhaus von einem kleinen Mann oder mehreren »Kobolden« belagert, wahrscheinlich aus UFO; 21. August 1955 (vgl. Kap. 6).

Louisville Unnatürliche Dunkelheit tagsüber, dauert eine halbe Stunde und ängstigt die Bevölkerung; 7. März 1911. Poltergeist mit Gegenständen, die durch die Luft fliegen; Januar 1952. Tüten mit Keksen fallen vom Himmel; November 1965 (vgl. Kap. 13).

Milton (Umgebung) 4,50 m lange »Echse«, auf zwei Beinen laufend, gesehen; Oktober 1975 (vgl. Kap. 14).

Olive Hill Poltergeist-Aktivität folgt einem Jungen von Haus zu Haus, begleitet von Möbelrücken und Zerschmettern von Geschirr; Mitte November bis Ende (?) Dezember 1968 (vgl. Kap. 1).

Paris Feuerspuk läßt Bettwäsche brennen und versengt Kinderkleider; 13 Feuer in drei Tagen; Dezember 1958.

Prestonburg Hundeartiges Tier, wahrscheinlich Bastard von Hund und Kojoten, greift Pony an; Frühjahr 1978 (vgl. Kap. 14).

Stanford Drei Frauen, spätnachts unterwegs, sehen UFO; dann »fehlen« ihnen 1 Stunde und 25 Minuten; unter Hypnose enthüllen sie, daß sie ins UFO geschleppt und untersucht wurden; 6. Januar 1976.

Trimble County Gegend, in der öfters Bigfoot auftaucht; Juni 1962. Weitere Orte, an denen vor 1981 ein Bigfoot gesichtet wurde, u. a.: *Licking River* (1959), *Mount Vernon* (Juli 1962), *Murray* (1968), *Albany* (Herbst 1973), *Henderson County* (1975), *Pembroke* (Umgebung) (Frühjahr 1976), *Simpson County* (Januar 1977), *Owensboro* (Umgebung) (August 1978), *Pennyrile Parkway, Christian County* (März 1979), *Boone County* (1. April 1980), *Maysville* (Oktober 1980), *Flemingsburg* (Oktober 1980).

Louisiana

Zwischen *Abbeville* und *Lafayette* Auf dem Highway 167 sehen zwei Männer von ihrem Wagen aus Auto aus den 40er Jahren mit Frau am Steuer, daneben Kind, ebenfalls in Kleidern aus den 40ern Jahren. Fahrerin macht abwesenden Eindruck, daher machen sie ihr Zeichen, daß sie ausweichen soll. Sie halten an und sehen sich um, aber das Auto ist verschwunden. Ein anderer Fahrer hinter den beiden Wagen beobachtet, wie das alte Auto plötzlich verschwindet; 20. Oktober 1969.

Alexandria Vom wolkenlosen Himmel regnet es auf ein Hausdach; 11. November 1958.

Algiers Wahrscheinlicher Fall von spontaner Selbstverbrennung: Glen B. Denney (46) hatte getrunken und sich die Pulsadern aufgeschnitten; aber Ursache für das Feuer war nicht zu finden; 18. September 1952.

Calcasieu River Berichte über Wassermonster.

Gonzales Spuklicht bewegt sich die Straße entlang und über Baumspitzen, weicht vor jedem aus, der sich nähert; April 1951.

Honey Island Swamp Mehrfach Bigfoot-ähnliche Kreatur gesichtet, steigt einmal aus dem Wasser und hinterläßt große Fußspuren; 1973. Spuren gefunden; 1981. Weitere Stellen, an denen vor 1981 Bigfoot gesichtet wird: östlich von *Baton Rouge* (Sommer 1977), Umgebungen von *Belville* (Oktober oder November 1977), *Riceville* (Januar 1978), *Crowley* (Januar 1978) und *Krotz Springs* (4. Juni und November 1978).

Maringouin Geist eines Mannes ohne Kopf wird oft nachts auf der Bahnstrecke bei Bayou Ramah gesehen; Juli 1948 – Mitte 1949.

Marksville Fische fallen vom Himmel; 23. Oktober 1947 (vgl. Kap. 13).

Metairie 1,20 m langer Alligator auf Rasen gefunden; Polizei braucht zum Fangen eine Stunde; September 1970.

New Orleans Spontane Entzündung von Polizeifahrzeugen; Anfang Juni 1980.

St. John The Baptist Parish Mann und Sohn sehen auf der Jagd nach Schlangen im Sumpf große, zottige, Bigfoot-ähnliche Kreatur; 21. Mai 1981. In der Gegend noch weitere Begegnungen (vgl. Kap. 2).

Shreveport Harte grüne Pfirsiche fallen vom Himmel; 12. Juli 1961 (vgl. Kap. 13).

Maine

Belfast Runder blauer Gegenstand fällt vom Himmel und verursacht Brand; 10. Mai 1963.

Boyden Lake, Vhain Lakes, Machias Lake, Moosehead Lake, Rangeley Lake Berichte über Seeungeheuer.

Casco Bay Fischer kreuzen 15 Meilen vor Cape Elizabeth und sehen langhalsiges, über 30 m langes Ungeheuer; dreht den Kopf nach dem Tuten des Nebelhorns; Beobachtung dauert 45 Minuten; 5. Juni 1958.

Deer Isle Wahrscheinlicher Fall spontaner Selbstverbrennung; 13. Januar 1943 (vgl. Kap. 4).

Durham (Umgebung) Frau und vier Kinder sehen 1,50 m große Bigfoot-ähnliche Kreatur; sie sieht sie am folgenden Tag erneut, die Kinder schon vor ihr; Juli 1973. Weitere Begegnungen vor 1981 bei *Freeport* (Juli 1974) und *Manchester* (22. September und November 1975).

Kittery Point Flammen schlagen vom Strand und von der Meeresoberfläche ungefähr 30 cm hoch; sie knacken und erzeugen schwefligen Geruch; Vorfall dauert über 45 Minuten; 1. September 1905.

Westport Island Paar sieht bei Spaziergang fast 75 cm lange Katze, 45 cm hoch; 30. August 1987. Um *Wytopitlock* ebenfalls Großkatzen gesehen.

Maryland

Baltimore Während eines Gewitters steigt ein kleiner länglicher Feuerball vom Boden und heftet sich an den Finger einer Frau, die im Zimmer steht; als es draußen blitzt, verschwindet er; 19. Juni 1924. Poltergeist; 14. Januar – 9. Februar 1960.

Calvert County Geisterstimmen auf Tonband registriert, nachdem Forscher das Spukhaus besucht hat; Herbst 1986.

Chesapeake Bay Seeungeheuer »Chesapeake Chessie«, auch »Potomac Patty« genannt, häufig aufgetaucht (vgl. Kap. 7).

Cheverly Autor für technische Themen sieht UFO bzw. glänzendweißes rundes Objekt, das von oben herabsinkt, dann anhält und dem ein zweites folgt; beide steigen dann wieder in die Höhe; 27. Juli 1975.

Chevy Chase Nach Gewitter Feuerball im Wald gesehen; er explodiert wie eine Dynamitladung, als er gegen Baum stößt; Frühjahr 1923 (vgl. Kap. 8).

Dundalk 75 x 75 cm großer Klumpen fällt vom Himmel; 27. Januar 1956 (vgl. Kap. 13).

Harewood Park Gegend, in der viele Bigfoot-Begegnungen stattgefunden haben. Weitere bekannte Stellen in Maryland: *Patapsco Valley State Park, White Marsh, Chase* und *Parkville.* Der Forscher Mark Opsasnick aus Maryland hat für dieses Jahrhundert mehr als 200 Bigfoot-Begegnungen registriert.

Hebron (Umgebung) Spuklicht 1 Meile westlich von Hebron gesehen; 1902–1952.

Indian Head Wissenschaftler von der US Naval Ordnance Station und andere sehen kugelförmiges Objekt, das sich schnell zwischen ihnen und einer Düsenmaschine über ihnen vorwärtsbewegt; August 1966.

Parkton Nach einer Explosion am Himmel fallen Metallstücke nichtmeteoritischen Ursprungs zur Erde; 11. August 1965.

Point Lookout Im Leuchtturm Geisterstimmen gehört und auf Band aufgenommen; 1973–1979 (vgl. Kap. 11).

Prince Georges County Jäger verfolgen angeschossene Katze, die Schweine verletzt und getötet hatte; Februar 1930.

Riverdale 1,20 m langes Krokodil auf einer Sandbank gefunden; 4. Dezember 1933. Zwei weitere, mehr als 2 m lange im Herring Creek am unteren Potomac gesichtet; 18. November 1942.

Rocks State Park (Umgebung) Bigfoot beobachtet, der in den Abfällen hinter einem Restaurant wühlt; 6. Februar 1981 (vgl. Kap. 2).

Scaggsville 2,70 m großer, behaarter Tiermensch läuft über Felder und in den Wald; im Garten fünfzehige, 45 cm lange Fußspuren entdeckt; 15. Januar 1988.

Silver Spring Mit Unterbrechungen auftretende Poltergeist-Aktivität, darunter Fußspuren im Sägemehl – nackter rechter Fuß, vom linken nur eine Schleifspur; etwa 1966 bis 1976.

Massachusetts

Boston 88 Meilen südsüdost vom Feuerschiff Boston sieht Kapitän eines Trawlers Meeresungeheuer, das einem riesigen Aal ähnelt und länger als sein 42 m langes Schiff ist; 24. Mai 1925.

Bridgewater (Umgebung) Häufige Begegnungen mit einem 2,10 m großen »Bären« bzw. Bigfoot-artigen Wesen; Polizist erlebt, wie es den Streifenwagen hinten anhebt und dann im Dunkeln wegrennt; Dezember 1969 – April 1970.

Brockton (Umgebung) Auf Insel in einem See kleines affenähnliches Wesen mit Spitznamen »The Nip« gesehen; Juni 1980.

Cambridge Dreijähriges Kind sieht Geist seiner Mutter während deren Beerdigung; Mai 1906 (vgl. Kap. 5).

Dismal Swamp (bei Ware) 1,80 bis 2,40 m lange Krokodile gesichtet; 1922. Seitdem drei 30 bis 90 cm große Krokodile gefangen. Kleine Krokodile ebenfalls auf dem *Franconia Golf Course* (bei Palmer) gefangen; 18. Juli 1937.

Dover Kleines Wesen mit großem Kopf, sogen. »Dover Demon«, gesehen; April 1977.

Frizzlebury Großkatze gesichtet; November 1944. Weitere Meldungen aus *Rehoboth* (1972) und *Truro* (1981/82).

Gloucester Vor Cape Ann Meeresungeheuer gesichtet: über 20 m lang, schlängelt sich an der Oberfläche des Wassers, sieht auch aus wie eine riesige Schlange, aber mit Flosse, gelb gepunktet; 7. Juli 1960. Vor der Küste von Massachusetts häufig angetroffen, darunter in *Lynn Beach, Nantucket* und *Vineyard Sound.*

Hockmock Swamp Riesenschlangen gesichtet; z. B. 1939. 1970 überfährt Motorradfahrer 2,40 lange Boa constrictor (vgl. Kap. 14).

Holliston Achtpfündiges Gürteltier auf Rasen gefunden; 23. Dezember 1978 (vgl. Kap. 14).

Lawrence Poltergeist; etwa Oktober – November 1963.

Lee Poltergeist mit antireligiöser Einstellung verursacht Chaos im Haushalt; Erscheinungen; 1981 (vgl. Kap. 1).

Leicester Lebendige Frösche und Kröten fallen vom Himmel; 7. September 1954.

Lowell Altes Haus wird von Geistern eines kleinen Jungen im Matrosenanzug und einer Frau heimgesucht; 1979.

Marshfield Heißer poröser Stein fällt vom Himmel und schlägt Loch in den Boden; 4. November 1983 (vgl. Kap. 13).

Medford, Boston 1,20 m langer Aal in der Wasserleitung eines Wohnhauses gefunden, später zwei weitere; 14. Juni 1972 (vgl. Kap. 14).

Methuen Wasser spritzt durch ein Haus und rinnt von Wänden und Decke; 1963 (vgl. Kap. 1).

Newburyport Drei kurzlebige Ausbrüche von Poltergeist-Erscheinungen – scharfer Wind im Innern des Hauses, laut krachende Geräusche; 1. Oktober 1901, Ende September 1903, 29. November 1904.

North Chelmsford Schauer von kleinen Kröten; 21. Juli 1933.

North Reading Verstreute Kleckse einer klebrigen Geleemasse; 12. – 18. Dezember 1983.

Oak Bluff (Umgebung) Mann sieht knapp 10 m langen leuchtenden Zylinder ins Meer tauchen; dann steigt er wieder auf und beleuchtet Strand und Wasser; 27. März 1979.

Quincy, Boston Rätselhaftes Tier an einem Fluß durch Friedhof gesehen; z. B. 16. November 1964.

South Ashburnham Betty Andreasson berichtet von einer angeblichen Begegnung mit UFO-Insassen, die sie mit in ihr UFO nehmen; an Einzelheiten unter Hypnose erinnert; 25. Januar 1967 (vgl. Kap. 6).

Sudbury Glitzerndes, klebriges »Engelshaar« schwebt vom Himmel herab, und Zeuge sieht glänzendes UFO davonfliegen; 22. Oktober 1973 (vgl. Kap. 13). In der Umgebung von Sudbury fällt ein »lodernder Basketball« neben einen Schuppen, der Feuer fängt; beide Ereignisse werden im Zusammenhang gesehen; 28. April 1965.

Twin Lakes, Silver Lake Berichte über Seeungeheuer.

Michigan

Alpena Kugelblitz dringt in Haus ein, bewegt sich kreisend durch die Zimmer und schlägt Löcher in die Wände; 1. August 1907.

Au Train Lake, Basswood Lake, Lake Huron, Lake Michigan, Narrow Lake, Nicholas Lake, Paint River, Lake Superior, Swan Lake, Williams Lake Berichte über Seeungeheuer.

Benton Harbor DC-4 stürzt bei Nachtflug im Sturm ab; Zeugen sehen vom Boden aus vorher einen Feuerball am Himmel; 23. Juni 1950.

Cass River in der Nähe des *Enos Park* Bigfoot marschiert vor einem Auto her; 1. Mai 1983.

Detroit Toter Hai im Filter eines Kraftwerks gefunden (Edison's Trenton Channel); Juni 1978 (vg. Kap. 14). Motorradfahrerin sieht auf der I-94 am Michigan Metropolitan Airport Känguruh über die Straße hüpfen; am folgenden Tag auch von der Polizei entdeckt; September 1984. Auch auf dem Campus der *Michigan State University, Lansing*, eines am 3. August 1968 gesehen.

Fort Custer Recreation Area 2,70 m große, behaarte Kreatur (Bigfoot?) bei verschiedenen Gelegenheiten in der Nähe des *Kalamazoo River* gesehen; Zeugen, unter ihnen der Leiter der Anstalt und ein Polizist, beobachten sie auf einem gefrorenen Teich; 1981.

Genesee County Paar aus Cavison auf der Reise in Richtung Norden sieht zottiges, behaartes Wesen, wahrscheinlich einen Bigfoot, der sich von der Straße in die Büsche schlägt, als sie mit dem Auto näher kommen und nicht anhalten; Oktober 1984.

Gladstone Polizeibeamte verfolgen UFO, ein im Zickzack fliegendes, orangeleuchtendes Objekt; 12. März 1980.

Grand Rapids In alter Villa spukt es: Schritte, andere Geräusche, Rosenduft, außerdem der Geist eines älteren Mannes in braunem Tweed; Geist erstmalig im Herbst 1976 gesehen (vgl. Kap. 5).

Lexington Township 1,80 große Kreatur, wahrscheinlich Bigfoot, schleudert deutschen Schäferhund durch die Luft; 15. Dezember 1981 (vgl. Kap. 2).

Millington Junge fährt mit dem Rad abends nach Hause und sieht drei Bigfoots am Straßenrand entlanggehen; ein 35 cm großer Fußabdruck gefunden; 4. September 1983.

Oakland County Häufiges Auftreten von Alligatoren in Seen: ein 35 cm langer im *Elizabeth Lake* gefangen; wenigstens zwei im *Lower Long Lake* im Juni/Juli 1955 gesehen und am 10. Juli 1957 einer von 1,42 m Länge gefangen; 1,50 bis 1,75 m großer Alligator im *Island Lake* gesehen, 9. Juli 1955; 42 cm langer im *Harris Lake* gefangen, Juni 1956; 1,05 m langer im *Susin Lake* gefangen, 4. August 1957; 90 cm langer im *Square Lake* gefangen, August 1987. Außerdem gesichtet bzw. gefangen am *Mount Clemens* (Oktober 1958), im *Hines Park, Detroit* (18. November 1960), in *East Lansing* (31. Mai 1967), am *Capitol Building, Lansing* (6. Juni 1968), in *Crystal, Orion* und in den *Walled Lakes*.

Paulding Regelmäßig Geisterlicht gesehen – Geist eines Eisenbahningenieurs oder UFO, Autoscheinwerfer oder ähnliches? (vgl. Kap. 8).

Pontiac Wahrscheinlicher Fall spontaner Selbstverbrennung; 13. Dezember 1959 (vgl. Kap. 4).

Saginaw River Fischer bekommt Nervenzusammenbruch, als er sieht, wie menschenähnliche Kreatur das Ufer hinaufklettert, einen Baum ersteigt und sich dann wieder in den Fluß zurückbegibt; 1937. Eine der ersten Bigfoot-Begegnungen in diesem Bundesstaat. Andere Stellen, an denen vor 1981 ein Bigfoot auftauchte, sind u. a. der »*Gorilla Swamp*«, *Charlotte* (1951), die Umgebung von *Marshall* (Mai 1956), die *Sister Lakes, Cass County* (Mai und Juni 1964), die Umgebung von *Monroe* (13. August 1965), *Port Huron* (24. April 1969), *Bay City* (Sommer 1973), *New Buffalo* (Herbst 1973), *Barryton* (1977), *Caro* (September 1977), *Mason* (1978), *Fowlersville* (Juli und August 1978), *Concord Township* (August 1978), *Evart* (Oktober und November 1978), *Millington* (Oktober und Dezember 1978), *Lansing* (Dezember 1978), *Mayville* (1979) und *Battle Creek* (7. November 1980).

St. Clair County 13jähriges Mädchen kam möglicherweise mit einem Bigfoot in einer Scheune ihres Hofes in Berührung; Mitte November 1981 (vgl. Kap. 2).

St. Clair River 50pfündiger Mönchsfisch (eine Salzwasser-Spezies) lebend aus Süßwasserfluß gezogen; 16. Juni 1963.

Sturgis Berichte über pantherähnliches Tier; November 1947. Andere Stellen, an denen Großkatzen gesichtet werden, sind u. a.: *Leonard, Canton Township* (August 1971), die Umgebung von *Michiana* (Februar 1977), *Manchester* (schwarzer Panther in Wohnstraßen – Mai 1984), *Wixom* (Juli 1984), *Flint* (schwarzer Panther – August und Dezember 1984), *Milford* (schwarzer Panther – Juli 1986), *Waterford Township* (schwarzer Panther – August 1986), *Clare County* (schwarzer Panther – November und Dezember 1986), *Loon Lake, Oakland County* (April 1987). In der Umgebung von Sturgis haben zwei Frauen auf der Fahrt morgens um 3 Uhr ein seltsames Erlebnis: Es regnet braunen Schlamm, es riecht nach faulen Eiern, Millionen kleiner »Blitz«-Strahlen sind in der Atmosphäre, am Himmel glüht es rotfluoreszierend, das Gras richtet sich auf, rote Lichtstrahlen tanzen auf der Straße, das Auto fühlt sich heiß an – eine nordlichtartige Erscheinung? 10. Juni 1982.

Upper Scott Lake, Allegan County Nach einer rätselhaften Explosion Loch im Eis gefunden, 12 m im Durchmesser; 1. Januar 1970.

Woodhaven Haus ungefähr jede halbe Stunde mit Schlägen wie von einem Sonar-Gerät bombardiert, so daß Fußboden vibriert – keine Explosion wegen lecker Gasleitung oder nach Eindringen von Gas durch die Kanalisation bzw. andere Rohrleitungen, aber vielleicht Poltergeist? April 1979.

Minnesota

Coon Rapids Häufig Känguruhs in den Wäldern gesichtet; 1957 – 1967.

Nördlich von *Floodwood* Jäger sieht 1,35 m großen Bigfoot, der von einem Baum herabspringt und in den Wald marschiert; 12. November 1968.

Great Sandy Lake Berichte über Seeungeheuer.

Island Lake (bei Duluth) Großer weißer Bigfoot beim Überqueren eines Hofes beobachtet; 26. Januar 1973.

La Crescent Jäger hört Schritte und entdeckt gewaltigen, behaarten Bigfoot – dem er gerade bis zur Brustmitte reicht. Er läßt die Waffe fallen, ein Schuß geht los, der Bigfoot läuft schreiend davon; 1968.

Lakefield Im Fluß schwimmendes Krokodil erlegt; Juni 1941.

Little Falls Folien bzw. Lametta fallen vom Himmel; 1. August 1957.

Long Prairie (Umgebung) Mann sieht vom Auto aus raketenförmiges UFO, das auf flossenartigen Stützen auf der Straße steht; drei 15 cm hohe Objekte in Bierdosenform kommen unter dem Fluggerät hervor auf ihn zu. Sie scheinen ihn zu beobachten. Schließlich kehren sie in das UFO zurück und heben ab; 23. Oktober 1965.

Margie (Umgebung) Mann sieht rötlichen Bigfoot im Sumpf; November 1978.

Minneapolis Frösche und Kröten fallen vom Himmel und bilden am Boden 8 cm dicke Schicht; 2. Juli 1901 (vgl. Kap. 13). Zwei Männer, die per Flugzeug einen Ballon verfolgen, sehen hell leuchtendes UFO; zwei Stunden später ein zweites; 11. Oktober 1953.

Zwischen *Osakis* und *Eagle Bend* »Nebelball« trifft auf Auto; wirkt wie feine Kiesladung, die gegen die Karosserie schlägt, verbunden mit heißem Windstoß; 10. Mai 1961 (vgl. Kap. 8).

Rochester (Umgebung) Frau sieht 2,10 m großen Bigfoot im Scheinwerferlicht; 14. Dezember 1979. Südlich von Rochester beobachtet Fahrer einen Bigfoot, der sich über ein totes Kaninchen beugt; Anfang 1969.

St. Cloud Seesterne fallen im Regen vom Himmel; 21. April 1985 (vgl. Kap. 13).

St. George Stellv. Sheriff Arthur Strauch fotografiert UFO in Gegenwart weiterer Zeugen; hat Scheibenform, ist silbern und hat einen Außenrand, der rotiert; 21. Oktober 1965.

Stephen (Umgebung) Deputy-Sheriff Val Johnson, allein im Wagen unterwegs, sieht helles Licht, das auf ihn zuschießt. Er verliert das Bewußtsein und kommt ins Schleudern. Später leidet er unter Sehstörungen, ein Scheinwerfer ist zerbrochen, ebenso die Windschutzscheibe, die Antenne ist verbogen. Weitere Berichte aus dem nördlichen Mittelwesten über »Lichtbälle«, die Autos attackieren; 27. August 1979.

Tower (Umgebung) Mehrere Jugendliche sehen weißen Bigfoot im Wald; Juli 1972.

Mississippi

Bay Springs (Umgebung) Mysteriöses Tier greift Schweine an, frißt nur ihre Ohren, und einige Opfer überleben; einige Farmer sehen Tier, das sie nicht identifizieren können: wenigstens 1,80 m lang mit hohen Beinen, großem Kopf und kleinen Ohren, zottigem Schwanz, schwarz und grau und ein wenig an einen Hund erinnernd; Januar – März 1977.

Coldwater (Umgebung) Mann auf dem Heimweg sieht in klarer Nacht Lichtkugel über einen Zaun kommen und die Straße überqueren; er steckt seine Hand hinein, spürt aber nichts; 1929 oder 1930 (vgl. Kap. 8).

Meridian (Umgebung) Lkw-Fahrer sieht gelandetes UFO mit drei Propellern und drei kleinen Männern, die ihm entsteigen. Sie scheinen freundlich, aber er kann ihr »Geschwätz« nicht verstehen. Dann hebt ihr UFO senkrecht ab; 7. November 1957.

Mississippi River, Pascagoula River Berichte über Wassermonster.

Pascagoula Charles Hickson und Calvin Parker sehen UFO und Insassen, als sie abends im Fluß angeln; die silbernen, roboterartigen Wesen ergreifen sie und schleppen sie ins UFO, wo Hickson untersucht wird; 11. Oktober 1973. Im *Pascagoula River* 90 cm langes USO mit bernsteinfarbenem Licht; 6. November 1973 (vgl. Kap. 10).

Winona (Umgebung) Zwei Männer sehen nachts vom Auto aus 2,10 m großen Bigfoot am Strand laufen; er hat rote Augen; November 1966. Weitere Stellen, an denen vor 1981 ein Bigfoot registriert wurde, u. a.: *Greenville* (Juni 1971), *Natchez* (17. Januar 1977), *Jackson* (August und Dezember 1977), *Flower Lake* bei *Tunica* (9.–11. März 1979).

Missouri

Alton (Umgebung) Frühe Begegnung mit »einem Tier, das aufrecht geht wie ein Mensch, braune Haare am ganzen Körper und ein Gesicht wie ein Affe hat« – wahrscheinlich ein Bigfoot; Juni 1925. Weitere Stellen, an denen vor 1981 in Missouri ein Bigfoot registriert wurde, sind u. a.: *Piney Ridge* (1947), *Kinlock* (Juli 1972), *Highway 79* nördlich von *Louisiana* (Juli 1971), *Louisiana* (Juli 1972), *New Haven* (Umgebung) (20. Juli 1972), *O'Fallon* (Umgebung) (24. Juli 1972), *Pacific* (Oktober 1975, 18. Mai 1977), *Ozarks* westlich von *St. Louis* (November 1980).

Cedar Hill Geisterstimme und Gelächter in Spukhaus gehört; Anfang 80er Jahre.

Collins (Umgebung) Rätselhafte Lichterscheinung, »El Dorado Light« genannt, taucht gelegentlich auf Farm auf.

Lake Creve Coeur, Kansas River, Mississippi River, Missouri River, Lake of the Ozarks Berichte über Wassermonster.

Festus, St. Louis Kleines, rotglühendes Objekt in Zylinderform fällt vom Himmel; 26. Mai 1970.

Hartville Poltergeist-Aktivitäten; Juni – August 1957.

Joplin (Umgebung) Das »Ozark Spooklight« taucht seit 1886 regelmäßig in der Nähe des Dorfes Hornet auf; wie andere Geisterlichter verschwindet es, wenn man ihm näher kommt (vgl. Kap. 8).

Kansas City 60 cm langes Objekt von 2,5 cm Durchmesser fliegt in Raum, begleitet von einem Geräusch wie »zerbrechendes Glas«; es schwebt, während es sich in eine Kugel verwandelt und sich dann auflöst, wieder begleitet vom gleichen Geräusch; nirgends tatsächlich Glas gebrochen – Kugelblitz? 1959.

Rock Hill, St. Louis 45 cm lange, schwere Kette fällt vom Himmel; 15. Mai 1959 (vgl. Kap. 13).

St. Louis Große Mengen eines Materials wie Spinnweben schweben vom Himmel herab und lösen sich größtenteils auf, sobald sie den Boden berühren (was Spinnweben nicht tun); Analyse des Materials ergibt, daß es nicht biologischen Ursprungs ist; Oktober 1969.

Springfield Zwölf Kobras und eine Boa in engem Bezirk gefunden; 1953.

Union Frau fährt mit ihrem Wagen auf Highway 50 und spürt Schlag am hinteren Wagenteil; dann hebt sich der Wagen an einem oder zwei Rädern. Er schwankt und zittert, und sie sieht helles Licht, das über dem Wagen aufsteigt und verschwindet. Danach landet der Wagen wieder auf dem Boden, zeigt keine Beschädigungen. Nur Fahrerin erleidet Schock; 27. Juli 1978.

Washington County 2,10 m großer Puma beim Überqueren der Straße beobachtet; Mai 1955. Weitere Begegnungen in den frühen 50er Jahren, z. B. in den Bezirken *Ozark* und *Lincoln*. Große schwarze Katze in der Gegend von *Lone Jack* gesichtet; Anfang 1980.

Montana

Butte Lebende Kröte in den Felsen einer Silbermine in 60 m Tiefe gefunden, nachdem der Schacht abgeteuft war; im Felsen keine Spalten; Mai 1907.

Cascade (Umgebung) Frau entdeckt gewaltige Schlange von 6 bis 9 m Länge, die gegen ihren Wagen schlägt; Oktober 1978 (vgl. Kap. 14).

Flathead Lake, Missouri River, Waterton Lake Berichte über Wassermonster.

Glendive Spontane Ausbrüche von Bränden in einem Haus; Januar 1958.

Great Falls Nicholas Mariana filmt zwei silberne Scheiben beim Flug über das Baseballstadion, aber es wurde nie mit Sicherheit festgestellt, ob es sich um »wirkliche« UFOs handelte; 15. August 1950.

Kalispell Drei Wanderer sehen große, affenähnliche Kreatur, wahrscheinlich Bigfoot, die durch das hüfttiefe Wasser des Flusses watet; 9. Juni 1985.

Rocky Boy Große, vierzehige Fußabdrücke entdeckt und möglicherweise Bigfoot gesehen; April 1981 (vgl. Kap. 2).

Seeley Lake Bärenjäger sieht 2,40 m großen Bigfoot im Wald, schießt aber nicht auf ihn; 1959. Weitere Stellen, an denen vor 1981 in Montana ein Bigfoot gesichtet wird, sind u. a.: *Lost Trail Pass* (November 1962 und September 1969), *Brown's Gulch* (17. Mai 1964), *Grid Creek* (August 1964), *Billings* (Umgebung) (11. September 1968), *Columbia Falls* (Umgebung) (60er Jahre), *Bitterroot Mountains* (September 1974), *Bootlegger Trail* (Dezember 1974), *Vaughn* (26. Dezember 1975 und 7. März 1976), *Ulm* (21. Februar 1976), *Great Falls Airport* (22. Februar 1976), *Sun River* (Umgebung) (22. Februar 1976), *Great Falls* (März und 28. Juli 1976), *East Helena* (4. April 1976), *Rainbow Dam* (Umgebung) (21. Juli 1976), *Pfeiling Gulch* (Juli 1976), *Gerber* (Umgebung) (Frühjahr 1977), *Silver City* (14. Juni 1977), *Belt Creek Canyon* (20. August 1977).

Nebraska

Alkali Lake, Missouri River Berichte über Wassermonster.

Ashland (Umgebung) Streifenpolizist Herbert Schirmer sieht UFO und erleidet Zeitverlust; unter Hypnose erinnert er sich, an Bord geholt worden zu sein und sich mit Insassen unterhalten zu haben, die ihn wissen lassen, daß sie Elektrizität aus den Überlandleitungen abzapfen; 3. Dezember 1967.

Council Bluffs Dreimal von oben stammendes geschmolzenes Metall auf dem Boden gelandet; 17. Dezember 1977, 5. Juli 1978, 10. Juli 1978.

Falls City Mann sieht menschenähnliche Gestalt mit Flügeln wie aus glänzendem Aluminium über sich hinwegfliegen; Herbst 1956 (vgl. Kap. 9).

Harlon County Lake, Republican City 30 cm langer Piranha im See gefunden; September 1987.

Kearney Reinhold Schmidt behauptet, ein 10 m breites gelandetes UFO gesehen zu haben, das auf vier Beinen stand. Über eine Leiter seien zwei Insassen herausgekommen und hätten ihn mit ins UFO genommen. Im Innern seien vier Personen gewesen, normal aussehende Männer und Frauen. Sie hätten ihm bedeutet, daß ihm nichts geschehe. In Kürze werde er alles erfahren. Dann hätten sie ihn zum Verlassen aufgefordert und seien davongeflogen; 5. November 1957.

Lincoln Lemur »in Zuckungen« im Hof gefunden, der später stirbt; 12. November 1931 (vgl. Kap. 14). Medial Veranlagter hört Geisterschritte und spürt »Welle von äußerst intensiver Energie«, gefolgt von »reiner Angst«, so daß er das Gebäude (Nebraska Wesleyan University) fluchtartig verläßt; Anfang 1972.

Macy 35 cm lange, dreizehige Spuren gefunden, wahrscheinlich von Bigfoot; Juni 1986.

Platte River (bei Grand Island) 1,80 großes Känguruh in Nähe einer Hütte gesehen; 28. Juli 1958. Weitere Begegnungen in *Endicott, Stanton* und *Fairbury.*

Ravenna Junge entdeckt auf der Jagd weißen Bigfoot mit schwarzem Gesicht und schwarzen Händen; am selben Tag noch von unabhängigem Zeugen gesehen; 13. Dezember 1959. Weitere Stellen, an denen vor 1981 ein Bigfoot gesichtet wird, u. a.: *Minersville* (November 1968, August 1969), *Gering* (September 1972), *Crete* (April 1973), *Fort Calhoun* (Oktober 1973), *Oakland* (August 1974), *York* (September 1974), nördlich von *Nebraska City* (Juni 1975), *Lincoln* (Dezember 1975, August 1976, Juli 1980).

Surprise Farmer sieht Löwen mit Mähne, und Frau sieht Löwen und Weibchen in der Stadt; auch in *Rising City* gesichtet; Sommer 1954. Am 12. November 1951 Löwenjagd in der Nähe in *Cresco.*

Utica (Umgebung) 1,80 m große Kreatur mit langem Haar, glühendgelben Augen und (ab Bauchhöhe) ziegenähnlichem Aussehen – Bigfoot? Dezember 1982.

Nevada

Diamond Mountains Bigfoot und 35-cm-Fußspuren entdeckt; Anfang 60er Jahre.

McDermitt (Umgebung) Auf der Oregon Canyon Ranch Spuklichter.

Lake Mead, Pegrand Lake, Pyramid Lake, Walker Lake Berichte über Seeungeheuer.

Nevada Test Site Arbeiter sieht 1,80 bis 2,10 m großen Bigfoot die Straße überqueren; 23. Januar 1980.

Lake Tahoe (südöstlich vom) Zwei Paare sehen 2,10 bis 2,40 m großen Bigfoot mit glänzendschwarzem Haar und flachem ledrigen Gesicht am Straßenrand; 29. Juli 1973.

Walker Lane Frösche fallen im Regen vom Himmel; Sommer 1983.

New Hampshire

Central Sandwich Junge sieht 1,80 bis 2,10 m große Kreatur, die »wie ein Gorilla aussieht«, wahrscheinlich Bigfoot; etwa 1942.

Derry Mann entdeckt im Wald beim Schlagen von Weihnachtsbäumen grünen Zwerg; 15. Dezember 1956 (vgl. Kap. 9).

Exeter Großes lautlos fliegendes UFO folgt 12 Meilen lang einem Auto, bevor es schnell nach oben verschwindet; junger Mann sieht ähnliches Objekt, holt Streifenpolizisten, und beide sehen, wie das UFO hinter den Bäumen aufsteigt und bis auf 30 m herankommt; 3. September 1965, dazu weitere ähnliche Begegnungen im folgenden Herbst.

Fitzwilliam Während eines Gewitters Kugelblitz in der Nähe eines Hauses beobachtet, »runder bronzefarbener, glitzernder Ball mit leuchtenden Strahlen, die nach oben, unten und auch seitlich leuchten; ihr Glitzern erinnert an Christbaumschmuck«; 10. August 1937.

Freeport (Umgebung) Aus nächster Entfernung im Scheinwerferlicht Bigfoot gesehen; Juli 1974.

Hanover/Colebrook/White Mountain Großkatze gesichtet – Berglöwe, Kanadischer Luchs oder Rotluchs? August 1983.

Hollis Bigfoot schüttelt Campingbus, in dem eine Familie schläft; im Scheinwerferlicht 2,40 bis 2,70 m groß; überspringt dann mit Leichtigkeit 1,40 m hohen Zaun; 7. Mai 1977.

Manchester Wahrscheinlicher Fall von spontaner menschlicher Selbstverbrennung; Dezember 1949 (vgl. Kap. 4).

Pittsfield Poltergeist mit Herumfliegen kleiner Gegenstände; Anfang 1971.

Salisbury Mann auf Fasanenjagd begegnet Bigfoot; Oktober 1987 (vgl. Kap. 2).

Wakefield Mysteriöses Loch im Eis eines Teichs gefunden; Farmer behauptet, flaches schwarzes Objekt von 30 x 30 cm Fläche im Wasser liegen gesehen zu haben; 10. Januar 1977.

White Mountains Betty und Barney Hill sehen nachts während Autofahrt UFO; unter Hypnose enthüllen sie später, an Bord geholt und medizinisch untersucht worden zu sein; 19. September 1961.

New Jersey

Barnegat Bay Jugendlicher sieht großes silbernes Objekt ins Wasser schlagen; machte rumpelndes Geräusch; 18. April 1979.

Butler Körperlose Stimme auf Friedhof gehört; Juli 1924 (vgl. Kap. 11).

Caldwell Nylonfaden hängt vom Himmel herab; August 1970 (vgl. Kap. 13).

Clifton Aus den elektrischen Anlagen eines Hauses schlägt Feuer, auch wenn Strom abgeschaltet ist; erstmals 31. Januar 1988 (vgl. Kap. 4).

Dover (Umgebung) Wahrscheinlicher Fall von spontaner menschlicher Selbstverbrennung; Dezember 1916 (vgl. Kap. 4).

Everittstown Mann sieht eiförmiges UFO vor der Scheune schweben; 90 cm großes Wesen mit Froschaugen sagt in gebrochenem Englisch, es sei friedlich und wolle nur seinen Hund. Zeuge antwortet: »Scher dich zum Teufel.« Frau des Zeugen hört Stimmen, sieht UFO, aber nicht das Wesen; 6.November 1957.

Greenwich Farmer erlegt Tier, das Hühner stiehlt, aber niemand kann es identifizieren; Dezember 1925 (vgl. Kap. 14).

Hackensack Meadows 78 cm langer Alligator erlegt; September 1929. Im *Passaic River* Krokodile entdeckt und geschossen; 11. September 1933. In den Straßen von *Glassboro* 60 cm langer Alligator gefangen; August 1978. 90 cm langes Exemplar in *Linden* gefangen; November 1978. 1,50 m langes in *Edison* gesehen; 24. August 1980.

Hacklettstown Poltergeist-Aktivität mit Geistererscheinungen und Stimmen; Februar 1973–1978 (vgl. Kap. 11).

Hazlet Häufige Bombardements eines Hauses mit schweren Steinen und Mauerstücken; Juni 1978 (vgl. Kap. 16).

Mays Landing Kleines Känguruh auf einer Farm gesehen und Schreie gehört; häufiger seltsame Spuren gefunden, die in einen Sumpf führen; 1900.

Montclair Poltergeist; April 1918 – wenigstens 1925.

Newark Poltergeist-Aktivität mit durch die Luft fliegenden Haushaltsgegenständen; 6. Mai – September 1961 (vgl. Kap. 1).

Newton Grober Schrott fällt mehrere Tage lang im Haus herab; März 1929.

North Shrewsbury River, Passaic Falls Berichte über Wassermonster.

Lake Oberst, Glassboro Glänzendes kugelförmiges UFO landet kurz; später 35 cm tiefer Krater an Landestelle gefunden; 4. September 1964.

Raritan Es regnet Nägel vom Himmel; Juli 1955 (vgl. Kap. 13).

Rio Grande Poltergeist in Geschenkladen, zieht oft die Einrichtung in Mitleidenschaft: z. B. fängt Nähmaschine ohne Bedienung an zu nähen; 1979.

Salem (Umgebung) Bigfoot schüttelt Auto, während Fahrer Reifen wechselt; etwa 1927. Weitere Stellen, an denen vor 1981 Bigfoot registriert wird, u. a.: *Pine Barrens* (50er Jahre), *Morristown* (1965, 21. Mai 1966), *Lower Bank* (Herbst 1966), *Vineland* (Juli 1972), *Middletown* (22. Oktober 1972), *Bear Swamp* (Februar 1975), *Rutherford* (Umgebung) (Sommer 1975), *White Meadow Lake* (Sommer 1976), *Wantage Township* (12. und 13. Mai 1977).

Somerville Großkatze, von vielen Zeugen mal als Löwe, mal als Tiger oder Panther beschrieben; Juli 1921. Andere Orte, an denen Großkatzen auftauchen, sind u. a.: *Passaic* (1931), *Stanhope* (schwarzer Panther – 1977, 1978, 1979), *Lacy Township* (schwarzer Panther, von Polizeibeamten gesichtet – November 1983), Gegend um den *Maurice River*, vor allem *Vineland* und *Pittsgrove Township* (Juni 1987), *New Egypt* (Ende Februar – Mitte April 1988).

Sussex County Zwei Fischer sehen Bigfoot im Scheinwerferlicht; 23. Mai 1981 (vgl. Kap. 2).

Trenton, Camden, Woodbury, Burlington, Gloucester und andere Orte an der Grenze zu Pennsylvania, darunter auch *Bristol (PA)* Geflügeltes Monster namens »Jersey Devil« gesehen; Januar 1909. In Trenton fallen kleine Kröten in einem Regenschauer; etwa 1930.

Unionport Blitz trifft Frau und hinterläßt Figuren auf ihrem Arm, die Fasan, Schlange und chinesische Buchstaben darstellen; Juni 1906.

Lake Wanaque Spuklichter auf den Westhängen der Berge gesehen.

Wayne Poltergeist-Aktivität verfolgt Familie aus ihrem früheren Haus in Brooklyn – Schritte, Klopfen, herumfliegende Gegenstände; 1971. In der Nähe von Wayne in den 70er Jahren »Echsenmann« gesichtet (vgl. Kap. 14).

West Orange (Umgebung) Mysteriöses Tier, wahrscheinlich Känguruh, gesichtet; 2. Juli 1924 (vgl. Kap. 14).

New Mexico

Anthony (Bezirk) »Affe mit langem, schwarzem, gewelltem Fell« beobachtet, wahrscheinlich Bigfoot; Sommer 1968.

Arrey Meeresforscher und Begleiter sehen weißes UFO durch Theodolit-Gerät; sind sicher, daß es sich um keinen Ballon gehandelt hat; 24. April 1949.

Artesia Schwarzer, 2,10 m großer Bigfoot mit weißen Augen in kleiner Gasse gesichtet; Oktober 1980.

Chuska Mountains Schäfer schießen auf 2,40 m großen Bigfoot, der verwundet in Canyon läuft und von zwei anderen Hilfe erhält; späte 60er Jahre, weitere Aktivitäten 1971.

Cimarron Poltergeist-Erscheinungen im St.-James-Hotel; 80er Jahre.

Dulce Verstümmelter Kuhkadaver entdeckt; Besitzer findet auch dreieckige Abdrücke im Boden wie von einem dort gelandeten schweren Gerät (UFO?); Juni 1976.

Gallup (Umgebung) Kröten fallen in einem plötzlichen Regen- und Hagelschauer herab; Juni 1949.

Hobbs (Umgebung) Zwei Alligatoren leben dort in einem Sumpf; Oktober 1976.

Los Alamos Häufiges Auftauchen von mysteriösen grünen Feuerbällen; desgleichen auch an anderen streng geheimen Stützpunkten im amerikanischen Südwesten; 1948/49.

Lovington Roter »Feuerball« gesichtet, außerdem Hunderte von Steinen rund um ein Haus niedergegangen; 1942 (vgl. Kap. 16).

Roswell Kleines Christusbild beginnt zu bluten; 25. und 26. Mai 1976.

Sitting Bull Falls Bigfoot von Campern gesehen; Oktober 1980.

Socorro Streifenpolizist Lonnie Zamora sieht UFO in der Wüste und daneben ein Wesen; steigt mit röhrendem Ton wieder auf; 24. April 1964.

Tucumari Feuerball schlägt neben 10 m hohem Wassertank auf dem Erdboden auf, Tank birst, zwanzig Häuser werden beschädigt, vier Menschen getötet; keine Meteoritentrümmer gefunden; 13. Dezember 1951.

Vallecitos Auf dem Feld Explosion zu hören, Erde und Gras 400 m weit im Umkreis um einen Krater verteilt, Krater ist 2,50 m tief und 22 m weit; Juli 1983.

Whitewater Bigfoot rennt neben Wagen her, der über 60 km/h fährt, bis Insassen auf ihn schießen; Januar 1970.

Wüste Über der Wüste wird Düsenmaschine von einem Fremdkörper getroffen, wahrscheinlich von oben; Motoren fallen aus; 17. April 1985.

New York

Albany UFOs von Zivilisten, Polizisten, Militärangehörigen, einem Piloten und vom Radar gesehen bzw. erfaßt; 20. August 1975. Geistererscheinungen im *New York State Capitol Building*.

Black River, Lake Champlain (»Champ«), *East Caroga Lake, Lake George, Hudson River, Mazinaw Lake, Lake Onondago, Lake Ontario, Sil-*

ver Lake, Spirit Lake, Wading River, Lake of the Wood Berichte über Wassermonster.

Bronx, New York Aus der Wohnung der Familie Koch werden Kleider, Schmuck und Bargeld gestohlen. Zwei Tage später wird Licht in der Wohnung entdeckt, während die Bewohner außer Haus sind. Polizeibeamte, die sich im Haus aufhalten, stürmen die Wohnung, finden aber niemanden vor. Mrs. Koch stellt indessen fest, daß die gestohlenen Kleider wieder im Schrank hängen; Mai 1903. Poltergeist-Ausbruch; 9. Februar – etwa April.

Brooklyn, New York In der Bay Ridge Station kleiner Elefant gesehen, Suche bleibt aber erfolglos; 2. Mai 1979 (vgl. Kap. 14).

Buffalo Jungen finden nach starkem Regenfall Fische in zurückbleibenden Pfützen; Sommer 1900. Weiterer Fischfall am 29. September 1939.

Cherry Creek 16jähriger Junge sieht beim Kühemelken UFO pfeifend neben sich landen: 15 m lang und in Football-Form. Nach wenigen Sekunden schießt es wieder davon und hinterläßt seltsamen Geruch, angesengtes Gras und Abdruckstellen im Boden; 19. August 1965.

City Island, New York City Kapitän z. S. sieht großes schwarzes Meeresungeheuer, das taucht und unter seinem Boot wieder hochkommt; 10. August 1902 (vgl. Kap. 7).

Clarendon (Umgebung) Winzige Frösche fallen mit Regenschauer herab; 5. Oktober 1937.

Colonie Dröhnen wie von Artilleriegranaten häufig in einem Haus zu hören, gewöhnlich nachts; Boden vibriert; Untersuchung der Gas-, Wasser-, Abwasser- und elektrischen Leitungen ohne Erfolg; August – September 1984.

Conklin Fünf Jungen sehen UFO und Androiden auf einem Feld; Wesen gibt zischende Töne von sich; 16. Juli 1964.

Dexter 2,10 m großer Bigfoot in der Nähe eines Haushaltswarenlagers entdeckt; 3. August 1983.

Dutchess County Bigfoot bei verschiedenen Gelegenheiten gesichtet; 2,40 bis 2,70 m groß, er geht mit über 1 m langem Knüppel auf Lkw los; Januar 1971. Andere Stellen, an denen vor 1981 Bigfoot im Bundesstaat gesichtet wurde, sind u. a.: *Richmondtown, Staten Island* (7. Dezember 1974 und 21. Januar 1975), *Watertown* (Januar 1975 und 10. August 1976), *Saranac Lake* (Umgebung) (Juni 1975), *Whitehall* (24. und 25. August 1976), Umgebung von *Oxbow* (Herbst 1976) und *Theresa* (27./28. Juni 1977).

Elmira Pappeartige Substanz fällt vom Himmel; 27. August 1956.

Hempstead Drei Muttergottes-Ikonen in Privathaus weinen eine Woche lang; März/Mai 1960.

Irvington Achteckiges Haus wird von zwei Gespenstern heimgesucht, von denen eines sich stets mit besonderem Geruch ankündigt; 1966.

Island Park Frau betet vor einem Bild der Muttergottes und sieht, wie deren Augen sich öffnen und Tränen herausfließen; sie verschwinden, wenn sie den Rand des Bildes erreichen; März 1960 (vgl. Kap. 15).

Kingston Wahrscheinlicher Fall von spontaner menschlicher Selbstverbrennung; Januar 1930 (vgl. Kap. 4).

Lancaster Wahrscheinlicher Fall von spontaner menschlicher Selbstverbrennung; 1. Februar 1943 (vgl. Kap. 4).

Lawrenceburg Nachts im Wald weißer Bigfoot gesichtet; später Fußspuren gefunden; 4. Juni 1984 (vgl. Kap. 2).

Long Island Sound Zeugen sehen in Rye großes Objekt mit zwei weißen Lichtern ins Wasser stürzen; 22. Juni 1957 (vgl. Kap. 10).

Middletown Krokodil in kleinem Bach gefangen; September 1927. Viele weitere Berichte über den Fang, das Erlegen oder das bloße Sichten von Krokodilen oder Alligatoren, z. B. aus *Port Jervis* (2. Juli 1929), *Wolcott* (September 1929), *Pleasantville* (22. März 1931), *Bronx River* (28. Juni 1932), *Crestwood Lake, Westchester* (1. Juli 1932), *Yonkers* (7. März 1935), *East 123rd Street, New York* (Alligator in Kanalisation gefunden, 9. Februar 1935 – vgl. Kap. 14), *Grass Sprain, Westchester* (März 1935), *East River Harbor, New York* (1. Juni 1937), *Brooklyn Museum Subway Station* (6. Juni 1937), *Huguenot Lake, New Rochelle* (12. August 1938), *Lake Mindowaskin, Westfield* (16. August 1942), *Red Hook* (bei Kingston) (4. August 1970), *Kensico Reservoir, Valhalla* (August 1982), *Berne* (18. Juni 1983), *Caroon Lake, Massapequa, Long Island* (Juli und August 1984).

Newark Valley Milchbauer Gary T. Wilcox befindet sich auf der Weide, als er gelandetes UFO sieht, glänzend und eiförmig, 6 m lang, mit zwei kleinen Männern davor. Sie tragen etwas auf Tabletts ins UFO, das wie Erde aussieht. Einer spricht mit ihm und sagt, sie kämen vom Mars und hätten Interesse an der Landwirtschaft. Er bittet ihn um Dünger, und als Wilcox ihn holen geht, hebt das UFO ab. Er läßt den Dünger an der Stelle liegen, und am nächsten Tag ist er verschwunden; 24. April 1964.

New York Klopfgeräuschen auf Tischplatte folgt Poltergeist-Ausbruch mit durch die Luft fliegenden kleinen Gegenständen wie Nadeln und Stiften, manche von ihnen aus einer verschlossenen Schublade stammend; 11. Dezember 1907 – Mai 1909 (vgl. Kap. 1). Weibliches Gespenst spricht im Zuschauerraum der Metropolitan Opera mit ihrer Nachbarin; etwa 1955 (vgl. Kap. 11). Frau kommt an ihrem ersten Tag im Büro an der East 62nd Street zu früh zur Arbeit und sieht Geist des verstorbenen Innenarchitekten Angelo Donghia, den sie zuerst für den Portier gehalten hat, weil er sie hereinließ; Oktober 1987. Vor New York sieht eine Schiffsmannschaft, wie ein flaches UFO aus dem Ozean emporsteigt; etwa August 1954 (vgl. Kap. 10).

Niagara Falls Nach Platzregen Fische auf dem Boden gefunden; Zeuge verfüttert sie an seine Katze; 24. Mai 1933.

North Greenbush Papiere mit mathematischen Formeln kommen langsam vom Himmel geflattert; 24. Juli 1973 (vgl. Kap. 13).

Rockaway Shoals, Long Island Meeresungeheuer mit einem Kopf, so groß wie ein Faß, in der Nähe einer Yacht gesichtet; 18. Juni 1913. Ein weiteres vor Montauk Point, 1929 (vgl. Kap. 7).

Route 22, Adirondacks Bigfoot rennt über die Straße und wird von Polizisten aus dem Auto beobachtet; Februar 1982 (vgl. Kap. 2).

Sagetown Lametta fällt vom Himmel; 27. August und 3. Oktober 1956.

Seaford, Long Island Poltergeist; Februar und April 1958.

Seneca Lake Jahrzehntelang sogen. »Seekanone« zu hören – wie die Explosion einer schweren Artilleriegranate, gewöhnlich an heißen, schwülen Tagen.

Skaneateles Lake Angler werden mit Steinen bombardiert, auch noch auf dem Heimweg; 28. Oktober 1973 (vgl. Kap. 16).

Syracuse Gespenster in Loews Theater gesehen; 1978. In der Umgebung von Syrakus werden jahrelang hin und wieder schwarze Panther gesichtet; weitere Stellen, an denen Großkatzen auftauchen, sind u. a.: *New Rochelle* (1922), *Malverne* (Juni 1931), *Van Etten Swamp* (1977), *Galway* (November 1980), *Hammond* (schwarzer Panther, März 1985), *Deposit* (schwarzer Panther, Winter 1986/87).

Titicus Reservoir, Westchester County Paar sieht beim Fischen in der Nacht leuchtende Kugel wenige Meter neben seinem Boot aus dem Wasser aufsteigen und wieder zurückfallen; auch andere seltsame Lichter beobachtet; 16./17. September 1955.

Venice Center Nach lauten Explosionen Krater in den Feldern entdeckt, drei Jahre in Folge jeweils am 12. November; dritte Explosion 30 km entfernt, hinterließ Krater von 5 m Durchmesser und 1,50 m Tiefe; 1966, 1967, 1968.

North Carolina

Asheboro UFO liegt auf Wasseroberfläche in einem Fluß, dazu blubbernde Geräusche zu hören; 19. Juli 1962.

Asheville Häftlinge behaupten, in ihrem Gefängnis spuke es; Beamte bestätigen seltsame Geräusche; April 1908 (vgl. Kap. 5).

Biltmore Känguruh entdeckt, aber nicht gefangen; 9. Oktober 1981.

Bladenboro Feuerspuk in einem Haus, wobei Vorhänge, Bettzeug, Tischdecken etc. spontan in Flammen aufgehen; Januar 1932 (vgl. Kap. 4).

Blue Ridge Mountains südlich von *Asheville* Berühmte Erscheinung der sogen. »Braunen Berglichter«, trotz vieler Versuche in diesem Jahrhundert noch nicht identifiziert (vgl. Kap. 8).

Cape Hatteras Östlich des Kaps kollidiert der Dampfer *Santa Clara* mit Meeresungeheuer, danach ist die See rot gefärbt; 30. Dezember 1947.

Charlotte Schaumartiges Objekt, eines von drei gleichen Objekten am Himmel, landet am Boden: als schleimig-dicke Flüssigkeit identifiziert; 20. März 1957 (vgl. Kap. 13).

Clayton Merkwürdige Lichter flammen innerhalb eines Hauses auf, wahrscheinlich Poltergeist; Anfang Juni – 16. Juli 1962.

Concord (Umgebung) Glitzerndes Objekt versinkt im See und löst sich auf; September 1962 (vgl. Kap. 10).

Drexel (Umgebung) Deputy und Hilfssheriff sehen 1,80 m großen Bigfoot vor ihrem Wagen die Straße überqueren; 14. Januar 1972. Weitere Stellen, an denen vor 1981 in diesem Bundesstaat Bigfoot gesichtet wurde, u. a.: *South Mountain* (1974 und früher, Frühjahr 1979), *Mount Holly* (30. Juli 1976), *Cape Fear River* (Umgebung), *Chatham County* (1976), *Carpenter's Knob, Poluca* (Dezember 1978), *Casar* (Dezember 1978 und Januar 1979).

Dunn Junge entdeckt im Kornfeld kleinen Mann; 12. Oktober 1976 (vgl. Kap. 9).

Fort Fisher Entlang der Südostküste Donnern zu hören, Häuser schwanken, manchmal ein- bis zweimal wöchentlich.

Franklin Bei Versuchen der »Spiricom« Botschaften von Toten auf Band aufgenommen; Anfang 80er Jahre.

Gastonia Französische Geldmünze fällt vom Himmel; Oktober 1958 (vgl. Kap. 13).

Little Tennessee River, Valley River Berichte über Wassermonster.

McAdenville (Umgebung) Schwebendes Spuklicht (in Verbindung mit Geistergeschichten) gesehen.

Maco Spuklicht an Eisenbahnstrecke, angeblich Geist eines Bahnangestellten mit Laterne.

Matthews Mann und Tochter sehen »Gorilla« auf allen vieren die Straße entlanglaufen; am nächsten Tag sehen Jungen einen »Affen« vom Baum springen; Polizei und andere finden keine Spur von ihm; 8. und 9. August 1977.

Raeford Riesenkatze tötet Schafe; Februar 1953. Weibliche Großkatze mit Jungen im *Pisgah National Forest* gesehen; 1975. Im April 1984 Großkatze mit gelbem Fell und dunklen Punkten (Gepard?) in *Winstonsalem* gesehen.

Red Springs Mann und zwei Kinder sehen scheibenförmiges UFO mit zwei Insassen in der Nähe schweben; Dezember 1951.

Sidney Nichtmenschliches Wesen bei verschiedenen Gelegenheiten gesichtet, mit rotglühenden Augen, grauem Gesicht, spitzen Ohren und Hakennase; eine Hand fehlt, außerdem hinkt es. Es kann Sprünge von 15 bis 18 m machen und trägt Medaillon auf der Brust, das es für Kontaktaufnahme und für Verschwinden benutzt; 20. – 26. September 1973.

Stanley Winzige Kröten fallen vom Himmel; Sommer 1961.

Swainsville (Umgebung) Wahrscheinlich Bigfoot von verschiedenen Zeugen gesehen; September 1981.

Thomasville Arbeiter in Möbelfabrik sehen 1,80 m großen Geist mit verschwommenen Zügen; ein Mann sieht ihn 50mal; 1972 – 1982 (vgl. Kap. 5).

Walker Mountain Gewaltige glühende Lichterscheinungen von mindestens 60 m Durchmesser gesehen; seit 1983.

Warsaw In den frühen Jahrzehnten dieses Jahrhunderts gelegentlich Geisterzug gesehen.

Wilmington Weiblicher Geist in Bibliothek gesehen; 1982, 1983, 1985 (vgl. Kap. 5).

North Dakota

Absaraka Nachts spähen Jungen in verlassene methodistische Kirche und sehen »große Lichterscheinung . . . in Form eines Kreuzes«; Erwachsene, die hinzukommen, sehen es ebenfalls und finden keine logische Erklärung; Erscheinung zieht Besucher auch aus der Ferne an; November 1987.

Cannonball River (Umgebung) Männer in Sattelschlepper verfolgen 2,40 bis 2,70 m großen Bigfoot. Er läuft »so schnell wie ein Pferd« und springt schließlich über einen Bach; September 1977.

Devil's Lake, Lake Sakakawea Berichte über Seeungeheuer.

Fargo George T. German, Pilot eines F51-Kampfflugzeugs, wird in Kampf mit einem »UFO« verwickelt, wobei es sich um einen Wetterballon gehandelt haben könnte; 1. Oktober 1948 (vgl. Kap. 3).

Zwischen *Fargo* und *Kindred* Spuklichter auf der Straße; 1968.

Killdeer Mountains Schlittenfahrer sehen großes, gorillaähnliches Tier, das zuerst auf sie zurennt, dann durch den Schnee davonläuft und große, menschenähnliche Spuren hinterläßt; etwa 1900.

Ohio

Ashtabula County Bigfoot-ähnliche Kreaturen belagern Farmhaus; Juni 1981.

Ayersville Rätselhaftes Fließen von Wasser in einem Haus – auf dem Fußboden, auf dem Klavier, in Schubladen –; Klempner findet kein Leck; 5.–10. Juli 1975 (vgl. Kap. 1).

Branch Hill (bei Loveland) Autoscheinwerfer erfassen drei nichtmenschliche Gestalten am Straßenrand; März 1955 (vgl. Kap. 9).

Charles Mill Lake, Lake Erie, Ohio River, Olentangy River, Slaven's Pond Berichte über Wassermonster.

Cincinnati Regen von roter, öliger Flüssigkeit vernichtet Pfirsichbäume; 22. Juli 1955 (vgl. Kap. 13).

Cleveland Wundersame Musik ertönt angeblich aus dem Grab eines Mädchens auf dem Calvary Cemetry; November 1936. Gewelltes Aluminium fällt vom Himmel; 25. Juli 1963.

Columbus Umstrittene Poltergeist-Aktivität, konzentriert auf die 14jährige Tina Resch; Haushaltsgegenstände gehen zu Bruch; März 1984.

Coshocton (Bezirk) Zahlreiche Bigfoot-Begegnungen; 1987.

Cuyahoga River Zeugen sehen 5,50 m lange Pythonschlange auf den Feldern zwischen Akron und Cleveland; Sommer 1944 (vgl. Kap. 14).

Defiance »Werwolf« gesehen: 2,10 bis 2,70 m groß, stark behaart, mit Fängen. Er rennt »von der einen Seite zur anderen« und trägt einen dicken Knüppel über der Schulter, mit dem er auf einen Bahnarbeiter einschlägt; Juli und August 1972.

Findly 1,80 m langer Nilwaran in Teich erlegt; Februar 1984 (vgl. Kap. 14).

Greensburg Endlos lange Angelschnur zieht sich bis in den Himmel; September 1978 (vgl. Kap. 13).

Harrisonville Steinschauer fallen an mehreren Tagen auf Dorf; Oktober 1901 (vgl. Kap. 16).

Little Miama River (bei Loveland) Polizeibeamte sehen Riesenfrosch oder Echse; 3. März 1972 und zwei Wochen später (vgl. Kap. 14).

Lockland Wahrscheinlicher Fall von spontaner menschlicher Selbstverbrennung; 3. August 1962 (vgl. Kap. 4).

Lorain County Großkatze tötet Hunde, Katzen und Schafe; Sommer 1959. Andere Stellen, an denen Großkatzen auftauchen, u. a.: *Croesbeck* (Löwe, April 1971), Gegend um *Bluffton* (Frühjahr 1971), *Westerville* (Juni 1979), *Wellston* (Anfang 80er Jahre), *North Olmsted, Cleveland* (Löwe, Juli 1984), *North Avondale* (November – Dezember 1984).

Loudonville (Umgebung) Dreizehn Jahre lang Spuklichter über Wald und Feldern gesehen.

Mansfield Besatzung eines Army-Hubschraubers entgeht knapp Kollision mit UFO; 18. Oktober 1973 (vgl. Kap. 3).

Monroe (Umgebung) Känguruh hüpft vor einem Auto über die Straße, aber keine Spuren gefunden; Ende Mai 1968. Vor *Grove City* ebenfalls Känguruh gesehen; Januar 1949.

Newcomerstown (Bezirk) Fünfzehn Bigfoot-Begegnungen im 5-Meilen-Radius um die Stadt von 1984 bis 1986.

New Philadelphia Geisterstimmen in Spukhaus gehört; 1970.

Padanaram (Umgebung) Mann sieht große, behaarte Kreatur, wahrscheinlich Bigfoot, ins Wasser waten und zu einer kleinen Insel schwimmen; 1954. Andere Stellen, an denen vor 1981 ein Bigfoot gesichtet wird, u. a.: *Ohio River, Cincinnati* (Februar 1959), *Mansfield* (März 1959, 1963, August 1973), *Milford* (1964 und 4. April 1976), *Wayne National Forest* (1966), *Cleveland* (22. April 1968), *Salem* (Frühjahr 1968), *Point Isabel* (Herbst 1968), *Lorain* (9. November 1968), südlich von *Huron* (Oktober 1970), *Toledo* und *Defiance* (Juli und August 1972), *Brookside Park, Cleveland* (August 1972), *Ironton* (November 1972), *Dublin* (November 1972 und 1973), *New London* (August 1973), *Oberlin* (August 1973), *Massilon* (Oktober 1973), *Woodlawn* (Bezirk) (Februar 1976), *Alliance* (März 1977), *Nelson Township* (8. März 1977), *Eaton* (Umgebung) (Mai 1977), *Butler* (Juli 1978), *Minerva* (Umgebung) (21. August 1978), *Union County* (Juni 1980), *Russels Point* (19. Juni 1980), *Logan County* (26. Juni 1980), *Lisbon* (Umgebung) (Juli 1980), *South Wayne National Forest* (August und Oktober 1980), *Lima* (Umgebung) (1980).

Pleasantville Wahrscheinlicher Fall von spontaner menschlicher Selbstverbrennung; 1956.

Rome Berichte über 2,10 bis 2,70 m großen Bigfoot, der Vieh verschreckt; Juni – Juli 1981.

Westerville Zylinderförmiger weißer Stein fällt vom Himmel; 1910 (vgl. Kap. 13).

Xenia 90 cm langes Krokodil im Huffman Pond gefangen; 6. Juli 1936.

Oklahoma

Ada Spuklichter auf der Bushy Ranch gesehen; 1962.

Arapho Geisterstimme auf Friedhof gehört; seit 1972 (vgl. Kap. 11).

Beaver County Farmer sieht Anfang des Jahrhunderts häufig Spuklichter; (vgl. Kap. 8).

Calumet Frau sieht »Kreuzung zwischen Wolf und Rotwild«; 1951 (vgl. Kap. 14). Mann sieht mehrfach 75 cm großen Schimpansen im Wald, legt für ihn Futter aus und versucht, ihn zu fangen; Februar 1971.

Cheyenne (Umgebung) Männer beobachten mysteriöses Tier mit dunklem Fell und auf allen vieren gehend; 1982 (vgl. Kap. 14).

Clearmore (Umgebung) Frau nimmt jungen Anhalter mit, der wieder aus ihrem Auto verschwindet; Winter 1965 (vgl. Kap. 5).

Connerville (Umgebung) Bigfoot gesichtet; August 1981.

Eagletown 2,70 m langes Krokodil im Rock Creek erlegt; Juli 1949.

El Reno Schwarzes katzenähnliches Tier von Farmer und Sohn bei der Weizenernte beobachtet; 1956. Weitere Stellen, an denen Großkatzen gemeldet werden, u. a.: *Drumright* (schwarzer Panther, 1976), *Talihina* (schwarzer Panther, Januar 1977), *McCurtain County* (schwarzer Panther, Juni 1980).

Lake Eufaula Berichte über Seeungeheuer; 1973.

Kenton (Umgebung) 8 Meilen östlich und 15 Meilen südlich Spuklichter gesehen.

Lawton Affenähnliche Kreatur in Hosen durch Straßen rennen und aus Fischweiher trinken gesehen; Februar 1971.

Nowata (Bezirk) Bigfoot-Begegnungen; Herbst 1983.

Sand Springs (Umgebung) 2 Meilen westlich Spuklichter gesehen; 1954.

South Canadian River (bei Norman) 1,35 m langes Krokodil erlegt; November 1901.

Tulsa Mann sieht zwei Känguruhs, fährt eines von 1 m Größe mit seinem Lkw an und legt es auf die Ladefläche, dort sehen es zwei Polizeibeamte und weitere Personen, bevor er davonfährt; 31. August 1981. Danach sagt Familie aus nahe gelegenem *Owasso* aus, sie beobachte häufig 90 cm große Känguruhs, wenn sie die Morgenzeitungen austrage.

Vici (südlich von) Bigfoot-Begegnungen auf Landgut; Lebewesen riecht nach Kloake; Anfang 1982.

Wann (südöstlich von) Frühe Begegnung mit Bigfoot in der Nähe eines Haustors; etwa 1915. Weitere Stellen, wo vor 1981 in diesem Bundesstaat ein Bigfoot gesichtet wird, u. a.: *Goodwater* (Umgebung) (Frühjahr 1926), *Mountain Fork River* (1926), Umgebung von *Wilberton* (etwa 1956) und *Nelagony* (1967), zwischen *Oakwood* und *Canton* (November 1968), *Talihina* (1970), *Watova Settlement* (bei Nowata) (1974–1980), *Indianola* (Umgebung) (September 1975), Umgebung von *Noxie* (September und Oktober 1975) und der Mündung des *Yashau Creek, Little River* (1975), *Okemah Lake* (Frühjahr 1976), *Stilwell* (August 1977).

Oregon

Crater Lake, Crescent Lake, Forked Mountain Lake, Hollow Block Lake, Upper Klamath Lake, Wallowa Lake Berichte über Seeungeheuer.

Grants Pass Motorradfahrer sieht Bigfoot auf der Straße; 23. Oktober 1983 (vgl. Kap. 2).

McInnville Paul Trent fotografiert UFO; 11. Mai 1950 (vgl. Kap. 3).

Portland Poltergeist; 28. Oktober, 20. November 1909. Porzellanartige Scherben fallen vom Himmel; 21. Juli 1920 (vgl. Kap. 13).

Rogue River (bei Gold Beach) Fünf Angler sehen UFO in Form eines »Silberdollars«; zwei von ihnen, Ingenieure, betrachten es durch Ferngläser. Es hat eine Flosse; weitere Kennzeichen nicht registriert; 24. Mai 1949.

Sixes River (Bezirk) Goldschürfer sehen 2,70 m großen, behaarten »Tiermenschen« aus dem Fluß trinken; 1900. Wahrscheinlich erste Begegnung mit einem Bigfoot in Oregon in diesem Jahrhundert, bis 1981 von mehreren Dutzend gefolgt, u. a. in der Gegend von: *Yankton, Tillamook Head, Tood Lake, Mount Asland, Woanoga Butte, Conser Lake, Alpine, Lebanon, Estacada, The Dalles, Clackamas River, Rogue River, Wilsonville, Coos Bay, Timothy Lake, Cascade Mountains, McKanzie River Valley, Collowash River, Rowena, Dabney State Park, Rainier, Mount Hood.*

Um Tillamook Übelriechender Bigfoot folgt Ehepaar; Oktober 1981.

Tillamook Head UFO taucht mehrere Meilen vor der Küste ins Meer; Januar 1965.

Williamette Pass Biochemiker sieht und fotografiert beim Bergsteigen UFO – Foto zeigt dreifaches Bild des UFOs. Das könnte bedeuten, daß das UFO während der 0,03 Sekunden Belichtungszeit mehrmals aufgetaucht und verschwunden ist; 22. November 1966.

Pennsylvania

Arnold Kinder versuchen, kleines grünes Wesen zu fangen; Ende Februar 1981 (vgl. Kap. 9).

Boothwyn Christusstatue aus Gips blutet an den Händen, selbst als diese zur Untersuchung des Falls abgenommen werden; April 1975.

Broad Top Mountain Wanderer sehen 12 m lange Schlange; erstmals 1919 (vgl. Kap. 14).

Chestnut Ridge bei *Derry* Mann kampiert in den Bergen, begegnet dort übelriechendem Bigfoot. Im Mai 1985 findet Zeuge in derselben Gegend Spuren. Viele andere Meldungen von dort (vgl. Kap. 2).

Chrysville (Umgebung) Mann entdeckt gelandetes UFO und öffnet Tür, hinter der er violett beleuchteten Raum voller Instrumente sieht, aber keine Besatzung; Sommer 1933.

Coudersport Wahrscheinliche spontane Selbstverbrennung von Dr. J. Irving Bentley; 5. Dezember 1966 (vgl. Kap. 4).

Drifton und *Freeland* Während eines schweren Gewitters mehrere Kugelblitze; dringen in Häuser ein, fallen vom Himmel und explodieren auf dem Boden. In Freeland verbreiten sie sich über Telefonanlagen und springen aus Elektroschaltern; 22. Juni 1915.

East Pennsboro Township Bigfoot nachts vor Haus stehend beobachtet; im gleichen Gebiet von Autofahrer auf der Straße entdeckt; 29. September 1985 (vgl. Kap. 2).

Flat Rock (bei Renova) Junge entdeckt bei Zielübungen schwarzen Panther; 1958. Weitere Stellen, an den Großkatzen gesichtet werden. u. a.: *Oakdale* (Februar 1978), Umgebung von *Tarentum, Allegheny County* (von TV-Kamera-Team aufgenommen, 1. Juni 1982), *Nicholson/Clarks Summit/Newton Township/Jackson* (Tiger, Juli 1986), zwischen *Ferndale* und *Revere* und in der Gegend um den *Lake Nockamixon* (zwei Polizisten schwarzen Panther, August 1987).

Gray Station Bigfoot wirft Stöcke gegen Mann auf Bahngeleisen; 13. Dezember 1986. 2,40 m großer Bigfoot geht vor Auto her; 1. Februar 1987.

Greensburg 2,40 große gorillaähnliche Kreatur mit glühendroten Augen gesehen, danach dreizehige Fußspuren gefunden; Juli 1972. Typisch für die meisten Bigfoot-Berichte in Pennsylvania, von denen die Mehrzahl nach 1970 datiert. Einige vor 1981 registrierte Sichtungsorte sind: *New Sewickly Township, Derry, Herminie, Luxor, Whitney, Beaver County, Latrobe, Uniontown, Midland, Lancaster, Jumonville Summit, Jeanette, Claysville, German Township, Shaler, Spring Grove, Youngstown, Garrison, McLellandtown.*

Honeybrook Erstmals am 18. Oktober Affen oder Menschenaffen gesichtet; am 3. November 1987 auf Farm erlegt (vgl. Kap. 14).

Langhorne Nachts unheimliche Geräusche von einem kleinen See oder aus den umliegenden Wäldern zu hören: Schreie, Jammern, Stöhnen, Grunzen; beim Nachforschen wird festgestellt, daß die Geräuschquellen wandern, wenn man sich ihnen nähert; Januar 1934.

Latrobe (Umgebung) Dreimal über 2,40 m großer Bigfoot gesichtet, der aus dem Wald in Lichtung tritt und von Personen beobachtet werden kann, die auf rückwärtiger Veranda essen; 3. Juli 1987.

Milford (Umgebung) Frau, die auf einer Farm arbeitet, sieht morgens um 6 Uhr UFO von 6 m Durchmesser über der Scheune; UFO stellt sich schräg zu ihr; am Rand hockt Insasse und schaut sie an. Dann verschwindet es wieder außer Sicht; Mai 1957.

New Alxandria (Umgebung) Nachts auf abgelegener Straße Bigfoot von Mann gesichtet; 16. Mai 1987.

North Annville Township Bigfoot-ähnliches Wesen im Hof eines Hauses gesichtet; 6. September 1985.

North Huntington Township Jäger entdeckt Affen; Herbst 1987.

Philadelphia Dampfer *Mohican* wird in »seltsamen Dampf eingehüllt, der wie Phosphor leuchtet« und den Kompaß verrückt spielen läßt. Decks werden magnetisch aufgeladen, und das ganze Schiff glüht wie im Feuer. Nach einer halben Stunde verzieht sich die »magnetische Wolke« und zieht auf das Meer hinaus; 31. Juli 1904. Steinschauer fallen abends auf Häuser und Menschen; Juli 1941. Streifenpolizisten sehen gallertartige Masse auf ein Feld fallen; glüht milchigrot und verdampft nach kurzer Zeit; 26. September 1950 (vgl. Kap. 13).

Pittsburgh Wahrscheinlicher Fall von spontaner menschlicher Selbstverbrennung: Albert Houck findet seine Frau auf einem Tisch liegend, »schwarz verbrannt«; 27. Januar 1907. Poltergeist-Aktivität mit Bewegen von Gegenständen und Möbeln, außerdem verschwommene Gestalten zu sehen und Gelächter zu hören; etwa Juli 1971 – 22. April 1972 (vgl. Kap. 1).

West Philadelphia Wahrscheinlicher Fall von spontaner menschlicher Selbstverbrennung; 18. Mai 1957 (vgl. Kap. 4).

West Pittston Umstrittene Poltergeist-Aktivität; August 1986.

York Während eines Gewitters dringt Kugelblitz in Haus ein und läßt Kette im Waschbecken schmelzen; wiederholt sich nach ein paar Wochen; Sommer 1921 (vgl. Kap. 8).

Rhode Island

Bailey's Beach Mann sieht rote Kugel auf Meeresoberfläche tanzen; hebt dann ab und fliegt schnell meerwärts davon; 29. April 1961.

Block Island Sound Bei heftigem Sturm erscheint »Palatine-Licht«, wahrscheinlich Geisterschiff »Palatine«; 27. Dezember 1912.

Providence Flußbarsche und andere Fische fallen während eines Gewitters in Höfe und auf Straßen; 15. Mai 1900.

South Carolina

Bishopville »Echsenmann«, 2,10 m groß, zweibeinig, mit grünen Schuppen, in der Nähe eines Sumpfes gesehen; Juli 1988.

Charleston Geisterlicht spukt in Kasernen eines Militär-College; November 1980 – Februar 1981.

Greenville (Umgebung) Wahrscheinlicher Fall von spontaner menschlicher Selbstverbrennung; Opfer saß im Auto; 1. März 1953 (vgl. Kap. 4).

Lexington County Großkatze gesichtet und Pfotenabdrücke gefunden; August 1987.

Newberry (Umgebung) Junge sieht beim Angeln zigarrenförmiges, 9 m langes UFO auf Wasseroberfläche landen, bevor es wieder davonschießt; 15. Juli 1981.

Springfield Familie aus Cleveland besucht Verwandtschaft, um Poltergeist-Aktivität zu entfliehen, aber diese folgt ihr nach Springfield und meldet sich mit Pochen an den Wänden und Verrücken von Gegenständen; Juli 1970.

Summerville (Umgebung) Spuklichter auf Sheep Island Road gesehen.

Tillers Ferry Während eines schweren örtlichen Gewitters fallen Hunderte von Fischen (Welse, Flußbarsche, Forellen etc.) zu Boden und werden in Pfützen auf den Baumwollfeldern entdeckt; 27. Juni 1901.

South Dakota

Big Sioux River (bei Bruce) Jugendliche sehen 90 cm große Bigfoot-ähnliche braune Kreatur am Flußufer; September 1979.

Campbell Lake Farmer sieht riesiges vierbeiniges drachenähnliches Wesen; rund um den See sind gleichzeitig alle Tiere verschwunden; gewaltige Spuren führen durch die feuchte Erde zum See; 1934.

Green Grass Polizist entdeckt am Boden des Flusses 1,80 bis 2,10 m große, behaarte affenähnliche Gestalt; 9. August 1977.

Jefferson (Umgebung) Mann beobachtet Bigfoot, der etwas mit einem roten Pelz durch ein Luzernenfeld zieht; 6. September 1974.

Johnson Siding (Umgebung) Drei Männer sehen 3 m großen zottigweißen Bigfoot im Scheinwerferlicht ihres Autos. Er trägt Kadaver eines Rehs auf den Schultern und schlägt sich ins Unterholz; November 1973.

Little Eagle (Bezirk) Indianische Bewohner, unter ihnen auch Polizisten, melden häufig Bigfoot-Begegnungen; August – Dezember 1977. Jungen auf der Jagd sehen drei Bigfoot; Oktober 1981 (vgl. Kap. 2).

Nemo (Umgebung) Jungen sehen einen Bigfoot auf Hügel; März 1974.

Rauville (Bezirk) 1,50 m große Bigfoot-ähnliche Kreatur mit dunkelroten Augen am Straßenrand hockend gesehen; weitere Begegnungen in der Umgebung; 22. Oktober 1979.

Tennessee

Zwischen *Bristol* und *Mountain City* Auf einer 30-Meilen-Teilstrecke der US 421 werden 150 Highway-Schilder gestohlen. Die neuen Schilder waren gerade aufgestellt worden, nachdem sieben Monate zuvor gleicher Diebstahl geschehen war; März 1983.

Dante 12jähriger Junge führt morgens um 6.30 Uhr Hund aus und sieht auf einem Feld ein UFO, glaubt aber, daß er träumt. Als er zwanzig Minuten später erneut vor die Tür tritt, sieht er seinen und zwei andere Hunde neben dem UFO, außerdem zwei normal angezogene Männer und eine Frau, die versuchen, seinen Hund zu ergreifen. Der Hund bellt, darauf greifen sie nach einem anderen, der zubeißt. Sie scheinen direkt durch die Wand in ihr UFO zu treten, das lang und rund aussieht und leise abhebt. Ein Reporter, der die Stelle untersucht, findet längliche Fläche von niedergedrücktem Gras, 7,20 x 1,50 m. Zeuge kannte vorausgegangenen Vorfall von Kearny (Nebraska) nicht, da noch keine Veröffentlichungen darüber erschienen waren. Details in der Schilderung des Fluggeräts und der Insassen waren gleich; 6. November 1957.

Elizabethon Ungefähr eine Tonne Polyäthylen-Folie fällt vom Himmel; 25. November 1961.

Knoxville (Umgebung) Männer schießen auf Bigfoot, der sich ihrem Haus nähert; September 1959. Andere Stellen, an denen vor 1981 ein Bigfoot registriert wird, sind u. a.: *Rutherford County* (August 1965), *Monteagle Mountain* (Frühjahr 1968), *Giles County* (Oktober 1975), Umgebung von *Flintville* (April 1976) und *White House* (September 1979), *Nashville* (Januar 1980), *Big Sandy* (Oktober 1980).

Memhpis Plötzliche Dunkelheit zur Tageszeit dauert 15 Minuten und verursacht Panik; 2. Dezember 1904.

Robertson 1,80 m großes Känguruh auf Highway 49 gesehen, das an die 3 m hohe Sprünge vollführt; Juni 1984.

Sugar Tree (Umgebung) Mann sieht auf dem Heimweg nachts »von nirgendwoher aufsteigendes« Licht, das ihm die Haare zu Berge stehen läßt; er schlägt mit seinem Stock gegen den hohlen Baumstumpf, aus dem es aufgetaucht war, aber es geschieht nichts weiter; 1922.

Texas

Arlington Verschiedene Einwohner behaupten, Gorilla gesehen zu haben, aber Suche bleibt ergebnislos; Oktober 1974. Zwei Jungen fangen 1 m langen Sandhai im Fluß; Juli 1976 (vgl. Kap. 14).

Bailey's Prairie Spuklicht wird in Verbindung mit Geist des Trinkers Bailey gebracht.

Brazos River, Klamath Lake Berichte über Wassermonster.

Brownsville 35 cm langes Krokodil zwischen Baumwollballen gefunden; 21. September 1970. Bürostab hört Geisterorgel und Stimmen und sieht schwarze Gestalt mit Kapuze; 1982.

Crosby Poltergeist-Aktivität in Haus, das angeblich über einen Friedhof gebaut ist; Nachbar sieht Geister in seinem Schlafzimmer; 1982–1987.

Dallas Wahrscheinlicher Fall von spontaner menschlicher Selbstverbrennung; Opfer saß im Wagen; Oktober 1964 (vgl. Kap. 4).

Dallas-Fort Worth Fische fallen auf Pentagon Parkway; 18. Juni 1958. Brennende Masse fällt auf Rasen und steckt ihn in Brand; 27. Januar 1964.

Esperanza Creek Häufig Spuklicht 30 bis 90 cm über dem Boden gesehen.

Farmersville Kinder sehen kleinen grünen Mann, den dann die Hunde töten; Mai 1913 (vgl. Kap. 9).

Fort Worth Straße in der Stadt wölbt sich zu einem mysteriösen, 6 m langen Buckel, »wie ein riesiger Regenwurm«, der sich vor und zurück bewegt – Phänomen taucht so plötzlich auf, wie es verschwindet. Ausgrabungen zeigen, daß Unterboden bis zu 2,50 m Tiefe intakt ist und auch kein Gas eingeleitet wurde; Juli 1984. Zwei Männer sehen von Lieferwagen aus Löwen in der Nähe des Zoos sitzen; auch zwei Polizisten entdecken ihn im Suchscheinwerfer – aber im Zoo wird kein Löwe vermißt; Februar 1985. Mann sieht im Hinterhof Fische vom Himmel fallen; 8. Mai 1985 (vgl. Kap. 13).

Frisco Drei rote Kleckse im Hof gefunden; wahrscheinlich vom Himmel gefallen; Anfang September 1979 (vgl. Kap. 13).

Gainesville Fischer entdecken große, behaarte Kreatur, die sechszehige Fußabdrücke hinterläßt; große Schrittabstände; wahrscheinlich Bigfoot; 2. August 1984.

Hearne Bigfoot in der Umgebung von Häusern gesehen; Oktober 1985.

Houston Geflügelter Mann in einem Baum gesehen; 18. Juni 1953 (vgl. Kap. 9).

Huffman (Umgebung) Mrs. Cash, Mrs. Landrum und ihr Enkel Colby sind nachts unterwegs, als über der Straße ein UFO schwebt, das Flammen ausstößt. Sie halten an und beobachten. Später zeigen sie verschiedene Krankheitssymptome; 29. Dezember 1980 (vgl. Kap. 6).

Isabel Nach religiösem Erweckungstreffen sehen Menschen Sterne fallen und die Gestalt Jesu am Himmel erscheinen; 2. August 1927.

Junction 700 Pfund schwerer Alligator in seichtem Fluß gefunden; Mitte April 1977.

Lampasas Geisterhafter Geruch von gebratener Leber und Zwiebeln in altem Haus, immer Freitag nachts; Anfang 80er Jahre (vgl. Kap. 5).

Levelland Verschiedene Berichte über eiförmige UFOs, die vor überraschten Autofahrern auf der Straße landen und Motorausfälle verursachen; 2./3. November 1957.

Los Fresnos (Umgebung) Fahrer einer Ambulanz sieht »Vogel«, der einem Pterodaktylus ähnelt; 14. September 1983 (vgl. Kap. 17).

Malone Farmer entdeckt zwei 6 m voneinander entfernte Löcher im Boden, nachdem er Dröhnen vom Himmel gehört hat; keine Spuren von Meteoriten; 12. Juli 1983.

Marfa In der Umgebung von Mitchel Flat mindestens seit dem letzten Jahrhundert Spuklichter gesehen – Erdbebenlichter, Autoscheinwerfer oder was sonst? (vgl. Kap. 8).

San Antonio Lehrer sehen riesigen »Vogel«, ähnlich einem Pterodaktylus; 24. Februar 1976. Weitere Begegnungen gleicher Art zu dieser Zeit im Südosten von Texas (vgl. Kap. 17). Nördlich von San Antonio sieht Mann einen 2,40 bis 2,70 m großen, grau behaarten Bigfoot, der in der Nähe eines Sees Baumstämme schleppt; Herbst 1975. Andere Stellen mit Bigfoot-Begegnungen vor 1981 u. a.: *Lamar County, Greyson County, Stevens County* (1969), *South Sulphur River Area* (Sommer 1969 und September 1973), *Lake Worth* (Juli – November 1969), Umgebung von *Hallsville* (Sommer 1976), *Kelly Air Force Base* (August 1976) und *Hawley* (Juli 1977), *Vidor* (19. Juni 1978).

Saratoga An der Bragg Road, einer 8 Meilen langen, gerade verlaufenden Straße, viele Jahre lang Spuklichter gesehen; in Verbindung mit kopflosem Bremser bei der Eisenbahn gebracht (vgl. Kap. 8).

Utah

Bear Lake, Great Salt Lake, Mud Lake, Sevier Lake, Utah Lake Berichte über Seeungeheuer.

Cedar Fort (Umgebung) Rancher sieht, während er nach seinen Schafen sieht, Känguruh davonspringen; Juni 1981.

Cubernat Basin (bei North Ogden) Wanderer sehen großen weißhaarigen Bigfoot und finden teilweise verzehrtes Kaninchen; August 1977.

Elizabeth Lake Drei Bigfoots zehn Minuten beim Spielen auf einer Wiese beobachtet; 10. Juli 1977.

Little Malad River Valley Vertiefungen in Kreuzform, 4,20 m im Durchmesser, nach Erdbeben entdeckt; Erdklumpen über vier Meter im Umkreis verstreut; Februar 1979.

Monte Cristo (Umgebung, östlich von Ogden) Elchjäger sehen weiße affenähnliche Kreatur von etwa 1,20 m Größe mit rauchschwarzem, kurzen Haar, das den ganzen Körper bedeckt, wahrscheinlich junger Bigfoot. Sie sind noch 12 m entfernt, als er in Salbeibusch verschwindet; Oktober 1959.

Riverdale Bigfoot läuft quer über die Straße; 25. Februar 1980.

Salt Lake City Salziger weißer »Schleim« fällt vom Himmel; 25. März 1955 (vgl. Kap. 13).

South Weber (Umgebung) Bigfoot gesichtet; 3. und 4. Februar 1980.

Tremonton Marineoffizier Delbert Newhouse, ein erfahrener Fotograf, filmt 12 Objekte am Himmel; 2. Juli 1952.

Vermont

Burlington Männer, die sich auf der Straße unterhalten, sehen etwa 15 m über den Häusern torpedoförmigen »Körper« von etwa 1,80 m Länge in der Luft schweben; er stößt Feuerzungen aus und ist von einer matten Lichthülle umgeben – Kugelblitz? Etwa 1907.

Lake Champlain, Connecticut River, Dead Creek, Lake Memphremagog, Winooski River Berichte über Wassermonster.

Rutland (Umgebung) Paar sieht 2,40 bis 3,00 m großen Bigfoot nachts auf einer Wiese; auch Polizei sieht ihn über die Straße laufen; Juli 1974.

West Paulet Jäger sieht Panther; November 1983.

West Rutland Mann riecht üblen Geruch und sieht unter Straßenlampe möglicherweise Bigfoot, der sich auf zwei Beinen fortbewegt. Drei weitere Zeugen; 20. September 1985.

Windsor Wasser unbekannten Ursprungs sammelt sich auf den Möbeln in einem Haus; nach dem Wegwischen gleich wieder da; September 1955 (vgl. Kap. 1).

Woodstock Spontane Brandausbrüche in einem Haus, das schließlich niederbrennt; Anfang April 1947.

Virginia

Alexandria Zeugin kampiert im Wald, als sie im Licht ihrer Taschenlampe möglicherweise Bigfoot knapp 5 m entfernt stehen sieht. Er läuft zwischen den Bäumen davon; Juli 1965.

Arlington Mysteriöses Tier, das einem mittelgroßen Hund ohne Fell und

Schwanz ähnelt, mit großen Zähnen, streift durch die Gegend und tötet Haustiere; Juni 1974.

Gebirge (irgendwo in Virginia) Gruppe von drei Jägern steigt nachts bergauf, als sie von 2,10 bis 2,40 m großem Bigfoot zersprengt wird, der bergab rennt; 29. Juni 1972.

Blackstone Bohnen und Erbsen fallen im Sturm vom Himmel; August 1962 (vgl. Kap. 13).

Chesapeake Bay Meeresungeheuer »Chesapeake Chessie« oder »Potomac Patty« häufig gesichtet; zu den bevorzugten Stellen gehören auch *Heathsville*, der *Rappahannock River* und der *Potomac River* (vgl. Kap. 7).

Colonial Beach Bigfoot bei mehreren Gelegenheiten in der Nähe eines Hauses beobachtet; Juni 1985 – Frühjahr 1987 (vgl. Kap. 2).

Galax Garage vier Tage lang mit Nägeln bombardiert; 10. – 13. Juli 1978 (vgl. Kap. 16).

Haymarket Kugelblitz dringt in Küche ein und trifft Frau gegen die Brust; Sommer 1977. Am 21. Juni 1978 wiederholt sich der Vorgang beinahe (vgl. Kap. 8).

Honeoye Creek, Staunton 60 cm langes Krokodil gefangen; 7. August 1937. 90 cm bis 1,20 lange Krokodile im *Lake Bradford* gefunden; August 1949. Eines im Bewässerungskanal in *Hampton* gefunden, 7. August 1982.

Newport News Flugkapitän und Offizier an Bord einer DC-4 sehen acht feuerrote Scheiben; 14. Juli 1952 (vgl. Kap. 3).

Northwest River Park (bei Chesapeake) 2,10 m großer Bigfoot gesehen, der über einen Campingplatz rennt; 9. Juni 1981. Weitere Begegnungen in dieser Gegend.

Pearisburg Schwere Möbel bei Poltergeist-Ausbruch gerückt; Ende Dezember 1976 (vgl. Kap. 1).

Purgatory Mountain (Umgebung) Familie beobachtet Puma mehrmals in der Nähe ihres Hauses; 1981. Weitere Begegnungen mit Großkatzen in neuerer Zeit in *Bedford* und den *Botetourt Counties.*

Quantico Marine Corps Base Bigfoot-ähnliches Wesen gesichtet; Januar 1977.

Suffolk (Umgebung) Spuklicht, zuerst an der Jackson Road gesehen; 5. März 1951.

Virginia Beach Von Gespenstern heimgesuchte Feuerwache: Türen schlagen, Glocken gehen los, Sirenen gehen los, rätselhaftes Klirren; 1972 – 1982.

Williamsville Kreuzung aus Hund und Kojote erlegt; 2. Oktober 1977 (vgl. Kap. 14).

Washington

Alder Dam Wahrscheinlich Bigfoot-Spuren in entlegener Gegend gefunden; Mai 1981.

Ape Canyon (bei Kelso) Schürfer in einer Hütte werden von »Bergteufeln« mit Steinen bombardiert; hatten vorher vier Bigfoots gesehen und einen geschossen, daher wahrscheinlich die Attacke mit den Steinen; Juli 1924. Dieser berühmte Fall hat viele Kontroversen ausgelöst; manche Leute halten ihn für einen Schwindel; aber Fred Beck, der dabei war und auf die Kreaturen schoß, hält es immer noch für die Wahrheit, als er 42 Jahre später mit Forschern darüber redet. In Washington mehr Bigfoot-Begegnungen als in allen anderen Bundesstaaten. Einige vor 1981 registrierte Stellen: *Mount St. Helens, Wind River, Orchard, Orleans, Yakima, Bossburg, Satus Pass, Lake Stevens, Cradle Lake, Richland, Mason County, Nooksack River, Bellingham, Marietta, Chehalis River, Clipper, Evans, Beacon Rock State Park, Skamania, Kettle Falls, Deception Pass, Neah Bay, North Bonneville, Port Angeles, Klickitat Valley, Toppenish Ridge.*

Blue Mountains Paul Freeman, der für den Forest Service Streife fährt, sieht Bigfoot und findet Spuren, die Hautmuster zeigen; Juni 1982. Findet weiterhin regelmäßig Spuren, z. B. im April 1987 in der Nähe von *Indian Ridge* (vgl. Kap. 2).

Bremerton Mann wird von Feuerball getroffen, der in ein Zimmer eindringt, Gegenstände in Brand setzt und Arm des Opfers versengt; 6. November 1951 (vgl. Kap. 8).

Chehalis Frau sieht fliegenden Mann mit langen silbernen Flügeln; 6. Januar 1948 (vgl. Kap. 9).

Chelan Lake, Omak Lake, Quinault Lake, Rock Lake, Lake Washington Berichte über Seeungeheuer.

Grand Coulee (Umgebung) 60 cm tiefes, großes Loch entdeckt, 22 m entfernt ein Erdhaufen, als hätte ihn ein riesiger Kran dort abgelegt; keine Erklärung, auf welche Weise die 3 Tonnen Erde aus dem Loch dorthin gelangten; Oktober 1984.

Green Lake, Seattle Zwei Kaimane gefangen, der größere 45 cm lang; Anfang Juni 1986.

Greenwater (Umgebung) Kampierendes Paar wird von Bigfoot aufgescheucht, der mit ihnen spricht; 6. Juli 1985 (vgl. Kap. 2).

Hoquiam Wahrscheinlicher Fall von spontaner Selbstverbrennung; 9. Dezember 1973 (vgl. Kap. 4).

Juan de Fuca (Straße von) Zwei unabhängige Zeugen sehen in der Nähe von Port Angeles brennendes Objekt ins Meer niedergehen; 9. März 1960.

Longview Drei fliegende Männer gesehen; 9. April 1948 (vgl. Kap. 9). Schwarzer Panther von zwei Männern gesichtet; Juli 1987.

Lummi Island UFO stürzt ins Meer, Taucher finden Objekt am Meeresboden, das später verschwunden ist; 31. Dezember 1984 (vgl. Kap. 10).

Pasco (Umgebung) Spuklichter gesehen.

Puyallup Blaugraues Tier mit der Gestalt eines Kalbes gesehen, das schnell über ein Feld springt, wahrscheinlich ein Känguruh; 1967.

Mount Rainier Kenneth Arnolds Beobachtung eines UFOs von seinem Privatflugzeug aus ist so berühmt wie der Name, der seit dem Fall allgemein gebräuchlich ist: »fliegende Untertassen«; 24. Juni 1947 (vgl. Kap. 3).

Spokane Ein Haus wird eine Woche lang mit Steinen, so groß wie Golfbälle, bombardiert; August – September 1977 (vgl. Kap. 16).

Tacoma Fünfpfündige Stahlkugel fällt vom Himmel; August 1951. Löwe mit zottiger schwarzer Mähne und schwarzem Büschel am langen Schwanz in der Stadt gesehen; Polizei fängt einen Hund, Mischung aus Collie und Schäferhund, und läßt verlauten, dies sei der angebliche »Löwe« gewesen; Juli 1976.

Lake Washington Am Südende des Sees zwei Alligatoren bei der Jagd auf Enten beobachtet; 1967.

West Virginia

Brown's Mountain Bei Einbruch der Nacht sehen Männer unterwegs Lichter knapp über dem Boden schweben, und ein Mann hört Stimmengeplapper; etwa Ende 20er Jahre (vgl. Kap. 8).

Charleston Düsenpilot sieht 1,20 m lange »Rakete« mit Flossen, die mit hoher Geschwindigkeit an seinem Flugzeug vorbeifliegt; 25. Juni 1987 (vgl. Kap. 3).

Chief Cornstalk Hunting Grounds Geflügelte menschenähnliche Gestalt steht auf Route 2, bevor sie steil nach oben abhebt; 1960 oder 1961 (vgl. Kap. 9).

Dillon's Mountain Zwei Jäger behaupten, von einem männlichen und einem weiblichen Bigfoot angegriffen worden zu sein und sie mit Schüssen in die Luft verjagt zu haben; 25. Oktober 1986 (vgl. Kap. 2).

East Lynn Lake Junge fängt beim Angeln über 60 cm langen Hai; 18. August 1977 (vgl. Kap. 14).

Flatwoods Frau und einige Jungen, die gelandetes UFO betrachten gehen, sehen riesige Gestalt mit glühenden Augen auf sich zu schweben; 12. September 1952 (vgl. Kap. 6).

Kanawha River (bei Charleston) Fischer fangen von Boot aus einen Tintenfisch (in Süßwasser); 24. Dezember 1933 (vgl. Kap. 14).

Parson (Bezirk) 2,40 m großer Bigfoot mit riesigen Augen »wie Feuerbälle« gesichtet; Sommer 1960. Weitere Stellen, an denen vor 1981 in West Virginia ein Bigfoot registriert wurde, u. a.: Umgebung von *Davis* (Sommer 1960), *Monongahela National Forest* (Oktober 1960), *Hickory Flats* (Umgebung) (30. Dezember 1960), *Mason County* (November 1966), *Weston* (17. August 1976), *Oceana* (14. August 1978).

Point Pleasant Häufige Begegnungen mit dem »Mothman«; November und Dezember 1966 (vgl. Kap. 9). Großkatze gesichtet, gleichzeitig Hühner verschwunden; September 1978. Weitere Großkatzen u. a. gesichtet in *Dolly Sods* (29. August 1980), *Hardy County* (10. Dezember 1978, 1986, 18. November 1987), *Randolph County* (15. August 1987).

Wharncliffe Mysteriöse Ausbrüche von Bränden in einer kleinen Stadt; Sommer 1983 (vgl. Kap. 4).

Wisconsin

Barron (Umgebung) Junge, der Öl zu liegengebliebenem Wagen bringt, sieht zwanzig kleine Männer die Straße entlangwandern; Sommer 1919 (vgl. Kap. 9).

Brown's Lake, Chippewa Lake, Devil's Lake, Elkhart Lake, Fowler Lake, Lake Geneva, Madison Four Lakes, Mendota Lake, Pewaukee Lake, Red Cedar Lake, Rock Lake, Lake Superior, Lake Waubeau, Lake Winnebago, Yellow River Berichte über Wassermonster.

Eagle River Hühnerzüchter Joe Simonton sieht Insassen in einem UFO, das in seinem Garten gelandet ist; er füllt ihren Wasserkrug nach, sie geben ihm ein selbstgebackenes Plätzchen; 18. April 1961 (vgl. Kap. 6).

Manitowoc 20 Pfund schweres Stück Stahl kracht vom Himmel auf die Straße; September 1962. Jäger fängt 1 m langen Alligator am Flußufer bei Manitowoc; November 1978.

Milwaukee 50 Pfund schwerer, heißer Metallklumpen fällt vom Himmel; 22. August 1974.

Mirrow Lake Menschenähnliche Kreatur mit Fell folgt zehnjährigem Mädchen in den Wäldern; etwa 1910. Möglicherweise der erste Bigfoot-Bericht in Wisconsin; weitere Stellen, von denen vor 1981 Begegnungen gemeldet werden, u. a.: *State Highway 89* an der Grenze *Illinois/Wisconsin* (Juli 1964), *Deltox Marsh* (bei Fremont) (Oktober und November 1968), *Benton* (August 1970), östlich von *Fort Atkinson* (1972), *County Road W* bei *Frederic* (Dezember 1974), Umgebung von *Cashton* (September 1976), *St. Croix Falls* (8. Oktober 1976).

Oshkosh Im Grand Opera House Geisterschritte zu hören und Spukgestalten zu sehen; 70er und 80er Jahre.

Lake Pewaukee 75 cm langes Krokodil gefangen; 9. Juli 1971.

Stevens Point (südlich von) Junge Leute verbringen Ferien in Blockhütte im Wald und werden von Bigfoot erschreckt; August 1981 (vgl. Kap. 2).

Waukesha (Bezirk) Känguruh gesichtet; erstmals 5. April, dann häufig bis 9. Mai. Am 21. Mai wird dann ein Känguruh im *Eau Claire County*, 185 Meilen entfernt, gesehen (vgl. Kap. 14).

Wyoming

Lake Desmet, Hutton Lake, Lake Katherine, Lake La Metrie, Pathfinder Lake, Alcova Reservoir Berichte über Wassermonster.

Jackson (Umgebung) Frau sieht Bigfoot mit riesigen Schritten Feld überqueren; Sommer 1972.

Lander (Umgebung) Jungen begegnen bei Ausritt in der Nähe laufendem Bigfoot; Sommer 1972.

Medicine Bow National Forest Elchjäger Carl Higdon begegnet 1,80 m großem Wesen in Schwarz, das ihm Pillen gegen den Hunger gibt, bevor es ihn mit in sein UFO nimmt, wo man ihm bedeutet, daß man ihn nicht gebrauchen könne, und wieder hinausschickt; 24. Oktober 1974.

Snow King Mountain, Jackson Zwei Männer werden von 3,60 m großem Bigfoot mit langen Haaren und Armen bis zum Boden vom Berg verjagt; 16. Juni 1980.

Telton Forest Studenten entdecken »Bären« und schießen auf ihn; bei Untersuchung stellt sich heraus, daß es ein 2,10 m großes, behaartes und menschenähnliches Wesen, wahrscheinlich ein Bigfoot, ist, sie lassen den Kadaver liegen; Dezember 1967.

VIETNAM

Along-Bucht Berichte über Meeresungeheuer; 1903/04.

Da Nang (Umgebung) »Vogelfrau« mit Fledermausflügeln von US-Marine-Soldaten gesehen; Juli oder August 1969 (vgl. Kap. 9).

Dong Hoi Fischer sehen UFO über die Stadt fliegen und dann ins Meer fallen; 16. Juni 1909 (vgl. Kap. 10).

Phat-Diem Poltergeist-Ausbruch; 1924–1925.

»Wildmensch« *(Homo neanderthalensis)* in den 60er Jahren in Vietnam erschossen und in die USA geschmuggelt, wo er tiefgefroren ausgestellt wird – wurde dort möglicherweise durch Modell ersetzt (oder war es immer nur ein Modell?; die Sache ist umstritten); 1968 wird er von Heuvelmans und Sanderson untersucht, nach ihrer Ansicht ist es ein echter Wildmensch.

WALES

(s. auch *Modern Mysteries of Britain).*

Clywd

Ewloe Castle Schloßwärter sieht Geist und hört Singen während Gewitter (vgl. Kap. 5 und 11).

Prestatyn Nach Taufe Poltergeist-Ausbruch mit Türenschlagen, Schritten und Erscheinung einer Gestalt; Oktober 1986.

Rhuddlan Mann kommt nach Mitternacht aus dem Pub heim und begegnet Dutzenden von Mönchen, die seinen Weg blockieren. Er drängt sich zur Flucht durch eine Hecke. Viele Jahre später findet man in der Nähe einen normannischen Friedhof; Juli 1953.

Shotton Kugelblitz schlägt durch Stahlgestänge, trifft auf Blechhütte und hinterläßt Umrisse eines Dartboard an der Wand, 11 m im Durchmesser, »mit genau eingeteilten Segmenten«; 1980.

Dyfed

Aberarth Orangefarbener Ball bei Sturz ins Meer beobachtet, wo er unter Wasser noch weiterglüht; 24. März 1955.

Talley Abbey Singender Geist zu hören; wahrscheinlich 70er Jahre (vgl. Kap. 11).

Gwent

Newport Mysteriöser Tod der Annie Thomas, wahrscheinlicher Fall spontaner menschlicher Selbstverbrennung; Februar 1980.

Trellech Zehn Poltergeist-Zwischenfälle innerhalb zweier Wochen im Crown Inn; enden mit heftigem Schütteln des Weihnachtsbaums und Herunterbiegen der Spitze; 10.–24. Dezember 1981.

Gwynedd

Cwmyglo »Blitzstrahl« (Kugelblitz?) trifft Landhaus und zerstört Schornstein; 11. Juni 1987 (vgl. Kap. 8).

Rhoslefain (bei Tywyn) Orangefarbener Ball fällt ins Meer und schießt wieder heraus; 24. März 1955.

Trawsfynydd Geisterkutsche und Pferde gesehen; 30. Dezember 1979 (?).

Mid Glamorgan

Kenfil Hill Stimmen und Musik, die in altem Wirtshaus aus den Wänden kommen, auf Band aufgenommen; 1982 (vgl. Kap. 11).

Powys

Dylife In verlassener Mine summenden Ton gehört und leuchtende Gestalt gesehen; 1984 (vgl. Kap. 5).

WEIHNACHTS-INSEL

Offiziere beobachten von einem Schiff aus vor der Westküste UFO durch Ferngläser; es handelt sich um zylindrisches Flugobjekt mit blaßblauem Licht an der Unterseite und einem weiteren Licht über der Kuppel. Es scheint unbeweglich, verschwindet dann aber nach 1 1/2 Stunden. Sah nicht wie Wetterballon aus und war zu früh und zu langsam für Cosmos-1402-Satelliten; 20. Januar 1983.

ZENTRALAFRIKANISCHE REPUBLIK

Bocaranga (Umgebung) Acht Menschen beobachten UFOs eine halbe Stunde lang; 22. November 1952.

ZIMBABWE

Harare Neben dem Sarg eines vor einer Woche getöteten Mannes frisches Blut gefunden; 10. September 1979.

Hwange Game Reserve Vier Männer sehen auf dem nächtlichen Heimweg durch dichten Busch helles Licht herabkommen. Es handelt sich um »scheibenförmige« Maschine, aus der von oben zwei Männer steigen und zu Boden schweben. Die Zeugen laufen davon; 1983.

La Rochelle (bei Mutare) Feuerball (UFO?) stattet Landsitz Besuch ab; Männer in silbernen Overalls gesehen; heller Lichtstrahl von ihren Köpfen aus läßt Zeugen zu Boden fallen; 15. August 1981.

McIlwaine-See Pilot und Student sehen im Flug von Tiger Moth aus silbernes UFO – zwei Untertassen aufeinandergestülpt –, etwa 12 m lang; es schwebt, neigt sich auf eine Seite und jagt davon; 26. Juli 1954.

Warren Hills (bei Harare) Bewohner glauben, Warren Hills sei von Gespenstern Begrabener heimgesucht, deren Friedhof unter den Wohnhäusern liegt; dazu Poltergeist-Erscheinungen wie Steinschauer, zerbrochene Fensterscheiben und Eiseskälte in den Häusern an warmen Tagen; 1983.

Anmerkungen

(Nicht vollständig genannte Titel bitte in der Bibliographie nachschlagen.)

Poltergeister

1. Flammarion, *Haunted Houses*, S. 196
2. South Africa *Sunday Times*, Januar 1984, zit. in *Fortean Times* 43, S. 16
3. Hereward Carrington, *Psychic Oddities* (Rider, 1952), S. 160—162
4. Thurston, *Ghosts and Poltergeists*, S. 172—175
5. Cleveland, OH, *Plain Dealer*, 16. Januar 1977
6. Angus Macnaghten, *Haunted Berkshire* (Countryside Books, 1986), S. 92 f.
7. Gauld and Cornell, *Poltergeists*, S. 107 f.
8. Roll, *The Poltergeist*, S. 88
9. Ebd., S. 93
10. Gauld and Cornell, *Poltergeists*, S. 107
11. Carrington, a. a. O., S. 176
12. *Ihmistiedon Rajamailla*, hg. v. Aikki Perttola-Flink (Helsinki, 1972), von Tuuri Heporauta an die *Fortean Times* geschickt und dort in Ausgabe Nr. 45, S. 49, zitiert
13. Gauld and Cornell, *Poltergeists*, S. 108
14. Thurston, *Ghosts and Poltergeists*, S. 36
15. Gauld and Cornell, *Poltergeists*, S. 114
16. Thurston, *Ghosts and Poltergeists*, S. 36
17. *Birmingham Times*, 20. 9. 1974, zit. in *Fortean Times* 7, S. 5
18. Flammarion, *Haunted Houses*, S. 130
19. Roll, *The Poltergeist*, S. 39
20. Thurston, *Ghosts and Poltergeists*, S. 35
21. Gauld and Cornell, *Poltergeists*, S. 106
22. Macnaghten, a. a. O., S. 91
23. Thurston, *Ghosts and Poltergeists*, S. 68—77
24. Gauld and Cornell, *Poltergeists*, S. 357 f.
25. *Fortean Times* 43, S. 16
26. *Fate*, Mai 1977, S. 12
27. Joan Krieger, »This Poltergeist Uses the Phone«, *Fate*, August 1980, S. 87—91
28. Gauld and Cornell, *Poltergeists*, S. 357
29. Roll, *The Poltergeist*, S. 135 u. 137

30. Gauld and Cornell, *Poltergeists*, S. 115
31. Flammarion, *Haunted Houses*, S. 161
32. *Connecticut Herald*, 24. 3. 1974
33. Thurston, *Ghosts and Poltergeists*, S. 15
34. *The Sun*, 30. 11. 1972, lt. *Fortean Times* 17, S. 5
35. *National Enquirer*, 2. 9. 1975, lt. *Fortean Times* 19, S. 6
36. Beide Fälle erwähnt in Michell and Rickard, *Phenomena*, S. 23
37. Montreal, *La Presse*, März oder April 1985, zit. in *INFO Journal* 48
38. *Sunday Express*, 16. 2. 1986, lt. *Fortean Times* 48, S. 6
39. Lincoln, NB, *Journal* 9, Sept. 1987, zit. in *Journal of the Fortean Research Center*, Vol. 2, No. 3, S. 9; *Detroit News*, 10. 9. 1987; *Indianapolis Star*, 11. 9. 1987
40. R. S. Lambert, *Exploring the Supernatural* (Arthur Barker, 1954), S. 145
41. Lambert, a. a. O., S. 146
42. Paul F. Eno, »Besieged by a Demon«, *Fate*, Juni 1985, S. 89
43. Roll, *The Poltergeist*, S. 84
44. Ebd., S. 84
45. *The Post* (USA-Zeitung), 6. 9. 1981
46. Flammarion, *Hounted Houses*, S. 302
47. Thurston, *Ghosts and Poltergeists*, S. 71
48. Weitere Informationen über SORRAT-Leistungen siehe: Richards, *SORRAT*

Bigfoot, der Schneemensch Nordamerikas

1. Reportage von Ed Pehhale, 2. 12. 1985
2. Interview mit Krantz in *The ISC Newsletter* (International Society of Cryptozoology), Vol. 6, No. 2, Sommer 1987
3. Reportage in *Bigfoot Co-op*, Juni 1981, S. 6, von Bob Chance und John Green
4. Danville, IL, *Commercial-News*, 2. 3. 1981, abgedruckt in *Forteana News*, Juni 1981, S. 14
5. Reportage von Dave Klakamp, aufgenommen in den »Bigfoot Index« von Tim Curry
6. Spokane, WA, *Chronicle*, 29. 4. 1981, abgedruckt in *Forteana News*, Mai 1981, S. 16
7. Newark, NJ, *Star Ledger*, 29. 6. 1981, abgedruckt in *Forteana News*, Juli 1981, S. 19
8. Baton Rouge, LA, *Advocate*, 28. Mai 1981, abgedruckt in *Forteana News*, Juli 1981, S. 18
9. New Orleans, LA, *Times-Picayune/States-Item*, 31. 10. 1981, abgedruckt in *Forteana News*, November 1981, S. 20
10. Racine, WI, *Shoreline Leader*, 27. 8. 1981, abgedruckt in *Forteana News*, September 1981, S. 19
11. Vincennes, IN, *Sun-Commercial*, 4. 10. 1981, abgedruckt in *Forteana News*, November 1981, S. 20

12. Fargo, ND, *Forum*, 12. 10. 1981, abgedruckt in *Forteana News*, Dezember 1981, S. 16
13. Reportage in *Pursuit*, Vol. 14, No. 4, S. 187, aus Presseberichten zusammengestellt
14. Port Huron, MI, *Times Herald*, 9. 12. 1981, abgedruckt in *Forteana News*, Januar 1982, S. 19
15. Port Huron, MI, *Times Herald*, 15. 12. 1981, abgedruckt in *Forteana News*, Februar 1982, S. 18
16. Bruce G. Hallenbeck, Bob Bartholomew and Paul Bartholomew, »Bigfoot in the Adirondacks«, *Adirondack Bits 'n Pieces*, Vol. 1, No. 3, Frühjahr/Sommer 1984
17. Details des Freeman-Falles aus Presseberichten zusammengestellt in *The Vancouver Sun*, 19., 22., 23. 10. 1982, und in *The ISC Newsletter*, Vol. 1, No. 3, Herbst 1982
18. PA, *The Latrobe Bulletin*, 15. 5. 1987
19. *Fate*, März 1984, S. 46
20. *Fate*, August 1983, S. 43
21. Visalia, CA, *Times Delta*, 9. 12. 1982, abgedruckt in *Forteana News*, Februar 1983, S. 18
22. Little Rock, AR, *Arkansas Democrat*, 25. 10. 1983, abgedruckt in *Forteana News*, November 1983, S. 16
23. Newtown, CT, *Bee*, 22. 6. 1984, abgedruckt in *Forteana News*, Juni 1984, S. 19f.
24. Mark Opsasnick, »Recent Bigfoot Activity in Colonial Beach, Virginia«
25. *Fortean Times* 45, S. 34
26. Untersuchung vorgenommen durch Wayne King; wiedergegeben in *Bigfoot Co-op*, Dezember 1985, S. 4, und April 1986, S. 3
27. Harrisburg, PA, *The Patriot*, 9. u. 10. 10. 1985, erwähnt in *Crux* No. 2, S. 14
28. *Crux* No. 2, S. 14
29. CA, *San Francisco Examiner*, 10. 8. 1986
30. Summerville, GA, *News*, 4. 9. 1986, abgedruckt in *Forteana News*, Januar 1987, S. 15
31. Cacapon Bridge, WV, *The West Virginia Advocate*, November 1986
32. Reportage von Stan Gordon in *PASU Data Exchange* 4, S. 2
33. Vancouver, BC, *The Province*, 18. u. 19. 3. 1987; BC, *The Vancouver Sun*, 29. 4. 1987
34. CA, *Reno Gazette-Journal*, 14. 5. 1987, erwähnt in *Bigfoot-Co-op*, April/Juni 1987, S. 4
35. Concord, NH, *Monitor*, 13. 11. 1987

UFOs — unerklärlich oder doch von dieser Welt?

1. Hans van Kampen, »Case 17 Revised: What Did Kenneth Arnold Really See?«, *UFO Brigantia* No. 28 (November/Dezember 1987), S. 28—31

2. Story, *The Encyclopedia of UFOs*, S. 220; Sachs, *The UFO Encyclopedia*, S. 125
3. Story, *The Encyclopedia of UFOs*, S. 71; Sachs, *The UFO Encyclopedia*, S. 203
4. Sachs, *The UFO Encyclopedia*, S. 99
5. Story, *The Encyclopedia of UFOs*, S. 243: Sachs, *The UFO Encyclopedia*, S. 218
6. Willy Smith, PhD, »Ufology in Uruguay and Brazil«, *MUFON 1987 International Symposium Proceedings*, S. 88—91
7. Story, *The Encyclopedia of UFOs*, S. 93—95; Sachs, *The UFO-Encyclopedia*, S. 187 f.
8. Jerome Clark, »The Strange Case of Carlos de los Santos«, *UFO Report*, Dezember 1980, S. 26
9. Robert J. Kirkpatrick, »Pilot's-Eye View... UFO Over California«, *Fate*, Juni 1978, S. 66—72
10. Richard F. Haines, *Melbourne Episode: Case Study of Missing Pilot* (L. D. A. Press, Los Altos, CA, 1987). Dieses Buch enthält eine Fülle von Details über den Fall, dazu Überlegungen, was darüber hinaus passiert sein könnte. Zusammenfassung oder Fakten in Story, *The Encyclopedia of UFOs*, S. 379
11. Quentin Fogarty, *Let's Hope They're Friendly!* (Angus & Robertson, Australia, 1982); Ereignisse zusammengefaßt auch in Story, *The Encyclopedia of UFOs*, S. 392—395
12. *Res Bureaux Bulletin*, No. 51 (September 1971), S. 1
13. Aufzeichnung des kompletten Funkverkehrs zwischen Flugzeug und Kontrollturm in Bruce Macabee, »The Fantastic Flight of JAL 1628«, *International UFO Reporter*, Vol. 12, No. 2, März/April 1897, S. 4—23
14. London, *The Times*, 27. 6. 1987
15. Cleveland, OH, *The Plain Dealer*, 27. 6. 1987
16. Caroline Wise, »Report from Poland«, *Anomaly* 1 (1985), S. 6 f.
17. Smith, a. a. O., S. 91—96
18. Sachs, *The UFO Encyclopedia*, S. 194 f.; Story, *The Encyclopedia of UFOs*, S. 223—226, darin auch ein Bericht von Bruce Maccabee, der eine der Analysen verfolgt hat
19. Story, *The Encyclopedia of UFOs*, S. 41—44; Smith, a. a. O., S. 97 f.
20. Sachs, *The UFO Encyclopedia*, S. 324—326; Story, *The Encyclopedia of UFOs*, S. 366—369, darin auch der Text eines Interviews mit Barauna, aus dem die Zitate stammen
21. Richard F. Haines, »Analysis of a UFO Photograph«, von der eine gekürzte Version in Vol. 1 des *Journal of Scientific Exploration* (USA). Außerdem persönliche Korrespondenz mit Dr. Haines und Mrs. McRoberts
22. Joël Mesnard, »The ›Steel Airship‹ at Bois-de-Champ (April 1954)«, *Flying Saucer Review*, Vol. 32, No. 5, S. 16 f.
23. Weitere Einzelheiten der Analyse in Sachs, *The UFO Encyclopedia*, S. 329 f., und Story, *The Encyclopedia of UFOs*, S. 374 f.

Menschliche Fackeln und andere unerklärliche Feuer

1. New York, NY, *Herald*, 27./28. 12. 1916, erwähnt in Gaddis, *Mysterious Fires and Lights* (Dell edn). S. 191 f.
2. New York, NY, *Sun*, 24. 1. 1930, erwähnt in *The Complete Books of Charles Fort*, S. 930
3. Erwähnt in »Cases of Spontaneous Human Combustion«, Anhang A in Sanderson, *Investigating the Unexplained*, S. 273—276
4. Ellsworth, ME, *American*, 14. 1. 1943, erwähnt in Gaddis, *Mysterious Fires and Lights*, S. 192 f.
5. Erwähnt in *Doubt*, Juni 1943, S. 5
6. *AP*-Meldung, 15. 12. 1949, erwähnt in Gaddis, *Mysterious Fires and Lights*, S. 193
7. *New Scientist*, 29. 5. 1986
8. Vincent H. Gaddis widmet Kapitel 14 von *Mysterious Fires and Lights* dem Fall von Mrs. Reeser; aus alternativer Sicht sehen ihn Joe Nickel und John F. Fisher in »Incredible Cremations: Investigating Spontaneous Combustion Deaths«, *The Sceptical Inquirer*, Vol. 9, No. 4, Sommer 1987, S. 352—357
9. Gaddis, *Mysterious Fires and Lights*, S. 193 f.
10. Gaddis, *Mysterious Fires and Lights*, S. 193
11. Gaddis, *Mysterious Fires and Lights*, S. 195
12. Gaddis, *Mysterious Fires and Lights*, S. 230—233
13. Larry E. Arnold, »Zounds, Holmes! It's a Case of the Combustible Corpse!«, *Pursuit*, Vol 10, No. 3, S. 75
14. Gaddis, *Mysterious Fires and Lights*, S. 194
15. Larry E. Arnold, »The Flaming Fate of Dr. John Irving Bentley«, *Pursuit*, Vol. 9, No. 4, S. 75—79
16. *Suburban Trib/Chicago Tribune*, 14. 3. 1980
17. Gaddis, *Mysterious Fires and Lights*, S. 195
18. Sanderson, *Investigating the Unexplained*, S. 276
19. San Antonio, TX, *The Light*, 16. 11. 1980, zit. in *Pursuit*, Vol. 13, No. 4. S. 177 f.
20. *Doubt*, Juni 1943, S. 5
21. Die letzten vier Berichte (Jones 1980—Angel 1974) stammen aus Larry Arnold, »Jack Angel, SHC Survivor«, *Fortean Times* 39, S. 12—15
22. Thurston, *Ghosts and Poltergeists*, S. 62, 65, 74
23. R. S. Lambert, *Exploring the Supernatural* (Arthur Barker, London, o. J., etwa 1954), S. 122—131
24. Gaddis, *Mysterious Fires and Lights*, S. 159 f.
25. Gaddis, *Mysterious Fires and Lights*, S. 160 f.
26. Gaddis, *Mysterious Fires and Lights*, S. 155 f.
27. Gaddis, *Mysterious Fires and Lights*, S. 165—168
28. *New York Post*, 10. 2. 1988
29. *Fortean Times* 44, S. 43 f.; Columbus, OH, *Dispatch*, 24. 7. 1983
30. *Fortean Times* 32, S. 40
31. *Fortean Times* 44, S. 45

32. *New York Times*, 25. 8. 1929, erwähnt in *The Complete Books of Charles Fort*, S. 924 f.
33. *The Complete Books of Charles Fort*, S. 924
34. *New York Herald Tribune*, 11. 4. 1934, S. 20 f.
35. »The Human Flame-Thrower«, *Fortean Times* 42, S. 21
36. *Fortean Times* 42, S. 49

Geister- und Spukerscheinungen

1. *New York Herald*, 15. 5. 1906
2. South Yorkshire, *Record*, 28. 8. 1986
3. Chester Butterworth, »Outside Modern London«, in Martin Ebon (ed.), *True Experiences with Ghosts* (New American Library, 1968), S. 110 f.
4. Don Farrant, »The Ghost of Heritage Hill«, *Fate*, Juni 1980, S. 46—50
5. Frances Little, »I Keep House for a Ghost«, *Fate*, Oktober 1978, S. 46—50
6. *Sydney Morning Herald*, 25. 2. 1970, abgedruckt in *INFO Journal* Vol. 2, No. 3, S. 16 f.
7. Beaumont, TX, *Enterprise*, 22. 8. 1983
8. Brandon, *Weird America*, S. 56 f.
9. Charles Fairclough, *Chester Ghosts and Poltergeists* (Selbstverlag, o. J.), S. 43—45
10. MacKanzie, *The Seen and the Unseen*, S. 209
11. Die Damen haben darüber ein Buch unter dem Titel *An Adventure* verfaßt. Lohnend ist in bezug auf diesen berühmten Fall auch die Lektüre des Kapitels »The Ghosts of Versailles« in MacKenzie, *Hauntings and Apparitions*, das auch auf die Erfahrungen anderer Zeugen eingeht und den Fall analysiert.
12. Florence Carre, *Folklore of Lytchett Matravers, Dorset* (West Country Folklore No. 8, The Toucan Press. St. Peter Port, Guernsey, 1975), S. 6
13. MacKenzie, *The Seen and the Unseen*, S. 241—246
14. Peter Moss, *Ghosts over Britain* (Elm Tree Books, 1977), S. 75—77
15. J. R. W. Coxhead, *Devon Traditions and Fairy-Tales* (The Raleigh Press, Exmouth, 1959), S. 91 f.
16. Fairley and Welfare, *Arthur C. Clarke's World of Strange Powers* S. 126 f.
17. London, *Sunday Express*, 23. 12. 1979
18. *Sheffield Star*, 21. 9. 1987, abgedruckt in *Northern Earth Mysteries* 34, S. 26
19. Einen kompletten Überblick, vor allem in bezug auf England, bietet Michael Goss, *The Evidence for Phantom Hitch-Hikers* (The Aquarian Press, Wellingborough, 1984)
20. Harry Lebelson, »Phantom Hitchhikers Haunt World's Highways and Roads«, *Pursuit*, Vol. 18, No. 2, S. 74—77
21. Ebd.
22. Cynthia Hind, »Girl-Ghost Hitches Ride ...«, *Fate*, Juli 1979, S. 54—59

23. *Ottawa Journal* und *Vancouver Province*, 11. 4. 1980, wiedergegeben in *Res Bureaux Bulletin*, No. 60, S. 4
24. Nancy Bradley, »White Lady of the Haunted Forest«, *Fate*, Januar 1983, S. 53—56
25. Craig C. Downer, »The Horrible Ghost of Anchicaya«, *Fate*, März 1982, S. 48—52
26. *New York Herald*, 18. 4. 1908
27. Houston, TX, *Chronicle*, November 1982
28. *The Charlotte Observer*, 9. 11. 1986
29. Lambert, *Exploring the Supernatural*, S. 142 f.
30. Fairley and Welfare, *Arthur C. Clarke's World of Strange Powers*, S. 149
31. Aberdeen, Schottland, *Press & Journal*, 13. 10. 1987, abgedruckt in *Dear Thoms*... No. 7
32. Llowarch, »A Mine of Experience«, *The Cambrian News* (Wales), 14. 11. 1986
33. Grampian und Highland, Schottland, *Press and Journal*, 18. 5. 1987; *Fortean Times* 49, S. 25
34. Bo Linus Orsjo, »Ghost Hotel«, *Fate*, Dezember 1987, S. 5 f.
35. New Haven, CT, *Evening Register*, 16. 11. 1910
36. *Res Bureaux Bulletin*, No. 43, S. 3

UFO-Landungen

1. Aimé Michel, *The Truth About Flying Saucers* (Robert Hale, London, 1957), S. 140—144
2. Ted Phillips, *Physical Traces Associated with UFO Sightings*, Center for UFO Studies, Illinois, 1975
3. Phillips, a. a. O., S. 79
4. Erol A. Faruk, »The Delphos landing: new evidence from the laboratory«, Teil 1 in *International UFO Reporter*, Vol. 12. No. 1, S. 21—25, Teil 2 in Vol. 12. No. 3, S. 19—21. Vgl. auch Ted Phillips, »Close Encounters of the Second Kind: Physical Traces — A Case in Point, Delphos, Kansas«, in *MUFON 1981 UFO Symposium Proceedings* (Texas, 1981), S. 105—129
5. J.-J. Velasco, »Scientific Approach and Results of Studies into Unidentified Aerospace Phenomena in France«, *MUFON 1987 International UFO Symposium Proceedings* (Texas, 1987), S. 56.
6. Korrespondenz, *The Journal of Transient Aerial Phenomena* (BUFORA, London). Vol. 4, No. 4, S. 119
7. Steuart Campbell, »UFOs: the grip of fear«, *The Unexplained* 150, S. 2990—2993, und 152, S. 3026—3028. Steuart Campbell, »Livingston: A New Hypothesis«, *The Journal of Transient Aerial Phenomena* (BUFORA, London), Vol. 4, No. 3, S. 80—87
8. Bowen, *The Humanoids*, S. 144 f.
9. Isabel Davis and Ted Bloecher, *Close Encounter at Kelly and Others of*

1955, Center for UFO Studies, Illinois, 1978. Fall wird zusammengefaßt dargestellt in Coleman, *Mysterious America*, S. 185—190
10. Bowen, *The Humanoids*, S. 90f.
11. *Fortean Times* 33, S. 30
12. Eine Neubewertung dieses faszinierenden Falles hat Chris Rutkowski eingeleitet, vgl. seinen Aufsatz »Burned by an UFO? The story of a bungled investigation«, *International UFO Reporter*, Vol. 12. No. 6. November/Dezember 1987, S. 21—24. Vgl. auch Brief von Edward M. Baerker in *International UFO Reporter*, Vol. 13. No. 2, S. 21f.
13. Die in diesem Kapitel kurz geschilderten Fälle stützen sich auf die breitgefächerte UFO-Literatur der letzten vier Jahrzehnte; viele Titel sind inzwischen vergriffen. Wer sich ein aktuelles Bild von allen Facetten des UFO-Themas machen möchte, sollte zwei Bücher neueren Datums lesen: Beide wurden von John Spencer und Hilary Evans unter den Titeln *Phenomenon* und *UFOs 1947—1987* herausgegeben. Vor einigen Jahren hat Charles Bowen ein Buch unter dem Titel *The Humanoids* veröffentlicht, das eine gute Quelle über die UFO-Insassen darstellt.

Ungeheuer in Seen, Flüssen und Meeren

1. Bernard Heuvelmans, »Annotated Checklist of Apparently Unknown Animals with which Cryptozoology is Concerned«, *Cryptozoology*, Vol. 5 (1986), S. 10
2. *The Tampa Tribune-Times*, 28. 9. 1986
3. Die Expedition am Lough Nahooin ist ausführlich dargestellt in Holiday, *The Dragon and the Disc* 4
4. Holiday, *The Dragon and the Disc*, S. 37f.
5. *Fate* (UK), Juli 1967, S. 11f.
6. *ISC Newsletter*, Vol. 4, No. 4, S. 8
7. New Haven *Register*, 7. 11. 1987
8. *ISC Newsletter*, Vol.5, No. 3, S. 7f.
9. *New York Herald Tribune*, 8. 1. 1934
10. Ulrich Magin, »The ›Sea Serpent‹ of Loch Ness — Resident or Visitor?«, *Pursuit* 72, S. 156—159
11. Gary S. Mangiacopra, »The Great Unknowns into the Twentieth Century«, Teil 1, *Of Sea and Shore*, Frühjahr 1980, S. 14
12. Heuvelmans, *In the Wake of the Sea-Serpents*, S. 370f.
13. Heuvelmans, *In the Wake of the Sea-Serpents*, S. 395f.
14. Heuvelmans, *In the Wake of the Sea-Serpents*, S. 415
15. Mangiacopra, a. a. O., Teil 2, *Of Sea and Shore*, Sommer 1980, S. 124
16. Ebd., Teil 3, Herbst 1980, S. 194
17. Ebd., S. 196
18. Ebd., Teil 3, Winter 1980/81, S. 259
19. *New York Herald Tribune*, 6. 10. 1933
20. Ebd., 15. 11. 1933
21. Ebd., 7. 12. 1933

22. Washington, DC, *Washington Post*, 24. 8. 1913
23. Heuvelmans, *In the Wake of the Sea-Serpents*, S. 391 f.
24. Die ganze Geschichte in Heuvelmans, *In the Wake of the Sea-Serpents*, S. 531—535
25. Michael Bright, »The Beaked Beast of Bungalow Beach«, *BBC Wildlife*, August 1986, S. 382; Karl Shuker, »The Gambian Sea-Serpent«, *The Unknown*, September 1986, S. 49—53, Oktober 1986, S. 31—36
26. *Science and Mechanics*, November/Dezember 1983
27. Heuvelmans, »Annotated Checklist...«, S. 7

Kugelblitze und Spuklichter

1. Hal R. Aldrich, »Ball Lightning and Explanations«, *INFO Journal* 37, S. 2
2. Theodore Charles Illert, »The Parkside Lightning Ball«, zit. in *Science Frontiers* 33, S. 4
3. »Ball Lightning at Salina, Kans.«, *Monthly Weather Review* 47 (1919), S. 728, erwähnt in Corliss, *Lightning, Auroras...*, S. 77
4. North Wales *Daily Post*, 12. 6. 1987
5. Gaddis, *Mysterious Fires and Lights*, S. 54
6. Mark Stenhoff, »Torro Ball Lightning Division Report: April 1987«, *Journal of Meteorology* 12 (1987), S. 200, erwähnt in *Science Frontiers* 54, S. 4
7. P. W. Burbidge and D. J. Robertson, »A Lightning-Associated Phenomenon and Related Geomagnetic Measurements«, *Nature* 300 (1982), S. 623, erwähnt in *Science Frontiers* 26, S. 2
8. Frank Edwards, *Strange World* (Lyle Stuart, Inc., 1964)
9. James R. Powell und David Finkelstein, »Ball Lightning«, *American Scientist* 58 (1970), S. 262, erwähnt in Corliss, *Lightning, Auroras...*, S. 80
10. Brief in *Pursuit* 67, S. 134
11. Dallas, TX, *Times Herald*, 14. 1. 1984, abgedruckt in *Forteana News*, Januar 1984, S. 19. Weitere Berichte ähnlicher Art in William R. Corliss, *The Unexplained: A Sourcebook of Strange Phenomena* (Bantam Books, 1976)
12. Edward U. Condon, *Scientific Study of Unidentified Flying Objects* (Bantam Books, New York, 1969), S. 729—735, erwähnt in Corliss, *Lightning, Auroras...*, S. 58
13. *Fortean Times* 31, S. 39
14. MN, *Eagle Bend News*, 25. 5. 1961, erwähnt in Gaddis, *Mysterious Fires and Lights*, S. 202
15. »Ball Lightning«, Royal Astronomical Society of Canada, *Journal* 19 (1925), S. 213
16. *Fate*, Juni 1953, erwähnt in Gaddis, *Mysterious Fires and Lights*, S. 202 f.
17. B. H. Bailey, »Ball Lightning Strikes Twice«, *Weather* 39 (1984), S. 76, zit. in *Science Frontiers* 4

18. Ders., 4, S. 56
19. *Round Robin*, Oktober 1958, zit. in Gaddis, *Mysterious Fires and Lights*, S. 54 f.
20. *Soviet Weekly*, 11. 2. 1984, zit. in *Science Frontiers* 34, S. 3
21. Einige seiner Schriften zum Thema BOLs: »BOLs«, *Probe Report*, Juli 1982; Auszüge daraus in »Mysterious Spheres and Lights«, *INFO Journal* 45, S. 4—6, und 46, S. 18—23; »Seeing the Lights«, *Fate*, Oktober 1985, S. 82—87, und November 1985, S. 87—92
22. *Journal of Meterology*, Vol. 10. No. 97, S. 89
23. J. P. Painter, Brief in *BUFORA Journal* 2 (1963), zit. in *INFO Journal* 9, S. 31
24. Hilary Evans, »Mysterious Spheres and Lights«, *INFO Journal* 46, S. 21
25. Little Rock, AR, *Arkansas Democrat*, 8. 7. 1984, abgedruckt in *Forteana News* 180, S. 20
26. »Strange Pipe and Ghost Lights in West Virginia«, *INFO Journal* 44, S. 15
27. Charles Gourian et al., »Report on a landing at Uzès«, *Flying Saucer Review*, Vol. 24, No. 4, S. 3—7
28. Hilary Evans, »Mysterious Spheres and Lights«, *INFO Journal 46, S. 22*
29. Geschildert von einem Freund von Guy Lyon Playfair, wiedergegeben in *Fortean Times* 31, S. 53
30. Houston, TX, *Chronicle*, 31. 10. 1986
31. *Wall Street Journal* (Datum unbekannt)
32. Ebd.; für einen guten allgemeinen Überblick vgl. Dennis Stacey, »The Marfa Lights«, *MUFON UFO Journal* 235, S. 3—7
33. *Science Frontiers* 33, S. 3
34. Brandon, *Weird America*, S. 174 f.
35. Little Rock, AR, *Arkansas Gazette*, 22. 6. 1980, abgedruckt in *Forteana News* 132, S. 18
36. Atlanta, GA, *Journal*, 29. 10. 1982, abgedruckt in *INFO Journal* 45, S. 16 f.
37. Green Bay, WI, *Press-Gazette*, 1. 10. 1978, abgedruckt in *Forteana News*, Dezember 1978, S. 17
38. Gaddis, *Mysterious Fires and Lights*, S. 77
39. *Fate*, Herbst 1948, wiedergegeben in Gaddis, *Mysterious Fires and Lights*, S. 90 f.

Menschen mit Flügeln und andere Ungeheuer

1. Nigel Watson, *Phantom Aerial Flaps and Waves*, Magonia Occasional Paper No. 1 (1987), S. 12
2. Alex Evans, »Encounters with Little Men«, *Fate*, November 1978, S. 83—85
3. Ebd., S. 85
4. Perth, *West Mail*, 25. 12. 1982, abgedruckt in *UFO Newsclipping Service*, Februar 1983, No. 163, S. 12

5. Vladimir B. Ribtsov, »A ›Flying 'Man' in Black‹ in Russia«, *Flying Saucer Review*, Vol. 24, No. 4, S. 13
6. Dublin, *Irish Press*, 1938, wiedergegeben in Clark and Coleman, *The Unidentified*, S. 57 f.
7. Rogo and Clark, *Earth's Secret Inhabitants*, S. 78 f.
8. Ebd., S. 82 f.
9. »Homens Alados em Pelotas«, *SBEDV Bulletin* 112/115 (September 1976/April 1977)
10. Sinclair Taylor, »The Bird Thing«, *The World' Strangest Stories* (*Fate* Magazine, Clark Publishing Company, 1983) S. 27 f.
11. Wiedergegeben in *Houston Chronicle* und in Keel, *Strange Creatures from Time and Space*, S. 207 f.
12. *Flying Saucer Review*, Vol. 19, No. 3, S. 29
13. Isabel Davis and Ted Bloecher, *Close Encounter at Kelly and Others*, a. a. O., S. 149—160
14. *Creature Chronicles* 6, S. 6 f.
15. »Winged Wonder Over Falls City?«, *Journal* des Fortean Research Center, Vol. 1. No. 1. S. 3 f.
16. Intcat 661, in *MUFOB* New Series 9 (Winter 1977/78), S. 7
17. Miguel Peyro Garcia, »Strange Beings near Jerez de la Frontera (Province of Cadiz), Spain, 1960«, *APRO Bulletin*, Vol. 29, No. 1 (Juli 1980), S. 4 f.
18. Coral Lorenzen, »UFO Occupants in the United States«, in Bowen, *The Humanoids*, S. 159 f.
19. Keel, *Strange Creatures from Time and Space*, S. 210
20. Die ausführliche Geschichte der »Mothman«-Begegnungen findet sich in John A. Keel, *The Mothman Prophecies* (Saturday Review Press, E. P. Duotton & Co., Inc., New York, 1975)
21. Don Worley, »The Winged Lady in Black«, *Flying Saucer Review*, Case Histories 10, S. 14—16
22. Åke Franzen, »The Little Man of Norrbotten«, *Flying Saucers Review* Case Histories 4, S. 13 f.
23. *Flying Saucer Review*, Vol. 19, No. 6, S. 30
24. Gordon Creighton, »Tiny Entities Reportes in Colombia«, *Flying Saucers Review*, Vol. 21, No. 5, S. 33
25. Fred H. Bost, »A Few Small Steps on the Earth: A Tiny Leap for Mankind?«, *Pursuit*, Vol. 10, No. 2, S. 50—53
26. Coleman, *Mysterious America*, S. 41—56
27. Robert A. Goerman, »The Little Green Man Who Got Away«, *Fate*, Mai 1982, S. 61—65

USOs — Unbekannte Untersee-Objekte

1. München, *Süddeutsche Zeitung*, 30. 4. 1988, erwähnt in *BILK* 22
2. Jacques Vallee, *Anatomy of a Phenomenon* (Henry Regnery Company, Chicago, 1965, und Neville Spearman, London, 1966), S. 141

3. *INFO Journal* 13, S. 30
4. Walter N. Webb, »Radar/Sonar Contact«, *MUFON UFO Journal* 199, S. 7—9
5. Reportage in *Eastern Daily Press* erwähnt in *Lantern* 16, S. 9
6. (Neville Spearman, London, 1956), S. 114—116
7. London, *Weekly Dispatch*, 10. 7. 1910, erwähnt in *The Complete Books of Charles Fort*, S. 639
8. *Gaceta Illustrada*, 31. 7. 1965, erwähnt in Vallee, *Passport to Magonia*, S. 308, Fall 651
9. Madrid, *Pueblo*, 1. 4. 1981, erwähnt in *UFO Newsclipping Service* 146, S. 12
10. Vicente-Juan Ballester Olmos, »Unusual Underwater Object«, *Flying Saucer Review* Case Histories 6, S. 5—7
11. *Lumières dans la Nuit* Series 3 No. 5 (Januar 1971), abgedruckt in engl. Übersetzung in *Flying Saucer Review* Case Histories 14, S. 14
12. *International UFO Reporter*, Vol. 4 No. 3. S. 17
13. *Zoologist*, 4. 7. 1938, erwähnt in *INFO Journal*, Vol. 1, No. 3, S. 43 f., und Sanderson, *Invisible Residents*, S. 28
14. Lieut.-Col. Lobet, »Another Close Contact on Réunion«, *Flying Saucer Review*, Vol. 25, No. 3, S. 8
15. Sanderson, *Invisible Residents*, S. 14
16. Alle im Zusammenhang mit Australien aufgeführten Fälle aus H. J. Hinfelaar, »Submarine Craft in Australian Waters«, *Flying Saucer Review*, Vol. 12, No. 4, S. 28—30
17. Ebd., S. 28 f.
18. Ebd., S. 29 f.
19. John Prytz, »I Spy With my Little Eye, Something beginning with ›S‹«, *Fortean Times* 42, S. 57
20. *L'Astronomie* 22, S. 28, wiedergegeben in Jacques Vallee, *Anatomy of a Phenomenon* (vgl. oben Fn. 2), S. 21
21. *Naval Aviation News*, Februar 1951, erwähnt in Sanderson, *Invisible Residents*, S. 36
22. Samuel Norman, »Recent UFOs Over Japan«, *Fate*, Juni 1956, S. 22—24, erwähnt in Sanderson, *Invisible Residents*, S. 38
23. Zeuge vom Ozeanographen Dr. Vladimir Azhazha interviewt; Bericht ist authentisch, auch wenn er im Boulevardblatt *National Inquirer* erschienen ist. Vgl. *AFU Newsletter* 24, S. 10, und 27, S. 21
24. *UFO Investigator*, Vol. 4, No. 5, S. 4, erwähnt in Sanderson, *Invisible Residents* 35 f.
25. *Seattle Times*, 9. 3. 1960, wiedergegeben in Sanderson, *Invisible Residents*, S. 40
26. »Did Navy ›Steal‹ UFO?«, *APRO Bulettin*, Vol. 33. No. 1, S. 1
27. *Los Angeles Times*, 25. Oktober 1962, wiedergegeben in Jim and Coral Lorenzen, *UFOs Over the Americas* (New American Library, 1968), S. 51 f.
28. J. Antonio Huneeus, »A Historical Survey of UFO Cases in Chile«, *MUFON UFO Symposion Proceedings 1987*, S. 191 f.

29. Joseph M. Brill, »Are UFOs Operating from Underwater Bases of the Coast of Argentina?«, *MUFON UFO Journal* 130, S. 3—5
30. Jim and Coral Lorenzen, *UFOs Over the Americas* (vgl. oben Fn. 27), S. 52 f.
31. Sanderson, *Invisible Residents*, S. 49
32. Gordon W. Creighton, »Argentina 1962«, *Flying Saucer Review*, Vol. 10. No. 4, S. 13
33. Brill, a. a. O.
34. Robert A. Stiff, »Tragic Sighting in Argentina«, in Brad Steiger and Joan Whritenour, *The Allende Letters* (Universal 1968), erwähnt in Sanderson, *Invisible Residents*, S. 58
35. Charles Bowen, »UFOs Over Water«, *The Unexplained* 57, S. 1140
36. *APRO Bulletin*, Januar 1964, S. 1, erwähnt in Sanderson, *Invisible Residents*, S. 74—76
37. Oscar A. Galindez in *Flying Saucer Review*, Vol. 14, No. 2, S. 22, zit. in Sanderson, *Invisible Residents*, S. 23—25
38. *APRO Bulletin*, Vol. 29, No. 5, S. 7
39. Jim and Coral Lorenzen, *UFOs Over the Americas* (vgl. oben Fn. 27), S. 50 f.
40. Ebd., S. 54 f.
41. Gordon Creighton, »Underwater UFO Base of Venezuela?«, *Flying Saucer Review*, Vol. 21, No. 1, S. 11 f.
42. Walter N. Webb, »Radar/Sonar Contact«, *MUFON UFO Journal* 199, S. 9 f.
43. Santa Ana, CA, The Register, 14. 11. 1973, wiedergegeben in *INFO Journal* 13, S. 31
44. *Fate*, März 1955, S. 18, erwähnt in Sanderson, *Invisible Residents*, S. 39
45. Port Chester, NY, *Item*, 22. 6. 1957, erwähnt in Sanderson, *Invisible Residents*, S. 39
46. *New York Times*, 5. 11. 1906, zit. in Livingston Gearhart, »Bombed by Meteors«, *Fate*, März 1965, S. 80
47. Yarmouth, NS, *Light Herald*, 12. 10. 1967, zit. in Sanderson, *Invisible Residents*, S. 44 f.
48. Clas Svahn and Anders Liljegren, »The Kölmjärv Ghost Rocket Crash Revisited«, *AFU Newsletter* 27, S. 1—5
49. *Fortean Times* 24, S. 41
50. *INFO Journal* 25, S. 5
51. *Fortean Times* 45, S. 47
52. Beide *Fortean Times* 24, S. 41
53. *INFO Journal* 30, S. 4
54. Brandon, *Weird America*, S. 170
55. *International UFO Reporter* in *Frontiers of Science*, Vol. 3. No. 5, S. 13 f.
56. *Skylook* (Vorgänger des MUFON UFO Journal) 82 (September 1974), S. 8

Geisterstimmen

1. Gerald Duckworth & Co. Ltd., London, 1953, S. 78
2. S. 112
3. Danton Walker, *Spooks De Luxe* (Franklin Watts, USA, 1956), abgedruckt in *Fate*, August 1979, S. 51
4. Jarl Fahler, »The Return of Finland's President«, in Martin Ebon (ed.), *True Experiences with Ghosts* (New American Library, 1968), S. 74—77
5. *Daily Express*, 3. 3. 1971, zit. in *Fortean Times* 10, S. 5
6. Charles Fairclough, *Chester Ghosts and Poltergeists* (o. J., etwa 1970er oder 1980er Jahre), S. 4
7. W. H. Allen, London, 1978
8. Ausführlicher Bericht von Neil Bartlem im *Chester Observer*, 24. 12. 1985, und persönliche Kontakte zu Ken Webster und Kollegen
9. MacKenzie, *The Seen and the Unseen*, S. 167—169
10. Angus Macnaghten, *Haunted Berkshire* (Countryside Books, Newbury, 1986), S. 59
11. MacKenzie, *The Seen and the Unseen*, S. 85 f.
12. *Fortean Times* 10, S. 3
13. Margaret A. Blair, »A Ghost Sings in Ireland«, *Fate*, Juni 1979, S. 41—46
14. Charles Fairclough, *Chester Ghosts and Poltergeists*, S. 43—45
15. Llowarch, »Weird Wonders of Wales«, *Cambrian News*, 30. 1. 1987
16. Gerald J. Sword, »Who Goes There? (Ghostly Manifestations at Point Lookout)«, *Chronicles of St. Mary's*, Monthly Bulletin of the St. Mary's County Historical Society, Vol. 30. No. 7 (Juli 1982), S. 465—471
17. *New York Herald Tribune*, 12. 7. 1924
18. *Daily Telegraph*, 24. 2. 1981, zit. in *Fortean Times* 35, S. 36
19. *Rand Daily Mail*, 30. 7. 1982, erwähnt in *Fortean Times* 43, S. 42
20. Martin A. De Harte, »Robina Has Not Been Saved!«, *Fate*, Februar 1982, S. 44—46
21. R. S. Lambert, *Exploring the Supernatural*, S. 106—121
22. *National Enquirer*, 4. 9. 1984, erwähnt in *Fortean Times* 43, S. 16
23. Peter A. Jordan, »The Hackettstown Haunting«, *Fate*, Oktober 1980, S. 49—55
24. Joan Krieger, »This Poltergeist Uses the Phone«, *Fate*, Februar 1980, S. 87—91
25. Ian Stevenson, »Are Poltergeists Living or Dead?«, *Fate*, Februar 1988, S. 73 f.
26. MacKenzie, *The Seen and the Unseen*, S. 26
27. Cruz, *The Incorruptibles*, S. 100 f.; persönliche Rücksprache mit den Suore Minime dell' Addolorata
28. Persönliche Korrespondenz
29. MacKenzie, *Hauntings and Apparitions*, S. 156—161
30. Die Experimente wurden in der amerikanischen TV-Serie »That's Incredible« vorgeführt; auch japanische und kanadische TV-Teams haben sie aufgenommen, außerdem das »Newsnight«-Programm der BBC.

Wir haben ein bespieltes Band abgehört und mit John Marke korrespondiert.
31. Lexington Park, MD, *The Enterprise*, 31. 10. 1986
32. Ebd., 22. 10. 1986
33. Bericht über die Southern Maryland Psychic Investigations von Lori Mellott
34. *South Yorkshire Times*, 29. 8. 1986
35. Lesley Sussman, »Did Voice from Grave Name Killer?«, *Fate*, Juli 1978, S. 61—67
36. Zum allgemeinen historischen Hintergrund vgl. D. Scott Rogo, *Phantoms*, S. 78 f., und Fairley and Welfare, *Arthur C. Clarke's World of Strange Powers*, S. 272—274. Zu den Techniken, die insbesondere G. Gilbert Bonner angewendet hat, vgl. seinen Artikel »Radio Link with the Dead«, in *Fate*, September 1979, S. 46—53. Auch Bücher sind zum Thema erschienen, darunter mehrere von Jürgenson und von Raudive; am bemerkenswertesten ist *Breakthrough* von Raudive (Colin Smiythe, Gerrards Cross, 1971; Taplinger, New York, 1971). Vgl. auch Peter Bander, *Voices from the Tapes* (Drake Publishers, New York, 1973) und D. J. Ellis, *The Mediumship of the Tape Recorder* (Selbstverlag, 1978)
37. Diese Theorie ist beschrieben in Terrence Peterson, »Spiricom or Spiricon?«, *Fate*, Januar 1987, S. 92—97, mit Leserbriefen dazu in der Ausgabe vom April 1987. Als Buch über »Spiricom« ist erschienen: John G. Fuller, *The Ghost of 29 Megacycles* (Souvenir Press, London, 1985)
38. *New Frontiers Newsletter*, Herbst-Winter 1986, erwähnt in *INFO Journal* 54, S. 31
39. *Indianapolis Star*, 21., 22., 23. 10. 1987

Schneemenschen in aller Welt

1. Sanderson, *Abominable Snowmen*, S. 164 f.
2. New York Botanical Garden *Newsletter*, Herbst 1987, erwähnt in *INFO Journal* 53, S. 28
3. Sanderson, *Abominable Snowmen*, S. 174—177
4. Lt.-Col. P. H. Fawcett (Hutchinson & Co., London, 1953), S. 220—202
5. Pablo Latapi Ortega, »Ucumar, the Argentinian Yeti«, in *Contactos Extraterrestres*, 16. 4. 1980
6. *London Evening Standard*, 15. 3. 1976, erwähnt in Eberhart, *Monsters*, S. 197
7. Sanderson, *Abominable Snowmen*, S. 194
8. Chicago *Tribune*, 11. 10. 1978; Winnipeg, Manitoba, *Free Press*, 16. 10. 1978; viele andere Zeitungsberichte; vgl. auch *Fortean Times* 27, S. 48
9. Libraire Plon, Paris, 1980
10. Weitere Details in Heuvelmans, *On the Track of Unknown Animals*, Kap. 16, und Sanderson, *Abominable Snowmen*, Kap. 9
11. Welfare and Fairley, *Arthur C. Clarke's Mysterious World*, S. 18 f.

12. *Fortean Times* 17, S. 21; Welfare and Fairley, *Arthur C. Clarke's Mysterious World*, S. 15
13. Tim Kirby, »The Littlest Yeti«, *BBC Wildlife*, September 1987, S. 443
14. Ebd.
15. Heuvelmans, *On the Track*..., S. 117—121
16. Ebd., S. 101 f.
17. Ebd., S. 104—106
18. Weitere Informationen über Begegnungen, Fußabdrücke und mögliche Identifikationen in Heuvelmans, *On the Track*..., Kap. 6, und Sanderson, *Invisible Residents*, Kap. 12
19. »What is it? ... Myth or Reality?«, *Technical Journal for Youth*, 6.
20. Shackley, *Wildmen*, S. 129. Weitere Informationen über den sibirischen Wildmenschen in Kap. 8 von *Wildmen*
21. Bericht von Dmitri Bayanov und Niklai Avdeyev in *Bigfoot Co-op*, April/Juni 1987, S. 6—9
22. Bericht von Maya Bykova in *Bigfoot Co-op*, April 1988, S. 5—8. Vgl. auch Dmitri Bayanovs auf den neuesten Stand gebrachte Version und Kommentar in *Bigfoot Co-op*, Juni 1988, S. 6—10
23. Vgl. z. B. ihren Bericht in Markotic, *The Sasquatch and other Unknown Hominoids*
24. Shackley, *Wildmen*, S. 115; Henry Gris and William Dick, *The New Soviet Psychic Discoveries* (Prentice Hall. Inc. USA. 1978; Souvenir Press, London, 1979), S. 193
25. Gris and Dick, *The New Soviet*... (vgl. oben Fn. 24), S. 187
26. Ebd., Kap. 16., mit ausführlicher Wiedergabe des Interviews, das der Autor mit Karapetjan führte
27. Dmitri Bayanov, »A Field Investigation into the Relict Hominoid Situation in Tajikistan, USSR«, *Cryptozoology*, Vol. 3 (1984), S. 74—79
28. Shackley, *Wildmen*, S. 118 f.
29. Sanderson, *Abominable Snowmen*, S. 310 f.
30. Bayanov in Markotic, *The Sasquatch*..., S. 73
31. Zu den Almas in Mangolia vgl. Shackley, *Wildmen*, Kap. 5, und Michael Heany, »The Mongolian Almas: A Historical Reevaluation of the Sighting by Baradiin«, *Crypotzoology*, Vol. 2 (1983), S. 40—52
32. Zhou Guoxing, »The Big Wildman and the Little Wildman«, *BBC Wildlife*, September 1987, S. 443 f.
33. Ders., »The Status of Wildman Research in China«, *Cryptozoology*, Vol. 1 (1982), S. 13—23. Weitere Einzelheiten über die Begegnung von 1940 vgl. Shackley, *Wildmen*, S. 82
34. Shackley, *Wildmen*, S. 84
35. Yuan Zhenxin and Huang Wanpo, »*Wildman: China's Yeti*«, *Fortean Times* Occasional Paper No. 1, S. 11 f.
36. Neben den zitierten Quellen gibt es über den chinesischen Wildmenschen noch Anmerkungen in Shackley, *Wildmen*, Kap. 4; Frank E. Poirier, Hu Hongxing, Chung-Min Chen, »The Evidence for Wildman in Hubei Province, People's Republic of China«, *Cryptozoology*, Vol. 2 (1983), S.

25—39; John Green, »The Search in China for Unknown Hominoids«, in Markotic, *The Sasquatch* . . ., S. 87—99
37. Mit Bezug auf Bernard Heuvelmans in seinem Kapitel über den »Orang pedek« (Kap. 5) in *On the Track* . . .
38. Ebd., S. 85—87. Über diese Begegnung wird auch berichtet in Sanderson, *Abominable Snowmen*, und zwar in Kap. 10, das den »Osten« zum Inhalt hat, S. 222—224
39. Heuvelmans, »Annotated Checklist . . .« a. a. O., S. 23
40. *Sydney Morning Herald*, 23. 10. 1912, zit. in Bayanov, »The Case for the Australian Hominoids«, in Markotic, *The Sasquatch* . . ., S. 101—126
41. Greg Hunter, »The Great Yowie Hunt«, *Australian Penthouse*, Vol. 4, No. 9 (August 1983), S. 34—41
42. Australischer Zeitungsbericht, Quelle unbekannt, 7. 4. 1978
43. Lismore, NSW, *Northern Star*, 23. 5. 1981
44. A. G. Thorne, P. G. Macumber, »Discoveries of Late Plestocene Man at Kow Swamp, Australia«, *Nature*, Vol. 238 (No. 5363, 11. 8. 1972), S. 316—319
45. *New York Times*, 2. 6. 1987

Gegenstände regnen vom Himmel

1. *Doubt* 14, S. 212
2. Houston, TX, *Chronicle*, 25. 7. 1982
3. *TASS*-Meldung vom 13. 8. 1984, zit. in Fairley and Welfare, *Arthur C. Clarke's Chronicles of the Strange and Mysterious*, S. 72
4. Ronald J. Willis, »Ice Falls«, *INFO Journal*, Vol. 1, No. 3, S. 12—23
5. Christopher F. Chyba, »The Cometary Contribution to the Oceans of Primitive Earth«, *Nature* 330 (1987), S. 632, erwähnt in *Science Frontiers* 56, S. 2f. Jeff Hecht, »Snowballs from space ›filled Earth's oceans‹«, *New Scientist*, No. 1612, 12. 5. 1988, S. 38
6. Palm Beach, FL, *Post*, 12. 9. 1978, erwähnt in *Res Bureaux Bulletin* 40, S. 7
7. Vancouver, BC, *Province*, 3. 2. 1986, erwähnt in *INFO Journal* 50, S. 22
8. Mike Rowe, »The Whirlwind Theory of Fish Falls«, *Fortean Times* 38, S. 42f.; Derek Elsom, »Catch a falling frog«, *New Scientist* 108 (No. 1615, 2. 6. 1988), S. 38—40
9. Brandon, *Weird America*, S. 96
10. Chicago, IL, *Tribune*, 3. 7. 1901
11. Fort Worth, TX, *Star-Telegram*, 9. 5. 1985
12. »The Chilatchee, Alabama Fish Fall«, *INFO Journal* 46, S. 24
13. *Daily Telegraph*, 25. 8. 1986, wiedergegeben in *Fortean Times* 48, S. 16
14. Los Angeles, CA, *Times*, 22. 5. 1911
15. Brandon, *Weird America*, S. 28
16. San Francisco, CA, *Chronicle*, 27. 10. 1956, wiedergegeben in *INFO Journal* 7, S. 45
17. *Fortean Times* 44, S. 27

18. Aus Gilbert Whitleys Liste »Rains of Fishes in Australia« abgedruckt in *INFO Journal* 10, S. 22—25
19. *New York Post*, 20. 8. 1941, erwähnt in Sanderson, *Investigating the Unexplained*, S. 294
20. Nigel Rimes in *Flying Saucer Review*, Vol. 14, No. 6. Umschlagseite
21. *Shropshire Star*, 10. 3. 1986
22. Brandon, *Weird America*, S. 98
23. *Daily Telegraph*, 10. 1. 1952, erwähnt in Sanderson, *Investigating the Unexplained*, S. 296
24. Michael A. Persinger and Gyslaine F. Lafrenière, *Space-Time Transients and Unusual Events* (Nelson Hall Inc., Chicago, 1977), S. 30
25. *Detroit Free Press*, 11. 3. 1958, erwähnt in Sanderson, *Investigating the Unexplained*, S. 296
26. Persinger and Lafrenière, a. a. O., S. 30
27. *New York Times*, 11. 7. 1971, erwähnt in *INFO Journal* 8, S. 26
28. Robert C. Warth, »Corn Falls from Sky«, *Pursuit* 76, S. 173
29. Bericht der *Greely Tribune*, erwähnt in *Fate*, März 1988, S. 24
30. St. Louis, *Post Dispatch*, 10. 11. 1965, erwähnt in Michell and Rickard, *Phenomena*, S. 19
31. *Fortean Times* 25, S. 11
32. *Sunday Express*, 15. 4. 1957, erwähnt in Michell and Rickard, *Phenomena*, S. 19
33. Brandon, *Weird America*, S. 170
34. *Fate* (UK), September 1976, S. 31
35. *Bath Chronicle*, 7. 1. 1976, erwähnt in Michell and Rickard, *Phenomena*, S. 19
36. Los Angeles, CA, *Times*, 7. 1. 1909
37. *Popular Mechancis*, 14-801, erwähnt in *The Complete Books of Charles Fort*, S. 639
38. Persinger and Lafrenière, a. a. O., S. 31
39. »›Pseudo‹-Meteorites«, *INFO Journal* 11, S. 9f.
40. Ebd., S. 9
41. Rickard and Kelly, *Photographs of the Unknown*, S. 32f.
42. *Fate*, April 1955, S. 13, erwähnt in Sanderson, *Investigating the Unexplained*, S. 280
43. *Sacramento Union*, 29. 7. 1955, erwähnt in Sanderson, *Investigating the Unexplained*, S. 279
44. Brandon, *Weird America*, S. 125
45. Ebd., S. 63
46. Ebd., S. 154f.
47. *Indianapolis News*, 18. 5. 1984, zit. in *Pursuit* 67, S. 133
48. *AP*-Meldung, in verschiedenen Zeitungen abgedruckt, erwähnt in *Fortean Times* 42, S. 14
49. *The Cambridge Encyclopedia of Astronomy* (Jonathan Cape, London, 1977), S. 244—248
50. *American Journal of Science* 4.34.437, erwähnt in *The Complete Books of Charles Fort*, S. 504

51. *Nature* 105—759, erwähnt in Sanderson, *Investigating the Unexplained*, S. 285
52. *Australian Flying Saucer Review* No. 3 (Dezember 1970), erwähnt in *INFO Journal* 9, S. 22
53. *Baltimore Sun*, 27. 6. 1956, erwähnt in Sanderson, *Investigating the Unexplained*, S. 286
54. *Birmingham Evening Mail*, 13. 5. 1969, erwähnt in *Fortean Times* 25, S. 11
55. Belgien, *Le Soir*, 15. 7. 1975, erwähnt in *Fortean Times* 25, S. 11
56. *Toronto Star*, 21./22. 8. 1978, erwähnt in *Res Bureaux Bulletin* 38, S. 2
57. Quinca, MA, *Patriot Ledger*, 5. 11. 1983, abgedruckt in *Forteana News* 174, S. 19
58. Persinger and Lafrenière, a. a. O., S. 30
59. *AP*-Meldung, erwähnt in Sanderson, *Investigating the Unexplained*, S. 289
60. Brandon, *Weird America*, S. 178 f.
61. Zahlreiche Zeitungsberichte, erwähnt in *Fortean Times* 27, S. 5 und *Pursuit* 45, S. 42
62. Gaddis, *Mysterious Fires and Lights*, S. 42
63. *Miami Herald*, 28./29. 2. 1958, zit. in Gaddis, *Mysterious Fires and Lights*, S. 42 f.
64. Gaddis, *Mysterious Fires and Lights*, S. 43
65. Siehe des weiteren auch »Pudre Ser or the ›Rot of the Stars‹«, Kap. 14 von William A. Corliss, *The Unexplained: A Sourcebook of Strange Phenomena* (Bantam Books, New York, 1976)
66. Houston, RX, *Post/Sun*, 9. 9. 1979, erwähnt in Corliss, *Tornadoes; Dark Days . . .*, S. 59
67. Bericht des *INFO Journal*, erwähnt in Brandon, *Weird America*, S. 32
68. Brandon, *Weird America*, S. 105 f.
69. *Pursuit*, Vol. 4, No. 1, S. 6
70. Ebd., Vol. 5, No. 3, S. 53 f.
71. *Atlanta Journal & Constitution*, 11. 6. 1972, zit. in *Pursuit*, Vol. 5, No. 3, S. 54
72. *St. Louis Post-Dispatch*, 24. 9. 1978, zit. in *Pursuit* 45, S. 40

Riesenkatzen und andere geheimnisvolle Tierwesen

1. *Cincinnati Enquirer*, 21. 11. 1985, wiedergegeben in *Creature Chronicles* 8, S. 3
2. Loren E. Coleman, »Mystery Animals in Illinois«, *Fate*, Juli 1971, S. 13—18
3. Coleman, *Mysterious America*, Kap. 12, S. 106—116
4. *ISC Newsletter*, Vol. 5, No. 3, S. 10
5. Victor Lott, »A Fisher in Florida«, *INFO Journal* 44, S. 9
6. *The Conservationist* Juli/August 1982, abgedruckt in *INFO Journal* 41, S. 17

7. Loren Coleman hat Forschungen über schwarze Katzen in den USA angestellt; vgl. seinen Artikel »Black ›Mountain Lions‹ in California?«, *Pursuit* 46, S. 61 f., und Kap. 11 seines Buches *Mysterious America*
8. Ulrich Magin, »Continental European Big Cats«, *Pursuit* 71, S. 114 f.
9. *Berrima District Post*, 7. 6. 1978
10. Einen Überblick über die Berichte aus dem Südlichen Hochland gibt Paul Cropper, »The Panthers of Southern Australia«, *Fortean Times* 32, S. 19—21
11. Coffs Harbour, NSW, *Advocate*, 9. 3. 1982
12. Michael Goss, »The Queensland Tiger«, *Fate*, März 1987, S. 38—47
13. Michell and Rickard, *Living Wonders*, S. 64—66
14. *Melbourne Herald*, 3. 2. 1983
15. *Sunday*, 18. 2. 1979
16. *Melbourne Argus*, 3. 11. 1933
17. *Fortean Times* 25, S. 36
18. *Melbourne Sun*, 2. 1. 1980
19. Weitere Informationen in »Thylacine Reports Persist After 50 Years«, *ISC Newsletter*, Vol. 4, No. 4, S. 1—5, und Michael Goss, »Tracking Tasmania's Mystery Beast«, *Fate*, Juli 1983, S. 34—43
20. *New Scientist*, 24. 4. 1986; Details der Kritik wiedergegeben in Bob Rickard, »The return of the tiger?«, *Fortean Times* 49, S. 5—7
21. *Perth Sunday Times*, wahrscheinlich Februar 1972
22. *Perth West Australian*, 24. 8. 1982
23. Coleman, *Mysterious America*, S. 117 f.; bezügl. »Mysteriöse Känguruhs« vgl. Ende seines 13. Kapitels
24. Ebd., S. 131—134
25. *Boston Globe & Boston Herald-America*, 30. 5. 1979, erwähnt in *Res Bureaux Bulletin* 48, S. 4
26. *ISC Newsletter*, Vol. 1, No. 1, S. 10 f.
27. *New York Times*, 10. 2. 1935, wiedergegeben in *INFO Journal* 37 im Aufsatz von Loren Coleman über »Alligators-in-the-Sewers: A Journalistic Origin«, S. 4—7
28. Beide in *Fortean Times* 42, S. 26
29. Brandon, *Weird America*, S. 105
30. Coleman, *Mysterious America*, S. 57—60
31. Columbus, OH, *Dispatch*, 26. 2. 1984, wiedergegeben in *Fortean Times* 42, S. 43
32. Richmond, VA, *Times-Dispatch*, 26. 12. 1933, wiedergegeben in *INFO Journal* 49, S. 3
33. *Res Bureaux Bulletin* 24, S. 6
34. *Res Bureaux Bulletin* 6, S. 5
35. *Res Bureaux Bulletin* 24, S. 6.
36. *Arizona Republic*, 1. 7. 1978, erwähnt in *Res Bureaux Bulletin* 36, S. 3
37. *Res Bureaux Bulletin* 44, S. 2
38. Persinger and Lafrenière, a. a. O., S. 139
39. *Süddeutsche Zeitung*, 23. 9. 1974, erwähnt in Ulrich Magin, a. a. O., S. 114

40. Coleman, *Curious Encounters*, S. 67
41. Vgl. Kap. 15, »The North American Ape«, in Coleman, *Mysterious America*, S. 155—170
42. Frühere Berichte in Coleman, *Mysterious America*, S. 155—170; der neueste in Greensburg, PA, *Tribune Review*, 22. 11. 1987
43. Philadelphia, PA, *Enquirer*, 4. 11. 1987
44. Jerome Clark, »A Message from Magonia«, *Fortean Times* 8, S. 5
45. *Fate*, Juli 1977, S. 18
46. *Fate*, Oktober 1977, S. 47
47. Okmulgee, OK, *Exposure*, 17. 9. 1983, abgedruckt in *Forteana News* 178, S. 15
48. Annie P. Gray, *Mammalian Hybrids* (Commonwealth Agricultural Bureau, Slough, 1971); G. B. Kolenosky, »Hybridization between Wolf and Coyote«, *J. Mammal.* 52 (1971), S. 446—449
49. *Covington Virginian*, 4. 10. 1977, erwähnt in *Res Bureaux Bulletin* 27, S. 6
50. *Pursuit*, Vol. 5, No. 1, S. 13
51. *New York Herald Tribune*, 3. 7. 1924
52. Woodbury, NJ, *Daily Times*, 15. 12. 1925
53. *Delaware Leader*, 19. 9. 1979, wiedergegeben in *Pursuit* 50, S. 93
54. East Hartford, CT, *Gazette*, 4. 9. 1986, und Hartford, CT, *Courant*, 11. 9. 1986, abgedruckt in *Forteana News*, Dezember 1986 und Januar 1987
55. *Falls City Journal*, 31. 10. 1968
56. *INFO Journal*, Vol. 2, No. 2, S. 20; Marinacci, *Mysterious California*, S. 59
57. C. Louis Wiedemann, »Difficulties of Tracking Down the Lizardman«, *Vestigia Newsletter* 3, S. 3
58. Coleman, *Curious Encounters*, S. 73
59. *Creature Chronicles* 4 u. 9; Coleman, *Curious Encounters*, S. 75 f.
60. Rex Gilroy, »Australia's Lizard Monsters«, *Fortean Times* 37, S. 32 f.
61. Ulrich Magin, »European Dragons: The Tatzelwurm«, *Pursuit* 73, S. 16—22
62. Turin, *La Stampa*, 28./29. Juni 1975, wiedergegeben in *Pursuit* 35, S. 62
63. Magin, »European Dragons . . .«, a. a. O., S. 18
64. Ebd., S. 17
65. Ebd., S. 19
66. Ebd., S. 19
67. Coleman, *Mysterious America*, S. 76
68. Ebd., S. 34
69. Ebd., S. 74 f.
70. Great Falls, MT, *Tribune*, 28. 10. 1978, wiedergegeben in *Forteana News*, Dezember 1978, S. 18

Religiöse Erscheinungen und Muttergottes-Visionen

1. *The Universe*, 12. 2. 1988
2. PA, *The Philadelphia Enquirer*, 4. 8. 1985, wiedergegeben in *Pursuit* 71, S. 133
3. Rogo, *Miracles*, S. 221—232
4. Zsolt Aradi, *The Book of Miracles* (Monarch Books, Inc., Derby, CT, 1961), S. 242
5. *Miraculous Lady of the Roses*, S. 6
6. McClure, *Evidence for Visions* . . ., S. 44 f.
7. Ebd., S. 35
8. Ebd., S. 98—104
9. *Miraculous Lady of the Roses*, S. 7
10. Weitere Informationen über heilige Brunnen und Quellen in England in Janet and Colin Bord, *Sacred Waters* (Grafton Books, 1985; Paperback-Ausgabe 1986)
11. *The Scapular*, März/April 1949, und *Philippine Trends*, Dezember 1948
12. *Miraculous Lady of the Roses*, S. 6 f.
13. Zit. in Rogo, *Miracles*, S. 231
14. Ebd., S. 227
15. Ebd., S. 227
16. Gordon Creighton, »An Unprepossessing Creature seen in Canada«, *Flying Saucer Review*, Vol. 15, No. 3, S. 20 f.
17. John Brent Musgrave, *UFO Occupants and Critters* (Global Communications, New York, 1979), S. 47
18. Gene Duplantier, »Report from Canada«, *Saucer News*, Vol. 16, No. 4, S. 34
19. Persinger and Lafrenière, a. a. O., S. 207—212
20. Rogo, *Miracles*, S. 250—257
21. John S. Derr and Michael A. Persinger, »Temporal Association between the Zeitoun Luminous Phenomena and Regional Seismic Activity«, *The Explorer* 4 (Oktober 1987), S. 15; Zusammenfassung in *Science Frontiers* 55, S. 4
22. *Fortean Times* 49, S. 33
23. *Res Bureaux Bulletin* 37, S. 2
24. Milwaukee, WI, *Journal*, 20. 4. 1974, erwähnt in *Fortean Times* 7, S. 11
25. *Reuter*-Meldung
26. *London Evening News*, 15. 8. 1973, erwähnt in *The News* (spätere *Fortean Times*) 1, S. 10
27. St. Louis, MO, *Post-Dispatch*, 1. 9. 1987
28. Rickard and Kelly, *Photographs of the Unknown*, S. 94 f.
29. Niederschrift des Abbé Gueniot, zit. in Rogo, *Miracles*, S. 104
30. D. Scott Rogo widmet das Kapitel 6 (S.140—158) seines Buches *Miracles* diesem Phänomen; vgl. auch seinen Artikel »The Virgin of the Hailstones« in *Fate*, Juli 1987, S. 59—65
31. *San Francisco Chronicle*, 15. 1. 1974, erwähnt in *Fortean Times* 7, S. 5
32. Rogo, *Miracles*, S. 173—178

33. *Daily Telegraph*, 4. 7. 1987
34. »The Scientist Who makes Icons Weep«, *Newsweek*, 26. 10. 1987
35. *Grit*. 26. 7. 1970, erwähnt in Michell and Rickard, *Phenomena*, S. 21
36. *The Guardian*, 8. 9. 1980, erwähnt in *Fortean Times* 33, S. 5
37. Rogo, *Miracles*, S. 159 f.
38. Ebd., S. 161 f.
39. *The Guardian*, 14. 2. 1983, erwähnt in *Fortean Times* 42, S. 6
40. Robert S. Carswell, »The Hoax of the Bleeding Statue«, *The Sceptical Inquirer*, Vol. 10, No. 4, S. 295 f.
41. *The Plain Dealer*, 28. 10. 1987
42. Plattsburgh, NY, *Press Republican*, 28. 12. 1983, erwähnt in *Fortean Times* 42, S. 6
43. *Orthodox News*, Vol. 4, No. 7, März 1987
44. Michell and Rickard, *Phenomena*, S. 20
45. Revd. Albert J. Hebert, S. M., *Mary, Why Do You Cry?* (1985), S. 32
46. G. Tomaselli, *Prodigious Tears*
47. D. Scott Rogo, »Natuzza Evolo Works Miracles«, *Fate*, Mai 1982, S. 40—46
48. IL, *Worcester Telegram*, 10. 5. 1970, erwähnt in Michell and Rickard, *Phenomena*, S. 20
49. Francis Johnson, »Charbal Maklhouf: Saint of the Mass« (Catholic Truth Society, London); Cruz, *The Incorruptibles*, S. 294—299
50. Eine Menge mehr Informationen in Rogo, *Miracles*, Kap. 8, »The Miracle of St. Januarius«
51. Ian R. Grant, *The Testimony of Blood* (Burns Oates & Washbourne, 1929)
52. Mary F. Ingoldsby, »The Eucharistic Miracle of Lanciano«, *Voice of Padre Pio*, Vol. 15. No. 2 (1985), S. 6 f.
53. Revd. Edmond Crapez, C. M., *Blessed Catherine Labouré, Daughter of Charity of St. Vincent de Paul* (St. Joseph's Provincial House, Emmitsburg, MD, 1933), S. 235—241. Vgl. auch Cruz, *The Incorruptibles*, S. 281—285
54. *London Standard*, 27. 2. 1985, erwähnt in *Fortean Times* 46, S. 15
55. Glenn H. Mullin, *Death and Dying in the Tibetan Tradition* (Arkana, 1987), S. 231, Fn. 43
56. Peter Ratazzi, »Healing Waters from the Tomb«, *Fortean Times* 28, S. 38—41
57. Maria Anna Birgitta zu Münster OSB und Prof. Dr. Andreas Bauch, *Die hl. Walburga, ihr Leben und Erbe* (Eichstätt 1979, rev. 1985)
58. *Sunday Express Magazine*, 18. 12. 1983

Geisterhafte Steinewerfer

1. Neueste Ausgabe, herausgegeben und kommentiert von Stewart Sanderson, veröffentlich 1976 bei D. S. Brewer Ltd., Suffolk, und Rowman & Littlefield, New Jersey

2. Der Fall wird detailliert beschrieben bei Thurston, *Ghosts and Poltergeists*, S. 125—135
3. Abgedruckt in Dwight Whalen, »Stoned on Annie Taylor«, *Fortean Times* 45, S. 62
4. *Journal SPR*, Vol. 12, S. 260—266, zit. in Nandor Fodor, *An Encyclopedia of Psychic Science* (The Citadel Press, Secaucus, NJ, 1966), S. 293 f.
5. Port of Spain, Trinidad, *Mirror* und *Gazette*, erwähnt in *The Complete Books of Charles Fort*, S. 936
6. *Derry Journal* und *Coleraine Constitution*, erwähnt ebd., S. 575
7. *Annales des Sciences Psychiques* (1913), S. 152, zit. in Flammarion, *Haunted Houses*, S. 278—280
8. *Gazette de Lausanne*, 1. 5. 1914, zit. in Flammarion, *Haunted Houses*, S. 301—303
9. Ian Stevenson, »Are Poltergeists ...«, a. a. O. S. 71 u. 73
10. Brief des Pfarrers M. Laval, zit. in Flammarion, *Haunted Houses*, S. 76—81
11. *The Complete Books of Charles Fort*, S. 533 f. — Ms. de Fords Brief war an Charles Fort gerichtet; vgl. auch Thelma Hall Quast, »Rocks Rain on Chico, California«, in *Fate* (UK), Februar 1976, S. 25—28
12. *Rand Daily Mail*, 29. 5. 1922, erwähnt in *The Complete Books of Charles Fort*, S. 564 f.
13. Fodor, a. a. O., S. 294
14. Thurston, *Ghosts and Poltergeists*, S. 6 f.
15. Gauld and Cornell, *Poltergeists*, S. 109
16. Ivan T. Sanderson, *More »Things«* (Pyramid Books, New York, 1969), S. 149 f.
17. Zit. nach *The West Indian*, 23. 9. 1934; weitere Vorfälle in den späteren Ausgaben; vgl. ausführliche Schilderung in Thurston, *Ghosts and Poltergeists*, S. 136—142
18. Lambert, *Exploring the Supernatural*, S. 140—142
19. Gaddis, *Mysterious Fires and Lights*, S. 200 f.
20. Mrs. Spears Brief an NICAP datiert vom 25. 7. 1950, zit. in Hal R. Aldrich, »Fireball and Rockfalls«, *INFO Journal* 38, S. 4 f.
21. Roll, *The Poltergeist*, S. 35 f.
22. *Daily Express*, 22. 3. 1957, erwähnt in Michell and Rickard, *Phenomena*, S. 17
23. *Wellington Evening Post*, 25., 26., 27. 3. 1963, wiedergegeben in *INFO Journal*, Vol. 2. No. 2, S. 43 f.
24. Weitere Details zu diesem Fall in Guy Lyon Playfair, *The Indefinite Boundary* (Souvenir Press, London 1976; Panther Paperback 1977), S. 250—254 der zweiten Ausgabe; auch das Zitat stammt aus Playfairs Buch.
25. *Fate* (UK), März 1970, S. 9
26. *New York Times*, 8. 1. 1968, zit. in *INFO Journal*, Vol. 1, No. 3, S. 59
27. Chicago, IL, *Sun Times*, 11. 10. 1968, zit. in *Pursuit*, Vol. 2, No. 2, S. 26 f.

28. Roll, *The Poltergeist*, S. 93
29. *INFO Journal* 14, wiedergegeben in Michell and Rickard, *Phenomena*, S. 16f.
30. Playfair, a. a. O., S. 265—268
31. *Victoria Colonist*, 4. 9. 1977, und *Vancouver Province*, 6. 9. 1977, erwähnt in *Res Bureaux Bulletin* 24, S. 2f.
32. Shrewsbury, NJ, *The Sunday Register*, 9. 7. 1978, überprüft von Robert Warth von der SITU, erwähnt in *Pursuit* 44, S. 170
33. NC, *Winston Salem Journal and Sentinel*, 14./15. Juli 1978, erwähnt in *Pursuit* 44, S. 170
34. South Africa *Sunday Times*, 20. Juli 1980, erwähnt in *Fortean Times* 35, S. 42f.
35. *Fortean Times* 35, S. 43
36. Fairley and Welfare, *Arthur C. Clarke's World of Strange Powers*, S. 40
37. David Barritt, »Tales from Africa«, *Fortean Times* 44, S. 36f.
38. D. Scott Rogo, »Rock Throwing Poltergeist«, *Fate*, November 1984, S. 61—66, und Dezember 1984, S. 88—93
39. Chicago, IL, *Tribune*, 12. 5. 1986, abgedruckt in *Pursuit* 74, S. 89
40. London, *Sunday Express*, 17. 5. 1987, wiedergegeben in *Flying Saucer Review*, Vol. 32, No. 5, S. 25

Sind sie wirklich ausgestorben?

1. J. Tessier Yandell, »Discovery of the Pygmy Hog«, *Animals* 13, No. 20, S. 956—958 (1971); *BBC Wildlife*, August 1986, S. 396
2. *ISC Newsletter*, Vol. 5. No. 2, S. 3—5
3. *New York Times*, 14. 10. 1986
4. Weitere Begegnungen mit Wildschweinen in England in unserem Buch *Modern Mysteries of Britain*
5. Stephen Pile, »How they scotched the great auk story«, *Sunday Times*, 11. 5. 1986
6. Weitere Beispiele in *Fortean Times* 38, S. 26f.
7. *Washington Post*, 28. 9. 1987
8. Jared Diamond, »In Quest of the Wild and Weird«, *Discover*, März 1985, S. 38; J. Seebeck and M. K. Morcombe, »Rediscovery of two ›extinct‹ marsupials«, *Animals* 10 (No. 6), S. 271—274 (1967)
9. TX, *Houston Chronicle*, 2. u. 21. Juli 1986
10. James H. Powell, Jr., »On the Trail of the Mokele-Mbembe«, *Explorers Journal*, Vol. 59, No. 2 (Juni 1981), S. 84—91
11. Marcellin Agnagna wurde von J. Richard Greenwell für den *ISC Newsletter* interviewt (Vol. 3. No. 2, S. 7—9)
12. Kap. 17
13. Kap. 18
14. Kap. 19
15. Kap. 20 u. 21
16. Mackal, *A Living Dinosaur?* S. XVIII

17. Weitere Einzelheiten in unserem Buch *Alien Animals*, S. 134f.
18. *ISC Newsletter*, Vol. 2. No. 4, S. 8
19. Brandon, *Weird America*, S. 220
20. Kap. 3
21. Ronald Rosenblatt, »Africa's Flying Dragon«, *INFO Journal* 48, S. 14f.; Michell and Rickard, *Living Wonders*, S. 50
22. Sanderson, *More »Things«*, a. a. O., Kap. 3, »Three Toes — Model B«. Details über den Schwindel in St. Petersburg, FL, *Floridian*, 11. 6. 1988
23. *Sunday Express*, 9. 6. 1985
24. Michel Raynal, »Does the Steller's Sea Cow Still Survive?«, *INFO Journal* 51, S. 15—19
25. S. K. Klumow, »Leben noch unbekannte große Tierarten auf der Erde?« (in russischer Sprache), *Priroda*-Magazin, August 1962, No. 8, S. 65—75, zit. in Raynal, a. a. O., S. 17
26. A. A. Berzin, E. A. Tichomirow, V. I. Troinine, »Ist die Stellersche Seekuh vom Erdboden verschwunden?« (in russischer Sprache), *Priroda*-Magazin 8 (Moskau 1963), S. 73—75, erwähnt in Raynal, a. a. O., S. 18, und in *Pursuit*, Vol. 2, No. 1, S. 13
27. Der vollständige Augenzeugenbericht zit. in Fairley and Welfare, *Arthur C. Clarke's Chronicles of the Strange and Mysterious*, S. 104f.
28. Ein der Seekuh gewidmetes Kapitel (Nr. 17) findet sich in Richard Carrington, *Mermaids and Mastodons* (Chattop & Windus, London, 1957)
29. Dominic Belfield, »Latest Odds on the Modern Mammoth«, *BBC Wildlife*, März 1988, S. 148
30. »Is the Mammoth extinct?«, *Soviet Life*, Dezember 1978, S. 66
31. Heuvelmans, *On the Track ...*, S. 221—238
32. *UPI*-Meldung, 29. 9. 1987. Diskussion seiner möglichen Zuordnung als *Arctodus simus* von Loren Coleman in *Strange Magazine* No. 2, S. 24
33. Michell and Rickard, *Living Wonders*, S. 66f.; Heuvelmans, *On the Track ...*, S. 138—140
34. *Fortean Times* 48, S. 11
35. Librairie Plon, Paris, 1978
36. *Liverpool Daily Post*, 3. 1. 1976, erwähnt in *Fortean Times* 15, S. 11f.
37. Brief von J. Harrison an Michel und Rickard, erwähnt in ihrem Buch *Living Wonders*, S. 50
38. *Toronto Star*, 12. 11. 1977, erwähnt in *Res Bureaux Bulletin* 27, S. 5
39. *Pursuit* 10, S. 60f.; 12, S. 105—109; 13, S. 95
40. Percy H. Fawcett, *Lost Trails, Lost Cities* (Funk & Wagnalls, New York, 1953), S. 187
41. Heuvelmans, *On the Track ...*, Kap. 10

Nachwort

1. Irish Daily Telegraph, Belfast, 6. 2. 1934
2. Die Rheinpfalz, 28. 7. und 13. 7. 1982; Süddeutsche Zeitung, 28. 7. und 4. 8. 1982; Frankfurter Allgemeine Zeitung, 13. 8. 1982

3. Bild, 9. 7. 1983; Fortean Times 42, S. 41
4. Süddeutsche Zeitung, 24. 6. 1985; Frankfurter Allgemeine Zeitung, 24. 6. 1985, Die Rheinpfalz, 25. 6. 1985
5. J. S. Ersch und J. G. Gruber: Allgemeine Enzyklopädie der Wissenschaften und Künste. Leipzig: Brockhaus 1836, Sekt. 1, Band 27, S. 291
6. Dr. Paul Zaunert: Sächsische Sagen. Jena: Diederichs 1926, S. 196
7. Ulrich Masin: European Dragons, in: Pursuit, 19:1, 1986, S. 16—22
8. Handwörterbuch des deutschen Aberglaubens. Berlin: de Gruyter 1988, Band 2, Sp. 382
9. Hannes Bertschi: Phenomebale. Basel: Sphinx 1985, S. 77f.
10. Ulrich Magin: Mythos oder Realität? in: Tauchen, März 1988, S. 52
11. D. Leslie und G. Adamski: Flying Saucers Have Landed. London: Spearman 1976, S. 43
12. Zedler: Großes Vollständiges Universal Lexikon. J. H. Zedler: Halle und Leipzig 1734, Band 7, S. 1374
13. Zedler, Band 34, S. 1793
14. U. Diederichs und Ch. Henze (Hrsg.): Hessische Sagen. Düsseldorf: Diederichs 1978, S. 156
15. Die Rheinpfalz, 21. 10. und 26. 10. 1982
16. Bild, 4. 9. 1982; Mannheimer Morgen, 9. 9. 1982; Rheinpfalz, 7. 10. 1983
17. Neue Mannheimer Zeitung, 9. 1. 1939, S. 5
18. Charles Fort: The Complete Books. New York: Dover 1974, S. 93
19. Die Rheinpfalz, 30. 10. 1987
20. Süddeutsche Zeitung, 30. 10. 1978; dies., 7. 10. 1988; Sonntag Aktuell, 18. 12. 1988
21. Journal für UFO-Forschung, Nr. 64, S. 111f; CENAP Report 162, S. 27
22. CENAP Report 116, 1985
23. CENAP Report 113, S. 3—10
24. Richard Hall: Uninvited Guests. Santa Fe: Aurora Press 1988, S. 299
25. J. Clark & L. Coleman: The Unidentified. New York: Warner Paperback Library 1975, S. 173
26. Wilhelm und Jacob Grimm: Deutsche Sagen. München: Winkler 1956, S. 58
27. Elisabeth Andrews: Ulster Folklore. Wakefield: EP Publishing 1977, S. 62
28. Andreas Faber-Kaiser: Las nubes del engaño — Crónica extrahumana antigua. Barcelona: Planeta 1984, S. 251
29. Handwörterbuch des deutschen Aberglaubens 1988, Band 6, Sp. 1119f.
30. Die Rheinpfalz, 8. 7., 13. 7. und 17. 7. 1982

BIBLIOGRAPHIE

Bord, Janet und Colin, *Alien Animals*, Granada Publishing, London, 1980; rev. Ausgaben: Panther Books, London, 1985; Stackpole Books, Harrisburg, PA, 1981

—, *Bigfoot Casebook*, Granada Publishing, London, 1982; Stackpole Books, Harrisburg, PA, 1982

—, *The Evidence for Bigfoot and Other Man-Beasts*, The Aquarian Press, Wellingborough, 1984 (deutsch: *Beweise: Der Yeti*, Knaur, München, 1988)

—, *Modern Mysteries of Britain: 100 Years of Strange Events*, Grafton Books, London, 1987

Bowen, Charles (ed.), *The Humanoids: A Survey of World-Wide Reports of Landings of Unconventional Aerial Objects and their Alleged Occupants*, Neville Spearman, London, 1969; Henry Regnery Company, Chicago, 1969

Brandon, Jim, *Weird America*, E. P. Dutton, New York, 1978

Clark, Jerome, und Loren Coleman, *The Inidentified*, Warner Paperback Library, New York, 1975

Coleman, Loren, *Mysterious America*, Faber & Faber, Boston und London, 1983

—, *Curious Encounters*, Faber & Faber, Boston und London, 1985

Corliss, William R., *Handbook of Unusual Natural Phenomena*, The Sourcebook Project, PO Box 107, Glen Arm, MD 21057, USA, 1977

—, *Lightning, Auroras, Nocturnal Lights, and Related Luminous Phenomena: A Catalog of Geophysical Anomalies*, The Sourcebook Project, Glen Arm, MD, 1982

—, *Tornados, Dark Days, Anomalous Precipitation, and Related Weather Phenomena: A Catalog of Geophysical Anomalies*, The Sourcebook Project, Glen Arm, MD, 1983

Costello, Peter, *In Search of Lake Monsters*, Garnstone Press, London, 1974; Panther Books, London, 1975

Cruz, Joan Carroll, *The Incorruptibles*, Tan Books and Publishers, Rockford, IL, 1977

Dinsdale, Tim, *The Leviathans*, Routledge & Kegan Paul, London, 1966; Futura Publications, London, 1976

Eberhart, George M., *Monsters: A Guide to Information on Unaccounted for Creatures, Including Bigfoot, Many Water Monsters, and Other Irregular Animals*, Garland Publishing, New York und London, 1983

Evans, Hilary, *Gods, Spirits, Cosmic Guardians*, The Aquarian Press, Wellingborough, 1987
—, *Visions, Apparitions, Alien Visitors*, The Aquarian Press, Wellingborough, 1984
—, zus. mit John Spencer (eds.), *UFOs 1947—1987: The 40-year search for an explanation*, Fortean Tomes, London, 1987
Fairley, John, und Simon Welfare, Welfare und Fairley, *Arthur C. Clarke's World of Strange Powers*, William Collins, London, 1984
—, *Arthur C. Clarke's Chronicles of the Strange and Mysterious*, William Collins, London, 1987
Flammarion, Camille, *Haunted Houses*, T. Fisher Unwin, London 1924
Fort, Charles, *The Complete Books of Charles Fort*, Dover Publications, New York, 1974
Gaddis, Vincent H., *Mysterious Fires and Lights*, David McKay Company, New York, 1967; Dell Publishing Co., New York, 1968
Gauld, Alan, und A. D. Cornell, *Poltergeists*, Routledge & Kegan Paul, London, 1979
Green, John, *Sasquatch: The Apes Among Us*, Hancock House Publishers, Saanichton, BC, und Seattle, WA, 1978
Halpin, Marjorie M., und Michael M. Ames (eds.), *Manlike Monsters on Trial*, University of British Columbia Press, Vancouver und London, 1980
Hendry, Allan, *The UFO Handbook: A Guide to Investigating, Evaluating and Reporting UFO Sightings*, Sphere Books, London, 1980
Heuvelmans, Bernard, *In the Wake of the Sea-Serpents*, Rupert Hart-Davis, London, 1968
—, *On the Track of Unknown Animals*, Hill 6 Wang, Inc., New York, 1965; Paladin, London, 1970 (Orginalveröffentlichung in Frankreich unter dem Titel *Sur la Piste des Bêtes Ignorées*, Libraire Plon, Paris, 1955)
Holiday, F. W., *The Dragon and the Disc*, Sidgwick & Jackson, London, 1973
Hopkins, Budd, *Intruders: The Incredible Visitations at Copley Woods*, Random House, New York, 1987
—, *Missing Time: A Documented Story of UFO Abductions*, Richard Marek Publishers, New York, 1981 (deutsch: *Von UFOs entführt*, Heyne, München, 1982)
Hunter, Don, zus. mit René Dahinden, *Sasquatch*, McClelland & Stewart, Toronto, 1973
Keel, John A., *Strange Creatures from Time and Space*, Fawcett Publications, Greenwich, CT, 1970
Lorenzen, Coral und Jim, *Encounters with UFO Occupants*, Berkley Publishing Corporation, New York, 1976
McClure, Kevin, *The Evidence for Visions of the Virgin Mary*, The Aquarian Press, Wellingborough, 1983 (deutsch: *Beweise: Erscheinungen der Jungfrau Maria*, Knaur, München, 1987)
McEwan, Graham J., *Mystery Animals of Britain and Ireland*, Robert Hale, London, 1986

MacKenzie, Andrew, *Hauntings and Apparitions*, William Heinemann, London, 1982
—, *The Seen and the Unseen*, Weidenfeld & Nicolson, London, 1987
Mackal, Sr. Roy P., *A Living Dinosaur?: In Search of Mokele-Mbembe*, E. J. Brill, Leiden, Niederlande, 1987
Marinacci, Mike, *Mysterious California*, Panpipes Press, Los Angeles, CA, 1988
Markotic, Vladimir (ed.), *The Sasquatch and Other Unknown Hominoids*, Western Publishers, Calgary, 1984
Meurger, Michel, und Claude Gagnoin, *Lake Monster Traditions: A cross-cultural analysis*, Fortean Tomes, London, 1988
Michell, John, und Robert J. M. Rickard, *Living Wonders: Mysteries and Curiosities of the Animal World*, Thames & Hudson, London, 1982 (deutsch: *Das rechnende Pferd von Elbersfeld*, Econ, Düsseldorf, 1983)
—, *Phenomena: A Book of Wonders*, Thames & Hudson, London, 1977 (deutsch: *Die Welt steckt voller Wunder*, Econ, Düsseldorf, 1979)
Myers, Arthur, *The Ghostly Register*, Contemporary Books, Chicago, IL, 1986
Napier, John, *Bigfoot: The Yeti and Sasquatch in Myth and Reality*, Jonathan Cape, London, 1972
Persinger, Michale A., und Gyslaine F. Lafrenière, *Space-Time Transients and Unusual Events*, Nelson-Hall, Chicago, IL, 1977
Randles, Jenny, *Abduction*, Robert Hale, London, 1988
—, *The UFO Conspiracy: The First Forty Years*, Blandford Press, London, 1987; Javelin Books, London, 1988
—, und Peter Warrington, *Science and the UFOs*, Basil Blackwell, Oxford, 1985
Richards, John Thomas, *SORRAT: A History of the Neihardt Psychkinesis Experiments, 1961—1981*, The Scarecrow Press, Metuchen, NJ, und London, 1982
Rickard, Robert, und Richard Kelly, *Photographs of the Unknown*, New English Library, London, 1980
Rogo, D. Scott, *Miracles: A Parascientific Inquiry into Wondrous Phenomena*, The Dial Press, New York, 1982
—, *On the Track of the Poltergeist*, Prentice-Hall, Englewood Cliffs, NJ, 1986
—, *Phantoms*, David & Charles, Newton Abbot, 1976
—, und Raymond Bayless, *Phone Calls from the Dead*, Prentice-Hall, Englewood Cliffs, NJ, 1979
—, und Jerome Clark, *Earth's Secret Inhabitants*, Tempo Books, Grosset & Dunlap, New York 1979
Roll, William, *The Poltergeist*, Wyndham Publications, London, 1976
Sachs, Magaret, *The UFO Encyclopedia*, G. P. Putnam's Sons, New York, 1980
Sanderson, Ivan T., *Abominable Snowmen: Legend Come to Life*, Chilton Company, Philadelphia, 1961

—, *Investigating the Unexplained: A Compendium of Disquieting Mysteries of the Natural World*, Prentice-Hall, Englewood Cliffs, NJ, 1972
—, *Invisible Residents*, The World Publishing Company, Cleveland, OH, 1970; Neslon, Foster & Scott, Canada, 1970
Shackley, Myra, *Wildmen: Yeti, Sasquatch and the Neanderthal Enigma*, Thames & Hudson, London, 1983; in den USA unter dem Titel *Still Living?* bei Thames & Hudson, New York, 1983, (deutsch: *Und sie leben doch*, Harnack, München, 1983) veröffentlicht
Shuker, Dr. Karl P. N., *Mystery Cats of the World: From Blue Tigers to Exmoor Beasts*, Robert Hale, London, 1989
Spencer, John, und Hilary Evans (eds.), *Phenomenon: From Flying Saucers to UFOs — forty years of facts and research*, Futura Publications, London, 1988
Story, Ronald D. (ed.), *The Encyclopedia of UFOs*, New English Library, London, 1980; Doubleday & Company, New York, 1980
—, *UFOs and the Limits of Science*, New English Library, London, 1981
Thurston, Herbert, S. J., *Ghosts and Poltergeists*, Burns Oates & Washbourne, London, 1953
—, *The Physical Phenomena of Mysticism*, Burns Oates & Washbourne, London, 1952
Vallee, Jacques, *Passport to Magonia: From Folklore to Flying Saucers*, Neville Spearman, London, 1970; Henry Regnery Company, Chicago, IL, 1969
Webster, Ken, *The Vertical Plane*, Grafton Books, London, 1989
Wylie, Kenneth, *Bigfoot: A Personal Inquiry to a Phenomenon*, The Viking Press, New York, 1980

Zeitschriften zum Thema

Fate 170 Future Way, Marion, Ohio 43305, USA
Forteana News Ein Abschnitt des monatlich erscheinenden Zeitungsausschnittsdienstes mit UFO-Meldungen: UFO Newsclipping Service, Route 1, Box 220, Plumerville, Arkansas 72127, USA
Fortean Times 96 Mansfield Road, London NW3 2HX, UK
INFO Journal International Fortean Organization, PO Box 367, Arlington, VA 22210.0267, USA
International UFO Reporter J. Allen Hynek Center for UFO Studies, 2457 W. Peterson Ave., Chicago, IL 60659, USA
The ISC Newsletter und *Cryptozoology* International Society of Cryptozoology, Box 34070, Tuscon, AZ 85733, USA
MUFON UFO Journal Mutual UFO Network, 103 Oldtowne Road, Seguin, TX 78155, USA
Pursuit The Society for the Investigation of the Unexplained, PO Box 265, Little Silver, NJ 07739—0265, USA
Strange Magazine PO Box 2246, Rockville, MD 29852, USA

Register

A
Aberarth (Wales) 186
Abidjan (Elfenbeinküste) 224
Abidjan-Aboro (Elfenbeinküste) 22
Acre (Brasilien) 221
Adirondacks, New York State (USA) 40, 260
Afghanistan 230
Afrika 151, 223, 260, 270, 338
Agogwe 224
Air Lingus 150
Alaska 190
Alcocebre (Spanien) 187
Alcoy, Alicante (Spanien) 279
Alecton 145
Aleuten 190
Alexandria Station, Queensland (Australien) 163
Alien Animals 331
Alma 233
Almastij 229
Almirante Saldanha (Forschungsschiff) 64
Alpen 261
Altai-Gebirge 233
Altdorf/Wittemberg (BRD) 352
Altnußberg (BRD) 353
Alto Anchicaya Damm (Kolumbien) 100
Alva, Oklahoma (USA) 82
Amapa (Brasilien) 194
Amazonas (Brasilien) 338
Amerika 96, 209
Anapkinskaja (UdSSR) 334
Annapurna (Himalaya) 224
Anchorage, Alaska (USA) 59
Anden 223
Anhui (China) 234
Antarktis 51, 144, 332
Aosta (Italien) 343
Appalachen, Pennsylvania (USA) 279
Apport 15
Araguari-Fluß (Brasilien) 194
Arapaho, Oklahoma (USA) 211f., 214
Archaeocetus 144, 145
Ardèche (Frankreich) 308f.
Arezzo (Italien) 300
Argentinien 222
Arizona (USA) 260
Arkansas (USA) 162
Arktis 69
Arles-sur-Tech (Frankreich) 301
Arlington, Texas (USA) 270
Arnold, Pennsylvania (USA) 182
Ascot, Berkshire (England) 13, 18
Asheville, North Carolina (USA) 101
Asien 260, 274
Assam 322
Assumbo-Berge, Kamerun (Afrika) 331
Aston, Birmingham (England) 253
Atlanta, Georgia (USA) 23
Atlantischer Ozean 324
Auckland (Neuseeland) 237
Australien 51, 130, 144, 237, 240, 262f., 267, 276
Australiopithecinen 224
Autobahn Salzburg-München 346
Autosuggestion 21
Avalon, Catalania (Kalifornien) 191
Aversa (Italien) 319
Ayersville, Ohio (USA) 22

B
Bad Zwischenahn (BRD) 344
Badgingarra (Australien) 266
Baguio City (Philippinen) 294
Bajan Gol (China) 233
Ballingarry, County Limerick (Irland) 167
Bangkok (Thailand) 59
Bankfield, Ontario (Kanada) 102
Banneux (Belgien) 283
Bari (Italien) 302
Barra da Tijuca/Rio de Janeiro (Brasilien) 63
Barron, Wisconsin (USA) 166
Basildon, Essex (England) 323
Batutut 236
Bay Quarter Shore, Heathsville (Virginia) 140
Bay-Ridge-Bezirk/Brooklyn, New York (USA) 271
Bayerische Alpen 159
Bayern 278
Bayou-Stahlwerke, Louisiana (USA) 38
Bayview, Neuschottland (Kanada) 105
Bearpow Mountains, Montana (USA) 37
Beauport, Quebec (Kanada) 290
Beauraing (Belgien) 283
Beech Creek, West Virginia (USA) 85
Belize (Mittelamerika) 221, 319

Bélmez de la Moraleda (Spanien) 213
Benambra (Australien) 265
Benevento 298
Bennett-Wallaby 268
Berg Athos (Griechenland) 296
Berg Hiba (Japan) 236
Berg Snezka (CSSR) 159
Bergen (Norwegen) 144
Bergweiler/Eifel (BRD) 346
Bering-Insel 334
Bering-Straße 236, 240
Bermudas 138
Beutelwolf 262
Bewußtseinsspaltung 24
Big Bend National Park/ Terlingua, Texas (USA) 330
Bigfoot 28ff., 221, 225, 229, 230, 236f., 240, 271
Bilokation 302
Birkenhead (England) 132
Birmingham (England) 17, 319
Blackstone, Virginia (USA) 248
Bladenboro, North Carolina (USA) 82
Bleckenstad (Schweden) 253
Blenheim (Neuseeland) 58
Bloomington, Illinois (USA) 71
Blue Mountains (Australien) 239
Blue Mountains, Washington State (USA) 33, 41
Blue Ridge Mountains/ North Carolina (USA) 161
Bluff Creek, Kalifornien (USA) 30ff.
Bois-de-Champ, Vogesen (Frankreich) 67
Bölebyn (Schweden) 197
Bolingbrook, Illinois (USA) 77
Bolivien 222
Bologna (Italien) 213
BOLs (Balls of Light) 155, 158
Bombala/Bemboka, New South Wales (Australien) 238
Borneo 236
Boshof (Südafrika) 10
Bossburg, Washington (USA) 33
Bourges (Frankreich) 249
Bourne, Lincolnshire (England) 207
Bragg Road/Texas (USA) 160
Branch Hill, Ohio (USA) 170
Brasilien 116, 122, 221
Bremerton, Washington (USA) 152
Bridgeport, Connecticut (USA) 24
Brisbane, Queensland (Australien) 189, 264
Bristol (England) 248
British Astronomica Association 59
British Airways 59
British Columbia (Kanada) 28
Broadmoor, Kalifornien (USA) 247
Brontosaurus 327
Brooklyn, Wellington (Neuseeland) 314
Brown-Mountain-Lichter 160f.
Brown's Mountain/West Virginia (USA) 157
Bruyères, Vogesen (Frankreich) 67
Bucht von San Francisco, Kalifornien (USA) 140
Budapest (Ungarn) 86
Buenos Aires (Argentinien) 191f.
Bujnaksk, Dagestan (UdSSR) 229
Bundesrepublik Deutschland 219f., 261
Bungalow Beach (Gambia) 143
Bunyip (Flußungeheuer) 130
Burgess, Ontario (Kanada) 313
Burma 236
Butler, New Jersey (USA) 210

C

Cadboro Bay, British Columbia (Kanada) 140
Cadborosaurus 140
Caddy 140f.
Cairns, Queensland (Australien) 269
Caldwell, New Jersey (USA) 257
Calumet, Oklahoma (USA) 271f.,
Calvert County, Maryland (USA) 217
Cambridge, Massachusetts (USA) 88
Cape Girardeau, Missouri (USA) 121
Cape Race (Neufundland) 195
Cape Sable Island, Neuschottland (Kanada) 139
Caracas (Venezuela) 114
Carapicuiba (Brasilien) 316f.
Carayaca (Venezuela) 194
Cascade Mountains, Washington State (USA) 52
Cascade, Montana (USA) 279
Casitas-Staubecken, Kalifornien (USA) 199
Castelnau de Guers (Frankreich) 290
Catanzaro (Italien) 297
Catia la Mar (Venezuela) 194
Centre National de la Recherche Scientifique/ Paris (Frankreich) 223
Centrosaurus 328
Cerro del Valle (Argentinien) 169
Certops 328
Cessnock, New South Wales (Australien) 278
Champ (Monster) 129, 132, 325
Charleston, West Virginia (USA) 60
Charlotte, North Carolina (USA) 256
Chattooga County, Georgia (USA) 46
Chatwall, Shropshire (England) 94
Chegem-Fluß/Kaukasus (UdSSR) 229
Chehalis, Washington State (USA) 168, 171

Cheltenham, Gloucestershire (England) 149
Chesapeake Bay, Maryland/Virginia (USA) 140
Cheshire (England) 116
Chessie (Meeresungeheuer) 140
Chestnut Ridge, Pennsylvania (USA) 42
Chevy Chase, Maryland (USA) 147
Cheyenne, Oklahoma (USA) 272
Chicago, Illinois (USA) 95, 219, 249, 268
Chico, Kalifornien (USA) 309
Chief Cornstalk Grounds, West Virginia (USA) 174
Chilatchee/Uniontown, Alabama (USA) 246
Chile 191
China 33, 51, 130, 224ff., 230, 232f., 236, 240
Chinati Mountains, Texas (USA) 160
Chinchilla, Albacete (Spanien) 279
Chopper (Spuk-Schwindel) 353
Christchurch (Neuseeland) 58, 143
Cincinnati, Ohio (USA) 255
City Island, New York City (USA) 135
Claremore, Oklahoma (USA) 96
Clarendon/Shawville, Quebec (Kanada) 212
Clearwater, Florida (USA) 331, 333
Cochito 144
Cocpava/Sao José dos Campos (Brasilien) 247
Coldwater, Mississippi (USA) 157
Colonial Beach, Virginia (USA) 44
Comeada (Portugal) 21
Comodoro Rivadavia (Argentinien) 192
Conception Bay/St. John, Neufundland (Kanada) 105
Concord, Delaware (USA) 273
Concord, North Carolina (USA) 198
Concord, Sydney, New South Wales (Australien) 294
Coolatai (Australien) 263
Coolum, Queensland (Australien) 189
Coomlieyna Beach, Ceduna (Australien) 189
Cordilheira (Brasilien) 222
Coromandel Man 237
Cosenza, Kalabrien (Italien) 278, 296
Cotgrave Colliery, Nottinghamshire (England) 102
Coudersport, Pennsylvania (USA) 77
Coventry (England) 156
Cumberland, Kentucky (USA) 253
Curitiba (Brasilien) 193
Cuyahoga-River, Ohio (USA) 279
Cwmyglo, Gwynedd (Wales) 148
Czerniakov (Polen) 60

D

Da Nang (Vietnam) 175
Dadi Gully, Shaanxi (China) 235
Dagestan 226
Dakota-Ojibway Tribal Council 42
Dallas, Texas (USA) 75
Dämon von Dover 178ff., 181
Damon, Texas (USA) 121
Dänemark 261
Daressalam (Tansania) 290
Daveyton, Witwatersrand (Südafrika) 211
DDR 262
De Rust (Südafrika) 98
Decker Chapel, Indiana (USA) 38
Deer Isle, Maine (USA) 71
Delligsen (BRD) 341
Delphos, Kansas (USA) 108
Denton, Leicestershire (England) 94
Derbyshire (England) 267
Desejado Mountain, Trinidade Island (Süd-Atlantik) 64
Detroit, Michigan (USA) 270
Dew 232
Dhal (Futtererbsen) 315
Didi 221
Dieppe (Frankreich) 215
Dillon's Mountain/ Cacapon Bride, West Virginia (USA) 48
Dinosaurier 280, 326, 338
Diprotodon 337f.
Dithmarschen (BRD) 341
Dodlestone, Cheshire (England) 205f.
Dolmen 351
Dominion Golf and Country Club/Windsor, Ontario (Kanada) 83
Dong Hoi (Annam) 190
Dongting-See, Hunan (China) 211
Dortrecht, Sumatra (Indonesien) 306
Dover, Massachusetts (USA) 178f., 181
Dover, New Jersey (USA) 71
Downey, Kalifornien (USA) 56
Driedorf (BRD) 341
Dsungarei (China) 233
Duende 221
Dugong 144
Duke Parapsychology Laboratory 25
Dundalk, Maryland (USA) 253
Dunn, North Carolina (USA) 176
Dunoon (Australien) 239
Dunstable, Bedfordshire (England) 90
Dunston, Tyne & Wear (England) 207
DuPont Company 257
Dürrenstein/Krems (BRD) 341
Dwendis 221
Dylife, Powys (Wales) 102
dzu-teh 225

E
Eagle Bend, Minnesota (USA) 152
Eagle River, Wisconsin (USA) 119
East Anglia (England) 186
East Hartford, Connecticut (USA) 21
East Lynn Lake, West Virginia (USA) 270
East Pennsboro Township, Pennsylvania (USA) 45
Eastern-Passage-Poltergeist 24
Eisbomben 241
Eiskometen 243
Eismeteoriten 244
Ektoplasma 218
Elba (Italien) 87
Elberton, Georgia (USA) 257f.
Elektronisches Stimmphänomen 219
Elkhorn Falls, Indiana (USA) 260
Ellington, Connecticut (USA) 42
Elmsfeuer 150, 163
Emela-ntouka (Monster) 328
Enfield, Illinois (USA) 271
Engelhaar 256
England 70, 94, 96, 167, 171, 260ff., 267, 271
Erdbebenlichter 60
Escondido, Kalifornien (USA) 100
Esoterik 68
E.T. 166f., 350
Etterbeek (Belgien) 254
Europa 267, 278
Evans, Colorado (USA) 248
Evansville, Indiana (USA) 247
Everglades, Florida (USA) 121
Ewenken (sibir. Ureinwohner) 336
Ewloe Castle, Clwyd (Wales) 92f., 208
Exmoor Beast 261
Exmoor Forest (England) 261
Exorzismus 310, 351
Exsudation 298

F
Fackeln, menschliche 70ff.
Fairley-Lampman-Haus/ Cripple Creek, Colorado (USA) 101
Falcon Lake, Manitoba (Kanada) 120
Falls City, Nebraska (USA) 171, 274f.
Falmouth, Cornwall (England) 134f.
Fargo, North Dakota (USA) 54
Farmersville, Texas (USA) 165
Fata Morgana 349
Fatima (Portugal) 282, 284f., 288
Felis concolor 258
Felis lynx 261
Felis sylvestris 262
Feller Heights/Dawson Creek, British Columbia (Kanada) 48
Feuer, unerklärliche 70ff.
Feuergeister 80, 85f.
Feuerspuk 80
Fidschi-Inseln 237
Findly, Ohio (USA) 270
Finnland 14, 127
Flatwoods, West Virginia (USA) 111f.
Florida (USA) 170, 260, 270f., 276, 332
Flüelen (Schweiz) 344
Flugsaurier 280
Foggy Bottom, Washington, D.C. (USA) 255
Forli (Italien) 278
Formia (Italien) 86
Forster, New South Wales (Australien) 263
Fort Worth, Texas (USA) 244f.
Fortean Society 331
Fougères-sur-Bièvre (Frankreich) 9
Franklin, North Carolina (USA) 220
Frankreich 130, 261f., 279
Fraser Island, Queensland (Australien) 189
Freemont, Kalifornien (USA) 260
Friedrichshafen (Bodensee) 348
Frisco, Texas (USA) 256
Froschregen 9, 241
Fujian (China) 234
Fullerton (Australien) 148

G
Gadsden Hotel/Douglas, Arizona (USA) 101
Galapagos-Inseln 332
Galax, Virginia (USA) 318
Galo Crest, Trinidade Island (Süd-Atlantik) 64
Gander (Neufundland) 150
Ganzhou-Gebiet (China) 235
Gasmeteoriten 243
Gastonia, North Carolina (USA) 249
Gatineau Point, Ontario (Kanada) 152
Geister 88ff.
Geister, die Steine werfen 304ff.
Geisterraketen 196, 198
Geisterstimmen 201ff.
GEPAN (frz. UFO-Forschungsgruppe) 108
Gerichtsmedizinisches Labor, London (England) 74
Gigantopithecus 33, 225, 235f., 338
Gissar-Gebiet/ Pamir 230f.
Globe, Arizona (USA) 172
Glyptodont (minhocao) 338
Godman Air Force Base/ Fort Knox, Kentucky (USA) 53
Golf von Guinea 188
Golf von Mexiko 194
Golfo de San Jorge 192
Golfo Nuevo 192
Golfo San Mathías 192
Gorki (UdSSR) 249
Gorleston, Norfolk (England) 186
Goro-Monster 278
Goslar (BRD) 347
Goyaz (Brasilien) 221
gram (Kichererbsen) 315
Grampian-Berge/ Horsham, Victoria (Australien) 264

Grand Rapids, Michigan (USA) 91
Grant's Pass, Oregon 43
Gray Station, Pennsylvania (USA) 48
Greenleaf, Mississippi (USA) 157
Greensburg, Ohio (USA) 257f.
Greenville, South Carolina (USA) 75
Greenwater, Washington State (USA) 44
Greenwich, New Jersey (USA) 273
Grenada (Westindien) 312
Grönland 130
Großbritannien 70, 261
Großmaul-Hai 332
Guadalcanal (Solomon-Inseln) 237
Guaporé (Brasilien) 221
Guatemala 221
Guayana 338
Gum Creek/Mt. Vernon, Illinois (USA) 271
Gunyah, Victoria (Australien) 265
Gurdon-Licht 162

H
Hackettstown, New Jersey (USA) 212
Halbinsel Coromandel/North Island (Neuseeland) 237
Halbinsel Kamtschatka (UdSSR) 144, 333f., 337
Halbinsel Tschukotskij (UdSSR) 226
Halluzination 68, 109, 125, 182, 200, 286
Hamburg (BRD) 150, 270, 341
Hamburg, Arkansas (USA) 271
Hämographie 296
Hampshire (England) 322
Hanas-See, Prov. Xinjiang (China) 131
Hannover (BRD) 341
Hardwick Hall, Derbyshire (England) 93
Harrisonville, Ohio (USA) 305
Hausgeister 89
Hawaii 163, 325
Haymarket, Virginia (USA) 153
Hazlet, New Jersey (USA) 318
Heilbronn (BRD) 349
Helensville (Neuseeland) 189
Hell's Gate 136
Hellbender 274
Helsinki (Finnland) 202, 206
Hermanus (Südafrika) 136
Hiba-gon-Monster 236
Highland Wildlife Park (Schottland) 322
Hildesheim (BRD) 347
Himalaya 69, 224ff., 236
Hobart, Tasmanien (Australien) 265
Hockomock-Sümpfe, Massachusetts (USA) 279
Hohenschäftlarn (BRD) 149
Holbrook, Arizona (USA) 253
Holliston, Massachusetts (USA) 270
Homo erectus 240
Honeybrook Township, Pennsylvania (USA) 271
Honiton (England) 95
Hook Island, Queensland (Australien) 143
Hopkinsville, Kentucky (USA) 114
Hoquiam, Washington State (USA) 76
Hornet-Spuklicht 160f.
Houston, Texas (USA) 120, 169
Hovd (China) 233
Howells/Prescott, Arizona (USA) 313f.
Hunan (China) 234
Hundertfüßler 145
Hunstanton, Norfolk (England) 250
Husum (BRD) 341
Hypoluxo, Florida (USA) 270

I
Ibague (Kolumbien) 176
Iberian 136
Ichthyosaurier 144f.
Iguana iguana 276
Iguapé (Brasilien) 193
Illinois (USA) 260
Inchon (Südkorea) 190
Indianapolis, Indiana (USA) 220, 251
Indien 225, 322
Indischer Ozean 51, 87, 189
Indonesien 236, 236f., 314, 324
Innere Mongolei 226
Institute of Education and Research/Adiopodoumé (Elfenbeinküste) 223
Investigating the Unexplained 331
Inyo National Forest, Kalifornien (USA) 46
Ipiranga (Brasilien) 12, 81
Irkujem (Riesen-Eisbär) 337
Irkutsk (UdSSR) 336
Irland 10, 127, 167, 171
Isla Cristina, Huelva (Spanien) 187
Island Park, New York (USA) 292
Isothermische Linien 126
Italien 130, 188, 261, 262, 278, 291
Itapeva, Sao Paulo (Brasilien) 321
Ivybridge, Devon (England) 19
Ivybridge, Kentucky (USA) 20
Ixtapalapa (Mexiko) 176

J
Jabuticabal (Brasilien) 315
Jack-o-lantern 156
Jacksonville, Florida (USA) 79
Jag-mort 227
Japan 130, 236
Japanischer Schnabelwal 144
Japanisches Meer 190
Jardin des Plantes/Paris (Frankreich) 269
Jasper County, Mississippi (USA) 272
Jerez de la Frontera (Spanien) 172

Jersey Devil 211
Jiulong-Berge, Zhejiang (China) 234
Joao Pessoa (Brasilien) 248
Juan-de-Fuca-Straße/ Washington State (USA) 190
Jura 261

K
Kaikoura (Neuseeland) 58
Kairo 289
Kairo-Shoubra (Ägypten) 289
Kairo-Zeitoun (Ägypten) 288f.
Kalifornien (USA) 28, 79, 190, 274, 325
Kalman 144f.
Kambodscha 236, 324
Kamloops, British Columbia (Kanada) 198
Kanada 28, 127, 130, 139, 224
Kanada, Ostküste 105
Kanawha River/Charleston, West Virginia (USA) 270
Kangaroo Valley (Australien) 263
Kangaroo Valley [Stadt] (Australien) 263
Kap Navarin (UdSSR) 334
Kap Santa Marta Grande (Brasilien) 193
Kaptar 229
Kapuskasing, Ontario (Kanada) 260
Karol Bagh (Indien) 315
Kasachstan (UdSSR) 59, 232
Kaschmir (Indien) 225
Kaspisches Meer 229
Katterbach (BRD) 101
Kattistjärn-See (Schweden) 197
Katzenfisch 131
Kaukasien (UdSSR) 155
Kaukasus 226, 229
Kazan (UdSSR) 242
Kelly, Kentucky (USA) 170
Kelly/Hopkinsville, Kentucky (USA) 111
Kelly-Wesen 113
Kenfig, Mid-Glamorgan (Wales) 215f.
Kentucky-Echse 276
Kern County, Kalifornien (USA) 91
Kern River, Kalifornien (USA) 46
Kerzen-Effekt 74
Kilfinney, County Limerick (Irland) 167
Killerwal 144
Kilnhurst, South Yorkshire (England) 218
Kingston, New York State (USA) 71
Kirche der Märtyrerin St. Damiana 289
Kirche Gesù Vecchio/ Neapel (Italien) 299
Kirgisien 232
Kiribati-Gruppe/ Pazifik 246
Kloster Corvey (Westfalen) 342
Kloster St. Maro/Annaya (Libanon) 298
Kloster St. Walburg/ Eichstätt (BRD) 302
Kölmjäry-See (Schweden) 196f.
Köln (BRD) 348
Kolobrzeg (Polen) 184
Komandorskije ostrova (Sibirische Inselgruppe) 334
Komodo-Drache 332
Komoren 324
Kongo 130
Königssee (Ungarn) 345
Kontaktler 123
Kontaktlersyndrom 125
Koorda, Western Australia (Australien) 266
Köterberg (Westfalen) 342
Kouprey 332
Kow Swamp, Victoria (Australien) 240
Kraken 144
Krausenhai 144
Krematorium 74
Kryptozoologen 28, 30, 240
Kryptozoologie 329
Kuala Lumpur (Malaysia) 316
Kuba 322
Kugelblitz 60f., 147ff.
Kulja, Western Australia (Australien) 266
Kurzgesicht-Bär (Arctodus simus) 337

L
La Salette (Frankreich) 283
Lac Tele (Kongo) 325, 327
Ladley, Queensland (Australien) 247
Lahn (BRD) 345
Laitomaki (Finnland) 152
Lake Arthur, New Mexico (USA) 290
Lake Champlain (USA) 325
Lake Okanagan, British Columbia (Kanada) 126f., 130
Lake Seton, British Columbia (Kanada) 131
Lake Washington, Washington State (USA) 131
Lake Worth, Florida (USA) 243
Lakewood, Kalifornien (USA) 252
Lampasas, Texas (USA) 92
Lancaster, New York State (USA) 71
Lanciano (Italien) 299
Lang Lang, Gripsland (Australien) 265
Languren 225
Laos 236
Lawrenceburg, New York State (USA) 43
Le Brusc (Südfrankreich) 187
Lee, Massachusetts (USA) 26
Leesburg, Florida (USA) 19, 213
Leicestershire (England) 94
Leimersheim (BRD) 350
Leipzig (DDR) 349
Lepa (Philippinen) 284
Les Derniers Dragons d'Afrique 338
Levitation 27, 302
Lexington Township, Michigan (USA) 40
Liberta, Antigua (Leeward Islands) 86

Lieserbrücke (Österreich) 15ff.
Likouala-Distrikt (Kongo) 325, 327ff.
Likouala-Region 329
Likouala-Sümpfe (Kongo) 325
Limburg (Bundesrepublik Deutschland) 249
Lincoln, Nebraska (USA) 101, 270
Lincolnshire (England) 94
Lins-Sanatorium (Brasilien) 119
Linton, Cambridgeshire (England) 205
Lithobolia oder Der steineschleudernde Teufel 304
Little Eagle, South Dakota (USA) 39
Little Long Lax, Ontario (Kanada) 102
Liverpool (England) 132
Liverpool, New York State (USA) 316
Livingston, Lothian Region (Schottland) 109, 149
Loch Mullardoch/Cannich (Schottland) 103
Loch Ness (Schottland) 126, 128ff., 130, 132ff., 325
Lochaber-Mountain-Rettungsmannschaft 103
Lockland, Ohio (USA) 79
Loew's Theater/Syracuse, New York State (USA) 101
Lomello/Pavia (Italien) 292
London (England) 59, 304
Long Beach, Kalifornien (USA) 247
Long Island Sound, New York (USA) 195
Long Island, New York (USA) 138
Longview, Washington State (USA) 168
Los Fresnos, Texas (USA) 330
Lough Anna, County Galway (Irland) 127
Lough Fadda, County Galway (Irland) 129, 134
Lough Nahoin, County Galway (Irland) 128f.
Louisville, Kentucky (USA) 249
Lourdes (Frankreich) 283
Loveland, Ohio (USA) 276
Loveland-Frosch 276f.
Lovington, New Mexico (USA) 313
Lucknow (Indien) 86
Lüdenscheid (BRD) 349
Lügendetektor 25
Lummi Island, Washington State (USA) 191
Lundy Lake/Yosemite, Kalifornien (USA) 42
Luxemburg 220
Lytchett Matravers, Dorset (England) 94

M

Maasmechelen (Belgien) 293
Machakos (Kenia) 319
Maco, North Carolina (USA) 162
Maco-Licht 160
Macomb, Illinois (USA) 84
Madagaskar 322f.
Magilligan, County Derry (Irland) 307
Mahamba (Riesenkrokodil) 329
Mähnenwolf 272
Mailand (Italien) 301
Maimea-Lichter 163
Maine (USA) 260
Malaita (Solomon-Inseln) 237
Malayische Halbinsel 236
Malaysia 130, 236
Mammut 280
Manati 144
Manchester, New Hampshire (USA) 71
Mandalay (Burma) 248
Mandurah (Australien) 166
Manila (Philippinen) 281
Mansfield, Ohio (USA) 55
Manuos (Brasilien) 338
Manzell (Bodensee) 347
Mapinguary 221
Marburg (BRD) 345
Marcinelle/Charleroi (Belgien) 307
Marfa-Licht 160f.
Maricoxis 222
Marignane (Flughafen)/Marseille (Frankreich) 107
Marksville, Louisiana (USA) 244
Marlpit's Hill (England) 95
Maropati (Italien) 292
Marshfield, Massachusetts (USA) 254
Martes pennanti 260
Maryland (USA) 157
Massabielle (Frankreich) 283
Massachusetts (USA) 119, 271
Massachusetts Institute of Technology 336
Mataba-Fluß (Kongo) 329
Mato-Grosso-Region (Brasilien) 221, 338
Matschake (UdSSR) 334
Maui (Hawaii) 324
Mbielu-mbielu-mbielu (Monster) 328
McMinnville, Oregon (USA) 62
Mechenji 228
Medford, Boston, Massachusetts (USA) 269
Mediale Trompeten 220
Medicine Bow, Wyoming (USA) 119
Medinah, Illinois (USA) 45
Medium 15, 218, 311
Megalotaria longicollis 146
Megamouth 144
meh-teh 225
Menhire 351
Menomone-Fälle (USA) 268
Menschen, geflügelte 165ff.
Meta-Science Foundation 220
Methuen, Massachusetts (USA) 22
Metropolitan Opera, New York City (USA) 202
Mexiko 114, 324, 331

Mexiko City 56
Miami, Florida (USA) 256, 270
Michelin-Männchen 172
Michigan (USA) 162
Michigan Departement of Natural Resources 40
Miles, Queensland (Australien) 264
Milton/Trimble County, Kentucky (USA) 275
Min-Min-Licht 160, 163
Minneapolis, Minnesota (USA) 244
Mirabeau-en-Poitou (Frankreich) 295
Miracles 296, 303
Mississippi (USA) 194
Missouri (USA) 27, 160
Mitchell Flat, Texas (USA) 160
Mittelamerika 276
Mittelnoorland (Schweden) 197
Mjösa-See (Mittelnorwegen) 198
Mobile, Alabama (USA) 53
Moehau-Monster 237
Mokele-mbembe (Monster) 130, 325ff.
Molignon (Schweiz) 26, 308
Money Lights 163
Mongolei 233
Monkstown, Dublin (Irland) 207, 214
Monoclonius 328
Monster-Reusen 129
Montauk Point 138
Monterey, Kalifornien (USA) 256
Monterose/Rom (Italien) 278
Montgomery, Alabama (USA) 53
Montreal (Kanada) 296
Moorabbin Airport, Victoria (Australien) 57
Morange-Silvange (Frankreich) 268
Morgawr (Meeresungeheuer) 134f. 143
Mosasaurier 144f.
Mothman (Mottenmann) 173f.
Mount Antana (Venezuela) 338
Mount Lowe, Kalifornien (USA) 104
Mount Shasta, Kalifornien (USA) 290
Muttergottes-Visionen 282ff.
Mylodan (Riesenfaultier) 338

N

Nairn (Schottland) 322
Nairobi (Kenia) 223
Nambung National Park (Australien) 266
Namsenfjord (Norwegen) 185
Narken (Schweden) 175
NASA 67
Nashua, New Hampshire (USA) 268
Nasua narica 268, 274
Naturhistorisches Museum/Bejing (China) 234
Naviero 193
Ndendeke (Riesenschildkröte) 329
Neandertaler 229, 338
Neapel (Italien) 298
Neosho, Missouri (USA) 161
Nepal 322
Nepean-Fluß, New South Wales (Australien) 240
Nersingen (BRD) 349
Nessie (Ungeheuer von Loch Ness) 126, 129f., 132f., 325
Neuguinea 240, 276, 324
Neudorf (BRD) 14
Neue Hebriden 237
Neufundland 139
Neuschottland 139
Neuseeland 130, 144, 237, 332
Neutraubling (BRD) 353
New Alexandria, Pennsylvania (USA) 48
New Berlin, New York State (USA) 117f.
New Brunswick, Neuschottland (Kanada) 268
New Hampshire (USA) 171, 304
New Hanover County Library/Wilmington, North Carolina (USA) 101
New Haven, Connecticut (USA) 250, 252
New Jersey (USA) 85, 276
New South Wales (Australien) 238f., 262, 264f., 276
New York City (USA) 14, 195
New York State (USA) 130
Newark Water Shed/ Sussex County, New Jersey (USA) 37
Newark, New Jersey (USA) 17
Newark, New York State (USA) 25
Newcastle-Stockton, New South Wales (Australien) 92
Newport News, Virginia (USA) 54
Ngoliba (Kenia) 320
Ngumamonene (Riesenschlange) 329
Nicklheim (BRD) 14, 316
Nidamangalam (Indien) 19, 26, 80
Niedersachsen (BRD) 348
Nil 270
Nordamerika 240, 269, 278
Nordatlantik 195
Nordatlantikflotte (Royal Navy) 185
Normandie (Frankreich) 187
North Carolina (USA) 86, 160
North Greenbush/Albany, New York State (USA) 251
North Huntingdon Township, Pennsylvania (USA) 271
North Vancouver, British Columbia (Kanada) 19
Northumberland Strait, Neuschottland (Kanada) 105
Norwegen 127
Nouméa, Freycient-Insel (Neukaledonien) 138

Nova Scotia (Kanada) 24
Nowra (Australien) 263
Nuoro (Sardinien) 22
Nuys, Kalifornien (USA) 248

O
Obermörlen (BRD) 341
Odon, Indiana (USA) 84
Offenbach (BRD) 348
Ogopogo (Seeungeheuer) 126ff.
Ogopogo-Insel, British Columbia (Kanada) 126
Ohio (USA) 276f.
Okubo, Kyoto (Japan) 169
Old Lyme, Connecticut (USA) 274
Oneida Lake (USA) 260
Ontario (Kanada) 268
Onza 332
Operation Deepscan 133f.
Orang-Pendek 236
Orang-Utan 225, 236
Orchila, Insel (Venezuela) 194
Oregon (USA) 28, 190
Orihuela, Alicante (Spanien) 279
Orkney-Inseln 323
Osakis, Minnesota (USA) 152
Osceola, Indiana (USA) 316
Oshkosh, Wisconsin (USA) 101
Ossum (Frankreich) 279
Österreichische Alpen 278
Ottawa, Ontario (Kanada) 58
Ozark-Spuklicht 161

P
Paderborn (BRD) 348
Pairon-See/Pamir 231
Pambula, New South Wales (Australien) 238
Pamir 226, 230
Panamakanal 89
Panthera onca 260
Panthera pardus 260
Papua-Neuguinea 130
Paraguay 324
Paravati (Italien) 296
Paris (Frankreich) 269, 300
Parkside (Australien) 148
Pascagoula River, Mississippi (USA) 194
Pascagoula, Mississippi (USA) 124
Patagonien (Argentinien) 338
Paulding-Lichter 162
Paulding, Michigan (USA) 163
Pavlodar, Kasachstan (UdSSR) 167
Pazifikküste 89
Pearisburg, Virginia (USA) 12
Pedas 315
Pender Island, British Columbia (Kanada) 141
Pennsylvania (USA) 33, 294
Peropava-Fluß (Brasilien) 193
Perth (Australien) 266
Peruanische Anden 163
Pescara (Italien) 292
Pewaukee, Brookfield (USA) 268
Phantom-Anhalter 96, 98
Phantom-Gesichter 89
Phantom-Häuser 103
Phantom-Hotel 104f.
Phantom-Jäger 151
Phantom-Landhaus 103
Phantom-Pferde 103
Phantom-Schiffe 105
Pheriche (Nepal) 224
Philadelphia, Pennsylvania (USA) 256
Pictou Island, Neuschottland (Kanada) 105
Pietermaritzburg (Südafrika) 319
Pilatusberg (Schweiz) 344
Pinetown, Natal (Südafrika) 10
Pittsburgh, Pennsylvania (USA) 19f.
Plainfield, Wisconsin (USA) 38
Plasmen 60
Pleistozän 236, 338
Plesiosaurier 132, 145, 325
Plesiosaurus 143
Pliosaurier 144
Poing, Bayern (BRD) 349
Point Lookout State Park, Maryland (USA) 209, 214, 216
Point Pleasant, West Virginia (USA) 174
Polen 115, 130
Pollock (USA) 139
Pollock's Ledge 139
Poltergeist 9ff., 80, 81f., 86f., 88ff., 123, 205, 212ff., 243, 298
Poltergeist-Feuer 86
Pomeroy, Ohio (USA) 305
Pontiac, Michigan (USA) 76
Poona (Indien) 13ff., 18, 21, 311
Port Angeles, Washington State (USA) 190
Port of Spain (Trinidad) 307
Porto Santo Stefano (Italien) 296
Portland, Oregon (USA) 250
Portland, Victoria (Australien) 265
Potomac 140
Poundstock, Cornwall (England) 204
Prado del Rey (Spanien) 172
Prestonbury, Kentucky (USA) 272
Prince of Wales 215
Prudes Bay (Antarktis) 144
Pryor, Oklahoma (USA) 96
Pterodaktylus 323, 330f.
Puerto La Cruz (Portugal) 187
Puerto Rico 194
Pumphrey, Western Australia (Australien) 314
Punta Gorda, Florida (USA) 251
Pusan (Südkorea) 190
Puys (Frankreich) 215
Pygmäen 224
Pyrenäen 261, 279

Q
Quabbin-Stausee, Massachusetts (USA) 270
Quastenflosser 144
Quebec (Kanada) 287

Queensland (Australien) 160, 238f., 263f., 276, 337
Queensland Star 189
Quetta (Pakistan) 250

R

Raggedy-Ann-Puppe 21
Ramada Inn/ Indianapolis, Indiana (USA) 220
Ramallah (Jordanien) 294
Ranthera leo atrox 260
Rantrum (BRD) 341
Raritan, New Jersey (USA) 251
Rathkeale, County Limerick (Irland) 167
Rauris (Österreich) 279
Ravello (Italien) 299
Raymondville, Texas (USA) 330
Redondo Beach, Kalifornien (USA) 140
Regression, hypnotische 124
Remiremont (Frankreich) 290
Réunion, Insel (Afrika) 87, 189
Reuß (BRD) 343
Reykjavik (Island) 25
Rhein 343
Rhode Island University 257
Riemenfisch 144
Riesenpanda 236
Riesenkatzen 259ff.
Rio Gallegos (Argentinien) 192
Rio Grande do Sul (Brasilien) 168
River Ness (Schottland) 132
Rivieres des Prairies/ Montreal North, Quebec (Kanada) 270
Rmaïch (Libanon) 296
Rock Hill, Missouri (USA) 254
Rocks State Park, Maryland (USA) 35
Rocky Boy Reservation, Montana (USA) 36
Roodeport (Südafrika) 309
Roscoe, Illinois (USA) 260
Rosenheim (BRD) 353
Rothenburg o. d. Tauber (BRD) 352
Rotherham, South Yorkshire (England) 90
Rouen (Frankreich) 63
Royal Australian Navy 190
Royal Canadian Mounted Police 105
Royal Ontario Museum 254
Royal Palm Beach, Florida (USA) 270
Royan (Frankreich) 116
Ruddock, Louisiana (USA) 37
Rugged Islands (Neuseeland) 189
Rülpser, spiritistische 205
Rumänien 21
Rußland 233

S

S. S. Watertown (Öltanker) 89
Sahara 348
Säkkiä-See (Finnland) 198
Salina, Kansas (USA) 148
Salisbury, New Hampshire (USA) 49
Salt Lake City, Utah (USA) 255
Salta 222
San Antonio, Texas (USA) 330
San Carlos (Uruguay) 55
San Damiano (Italien) 283ff.
San Francisco, Kalifornien (USA) 79
Santa Cruz (Argentinien) 192
Santa Cruz, Kalifornien (USA) 249
Santa Fé (Argentinien) 19, 212
Santa Lucia 140
Santa Monica, Kalifornien (USA) 56
Saratoga-Licht 160
Sart (Belgien) 255
Sasquatch 221, 225, 236
Satelliten 59
Sault Ste. Marie, Ontario (Kanada) 289
Savannah, Georgia (USA) 80, 248
Schaffhausen (Schweiz) 351
Schildkröten 144
Schlacht von Sedgemoor 95
Schnabelwal 144
Schneemensch 221ff.
Schottland 94, 127, 261
Schwarzes Meer 151, 229
Schweden 127, 184, 219
Schweinfurt (BRD) 347
Schweiz 130, 261, 278
Screven, Georgia (USA) 162
Seaboard Coast Line/ North Carolina (USA) 162
Séance 218, 311
Seattle, Washington State (USA) 30
Secret Commonwealth 304
Sedapa 236
Seeleopard 144
Seelisberger See (Schweiz) 344
Séhité 223
Selbitz/Malsreuth (BRD) 351
Sevilla (Spanien) 122
Shaanxi (China) 234f.
Shag Harbour, Neuschottland (Kanada) 196
Shannon (Republik Irland) 150
Shennongjia-Gebirge, Hubei (China) 233f.
Shepherdscher Schnabelwal 144
Sheringham Point/Victoria (Kanada) 141
Sherpa 224
Shiru 221
Shreveport, Louisiana (USA) 248
Siama-Fluß/Pamir 231
Sibirien 334ff.
Sichuan (China) 234
Siljan-See (Schweden) 198
Sioux City, Iowa (USA) 79
Skandinavien 130, 196, 198

Skaneateles Lake, New York State (USA) 316
Skyhook-Wetterballon 53
Smilodon (Säbelzahntiger) 338
Soham, Cambridgeshire (England) 207
Solomon-Inseln 237
Somerset (England) 214
Sonargerät 133f., 185
Sonnenwunder 284f.
SORRAT-Gruppe (Society für Research on Rapport and Telekinesis) 27, 99
South Bay, Florida (USA) 270
South Burnaby, British Columbia (Kanada) 243
South Island (Neuseeland) 57
Southampton (England) 248
Southern Maryland Psychic Investigations 216
Sowjetunion 127, 226
Spanien 262, 279
Spiricom 219f.
Spiricom-Geräte 220
Spiritistische Sitzung 15
Spitzbergen 185
Spokane, Washington (USA) 318
Spooklight Road/Texas (USA) 161
Spraytown, Indiana (USA) 36
Springbrook (Australien) 239
Spukerscheinungen 88ff.
Spuklichter 147ff.
Sputnik I 249
Squally-Point, British Columbia (Kanada) 126
S. S. Fort Salisbury 188
St. Andrew 195
St. Bruno, Quebec (Kanada) 287
St. Clement's Island Museum/Maryland (USA) 216
St. Cloud, Minnesota (USA) 247
St. Louis, Missouri (USA) 241, 251
St. Mary's Lane/Cranham, Essex (England) 95
St. Petersburg, Florida (USA) 72
St. Quentin (Frankreich) 23
St. Stanislas-de-Kotska, Quebec (Kanada) 287
St. Winefride's Well/ Holywell, Clwyd (Wales) 283
St.-Adrians-Kirche/ Chicago, Illinois (USA) 298
St.-Emmerich-Berg (Ungarn) 283
St.-John's-Kirche, Chester (England) 204
Stafford Lake/Novato, Kalifornien (USA) 131
Staubteufel 244
Ste.-Marthe-sur-le-lac, Quebec (Kanada) 294
Steinschauer 243
Stellersche Seekuh 144
Stern (Illustrierte) 346
Stewart Island (Neuseeland) 189
Stigmata 21
Stinson Beach, Kalifornien (USA) 140
Stocksbridge, South Yorkshire (England) 96
Stockton, Georgia (USA) 170
Stör 131
Stråken (Schweden) 175
Stuart, Florida (USA) 241
Sub-Antarktis 332
Südamerika 69, 130, 144, 272, 276
Südaustralien 148
Sudbury, Massachusetts (USA) 257
Südfinnland 122
Südpatagonien 222
Suffolk (England) 96
Sumatra (Indonesien) 236, 309, 312
Sumpf-Wallaby 268
Sumpfbutter 256
Sumpfgas 155
Suore Minime dell'Addolarata (Orden) 213
Super-Otter 145
Supino (Italien) 290
Suri, Westbengalen (Indien) 213, 308
Suwannee-Fluß, Florida (USA) 331f.
Suzano (Brasilien) 82
Sydney, New South Wales (Australien) 239f.
Syrakus (Sizilien) 292

T

Tacoma, Washington State (USA) 260
Tadschikistan 226
Taiga (Sibirien) 336
Talley Abbey, Dyfed (Wales) 208f.
Tallong (Australien) 262
Tambosk (UdSSR) 151
Tansania 224
Tapir 236
Tasmanien (Australien) 141f., 265f.
Te Ngaere (Neuseeland) 149
Telepathie 17
Teleportation 16, 252
Tellingsstedt (BRD) 341
Templemore, County Tipperary (Irland) 296
Teneriffa (Kanar. Inseln) 145
Texas (USA) 160, 271
Thailand 236
Thalattosuchier 144, 145
Thatcham, Berkshire (England) 207
The Incorruptibles 301
The Physical Phenomena of Mysticism 303
Thomasville, North Carolina (USA) 101
Thylacinus 323
Tibet 130
Tien-Shan-Gebirge 232
Tiistenjoki (Finnland) 152
Timanskij-Rücken, Komi (UdSSR) 227
Tjumen, Westsibirien (UdSSR) 227
Tokio (Japan) 58, 101
Toronto, Ontario (Kanada) 254
Toronto-Forest Hill Village, Ontario (Kandada) 24
Totenkerzen 155f.
Trafalgar, Victoria (Australien) 264f.
Trance 218, 219
Trans en Provence (Frankreich) 108

Tres Piedras, New Mexico (USA) 46
Trier (BRD) 350f.
Triest (Italien) 86
Trilobiten 253
Trimble County, Kentucky (USA) 271
Trinidade Island (Südatlantik) 64f.
Trinity Alps, Kalifornien (USA) 274
Trinity River/Fort Worth, Texas (USA) 246
Truckee (Kanada) 49
Tschechoslowakei 310, 316
Tschutschuna 226f.
Tucson, Arizona (USA) 320
Tywyn, Gwynedd (Wales) 186

U
U 28 136
Ubatuba (Brasilien) 68
Ucu 222
Ucumar 222
UdSSR 51, 196, 232, 240
UFO 28, 149, 158f., 183f., 200, 282, 286ff.
UFO-Landungen 106ff.
UFO-Untersuchungsgruppe 185
Ufologen 123f.
Ufonauten 106
Ulmener Maar 344
Umatilla National Forest, Washington State (USA) 41
Ungarn 268
Ungeheuer 126ff.
Ungeheuer, geflügelte 165ff.
Uniondale (Südafrika) 98
University of Missouri 99
University of Pennsylvania 271
Upper Peninsula, Michigan (USA) 39
Upper Scott Lake, Michigan (USA) 198
Uppramen-See (Schweden) 198
Upton, Quebec (Kanada) 287
Ural 226f.
Urocycon 272
Urubú-Stromgebiet (Brasilien) 221
USA 70, 145, 219, 229, 233, 258, 262, 267, 270, 272, 274, 349
USOs (unbekannte Unter-see-Objekte) 183ff.
Uzès (Frankreich) 158f.

V
Vachendorf (Deutschland) 14
Vale, Guernsey (England) 156
Valedonia Mills/ Antigonish, Neuschottland (Kanada) 80
Vancouver Island, British Columbia (Kandada) 66f., 140
Veedersburg, Indiana (USA) 36
Venturas, Kalifornien (USA) 199
Vereinigte Staaten 271f., 276, 291f.
Vereinigung für Kryptozoologie/Moskau (UdSSR) 227, 233
Versailles, Schloß von 93f.
Victor 105
Victoria (Australien) 239, 264f., 276
Victorian Alps (Australien) 324
Vielhöckerige Seeschlage von Neu-England 145
Vierwaldstädter See 343
Vietnam 236, 236
Virginia Beach, Virginia (USA) 101
Vodable (Fankreich) 17
Voltana (Spanien) 165
Vulpes 272

W
Wabash, Indiana (USA) 75
Wakefield, New Hampshire (USA) 198
Waldhominiden 223
Wales 94, 130, 209
Walla Walla District, Washington State (USA) 41
Walla Walla, Washington State (USA) 33
Wallaby 267f.
Waschbär 274
Washington State (USA) 28, 41, 51, 190
Washington State University 32
Washington, D.C. (USA) 150
Wasserhosen 244
Wattagan-Gebirge, New South Wales (Australien) 278
Waukegan, Illinois (USA) 259
Waukesha (USA) 268
Wayne, New Jersey (USA) 275
Weaverville, Kalifornien (USA) 274
Weihnachtsinsel 51
Weiße Dame von Elfin Forest 100
Weißes Haus, Washington, D.C. (USA) 92
Weistropp (DDR) 349
Wellington (Neuseeland) 58
Wels 131
Werchojansk (UdSSR) 226
West Orange, New Jersey (USA) 273
West Philadelphia, Pennsylvania (USA) 76
West Wimmera, Victoria (Australien) 265
West-Berlin (BRD) 248
Western Australia (Australien) 266
Westerville, Ohio (USA) 250
Weti, Sansibar (Tansania) 310
Wharncliff, West Virginia (USA) 85
Wien (Österreich) 21
Wildmenschen 232ff.
will-o'-the-wisp 156
Williamsville, Virginia (USA) 272
Willow Creek, Kalifornien (USA) 47
Windsor, Vermont (USA) 22
Winnipeg, Manitoba (Kanada) 42
Wirbelwind 244, 248
Wisconsin (USA) 130, 267

Wiston/Haverfordwest, Dyfed (Wales) 242
Wokingham, Berkshire (England) 248
Wombat 237
Wonthaggi, Victoria (Australien) 189
Woodside, Kalifornien (USA) 251
Wüste Gobi 233
Wyandotte County Lake, Kansas (USA) 198

Y

yeh-teh 225
Yeti 224ff., 236f.
York, Pennsylvania (USA) 154
Yowie 238f., 240
Yuma, Arizona (USA) 247
Yunan (China) 234

Z

Zentralaustralien 69
Zentralchina 234
Zeuglodon 132, 145
Zhejiang (China) 234
Zongyang 236
Zwergwesen 221
Zwischenahner Meer (BRD) 344

Bildnachweis

Larry E. Arnold/Fortean Picture Library S. 78
Dmitri Bayanov S. 228
Trevor Beer/Fortean Picture Library S. 261
Ray W. Boeche S. 275
Janet & Colin Bord/Wales Scene S. 93, 208
Michael Buhler/Fortean Picture Library S. 57, 117
Loren Coleman/Fortean Picture Library S. 173, 179, 180, 267
James Crocker/Fortean Picture Library S. 161
René Dahinden/Fortean Picture Library S. 29, 31, 32, 34, 47, 126, 230, 231, 233, 234
Mary Evans Picture Library S. 20
Mary Evans Picture Library/Guy Lyon Playfair S. 12, 18, 81, 83
Fortean Picture Library S. 62, 63, 65, 72, 73, 89, 112, 113, 135, 145, 151, 172, 252, 254, 262, 264, 284, 285, 289, 293, 295, 297, 302, 335,
Fort Worth Star-Telegram S. 245
Glasgow Herald & Evening Times S. 110
Cynthia Hind/Fortean Picture Library S. 97
Kalle Kultala/Collection of the Photographie
Museum of Finnland S. 203
Robert Le Serrec/Fortean Picture Library S. 137
Hannah McRoberts/Fortean Picture Library S. 66
André Martinez/Fortean Picture Library S. 158
Maryland Tourism S. 209
Drawing by David Miller from A Living Dinosaurier?:
In Search of Mokele-Mbembe by Dr. Roy P. Mackal, © 1987 by
E.J.Brill, Leiden, Niederlande S. 326
Mutual UFO Network (MUFON) S. 199
Ivor Newby/Fortean Picture Library S. 127
Guy Lyon Playfair/Fortean Picture Library S. 317
Dr. J. T. Richards/Fortean Picture Library S. 27, 99
Ron Schaffner/Fortean Picture Library S. 277
Dr. Karl Shuker/Fortean Picture Library S. 333
South Wales Echo S. 217
Dennis Stacy/Fortean Picture Library S. 124
Clas Svahn/Fortean Picture Library S. 197
Western Mail & Echo, Cardiff S. 242
West Highlands News Agency S. 103
Nicholas Witchell/Fortean Picture Library S. 133, 134
Marie T. Womack from A Living Dinosaurier?
In Search of Mokele-Mbembe by Dr. Roy P. Mackal,
© 1987 by E. J. Brill, Leiden, Niederlande S. 328